KB202376

경희대 인문학연구원
고전명작 이본총서

심청전 전집 ⑫

김진영·김현주·김영수·차충환·김동건·임수현·안주영 편저

도서
출판 박이정

머리말

　<춘향전전집> 권17과 <심청전전집> 권12를 끝으로 처음에 이본 전집을 구상하고 기획하고 실행에 옮긴지 10여년만에 일단 판소리 5가에 대한 이본 정리 작업을 마치기로 한다. 세상사가 그렇듯이 처음에는 기세좋게 출발했지만 여러 가지 이유로 힘든 시기가 몇 차례 있었던 것으로 기억된다. 그럴 때마다 해이해진 마음을 다잡는 것이 쉽지만은 않았던 것 같다. 일을 파헤쳐만 놓고 마무리를 하지 못하지나 않을까 하는 걱정이 당시에는 상당한 압박감을 주고 사람을 피곤하게 만들었는데, 지나고 보니 그런 것이 이 작업을 마무리짓는 원동력이 되지 않았나 하는 생각이 든다. 그러나 무엇보다도 이 일을 이렇게 완결하게 된 것은 여기에 참여한 모든 사람들이 막힐 때 돌아갈 줄 알고, 힘들 때 쉬어갈 줄 알고, 막상 힘이 날 때는 물불을 가리지 않고 밀어붙일 줄도 아는 사람들이었기 때문이었다. 그런 사람들이 만나 서로를 위로하고 힘을 북돋워준 것이 이 작업의 최대 공신이라고 할 수 있다.

　처음 계획보다는 다소 늦어졌지만 판소리 이본 전집이 완간됨으로써 판소리문학에 관한 한 전 이본 자료가 한 자리에 총집되었다는 데 우선 가장 큰 의미가 있다고 본다. 그러나 그것은 원론적이고 종합적인 의미에 불과하다. 더욱 중요한 의미는 앞으로 여러 방면의 연구의 심화와 확장에 기여할 수 있다는 데 있을 것이다. 이본들 간의 비교 분석을 통해 계통을 세우는 등 총체적인 지도를 그리는 것도 가능하고, 이본들 상호간의 교류적인 양상을 통해 판소리 사설의 전승에 얽혀 있는 내밀한 코드를 밝혀내는 것도 가능할 것이며, 언어학적인 어휘 분석을 통해 그것을 작자의 지향의식과 사회문화적 지향성 등으로 확장시키는 담론 분석

도 본격적으로 수행될 수 있을 것이다. 언어학적인 접근은 물론이고 음악학적·연극학적·사회학적·문화인류학적·문화론적인 시각에서 볼 때 이본 전집의 유용성은 제고될 여지가 많다고 할 수 있다. 그것은 없던 것을 있는 것으로 전환시키는 차원이 아니라, 흩어지고 정리되지 못해서 보이지 않던 것을 이제는 보이게 하는 시각 개방의 차원인 것이다. 달리 말하자면 최고급의 요리를 만들 재료는 다 갖춰진 셈인데, 그것을 어떻게 요리해내느냐 하는 일만 남았다고 할 수 있다.

이렇게 판소리 5가에 대한 것을 1차로 완결하지만 차후 새로운 이본들이 모아지면 각 작품에 대한 보유편이 속간될 것이다. 한문본 수종이 아직 전집에 수합되지 못하였고, 존재는 확인되었으나 소장자측의 사정에 의해 아직 공개할 수 없는 이본들도 있었다. 그런 것들이 정리가 되고 공개가 가능한 때가 되면 각 작품별로 모아서 출간할 예정이며, 판소리 5가 이외의 판소리 작품 이본들도 정리가 되는대로 출간할 예정이다. 이 이본 전집 작업이 1차로 완료됨에 따라 이와 관련하여 진행되고 있는 판소리 어휘 용례 사전도 속도가 빨라져 조만간에 출간할 수 있으리라 본다.

지금까지 판소리 이본 전집에 실린 이본들을 알기 쉽게 정리해보면 다음과 같다.

1) 춘향전전집 전 17권 : 창본 20종, 판각본 10종, 필사본 68종, 활자본 11종 : 총 109종
2) 심청전전집 전 12권 : 창본 14종, 판각본 6종, 필사본 105종, 활자본 6종 : 총 131종
3) 흥부전전집 전 3권 : 창본 11종, 판각본 2종, 필사본 13종, 활자본 3종 : 총 29종
4) 토끼전전집 전 6권 : 창본 12종, 판각본 2종, 필사본 50종, 활자본 3종 : 총 67종
5) 적벽가전집 전 7권 : 창본 12종, 판각본 3종, 필사본 35종, 활자본 4종 : 총 54종

이렇게 하여 책으로는 총 45권에, 이본수로는 총 390종이 수합되었다. 원래 생각과는 달리 심청전 이본이 의외로 많다는 것과 흥부전 이본

은 의외로 적다는 사실이 확인되었다. 이는 이본 수집력의 차이도 약간은 반영되었겠지만 전반적인 이본의 생산 양상을 보여주는 것이라고 보아도 무방할 것이다. 특히 심청전 필사본 이본이 많다는 것을 통해 필사 의식 속에 들어 앉아 있는 효의식을 엿볼 수 있어 흥미롭다.

판소리 이본 전집이 이로써 끝났다고 생각하니 다른 때 서문을 쓸 때하고는 감회가 다르게 느껴진다. 지금까지 온갖 어려움에도 불구하고 끈기와 인내로 참고 견디면서 이 작업에 참여한 구성원들과 상재의 기쁨을 먼저 나누고 싶다. 그리고 직접적으로 그리고 간접적으로 이 작업을 도와주고 격려해준 이본 소장자들을 비롯한 많은 분들께 감사드린다. 그리고 처음부터 이 작업에 호응하여 어려운 경제 사정에도 불구하고 출판을 맡아 끝까지 마무리해준 박이정의 박찬익 사장님을 비롯한 직원 여러분께도 진심에서 우러나오는 고마운 마음을 전한다.

2004년 봄날에

金鎭英 · 金賢柱

일 러 두 기

1) <심청전전집> 12권에는 국문 필사본으로는 마지막으로 대학도서관 소장 2종과, 활자본 6종을 수록하였다.

2) 원문 상태 그대로 옮기되 띄어쓰기만 했다. 띄어쓰기는 현대 정서법상의 띄어쓰기를 원칙으로 하였다. 활자본에는 원래 띄어쓰기가 되어 있으나 현대 정서법상의 띄어쓰기로 다시 했으며, 줄바꾸기가 되어 있는 경우는 원문을 따라 그대로 했다. 필사본의 경우는 장수(張數) 개념을 적용하여 <23-앞>, <23-뒤>와 같은 식으로 매장이 시작될 때 표기했으며, 활자본은 페이지 개념을 적용하여 <23>, <24> 등과 같은 식으로 표기했다.

3) 원본이 오자나 탈자 상태일 경우라도 전혀 수정 가감하지 않고 그대로 놓아두어 이본 자료로서의 가치를 보존하고자 하였다. 그리고 판독이 불가능한 글자에 대해서는 □□□□□ 표시로 복자 처리를 하되, 자수를 맞추려고 하였다.

4) 각 이본의 명칭은 소장처의 이름, 장수, 그리고 작품 표제명을 가지고 붙였다. 예를 들어 '충남대도서관 소장 77장본 <심청전>'과 같은 식이다. 활자본의 경우는 출판사명과 작품 표제명, 그리고 '활자본'임을 밝히고자 했다. 예를 들어 '영창서관본 활자본 <원본 심청전>'과 같은 식이다.

차 례

충남대도서관 소장 77장본 〈심청전〉

이 이본은 완판 71장본을 그대로 베낀 것이다. 그러나 베끼는 중에 오자, 탈자, 탈구 등이 많이 발생했다. 필체로 보아 세 사람 이상이 필사를 한 것 같다. 일부의 필체는 조악하게 되어 있다. 각 장의 행수(行數)와 각 행의 자수(字數)도 일정하지 않다. 현재 충남대도서관(학산 5561)에 소장되어 있다.

충남대도서관 소장 77장본 〈심청전〉

〈1-앞〉

심청전이라 상 沈淸傳 上

숑나라 말년의 황쥬 도화동의 혼사람이 잇시되 셩언 심이요 명은 학교라 누디잠영지독으로 문명이 자자터니 가운이 영쳬하야 이십안 안밍ᄒ니 낙슈쳥운의 벼살리 쓴어지고 금장자슈의 공명이 무어스니 향곡의 곤혼 신셰 원근 친쳑 웁고 겸ᄒ야 안미ᄒ니 뉘라셔 졉디ᄒ랴마는 양반의 후예로 행실리 쳥념ᄒ고 지죠가 강기ᄒ니 사람마다 군자라 층ᄒ더라 그 쳐 곽씨부인 현쳘ᄒ야 입사의 덕힝이며 장강의 고음과 목난의 뎔기의 예기 가례 니칙편이며 쥬람 쇼람 관녀실를 모를 것시 업시니 일이의 하목ᄒ고 노복의 은의ᄒ며 가신범졀ᄒ미 빅딥사 가관이라 이혜의 쳥

〈1-뒤〉

넘이며 안년의 간난니라 쳥현구업 바이 업시 혼갓 집던 포자의 조불여식 ᄒ난구나 야외의 젼토 업고 낭셔의 노복 업셔 가련혼 어진 곽씨부인 몸을 바려 품을 파러 싹바나질 관디 도포 힝의 창이 직염이며 셥슈쾌자 중 추막과 남여의복 잔누비질 상침질 외올쓰기 쐐땀코두 누비질 속올이 져 답 빨니 푸시마젼 ᄒ졀의복 혼삼고의 망근 쥐미기 갓쓴 졉씨 비자단쵸 토슈보션 힝젼 쥼치 쌈지 단님 허릿쎄 양낭볼 지휘양 복건풍 채쳔의 가진 금침 베기모의 쌍원앙 슈놋키며 오사 모사 각디 홍비의 학 놋키와 쵸

상는 집 원삼졔복 질삼션쥬 궁초 공단 슈류남농 갑사운문 토쥬분 명듀
싱초 퉁경이며 북포 황져포 춘포 문포

〈2-앞〉

졔츄리며 삼베빅져 국상셰목 짜기와 혼졍디사 음식 슉졍가진 등게흐기
빅산과졀 신셜누며 슈팔연 봉오림과 비상흐듸 고임질과 쳥홍황빅 침향
염식흐기를 일연 삼빅 육십일를 흐로 반듸 노지 안코 손톱 발톱 자자지
게 품을 파라 모일 젹의 푼을 모야 돈을 닛고 돈을 모야 양을 만드러 일
슈쳬계 장니변으로 이웃집 착실한데 빗슬 듀어 실슈 바다드려 츈츄시힝
봉졔사의 압 못보는 가자공경 사졀의복 됴셕찬슈 입의 마진 가진 별미
계우 맛쳐 지셩공경 시동이 여일흐니 상흐촌 사람더리 곽씨부인 음젼타
고 층찬흐더라 하로는 심봉사가 여보 마노라

〈2-뒤〉

옛사람이 셰상의 삼겨날졔 부부야 뉘 읍시래마는 젼셩의 무삼 은혜로 이
상의 부부 되야 압 못보는 가장 나를 일씨 반쎠도 노지안코 듀야로 버러
셔 어린아히 밧들다시 힝여 비곱풀가 힝여 치워할가 의복 음식 쎠맛추워
극진니 공양흐니 나는 편타 흐련마는 마누러 고상흐는 일리 도로여 불평
흐니 일후붓틈 놀 공경 그만흐고 사는디로 사른가되 우리 연당 사십의
실흐의 일졈 혈육 업셔 됴동힝화를 일노돗차 쓴케 되니 듀거 지흐의 간
들 무삼 면목으로 됴상을 디면흐며 우리 양듀 신셰 싱각흐면 쵸상 장사
쇼더괴며 연연이 오는 기일의 밥 흐그릇 물 흔

〈3-앞〉

모금 뉘라셔 밧들니가 명산디천의 신공이나 드려보와 다힝이 눈먼 자시
이라도 남녀간의 나어보면 평싱 훈을 풀 것스니 지셩으로 비러보오 곽씨
디답ᄒᆞ되 옛글의 이르기를 불효삼쳔의 무후위디라 ᄒᆞ엿스니 우리 무자
훔은 다 쳡의 죄악이라 응당 니침직ᄒᆞ되 군자의 너부신 덕으로 지금가지
보죤ᄒᆞ니 자식 두고 시푼 마암이야 간졀ᄒᆞ와 몸을 팔고 뻬을 간들 못ᄒᆞ
오릿가만은 형셰는 간구ᄒᆞ고 가군의 졍디ᄒᆞ신 셩졍을 몰 발셜 못ᄒᆞ엿더
니 먼져 발셜ᄒᆞ오시니 지셩신고ᄒᆞ오리다 ᄒᆞ고 품프라 모든 지물 왼갓 공
다 드린다 명순디찰 영신당과 고뫼츙신 셩황사며

〈3-뒤〉

졔불보살 미역임과 칠셩불고 나훈불공 졔셕불공 신즁마지 노구마지 탁
의시듀 인등신듀 창오시쥬 갓갓지로 다 지니고 집의 드러 잇난 날른 됴
왕셩듀 지신졔를 극진니 공드리니 공든 탑이 무너지며 심든 남기 썩거질
가 갑자 사월 쵸팔닐의 흔 쑴을 어드니 셔긔반공ᄒᆞ고 오치영농흔디 일기
션녀 혹을 타고 ᄒᆞ날노 나려오니 몸의는 치의요 머리는 화관니라 월픠를
느짓 차고 옥픠쇼리 징징한디 긔화일지를 숀의 들고 부인쎄 읍ᄒᆞ고 졋티
와 오는 거동은 두렷훈 달 졍신이 품안의 드는 듯 남해관음이 히즁의 다
시 돗는 듯 심신이

〈4-앞〉

황홀ᄒᆞ야 진졍키 어렵더니 션녀 ᄒᆞ는 말리 셔황묘 쌀리옵더니 반도 진상
가는 질의 옥진비자를 만나 두리 슈작ᄒᆞ엿삽더니 시가 됨 엇긔여삽기로
상졔긔 득죄ᄒᆞ야 인간의 니치시미 갈 바를 몰나더니 티힝산 노군과 후토

부인 졔불보살 셔가여리님과 귀셕으로 지시ᄒᆞ옵기여 왓사오니 어엽비
여기압쇼셔 품안의 들미 놀니 ᄭᅵ다르니 남가일몽이라 직시 봉산임 ᄭᅵ여
몽사를 의논ᄒᆞ니 두리 꿈이 갓탄지라 그날 밤의 엇지ᄒᆞ엿던지 과연 그
달벗텀 ᄐᆡ긔 잇셔 곽시부이 어진 ᄆᆞᆷ 셕부졍부좌ᄒᆞ고 할부졍불식ᄒᆞ고
이불쳥음셩ᄒᆞ고 목불시악시니 ᄒᆞ며 입불변 와

〈4-뒤〉

불칙ᄒᆞ며 십식을 춘 년후의 ᄒᆞ로ᄂᆞᆫ 희복긔미 잇구나 이고 비야 이고 허
리야 심봉사 일변 반갑고 일변 놀니여 ᄉᆞ발의 졍화슈를 쇼반 밧쳐 놋코
닷졍이 ᄭᅮ러안뎌 비난이다 비ᄂᆞᆫ이ᄃᆞ 숨신졔왕젼의 비ᄂᆞᆫ니다 곽시부인
노산이오미 헌 치미의 외씨 ᄲᅡ지듯 슌산ᄒᆞ여 듀압쇼셔 비던니 ᄯᅳᆺ밧긔 향
니 만실ᄒᆞ고 오식온긔 두루더니 혼미듕의 톤셩ᄒᆞ니 과연 ᄯᅡᆯ리로ᄃᆞ 심봉
ᄉᆞ 그동보소 삼을 갈너 뉘여놋코 만심환희ᄒᆞ던 ᄎᆞ의 곽씨부인 졍신ᄎᆞ려
뭇ᄂᆞᆫ 말리 여보시오 봉ᄉᆞᆫ임 눕여간의 무엇시요 봉ᄉᆞ 디쇼ᄒᆞ고 아기 삿쳘
만쳐보니 숀니 나루ᄲᅦ 지닉듯 문듯 지닉가니 아

〈5-앞〉

마도 무근 묘긔가 힛 묘긔 낫나부 곽부인 셜워ᄒᆞ야 ᄒᆞᄂᆞᆫ 말리 신공 드려
만득으로 으든 자식 ᄯᅡᆯ리라 ᄒᆞ오 심봉ᄉᆞ 이른 말리 마누리 그 말 마오
쳣지ᄂᆞᆫ 슌산이요 ᄯᅡᆯ리라도 잘 두면 어느 아달 듀 밧구리요 우리 이 ᄯᅡᆯ
고이 질너 예졀 몬져 가릇치고 침션방직 두로 ᄒᆞ여 요죠슉녀 됴흔 비필
구자호구 가리여셔 금실우지 질거움과 동ᄉᆞ우진진ᄒᆞ면 외숀봉ᄉᆞ 못ᄒᆞ릿
가 쳑 국밥 얼는 지여 숨심상의 밧쳐놋코 의관을 졍졔ᄒᆞ고 두 숀 드러
비ᄂᆞᆫ 말리 비난이다 비난이다 삼십삼쳔 도슐쳔 졔셕젼의 발원ᄒᆞ며 삼신
졔왕임니 ᄒᆞ위동심ᄒᆞ여 다 구버보앗쇼셔 숨십 후의 졈졔ᄒᆞᆫ 자식 ᄒᆞᆫ두

〈5-뒤〉

달의 이실 미져 셕달의 피어리여 넉달의 인형 삼겨 다셧달의 외포 삼겨
여섯달의 율정 나고 일곱달의 골격 삼겨 사만팔쳔 털리 느고 야답달의
찬짐 바다 금광문희 탈문고히 여러 순순ᄒ오니 숨신임닉 덕이 안니신가
다만 문암동녀 쌀리오나 동방식의 명을 듀어 팀임의 덕힝이며 디증슘 효
힝이며 기랑쳐의 졀힝이며 반히의 지질이며 복은 셕슌의 복을 졈지ᄒ며
쵹부단혈 복을 쥬어 외 붓듯 달 붓듯 잔병업시 일츄월중ᄒ여 듀옵쇼셔
더운 국밥 퍼노코 산모를 머긴 후의 혼ᄌ말노 잇기를 아기를 어룬

〈6-앞〉

다 금자동아 옥자동아 어허 간간 니 쌀리야 표진강 슉향이가 네가 되야
환싱ᄒ야난가 은ᄒ슈 증녀셩이 네가 되야 나려왔냐 남젼북답 중만훈들
이여셔 반가우며 산호진듀 어더쓴들 이러셔 더 반가울가 어더 갓다 인자
삼겨난냐 이러타시 길기던이 뜻밧긔 산후별증이 낫구나 현쳘ᄒ고 음젼
ᄒ신 곽씨부인 희복훈 초치릴 못 다 가셔 외풍을 과이 쐬야 병이 낫네
익고 비야 익고 머리야 익고 가슴이야 익고 다리야 지형읍시 만신을 알
난구나 심봉스 기가 마켜 압푼 디을 두로 만지며 뎡신차려 말를 ᄒ오 톄
ᄒ엿는가 삼신임닉 집탈린가 병셰 졈졈 위듕ᄒ야 심봉스 겁을 니여 건네
마을

〈6-뒤〉

셩싱완을 뫼셔다가 짐믹훈 연후의 약을 쓸졔 쳔문동 믹문동 반ᄒ 지피
계피 빅복 영쇼 엽방풍 시호 계지 힝인 동인 실농씨 상빅초로 의약을 씬
들 사병의 무약이라 병셰 졈졈 위즁ᄒ여 ᄒ릴릅시 듁게 되니 곽씨부인

쏘흔 사지 못홀 줄를 알고 가군의 손을 잡고 봉ㅅ님 후유 흐슙 질게 쉬고
우리 두리 셔로 만나 희로빅년흐려 흐고 근구흔 살님ㅅ리 압 못보는 가
장 범연흐면 노음쎄기 숨기로 아모쏘록 뜻슬 바다 가장 공경흐랴 흐고
풍흔셔십 가리잔코 남촌북촌 품을 프르 밥도 밧고 반찬도 어더

⟨7-앞⟩

시근 밥은 니가 먹고 더운 밥은 가군 들려 비고푸잔케 춥지 안케 극진
경디흐옵더니 천명이 그 쑨지 인연이 끈쳐진지 흐릴읍쇼 눈을 웃쩌 감고
갈가 뉘라셔 헌옷 지여 쥬며 맛진 음식 뉘라 권흐릿가 니가 흔번 쥬거지
면 눈 어둔 우리 가장 사고무친 혈혈단신 의탁할 곳 업셔 바가지 손의
들고 지팡디 부여잡고 써맛츄어 나가다가 구렁의도 쌘져 돌의도 치여 어
푸러저 신세자탄으로 우는 양은 눈으로 곳 보는 듯 가가문전 츠져 가셔
밥달나난 실푼쇼리 귀에 징징 들어는 듯 나 주근 후 혼빅인들 츠마 웃쩌
듯고 보며 명손디천 신공 드러 사십의 나흔 즈식 겻 흔번도

⟨7-뒤⟩

못 먹이고 얼골도 치 못보고 듁단말가 전상의 무삼 죄로 이셩의 삼겨나
셔 어미업는 어린 즈식 뉘 젼 먹고 잘러느며 가군의 일신도 쥬쳬 못할듸
저것슬 엇지흐며 그 모양 웃지홀ㄱ 멀고 먼 황천질의 눈물 궤워 엇지 갈
며 압피 막켜 엇지 갈가 저건늬 이동지집의 돈 열냥 막겨시니 그 돈 열냥
차저더 초상의 보티쎄고 도즁 안의 양희보쌀노 두어쓰니 못 드 먹고 듀
거가 나의 사정 절박흐네 텻 승뭉이느 지닌 후의 두고 양식 흐압고 진어
사딕 관복 흔벌 흉비 학을 놋타 못 드흐고 보의 쎠셔 밋틱농의 너어스니
나 쥬

〈8-앞〉

거 쵸상 후의 츠지러 오거든 염녜말고 니여쥬고 건네마을 귀덕어미 니 절친호여 둔녓쓰니 어린아희 오코 가셔 졋슬 머겨 달나호면 응둥 괄셰 안이흐리니 쳔힝으로 이 자식이 듁지 안코 자르느셔 제 발노 걸거던 압 셰우고 질을 무러 니 무덤 압픠 츠즈와셔 네의 듀근 모친 무덤이로드 フ 르쳐 모녀숭면호면 혼이라도 원이 업것소 텬명을 이길 질리 업셔 옵 못 보 가장의게 어린 즈식 막쪄두고 영결호고 도라フ니 가군의 귀흐신 몸이 이통호여 숭티 말고 텬만보듕호옵쇼셔 차싱의 미진훈 인연 다시 만나 이 별 말고 슬이르 인고 인고

〈8-뒤〉

이졋소 져 ᄋ희 일홈을 심쳥이르 이 두고 ᄂ 쩌던 옥쌔환이 홈 쇽의 잇쓰 니 심텽이 즈르거든 눌 본듯시 니여듀고 ᄂ르의셔 숭스흐신 돈 슈복강녕 티평알낙 양 평의 긴 돈을 고혼 홍젼 괴불줌치 듀홍둥스 벌미듭의 끈을 드러 두엇쓰니 그것도 니여 치여듀오 호고 즈벗던 손을 후리티고 흐슙짓 고 도르누어 어린아희 즈부드려 낫슬 훈디 문지를며 셔를 쓸쓸 츠며 텬 지도 무심호고 귀신도 야슉호드 네가 진직 슘기던지 니フ 돔 더 슬던지 너 낫츠 나 듀그니 갓음는 궁텬치통을 널노 호여 풀게 호니 듁는 어미 스는 즈식 싱스フᆫ의 무슴 죄냐 뉘 졋 먹고 스르느머 뉘 품의셔 줌을 즈리 인고 아フ 니 졋

〈9-앞〉

망둥 먹고 어서 어서 즈러거라 두 둘 눈문 낫시 졋는구ᄂ 한슙지여 부는 ㅂ롬 삽삽비풍 되야 잇고 누미져 오는 비는 소소톄우 니리도드 흐날른

나작ᄒ고 음운언 ᄌ옥훈듸 슙풀의 우는 시는 정어긍ᄒ야 젹막키 머무르
고 셰늬의 도는 물른 쇼리 삽삽 잔잔ᄒ여 오열리 흘너ᄀ니 ᄒ물며 스름
이야 엇지 안이 셜워ᄒ리 픽짓질 두셰번의 슘이 덜썩 지니 심봉ᄉ 그졔
야 듀근 쥴 알고 이고 이고 마누리 참으로 듀거는ᄀ 이게 원 이린가 ᄀ삼
을 쾅쾅 두다리며 머리 탕탕 부드티며 니려궁굴 치궁굴며 업써지며 줍바
디며 발구르며 고통ᄒ며 여

〈9-뒤〉

보 마누리 그듸 술고 니가 듀으면 져 ᄌ식을 질너닐걸 니ᄀ 술고 그듸
듀거며 져 ᄌ식 웃지 키쥿말고 이고 이고 모진 목심 ᄉᄌᄒ니 무엇 먹고
술며 홈기 듁ᄌ훈들 어린 ᄌ식 엇지홀ᄀ 이고 이고 동지셧달 셜훈풍의
무엇 입펴 키워니며 둘른 지고 침침훈 빈 ᄇ 안의셔 졋먹ᄌ 우는 쇼리 니
의 간쥿 ᄃ 뇌긴ᄃ 이고 이고 셔론지고 ᄀ보의 씨인 ᄌ신 뉘 졋 머겨 살녀
니며 동지슷달 츤ᄇ름의 옷과 양식 업써시니 무엇 먹고 사러느며 무엇 입
쏘 스릭눌ᄀ 이고 이고 니 신셰야 ᄆ오 ᄆ오 ᄀ지 ᄆ오 지발 덕분 가지 마
오 평싱 정훈 뜻시 시직동혈ᄒ지더니 염느국이 어듸라고 날 바리고 저것

〈10-앞〉

두고 죽든 말리 웬 말린ᄀ 이져 ᄀ며 언졔 올ᄉ 이고 이고 쳥춘작변호환
힝의 봄 싸라오랴난ᄀ 쳥쳔유월니기신의 달를 러 오랴난ᄀ 쏫도 졋다 다
시 펴고 힉도 쩌ᄃ ᄃ시 드건만는 우리 마누리 ᄀ는 듸는 ᄀ면 ᄃ신 못오
난ᄀ 삼텬도 요지연의 셔왕모를 쏘러ᄀᄀ 월궁하아 짝이 되야 도약ᄒ러
올느ᄀᄀ 황능묘 이비 홈기 회포 말 ᄒ러ᄀᄀ 회ᄉ져 호쳔ᄒ던 ᄉ씨부인
차자ᄀᄀ 나난 뉘를 차져갈가 이고 이고 셔룬지고 이러틋시 이통할졔 도
화동 스룸덜리 남녀노쇼 업셔 모여 낙누ᄒ며 ᄒ난 말리 현

〈10-뒤〉

쳔ᄒ던 곽씨부이 불쌍이도 듀것구느 우리 동니 빅여호라 십시일본으로
감즁이느 ᄒ여 듀시 공논이 여츌일구ᄒ야 외금관곽 졍히 ᄒ야 힝양지지
ᄀ리여 숨일만의 츌승홀졔 힌로ᄀ 실푼 쇼리 원어 원어 원얼리 넘츠 원
어 붕망손이 머다더니 건너손니 북망일셰 원어 원어 원어리 넘츠 황텬질
리 멀다더니 방문 밧키 황텬이라 원어 원어 불쌍ᄒ다 곽씨부인 힝실도
음젼ᄒ고 지질도 긔이터니 늑도 졈도 안니ᄒ야셔 영결죵텬ᄒ엿군나 원
어 원어 원어리 넘츠 원어 어화 너화 원어리 졀리 건네갈졔

〈11-앞〉

심봉사 거동보쇼 어인 아히 강보의 쏘인치 귀덕어미게 믹겨두고 집팡막
디 훗터집고 논틀 밧틀 쏘치와셔 승여 듸치 부여잡고 목은 쉬여 크게 우
지 못ᄒ고 여보 마누리 니ᄀ 둑고 마누리ᄀ 쏘러야 어린자식 살녀니지
쳔ᄒ 쳔디 몹실 마누리 그더 죽고 니ᄀ 스러 쵸칠일 못 ᄃ ᄀᄂ 어린자식
압 못보는 니ᄀ 엇지 키워닐쏘 이고 이고 셜니 울졔 산쳔의 당도ᄒ야 안
즁ᄒ고 봉분을 ᄃᄒ 후의 심봉스 져를 지닉되 셔룬 경으로 져문 지여 익
던 것시여쏘 ○ 츠호부인츠부인 요츠조지즁영ᄒ여 싱불고어고인이라 유
빅연이 힌로터니 홀연헤언귀요 ○ 유티자이셰여 이것실 엇지 질너니며
○ 귀불귀헤쳔디

〈11-뒤〉

헤여 어네 써느 오랴난ᄀ ○ 탁송츄이위가ᄒ여 즈는듯시 누엇고 ○ 승음
용이져리ᄒ여 보고 듯기 어려워라 ○ 누삼삼이쳠금ᄒ여 졋는 눈물 피가
되고 ○ 심경경이쇼원ᄒ여 술 ᄭ리 젼이 업ᄃ ○ 쇼희인이지피ᄒ여 뉘를

으지ㅎ잔 말가 ○ 빅양이 월낙ㅎ여 산 젹젹 밤 깁푼디 ○ 어츄이쥬유ㅎ
여 무슨 말을 ㅎ쇼ㅎ들 ○ 격유현니노슈ㅎ여 긔 뉘라셔 위로ㅎ리 ○ 셔
리슝지상봉ㅎ여 츠셩의ㄷ 홀일업닉 ○ 듀ㄹ포혜박존헤여 마니 먹고 도
라ㄹ오 졔문를 막 익더니 모들ㅎ여 이고 이고 이게 웬일린고 가오 가오

〈12-앞〉

날 발리고 ㄹ는 부이 ㅎ탄ㅎ여 무어ㅎ리 황쳔으로 ㄹ는 길의 각졈이 업
시니 뉘 집의 ㄹ 즈고 ㄹ오 ㄹ는 날 닐너듀오 무슈이 이통ㅎ니 즁ᄉ 회긱
덜리 말녀 도라와셔 딥의ㄹ 드러ㄹ니 부억은 젹젹ㅎ고 방언 텡 비엿구ᄂ
어린ᄋ희 드려ᄃㄹ 홍덩글어진 빈 방온의 티빅손 갈ㄹ무기 게발 무러 던
진ᄃ시 홀노 누어쓰니 마음이 왼젼ㅎ리 벌쩍 이러ᄂ 셔더니 이불도 만져
보며 벼기도 더두무며 옛 덥던 금침은 의구이 잇ᄃᄆ는 독슈공방 뉘ㄹ
함긔 덥고 즈며 노쪽도 쾅쾅 티며 바너질 슝ᄌ 덥벅 만져보며 빗던 비졉
도 핑둥글 던져보며 밧던 밥숭도

〈12-뒤〉

더듬더듬 만져보며 부억를 힝ㅎ여 불너도 보고 이우 츠져ㄹ셔 공연이 우
리 마누리 예 왓쏘 무러도 보고 어린 ᄋ희 품의 품고 너의 어머니 무슝ㅎ
ᄃ 너를 두고 듀거계 오날른 젓슬 으더먹어스나 너일른 어디ㄹ 젓슬 으
더 먹겨올ㄹ 이고 이고 야슉ㅎ고 무슝ㅎ 귀신 우리 마누리를 잡아갓구ᄂ
이러타시 톤ㅎ다ㄹ 훌쳐 싱각ㅎ되 ᄉᄌᄂ 불ㄹ부싱이라 할 일 업건니와
이 ᄌ식이ᄂ 줄 키여 너리라 ㅎ고 이린 ᄋ희 잇는 집를 츠례로 무러 동냥
젓슬 어더먹일 져게 눈 어두어 보던 못ㅎ고

〈13-앞〉

귀는 발거 눈치로 간음ᄒ고 안ᄌ다가 마참 날도 둘 젹의 우물가의 들니
난 쇼리 얼는 듯고 나셔면셔 여보시요 마누림님 여보 아씨님네 이 ᄌ식
졋슬 좀 먹여듀오 날노 본들 엇지하며 우리 마누리 사러쁠졔 인심으로
싱ᄀ혼들 괄셰ᄒ며 어미업는 어린 거신들 아니 불쌍ᄒ오 아니 불쌍ᄒ오
덕집의 귀ᄒ신 아기 머기고 ᄂ문 졋 혼통 머기쥬오 ᄒ니 뉘 ᄋ니 머겨듀
리 쏘 육틸월 지심민난 여인 슈일참 ᄎᄌᄀ셔 인근ᄒ게 어더머기고 쏘
셰싸의 쌜니ᄒᄂ 디도 ᄎ져ᄀ면 엇썬 부인은 달니ᄃᄀ 씁쓰시 머겨듀며
후일 쏘 ᄎᄌ쥬오ᄅ ᄒ고 쏘 엇듯 여인은 말ᄒ되 인ᄌ 막

〈13-뒤〉

우리 ᄋ기 머겨쓰니 졋시 음노ᄅ ᄒ여 심청이 졋슬 만니 어더머긴 후의
이히 비가 불녹혼즉 심봉ᄉ 됴ᄋᄅ고 야지바룬 어덕밋틔 쑥그려 온져 ᄋ
기를 어룰졔 아가 아가 자난냐 아가 아가 웃난냐 어셔 커셔 너의 모틴ᄀ
티 현철ᄒ야 효힝 잇셔 이비의게 귀홈 뵈ᄋᄅ 어의 됴모 잇셔 보며 언의
외ᄀ 잇셔 믹길손ᄀ 하로 뵈일 사람 읍셔쓰니 아히 졋슬 어더머거 뉘이
고 시시이 동냥할졔 슘베던디 두 동 디여 ᄒ 머리난 쏠를 밧고 혼 머리는
베를 바ᄃ 모이고 한달 육장 단니며 젼젼이 혼푼 두푼 어더모와 아히 암쥭

〈14-앞〉

로깅 엿 푼어치 홍압도 ᄉ고 이럿틋시 지니ᄀ며 민월 슝뭉 소디긔를 염
녜업신 지니던니 쏘 신텽이는 장니 귀이 될 사람이라 쳔지귀신이 도와듀
고 데불보슐리 음죠ᄒ여 잔병 읍신 자라나 졔 발노 거러 존쥬룹을 디니
고 무졍셰월양유ᄑᄅ 어너더시 육칠셰라 얼골리 국쯱이요 인ᄉᄀ 민텹
ᄒ고 효행이 츌쳔ᄒ고 쇼견이 탁월ᄒ고 인ᄌᄒ미 기린니ᄅ 부틴의 됴셕

공양과 모친의 졔亽를 의법으로 할 듈을 아니 뉘 아니 칭츈ᄒ리요 ᄒ로
는 부친게 엿ᄌ오ᄃ 미물 집셩 ᄀᄆ구도 공임 져문 날의 반포할 죠를 ᄋ
니 ᄒ물며 ᄉ롭이야 미물

〈14-뒤〉

만 모ᄒ오릿ᄀ 아부지 눈 어둔신ᄃ 밥빌너 가시다가 노푼 ᄃ 집푼 ᄃ와
됴분 질노 쳔벙 자방 ᄃ니다가 어푸러져 샹키 쉽고 만닐 날 구진 날리 ᄇ
롬 불고 셔리틴 날 치셔병이 나실가 듀야로 염여오니 늬 나히 칠팔셰 싱
아육이 부모는 덕 이졔 봉힝ᄒ면 일후 불힝ᄒ실 날의 이통ᄒ들 갑시오릿
ᄀ 오날버틈 아부진는 집이나 직키시면 너ᄀ ᄂ셔셔 밥을 비러ᄃᄀ 됴셕
근심 덜 ᄒ오리ᄃ 심봉亽 웃고 ᄒᄂ ᄆ리 네 말리 기특ᄒᄃ 인정은 그러
ᄒ나 어린 늬 보너고 안댜 바ᄃ먹는 마음 편ᄒ리

〈15-앞〉

요 그런 말 다시 마라 ᄯ 엿ᄍ오ᄃ 자로난 현인으로 백니에 부미하고 졔
형은 어린 여ᄌ로되 낙양 옥듕의 갓틴 ᄋ비 졔 몸을 푸ᄅ 속죄ᄒ니 그런
일 싱각ᄒ면 ᄉ롬이 고이 다르요 고집지 마르쇼셔 심봉사 올리 여겨 기
특하다 늬 ᄯᆯ라야 효녀로ᄃ 늬 ᄯᆯ리야 네 말 ᄃ로 그리하어라 심청이 이
날부틈 밥빌너 나셜졔 원산의 ᄒᆡ빗티고 압마을 연기나면 흔 베 듕의 ᄃ
님 티고 말만 나문 베치메 압셥 업난 져구리를 이렁져렁 얼메고 쳥목휘
양 눌너쓰고 보션 업씨 발를 벗고 뒤칙 읍난 신을 신고 헌 ᄇᄀ디 엽푸
ᄶ고 단디 노ᄯᆫ 미

〈15-뒤〉

여 손의 들고 엄도셜한 모진 날의 치운 쥴럴 모로고 이 집 져 집 문 압
드러ㄱ셔 이근니 비눈 무리 모친 세상 브리고 우리 부틴 눈 어두어 압
못보신 듈 뉘 모르시릿가 십시일반이요 이볍 흔 슐를 들 답슈시고 듀시
면 누 어두온 니의 부틴 시장을 면ㅎ것소 보고 듯난 사람덜리 마음이 곰
격ㅎ야 그룻밥 짐치즁 앗기지 안코 듀며 혹언 먹고 ㄱ륵ㅎ면 심청이 ㅎ
눈 마리 티운 방의 늘근 부틴 응둥 기드릴 것시니 ㄴ 혼ㅈ 먹스오릿ㄱ
어셔 봇비 도라ㄱ셔 아부 홈기 먹건나이드 이럿

〈16-앞〉

쳐로 어든 밥이 흔두 집의 죡흔지라 슉슉키 도라와셔 방문 압페 드러오
며 ㅇ부지 츕지 안쇼 ㅇ부지 시즁ㅎ시지오 그시 이기 파럇쇼 즈연이 더
듸엿쇼 심봉스가 쌀을 보니고 마음 둘 쎠 업셔 탄복ㅎ더니 쇼러 얼는 반
겨 듯고 문을 펼격 열고 두 숀을 덥벅 잡고 숀 실업지야 입의 디이고 홀
홀 불며 발도 츠다 어로만지며 셔를 쓸쓸 츠며 눈물지여 이고 이고 이답
도다 너의 모친 무상ㅎ다 니의 팔자야 너로 ㅎ여곰 밥을 빌어먹고 스잔
말ㄱ 이고 이고 모진 목숨 구츠이 스라나셔 즈식 고상 시기난고 심청이
극진흔 효셩 부친을 위로ㅎ

〈16-뒤〉

되 ㅇ부지 그런 말슴 마우 부모를 봉양ㅎ고 즈식의 효도 밧난게 쳔리에
쩟쩟ㅎ고 인스의 당연ㅎ니 너머 걱정 마르시고 진지나 잡슈시오 ㅎ며 제
의 부친 숀을 잡고 이거슨 짐치오 이난 간즁이오 시즁ㅎ신듸 마니 잡슈
시오 이럿타시 공양ㅎ며 츈ㅎ츄동스시졀 업시 동닉 걸인 되앗더니 흔 희

두 히 넷뒷 히 지니ㄱ니 지질이 민첩ㅎ고 침션이 능난ㅎ니 동닉 ㅂ누질을 공밥 먹지 으니ㅎ고 삭을 쥬면 ㅂ다 뫼야 부친 의복 찬슈ㅎ고 일업시 노난 날은 밥을 비러 근근이 연명ㅎ여 ㄱ니 셰월이 여류ㅎ여 십오셰의 당ㅎ니

〈17-앞〉

얼골이 쵸월ㅎ고 효힝이 탁이ㅎ고 동졍이 안혼ㅎ여 인ㅅㄱ 비범ㅎ니 쳔싱여질이라 ㄱ라쳐 힝할쇼야 녀즁의 군즈오 싯 즁의 봉황이라 이러훈 쇼문이 원근의 즈즈ㅎ니 일일은 월평 무릉쵼 장승상딕 시비 드러와 부인 명을 ㅂ다 심쇼계를 쳥ㅎ거날 심쳥이 부친게 엿즈오디 어런이 부르신즉 시비 함게 ㄱ다여 오것나이다 말일 ㄱ셔 □일 ㄱ셔 더듸여도 잡슈던 ㄴ문던지 반찬 시져 상을 보와 탁즈 우의 두어쓰니 신즁ㅎ시거든 잡슈시요 부디 ㄴ 오기를 기다려 죠심ㅎ압쇼셔 ㅎ고 시비를 싸러갈제 시비 숀 드

〈17-뒤〉

러 가라치난 디 바라보니 문 압푸 시문 버들 엄율훈 시상쵼을 젼ㅎ여 잇고 딕문 안의 드르셔니 좌편 벽오동은 말근 이실리 쑥쑥 쩌러져 학의 꿈을 놀니 찌고 우편의 셧난 반숑 쳥풍이 건듯 부니 노용이 굼이난 듯 듕문 안의 드러셔니 창 압푸 심은 화초 일난초 봉미장은 속입디 쎄여느고 고루 압푸 부용당은 빅구ㄱ 혼혼훈디 하엽이 츌수쇼의져으로 놉피 쩌셔 동실 넙쩍 진경은 쌍쌍 금부어 둥둥 안중문 드러셔니 가ㅅ도 굉중하고 슈호문창도 찰난훈디 반빅이 나문 부인 의상이 단졍ㅎ고 기부ㄱ 풍녕ㅎ야 복이 만훈지라 심쇼계를 보고 반겨ㅎ여 숀을 쥐며 네 과연 심쳥이야

〈18-앞〉

듯던 말과 갓도 갓다 하시며 좌를 듀어 안친 후의 가긍호물 외로호고 주이 살피니 쳔상의 봉요국셩일시 분명호다 염요호고 온진 거동 빅셕쳥강시 비 뒤의 모욕호고 안진 제비 사롬보고 놀니는 듯 황홀호 져 얼골은 쳔심의 도든 달리 슈면의 빗치엿고 츄파를 홀리 씌이 시벽빗 말근 호날의 경경호 시별갓고 양협의 고흔 빗쳔 노양연봉츄분홍의 부용이 시로 핀 듯 쳥슨미근의 눈섭은 초싱달 정신이요 삼삼옥발은 시로 자난 난초 갓고 지약쌰은빈는 미야미 귀밋치라 입을 벌녀 웃는양은 모란화 흔슙이가 흐로밤 빗기운의 피고져 버지는 듯 호치를 여러 말을 호니 농슨의

〈18-뒤〉

잉무로다 부인이 층춘 왈 네 젼셰를 모로난야 분명이 션녀로다 도화동의 격호호니 월궁의 노든 션녀 벗호나를 일엇구나 오날 너를 보니 우연호 일 으니로다 무릉촌의 니긔 잇고 도화동의 네가 나니 무릉촌의 봄이 드러 도화동의 기화로다 탈쳔지지졍긔호니 비범호 네로구나 니 말을 드러셔라 승승이 일즉 긔셰호고 으달이 이슙형계라도 황셩의 여환호여 다른 주식 슌즈 업고 슬호의 즈미업셔 눈압푸 말벗 업고 각방의 며나리난 혼졍

〈19-앞〉

신셩호 연후의 다 각기 졔 일 호니 젹젹호 빈 방안의 디호나니 쵹불이오 보나니 고셔로다 네의 신셰 싱각호니 양반의 후예로셔 져럿탓 궁곤호니 엇지 으니 불숭호랴 니의 슈양쌀이 되면 녀공이며 문산을 학습호야 긔츌 갓치 길너니여 말년 주미 보려호니 네의 쯧시 엇더호요 심쇼졔 일어 지비호고 엿즈오디 명도 긔구호여 나은졔 칠일만의 모친 일 불힝호여 셰숭

을 브리시민 눈 어둔 니의 부친 동영졋 어더메거 게오 스랏시니 모야 쳔
지 얼

〈19-뒤〉

골도 모로오민 궁쳔지통 끈칠 날이 업삽기로 니의 부모 싱각ᄒ여 남의
부모 공경터니 오날 승상부인게셔 권ᄒ신 쓰시 미쳔ᄒ 쥴 혜지 안코 쌀
을 숨으려 ᄒ시니 모친을 다시 보온 듯 황숑 감격ᄒ와 마음을 둘 고시
젼이 업셔 부인의 말숨을 좃ᄌ ᄒ면 몸은 영귀ᄒ오나 안혼ᄒ신 우리 부
친 죠셕공양과 스졀의복 뉘라셔 이울잇ᄀ 구휼ᄒ신 은덕은 스람마닥 잇
거이와 지어날히셔 난당유별론이라 부친 모시압기를 모침 겸 모시압고
우리 부친 날 밋기를 으덜 겸 밋스오니 니ᄀ 부친 곳 으니시

〈20-앞〉

면 이졔가지 스랏시며 니가 만일 업거드면 우리 부친 나문 히를 맛칠 기
리 업스오니 요죠의 스졍 셔로 의지ᄒ여 니 몸이 맛도록 기리 모시려 ᄒ
압나이다 말을 마치미 눈물이 옥면의 졋난 거동은 츈풍셰우ᄀ 도화의 밋
쳣다ᄀ 졈졈이 쩌러지난 듯ᄒ니 부인도 또ᄒ 궁측ᄒ여 등을 어로만지면
셔 효녀로다 효녀로다 네 말이여 응당 그러할 듯ᄒ다 로혼ᄒ 니의 말이
밋쳐 싱각 못ᄒ엿다 그렁져렁 날이 져무러지니 심쳥이 엿ᄌ오더 부인의
착ᄒ심을 입

〈20-뒤〉

어 죵일토록 모셧시니 연광이 만ᄒ기로 일역이 다ᄒ오니 급피 도라ᄀ 부
친의 지다리심을 위로코ᄌ ᄒ나이다 부인이 말니지 못ᄒ여 마음의 연연

이 여기스 치단과 필녹이며 양식을 후이 쥬어 시비 함기 보닐 적의 네
부디 날을 잇지 말고 모여간 의를 두면 노인의 다힝이라 심쳥이 디답ᄒ
되 부인의 장ᄒᆞ신 ᄠᅳᆺ시 이가치 미쳣시니 ᄀᆞ리치심을 밧ᄌᆞ오리다 졀ᄒᆞ여
ᄒᆞ즉ᄒᆞ고 망연이 도라오더니라 이ᄯᅥ 심봉ᄉ 홀노 안져 심쳥을 지다릴졔
빈년 곱파 등의 붓고 방은 츄위 턱이 떨여지고 잘시난 나라들고 면듸

〈21-앞〉

졀 쇠북쇼리 들니거날 날 져문 쥴 짐작ᄒᆞ고 혼자 ᄒᆞ난 말이 니 ᄯᅡᆯ 심쳥이
는 무슴 일의 골몰ᄒᆞ여 날 져문 쥴 모르난고 쥬인의게 지피여셔 못오난
가 오난 길의 동무의게 줌착ᄒᆞᄀᆞ 풍셜의 가난 스람 보고 짓난 기쇼리의
심쳥이 오나냐 반기듯고 무단할ᄉ 쩌러진 락엽 충의 와 부드치니 심쳥이
오난 ᄌᆞ쳔가 ᄒᆞ여 반겨 나셔면셔 심쳥이 너 오나야 젹막공졍의 인젹이
업셔시니 헛분 마음 ᄋᆞ득키 쇼 갓구나 집팡막뒤를 츠져 집고 스립 막기
나ᄀᆞ다ᄀᆞ 질이 나문 기쳔의 밀친다시 쩌러지니 면승의 흑빗시오 의복의

〈21-뒤〉

어름이라 쒹둘 도로 더 ᄲᅡ지며 나오잔즉 미ᄭᅳ러뎌 할리릅시 죽게 되야
아모리 쇼리ᄒᆞᆫ들 일모도궁ᄒᆞ니 뉘라서 건저듀리 진쇼위 활린지불언 곳
곳마닥 잇난지ᄅᆞ 마춤 이ᄯᅥ 몽운사 화쥬승이 졀를 듕창ᄒᆞ랴 ᄒᆞ고 권션문
드러메고 나려왓ᄃᆞ 쳥순은 암암ᄒᆞ고 셜월은 도라올졔 셕경 빗긴 질노 졀
를 츠ᄌᆞ ᄀᆞ난 츠의 풍편 실푼 쇼리 사람을 구ᄒᆞᄅᆞ ᄒᆞ거늘 화듀승 자비ᄒᆞᆫ
마음의 쇼리 나ᄂᆞᆫ 곳슬 츠ᄌᆞᄀᆞ더니 엇던 스룸 기쳔의 쌘져셔 게의 듁게
되얏거날 져 즁의 급급ᄒᆞ 마음 구멸듁즁 빅고리 암승의 쳘쳘 더져두고
굴갓 슈먹

〈22-앞〉

장숨 실씌 달닌 치 버셔노코 육날메투리 힝전 단님 보션 훨훨 버서노코
고두누비 ᄇ지져고리 거듬거듬 훨신 츄고 화ᄃ독 달녀드러 심보ᄉ 고쵸
슝툐 덥벅 ᄌ바 엇쓸우미야 건져너니 전의 보던 심봉ᄉ르 봉ᄉ 뎡신츠려
뭇난 무리 게 뉘시요 ᄒ니 둥이 디답ᄒ디 몽은ᄉ 화듀승이요 그럿체 활
인지불이로고 듁을 ᄉ람 살여노니 은혜 빅골낭망이라 화듀승이 심봉ᄉ
를 업고 방안의ᄃᄀ 온치고 샌진 연고를 무로니 심봉ᄉ 신셰를 ᄌ톤ᄒᄃ
ᄀ 전후말를 ᄒ니 그 즁이 보ᄉᄃ려 ᄒ난 말리 불상ᄒ오 우

〈22-뒤〉

졀 부쳬님은 영검이 만ᄒ옵셔 비러 온니 되는 일리 업고 구ᄒ면 응ᄒ는
니 고양미 숨빅셕을 부쳬님께 올니압고 지셩으로 불공ᄒ면 졍영이 눈을
쩌 완닌이 되야 쳔지만물를 보으리ᄃ 심봉ᄉ 가셰는 싱각지 안코 눈쁜단
말의 혹ᄒ야 그러며 삼빅셕을 저거ᄀ시요 화듀승 허허 웃고 여보요 딕
가셰를 싱각ᄒ니 숨비셔은 고ᄉᄒ고 단 슥셤을 무슈로 ᄒ것쇼 심봉ᄉ 혜
썸의 ᄒ는 말리 여보시요 언의 쇠ᄋ덜놈 부쳬님께 져거노코 빈 말 ᄒ것
쇼 눈 들나가 안질빙이 되요 ᄉ람만 업슨여기는고 염예말고 젹

〈23-앞〉

으시요 화듀승이 바릉을 펼쳐노코 제일층 불그찌의 심흑교 빅미 숨빅셕
이라 져거ᄀ지고 ᄒ직하고 간 년후의 심봉ᄉ 즁을 보너고 ᄃ시 싱각하니
시쥬쌀 숨빅셕을 출판홀 길리 업셔 복을 바라다가 도로여 죄를 어들 거
시니 이 일를 어이ᄒ리 이 셔롬 져 셔름 횟 셔름 무구 셔름이 동무지여
일러나니 전디지 못ᄒ야 우름 운다 익고 익고 닉 팔자야 망녕할ᄉ 닉 이

리야 천심이 지공ㅎᄉ 후박이 업건마는 무숨 일노 밍이 되여 셩셰좃차
ㄱ구ㅎ고 일월굿치 발근 것

〈23-뒤〉

슬 분별홀 길 전혜 읍고 처자갓턴 지졍간을 더하여도 못보것네 우리 망
스러쩌면 됴셕근심 업슬 것슬 ᄃ 커ᄀ넌 쑬즈식을 사동너여 니노와셔 품
을 팔고 녑을 비러ᄃᄀ 근근이 호구ㅎ는 등의 고양미 숨빅셕을 호괴잇게
져거노코 믹ᄀ리로 싱ᄃ혼들 방칙이 업고나 빈돈디을 기울린들 곡씨이
흔 되도 읍고 장노을 슈탐흔들 흔 푼젼 웨 잇시리 일간두옥 팔즈 흔들
풍우를 뭇 피커든 살 스람이 뉘 잇쓰리 니 몸을 포 ᄒ니 푼젼도 싸지 으
니ㅎ니 니라도 ᄉ디 오니ㅎ랴거든 엇더한 스룸언 팔즈 됴와 이목이 읜젼
ㅎ고 슈독이 구비ㅎ여 부부ㅎ로

〈24-앞〉

하고 자숀니 만당ㅎ고 곡식이 진진ㅎ고 지물리 영영ㅎ여 요디불갈 취디
무궁 기루은 것 업것마난 이고 이고 니 팔즈야 날 갓트니 쏘 잇는ᄀ 안진
박 꼼사동이 셜룹ᄃ 흔들 부모처즈 바로 보고 말못는 벙어리도 셔룹ᄃ
흔들 텬지만물 보와 잇네 흔충 이러틋시 톤식할졔 심쳥이 밧비 와셔 데
의 부친 모양 보고 씸작 놀닉여 발구르면셔 권신 두로 만지며 아부디 이
게 웬 이리요 날를 차저 ᄂ오시드ᄀ 이런 욕를 보와겻쇼 이웃딥의 ᄀ겻
ᄃᄀ 이런 봉변을 당ㅎ셧쇼 춥긴들 오직하며 분ㅎ민들 오딕ㅎ릿ᄀ 승상
쩍 노부인니 구디 즈문말유ㅎ여 어언ᄀ의 더듸엿소 승상쩍 시비 불너 부
억의 잇는 나무로 불 흔부셕 너어듀쇼 부탁ㅎ고 쇼미폭얼 거듭거듭

⟨24-뒤⟩

거더잡고 눈물 흔젹 시치면셔 진디을 잡쇼시요 쇼을 쯔셔ᄃᄀ ᄀ르치며 이것슨 집치요 이것슨 ᄌ본이요 심봉ᄉ 모슈식 밥머글 뜻 졍이 업셔쓰니 아부디 웬 이리요 어디 압퍼 그러신ᄀ 더듸왓ᄃ고 이러타시 질노ᄒ신ᄀ 온니로ᄃ 니 ᄋᄅ 쓸디업ᄃ 아부지 그게 무삼 말삼이요 부자ᄀ 쳘륜이야 무삼 허물 잇쓰릿ᄀ 아부지는 날만 밋고 ᄂᄂ 아부지만 밋더 디쇼사를 의논터니 오날날 말삼이 네 ᄋ러 쓸디업ᄃ 하시요니 부모의 근심은 곳 ᄌ식의 근심이라 졔 아모리 불효ᄒ들 말슴을 안니ᄒ시니 제 마음의 섭ᄉ이ᄃ 심봉ᄉ 그뎌야 니ᄀ 무슴 이를 너를 쇼기랴만은 만일 네ᄀ 알거ᄃ면 지극ᄒ 네의 마음의 걱뎡만 되것기로

⟨25-앞⟩

말ᄒ디 못ᄒ엿ᄃ 앗ᄀ 네를 디ᄃ리ᄃ가 져무도록 안이오기예 ᄒ도 각갑ᄒ여 나를 마저 ᄂᄎᄃᄀ 지릐 너문 긔쳔의 ᄲᄌ셔 거의 듁 되엿더니 뜻박쎄 몽운ᄉ 화듀승이 날를 건져 살녀노코 ᄒ난 마리 고양미 숨빅셕을 진심으로 시듀ᄒ면 성젼의 눈을 쩌셔 쳔지만물를 모리라 ᄒ더구나 홰쌈의 져거쩌니 등을 보니 싱ᄀᄒ니 푼뎐 일니 음ᄂ 등의 숨빅셕이 어디셔 ᄂᄃᄂ 말리야 도로여 후회로ᄃ ᄒ니 심청이 반기 듯고 붓친 위로ᄒ되 아부지 걱졍마르시고 진디ᄂ 줍슈시오 후회ᄒ면 진심이 못되오니ᄃ 아부지 어두온 눈을 쩌셔 쳔지만물를 보량이면 고양미 숨빅셕을 아무죠록 준비ᄒ여 몽운ᄉ로

⟨25-뒤⟩

올니리ᄃ 네 아무리 ᄒ들 빅쳑ᄀ두의 할 슈가 잇실쇼냐 심청이 엿ᄌ오더

왕승은 고빙ᄒ고 어름 궁기 이여 엇고 곽거라 ᄒᄂ 스롭은 부모 반춘ᄒ
여 노ᄋ면 제 ᄌ식이 승머리여 먹는ᄃ고 산치 부드려할졔 금항을 어더다
가 부모 봉양ᄒ엿시니 스친지효가 옛스롭만 못ᄒᄂ 지성이면 곰쳥이라
ᄒ오이 고양미는 ᄌ연 엇스오리ᄃ 집히 근심마옵쇼셔 만단위로ᄒ고 그
날부틈 목욕지계 젼됴돈발ᄒ며 딥을 쇄ᄒ며 후원의 돈을 모와 북두칠
셩 힝양반의 먼뢰구젹ᄒ되 등불를 발켜 쓰고 졍화슈 ᄒ그릇 시복힝ᄒ여
비ᄂ 말리 간기 모월 모일의 심쳥 근고우지비ᄒ노니 쳔지 일월셩신이며
하지후토 슨영셩황 오방강신 ᄒ비이며 져일

〈26-앞〉

의 셔ᄀ려리 삼금강 칠보살 팔부신장 십왕셔군 강임도령 슈챠공양ᄒ압
쇼셔 ᄒ날님이 일월 두미 스람의 안목이라 일월리 업스오면 무슴 분별ᄒ
오릿가 이비 무자싱신 숨십온의 온밍ᄒ여 시물을 못ᄒ오니 아비 허물를
니 몸으로 디신ᄒ압고 아비 누을 발켜 듀압쇼셔 일러터시 빌기 마지안니
ᄒ니 ᄒ로ᄂ 드른니 경숭고 션인들리 십오셰 쳐ᄌ를 사려ᄒ다 ᄒ거늘 심
쳥이 그 말 반기 듯고 귀덕어미 식이 너어 스롭 스랴 ᄒᄂ 곡졀를 무른직
우리ᄂ 남경션인으로 인둥슈 지니갈졔 졔슉으로 졔ᄒ면 무변디히를 무
스이 월셥ᄒ고 십삭만금퇴를 너기로 몸 팔녀ᄒᄂ 쳐ᄌ

〈26-뒤〉

잇쓰면 갑슬 앗기지 오코 쥬노라 ᄒ거늘 심쳥이 반겨 듯고 말을 ᄒ되 나
ᄂ 본촌 스롭일너니 우리 부친 안밍ᄒᄉ 고양미 숨빅셕을 지셩으로 불공
ᄒ면 눈을 써보리라 ᄒ되 가셰 쳘빈하여 판출할 기리 젼이 읍셔 니 몸을
팔녀ᄒ니 ᄂ를 스가미 엇ᄒ요 션인들리 이 말 듯고 효셩이 지극ᄒ나 가
긍ᄒᄃ ᄒ며 허락ᄒ고 식씨 삼빅셕을 몽운ᄉ로 슈운ᄒ고 금년 숨월 십오
일의 발ᄒᄃ ᄒ고 가거날 심쳥이 부친께 엿ᄌ오디 고양미 숨빅셕을 이무

슈운ᄒ엿쓰니 이제는 근심치 마암소셔 심봉ᄉ 짐쌍 놀니여 네 그 말리
웬 말리야 심쳥 갓튼 쳔츌지효녀가 엇지 부친을 쇽기랴만은 사셰

〈27-앞〉

부득이라 잠싼 궤슐노 쇼여 디답ᄒ되 장승상쯱 노부인니 월젼의 날다려
슈양쌀를 삼으려 ᄒ시는듸 참아 허락지 안니ᄒ엿습더니 금자 사셰는 고
양미 슘빅셕을 듀션홀 젼이 업셔 이 사연을 노부인쎄 엿ᄌ온직 빅미 슘
빅셕을 니여쥬시기로 슈양쌀로 팔넛나이다 ᄒ니 심봉ᄉ 물싁 모를고 이
말 반기 듯고 거라ᄒ면 거록하다 그 부인언 일국 지상의 부인이라 아미
드르미라 후록이 만ᄒ것다 져러ᄒ기여 그 자졔 슘형졔ᄀ 활노등양ᄒ논
이라 그러ᄒᄂ 양반의 ᄌ식으로 몸을 팔엿든 말리 쳔문의 고히ᄒ다만은
승상쯱 슈양쌀노 팔넌게야 관게ᄒ랴 인졔 ᄂᄀ는냐 니월 망일노

〈27-뒤〉

다려간다 ᄒ더이다 그 일 미우 잘 되엿다 심쳥이 그날부텀 곰곰 싱각ᄒ
니 눈어두온 빅발부친 영결ᄒ고 듀글 일과 스룸이 셰숭의 ᄂ셔 십오셰의
죽을 이리 뎡신니 ᄋ득ᄒ고 일의도 쯧시 업셔 식음을 젼폐ᄒ고 씸으로
지너더니 다시금 싱각ᄒ되 업쩌러진 물리요 쑈와 논 살리라 날리 졈졈
갓가오니 이러하여 못ᄒ것다 니가 스러쓸졔 부친의 쌸나나 ᄒ리라 ᄒ고
츈츄의복 상침졉엇 하졀의복 훈숨고의 박어 지여 달녀노코 동졀의복 쇼
음 두어 보의 ᄊ셔 농의 늣코 쳑목으로 갓쓴 졉어 갓시 다려 벽의 글고
뭉근 쒸

〈28-앞〉

며 당쓸드러 거러두고 힝션날를 기아리니 ᄒ로 반니 젹역ᄒ지라 밤언 젹
젹 습경인듸 은하슈 기우려졋ᄃ 초불만 디ᄒ여 두 무럽 마됴 꿀코 아미
를 슈기고 흐ᄋ 질게 쉬니 아무리 효녀라도 마음이 온젼홀손냐 부친의
버셔이나 망죵 지으리라 하고 바늘의 실럴 쮜여 드니 가슴이 답답ᄒ고
두 눈이 침친 졍신이 아득ᄒ여 희엄업시 우름이 간즁으로 죠차 졀노 나
나 부치이 씰ᄭ ᄒ여 크게 우던 못ᄒ고 경경오열ᄒ여 얼골도 디여보며
슈독도 만져보며 날 볼 날 몃날리요 니가 한번 듀어지면 뉘를 밋고 스릇
실까 익답도다 우리 부친 니가 쳘를 온 년후의 밥빌기를 느으섯더니 니
일부틈이라도 동니 걸린

〈28-뒤〉

되것쓰니 눈친들 오직ᄒ며 욕인들 오직 볼가 무슴 혐ᄒ 팔ᄌ로셔 초칠릴
만의 모친 죽고 부친죠츳 이별ᄒ니 이런 일 쏘 잇쓸ᄀ 힝양낙일슈운기는
쇼통쳔의 모자이별 편삽슈유소일은 용순의 형졔이별 셔출양관무고인은
위셩의 붕우이별 졍직관슨노기즁은 히월어 부부이별 이런 이별 만컨만
은 스르 둥ᄒ 이별리야 소시 드를 날리 잇고 숭면홀 잇것만은 우리 부녀
이별리야 언의날 쇼식 올며 언의 쩌의 숭면홀고 도르ᄀ신 우리 모친 황
쳔으로 가 겨시고 ᄂ는 이졔 듁거드면 슈궁으로 골 거시니 슈궁의셔 황
쳔 가기 몃날 몃칠리나 되난고 모녀 숭면ᄒᄌ 흔들

〈29-앞〉

모친이 나를 언치 알며 니가 엇지 모치를 알이요 만일 뭇고 무러 차져가
셔 모녀 숭면ᄒ난 날의 응둥 부친 쇼식을 부르실 것시니 무슴 말슴을로

더답흐리 오날 밤 오경시을 홈지의다 머무르고 너일 이침 돗는 히를 부
숭지의다 미량이면 에여불스 우리 붓친 좀 더 모셔 브련만은 이거월니을
뉘라셔 막을손냐 이고 셔룬지고 소숭강의 빠지려 흐던 이황여영 셔럼이
며 반냐슨 바위틈의 즈의 모친 이별흔 슝낭즈의 스럼이며 일낙셔손흐고
월츌동녁의 눈물지더 왕소군의 셔름이며 슈독을 다 쓰는 쳑부이의 셔롬
인들 이웨 더 스룰손냐 이고 이고 서룬지고 쳔지가 스졍이 업시니 읍고

〈29-뒤〉

닥이 우니 심청 홀길룹셔 달가 달가 우디마라 제발 등분의 우지말라 반
냐진관의 밍승군 안니로다 네ㄱ 울면 날리 시고 날리 시면 너ㄱ 둑는듯
둑기는 습지 안니흐여도 의지업신 우리 부친 엇쩌 잇고 ㄱ쟌말고 언어더
시 동방이 말거오니 심청이 졔의 부친 딘디ㄴ 망동 지여드리리라 흐고
문을 녈고 ㄴ셧드니 발셔 션인들리 스립 밧게셔 하는 말리 오날리 힝션
홀 날리요니 슈이 ㄱ게 흐압쇼셔 흐거늘 심청이 이 말를 듯고 얼골리 빗
치 업셔지고 스지의 믹이 업셔 목메고 졍신이 어질고야 션인들을 데우
불너 여보시

〈30-앞〉

요 션인임니 나도 오날리 힝션날린 쥴 이무 알엇거니와 니 몸 팔닌 죠를
우리 부친은 아직 모로시오니 만닐 아르시거듸면 지리 야단니 날 거니
잠간 지쳬흐압쇼셔 부친 진지나 망조 지여 잡슈신 연후의 말삼 엿잡고
써나게 하오리다 하니 션닌들리 그러흐옵소셔 흐거늘 심청이 드러와 눈
물노 밥을 지여 분친쎄 올니고 상머리예 마쵸 안져 아무죠록 진지를 만
니 잡슈시게 흐너라고 좌반도 쪠여 입의 너코 짐쏨도 쓰셔 슈죄의 노으
며 진지을 만니 잡슈시오 심봉스는 쳘도 모로고 야야 오날날른 미우 됴

코나 뉘 집 졔ᄉ 지닌너냐 그날 꿈을 쮜니 이난 부자간 쳘윤이ᄅ 몽죠가
잇ᄂ 거시엿ᄃ 아가 아가

〈30-뒤〉

이상한 일도 잇다 간밤의 꿈을 쮜니 네가 콘 슈릐을 타고 한읍시 ᄀ 뵈니
이 슈릐라 ᄒᄂ 것시 귀호 사름이 타는 것시라 우리 집의 무삼 죠흔 일리
잇쓸가부다 그러치 안니ᄒ면 장승상썩의셔 가미 틔워 갈난나부다 심쳥
이는 져 쥬글 꿈인 줄 알고 거짓 그 꿈 좃사이다 ᄒ고 진지상을 물녀너고
담비 타려 올닌 후의 그 진지쌍을 대하여 먹으려 한니 간장이 썩ᄂ 눈물
은 누으로 쇼사나고 부치 신셰 싱각ᄒ며 져 듀글 일을 싱각ᄒ니 졍신이
아득ᄒ고 몸이 쩔녀 밥을 못 먹고 물닌 후의 심쳥이 ᄉᄃ의 ᄒ할 ᄎ로
드러갈졔 다시 셰슈ᄒ고 사당문 ᄀ만니 녈고 ᄒ직ᄒ난 말리 불초여ᄒᄂ 심
쳥이는 익비 눈

〈31-앞〉

쓰기을 위ᄒ야 인당슈 졔슉으로 몸을 팔녀 ᄀ오미 됴둉힝화을 일노됴차
ᄯᆫ케 되니 불승여모후압니다 울며 ᄒ직ᄒ고 ᄉ당문 닷친 후의 부친 읍푸
나와 두 숀을 부여잡고 기식ᄒ니 심보ᄉ 깜쪽 놀닉야 ᄒᄂ 말리 아가 아
가 이게 웬 일리야 졍신을 치려 말ᄒ여라 심쳥이 엿ᄌ오디 닉가 불효여
식으로 아부지를 쇼겻쏘 고양미 ᄉ빅셕을 뉘ᄅ 나을 쥬겻소 남경션인딜
게 인당슈 졔슉으로 닉 몸을 팔녀 오날리 써나는 날리요 이날 망즁 보압
쇼셔 심봉ᄉ 이 말를 듯고 춤말인냐 춤말인냐 익고 익고 이게 웬 말린고
못 가리라 못 ᄀ리라 네 날다려 뭇지도 안코 네 임의로 ᄒ존말가 네가
술고 니ᄀ 눈을 쓰면 응당

〈31-뒤〉

흐려니와 즈식쥬여 눈을 뜬들 그게 츠마 할 일리냐 네의 모친 너을 늦게
야 낫코 초칠릴 안의 쥬근 후의 눈 어두온 늘근 것시 품안의 너를 안고
이 집 져 딥 다니면셔 구츠흔 말 흐여감셔 동양져 어더먹겨 키여 이만치
즈라거든 니 아무리 눈 어두나 너를 눈우로 알고 너의 못친 쥬근 후의
츠츠 여젼터니 이 말리 무신 말린고 마라 마라 가지마라 안희 둑고 자식
일코 나 살러셔 무어흐랴 너흐고 나흐고 홈게 둑즈 눈을 팔러 너을 살가
너를 파러 눈을 뜬들 무어 거슬 보고 눈을 쓰리 엇쓴 놈의 팔자관더 사궁
지슈 되든말가 네 이놈 상놈

〈32-앞〉

덜아 장스도 조커니와 스롬 스드 듀기여 졔흐는더 어디더 보왓나야 흐날
님의 어지심과 귀신의 발근 마음 앙화가 업것난냐 눈 먼 놈의 문암독녀
쳘모로는 어린ᄋ희을 날 모로게 유인흐여 갑슬 듀고 산단말가 돈도 토
쌀도 실타 네 이놈 승놈더라 옛글를 모로느냐 칠연타한 가물 젹의 사롬
으로 빌느 흔이 탕인군 어지신 말슴 너ᄀ 지금 비는 비는 사람을 위흐미
라 사람 죽겨 빌 냥이면 니 몸으로 디신흐리라 놈으로 희성되야 신녀빅
묘 뎐됴단발흐고 상님들리 비러써니 디우 슈쳘니 바라 이런 일도 잇건니
와 니 몸으로 디신홈미 엇더흐냐

〈32-뒤〉

여보시요 동너 스롬 졀언 놈덜을 그져 두고 보오 심쳥이 부친을 붓들고
울며 위로흐되 아부지 할닐업쇼 나넌 이무 둑거니와 아부넌 눈을 쩌셔
디명쳔지 보고 착흔 스람을 구하여셔 아들 낫코 짤을 나아 아부지 후사

나 젼코 불쵸녀를 싱각지 마르시고 만셰무량ᄒᆞ옵쇼셔 이도 ᄯᅩᄒᆞᆫ 쳔명이
오이 후회한들 엇지 하오리닛가 션인들리 그 경상을 보고 영좌가 공논하
되 심쇼졔의 효셩과 심봉사의 신셰을 생각ᄒᆞ여 봉사 굼지 안코 벗지 온
케 ᄒᆞᆫ무계를 꿈여듀면 엇더하오 그 말리 올타ᄒᆞ여 쌀 이빅셕과 돈 삼빅
양이

〈33-앞〉

며 빅목 ᄆᆞ포 ᄒᆞ도식 동즁의 드러놋코 동인 묘여 구별하되 이빅셕 쌀과
삼밍양 돈을 근실ᄒᆞᆫ 사롬 듀워 도디업시 셩ᄒᆞ게 질너 심봉사을 공궤ᄒᆞ되
삼빅듕의 이십셕은 ᄃᆞ연 양식 졔지ᄒᆞ고 남젹이난 연연니 홋듀어 장이로
취식하면 양식이 넉넉ᄒᆞ고 빅목 마포넌 사졀의복 장만ᄒᆞ고 이 ᄯᅳ시로 본
관의 공문 니여 동듕의 젼하라 구별를 다 ᄒᆞᆫ 년후의 심쇼졔을 가자 할졔
무릉촌 장승상ᄯᅦᆨ 부인이 그졔야 이 말을 듯고 급히 시비을 보니여 심쇼
졔를 쳥ᄒᆞ거늘 쇼졔 시비를 ᄯᆞ러가니 승상부인니 문 밧게 니ᄃᆞ러 쇼의
손을 잡고 울며 왈 네 이 무상ᄒᆞᆫ 사람아

〈33-뒤〉

나는 너를 자식으로 아러써니 너는 나를 어미갓치 안니아난쏘다 빅미 삼
빅셕으로 몸을 팔녀간다 ᄒᆞ니 효셩이 지극ᄒᆞ다만은 네가 사러 셔상의 잇
셔 하는 것만 갓지 못다 날다려 의논터면 진직 듀션하엿쩌야 빅미 삼
빅셕을 이졔로 니여줄 것시니 션은들 고로 듀고 망연ᄒᆞᆫ 말 ᄃᆞ시 말나 ᄒᆞ
시니 심쇼졔 엿자오디 당쵸의 말삼 못할 것슬 이졔야 후회ᄒᆞᆫ들 엇지ᄒᆞ오
릿ᄀᆞ ᄯᅩᄒᆞᆫ 위친ᄒᆞ여 공을 빌 양이면 엇지 남의 무명식ᄒᆞᆫ 지물을 비러오
며 빅미 삼빅셕을 도로 니여듀면 션인들 임시 낭픿ᄒᆞ니 그도 ᄯᅩᄒᆞᆫ 어렵
삽고 사롬

〈34-앞〉

의게 몸을 허락ᄒ여 약쇽을 정ᄒ 후의 다시 비약ᄒ면 쇼인의 간장이라 그난 쏫지 못ᄒ려니와 ᄒ물며 갑바순 슈식이 지닌 후의 차마 웃 낫쳘 드 러 무삼 말을 ᄒ오릿가 부인의 할 갓튼 은혜와 착ᄒ신 말삼은 집어로 ᄅ 가와 결쵸보은ᄒ오리ᄃ 하고 눈물리 옷짓슬 적시거날 부인니 다시 보미 엄슉ᄒ지라 할닐읍시 다시 말니지 못ᄒ시거날 심쇼졔 다시 엿자오디 부 인은 젼싱의 니의 부모라 어네의 날리 다시 모셔보리잇가 글 ᄒ슈를 지 여 졍을 푀여오니 보시면 증험ᄒ오리ᄃ 부인이 반기여 지필을 니여듀니 붓슬 들고 글를 쓸졔 눈물리 비ᄀ 되여 뎜뎜이 써러지니 슝이슝이 꼿시 되여 그림 족자로다 듕의 걸

〈34-뒤〉

고 보니 그 글리 ᄒ엿시되 싱기상귀일몽간의 ○ 견졍ᄒ필누잠잠이랴만 은 ○ 셰간의 죄유단장터ᄒ니 ○ 초록강남인미환을 ○ 이 글 ᄯᅳᆺ션 사룸 의 듁교 사난게 ᄒ 꿈쇽이니 졍을 잇ᄯ러 엇지 반ᄃ시 눈물을 흘이랴만 은 셰간의 가장 단장ᄒᄂ 곳시 잇쓰니 풀풀린 강남의 사람이 도라오지못 ᄒ난쏘ᄃ 부의이 지삼 만집ᄒ시ᄃᄀ 글 지으믈 보시고 네ᄂ 과연 셰 사 룸이 온이로ᄃ 글언 진실노 션여로ᄃ 분명 인근의 이여이ᄃ ᄒ여 상계 부르시미 네 어이 피할손냐 니 쏘ᄒ 츄우하리라 ᄒ시고 글을 쎠 듀시니 ᄒ여시되 ○ 무돈풍우가 야리혼ᄒ니 ◎ 취숑명화각ᄒ문고 ◎ 젹거인간

〈35-앞〉

쳔필련ᄒ사 ○ 강괴부모단졍은을 ○ 이 글 ᄯᅳᆺ션 무돈풍우 밤의 어두어오 니 명화를 부러 보니여 니 문의 쩌러지는고 이간의 괴로우멀 하날리 싱

극흐소 강인이 흐온 아비와 자식으로 흐여금 졍과 의을 쓴케 하미라 심 쇼져 그 글을 품의 품고 눈물노 이별흐니 차마 보지 못할네라 심쳥이 도 라와셔 졔의 부친의게 흐직할졔 심봉사 붓들고 쒸놀며 고통하여 네 날 듀 기고 졔 그져난 못가난니라 날 다리고 가거라 네 혼자난 못가리라 심쳥이 붓친을 위로흐되 부자간 쳔륜을 쓴코 십어 쓴사오며 듁고시퍼 듁쓰오릿 가만언 익운이 맛키엿삽고 싱스ㄱ 쩌ㄱ 잇셔 흐날님이 흐신 비오니 흔탄 흔들 엇지흐오릿ㄱ 인졍으로 흐량이면 쩌날 날리 업사오리득 흐고 졔

〈35-뒤〉

의 붓친을 동닌사람의게 붓들니고 션닌들를 싸러갈졔 방셩통곡하며 쵸 민쓴 졸나믹고 초미폭 거듬거듬 안고 헛터진 머리털은 두 귀 밋쳘 느리 오고 비갓치 흐르난 눈물은 왼 옷시 사못찬며 업더지며 잡바지며 붓들여 나갈졔 건네집 바라보며 아모기 네 집 큰 아가 상침질 슈놋키를 뉘ㄱ 흠 게 흐랴는야 작년 오월 단오일의 츄쳔흐고셔 노던 일를 네ㄱ 힝여 싱각 는냐 아모기네 집 자근아ㄱ 금년 칠월칠셕야의 함끠 결교하자쩌니 이졔 는 허스로득 언졔ㄴ 득시 보랴 너희ㄴ 팔 됴와 양친 모시고 잘 잇거라 동니 남여노쇼 업시 눈니 붓록 셔로 붓들고 우득ㄱ 셩우의 셔로 분슈흔 년후의

〈36-앞〉

흐날님이 으르시든지 빅일은 어디ㄱ고 음운이 즈옥흐며 쳥산이 쓩그리 난 듯 강쇼리 오열흐고 휘느러져 곱든 꼬슨 이우러져 졔 빗슬 일은 듯흐 고 료록흔 버들가지도 죠을다시 휘느러지고 츈죠는 다졍흐야 빅반졔흐 난 즁의 뭇노라 져 꾀고리난 뉘를 이별흐엿관디 환우셩 크게 우러오고 뜻밧게 두견이난 피를 니여 우름운다 야월공산 어디 두고 진졍졔슝단즁

셩을 네 으무리 ᄀ지 우의 불여귀라 울것마난 갑슬 밧고

〈36-뒤〉

팔닌 몸이 다시 엇지 도라올ᄀ ᄇ람의 날닌 ᄭ시 옥면의 와 부드치니 꼿슬 들고 ᄇ라보며 악도츈풍이불ᄒ의면 ᄒ인취숑락화니오 ᄒ무졔 슈양공쥬미화중은 잇건마는 쥬그러 ᄀ난 몸이 뉘를 위ᄒ여 단중ᄒ리 츔산의 지난 ᄭ시 지고 시퍼 지랴마는 ᄉ셰 부득이라 슈원슉우ᄒ리오 흔거름의 도라보며 두 거름의 눈물지며 강두의 다다르니 비머리여 죠판 놋코 심청이를 인도ᄒ여 비중안의 시른 연후

〈37-앞〉

의 닷슬 감고 도슬 다라 여러 션인더리 쇼리ᄒ난구나 어기야 어기야 쇼리를 ᄒ며 북을 둥둥 울니면셔 노를 져어 비질할졔 범피중유 쩌나간다 각셜이라 망망ᄒ 창ᄒ여 탕탕ᄒ 물결이라 빅빈쥬 갈먹이난 홍용안의 나라들고 삼샹의 기럭이난 ᄒ슈로 도라들졔 요란ᄒ 물쇼리 어젹이 여기연마는 곡죵인불견의 슈봉만 푸리엿다 관익셩중만고슈난 날노 두고 이름이라 장ᄉ를 지니갈졔 간의터

〈37-뒤〉

부 간 곳 업고 멱나슈를 ᄇ라보니 굴슘여의 어복충혼 무양도 ᄒ시든ᄀ 황학누를 당도ᄒ니 일모향관ᄒ쳐시오 여ᄑ강샹ᄉ인슈난 최호의 유젹이오 봉황디를 다다르니 슴산은 반락쳔외오 이슈는 중분빅로쥬라 리젹션의 노든 데오 심양강 당도ᄒ니 빅락쳔은 어디 ᄀ고 피ᄑ셩도 ᄯ쳐졋나 젹벽강 그져 ᄀ랴 쇼동ᄑ 노든 풍월은 의구이 잇다마는 죠밍덕의 일셰지

웅이 금의 안직

〈38-앞〉

지오 월락오졔 집푼 밤의 고쇼셩의 비를 미니 흔산ᄉ 쇠북쇼리 긱션의
이르럿다 신회슈를 건네갈 젹의 격강의 상너딜은 망국 흔을 모르고셔 연
룡흔 슈월룡ᄉ의 후졍화만 불너잇고 쇼숭강 드러가니 악양누 노푼 집 호
승의 쩌닛거날 동남으로 ᄇ라보니 오산은 쳔쳡이오 쵸슈난 만곡이라 쇼
승팔경이 눈 압픠 버려잇거날 역역이 둘너보니 쇼승강 어부딜은 낙슈더
를 드러메고 힝화촌 ᄎ쩌가고 격

〈38-뒤〉

양흐는 농부들은 도렁이를 엽페 찌고 갈더슙으로 도라든다 슈광은 졉쳔
흔듸 ᄋ참날 도들 쩌의 동편을 ᄇ라보니 부광은 약금ᄒ고 졍형은 침벽이
라 강쳔이 막막ᄒ여 우루룩 쑤루룩 오난 비난 ᄋ황여영의 눈물이오 반쥭
의 셕은 ᄀ지 졈졈이 미쳐시니 쇼승야우 이 ᄋ니야 칠빅평호 말근 물은
츄월이 도다오니 승흐젼광 푸리엿다 어룡은 잠을 ᄌ고 ᄌ규만 나러들졔
동졍츄월이 이 ᄋ니야 오쵸동남 너룬 물의 오고ᄀ난 승고션은 슌풍의 도
슬 다러 북을 둥둥 울니면셔 어기야 어기야 쇼리

〈39-앞〉

ᄒ니 원포귀범 이 ᄋ니야 격안강촌양슘ᄀ의 밥짓난 연기 나고 반죠입강
셕벽숭의 거울 나츨 여러스니 무산락죠ᄀ 이 ᄋ니야 일간귀쳔심벽이오 반
티용심이라 옹옹이 이러나셔 흔 쩨를 둘너시니 ᄎ오모운이 이 ᄋ니야 슈
벽ᄉ명양안티의 쳥원을 못 이겨셔 이러오난 져 기럭이 갈 더 ᄒ나를 입의

물고 졈졈이 나러들며 씰룩씰룩 쇼리를 ᄒ니 평ᄉ락안이 이 ᄋ니야 ᄉ유
로 울고가니 옛 ᄉ당이 완연ᄒ다 남슌형졔 혼이라도 응당 잇시려 ᄒ엿더
니 졔 쇼리의 눈물지니 황능 이원이 이 ᄋ니야 시벽 쇠북 훈 쇼리의 경쇠

〈39-뒤〉

뎅뎅 셧겨나니 오난 비 쳔리원긱 집피 든 잠 놀니여 ᄭ우고 탁ᄌ 압폐
늘근 즁은 ᄋ미탈불 염불ᄒ니 훈ᄉ모죵이 이 ᄋ니야 팔경을 다 본 후의
힝션을 ᄒ랴 할 졔 향풍이 이러나며 옥푀쇼리 들니더니 쥭림 ᄉ이로셔
엇더훈 두 부인이 션관을 놉피 씨고 ᄌᄒ숭 셕유군의 신을 ᄯ러 나오더
니 져그 가난 심쇼졔야 네 날을 모르리라 충오산봉상슈졀이라야 쥭숭지
루니ᄀ멸이라 쳔츄의 집피 ᄒ쇼할 곳 업셔더니 지극훈 네의 효셩 ᄒ례코
져 니 왓노라 요슌후 긔쳔년의 지금은 어느 ᄶ며 오현금 남풍

〈40-앞〉

시를 이계ᄭ지 젼ᄒ더냐 슈로만리 먼먼 길의 죠심ᄒ여 단여오라 ᄒ며 홀
연 간더업거날 심청이 니렴의 이난 이비로다 셔산의 당도ᄒ니 풍낭이 디
작ᄒ며 찬 긔운이 쇼삽ᄒ며 흑운이 두르더니 훈 ᄉ람이 나오난디 면여거
류ᄒ고 미간이 광활훈디 ᄀ쥭으로 몸을 ᄊ고 두 눈을 ᄶ 감고 심청 불너
쇼리ᄒ되 슬푸다 우리 오왕 빅비의 참쇼 듯고 녹누검을 날을 쥬어 목 ᄶ
너 죽은 후의 치이로 몸을 ᄊ셔 이 물의 던져시니 익닯다 즁부의 원통ᄒ
이 월병이 멸오함을 역역히 보랴ᄒ고 눈을 ᄶ여 돈문승의 걸고 왓

〈40-뒤〉

더니 과연 니가 보왓노라 그러나 니 몸의 감은 가죽을 뉘라셔 벳겨쥬며

눈 업난게 혼이로다 이난 빈고 흐니 오나라 츙신 오즈셜네라 풍운이 거
더지고 일월이 명낭흐고 물결이 잔잔터니 엇더흔 두 스람이 퇵반으로 나
오난듸 압페 흔스람은 왕즈의 긔승이오 얼골의 거문 씩는 일국 슈식 씩
여 잇고 의복이 남누흐니 쵸슉일시 분명흐다 눈물지며 흐난 말이 이달고
분흐게 진나라의 쇼킴 되여 삼연모단의 고국 혼 브라보고 미귀혼이 되것
구나 쳔츄의 집푼 혼이 쵸혼죠 되엿더니 박랑퇴셩을 반기 듯고 쇽졀업시
동졍달

의 헛츔만 츄엇노라 뒤여 엇더흔 스람은 안식이 쵸쳬흐고 형용이 고고흔
듸 나는 쵸나라 굴원이라 회왕을 셤기다ㄱ 자관의 참쇼를 만나 더러운
몸을 시치랴고 이 물의 씬졋더니 어엿불스 우리 임군 스후의나 셤기랴고
이 짜의 와 모셧노라 나 지은 이쇼경 졔고양지묘에헤여 짐황교왈빅용이
라 요쵸목지영낙헤여 공미인지지헤로다 셰샹의 문장직스 멧멧치 되엿는
고 그듸는 위친흐여 효셩으로 죽고 나난 츙셩을 다흐더니 츙효난 일반이
라 위로코져 니 왓노라 층희만리 먼먼 질의 부듸 평안이 ㄱ옵쇼셔

심쳥이 싱각흐되 죽은 졔 슈쳔연의 졍빅이 나머잇셔 스람의 눈의 보이니
이도 쏘흔 귀신이라 나 죽을 증죠로다 슬픠 탄식흐되 물의 잠이 몃 밤이
며 빈여 ㄱ미 몃날이냐 거연 스오식을 이 물 갓치 지니ㄱ니 금풍삽이셕
긔흐고 옥우확이징영이라 낙흐는 여고목졔비흐고 츄슈난 공즁쳔일식이
왕발이 지은 귀오 무변낙목쇼쇼흐요 부진장강곤곤닉는 두자미 을푼 귀
오 강흔이 츌농흐니 황금편편이오 로화에 풍기흐니 빅셜이 만졈이라 신
풍셰우 지난 입은 옥누쳥풍 불것난듸 외로올스 어션덜은

〈42-앞〉

등불을 도도 달고 어부가로 화답ᄒ니 그도 쏘ᄒᆫ 슈심이오 희반쳥산은 봉봉 칼날 되야 베이나니 슈장이라 일낙장ᄉ츄식원의 부지ᄒ쳐죠상군고 슝옥의 비츄부ᄀ 이에서 더할쇼냐 동녀를 시러씨니 진시황의 치약빈ᄀ 방ᄉ 셔시 업셔시니 ᄒ무졔의 구션빈ᄀ 질어 죽ᄌ ᄒ들 션인들이 슈직ᄒ고 ᄉ러가ᄌ ᄒ니 고국이 창망이라 ᄒᆫ 곳슬 당도ᄒ니 돗슬 지우며 닷슬 쥬니 이ᄂ 곳 인당슐네라 광풍이 디작하며 바디이 되누우며 어용이 쏘오난 듯 벽녁 이러ᄂ은 듯 디쳔바대 ᄒ가운대 일쳔셕 실른 비 노도 일코 닷쏘

〈42-뒤〉

ᄭ쳐지며 용총도 부러져 치도 ᄲ지고 바룸부러 물결쳐 안기 비 뒤셕거ᄌᄌ진디 갈 질른 쳘니말니 나마잇고 사면은 어둑 져무러셔 쳔지졍막ᄒ여 간치뉘 쩌오난듸 비젼의 탁특 돗디도 와직근 경각의 위퇴ᄒ니 도ᄉ공 영좌 이ᄒ로 황황대겁ᄒ여 혼불부신ᄒ며 고ᄉ긔계를 차릴 젹의 셤쑬노밥을 짓고 동의슐의 큰 쇼 잡어 왼 쇼 다리 왼 쇼 머리 사지를 갈너 올녀 놋코 큰 돗 잡어 통치 쏠머 큰 칼 ᄭ즈 기난다시 밧쳐놋코 슘식 실과며 오식탕수와 어동육셔며 좌포우혜와 홍동빅셔를 방위츠려 괴야노코 심쳥을 목

〈43-앞〉

욕시겨 쇼의쇼복 졍ᄒ게 입펴 상머리의 안친 후의 도ᄉ공의 거동보쇼 북을 둥둥 치면셔 고ᄉ할졔 두리둥 두리둥 칩더ᄌ바 슘십슘쳔 니립더 자버 이십팔슈 허궁쳔지비비쳔과 슘황오졔 도리쳔 십왕 일이등 마련할졔 쳔승의 옥황승졔며 지ᄒ의 십이졔국 차졔하신 황졔 헌원씨와 공밍안즈 법

문 니고 셔가여러불 마련ㅎ며 복희씨 시황팔괘하여 잇고 실농씨 상빅쵸시
위의약ㅎ여 잇고 헌원씨 비을 니여 이졔불통ㅎ읍실졔 후싱이 본을 바더
사농공상 위엽으로 다 각기 싱화직업ㅎ니 막디ㅎ신 공이 안니시면 후우

〈43-뒤〉

씨 군년지슈 비를 투고 다사렷고 오국의 졍호 공셰 구듀로 도라들며 오
즈셔 분위할졔 노ㄱ로 것네듀고 희셩의 픠한 셩스 오강으로 도라들졔 비
를 미고 지드려 잇고 공명의 조화로 동남풍을 비러니여 됴묘의 십만디명
슈륙으로 화공ㅎ니 비 안니면 엇지ㅎ며 도연명은 젼원으로 도라오고 중
경은 강월의 듕일우지쇼여하니 쇼동파도 노르잇고 디국춍 어사화 ㅎ니
고여승유무졍거는 어부의 질거오미요 게도난요로 ㅎ장포ㅎ니 오히월녀
치려쥬요 지요무셔거ㅎ니 경셰위경은 상고션 이 안니냐 우리 동무 시물
네명이 숭고로 위엽ㅎ여 십여셰 쥬슈타고 표빅셔호 단니더니 인당슈 요
왕님

〈44-앞〉

은 인졔슉물 밧삽기로 유리국 도화도 스는 십오셰 된 효녀 심청을 졔슉
으로 드리오니 스희요왕님은 고이고이 밧즈옵쇼셔 동희신 아명 셔희신
거승니며 남희신 츙융 북희신 옹강이며 칠금손 요왕임 자금손 용왕님 긔
기슴 용왕님 영각디감 셩황님 허리간의 화장셔왕 이물 고고물 셩황님네
드 구버보압쇼셔 슈로쳘니 먼먼 질의 바롬 궁걸 열어니고 나지면 곤노
너어 용난골슈 집펏난디 평반의 물 다문다시 비도 무쇠가 되고 닷도 부
쇠가 되도 용총 마류 닷둘 모도다 무쇠로 덤졔ㅎ읍고 영낭지황이 업삽고
실물실화 졔살

〈44-뒤〉

하와 억씸만금 퇴을 니여 디 곳틱 봉기 질너 우심으로 영화ᄒ고 츔어로
디길ᄒ고 졈지ᄒ여 쥬압쇼셔 ᄒ며 북을 두리 둥둥 치면셔 심쳥은 시가
급ᄒ니 어셔 밧비 물의 들나 심쳥이 거동보쇼 두 쇼을 합장ᄒ고 이러나
셔 ᄒ날님젼의 비는 말리 비ᄂᆞ니다 비ᄂᆞ니다 하날님젼의 비ᄂᆞ이다 심쳥
이ᄂᆞᆫ 죽ᄂᆞᆫ 일을 츄호라도 습지 아니ᄒ며도 병신 붓친의 집푼 흔을 싱젼
의 풀냐 하압고 이 쥬검을 당ᄒ오니 명쳔은 감동ᄒ압셔 침침흔 으비 눈
을 명명ᄒ게 씌여 쥬웁쇼셔 팔 드러 슬허치고 여러 션닌 슝고님니 평안
니 ᄀᆞ옵시고 억슴만금 퇴를 니여 이 물가의 지니거든 니의 혼빅

〈45-앞〉

불너 물압이ᄂᆞ 쥬오 두 활기를 쩍 벌니 비쌍의 나셔보니 슈쇄흔 푸린 물
은 워리렁츌넝 뒤동구러 물농을쳐 버큼은 북져 씬딘디 심쳥이 기ᄀᆞ 맛키
여 뒤로 벌쩌 쥬져안저 비젼을 다시 잡고 게졀ᄒ여 업씬 양언 츠마 보지
못할네라 심쳥이 닷시 졍신차려 할 슈 업셔 이러나 왼몸을 잔쑥 쥐고 쵸
미폭을 무름씨고 츄온거름으로 물너셧다 충희등의 몸을 듀어 이고 이고
아부지 나난 죽쇼 비젼의 흔 발니 닛칫ᄒ며 썩구로 풍덩 새저노니 힝화
는 풍낭을 쫏고 명월른 희문의 줌기니 츠쇼위 묘충희지일슉이

〈45-뒤〉

라 시넌날 졍신갓치 물결은 잔잔ᄒ고 광풍은 삭어지며 안기 주옥ᄒ여 ᄀᆞ
는 구름 머물녓고 쳥쳔의 가는 안기 시넌날 동방쳐름 일긔 명낭ᄒ더라
도ᄉᆞ공 ᄒ난 말이 고ᄉᆞ를 지닌 후의 일긔 슌통ᄒ니 심낭주의 덕이 으니
신가 좌중이 실심이라 고ᄉᆞ를 프르고 슐 흔잔식 먹고 담비 흔디식 넉고

힝션합시 어 그러흡시 어기야 어기야 관인셩 흔 곡죠의 삼승돗 짝을 치
여 양 쪽의 갈나달고 남경으로 드러갈졔 왕룡슈 여울물의 이젼고은 살디
갓치 안쪽의 견흔 편지 북희승의 기별 갓치 슌식간의 남경으로 득달흐니
라 이쩌의 심

〈46-앞〉

낭즈난 충희즁의 몸이 드러 죽은 쥴노 으럿더니 오운이 영농흐고 이향
촉비터니 옥져셩 말근 쇼리 은근이 들니거날 몸으 머물너 쥬겨할졔 옥황
숭졔 흐교흐스 인당슈 룡왕과 스히룡황 지부왕게 낫낫치 흐교흐시되 명
일의 츌쳔효녀 심쳥이ㄱ 그 곳슬 갈 거시니 몸의 물 흔 졈 뭇잔케 흐되
만닐 모시기를 실슈흐면 스히룡왕은 쳔벌을 쥬고 지부왕은 숀도를 쥴 거
시니 슈졍궁으로 모셔 듸려 슙연 공궤 단즁흐여 셰상으로 환숑흐라 흐교
흐시니 스히룡왕이며 지부왕이 모도다 황겁흐여 무슈흔 강흔 졔중과 쳔
틱지군

〈46-뒤〉

이 모야들졔 원춤군 별쥬부 승지 도미 비별낭 낙지 감찰 이어며 슈찬의
숑어와 흐림의 부어 슈문장 미억이 쳥명 스령 즈가스리 승디 북어 슘치
갈치 앙금 방게 슈군빅관이며 빅만 인갑이며 무슈흔 션녀들은 빅옥교즈
를 등디흐여 그 시를 지다리더니 과연 옥갓튼 심낭즈 물노 쮜여들거날 션
녀덜이 밧드러 교즈의 올니거날 심낭즈 졍신츠려 일은 말이 진셰간의 츄
비인싱으로 엇지 룡궁 교즈를 타올잇가 여러 션녀더리 엿즈오디 옥황숭
졔의 분부ㄱ 지엄흐압시니 만일 타시지 으니흐시면 우리 룡왕이 죄를 면
치 못흐것스오니 싱양치 마르시고 타압쇼셔 심낭즈 그졔야 마지못흐여

〈47-앞〉

교주 우의 놉피 안지니 팔션녀는 교주를 메고 육용이 시위ㅎ여 강호 졔
장과 쳔틱지군이 좌우로 어거ㅎ며 쳥학 탄 두 동주는 압질을 인도ㅎ여
희슈로 질 만들고 풍악으로 드러갈졔 쳔상 션관션녀더리 심쇼졔를 보려
ㅎ고 버려셧스니 틱을션녀는 학을 타고 젹숑주는 구름 타고 ㅅ주 탄 갈
션옹과 쳥의동주 빅의동주 쌍쌍 시비 췌젹셩과 월궁황ᄋ 셩황모며 마구
션녀 낙포션녀와 남악부인의 팔션녀 다 뫼얏난듸 고은 복식 죠은 픠물
향긔도 이상ㅎ며 풍악도 젼도ㅎ다 왕주진의 봉필에며 곽쳐ㅅ의 쥭장고
며 셩연주의 거문고와 댱자방의 옥통

〈47-뒤〉

쇼 희강의 희금이며 완젹의 쉬파람의 젹 타고 취옹젹ㅎ며 능픈ㅅ 보혜ㅅ
며 우의곡 치련곡을 졋드러 소리ㅎ니 그 풍유쇼리 슈궁의 진동ㅎ다 슈졍
궁으로 드러가니 별유쳔지비셰로다 남히 광리왕이 통쳔관을 쓰고 빅옥
홀을 손의 들고 호긔 찬란ㅎ게 드러가니 너슘쳔의 팔빅 슈궁지부 디신덜
은 왕을 위ㅎ여 영덕젼 큰 문 박게 ᄎ례로 느러셔셔 상호만셰 ㅎ더라 심
낭주 뒤로난 빅로 탄 여동빈 고리 탄 리젹션과 쳥학 탄 장여난 비상쳔ㅎ
난구나 집치례 볼작시면 능난ㅎ고 장할시고 괘룡골이위양ㅎ니 영광이용
일이오 집어린이작와ㅎ니 셔긔

〈48-앞〉

반공이라 쥬궁픠궐은 응쳔상지슴광이오 곤의슈상은 비인간지오복이라
산호렴 디모병은 광치도 찰난ㅎ고 교인단모장은 구름갓치 놉피 치고 동
으로 ᄇ라보니 디붕이 비젼ㅎ되 슈여남 풀은 물은 보ᄀ의 둘너잇고 셔으

로 브라보니 약슈 유스 으득훈디 일숑쳥죠 날어들고 북으로 브라보니 일
반쳥산은 취식을 씌여 잇고 우으로 브라보니 상운셔인 불겻난디 상통삼
쳔 훈팔구리후고 음식을 들너보니 셰상음식 으니로다 파류반 마류안과
유리잔 호박더의 즈훈쥬 쳔일쥬 인포로 안쥬후고 □□병 거호탕의 감로
쥬도 너허잇고 옥읷경장 호마반도 □□

〈48-뒤〉

고 훈가온디 슘쳔벽도 덩굴엇케 괴얏난디 무비션미어늘 슈궁의 머눌을
시 옥황상졔 명이어든 치힝이 오직후랴 스히용왕이 다 각기 시녀를 보니
여 죠셕으로 문안후고 시위후니 금슈능나 오식치의 화용월터 고은 얼골
다 각기 괴이랴고 교틱후여 웃난 시여 얌젼코져 죽난 시녀 쳔졍으로 고
은 시녀 슈려훈 시녀들이 쥬야로 모일 젹의 삼일의 쇼연후고 오일의 디
연후며 상당의 치단 빅필이며 훈당의 진쥬 셔되라 이러쳐롬 공궤후되 유
공불급후여 죠심 각별터라 각셜 잇떼 무릉촌 장승상듸 부인이 심쇼졔의
글을 벽승의 거러두고 날마독 증험후되 빗시

〈49-앞〉

변치 으니후더니 훈로 글쪽즈의 물이 흐르고 비시 변후여 거머지니 이난
심쇼졔 물의 쎈져 죽은가 후여 무슈이 틱탄후더니 이윽고 물이 것고 빗
치 도로 황홀후여지니 부인이 고이후여 누구 구후야 스러난가 후여 심분
의혹후나 엇지 글어후기 쉬리오 그날 밤의 장승상부인이 졔젼을 갓쵸와
강상의 나어구 심쇼졔를 위후여 혼을 불너 위로코져 후야 졔후랴 후고 시
비를 다리고 강두의 다다르니 밤은 집퍼 삼경인디 쳡쳡이 쏘인 안기 산악
의 잠겨잇고 쳡쳡이 이난 닉난 강슈의 어리렷다 편쥬를 흘녀져어 중류의
씌여두고 비 안의셔 셜위후고 부인이 친이 잔을 부어 오열훈 졍으로 쇼

〈49-뒤〉

졔를 불너 위로ᄒ난 말이 오호이지 심쇼졔야 죽기를 시러ᄒ고 살기를 질
겨함은 인졍의 고연커날 일편 관심의 양육ᄒ신 부친 은덕을 죽기로써 갑
푸랴고 일노 잔명을 시스로 ᄌ단ᄒ니 고혼 꼬시 히여지고 나는 나부 불
의 드니 엇지 ᄋ니 실풀쇼냐 ᄒ잔 슐노 위로ᄒ니 응당이 쇼졔의 혼이 ᄋ
니면 멸치 ᄋ니ᄒ리니 고이 와셔 흠향함을 ᄇ라노리 눈물 쑤려 통곡ᄒ니
쳔지 미물인들 엇지 ᄋ니 감동ᄒ리오 두렷시 발근 달도 쳬운 쇽의 숨어
잇고 희박히 불든 ᄇ람도 고요ᄒ고 어룡이 잇도던지 강심 젹막ᄒ고 스장
의 노든 ᄇᆡ구도 목을 질게 쎼여 질룩질룩 쇼리ᄒ며 심상ᄒᆫ 어션들

〈50-앞〉

은 가든 돗디 머물은다 뜻밧게 강 가온디로셔 ᄒᆫ 쥴 말근 기운이 ᄇᆡ머리
의 어렷다ᄀ 이윽ᄒ여 스러지며 일긔 명낭커날 부인이 반겨 이러셔셔 보
니 가득키 부엇든 잔이 반이나 업난지라 쇼졔의 영혼을 못니 늣기시더라
일일은 광훈젼 옥진부인이 오신ᄃᆞ 하니 슈궁이 뒤눕는 듯 용왕이 겁을
니여 사방이 분듀하니 원리 이 부인은 심봉사의 쳐 곽씨부인이 듀어 광
훈젼 옥진부인이 되얏더니 그 쌀 심쳥이가 슈궁의 왓단 말을 듯고 상졔
께 슈유ᄒ고 모여 상면ᄒᆞ랴 ᄒ고 오는 기라 심쇼졔 뉘신 쥴를 모로고
멀니 셔셔 바라볼 ᄯᆞ름일너니 오운이 어리엿고 오싴 치교를 옥기린의 놉
피 실코 벽도화 단

〈50-뒤〉

계화는 좌우의 버려 쏫고 각궁 시녀더른 시위ᄒ고 청홍 ᄇᆡᆨ흑더런 젼비ᄒ
고 봉황은 츔을 츄고 잉무는 젼어ᄒᆞ되 보던 ᄇᆡ 쳐음일네라 이윽고 교ᄌ

의 ᄂᆞ려 뜰의 올나셔며 니 쌀 심쳥아 부른ᄂᆞᆫ 쇼리의 모친인 둘 알고 왈칵 쒸여ᄂᆞ셔며 어마니요 어마니 날을 낙코 토치릴 안의 듀거셔 지우금 십오 년을 얼골도 모로오니 쳔지간 갓업시 집푼 혼이 기일 날리 업삽더니 오날날 이 고디의셔야 모친과 싱면할 둘 아라쩌면 오든 날 부친 압푸셔 이 말삼을 엿잡드면 날 보니고 셔룬 마음 졔긔 위로ᄒᆞ실 것슬 우리 모녀는 셔로 만나 보

〈51-앞〉

오니 조커니와 외로오신 아부임은 뉘을 보고 반기시ᄂᆞᆫ고 부친 싱각이 시로와라 부인이 울며 왈 나는 듀거 귀이 되여 인간 싱각 망연ᄒᆞᆮ 네의 부친 너를 키여 셔로 의지ᄒᆞᆮᄀᆞ 너 둿ᄎᆞ 이별ᄒᆞ니 너 오던 날 그 졍상이 오직ᄒᆞ야 니ᄀᆞ 너를 보니 반가온 마엄이야 너의 부친 너을 이릉 셔름의 다가 비길손냐 뭇노라 너의 부친 궁곤의 ᄊᆞ이여셔 그 형이 엇더ᄒᆞ며 응당이 만이 늘것슬리라 그간 슈십연의 면환이나 ᄒᆞ여쓰며 뒷마을 귀덕어 어미 네게 안이 극진터야 얼골도 디여 슈둑도 만져보며 귀와 목이 희엿스니 너의 부친 갓도 갓ᄃᆞ 손

〈51-뒤〉

과 발리 고은 것슨 엇지 아니 니 쌀리야 나 ᄶᆞ던 옥디환도 네 지금 가져 쓰며 슈복각티 평일낙양편의 시긴 돈 홍젼괴불 듭치 쳥홍당ᄉᆞ 벌미답도 이고 네가 춧구나 아부 이별ᄒᆞ고 어미 다시 보니 상견키 어려올손 인간 고락이라 그러나 오날날 나를 다시 이별ᄒᆞ고 네의 부친을 다시 만날 듀를 네가 엇지 알깃난야 곽흐던 맛튼 일리 직분이 허다하야 오리 비기 어렵기로 도로여 이별 이달코 이연ᄒᆞ나 이믜로 못ᄒᆞ난이 혼탄흔들 어이 할손야 이후의 ᄃᆞ시 만나 질길 날리 잇시리라 ᄒᆞ고 썰치고 이러셔니 쇼졔

말류치 못ᄒ고 ᄯᆞᆯ을 기리 업ᄂ지라 울며

〈52-앞〉

하직ᄒ고 슈졍궁의 머물더라 잇ᄶᅥ 심봉사 ᄯᆞᆯ를 일코 모진 목슘 죽디 못
ᄒ여 근근이 부지 사러날졔 도화동 사람더리 심쇼졔의 지극ᄒᆫ 효셩으로
물릐 ᄲᅢ져 듀그멀 불쌍이 여겨 ᄯᅡ루 비을 셰우고 그를 지엿시되 ○ 위기
친쌍안폐ᄒ여 ○ 살신셩효ᄒᆡᆼ요궁을 ○ 연푸마리상심부하니 ○ 방쵸연연
ᄒᆫ불궁이라 ○ 강두의 니왕ᄒᆞ난 ᄒᆡᆼ인니 비문을 보고 뉘 안니 울니 업고
심봉사ᄂ ᄯᆞᆯ 곳 싱각하면 그 비를 안고 울더라 동뉭 사람들리 심밍인의
젼곡을 착실리 취리ᄒ여 형셰ᄀ 히마닥 늘러가니 본촌의 셔방질 일슈 잘
ᄒ여 밥낫읍시 홀네ᄒ난

〈52-뒤〉

기갓치 눈니 빌게 빌게 단니ᄂ ᄲᅠᆼ덕어미ᄀ 심봉사의 젼곡이 만니 잇난
듈을 알고 자원 졉이 되어 살더니 이년의 입버르장이가 ᄯᅩᄒᆫ 아리버룻과
갓타여 ᄒᆞᆫ시 반 ᄶᅢ도 노지 안니ᄒ랴고 ᄒ는 년이라 양식 듀고 ᄶᅥᆨ ᄉᆞ먹ᄶᅵ
베를 듀워 돈을 ᄉᆞ셔 슐 ᄉᆞ먹ᄶᅵ 졍자 밋티 낫남 즈기 이웃집의 밥부치기
동인ᄃ려 요셜ᄒ기 초군덜과 ᄊᆞᆷ ᄊᆞ오기 슐취하야 ᄒᆫ밤듕의 와달씨고 우
림울기 빈 담븨ᄶᅥ 숀의 들고 보는 디로 담비 쳥ᄒ기 총강 유인ᄒ기 제반
악징을 다 겸ᄒ여 그러ᄒ되 심봉사ᄂ 여러히 듀린 판이라 그 듕의 실낙
은 잇셔 ᄋᆞ모란듈 모르고 가산이 졈졈 퇴패ᄒ니

〈53-앞〉

심봉사 싱각다 못ᄒ여셔 여보쇼 ᄲᅠᆼ덕어미 우리 셩셰 착실하다고 남이 다

슈군슈군ㅎ더니 근리의 엇지혼지 셩셰ㄱ 치픠하여 도로여 비러모게 되
니 이 늘근 것시 ㄷ시 비러먹즈 한들 동이도 붓구럽고 너의 신셰도 악독
ㅎ니 어듸로 낫츨 드러 다니것나 뺑덕어미 딕답ㅎ되 보사님 엿티 자신
것시 무엇시요 식권마다 희장ㅎ신ㄷ고 듁갑시 야든 두 냥이요 져럿캐 각
갑ㅎ단인기 나셔키도 못혼 것 빈ㄷ고 살구는 엇지 그리 먹고시푸던지 살
구갑시 이혼 단양이요 져럿키여 답답ㅎ돈인기 봉사 속은 타고 헛 우슴
우슈며 야 사구는 너머 마니 머것다 그럿체만는 제집 머근 것 줘 머근
거시라 이 안이 쓸딕업ㄷ 유리 셰간기물를 다 푸러

〈53-뒤〉

가지고 타관으로 나가시 그도 그러ㅎ오 여간 기물를 디 파라 가지고 남
주여디ㅎ고 유리츌트ㅎ니라 일일른 옥황상졔게옵셔 사해용왕의게 뎐교
ㅎ사 심쇼졔 월노방연의 기혼이 ㄱ가오니 인당슈로 환숑ㅎ여 어진 쩌를
일치 말게 ㅎ라 분부ㄱ 지엄ㅎ시거놀 스히용왕이 명을 듯고 심쇼졔을 치
숑할졔 큰 곳슝의 모시고 두 시녀로 시위하여 됴셕공양 찬물과 금슈보픠
을 마니 넛고 옥분 고이 담어 인당슈로 나올졔 스히용왕이 친니 나와 젼
숑ㅎ고 각궁 시녀와 팔션녀 엿자오되 쇼졔는 인간의 나어가압셔 부귀와
영춍으로 만만셰를 질기압쇼셔 쇼졔 딕답ㅎ되

〈54-앞〉

여러 왕의 덕을 입어 듀을 몸이 다시 스러 셰승의 ㄴㄱ오니 은혜난망이
요 모든 시녀덜도 졍이 집도다 쩌ㄴ기 셥하오 유현이 노슈혼고로 이별ㅎ
고 ㄱ거니와 슈궁의 귀하압신 몸이 너니 평온ㅎ옵쇼셔 하직ㅎ고 도라셔
니 슌식간의 꿈갓치 인당의 번듯 쩌셔 두러시 슈면을 영농케 하니 쳔신
의 죠화요 용왕의 실영이라 바람이 부들 씻닥ㅎ며 비ㄱ 온들 흐를숀야

오싁 치운이 꼿봉이 쇽의 어리여 둥덩실 떳실졔 남경 갓던 션닌더리 억심만금 퇴를 너여 고국으로 도라온다 인당슈의 드달나셔 비을 미고 졔슈를 졍이ᄒ

〈54-뒤〉

야 용왕의게 졔를 지닐시 고츅ᄒ난 말리 우리 일힝 슈심명이 신병 졔살졔익ᄒ고 쇼망을 여의케 이우워 듀압시니 요왕님의 너부신 덕틱을 훈준 슐노 졍셩을 드리오니 일졔의 화우동심ᄒ와 흠향ᄒ옵쇼셔 ᄒ고 졔물을 다시 츠려 심쇼졔의 혼을 불어 실푼 말 위로ᄒ되 츌쳔효녀 심쇼졔는 당승 빅발 부친의 눈쓰기를 위ᄒ여 이팔 홍안이 시사여귀ᄒ여 슈국고혼 되엿시니 웃지 안니 가련코 불상ᄒ랴 우리 션인더른 쇼졔를 이연ᄒ여 즁ᄉ의 퇴를 너여 고국으로 도라가거니와 쇼졔의 방호이야 어네 날의 다시 도르올가 가

〈55-앞〉

다가 도화동의 드러셔 쇼졔 부친 ᄉ른난가 존망여부를 알고 가오리다 그러나 훈준 슐노 위로ᄒ니 만일 아로시미 이거든 복망 영혼은 흠양ᄒ압쇼셔 ᄒ며 졔물를 풀고 눈물를 쓰고 훈 곳슬 바라보니 훈슝이 꼿봉이가 희듕의 둥덩실 떠 잇거늘 션인드리 고히 여겨 져의들가지 의논ᄒ되 아마도 심쇼졔의 영혼니 꼿시 되여 떳나부다 갓가이 가셔 보니 과연 심쇼졔ᄀ 샌지든 곳시라 마음이 곰동ᄒ여 꼿슬 건져 너여노코 보니 크기가 슈리썍쿠 갓틔여 이슴인이 깃이 온질네라 이 꼿슨 셰승의 업난 꼿시니 이승ᄒ고 고이ᄒ드 ᄒ고 인ᄒ여 뎡ᄒ게 실코 올 졔 비 샌르기 살 갓뜻 ᄒ더

〈55-뒤〉

라 스오식의 경영훈 지리 슈삼일만의 득달ᄒ니 이도 쏘훈 이상ᄐ ᄒ더라 억십만금 나문 ᄌ물를 ᄃ ᄀ기 슈분할졔 도션듀는 무슴 마암으로 ᄌ물른 마다ᄒ고 꼿봉이만 타지ᄒ여 졔의 집 졍훈 고디의 단을 뭇고 두엇더니 향취ㄱ 만실ᄒ고 치운이 둘넛써라 ○ 잇써의 슝쳔ᄌ 황후가 붕ᄒ신 후 간퇴를 안니ᄒ신고 화쵸를 구ᄒ야 승임원의ᄃ 치우고 황국젼 뜰압푸로 여그져그 심어두고 기화여쵸로 븟슬 숨아 구ᄒ실졔 화쵸도 만토 만타 팔월부요 군ᄌ요 만당츄슈 홍년화며 암희

〈56-앞〉

부동 월황혼의 쇼식 젼턴 미화며 진시유랑거휴지은 불거 잇는 복슝화요 계ᄌ편 월듕단은 황무시요 게화며 요령셤셤옥디감은 금부야도 봉셔화며 구월구일 용손음 쇼축신의 국화며 공ᄌ왕손방슈화의 부귀할숀 모란화며 이화만지불기문은 장신군중 빈꼿시며 칠십졔자 강논ᄒ던 힝듄츈풍 살구 꼿신며 쳔티손 드러ㄱ니 양변기 ᄌ약이며 요촉국 훈을 못 이기여 졔혈ᄒ 든 두견화며 촉국 빅국 이월국이며 교화논화 슨당화며

〈56-뒤〉

즁미화의 힝일화며 듀ᄌ화의 금션화와 능슈화의 견우화며 영슌 ᄌ손홍의 왜쳘듀 진달누 빅일홍이며 난쵸 반초의 강진힝이요 그 가온더의 젼나무와 호도목이며 셕유목의 슝빅목이며 치ᄌ목 슝빅목이며 율목 시목의 힝ᄌ목이며 ᄌ도 능금 도리목이며 오미ᄌ 텅ᄌ 유ᄌ목이며 보도 드러 으름 넌츌 너울너울 각식으로 층층이 심머두고 쎠를 싸러 구경ᄒ실졔 힝풍이 건듯 불면 우질우질 넘놀며 울긋불긋 써러지며 벌나부 시 짐셩이 춤

츄며 노리ᄒᆞ니 쳔ᄌᆞ 흥을 뭇치여 날마닥 구경하시더라 잇ᄯᅥ의 남경 셩이
이 궐니 쇼식을 듯고 홀

〈57-앞〉

연 싱각하되 벼슬 증지고 쳔ᄌᆞ를 싱각ᄒᆞ니 나도 이 곳슬 가져다가 쳔ᄌᆞ
께 드린 후의 졍셩을 난호리라 하고 인당슈의 어든 곳 옥분의 치운ᄒᆞ여
궐문 밧긔 당도ᄒᆞ여 이 ᄯᅳᆺ시로 듀달ᄒᆞ니 쳔ᄌᆞ 반기ᄉᆞ 그 곳슬 드려드ᄀᆞ
황국젼의다 노코 보니 빗치 찰난ᄒᆞ여 일월지싱광이요 크기가 쏙이 업셔
향긔 특츌ᄒᆞ니 셰승 곳시 안니로다 월등단게 길리미ᄀᆞ 완년ᄒᆞ니 게화도
안의요 요지 벽도 동방삭이 짜온 후의 삼쳔년니 못되니 벽도화도 오니요
셔역국의 연화씨 써러져 그 곳 되야 히등의 써왓는ᄀᆞ ᄒᆞ시며 그 곳 이홈

〈57-뒤〉

을 강셔화라 ᄒᆞ시고 ᄌᆞ셰이 살펴보니 불근 안긔 어리잇고 셔긔가 반공ᄒᆞ
니 황졔 디희ᄒᆞ야 화게의 옴겨노니 모란화 부용화가 다 흥풍으로 도르ᄀᆞ
니 미화 국화 봉션화는 모도ᄃᆞ 신니라 층ᄒᆞ더라 쳔ᄌᆞ ᄋᆞ르시는 비 드른
곳 ᄃᆞ ᄇᆞ리고 이 곳 쑨이로ᄃᆞ 일일은 쳔ᄌᆞ 당나라 옛 일를 본ᄇᆞᄃᆞ 국여의
젼교ᄒᆞᄉᆞ 화쳥지의 목욕ᄒᆞ실시 쳔ᄌᆞ 친이 달를 짜러 화게의 비호ᄒᆞ시더
니 명월른 만졍ᄒᆞ고 미풍언 부동훈듸 강션화 봉이가 문득 요동ᄒᆞ며 가마
니 버려지며 무슨 쇼리 나난 듯 ᄒᆞ거날 몸을 슘겨 가마니 살펴보니 션년
ᄒᆞᆫ 용여 얼골를 반만 드러 곳보니 밧기로 반마 니다보더니 인젹 잇시물
보고 이ᄒᆞ여 도로

〈58-앞〉

후리처 드러가거날 황졔 보시고 홀련 심신 황홀ㅎㅅ 의혹이 만단ㅎ여 아
무리 셧쓴 다시난 동졍이 업거늘 갓가이 가셔 꼿봉이를 가만이 별니고
보시니 일기 쇼졔오 양기 미인이라 쳔즈 본기시ㅅ 무르시되 네가 귀신이
야 스람이냐 미인이 듯시 나려와 복지ㅎ여 엿즈오디 쇼여난 남히 용궁
시여압더니 쇼졔를 모시고 희양으로 나왓삽듯ㄱ 황졔의 쳔안을 범ㅎ야
쓰오니 극히 황공ㅎ여이다 하거날 쳔즈 니렴의 싱ㄱㅎ시되 상졔게압셔
됴흔 일여을 보니시도듯 쳔여불취ㅎ면 시호여부지니라 ㅎ시고 비필를
졍ㅎ리라 ㅎ시사 혼인을 완젼ㅎ신고 틱사관으로 ㅎ여곰 틱일ㅎ니 오월
오일 갑즈일리라 쇼졔로 황후를 봉ㅎ여 승상의 집으로 모신 후의 길릴리
당ㅎ미 젼교ㅎ시사 이러훈 이른 젼만고 업난 일리니 가례범졀을 별반 셜
화ㅎㅎ라 ㅎ시니 위의 거동이 쏘훈 금시의 쳠이요 젼고의 더욱 업더

〈58-뒤〉

라 황졔 연셕이 나와 셧시니 꼿봉이 쇽의셔 양기 시여 쇼례를 부익ㅎ야
모셔 노오니 북두칠셩의 좌우보필리 갈나셧난 듯 궁듕이 휘활하여 바로
보기 어렵더라 국ㄱ의 경스라 딕사쳔하ㅎ고 남경 갓던 도션듀를 특별리
졔슈ㅎ여 무장틱슈를 ㅎ이시고 만됴졔신은 상호만세ㅎ고 쇼토지인문은
히봉삼축ㅎ더라 심황후의 덕틱이 지듕ㅎㅅ 연연이 풍년 드러 요순쳔지
를 다시 보니 셩강지티 되여셔라 심황후 부귀 극진ㅎ나 항시 쥬심의 슈
문 근심이 다만 부친 싱각 쑨니로다 일일 슈심을 이기지 못ㅎ야 시동을
드리고 옥난간의 비겨써니 츄월 발가 산호발의 빗처 들고 심쇼를 실피
우러 나류 안의 흘너드러 무훈훈 심ㅅ를 점점이 불너닐졔 하물며 상쳔의
외로온 기러기 울고 나라오니 황후 반기운 마음의 바라보며 ㅎㄴ 말리
오는냐 네 기러기 거긔 잠간 머물너셔 니

〈59-앞〉

의 흔 말 드러서라 쇼듕낭이 북히상의셔 편 젼ᄒ던 기러기냐 슈벽사명양 안퇴의 청원을 못 니기여셔 나러오는 기러기냐 도화동의 우리 부친 편지를 미고 네ᄀ 오는야 이별 삼염연의 쇼식을 못 드르니 너가 이제 편를 써셔 네게 젼할테이 네 부디 신젼ᄒ여라 ᄒ고 방안의 드러가 상ᄌ를 얼는 열고 쥬디을 쓸니여노코 붓슬 들고 편지을 씨랴 할졔 눈물리 먼져 써지니 글쓰 슈먹 되고 언어는 도칙ᄒᄃ 실ᄒᆯ 써나온졔 셰식이 세 번 ᄒ오니 철호ᄒᆞ야 쌋인 혼니 하ᄒᆞ갓 집쓥네ᄃ 복미심 그간의 아부지 긔체후 일향만ᄒ압신지 원복모구 구무임하 셩지지로쇼이ᄃ 불효녀 심청은 선인을 ᄯ르갈졔 ᄒ로 ○ 열도시의 열두번씩이ᄂ 둑고 십푸되 틈을 읏지 못 ᄒ여셔 오륙식을 물의 ᄌ고 필경

〈59-뒤〉

의난 인당슈의 ᄀ셔 졔슉으로 쌘졋쩌니 황천이 도으시고 용왕이 구ᄒ압셔 셰상의 다시 ᄂ와 당금 천ᄌ의 황후ᄀ 되얏쓰니 부귀영화 극진ᄒ오나 간장의 및친 혼이 부귀로 뜻시 업고 살긔도 원치 오니ᄒ되 ᄃᄆᆫ 원니 부친 실ᄒᆯ의 ᄃ시 뵈온 후의 그날 둑ᄉ와도 ᄒ니 읍겻ᄂ니ᄃ ᄋ부지 날을 보니 계우 진 ᄆᆞᆷ 문의 비겨 식각ᄂ졸른 분명이 알거니와 쥬거쓸 졔는 혼니 막켜 잇고 사러쓸졔는 익운이 막키여셔 쳘륜이 쯘치ᄂ니ᄃ ᄀ간 삼연의 눈을 쩟쓰오며 동등의 맛씬 젼곡은 그져 잇셔 보돈ᄒ시며 ᄋ부지 귀ᄒ신 몸을 십문 보듕ᄒ옵쇼셔 슈이 보압끼를 천만 ᄇᄅ옵나이ᄃ 연월일시 얼는 써셔 ᄀ지고 나와보니 기러기는 간딕업고 충망혼 구름 바의은ᄒ

〈60-앞〉

만 기우러졋드 드만 별과 달른 발가잇고 츄풍언 삽삽하다 하릴업셔 편지 집어 상즈의 느고 쇼리업시 우더니 잇쩌의 황졔 너젼의 드러오시사 황후 를 브르보시니 미간의 슈심을 씌엿쓰니 청산언 석양의 잠긴 듯하고 얼골 의 눈물 흔적이 잇시니 황화ㄹ 티양의 이우난 듯 ᄒ거날 황졔 무르시되 무삼 근심이 계시관디 눈물 흔적이 잇는닛ㄹ 귀하기는 황후ㄹ 되야잇쓰 니 턴ᄒ 제일귀요 부하기는 스희를 츠지ᄒ엿씨니 인근의 졔일 부르 무삼 이리 잇셔 져럿탓 시러ᄒ시는잇가 황후 디왈 신쳡이 과연 쇼디욕이 잇스 오 감히 엿씁지 못하여삽니다 황졔 디왈 쇼디요은 무삼 이리온지 즈세이 말삼하쇼셔 하신대 황후 다시 꾸러안져 엿즈오디 신쳡이 과연 요궁 사람 이 안니오라 황듀 도화동의 사는 밍인 심학규의 딸리압쩌니 아비의 눈쓰 기를 위ᄒ와 몸이 션의게 팔여 인당슈 물의 졔슉으로 쌘진 스연을 자셰 이 엿즈오니 황졔 드르시 ㄱ르사되 그러ᄒ신면 엇지 진직의 말슴을 못ᄒ 시나잇ㄹ

〈60-뒤〉

어렵지 안니하온 이리요니 너머 근심치 마르쇼셔 ᄒ시고 그 일의 죠회하 신 후의 만됴졔신과 의논ᄒ시고 황듀로 힝관ᄒ여 심학규를 부원군위로 치슝ᄒ랄 ᄒ엿더니 황듀즈스 중계를 올여써날 쩌여보니 ᄒ엿씨되 과연 본듀 도화동의 밍인 심학규 잇삽더니 연젼의 유리ᄒ여 부지거처라 하엿 거늘 황후 드르시고 망극ᄒ 마음을 이기 못ᄒ여 쳬읍즈탄ᄒ시니 천즈 근 결리 위로ᄒ스 왈 쥬거쓰면 할일업거니와 사럿쓰면 만날 날리 잇삽지 셜 마 셜마 춧지 못ᄒ오릿가 황후 크게 끠달르시사 황졔쎄 엿즈오디 과연 ᄒ 계칙 잇스오니 그리하압쇼셔 솔토지신민이 막비왕신이오니 빅셩 둥 의 불산ᄒ 미는 화과고독 스궁이요 그 둥의 불산ᄒ 계 병신이요나 병신

듕의 더옥 밍인이오니 쳔흐 밍인을 모도 뫼와 잔치를 흐옵쇼셔 뎐의덜이
쳔지 이월셩신이며 흑빅자단과 부모 쳐즈을 보와도 보디 못흐여 원흔 되
믈 푸러쥬압쇼셔 그러흐오면 그 구온디의

〈61-앞〉

혹 신쳡의 부친을 만니것사오니 신쳡의 원일 쑨 으니오라 쏘흔 국가의
화평흔 일 도올 뜻 흐오니 쳐분이 엇더흐압시닛구 하신디 쳔즈 크게 층
춘흐스 왈 과연 여듕의 요슌이로쇼이다 그러흐스 흐시흔 쳔하의 반포흐
시되 무른 디부사셔인흐고 밍인이어든 셩명거듀를 현녹흐여 각읍으로
츠츠 기숑흐라 잔치의 참혜하게 흐되 만일 밍인 하나이라도 영을 몰나
참예치 못흔 지 잇시면 히도 신하 슈령언 다단 죄 즁하리라 교령이 신명
흐시니 쳔흐 각도 각읍이 황겁흐여 셩화 굿치 거힝흐더라 잇쩌 심봉스는
뺑덕어미를 드리고 젼젼 드니더니 흐로는 드르니 황셩의셔 밍인잔치를
흔드 하거늘 심봉스 뺑덕어미드려 말하되 사람이 셰숭의 놋드구 황셔 귀
하여보시 낙양쳘니 멀고 먼 디를 나 혼즈 갈 슈 업니 나와 함기 황셩의
가미 엇더흐요 질의 드니드구 빔이야 우리 할 닐 못흐오릿구 하고 브로
질을 쩌나 뺑덕어미 압셰우고 두오날를 힝흐여 흔 역쵼의 당도하여 즈더
니 그 근쳐의 황봉스

〈61-뒤〉

라난 쇼경이 잇는디 이는 반쇠경이 ○ 든 것시엿다 셩셰도 요부흔디 뺑
덕어미가 음탕하여셔 방질 일슈 잘한단 말를 듯고 쏘흔 쇼문이 인근읍의
즈즈하여 흔번 보기을 평싱의 심듕 원일너니 심보스와 함기 온단 마를
듯고 듀인과 의논흐고 뺑덕어미를 쎄여니랴고 듀인이 만든으로 기유흐
니 뺑덕어미도 싱각한직 막상 니가 짜러구더리도 존치의 춤예흐기 젼이

업고 도라온들 셩셰젼만 못ᄒ고 살 기리 젼혀 업시니 ᄎᄅ리 황봉ᄉ를
ᄯ러쓰면 말년 신세는 가즁 편ᄒ리라 하고 양ᄉᆤ을 단단니 졍ᄒ고 심봉ᄉ
잠들기를 기다려 니ᄶᅵ리라 하고 고동목을 노코 누엇더니 심동사 잠을 집
피 드러거늘 두 말 업시 도망ᄒ 다러ᄂᆞ지ᄅ 이ᄶᅵ의 심봉ᄉ 장을 ᄶᅵ여 음
흉ᄒ 싱각이 잇셔 엽풀 만져보니 ᄲᅢᆼ덕어미 업거날 ᄉᆫ질를 너미러 보며
여보쇼 ᄲᅢᆼ덕이네 어디 갓난가 동시 동졍이

〈62-앞〉

업고 윗목 구셕의 고쵸셤이 뇌야 ᄶᅱ란 놈이 바시락 바시락하니 ᄲᅢᆼ덕어미
가 작난하는 둘만 알고 심봉사 두 손을 쩍 벌니고 이러서며 날다려 기여
오란가 하며 더듬더듬 더듬우니 ᄶᅱ란 놈니 놀니여 다라나니 심봉사 허허
우슈면셔 이것 요리 간다 하고 이 구셕 져 구셕 두로 ᄎᆺᄎ 돈이다가 뒤가
영영 다러나고 업거날 심봉사 가만이 싱각하니 헛분 마음 갓업시 쇽아도
ᄃ 발셔 쳘쇽 죠흔 황봉사의게 ᄀ셔 궁둥이 시름을 하는디 잇실 슈ᄀ 엇
지 잇ᄂᆫᄀ 여보 듀인니 우리 집 만누리 안의 드가사쇼 그런 일 업쇼 심봉
사 그계 ᄃ러ᄂᆫ 둘를 알고 ᄌᄐᆫᄒ며 ᄒ는 마리 여바라 ᄲᅢᆼ덕어미 날 바리
고 어디 ᄀᄂᆫᄀ 이 무슝ᄒ고 고약ᄒᆫ 지집ᄋ 황셩 쳘니 먼먼 지릐 뉘로
흠기 벗슬 삼아 가리요 울ᄃᄀ 엇지 싱각하고 ᄉᆫ됴 ᄭᅮ지쎠 손을 헐헐 ᄲᅳ
리며 아셔라 아셔라 이년 니ᄀ 너을 싱각ᄒ는 것시 인ᄉ불싱의 코평챵이
아덜놈 업ᄃ 하고 공연이 그런 잠년을 졍 드럿다가 가산만 탕진하고 둥
노의 낭픠ᄒ니 도시 니의 신슈 쇼관이라 슈원

〈62-뒤〉

슈군ᄒ랴 우리 현쳘ᄒ고 음젼ᄒ신 곽시부인 둑는 냥도 보고 살러잇고 츌
쳔효녀 심쳥이도 싱니별ᄒ여 물의 ᄲᅡ져 죽는 양도 보고 스러거든 하물

져만 년을 싱각ᄒ면 기아덜놈이라 사룸 다리고 슈작ᄒ듯 혼자 군말하더
니 날리 발그니 ᄃ시 쩌ᄂ갈제 이쩌ᄂ 온뉴월리라 더우면 심하고 쎔은
흘너 혼츌배하니 셰니ᄼᆞ의 의관과 보쎔을 버셔노코 목욕하고 나와 보니
의관힝중이 간 곳 업거날 강변의 부르 사면을 더듬더듬 더듬난 거동은
사냥기 미초리 니임맛친 셩 부르게 이리져리 더듬은들 어디 잇실숀냐 심
봉사 오도 가도 못하여 방셩통곡할졔 잇고 잇고 멀고 먼 질의 엇지 가리
네 이놈 돔도젹놈의 식기야 니 갓슬 가져가고 날 뭇할 닐 시기난냐 허다
ᄒ 부ᄌ집의 먹고 쓰고 ᄂ문 지물리나 가져다가 쓸것시졔 눈 먼 놈의 것
슬 갓다먹고 왼젼할가 픠모 업쓰니 뉘게 ᄀ셔 밥을 빌며 의복이 업셔시
니 뉘라셔 날를

〈63-앞〉

옷슬 듀리 귀머징이 젼둥바리 ᄃ 각기 병신 셥ᄒ되 쳔지 일월셩신 흑빅
장단이며 쳔하만물을 분별커늘 어의놈의 팔ᄌ로셔 쇼경이 되엿ᄂ고 ᄒ
창 이리 울며 탄식할졔 이쩌 무릉티슈 황셩의 갓다가 너려오는 기리라
에라 이놈 둘너셧ᄃ ᄂ리거라 오혐 허허 후비사자 에이 닙더바라 흐트러
진 박식슈문 돌둥둥ᄒ다 어돌바라 도리야 ᄒ창 이리 왁지지근 썰쩌려 나
려오니 심봉사 벽져쇼리를 반기 듯고 어네 관중 오나부다 억지나 좀 쩌
보리라 ᄒ고 마참 독을 이고 안져쩌니 갓가 오거날 두 손으로 부ᄌ지를
거머쥐고 엄금엄금 기여드러갈졔 좌우나돌 다려 말쳐넌니 심보사 무삼
유셰ᄂ ᄒ 둘노 네 이놈더라 그리하엿ᄂ니라 니가 지금 황셔의 ᄀᄂ 쇼
경일ᄃ 네의 승명은 무엇시며 이 힝츠는 언의 골을 힝츠런지 썩 일너라
ᄒ충 이러케 상지훈이 무릉티슈 ᄒᄂ 말리 네 니 말를 드르르라 어디 잇
는 쇼경이며 엇지 옷슬 버셔쓰며 무신 말

〈63-뒤〉

를 고져 하는다 심봉사 엿주오더 성은 황듀 도화동의 사난 심학규압더니
황성으로 가는 기리압더니 날리 심흥게 더우미 갈 길 저혀 업삽기로 목
욕흥고 가랴고 잠간 목욕하고 나와셔 보오니 언의 무숭흔 돔도졍놈이 의
관과 보썸을 모도 가져가스오니 진쇼위 쥬츌짐지망양이요 진퇴유국이라
의관과 보썸을 츠져 듀옵시거느 별반 쳐부흥압쇼셔 그러 안니흥압시면
못 갈 밧기 할 닐 업사오니 관사듀게압셔 별반 토쵸이 잇심을 바리압는
니드 틱슈 이 말를 듯고 가긍이 여기사 네 아뢰는 말을 드르니 유식흥느
부다 원정을 지여 올이라 그런 후의 관과 노슈를 듀리라 심봉사 아뢰되
돔쳐 글런흥오나 눈이 어두오니 형이를 듀시면 불너 씨오라다 틱슈 형방
의게 분부하여 쓰라 하니 심봉사 원정을 부리되 서슴지 안니흥고 좍좍
지여 올니니 틱슈 바다본직 하엿쓰되 ○ 복이획져우쳔흥여 부명야빅

〈64-앞〉

이라 ○ 명먹명어일월커널 혼쌍온의 불분흥고 ○ 낙막낙어부쳐여날 통
구원지인작이라 ○ 됴됴쳥운지지터니 졍빅슈지궁이라드 ○ 누불건어쳠
금흥고 흔무궁이쇄미로드 ○ 조이쇠몽쇠흥니 쇠가홈어비부로 ○ 심유호
구하니 표묘상졍이요 의물업신흥니 슈가안지오 ○ 당금의 쳔주셩신문무
하사 ○ 표됴령이 연밍인하니 벽약츈이불유곡이로다 ○ 동벌힝관흥고
셔힝경낙이라 ○ 노운원의 여쇼지자일장이요 ○ 가소빈혜여 소픠주단표
로다 ○ 의혹이 지우금혜여 학징연지욕기터니 ○ 의복야관망야를 견실
어빅ㅅ지장흥니 ○ 반젼냐낭탁여를 난츄어노임춍둥이라 ○ 자고신셰흥
면 쵹번져양이라 ○ 젹신나체는 듀츌지망양이요 ○ 빅면의쇼난 졀녕지
의유라 ○ 복유상공은 이이지지요 두쇼지지치라 ○ 걸궁상궁지됴하며
○ 망구쳐확지어하사 ○ 참고금닉미유지여흥면 송주시지됴지은 할

〈64-뒤〉

테오니 ○ 통촉쳐분이라 하엿거날 팀슈 층춘하시고 토인 불너 의롱 열고
의복 일습 니여듀고 급충이 불너 가미 뒤의 달닌 갓 쩌여 쥬고 슈비 불노
비 듀시니 심봉수 쏘 말하되 신 업셔 못 가것소 신이야 할 기리 잇는냐
하인의 신을 듀즈 ᄒ니 졔의랴 발를 벗고 가랴 할 졔 마참 그 듕의 마부
질 심이ᄒ여 마상긱의 돈을 일슈 잘 발너니여 닌듸 말듁갑도 훈돈이면
열두입 도쳐 니고 신인 셩ᄒ여도 쩌러젓다 하고 신 갑슬 쵸쵸 듯쳐니니
신을 사셔 말 궁둥이여다 달러 잇거날 원이이 그놈의 쇼당이 괘심ᄒ여
라고 그 신얼 쩨여듀라 하니 금창 달여드러 쩨여듀이 심봉수 신을 어더
신은 후의 그 슉한 도졍놈이 요동슈복 김희관듕 맛치 맛게 맛츄어 디쇽
도 아니 머엿난듸 가저가시니 오날 감 먹을 디 업쇼 팀슈 왈 그러ᄒ면
웃지하잔 말ᄀ 글세 그럿튼 말삼이요 팀슈 우슈시고 이듁을 니여쥬시니
심봉수 디를 바다가지고 황숑ᄒ오니 쇼쵸 한 디 맛보

〈65-앞〉

왓씨면 됴흘듯ᄒ오 방즈 불 담비 니여듀시니 심봉사 하직하고 황성으로
올나갈졔 디셩통곡 우는 말리 노듕의 어진 슈령 만나 의봉은 어더 이버
쓰나 질를 인도하리 업셔씨니 한 곳슬 당동ᄒ니 노금언 우거지고 방쵸는
슈거진틔 압 니 버들런 유록즁 두르고 뒤 니 버들런 초록즁 둘너 혼가지
로 누러치고 혼가지로 펑퍼저 겨셔 휘넘너러진 고듸 심보사 놈을 으지ᄒ
여 쉬더니 각식 시 짐셩 나라든다 흘런 비조 목시더리 농초화답의 쌍을
지여셔 씽긋 쌍니 나러들졔 말 잘하는 익무시며 츔 잘츄는 학두르미와
슈옥이 쏜옥이며 청망손 기려기 갈무기 제비 모도다 나러들졔 장끼난 썰
썰 갓토리 표푸두둥 방울시 덜넝 호반시 슈루룩 왼갓 잡시 다 날어든듯
만슈전 풍년시며 져 쑤쑥시 우름운운 이 산으로 가면셔 쑤쑥쑤쑥 져 손

으로 가면셔 쑤국쑤국 져 꾀꼬리 우름운다 머리 곱게 곱게 빗고 물 건네
로 시집フ자 져 フ 가마구 울고 간다 이리루 가며 씰

〈65-뒤〉

곡 져리 가며 꽉꽉 저 집 비들키 우름 운다 콩 흐나를 닙의 물고 암놈
슈놈이 어루너라 고두리 셔로 쎄여 물고 구루욱 구루욱 어루는 소리 할
졔 심봉사 첩첩 드러가니 뜻바끠 목동 아희덜리 낫즈루 숀의 쥐고 지게
목발 두드리면셔 목동가로 노릭하면셔 심밍인을 보고 희롱흔다 만첩산
듕 일발총총 노파 잇고 ○ 청산옥슈는 일량양 지픠잇다 ○ 호즁천지여호
양이 여그로듸 ○ 집팡 막디 자로 들고 철니강산 드러フ니 ○ 천고지후
우 산중의 가유지지 무궁하다 ○ 등동고이셔쇼하고 입청유이부시로다
○ 산천기세 됴커니와 남히풍경 거업다 ○ 유유일경 못이기여 칼를 쎄여
놉피 들고 녹슈청슨 그늘 속의 오락가락 너다보니 ○ 동셔남 산천드를
비화일망 구경한이 ○ 원근산돈 두셰집의 낙화보연 잠겨셔라 ○ 심산처
사 어듸며요 물를 곳지 어명도라 ○ 무심할숀 져 구롬은 츄봉츄봉 씌여
잇다 ○ 유흔 가마구난 청산쇽의 왕닉흔다 ○ 황산곡이

〈66-앞〉

어듸미요 오츄츄이 여그로듸 ○ 영청은 쇼를 타고 밍호연 나구 탓네 ○
두목지 보려고 빅낙천병 나려가니 ○ 장건언 송사하고 여동빈 빅녹타고
○ 밍동야 널운 뜰의 와용강변 니려가니 ○ 팔진도 츅지법은 제갈공 쑨
이로다 ○ 이 산중 드러오신 심밍인니 분명흔다 ○ 이리저리 놀이면셔
동일토록 닉 질기니 ○ 요산요츅흔은 고듸 인의예 하오리라 ○ 송풍이
착금하고 폭포로 뭇을 삼어 쇼쇼분별 다 버리고 흥을 게우 놀일 적의 ○
황촌젹 숀의 들고 즈진고를 노릭하니 ○ 상산사호 멋멋치고 날과 하넌

다섯시요 ○ 듀검칠년 몃몃친고 날과 하면 야달네라 ○ 고소셩의 혼사사의 야반동셩이 여그로드 ○ 세왕촌의 경쇠 치난 져 노승아 삼천셰게 극낙젼의 인도환싱하눈구 ○ 이미타불 관세암보살 졍셩으로 외오난디 ○ 국역안심하여 옛사람을 싱각하니 ○ 듀시졀 강틱틱공은 위슈의 고기 낙고 ○ 유현 제갈냥은 남냥운듕 밧슬 갈

고 ○ 이승기철 장의덕은 우리 촌의 걸식하고 ○ 이 산둥의 드러오신 심밍인도 쏘흔 찌를 지달리라 ○ 목동덜리 타시 비양하던 것시엿다 심봉사 목동 아히더를 이별하고 촌촌젼진하야 여러날 만의 황셩이 차차 갓가오니 흔 고디 방이집이 잇셔 여러 계집 사람더리 방이 쩟거늘 심봉사 피셔하랴 하고 방이집 그늘의 안자 쉬오더니 여러 사람더리 심봉사를 보고 이고 저 봉사도 잔치의 오난 봉사요 이시의 봉사덜 혼시게 하던고 저리 안젓지 말고 방이 더러 쩟제 심봉사 그제야 안마음 헤아리되 올치 양반의 덕 동이 안이면 상놈의 좃집로다 하고 게롱이 하여 보리라 하고 디답하되 철니타향의 발셥하고 오난 사람다려 방이 쩌라 하시를 니 집안 어로다려 하듯 흐니

무엇시나 돔 줄나면 찌여듀제 이고 그 봉사 음흉하여라 듀기난 무엇슬 듀어 점심이나 어더먹지 즘심 어더 먹으랴고 찌여 줄 테관디 그러하면 무어슬 듀어 그기나 둘가 심봉사 허허 우스며 그것도 고기사 고지지만는 듀기가 쉬리라고 둘지 안나 둘지 엇지 안나 방이나 찌고 보지 그 말리 반허락이엿다 방이여 올나셔셔 쩔쑤덩 쩔쑤덩 찌으면셔 심봉사 자어니여 흐는 마리 방이소리 잘하지만은 뉘라셔 아러듀리 여러 하님더리 그

말 듯고 돌나너니 심봉사 전더지 못ᄒᆞ여 방이소리를 하난구나 어유아 어유아 방이요 팀고라 천황씨는 목덕으로 왕하시니 이 남이로 왕하신가 어유아 방이요 유쇼시 구목위쇼하니 이 남기로 집을 얼근가 어유아 방이요 실노씨 유목위뢰하니 이 남기로 ᄶᅳ부를 혼가 어유아 방이

〈67-뒤〉

요 이 방이가 뉘 방인가 각덕 한임 가듕의 방인가 어유아 방이요 썰그덩 썰그덩 허첨허첨 씨은 방이 강팀공이 됴작방이 어유아 방이요 적적공산 남걸 비여 이 방이를 만드러네 방이 만든 제도 보니 이상하고 이상하다 사람을 비양턴가 두 다리를 벌여너여 ○ 옥빈홍안의 빈혀를 보니 흐허리여 잠쩔넛네 어유아 방이요 질고 가는 허리를 보니 초황 우미인 넉실넌가 ○ 츄천가 노던 말노 이 방이를 찌컷ᄼᅮ나 어유아 방이요 ○ 머리 들고 잇난 양은 창희노룡이 셩을 닌 듯 ○ 머리를 슈기여 돗난 양은 듀란왕의 돈슈런가 어유아 방이요 ○ 용목팔여 되야 분을 찌여너니 옥임일다 ○ 오고 디부 죽언 후의 방이쇼리 그쳐쩌니 ○ 우리 셩상 착하압셔 국팀미안 하압신디 하물며 민인 잔치 고금의 업셔시이 ○ 우리도 팀평셩디의 방이쇼

〈68-앞〉

리나 하여보시 어유아 방이요 ○ 한 달리 놉피 밥고 오루락 ᄂᆞ리락 하는 양과 실눅벌눅 쎗쥭쎄둑 됴긔로다 어유아 방이요 ○ 얼씨 됴흘씨고 지아지자 됴흘씨고 ○ 흘을 제위 일희노니 여러 하님덜리 듯고 쌀 우시며 하난 말리 예 요 봉사 그게 무신 쇼린고 자세이도 아네 아미도 그리로 나왓나부 그리 나온게 안니라 흐 보왓제 좌우 박장터쇼하라 그리저리 방이 쎗고 점심 어더먹고 보짐의다 슐 너허 지고 집팡막터를 칙 쥐고 나셔면셔 자 마누리덜 그리덜 ᄒᆞ오 잘 어더먹고 갑니 어 그 봉사 심심 안니하야

사람은 됴흔디 잘 가고 니려올제 쏘 오시요 심봉사 하직ᄒ고 차차 셩즁
드러가니 억만 장안이 모도다 소경 빗시라 셔로 짝짝 부드처 다니기 어
렵더러 훈 곳슬 지니니 한 여인이 문 압페 셨드ㄱ 제게 가난게 심봉사시
오 게 누군고 날 알 니

⟨68-뒤⟩

업간만는 게 뉘가 날를 찻나 여거 게 가난게 심봉사임 아니요 과연 기로
다 엇지 아넌고 그럿츠는 일리 잇스니 게 잠간 지치ᄒ오 이윽고 나와 인
도ᄒ야 외당으로 안치고 셩반을 드리거날 심봉사 싱각하되 고이ᄒ드 이
엇것 이린고 쏘훈 츤슈 비상하거날 밥을 달게 먹은 후의 날리 져무러 황
혼 되니 그 여인이 다시 나와 여보시요 봉사님 날 쩌러셔 니당으로 드러
갑시다 심봉사 디답하되 이 집의 외듀인 유무는 모로거니와 엇찌 나무
니당의 드러가리요 예 그난 허물치 마러시고 날만 쩌러오시요 여보시요
무삼 우환 잇셔 그리하시요 나는 동토령도 못 일그오 여보시요 헛 말삼
그리 말고 드러가 보시여 집팡막디를 쓰러 당게 니끌여가며 의심이 나
엇불사 니ㄱ 아미도 보쌈의 드러ㄱ제 위틱ᄒ드 이럿투

⟨69-앞⟩

시 군말하고 디쳥의 올나가셔 좌상의 안진 후의 동편의 훈 녀인이 무르
되 심봉사요 답왈 엇지 아오 아난 도리 잇쇼 먼 길리 평안이 오시오 너의
승언 안가요 황셩의셔 셰거하압더니 붕힝하여 부모 구몰하옵고 홀노 이
집을 지켜 잇사오며 시년언 이십오셰요 아직 셩혼치 못하엿써날 일직 복
슈를 비와 비필 되 사람을 가리압더니 일젼의 꿈을 쒸이 한 우물의 히와
달리 쩌러지 물의 잠기거날 쳡이 건져 품의 언너뵈이니 하날의 일월언
사람의 안목리 일월리 쩌러지니 날과 갓치 밍인인듈 알고 물의 잠겨쓰니

심씨 둘 알고 일직 둉을 시기여 문의 지너는 밍인을 츠례로 무러온제 여
러 날리요 천위신됴하사 이졔야 만나오니 여분인가 하압너다 심봉사 픽
우슈며 왈 말리야 돗쇼만은 그러하기 쉽사릿가 안씨 밍인 동얼 불너 츠
를 드려 권한 후의 거듀는 어디오며 엇더하신 딕이온닛가 심봉사 자게
신세 전후슈말를 낫낫치 하며 눈물을 흘니니 안시 밍

〈69-뒤〉

인이 위로하고 그날 밤의 동품할제 흐창 조흘고부예 두리 다 벌덕벌덕
할 뜻하되 셔로 알슈 잇나 사람 두리나 눈은 합흐면 넷치로되 담빅씨만
치도 비이지 안이흐니 할닐업셔 잠을 즈고 이러너니 듀린 판이요 첫날밤
이니 오직 됴흐랴마는 심봉사 슈심으로 안젓거날 안씨 밍이 무르되 무삼
일노 질거온 빗치 업사오니 첩이 도로여 무안하여이다 심봉사 디답흐되
본디 팔자가 기박하여 평싱을 두고 징험하니 막 됴흘 이리 잇씨면 언잔
한 이리 싱기고 싱기더니 쏘 간밤의 꿈을 어드니 평싱 불길할 징됴라 니
몸이 불의 드러가 보이고 가듁을 벅겨 북을 미고 쏘 나무 입이 써러져
쑤리를 더퍼 뵈이니 아마도 나 듀글 꿈 안이요 안씨 밍인 듯고 왈 그 꿈
돗쇼 흉직길리라 니 잠싼 히몽하오리다 다시 셰슈하고 분힝하고 단정이
쑤러안저 산통을 놉히 들고 축사

〈70-앞〉

를 일근 후의 괘를 푸러 그를 지엇시되 ○ 신입화등하니 회로을 각이요
○ 거피작고하니 고는 궁셩이라 궁의 드러갈 등됴요 ○ 낙엽이 귀근하니
자숀가봉라 디몽이오니 디단 반급사이드 심봉사 우서 갈로디 쇼담이 천
부당만부당이요 피육불관이요 됴잘지셜리요 니 본디 자숀이 업스니 누
게를 만나며 잔치의 참예흐면 궁의 드가고 녹밥도 먹는 싹이졔 안씨 밍

이 쏘 말하되 지금언 니 말를 밋지 안이하나 필경 두고 부시요 앗침밥을
먹근 후의 궐문밧께 당도하니 발셰 밍인잔치의 들나 ᄒ거날 궐닉의 드러
ᄀ니 궐닉ᄀ 오직 조ᄒ랴만은 빗치여 거무층층ᄒ고 쇼견 닉가 진동ᄒ다
잇써의 심황후 예러날 잔치할졔 셩명 셩칙을 아무리 듸려노코 보시되 심
씨 밍이 업시니 자탄ᄒ사 이 잔치 비셜한 비 부친을 뵈압자고 하엿더

〈70-뒤〉

니 부친을 보지 모ᄒ여시니 부니 닉가 인당슈의 듀근 둘노만 아르시고
익통 듀근신가 몽운사 부처임이 영검ᄒ사 눈을 써셔 천지만물를 보시사
밍인축의 쎤지신가 잔치는 오날 망동이니 친이 나어가 보리라 하시고 후
원의 젼좌하시고 밍인잔치 시기실졔 풍악도 낭자하며 음식도 풍비ᄒ여
잔치를 다한 후의 밍인 셩칙을 올나라 하여 의복 한 벌식 네 쥬실시 밍인
다 하례하고 셩칙 밧께로 밍인 하나가 웃쑥 셔씨이 황우 무루시되 엇더
흔 밍인이요 여상셔를 불너 무루시니 심봉사 겁을 니여 과연 쇼신이 미
실미가하와 천지로 집을 삼고 스희로 밥을 부치여 유리ᄒ여 단니오미 어
네 골을 거쥬 완연이 업사오니 셩칙의도 못하옵고 제 발노 드러왓

〈71-앞〉

삼는니라 황후 반기시사 갓가이 입시ᄒ라 하시니 여상셔 명을 밧ᄌ와 심
봉사의 숀 쓰러 별젼으로 드러갈시 심봉사 아무란둘 모로고 법을 니여
거름을 못 니기여 별젼의 드러ᄀ 계ᄒ의 셧스니 심밍인의 얼고은 몰나볼
네라 빅발른 쇼쇼하고 황후는 삼년 요궁의 지닉씨니 부친의 얼골리 의의
하여 무르시되 처자 잇눈야 심봉사 복지ᄒ여 눈물을 흘니면셔 엿ᄌ오듸
아모 연분의 상처하고 초칠릴의 못 ᄃ ᄀ셔 어미 이른 쌀 하나 잇삼더니
누 어둔 즁의 어린 ᄌ식을 품의 품고 동냥덧슬 어더먹겨 근근 질너 니여

점점 ㅈ러나니 효힝이 츌천하여 옛사람의 지더니 요망훈 즁이 와셔 고양
미 슴빅셕을 시듀하오면 누을 쩌셔 보리라 ㅎ니 신의 여식이 듯고 엇지
아비 눈 쯔리란 말를 듯고 그져 잇시랴 하고 날니난 츌판할 기

리 젼이 업셔 신도 모로게 남경 션닌들게 삼빅셕의 몸을 팔니여셔 인당
슈의 졔슉으로 쌘 듁사오니 그쩌의 십오셰라 눈도 쯔지 못하고 ㅈ식만
이러사오니 ㅈ식 팔러 머근 놈이 셰슝의 사러 쓸디업사오니 듀겨 듀읍쇼
셔 황후 드르시고 체읍ㅎ시며 그 말삼을 자셰이 드리시민 졍영훈 부친이
쥴른 아르시되 부댜간 철륜의 엇지 그 말삼이 끗지기를 지다랴만언 ㅈ연
말만 들ㅈ ㅎ니 그런 것시엿다 그 말삼을 맛듯 못 맛듯 황후 보셔발노
쮜여 나려와 부친을 안고 아부지 닉가 과연 인당슈의 쌘져 듀거쩐 쌀 심
쳥이요 심봉사 짐작 놀니여 이게 웬일리야 하더니 웃지 ㅎ 반갑던지 뜻
밧게 두 눈이 길모 쩌러지는 쇼리 나면셔 두 눈이 활짝 발거쓰니 만좌
밍인

더리 심봉사 눈쓰난 쇼리의 일씨의 눈더리 헤번덕 쩍쩍 ㅈ치 싴기 밥머
난 쇼리 ㄴ더니 뭇 쇼경 쳔지 명낭하고 집안의 잇는 쇼경 계집 쇼경도
누니 다 발고 비 안의 밍인 비 밧게 밍인 반쇼경 쳥밍ㄱ니ᄭ지 몰슈이
다 눈이 발겻스니 밍인의게는 쳔지 기벽ㅎ엿더라 심봉ᄉ 반갑기난 반ㄱ
오나 눈을 쓰고 보니 도로여 싱면목니라 쌀리 하니 쌀린 듈 알것만는 근
본 보디 못훈 얼골리라 알슈 잇ᄂ 화 조와셔 주글동 말동 츔츄며 노리하
되 얼시구 졀씨구 지ㅇ지 됴흘시구 홍문년 치의 황장이 아문리 츔 잘 츤
들 엇지 당하며 훈고됴 마상의 득쳔ㅎ 할졔 칼츔 잘 츤다 할지라도 어허

니 츰 당할손야 어화 창싱덜라 부둥싱남둥싱녀하쇼 듀군 쌀 심청이를 다시 보니 양구비 듀거 환싱혼가 우미인니 도로 환싱ᄒ여 온가 아무리 보와도 니 쌀 심청이졔 쌀

〈72-뒤〉

의 덕어로 어두온 눈을 쓰니 일월리 광화하여 다시 됴토다 경셩이 츌경우이홍하니 빅공상화가라 요슌천지 ᄃ시 보오니 일월리 듕화로다 부둥싱남둥싱녀난 날노 두고 이르미 무슈혼 쇼경덜도 철도 모르고 츔을 츌졔 지아자 지아자 조흘시고 어화 둦ᄐ 니 세월라 세월아 가지말ᄂ 도라간 봄 ᄯ다시 도라오것마는 우리 인싱 혼번 늘거지면 다시 졈기 어려워ᄂ 옛글의 일너스되 시ᄉᄂ독이라 하는 것슨 만고명현 공밍의 말삼이요 우리 인싱 무삼 이 잇스랴 다시 노러하되 상호상호만셰를 부르더라 직일의 심봉ᄉ를 됴복을 입피여 군신지예로 됴회ᄒ고 다시 니션의 입시하ᄉ 적연 긔루던 회포를 말솜하며 온씨 밍인의 말를 낫낫치 하니 황후 드르시고 치교를 니여보니여 온씨를 모셔 드려 부친과 갓치 게시게 하시고 천ᄌ 심학규를 부원군을 봉하시고 안씨난

〈73-앞〉

뎡열부인을 봉하시고 ᄯ 장승상 부인얼 특별리 금은을 만니 슝ᄉ하시고 도화동 촌인얼 연호ᄌ벽을 물시하시고 금은을 만니 슝ᄉ하 동둥의 구폐하라 하시니 도화동 동니 스람드리 은혜 여천여희하여 천하진동하더니 무장퇴슈를 불너 예듀자로 이천하시고 자사의 분부하야 황봉사와 쌩덕 어미를 직각 착니ᄒ라 분부 지엄하시니 예쥬ᄌᄉ 삼빅육관의 힝관ᄒ여 황봉ᄉ와 쌩덕어미를 자버 올니거날 부원군의 쳔쳥누의 좌기하시고 황봉ᄉ와 쌩덕어미를 잡드려 분부하사 니 이 무상혼 년아 산쳡쳡 야심혼듸

텬지 분별치 못하난 밍인 두고 황봉사를 어더가는게 무슨 쯧시 직시 문
초하니 역촌의셔 여막질하난 정연이라 하난 사람의 게집의게 초연하미
로쇼이다 부원군이 더욱 디로하여 뺑덕어미를 능지처참하신 후의 황봉
사를 불너 이른 말삼 네 무상훈 놈

〈73-뒤〉

아 너도 미인이지야 남 안히 유인하여 가이 너는 됴커니와 이른 사람은
안니 불상한냐 쇽졀의 탐화광접이ᄅ 흣기로 그러할가 소당은 듀길 이리
로되 특별리 정비하니 원망치 말나 후일 종십하니 이후 세상 사름이 이
갓치 불의지사을 본밧게 흣지 못하난 일리라 하시고 하교하시니라 만됴
빅관이며 천흣빅셩더리 덕화 소덕하더라 자숀이 충덕하고 천하의 일리
업고 심황후의 더화 스히의 덥펴쓰며 만세 만세 억만세를 계계승승 바리
오며 무궁무궁 하압기를 천만 복망 복망 하압니다 하더라 황후 천즈게
엿즈오디 이러훈 질거오미 업스오니 티평년을 비셜ᄒ여이다 황제 올히
여기시사 신하의 반포하여 일등 명긔 명창을 불너 황극전의 뎐좌ᄒ시고
망됴빅관을 미와 질기실시 천흣 제후 슐목ᄒ고

〈74-앞〉

사히진보 됴공하며 일등 명창 일등 명긔 천하의 반포하야 거의 다 뫼와
쓰니 티평셩디 만난 빅셩 처처이 춤츄며 노리하되 츌천디효 우리 황후
노푸신 덕이 사해의 더펴쓰니 요지이월 순지건곤의 강구동요 질거오미
창해로 티평듀 비져여군동치하 만만세를 질겨 보시 이러한 티평연의 뉘
가 안니 질길손냐 이러타시 노리할제 천즈며 부원군니 황극전의 젼좌하
시고 명무 명창을 픠초하시와 가무 금실 히롱하며 삼일를 크게 잔치하사
상하동녹 질긴 후의 천자 황후와 부원군이며 다 각기 환궁하시ᄃ 각셜

잇쩌의 황후며 졍열부인 안씨 동연 동월의 잉티하야 도월의 탄싱하의 두
리 다 싱남한지라 황후의 어진 마음 자게 압은 고사하고 부친이 싱남하
시믈 듯르시고 천자게 듀달하신디 황제 쏘흔 반기스 필육과 금은치단을
마니 상사하시고 예관을 보 위문하신디 부원군 망팔쇠년의 아더를 나어
노코 지뿌 마음 충양업셔 듀야를 모로던 차의 쏘흔 황제쩨압셔 금언치단
니며 필육과 명관을 보니여 위문하시니 황공감사ᄒ 국궁비례하고 예관
을 인도하며 황은을

〈74-뒤〉

못니 충사한디 쏘 황후 더욱 딧거 금은보화를 봉하여 예관을 보니여 위
문하신디 부원군니 더욱 짓거하며 일변 됴복을 갓초오고 예관을 쏘러 별
궁의 드리가 황후게 뵈온디 황후 쏘한 싱남하엿거날 짓거운 마음을 엇지
다 충양하리요 황후 부친의 손을 잡고 옛 일을 싱각하며 일희일비로 길
거ᄒ미 부원군도 쏘한 시러하더라 잇쩌 부원군니 집의 도라와 명관을 쏘
라 옥게하의 다다르니 상이 극히 충춘하시되 드르미 경이 노리의 귀자를
어든 바 쏘한 짐의 티자와 동년 동월의 동근싱이니 그 안니 반가오리요
언냐션명하면 타일의 국사를 의논하리라 하시더라 군이 엿자오디 식일
의 공자쩨셔도 하시길를 싱즈가 비란양자란이요 양자가 비란교자란이라
하엿스니 후사를 보사이다 하고 물너나와 아희 상을 보오니 활당한 기상
이며 쳥슈한 골격이 족키 옛사람을 보바들네라 이홈은 티동

〈75-앞〉

이라 하야 졈졈 즈러 십세의 당ᄒ미 총명 지혜가 무쌍이요 시신음율을
능통하미 사람하미 장듀보옥의다 비할손냐 무졍세월약유파라 십삼의 당
한지라 잇쩌 티즈을 여히고즈 하사 동월 동일의 구싱간 혼사를 듀달사신

디 황제 짓거하사 광문하리 하신디 잇쩌의 맛참 좌강노 권셩운이 일녀를
두엇쓰되 팅임의 덕힝이며 반허의 직질를 가저쓰며 인물른 위미이을 압
두할지라 잇쩌 연왕이 공듀 쓰되 안냥공듀라 덕항이 팅기하고 빅사 민첩
하물 듯고 상셰 진교하사 연왕 권광노를 입시하야 어전의셔 구혼하신디
공듀와 쇼졔 쏘흔 동갑인듸 십육세라 짓거 허락하거날 상이 하교하시되
권소졔로 팅즈의 비필를 정하시고 연왕의 공듀로 팅동 비피를 사모미 엇
더한요 하신디 좌우 다 올사이다 하거날 황후와 부원군니며 됴뎡 질기더
라 직시 팅시관을 명하야 틱기일하라 하신디

〈75-뒤〉

츈삼일 망일리라 국듕의 디경사라 기릴리 당하미 잔치를 비셜하고 각방
제후와 만됴빅관 차례로 시위하고 두 부인은 삼국여가 시위하야 전후좌
우로 응하야 됴빅셕의 친영할시 일월갓탄 두실낭은 빅관이 모셔스니 북
두칠셩의 좌우보필이 모신듯하고 월틱화용 고흔 팅도 녹의홍상의 칠보
단장이며 각식 피물 요상으로 느리오고 머리난 화관이라 삼쳔국여 모흔
듕의 일등미식을 등미식을 초출하여 두 낭자를 좌우로 모셔스니 반다시
월궁황라도 이예셔 더 휘황치 못할네라 금슈단 광모장을 반공 쇼사 치고
교비셕의 친연하니 궁듕이 휘황하물 일구난셜리라 두 신낭이 각기 전안
납페한 후의 각기 처쇼로 좌정하니 동방화촉 첫날밤의 원앙이 녹슈를 만
난든 쉐락한 경으로 은은 밤을

〈76-앞〉

디니고 나와 팅자는 강노를 몬저 보니 강노 양듀 길거하물 이휘 층냥치
못할네라 잇쩌의 팅동이 쏘한 연왕부부게 뵈온디 연왕과 왕후 못늬 반기
며 기써하더라 직시 팅자를 연통하여 됴회의 국궁한디 상이 질겨하사 부

원군 입시하여 동좌의 신힝 인사를 바드시고 만됴빅관을 됴회하신 후의
하교하사디 짐이 진즉 틱동을 됴졍의 드리고뎌 하되 미장지젼이라 지우
금 무명식하여쓰니 경동 소견의난 엇더하요 하신디 무빅관아 쥬왈 인냐
츌등하오니 직교하압소셔 하거날 상이 직씨 틱동을 입시하사 품직을 닉
리실시 할님학시 겸 간의틱부 도훈관의 이부시랑을 하이시고 그 부인언
왈녈부인을 봉하시고 금은칙단을 만니 상사하시고 왕 경이 젼일은 셔셩
이라 국졍을 돕지 안니 하엿거니와 금일부텀은 국녹지신이라 진츙갈녁
하여 국졍을 도으라 하신디 시랑이 국궁하고 물너워 모친쎄 뵈온디 질
기고 반난 마음이야 엇지 다 셩언하리요 쏘 별궁

〈76-뒤〉

의 드러가 황후젼의 비사한디 황후 질거오믈 이기지 못하나 말삼하시되
신부가 엇더하더뇨 하신디 피식디왈 슉함하더이다 황후 쏘 문왈 금됴 입
시의 무삼 벼실 하엿난냐 이러이러 하엿나이다 황후 더옥 질거 틱자와
시랑을 다리고 동일 질긴 후의 셕양의 파연하시고 왈 슈이 신힝하라 하
시거날 시랑이 디왈 슈히 다려다가 부모젼의 영화을 보시게 하오리다 한
디 황후 디열하사 닉 말도 쏘한 그 쯧시로다 하시더라 이날 틱지와 한님
의 물너나와 몃칠 후의 부원군이 틱일하야 왈녈부인을 신힝하시니 부인
이 구고 양위젼의 예로셔 뵈인디 부원군이며 졍열부인이 금옥갓치 사랑
하시더라 별궁을 시로 지여 왕부인을 거쳐하시게 하니라 각셜 잇쩌의 할
님이 나지면 국사를 도모하고 밤이면 도학을 심쓰나 무론 디소사셔인하
고 층찬 아니하리 업더라 이러구러 한림의 나히 이십셰라 잇쩌의 상이
하림 명망과 도덕을 됴신의게 문후하시고 일일은 심학사를 입시하사 가
라사디 짐이 드르미 경의 명망과 도덕 국닉의 진동한지라 엇지 벼살를
앗기리요 하시고 즉품하사 이부상셔의 겸 틱학

〈77-앞〉

관 하시고 티자와 동뉴하라 하시며 그 부친을 쏘 승품하야 남평왕을 봉
하시고 쏘 상셔부인은 왕녈부인의 겸 공열부인 봉하시니 남평왕이며 상
셔와 인성황후며 다 황은 증사하고 우리 무삼 공이 잇서 이더지 품직하
나요 하며 듀야 황은을 송덕하더라 이쩌의 남평왕이 연달 팔순이라 우연
득병하 빅약이 무효,라 당금의 황후 어지신 효성과 부인의 착한 마음 오
지기 구병하랴만은 시자난 불가부싱이라 치릴만의 별셰하시니 일가이
망극하고 쏘 황후 이통하사 황제게 듀달하니 상이 왈 인간 팔십 고래히
니 과도이 이통치 마르소셔 하시고 명능 후

〈77-뒤〉

원의 왕녜로 안장하라 하시고 황후는 삼연 거상하라 하니라 부원군의 초
년 고상하던 일을 싱각하면 무삼 여한이 잇시리요 어화 셰인덜라 고금이
다를손냐 부귀영화 한듯 하고 부듸 사람 경이 마소 홍진비리 고진감닉는
사람마닥 인나니라 심황후의 어지신 이홈 천츄의 유젼이라 어이 안니 기
특하리 음지가 양 되고 양지가 음지 되는니라
계츅 원일 회일에 빅현진슈는 동셔하노라
萬古孝女 沈淸傳 만고효요 심텽전

연세대도서관 소장 43장본 〈심청전〉

　　각 장이 10행, 각 행이 25자 내외로 된 총 43장의 국한문혼용 필사본이다. 표지에 '沈淸傳 單'이라는 기록이 보이고, 다른 필사기는 없다. 전반적으로 신재효본, 완판본, 강상련 등과 큰 차이가 없다. 그러나 이 이본에는 심청이 용궁에서 모친을 만나는 대목이나 장승상부인이 심청이를 위해 제를 올리는 대목 등 다소 큰 단락이 빠져있기도 하다. 그리고 오자, 탈자, 탈구가 많아 문맥이 통하지 않는 부분이 많고, 또 한문을 몹시 흘려 써서 해독하기가 매우 어렵게 되어 있을 뿐만 아니라, 틀린 글자도 많다. 현재 연세대학교 도서관(811.36 심청전 필=2)에 소장되어 있다.

연세대도서관 소장 43장본 〈심청전〉

〈1-앞〉

沈淸傳 大全 卷之單 심쳥견

宋나라 元豊末年에 黃州 桃花洞 스난 쇼경 흔 분 이시되 姓은 沈이요 名
은 學敎라 累代 在名之族으로 聞名 慈在타가 家運이 영치ᄒ야 二十에 眼
盲ᄒ이 洛水靑雲에 발지취 ᄭᅳᆫ어지고 금장ᄌᆞ우에 功名이 부여신이 힝곡
에 곤흔 身勢 康近흔 親戚 업고 김ᄒ야 眼盲흔이 그 누라 디졉ᄒ리요만
은 그러나 兩班어 후여로 힝실이 쳠염ᄒ고 지죠가 변쳡ᄒ야 一動一靜을
경술이 안이흔이 스람마당 다 군ᄌᆞ라 이르더라 그 안이 郭氏婦人 쏘흔
션쳔ᄒ야 임스에 덕과 목난에 졀기와 징강에 식과 여에 가리 니칙편 주
람 쇼람 관져시을 모를 거시 바이 업□

〈1-뒤〉

奉祭祀 適賓客과 家長 공경 治産凡節 百執事 加堪이라 이젹에 쳠염이요
관연에 간안이라 쳥쳔구 바이 업셔 흔□집 단포ᄌᆞ에 朝不如夕ᄒ난구나
야픠에 변토 업고 窓前에 奴婢업셔 加情흔 郭氏婦人 몸을 바려 품을 팔
졔 쏙바누질 冠帶道複 항어 창이 징염이며 셥수 쾌ᄌᆞ 중추막 男女衣服에
ᄌᆞ누이질 쵹쵹누이 고두누이 숄올이기 셔답빨니 퓨시 마젼 夏節衣服 고
이젹슴 網巾 ᄭᅮ며 갓巾 졉키 비ᄌᆞ 토수 보션 포디 허리ᄯᅢ 양낭단임 쥼치
쏨지 펼낭 회양 쏠죄 복근 풍치 쳔기 진금침 비기모 雙駕鴬 수노키와 五

色 모션 각디 홍비의 학성 학의 호상호 궁쵸 공단수주 션낭갑스 운문토
주 갑주 분주 토주

〈2-앞〉

명주 싱쵸 통경이며 죠포 북포 黃苧布 추쵸 모쵸 졔쵸 디심□빅지포 셰
포을 쏙을 밧고 맛타 쓰 靑黃赤白 침힝 五色冬色으로 染色흐야 쵸상난
집 원삼직복 혼인디스 음식술경 가진 즁편 中桂 藥果 빅산 과실 神仙爐
각각 藥藻 藥酒 빗기 주팔연□오리기 비숭 보와 괴음질과 一年三百六十
日 잠시도 노지 안코 푼 모와 양 만들고 양 모와 관을 日收遞計 長利邊을
착실흐디 빗실 주어 春秋祭享 奉祭祀며 압 못 보난 ᄀ장 공경 시종이 如
一흐이 上下人民 郭氏婦人을 萬古烈女라 이르더라 흐로 심봉스 흐난 말
이 어보 마노라 세상에 스람이 나타나셔 夫婦야 누 업시리요만 양반어
후여로 그러나 이목구비 셩흔 스람도 불칙흔 기집을

〈2-뒤〉

만나면 간혹 불화흐건만은 마노리난 前生에 무삼 恩惠로셔 이 世上 夫婦
도야 압 못 보난 ᄀ장 날을 의로흐야 흔 시 반 ᄶ 노지 안코 숀톱 발톱
ᄌᄌ지기 주여로 버으라셔 어린 악이 밧드다시 추어할가 더워할가 이러
타 공경흔이 나난 편타 흐런이와 마노리 고상스리 도로여 불편흔이 날
공경 고만흐고 니 平生 寃痛흔 일이 잇쇼 우리 年當四十에 近흐도로 膝
下 一點血肉 업셔 父母 祖宗香火을 니 代에 ᄰ키 되면 後去黃泉 도라간
들 무삼 面目으로 先塋을 디흐오며 우리 양주 □主孤魂 쵸상 장스 小大
릇며 연연이 오난 길에 밥 흔 그럭 물 흔 모금 누랴셔 밧드릿ᄀ 니 평성
원통흔 일이 名山大刹 積功 데려 子女□ 두거되 平生 恨을 풀 듯 흔이
마노라 뜻지 엇

〈3-앞〉

더흐오 곽씨부인 디답흐되 옛글에 이르기로 不孝三千 無後위大라 흐야
신이 우리 무ㅈ함은 첩으 죄악이리 응당 김작흐되 ㄱ長으 너부신 德으로
□□가지 俱存흐여ㅅ오나 ㅈ식 두고 시푼 마음이야 몸을 갈고 쎄을 간들
무삼 일을 못흐릿ㄱ만 家長으 正大흐신 마음을 아지 못흐야 發說치 못흐
야삽던이 먼쳐 말삼흐옵신이 至誠信功흐오리다 그날부텀 지기흐고 왼갓
공을 다 데릴져 名山大刹 靈神堂과 셩왕ㅅ면 石佛보술 미럭젹 노기마즈
집짓기와 탁에시주 나시시주 인등불공 百日山祭 諸釋佛供 씬중 만나 袈
裟시주 인등시주 창오시주 집에 들어 노난 날에 中天九宮 地神祭 다리관
션 질짝기를 주야로 공 듸린이 공든 탑이 무너지며 신든 남기 썩거지라

〈3-뒤〉

甲子 祀月 初八日 흔 꿈을 어더시되 이싱이 밍낭 고이흐다 天地 明朗흐
고 瑞氣 半空턴이 션연 玉女 鶴을 타고 흐날에 두루거날 춘춘이 살피본
이 몸에난 彩緞이요 머리에 花冠이라 月牌을 느지 츠고 玉佩쇼리 錚錚
桂花가지 손에 들고 婦人 졋틱 안 거동 두럿흔 仙女로다 心神이 황홀흐
야 진졍키 어렵던이 仙女으 고은 態度 櫻桃脣 半開흐고 碎玉聲 말근 쇼
리 憂然이 흐난 말이 西王母 女子로셔 반도 진싱 갓던 길에 옥잠 비ㅈ을
잠간 만나 酬問酬答흐옵다가 시가 잠간 틀이기로 天上에 得罪흐고 人間
으로 니치기로 갈 바을 모로더이 太上老君 후토신영 셕가如來 미럭임이
덕으로 指視흐옵기로 바라고 왓ㅅ온이 어여비 네기쇼셔 품안에 왈칵 안
쳐거날 쌈작 놀닉 찌다른이 남가一夢이라

〈4-앞〉

兩主 夢事을 이논호이 두리 꿈이 갓탄지라 허허 그 중간에 그져 이실 일
이 안이로다 그날 밤에 엇지 호야던지 그달부텀 胎기 이셔 郭氏婦人 어
진 마음 席不正不坐호고 활부졍불식호고 침불침불변호고 이不쳥음식호
고 目不視惡이라 十朔이 촌 然後에 호로난 희복 기미가 잇고나 아고 비
야 아고 허리야 심봉스 一邊은 반갑호고 一邊은 겁을 닉야 집즈리 데리
쌀고 새 스발 졍화수 쩌서 쇼반에 밧쳐노코 坐不安 心급흔 마음 순순호
기 기다일 제 香氣 震動호고 彩雲이 두루던이 魂迷中 탄싱흔이 션연 玉
女 쌀이로다 심봉스 히락호야 씀을 갈누여노코 郭氏婦人 精神츠러 順産
은 호야시나 男女間 무어시요 심봉스 허허 읏고 익이 숫실 만져본이 손
이 걸임 업시 엽나리 빅 지늬가듯

〈4-뒤〉

밋근 지늬간이 아마도 무근 죠기가 희죠기을 난나부다 곽씨부인 즈탄호
되 만득으로 노은 즈식 쌀이란이 워통호오 심봉스 흐난 말이 쌀이 아달
만은 못호여도 아달 잘못 두면 辱及先塋할 거시요 쌀이라도 잘 두오면
아달 주어 밧구릿ᄀ 우리 이 쌀 고이 길여 예졀 방작 가로 요죠숙여 죠흔
빅필 군즈호결 갈이여 終死에 眞眞호면 外孫奉祀들 못호릿ᄀ 첫 국밥 얼
넌 쩌 三神床에 올여노코 衣冠 正이 호고 두 숀 合掌 비난 말 어스 스람
갓그되면 익결호야 빌연이와 봉스라 흐난 거시 툭셩이 과호고로 三神과
시비할 줄노 비것다 三十三天 道術天 三神帝王임늬 和友同心호와 다 고
이 보옵쇼셔 四十에 졈지흔 쌀 흔두 달에 이실 모와 셕달에 어리여 넉달
에 人形 싱거

〈5-앞〉

다섯달에 오포 싱거 여섯달에 육정 나고 일곱달에 骸骨 싱거 어덜달에
四萬八千 털이 나고 아홉달에 九宮 어러 十朔이 츤 然後에 금강문 ᄒ탈
문 고이 여러 순순은 ᄒ야시나 명을낭 東方朔에 命을 졈지ᄒ고 福을낭
셕순을 졈지ᄒ야 외 웃듯 달 웃듯 日出月長ᄒ옵쇼셔 빌기을 다ᄒ 후에
첫 국밥 다시 써 손모을 권흔 후에 익이 안고 어룬다 금ᄌ童아 玉子童아
두루 天下 보비童야 포진 숙힝이 네가 도여 生ᄒ엿나 銀河水 織女星 人
間에 落降ᄒ야 네가 도여 십겻나 金을 준들 너울 주며 玉을 준들 너을
주랴 南田北畓을 장만흔들 튼튼ᄒ기 너 갓트며 珊瑚珍珠 어더신들 스랑
키가 너 갓트랴 둥둥둥 늬 스랑 칠야중 촉불인야 눈비슨에 꼿신가 옷고
롬에 밀화불수 당기 싯터 진주

〈5-뒤〉

씨 도리도리 늬 스랑 작강작강 늬 스랑 쯧박기 곽씨부인 슌후 別症으로
萬身이 두로 붓고 呼吸 全촉ᄒ야 졍치업시 알난구나 아고 머리야 익고
팔다리야 심봉ᄉ 기가 막커 겁을 늬야 問醫ᄒ야 藥도 씨고 굿도 ᄒ고 경
도 일코 비ᄀ지로 治病ᄒ되 죽기로 든 병이어든 일분 츠호 이실손야 심
봉ᄉ 기ᄀ 믹커 부인으 졋터 안즈 여보 마노라 이거시 왼일이요 압 못보
난 이늬 身勢 襁褓에 쓰인 ᄌ식 엇지ᄒ야 살나시오 곽씨부인 졍신추려
家君으 손을 잡고 어보 봉ᄉ임 늬 말을 들으시오 늬 平生 먹은 마음 압
못 보난 낭군임을 偕老百年 奉養타ᄀ 不幸만시 당ᄒ오면 쵸상중ᄉ ᄒ 然
後에 되로 쏘츠 죽ᄌ던이 天命이 그 쑨인지 인연이 쓴어져 ᄒ릴업시 죽
기된이 압 못

〈6-앞〉

보난 그니 身勢 四顧無親 子子單身 依託할 곳 바이 업셔 지평막디 더덤 더덤 구렁에도 잡바지고 돌에 츠이 넘어져셔 身勢自嘆 우난 거동 눈으로 본 듯ᄒ고 飢寒을 못 이기셔 이 집 져 집 단이면셔 밥 좀 주오 실푼 쇼리 괴에 징징 들이난 듯 나 죽은 혼이라도 ᄎ마 어이 듯고 보며 名山大刹 信功 되려 四十晩得 노은 子息 졋 ᄒ 번도 못 먹이고 죽단 말이 무삼 일 고 이리져리 싱각ᄒ이 멸고 먼 황천질을 눈물지어 어ᄀ며 압피 막키어 어이 갈고 건너말 楊寡婦宅 돈 열양 막겻신이 쵸상에나 보티씨고 방안에 잇난 양식 희복쓸노 두엇다ᄀ 못 다 먹고 도라간이 두고 양식 ᄒᆞ옵시고 陳御史宅 冠帶 ᄒᆞᆫ 불 胸背에 鶴을 노타ᄀ 못다 노코 죽어간이 남어 重大 ᄒᆞᆫ 衣服이라 죽기 前에 갓다주

〈6-뒤〉

고 되마을 貴德어미 날과 情 親이 지닉신이 어린 아히 안고 ᄀ면 셜마 恝視ᄒᆞ오릿ᄀ 져 子息이 天命으로 죽지 안고 스라나 지 발노 것거들낭 닉 墓 압피 ᄎᆞ와 母女相逢이나 식켜주오 天命을 못 이기여 압 못보난 家君으게 어린 子息 지쳐두고 永訣ᄒᆞ고 도라간이 家君으 괴ᄒᆞ신 몸 哀痛 ᄒᆞ야 傷치 말고 千萬保存ᄒᆞ옵쇼셔 前生에 未盡ᄒᆞᆫ 情 後날에 다시 만나 離別업시 스사이다 후유 흔숨 길기 씨고 어린 ᄌ식 어로만져 씨 쓸쓸 눈 물지며 天地도 無心ᄒᆞ고 鬼神도 야속ᄒᆞ다 네가 진작 삼겻거나 닉가 죠곰 더 살거나 어 나ᄌ 닉 죽은이 갓업난 中天之痛 널노 ᄒᆞ여 품고간이 죽난 어미 손ᄌ식이 生死間에 무삼 罪야 누 졋 먹고 스라나며 뇌 품에 잠을 ᄌ라 악아 닉 졋 만이 먹고 나

〈7-앞〉

에 후스나 傳ᄒ여라 이 악이 일홈을낭 沈淸이라 불너주오 져 주랴고 지은 굴네 五色비단 金字 박아 珍珠판에 紅□수 실 珍珠 다라 신힝함에 들어신이 이거시 업치락 되치락 ᄒ거덜낭 날 본다시 씨와주오 닉 찌던 玉脂環이 숀에 젹어 씰 수 업셔 경딕 안에 들어신이 그것도 씨와주오 할 말이 無窮ᄒ되 숨이 갑바 못ᄒ것쇼 흔숨 쉬여 부난 바람 颯颯悲風 도여 잇고 눈물지어 오난 비난 蕭蕭細雨 도엿셔라 틱감질 두셔번에 숨이 썰걱 지난구나 ○ 이쩨 심봉스난 눈 어더운 스람이라 □□혼 줄 모로고 婦人으 졋티 안ᄌ 여보 마노라 정신츠리오 □□萬呼 부루거던 죽은 스람 디답할ᄭ 심봉스 그지야 죽은 줄 알고 아고 참으로 죽엇구나 죽단 말이 무삼 일고 ᄀ삼 쾅쾅 쑤다리

〈7-뒤〉

며 머리도 부더치며 목지비질 털걱털걱 여보 마노라 그딕 살고 닉 죽으면 어린 ᄌ식 길여닐데 그딕 죽고 닉ᄀ 손들 어린ᄌ식 어이할고 送舊迎新 츠운 날에 무엇 입피 살이니며 달은 지고 불 업실직 비 곱파 우난 ᄌ식 무엇 먹이 살여니리 마오 마오 죽지 마오 平生에 먹은 마음 死生同居ᄒᄌ던이 黃泉질이 어디랏고 날 바리고 도라ᄀ오 인지 가면 언지 와요 靑春作伴好□□에 봄을 짜라 오라난ᄀ 靑天明月來幾時에 달을 짜라 오라난ᄀ 꼿도 졋다 다시 피고 힉도 졋다 돗건만은 우리 마노라 ᄀ신 길은 흔번 ᄀ면 못 오난이 三千碧桃堯之□ 西王母을 짜라간나 月宮向下 쩍이도 造約ᄒ로 ᄀ견난ᄀ 皇陵墓 二妃 함기 회포말을 ᄒ로 간나 나난 누을 짜라 쓸고 이런 身勢가 쏘 잇

〈8-앞〉

난야 이려타 셜이 울져 桃花洞 男女老少 모도 모와 公論ᄒ되 郭氏婦人 어진 才質 늑도 졈노 안이 희셔 불상이 죽어신이 沈봉스 □□身勢 百計 無策이라 우리 洞內 百餘戶에 每戶에 디돈 수임ᄒ야 곽씨부인 감장ᄒ여 주면 엇드함나 이논이 一口如出ᄒ야 금광榔이 쓰 졀관ᄒ야 올여노코 銘 旌 明哭 □車 功布 左右로 버러노코 발인지축문ᄒ되 영유기ᄀ 왕징유티 ᄌ징길여 영결죵쳔 상부군 상부 메고 워너 워너 워 이리 넘츠 위ᄒ너 남 문 열고 바루 쳐 숑풍은 거문고 바람기리 ᄯ라셔 인경쇼리만 쎙쎙 고양나 무 졍ᄌ 우 쐬쑈리 쇼리ᄀ 더욱 셜네 워너 워ᄒ너 암두잡이난 어디로 ᄀ 고 쇼경빅관만 ᄯ럿나 워 넘츠 워ᄒ너 셔天明月 다 너머가고 시 비 쏭다리

〈8-뒤〉

셜이만 운다 워ᄒ 너ᄒ너 잇든 집 스든 살임 영별죵쳔 ᄒ직을 혼다 워넘 츠 워ᄒ너 ○ 이쎄 沈봉스난 굴관지복 졍이 ᄒ고 상부 되치 부여잡고 여 보 마노라 함기 ᄀ셔 멀고 먼 황쳔질을 나와 두리 함기 ᄀ셔 업더지며 잡바지며 붓들여 ᄯ라ᄀ 大□地 ᄀ리여 고이 安葬혼 然後 平土祭 지닐 젹에 심봉스 셩운 마음 祭文 지어 올여시되 ᄎ호부인 嗟呼婦人 요ᄎ고지 숙여ᄒ야 嘗不歸於古人이라 幾百年偕老던이 忽然물혀연원리요 有此子 而永世ᄒ이 이 일 어이 길여너리 귀不歸兮쳔디ᄒ이 어는 ᄯ나 만나볼고 托松楸兮爲家ᄒ야 ᄌ난 다시 누어구나 常音容이 寂寞ᄒ야 보고 듯기 어 러워라 淚數數沿□ᄒ야 졋난 눈물 비ᄀ 된다 神眞眞滴魂ᄒ야 술

〈9-앞〉

기리 젼이 업다 쇼ᄒ인이작피ᄒ이 바라본들 어이ᄒ며 여장주에요을 ᄒ

야 山은 寂寂 골 깊푼듸 거유현노수ᄒ야 그 누라 알이요 션ᄒ상지 상봉
ᄒ야 ᄎ생에 ᄒ릴업네 酒果脯 薄盞ᄒ나 만이 먹고 도라가오 祭文을 일근
후에 무덤을 덥벅 안고 아고 마노라 날 바리고 죽단 말이 天地間에 왼말
이요 여보 마노라 날 다리가오 얼어셔도 죽을테요 굴머셔도 죽을텐이 어
셔 진작 다리가오 ᄌ식 괴춘ᄒ고 살기도 괴춘ᄒ오 목지비질 털걱 털걱
머리도 부터치며 죽기로만 드난구나 그 동늬 사람들이 부들고 말유ᄒ야
여보 봉ᄉ임 죽은 가쇽 짜라가면 손ᄌ식을 엇ᄌ랴오 叩盆之痛 安情ᄒ야
다리고 들어온이 심봉ᄉ 정신ᄎ려 洞內사람들게 百拜ᄉ죄ᄒ고 집이라
들어온이 부엌은 寂寞ᄒ고 房은 텡 부엿

〈9-뒤〉

난듸 어린아히 홀노 누어 응아응아 실피 운이 심봉ᄉ 셔룬 마음 어린 아
히 품에 안고 이 ᄌ식을 엇지할고 홀노 윗둑 안진 모양 말 못ᄒ난 石佛잇
듯 太白山 갈가마구 기발 무려 더진다시 혼ᄌ 안ᄌ 우난 말이 너 어문이
먼듸 갓다 落香 東村 이화경에 숙낭ᄌ을 짜라갓다 竹上에 우든 魂魄 二
妃 魂을 짜라갓다 쩌난 날은 잇건만은 오난 날은 모로것네 너도 너 어문
이 죽은 줄 알고 이리 셜이 우난야 모로고 우난야 힁당화 져 나부야 꼿
지다 셔르마라 너난 지면 明年 春三月이면 그 꼿 다시 피난이라 불상흔
우리 안이 워는 쩌나 만나볼고 악아 악아 우지마라 너 우름 흔쇼릐 一寸
肝腸 다 녹는다 너 눈에 눈물나면 늬 눈에 피가 난다 그날 밤을 세노란이
악이난 ᄌ

〈10-앞〉

진ᄒ고 어룬은 氣欠ᄒ야 어둔 눈이 더욱 침침 강기을 모ᄎ릴 졔 어네시
東方이 흐벙훈이 우물가에 두런두런 쇼릐 들이거날 심봉ᄉ 밥비 나와 혼

숀으로 악이 안고 훈 숀으로 지평막더 더덤더덤 츠ᄌ나와 어보시오 분인
임니 七日前에 어미 일코 거이 죽기 되은 아히 졋 잇거든 積善ᄒ오 모든
婦人 더답ᄒ되 나난 과연 져지 업쇼 악이 가진 女人들이 이 洞內 만ᄉ온
이 우난 아히 안고 가면 셜마 恝視ᄒ오릿ᄀ 심봉ᄉ 품에 안고 악이 잇난
집 츠ᄌᄀ셔 뒥집에 귀훈 악이 먹고나문 졋 잇거든 이것 졋 좀 먹이주오
萬端으로 哀乞훈이 졋 잇난 女人들이 木石인들 恝視ᄒ리 東西南北 哀乞
할 졔 六七月 丹陽 비시 지심 메다 ᄊ난 곳을 더덤더덤 츠ᄌᄀ셔 이것
졋 좀 먹이주오 春子

〈10-뒤〉

방아 쩟난 곳을 더덤더덤 츠ᄌᄀ셔 이것 졋 좀 먹여주오 白石青灘 시니
□에 빨닉ᄒ난 女人들계 더덤더덤 츠ᄌᄀ셔 이것 졋 좀 먹이주오 女人이
□□ᄒ야 악이 바다 졋 먹이며 부디 어리 싱각 말고 오날도 안고오고 니
일도 안고오면 우리 악이 못 먹인들 그 악이을 굼기릿ᄀ 動□졋 어더먹
이 심봉ᄉ 품에 안고 어허 니 쌀 비 불넛다 一年 三百六十日을 미양 이만
ᄒ여고져 이 덕이 누 덕인고 洞內 婦人 德이로다 壽富康寧ᄒ여라 어셔
어셔 ᄌ라나 너도 너이 母親갓치 셧쳔ᄒ고 節禮 이셔 아비 함 보이여라
어리셔 고성ᄒ면 富貴多男ᄒ난이라 포단 덥퍼 지와 노코 시이 시이 動粮
ᄒ야 비젼디 두동 이여 왼 억기 둘너메고 훈 편에난 쌀을 엇고 훈 머리난
밥을 비려

〈11-앞〉

□□□□ᄒ여 갈져 훈달 육장塵 거두어 훈 푼 두 푼 돈을 모와 어린아히
암죽츠로 紅柿 紅蛤 강엿 ᄉ고 더덤더덤 오난 모양 츠마 인간 못 보건네
每月 朔望 小大忌을 그렁져렁 지닉간이 ○ 이쩌 沈清이난 長來 貴이 될

스람이라 天地鬼神이 도우시고 諸佛菩薩이 구助ᄒᆞ스 준병 업시 ᄌᆞ라나
지 발노 거름ᄒᆞ야 육칠歲 도여간이 父親으 숀을 잡고 안 못 보난 길 퓌숀
ᄒᆞ며 十餘歲 도여간이 얼골이 國色이요 人事ᄀᆞ 민첩ᄒᆞ고 孝行 至極ᄒᆞ이
라 궐ᄒᆞ면 人才난 老人이라 父親으 朝夕 供養 母親으 祭祀을 으법이 할
줄 안이 누 안이 稱讚ᄒᆞ리요 ᄒᆞ로난 沈淸이 부친게 엿ᄌᆞ오되 아부지 니
말을 들으시요 말 못ᄒᆞ난 □□이도 空林 져문

〈11-뒤〉

날에 반포할 줄 알아신이 ᄒᆞ물머 스람이야 미물만 못ᄒᆞ릿가 아부지 오날
부텀 집에 누어 기시오면 니 나셔 밤을 빌어 죠셕공디ᄒᆞ오리다 심봉스
허허 윗고 네 말은 貴□ᄒᆞ나 다만 獨女 너 ᄒᆞ나를 밥 빌노 보니노코 안ᄌᆞ
바다먹ᄌᆞᄒᆞ이 니 어이 편큰난야 그런 말 다시 마 沈淸이 다시 엿ᄌᆞ오되
성아유 깁푼 은히 어지 봉힝 못ᄒᆞ오면 후일이 이통ᄒᆞᆫ들 □□□을 갑스릿
가 다 큰 ᄌᆞ식 집에 두고 압 못 보난 아부지ᄀᆞ 밥 빌노 단여시면 넘으
눈이 어렵숩고 ᄌᆞ식도리 안이온이 고집ᄒᆞ기 마옵쇼셔 심봉스 올키 듯고
너 말이 당연ᄒᆞ이 너 마음디로 ᄒᆞ여라 沈淸 그날부텀 밥 빌노 나갈 젹
遠山에 히 빗치고 前村에 연기난이 헌비중우 단임 미고 셥 업

〈12-앞〉

난 헌 져고리 靑木回陽을 눌너씨고 보신 업시 발을 벗고 되칙 업난 헌
집신에 박을 들고 나셔본이 靑山鳥飛 ᄭᅳᆫ어지고 萬頃人跡 업셧난듸 雪上
에 모지 바람 살쑀다시 데리 분이 엽거롬 쳐 숀을 불며 이 집 져 집 드러
ᄀᆞ셔 哀近이 ᄒᆞ난 말이 母親 기시ᄒᆞ옵고 우리 父親 눈 어더 줄 누 안이
모로릿ᄀᆞ 十匙一飯이온이 ᄒᆞᆫ 술식 덜 잡숫고 處分디로 주옵시면 추운 房
우리 父親 飢渴을 면컷닉다 듯고 보난 스람들이 마음 感動ᄒᆞ야 다신 밥

沈荣 醬을 읽기지 안이ᄒ고 □이주며 ᄒ난 말이 □먹고 ᄀ라ᄒ이 沈清이 눈물지며 추운 房 우리 父親 나 오기만 기다린이 나 혼ᄌ 먹으릿가 그러구로 밥을 빈이 ᄒ두 집에 足ᄒ지라 밥비 와 門을 열

〈12-뒤〉

며 아부지 단여왓쇼 시장킨들 오직할ᄀ 自然 遲滯 도엿니다 심봉스 쌀 ᄒ나 밥 빌노 보니노코 慇心이 첩첩할 졔 쌀으 쇼리 반기 듯고 다든 房門 펄젹 열며 어셔 急히 드러오느리 숀 시리다 불 ᄊ여라 발도 ᄎ다 어로만져 씨 쓸쓸 눈물지 익달토다 너이 모친 無雙ᄒ 니 八字야 널노ᄒ야 밥을 빈이 이 밥 먹고 스즌 말ᄀ 모진 목숨 죽지 안코 너 못할 일 ᄒ난구나 沈清이 부친을 외로ᄒ야 아부지 왼말이요 父□子□□난 世上에 當然ᄒ이 너무 걱졍 마옵쇼셔 더운 진지 어 왓쇼 즙밥 콩밥 수수지졍 보리밥과 셜갈 沈荣並구 □□ 갓쵸 갓쵸 어더왓쇼 만이 만이 즙수시오 반춘 쩌여 입에 여코 물도 쩌 권할 젹에 春夏秋冬 四時節에 놀 날 업시 밥을

〈13-앞〉

빈이 洞內 乞人 도여구나 말연노구 시심ᄒ야 침션방젹 능수ᄒ야 洞內집 반우질을 공밥 먹지 안이ᄒ고 싹을 주면 바다모와 父親어 衣服 饌需 씬 맛쵸와 외로ᄒ고 일 업넌 날 발을 비러 蕫蕫 延命ᄒ여 갈져 歲月이 如流 ᄒ야 十五歲 當ᄒ던니 얼골이 國色이요 孝行이 至極ᄒ고 才質이 非凡ᄒ 이 天生禮節을 가로쳐 힝할숀야 萬來에 드문지라 이러ᄒ 所聞이 遠近에 狼藉ᄒ더라 ○ 이쩌 月坪 茂陵村 張承相宅 老婦人이 沈清의 쇼문 듯고 보기을 清ᄒ거날 沈清이 父親게 엿ᄌ오되 아부지 千萬意外에 茂陵村 張承相宅 老婦人이 불너게시온이 侍婢 함기 ᄀ오릿ᄀ 심봉스 허허 읏고 그 婦人이 부루신이 안이 가겟난야 ᄀ보와라 沈清이 다시

〈13-뒤〉

엿즈오되 만일 フ셔 더데여도 잡숫둧가 나문 進支 수지 반찬 상을 보와
卓子 우에 노와신이 시장커든 잡수시고 나 오기만 기다리오 侍婢을 따라
フ셔 承相 門前 다다른이 家舍フ 雄壯ㅎ고 門□도 華麗ㅎ다 半百이 나문
婦人 顏色이 端正ㅎ고 富貴 滿□ㅎ온지라 沈淸을 반기 보고 네フ 果然
沈淸인야 듯든 말과 갓탄지라 座를 주어 안친 후에 즈셔이 살피본이 별
노 단粧ㅎ 일 업시ᄂ 天下 國色이라 端正이 안난 거동 白石淸灘 시니변
에 沐浴ㅎ고 안난 졔비 스람 보고 나라난 듯 황홀ᄒ 그 얼골은 俄眉山
도든 달이 滄海에 빗친난 듯 秋八月 힐기든이 시벽바람 말근 ㅎ날 正正
ㅎ 시별 갓다 俄眉 靑山 고은 눈섭 初生片月 精神이요 입을 여러 말을
ㅎ이

〈14-앞〉

□□花 흔숭이フ ᄒ로밤 細雨심에 피고 져 버럿난 듯 皓齒 여려 윗난 모
양 弄山에 鸚鵡로다 正實은 말 못ㅎ되 宜當이 仙女로다 桃花洞 젹居ㅎ이
月宮에 노든 仙女 버실 ㅎ나 일어구나 茂陵村 늬가 잇고 桃花洞 네フ 나
셔 茂陵村 봄이 든이 桃花洞 열엿구나 네 늬 말을 들어보와라 아달 三兄
弟난 皇城셔 求仕ㅎ고 男女間 孫子 업고 문 압픠 말 벗 업셔 寂寂ㅎ 변
방안에 더ㅎ난이 촉불이 冬至□夜 깁푼 밤에 보난 거시 古書로다 너을
부루기난 양반으 후여로셔 져러타 窮困ㅎ이 그 안이 불상ㅎ랴 너 늬 수
양쌀이 도야 예공도 슝상ㅎ고 문즈도 심을 써셔 기출갓치 셩최 식커 말
연 괴함 보려ㅎ이 네 쯧지 엇더ㅎ야 沈淸이 엿즈오되 늬 八字 崎嶇ㅎ야
七日萬에 母親

〈14-뒤〉

기시ᄒ옵고 눈 어더운 父親任이 동영겻 어더먹이 이마치 ᄌ라 母女天倫
에 얼골도 모로와 徹天 抱腑에 ᄀ득ᄒ옵던이 婦人게옵셔 쳔함은 싱각준
코 쌀 삼을나 ᄒ옵신이 母親을 다시 본 듯 감격황숑ᄒ오나 婦人 말삼 쏫
ᄉ오면 나난 편타 ᄒ련이와 眼盲ᄒ신 우리 부친 朝夕供饋 四節 衣服 누
라셔 밧드릿ᄀ 괴로ᄒ신 父母恩德 사람마당 잇건만은 信功 든 우리 父親
칭양할 곳 바이 업고 膝下에 暫時라도 ᄯ러날 수 업삽닉다 그러구로 날 졍
그이 沈淸이 엿ᄌ오되 婦人어 심심ᄒ무로 終日토로 모셔시나 日易이 다
되 급피 도라가것닉다 목 밋쳐 눈물진이 婦人 듯고 □□ᄒ야 네 말 哀然
ᄒ고 出天之孝女 婦人 마음 알연ᄒ야 彩緞과 佩物이며 양식을 厚이 주어

〈15-앞〉

侍婢 함기 보닐 져 너 날을 잇지 말고 부디 母女間 誼을 두라 沈淸이 디
답ᄒ되 婦人에 어진 處分 그디지 기시온이 죠금인들 이지릿ᄀ ᄀ로치물
밧드리다 ᄒ즉ᄒ고 도라올 졔 ○ 이ᄯ 심봉ᄉ난 쌀 오기를 기다릴 졔 비
난 곱파 등에 붓고 방은 ᄎ와 턱이 썰썰 찰시난 나라들고 먼디 졀 ᄡ북쇼
리 날 졍근 줄 짐작ᄒ고 혼ᄌ말노 自嘆ᄒ다 우리 쌀 沈淸이난 未久에 오
런만은 무신 일이 골몰ᄒ야 날 졍근 줄 모로난고 婦人이 말유ᄒ야 ᄲᅦ치
고 못오난ᄀ 路中에셔 욕을 보나 風雪이 ᄌᄌ신이 몸이 추워 못오난ᄀ
시만 추루추루 나라도 沈淸이 네 오난야 落葉만 밧숙히도 沈淸이 네 오
난야 눈바람에 ᄀ난 ᄉ람 기 보고 짓는 쇼리 심쳥이 네 오난야 심봉ᄉ
기다리

〈15-뒤〉

다ᄀ 지평막디 손에 잡고 더덤더덤 나오다ᄀ 門前 氷板 이셔 氷板에 밋
그리져 질 넘은 기천물에 멸친다시 쩌러진이 온몸에 진흑이요 만신에 어
름이라 되질수룩 너 빠지고 나오란즉 밋그라져 일신구쪽 벌벌 썰며 할
일 업시 죽기 도야 아모리 쇼리흔들 日暮道窮이라 그 누라 건겨닉리 ○
이씨 暮雲寺 화주싱이 졀을 中刱ᄒ라 ᄒ고 勸善文 두러며고 시주집 단
이다ᄀ 졀노 츳ᄌ 올나간다 져 중으 거죄 보와라 양외수변무별변이라 셜
이갓탄 두 눈섭은 왼 낫실 덥편난듸 양 괴밥 청쳐져 실구라 죽감토 八尺
長衫 썰쳐입고 七架裟 두러며고 念珠 목에 걸고 短珠 팔에 걸고 구리 白
銅 半銀長刀 고롬에 느지 츠고 朱紅 龍頭□竹杖

〈16-앞〉

눈 우에 벗덧 들어 쑤둑쑥 철철 靑山 暗暗□□난 □□ 石經으 죠운 길노
흔을흔을이 나려온다 風便에 들인 쇼리 스람 술어주오 그곳을 츳ᄌ간다
엇더 스람인지 기천물에 쩌러져 거이 죽기ᄀ 도여구나 져 중으 급흔 마
음 꼭갈 장삼 훨훨 벗고 바지ᄀ기 짤짤 마라 자감이 싹 부치고 보션힝젼
담인 풀고 빅노주에 지격으로 징금징금 드러ᄀ 안아다 너여노은이 젼에
보던 심봉스라 심봉스 허허 이기 늬시요 小僧은 暮雲寺 화主僧이요 허허
그러치 활인지佛이라 죽을 스람 살여닉이 恩惠 白骨難忘이요 져 중이 연
ᄒ야 디졉ᄒ고 이론 말이 우리 졀 부쳐임 영험흐스 빌먼 안이 듯난 일
업고 구ᄒ면 츳ᄒ난이 고양미 三百石乙 佛前에 施主ᄒ면 三

〈16-뒤〉

年內 눈을 쩌셔 天地萬物 보오리다 심봉스 셩셰난 싱각즌코 눈 뜬다 말

반기 듯고 그르면 三百石을 권션에 젹어ㄱ오 져 즁이 허허 윗고 딕집 家
스 본이 셔되ㄱ 어럽것쇼 심봉스 홰을 닉야 위네 실업우 아달놈이 부쳐
임게 빈말ㅎ고 안진빙이 마즈 되기 念慮말고 젹어ㄱ오 져 즁이 할 일 업
셔 沈學敎난 施主 三百石이라 두러시 젹어간 후에 심봉스 精神추러 다시
공금 싱각ㅎ이 無男獨女 쌀 ㅎ나로 젼반칙ㅎ난 터에 三百石은 求求不得
이라 다만 獨女 沈淸이를 밥 비려 먹난 즁에 勸善杖付ㅎ여신 이거시 윈
일인야 멋쳣난야 스 들엿나 긔쳔물에 쩌러질지 魂迷精神 넉실 일코 언겁
지리 그러ㅎㄱ 一間斗屋 파즈 ㅎ들

〈17-앞〉

一二兩을 뇌ㄱ 주며 一身□□ㅎ즈ㅎ들 압 못 보난 □□ 날을 ㅎ푼 돈을
뇌ㄱ 주며 니 집에 잇난 시간 지리숏 ㅎ나 동우 ㅎ나 현 농 ㅎ쪽 스발
두 입 닷돈인들 뇌라 주며 아고 아고 니 八字아 엇든 스람 八字 죠 耳目
口鼻 分明ㅎ되 니 八字 무삼 죄로 눈 멀고 喪妻ㅎ고 셩셰죠추 貧寒ㅎ고
이러타 셜이 울져 ○ 이쩨 沈淸이 밥비 와 져이 부친 모양 보고 발 구리
며 쌈즉 놀니 만신을 어로만져 아부지 윈 일이요 날을 추자오시다 이 욕
을 보셧시오 이웃집 가시다ㄱ 이 욕을 보셧시오 츕긴들 오즉ㅎ며 분ㅎ기
들 오즉ㅎ리 承相宅 侍婢 불너 부억에 불 넛코 쳐마폭 쩌어다ㄱ 눈물 흔
젹 싯치면셔 아부지 進支 잡쇼 국을 먼져 줍수시오 심봉스 ㅎ난 말이

〈17-뒤〉

아스라 이 밥 아부지 윈일이요 누와 □□ㅎ엿쇼 더데 온다 노와ㅎ오 너
알아 씰디업다 ㅎ이 심쳥이 눈물지며 아부지 윈말이요 만스을 셔로 멋교
大小事을 議論턴이 네 알아 씰디업다 ㅎ이 父母 근심이 子息으 근심 안
이요 오혀러 셜스이다 심봉스 ㅎ난 말이 무슨 너을 쇽일숀야 이런 말을

ᄒ야다ᄀ 至極호 네 孝誠에 걱정문 되기키로 말ᄒ지 못ᄒ엿다 네 오난
디 보왓난야 門前에 나ᄀ다ᄀ 실수ᄒ야 물에 ᄲ져 거이 죽기 도엿던이
暮雲寺 化主僧이 날을 건져 니여놋코 供養米 三百石을 佛前에 施主ᄒ면
三年內 눈을 써 天地萬物 보려기로 울즉ᄒ야 젹어주고 보닌 후에 싱각훈
이 만만후회로다 沈淸이 엿ᄌ오되 옛날 어진 孝子

〈18-앞〉

왕승이 ᄀ변ᄒ야 어롬 궁게 이어 ᄌ바 父母□□ᄒ여 잇고 郭거란 옛 孝
子로 父母 반촌 데리오면 지 ᄌ식 먹난다고 손 ᄌ식을 무더 팔 졔 파든
짜에 金을 어더 父母 봉힝ᄒ여신이 니ᄉ 친이 호도ᄒ미 업습지요만은 옛
사람 이르기로 至誠이면 感天이라 供養米을 구ᄒ리다 집피 걱정 말으쇼
셔 沈淸이 그날부텀 沐浴齋기ᄒ고 집안을 掃灑ᄒ 後園에 단을 모와 北斗
七星橫夜半에 말노기 괴격훈듸 燈불 井和水 훈그럭 써 焚香ᄒ고 비난 말
이 戊□ 三月□三日 小女 沈淸은 至誠□告于上天 日月星辰 下地後토 山
岳西王 五方地神 石아如來 강임도장 數次度感ᄒ옵쇼셔 ᄒ날임 日月은
사람 眼目이라 日月이 업스오면 무슨 分別ᄒ오릿ᄀ 아부 八字 무

〈18-뒤〉

삼 罪로 二十에 眼盲ᄒ야 五十이 近ᄒ도로 柴門을 모로온이 아부ᄋ ᄒ무
을낭 이 몸으로 디ᄒ옵고 아부 눈을 발키쇼셔 三四日 至誠턴이 ᄯᅳᆺ박ᄀ
南京장수 船人들이 지닉ᄀ며 외난 말이 아모 집 處子라도 몸 팔 이리 잇
스오면 중갑 주고 스오리다 이리타 외고 간이 沈淸이 반기 듯고 貴德어
미 급피 불너 處女을 산다훈이 ᄌ셔이 알아보쇼 져 女人 급피 나ᄀ 處女
난 무엇ᄒ랴고 살나시오 우리도 글 안이라 南京 장수 단이던 인당수 龍
王任이 人祭需을 밧습기로 중갑 주고 스난이다 沈淸이 울 안에 비기 셔

셔 나난 本村 스람으로 父親이 眼盲ᄒᄋ야 供養米 三百石을 佛前에 시주ᄒᆞ
면 生前에 눈을 써 天地萬物 보랴ᄒᄋ되 家勢가 절貧이라 주션할 곳지 업
셔 몸을 팔

〈19-앞〉

나 ᄒᄋ난이다 船人들이 반기 듯고 孝行은 至極ᄒᄋ나 져이 일은 잘된지라
卽日 三百石을 暮雲寺로 올인 후에 行船날은 금월 십릴이온이 마참 등디
ᄒᄋ옵쇼셔 ᄒᄋ즉ᄒᄋ고 간 然後에 沈淸이 부친게 엿ᄌ외되 아부지 걱정마옵
쇼셔 고백미을 구ᄒᆞᆺ니다 엇지 주션ᄒᄋ얏난야 沈淸이 잠간 쾨술노 엿ᄌ오
되 日前에 張承相 老婦人이 收養ᄯᅡᆯ을 삼으랴 ᄒᄋ되 허락지 못ᄒᄋ엿습던이
至今 事勢 난처ᄒᄋ야 三百石에 팔엿니다 언지 다리갈나던야 三月 十五日
다리갈나ᄒᄋ옵디다 허허 그 일 잘 도엿다 그 婦人 厚德이 장ᄒᄋ것다 ○ 이
쩌 沈淸이난 懃心으로 自嘆할 졔 눈 어더운 白髮父親 永別ᄒᄋ고 죽을 일
과 世上에 나타나셔 十五歲 당ᄒᄋ야 죽을 일을 싱각ᄒᆞ이 이라지도 뜻

〈19-뒤〉

지 업고 져라지도 쯧지 업네 食飮을 全廢ᄒᄋ고 아고 이 일을 엇지 할고
쑈와 논 살이요 업지린 물이로다 이지난 할 일 업네 날이 漸점 갓ᄀᆞ운이
불상ᄒᄋ 父親임어 衣服이나 망죵ᄒᄋ여 두려라 春秋衣服 上針 졉겻 夏節衣
服 고이젹삼 곱기 마라 놋에 넛코 갓근 졉어 줄 다라 거러노코 行船날을
싱각ᄒᆞ이 ᄒᄋ로밤이 隔ᄒᆞ지라 밤은 寂寂三更인데 銀河水 기우라졋다 燈
불만 도도 키고 후유 ᄒᆞ심 눈물진이 아모리 天生孝心인들 마음이야 온죤
ᄒᄋ리 부친으 신은 보신볼나 망죵 바드리라 반을에 실을 쾨여든이 두
눈이 침침 가삼이 답답 ᄒᆡ업난 눈물이 肝腸으로 쇼ᄉ난이 부친 쬘ᄀᆞ 져
어ᄒᄋ야 크기 우든 못ᄒᄋ고 져이 부친 얼골에다 낫실 디이고 手足 만지면

셔 날 볼 날이

〈20-앞〉

멋날이요 나 ᄒ나 죽그 되면 뇌을 밋고 스르싯고 익달토다 우리 부친 니
ᄀ 철을 안 연후에 밥 빌기을 노왓던이 니일부텀 洞內 乞人 되깃구나 눈
친들 오즉ᄒ며 멸신들 오즉ᄒ리 무슨 힘훈 八字로셔 七日萬에 母親 일코
父親죠ᄎ 離別훈이 이런 八字ᄀ ᄯ 잇난야 河陽落日携雲去난 죠痛哭에
母子離別 졍客關山녹이즁에 吾姬越女 夫婦離別 一身□淚婦□난 伍時□
約 兄弟離別 西出陽關無故人은 외죠에 朋友離別 셜운 離別 만컨만은 스
라셔 당훈 이별 消息 들을 날이 잇고 相逢할 ᄯ 잇건만은 우리 부친 이별
ᄒ고 위네 ᄯ나 만나보며 위네 시에 相逢할고 도라ᄀ신 우리 모친 지부
왕으로 가것시고 나난 이지 죽거되면 水宮으로 드려

〈20-뒤〉

간다 水宮셔 黃泉질이 멋 千里야 지부왕에 ᄀ난 곳을 뭇고 무러 ᄎᄀ간
들 母女들 어이 알며 父親 消息 뭇그 되면 무슨 말노 디답할고 아고 답답
닌 일이야 오날밤 五更실낭 湄地에 머무르고 來日 아참 돗난 힐낭 扶桑
枝에 미양이면 어여불상 우리 부친 더 모시고 보런만은 夜去日來을 누라
셔 막을손냐 이윽ᄒ야 鷄鳴쇼리 뙤쪼 아고 달카 우지마라 夜半秦關에 孟
嘗君에 달키로다 네ᄀ 울면 날이 시고 날이 시면 나 죽난다 어난시 東方
이 히범훈이 船人들이 밧기 와셔 오랄이 行船날온이 수이 ᄯ나기 ᄒ옵쇼
셔 沈淸이 밥비 나와 여보시오 船人니들 오날이 行船날인 줄 이무 알건
이와 몸 팔여 ᄀ난 줄을 부친니 모로신이 만일 알거 되면 지리

〈21-앞〉

야단날 거신이 잠간 지치ᄒ옵쇼셔 進支나 망죵 지어듸리고 ᄒ즉ᄒ고 ᄀ
손이ᄃ 글낭 글이 ᄒ오 沈淸이 들어와 눈물노 밥을 지어 부친 前에 듸리
노코 아모죠로 만이 먹기 ᄒ노랏고 아부지 만이 즙수시오 숀을 쩌어 ᄀ
로치며 이거신 ᄎ반이요 이거신 침치요 심봉ᄉ난 아물ᄒ 줄 모로고 오날
은 반츤이 즌이 죠타 누 집에 지ᄉ 지닉던야 악아 이상한 거시 간 밤에
꿈을 꾼이 父女間 天倫이라 네ᄀ 수려을 타고 ᄒ업시 ᄀ 보인이 수려라
ᄒ난 거시 괴흔 스람이 타난 거시라 오날 張承相宅에 감아 터여 갈나부
다 沈淸은 져 죽을 꿈인 줄 짐죽ᄒ고 그 꿈 즌이 좃쇼 進支床 물이치고
후원 ᄉ당 ᄒ즉츠로 다시 시수 졍이ᄒ고 눈물 흔적 업기ᄒ고 ᄉ당 열더
리고

〈21-뒤〉

痛哭再拜ᄒ난 말이 不孝女息 沈淸이ᄀ 아부 눈을 발키랴고 人塘水 졔슈
으로 몸이 팔여 父母 祖宗香火을 一朝에 ᄯ커 되이 不勝永慕ᄒ난이다 ᄉ
당문 도로 닷고 졔이 부치 압피 우루루룩 왈각 안쳐 아고 아부지 훈쇼리
말 못ᄒ고 氣絶훈이 심봉ᄉ 쌈죽 놀닉 악아 이거 윈일인야 누와 쏘와 쬬
왓난야 김싱 아듸 물엿난야 沈淸이 精神ᄎ려 不孝女息 沈淸이ᄀ 아부지
을 속인니다 供養米 三百石을 누라셔 주오릿ᄀ 南京 장ᄉ 船人들게 인당
수 졔슈으로 몸이 팔 ᄀ난 날이 오날이 行船날이온이 날을 망죵 보옵쇼
셔 심봉ᄉ 이 말 듯고 악아 이기 윈말인야 참말인야 헛말인야 진담인야
꿈질인야 못ᄀ리라 못ᄀ리라 안익 죽고 ᄌ식 일코 닉 ᄉ라 무엇ᄒ

〈22-앞〉

리 눈 팔아 즈식 살듸 즈식 팔아 눈을 쓴들 무엇 보즈 눈을 쓰고 너이
모친 너을 놋코 □七안에 죽은 후에 눈 어더운 늘근 거시 동영젓 어더먹
이 이마치 즈라나 너을 니 눈으로 알고 너이 모친 죽은 셜음 츠츠 이졋던
이 네 이거시 윈일인야 날 죽이고 네 ㄱ거라 혼즈난 못ㄱ리라 네 이놈
船人들아 장스도 죳컨이와 스람 스다 제ㅎ난 듸 워디ㄱ 보왓난야 ㅎ날임
어지심과 鬼神으 발근 마음 央禍ㄱ 업것난야 날 모로기 돈을 주어 誘引
ㅎ야 숫다말가 돈도 실코 쓸도 실타 네 이 무즉ㅎ 상놈들아 옛글을 모로
난야 大旱七年ㄱ모롬에 스람 즈바 빌야할 졔 殷王成湯 어진 말삼 주야
로 비난 쓰진 빅셩을 외홈이라 스람 잡아 빌야ㅎ면 니 몸으로 디ㅎ

〈22-뒤〉

리라 身영 白茅ㅎ고 剪爪端髮ㅎ고 上林들 빌엇던이 大雨 方數千里라 허
허 동니 스람들 이런 놈을 그져 두고 아고 이 일을 엇즈릿ㄱ 沈淸이 부친
을 외로ㅎ야 아부지 할 일 업쇼 나난 이무 죽건이와 아부지 눈을 써셔
大明天地 발근 世上 다시 괴경ㅎ옵시고 축ㅎ 스람 구ㅎ와 晩行으로 아달
노와 先塋에 後嗣 傳코 不孝女息 沈淸일낭 싱각도 마옵쇼셔 부여줍고 痛
哭ㅎ이 沙工들이 그 情狀을 보고 슈座 沙工 이논ㅎ되 우리ㄱ 져른 出天
之孝女을 다리ㄱ면 심봉스 ㄱ긍 身勢 누라셔 밧드릿ㄱ 우리 이무 그져
도무난이 심봉스 굼즌키 ㅎ여주면 엇더함나 그 말이 올타 ㅎ고 白米 一
百石 돈 三百兩 白木 麻布 各 흔통식 洞中에 푸러놋코 洞民을 다 모

〈23-앞〉

와 區別ㅎ되 돈 三十兩은 논을 스셔 勤實흔 스람 주어 年年이 供饋ㅎ고

白米 二十石은 當年 양식 計□ᄒ고 나문 八十石으 年年이 허쳐주어 長利
로 推尋ᄒ오 白米 麻布난 四節衣服 匠萬ᄒ오 本官에 公文니야 洞中에 傳
□ᄒ고 傳傳付托ᄒ고 沈淸을 다리ᄀ라 할 졔 張承相宅 老婦人이 이 쇼문
들으시고 侍婢을 보니야 부루거날 侍婢을 ᄯ라간이 承相宅 老婦人이 셜
이 울면 이 無情ᄒᆞᆫ 스람아 나난 너을 ᄌ식으로 아난듸 너난 날을 어미로
안이 알고 白米 三百石에 몸이 팔여 죽으로 간다 ᄒ이 쇼힝은 지극ᄒ나
ᄎ마 그것 할 일인야 白米 三百石을 이지 갑파 줄 거신이 船人들 니여주
고 미인을 싱각ᄒ라 ᄒ이 沈淸이 엿ᄌ오되 白米 三百石을 이지 니여

<h3>〈23-뒤〉</h3>

주오면 船人들기 臨時 狼狽될 거시요 ᄒ물며 외친ᄒ야 공을 빌며 남으
無明色ᄒᆞᆫ 財物을 바라릿ᄀ 갑슬 밧고 數朔을 지닌 후에 ᄎ마 어이 나슬
들고 무슨 말을 하오릿ᄀ 婦人은 前生에 남으 父母라 워는 ᄯ나 보오릿
ᄀ 地下에 도라가 졀쵸報恩ᄒᆞ오리다 눈물노 ᄒ즉ᄒ고 집으로 도라와 부
친게 ᄒ즉ᄒᆞᆫ이 심봉스 업더져 기졀ᄒ며 날 죽이고 네 ᄀ거라 혼ᄌ난 못
가라 심청 부친을 외로ᄒ야 아부지 厄回가 數ᄀ 이고 生死ᄀ ᄒᆞᆫ졍 이셔
ᄒ날임이 ᄒᆞ난 비라 洞內 스람으로 부친을 외로ᄒ라 ᄒ고 船人들을 ᄯ라
간다 치마ᄭ을 죨나미고 거덤거덤 거드안아 바람 마진 병신처로 비덜비
덜 나갈 젹에 안이 비신 머리털은 양 억기 쳥쳐지고 비갓치

<h3>〈24-앞〉</h3>

흐르난 눈물 옷짓시 스모촌다 업더지며 줍바지며 붓들여 나갈젹에 건너
집 금파야 상침실 수놋키을 누와 함기 ᄒ즌난야 금여 五月 丹五日 에 잉
도 ᄯ고 노ᄌ던이 너도 그 일 알것난야 永玉으내 ᄌ근 악아 今年 七月七
夕夜에 沐浴ᄒ고 노ᄌ던이 이지난 虛事로다 나는 간다 나는 간다 水宮으

로 나는 간다 너이난 八字 죠와 부디 모시고 잘 잇거라 洞內 男女老少
업시 눈이 붓기 모도 울 졔 ᄒ날이 알으신지 白日은 어둣ᄒ고 雲霧난 즈
욱ᄒ야 靑山도 씽기난 듯 江水도 옥열ᄒ듸 회느러진 진은 꼬신 이우러져
비실 일코 嫋嫋ᄒ 버들 빗신 죠우난 듯 느러지고 春鳥 多情ᄒ야 白伴鳥
우난 中에 문노라 져 杜鵑아 夜月空山 어듸 두고 져리 실피 우난야 네
아모리 실피 운들 갑

〈24-뒤〉

실 밧고 팔인 몸이 다시 엇지 도라오며 漢武帝 수양공주 믹화장은 잇건
만은 죽으로 가난 몸이 누을 외ᄒ야 단장ᄒ리 春山에 지난 꼿치 지고 십
퍼 지랴만은 바람 지워 쩌러진이 너 마음 안이로다 靑春紅顔 이니 몸이
죽고 십퍼 죽으랴만은 事勢不得 ᄒ릴업네 誰怨誰咎ᄒ즈말ㄹ ᄒ 거롬에
도라보고 두 거롬에 눈물지어 강頭에 다다른이 비머리 죠판 노코 沈淸을
引道ᄒ야 비머리을 나간이 닷 감고 돌실 달 졔 어기야 이야 북을 둥둥
울이면셔 베을 져어 빗질할 졔 順風에 돗실 달아 滄海水에 써와노코 술
넝술넝 비 쩌난이 晧晧ᄒ 滄浪이요 湯湯ᄒ 물결이라 白班□ 갈마구난 紅
□園으로 나라들고 三江에 기러기난 漢水로 도라든

〈25-앞〉

다 요양ᄒ 나문 쇼리 어젹에 이연만은 哭中人不見에 水中만 푸루엿다 貫
魚聲中萬古수난 나로 두고 이롬이라 長沙을 지니간이 柯太夫 간듸업고
明羅水 바라본이 屈三閭 魚腹忠魂 滄浪之水淸兮여 吾明濯吾纓이요 滄浪
之水染兮여 吾明濯吾足이라 世□塵埃을 싯던 즈리 이 물견만 나마잇고
黃鶴樓 當到ᄒ이 日暮鄕關何處在요 烟波江上使人愁 楚懷王으 遺蹟이요
鳳凰臺 다다른이 三山半落靑天外요 二水中分白鷺洲라 李謫仙 노든 듸요

瀋陽江 다다른이 白樂天 어듸 가고 피파聲만 끈어젓다 赤壁江 다다른이 蘇東坡 노든 風月 依旧에 잇다만은 曹孟德 一時英雄 而今安在哉 月落烏啼 깁푼 밤에 故蘇城 빅 부치고 寒山寺 쇠북쇼리 客船에 써러진다 秦淮水을 건너간 적랑에 商女

〈25-뒤〉

들은 망곡혼을 모로고 燕瀧漢水越儱上 후정화만 부루디라 瀟湘江 다다른이 岳陽樓 노든 다락 湖上 놉피 썻다 東으로 바라본이 吳山은 첩첩하고 楚水난 萬頃이라 班竹 져진 눈물 二妃恨을 씌엿난 듯 扶桑에 도든 달 洞庭에 빗치엿다 上下天光이 거울 속에 푸루엿다 蒼梧山 두룬 안기 皇陵墓 잠겻셔라 손협에 져 잘닉비 즈식 첫난 실푼 쇼리 쳔긱 쇼인 멋멋친야 人目傷心水自淺 沈淸이 눈물짓고 瀟湘八景 지닌 후에 行船을 흐랴할 졔 香風이 이러나며 玉佩쇼리 들이던이 隱隱흔 竹林間에 엇더혼 두 婦人이 仙冠을 놉피 씨고 즈흥상 셔로군에 신을 써어 나오던이 져기 가난 沈娘子야 우리을 모로난야 蒼梧山崩湘水絶흔이 竹上之淚乃可明을 千秋

〈26-앞〉

에 갑풀 흔을 흐쇼할 곳 업섯던이 지극흔 네 孝誠에 흐즉고져 예 왓노라 至今은 어는 씨며 五絃琴 南風時을 이지ㄱ지 젼흐야던야 水路萬里 먼먼 길에 죠심흐여 단여오라 忽然 간듸업다 沈淸이 싱각흔이 이난 萬古貞烈 二妃로다 거숀을 당도흔이 風浪이 大作흐고 춘 기운이 蕭颯흐야 黑雲이 두루던이 쏘 흔 스람 나오난듸 편여기룬이라 미간에 광활흐야 가죽을 몸에 감고 눈을 쌈고 손을 져여 沈淸 불너 이론 말이 실푸다 우리 吳王 빅비어 참쇼 듯고 쵹노금을 날을 주어 목 찔너 죽인 후에 치이로 몸을 쓰셔 이 물에 더져신이 丈夫어 冤痛흐미 월방에 滅吳事을 역역키 보러흐고 닉

일신 눈을 쎄여 東門上 거러썬이 과연 보왓노라 그러나 切痛

〈26-뒤〉

흔 거 몸에 감긴 가죽을 뇌라셔 버셔주며 눈 업난 것 흔이로다 너을 부루
기난 네 비록 女子로되 忠孝난 一般이라 너 孝誠이 至極키로 외로코져
에 왓노라 이난 뇐고 안이라 萬古忠臣 吳子瑞라 沈淸이 눈물지며 져와
업시 실여갈 졔 비에 잠이 멋날이며 물에 잠이 멋말인야 거연 四五朔이
물결갓치 지니간이 굼풍ᄉᆞ비셕이흐이 玉宇학에 崢嶸이라 落霞난 如古木
之飛ᄒᆞ고 秋水共長天一色을 王勃이 지은 괴요 무변낙목쇼쇼이난 취秦長
江滾滾來라 杜子美 을푼 괴요 江岸橘濃ᄒᆞ이 黃金이 千片이 蘆花風起ᄒᆞ
이 白雪이 萬点이라 新浦細柳 ᄀᆞ지입푼 만강풍에 흔을흔을 외로울ᄉ 漁
船들은 등불만 도도 달고 漁歌詞로 和答ᄒᆞ이 도도난이 슈심이라

〈27-앞〉

海中靑山은 峰峰이 칼날 도야 □□人이 근심이라 日落長沙初色遠ᄒᆞ이
不知何處弔相君고 宋玉에 빗치인이 이어셔 더할손야 童女를 실엇신이
秦始皇어 치약빈가 방우난 업셔시나 漢武帝 求仙빈가 지리 죽ᄌᆞ흔이 船
人들 守直ᄒᆞ고 스라 실여 ᄀᆞ노란이 古國이 蒼茫ᄒᆞ다 흔 곳을 바라본이
이난 곳 人塘水라 狂風이 大作ᄒᆞ고 滄海ᄀ 되눕난 듯 大川바다 흐ᄀᆞ운디
돗도 일코 닷도 일코 용총도 씬코 치도 쎤져 바람 부려 물결 쳐 안기 뇌
셕거 갈 길은 千里萬里 남고 四方은 침침 어두와 졍그라 天地 寂寞ᄒᆞ듸
靑黃□ 다토난 듯 벽역이 날이난 듯 물결이 우루루 비젼을 부더친이 돗
디 와직근 都沙工이 황황급급ᄒᆞ야 고ᄉ기를 ᄎᆞ리난듸 은쇼 좁고 셤쏠노
밥을

〈27-뒤〉

짓고 三色實果 五色湯需 魚東肉西 左脯右醢 生돗 잡아 칼을 쏘즈 기난다
시 데리노코 沈淸 沐浴 식켜 改服ᄒ야 비머리 안쳐노코 북을 둥둥 울이
면셔 告祀을 ᄒ난듸 두리둥둥 두리둥둥 軒轅氏 비을 모와 이지不通ᄒ 然
後에 燧人氏 布을 바다 다 각기 위업ᄒ이 莫大ᄒ 곳 이 안인야 夏侯氏
九年之水 비을 타고 다ᄉ린이 오복에 졍ᄒ 공시 구쥬로 도라들고 오즈셔
분요할 졔 쇼가로 건너주고 咸陽에 敗ᄒ 壯士 烏江에 도라들져 비을 미
고 기다리고 陶淵明은 진언 오고 張敵 江東할 졔 그도 쏘ᄒ 비을 타고
壬戌之秋七月에 縱一葦之所與ᄒ이 蘇東坡도 비을 타고 지격총 어ᄉ와
ᄒ이 고유싱유무졍거난 경셰우경연ᄒ이 상고견 이 안인야 우리 동모 시
물 너명 商賈로 爲

〈28-앞〉

業ᄒ아 픠박西南 단여 人塘水 龍王任이 人祭需을 밧삽기로 琉璃國 桃花
洞 十五歲 되난 處女 祭需으로 듸리온이 四海龍王任늬 고이 밧□ᄒ옵쇼
셔 七金山 龍王任늬 自金山 龍王任늬 介介봉봉 셩왕임늬 허리간에 화장
셩왕임 울고 울 션왕임늬 밤이면 궁그로 니자면 골수로 용납골수집 순풍
에 平坡에 물 실은 듯 비도 무쉬 비ㄱ 되고 돗도 무ᄉ, 돗치 도야 零落之
患이 업고 잡괴 집신을낭 셜수에 멸이 지살ᄒ고 억만금 퇴로 니야 돗듸
곳티 봉기 쏘즈 춤으로 大喜ᄒ고 우심으로 榮華ᄒ기 졈지ᄒ야 주옵쇼셔
두리둥둥 두리둥둥 치던이만은 都沙工이 북치을 쩌지고 沈淸아 時急ᄒ
다 어셔 급피 물에 들나 沈淸 기ㄱ 믹켜 두 손 合掌ᄒ고 아고 하날

〈28-뒤〉

임 沈淸이 죽난 일은 원통치 안ㅎ오나 白□風□ 늘근 父親을 싱각ㅎ야
이 죽음을 당ㅎ온이 明天 ㅎ날임 침침 아부 눈을 明明ㅎ기 ㅎ옵쇼셔 팔
을 너여 손을 치며 여러 船人 沙工너들 부디 平安이 지닉시고 億萬金 퇴
로ㄴ야 이 물ㄱ에 지닉거던 나에 魂魄 넉실 불너 물밥이나 ㅎ여주오 두
활기 쩍 버리고 빈 이물에 나셔본이 시퓨룬 물결 왈낭왈낭 바람은 우루
루 비머리난 탕탕 沈淸이 그 즈리 털셕 주져안즈 비삼을 검쳐줍고 벌넝
벌넝 ㅎ난 양은 츠마 인간 뭇볼네라 沈淸이 정신츠려 허허 닉ㄱ 不孝로
다 一情至誠 오로ㅎ야 두 마음이 원일인야 쳐마폭을 무럽치고 압이을 아
드득 물고 죵죵 거롬 급피 쳐 滄海에 몸을 주어 아고 쇼리쳐 물에

〈29-앞〉

풍 渺滄海之一粟이라 풍낭은 창희을 쏫고 明月은 희문에 잠겨잇다 令座
沙工 痛哭ㅎ다 우리ㄱ 연연이 스람 스 이 물에 엿코 ㄱ되 沈淸갓탄 孝心
은 보든 바 쳐음이라 우리도 스람인디 이런 젹악ㅎ고 무슨 후스 잇건난야
이번 질에 단여오면 南京장스 ㅎ즉ㅎ셰 風勢ㄱ 존존ㅎ고 물결이 요요ㅎ
이 빅난 둥둥 쩌나간다 ○ 이쎠 沈淸은 죽은 줄 알앗던이 玉皇上帝 알으
시고 四海龍王계 下傳ㅎ되 明日 午時에 琉璃國 桃花洞 沈淸이가 아부 눈
을 발키랴고 人塘水에 샌질 거신이 八仙女 侍衛ㅎ야 水殿宮에 모셔두고
다시 영을 기달여 世上으로 出送ㅎ라 만일 시을 어기면 重罪을 당ㅎ리라
ㅎ신이 四海龍王 令을 듯고 황급ㅎ야 遠川君 별주뷰와 無數ㅎ 侍女을 다

〈29-뒤〉

리고 玉轎座 等待ㅎ고 그 시을 지다린이 果然 옥갓탄 沈娘子ㄱ 물에 쩌

러지거날 여러 侍女 고이 바다 轎子에 모시거날 沈娘子 精神츠려 스양ᄒ
되 나난 塵世□□人生이라 엇지 龍宮 轎子을 타오릿ᄀ 여러 侍女 엿ᄌ오
되 上帝 分付 기옵신이 만일 타지 안이ᄒ시면 우리 용宮이 죄을 면치 못
ᄒ오리다 沈娘子 ᄒ릴업셔 고ᄌ에 안져신이 우에도 장ᄒ시고 天上 仙冠
仙女들이 沈娘子을 보려ᄒ고 左右로 버럿난듸 太乙眞人 鶴 틱고 안기싱
鷺을 타고 구롬 탄 赤松子 ᄉ지 탄 기션용 고리 탄 李謫仙 靑衣童子 紅衣
童子 雙雙이 모셧난듸 月宮向下 麻姑仙女 洛浦仙女 南岳仙女 고은 衣服
죠흔 佩物 香氣도 이상ᄒ고 구남삼인 치난 쇼리 海中에 狼藉할 졔 郭處士

<30-앞>

竹장敲 셕인ᄌ 거문고 張子房 玉洞蕭 稻가에 희금이며 採蓮曲 나난 風采
水殿宮에 드러간이 別有天地非人間이라 집치리 볼죽시면 쾌용고리 외양
훈이 □光이 接日ᄒ고 집어림이 죽과훈이 瑞氣半空 珠宮珮闕은 應天上
之三光이요 袞衣繡裳은 備人間之五福이라 손호로 玼瑪瓶은 光彩 찰난ᄒ
고 보인간 유쇼장은 구름갓치 놉피 쩟다 東으로 바라본이 蓬萊 方丈 구
름 쇽에 三百尺 扶桑ᄀ지 日輪紅이 놉파 잇고 西으로 바라본이 溺水三千
里 一雙靑鳥 나라들고 南으로 바라본이 지봉 비진ᄒ야 水色藍 퓨른 물결
吳楚東江이 둘너잇고 北으로 바라본이 일발 靑山 層層훈듸 復□色이 더
욱 죠타 우에로 바라본이 海雲이 셔발갓난

<30-뒤>

되 삼통삼쳔ᄒ 찰괴라 茶果을 데리난듸 世上 飮食 안이로다 自夏酒 千日
酒 □ᄉ□ 연ᄉ과 神仙爐 츠릴 젹에 호로병 白玉瓶 甘露酒 ᄀ득 넛코 □
□□ 玼瑪젭시 三千碧桃 고엿난듸 진수인간 無非仙味로다 四海龍王이
侍婢을 보니야 朝夕으로 問安ᄒ고 遞番ᄒ야 守衛훈이 錦繡능난 五色彩

衣 月態花容 고은 틱도 다 각각 보이랴고 괴틱ᄒ야 읫난 侍女 천성으로
고은 侍女 晝夜로 모을 제 三□宴을 일졔 □花塘 珍珍 셔되 堂上에 彩端
百疋 이러타 恭勸ᄒ되 힝여 有恭不及할 操心이 □□틱라 一日은 上帝게
옵셔 다시 下傳ᄒ시되 沈娘子 芳年이 갓ᄀ운이 人塘水로 出送ᄒ야 어진
ᄶ을 일치 말기 ᄒ라 ᄒ신이 四海龍王 令을 듯고 沈娘子을 治送

〈31-앞〉

할지 長生花 곳봉 쇽에 넛코 두 侍女로 시외ᄒ야 朝夕支供 饌需等物 錦
繡보배 만이 넛코 玉□에 고이담아 人塘水로 나올 격에 四海龍王이 친이
나와 餞送ᄒ이 우에도 쳐음과 갓탄지라 龍宮 侍女 다 나와 ᄒ즉ᄒ며 엿
ᄌ오되 娘子난 이지 나가시면 富貴榮華을 萬世에 물이쇼셔 娘子 딕답ᄒ
되 여러 王으 德을 입어 죽을 몸이 스라나 世上으로 나ᄀ온이 恩惠난 난
망이요 그딕들도 졍이 깁퍼 ᄯ러나기도 박졀ᄒ나 유현이 다른고로 이별ᄒ
고 가견이와 水宮에 괴ᄒ신 몸 부듸 平安ᄒ옵쇼셔 ᄒ즉ᄒ고 도라션이 순
식간에 人塘水라 쑴갓치 ᄯ러난지라 天神어 造化요 용왕어 神德이라 바람
이 분들 갓닥ᄒ며 비ᄀ 온들 갓닥ᄒ랴 五色彩雲이 곳봉 쇽에 어루여 晝
夜로 둥둥 ᄯ놀 적

〈31-뒤〉

에 ○ 이ᄶ 南京 갓던 船人들이 장ᄉ에 퇴을 너고 古國으로 도라올 졔
人塘水 다달나 祭物 졍이 츠려 左右로 버러노코 북을 둥둥 울이면셔 告
祀을 ᄒ난듸 우리 □□ 二十餘名 身病□난 □□ᄒ고 □□을 大□ᄒ와 영
화로 도라온이 용왕임니 너부신 德인 줄 아옵너다 酒果脯 졍셩듸리 올이
온이 四海龍王임니 일치 喜□ᄒ옵쇼셔 告祀을 ᄒ 然後에 祭物을 다시 츠
려 沈淸으 혼을 불너 出天大孝 沈娘子야 堂上에 白髮父親 눈 ᄯ기기를 외

로ᄒᆞ야 二八紅顔 절문 몸이 水中孤魂 도여신이 ᄀᆞ연코 불상ᄒᆞ다 우리 船
人 동모들은 浪子로 인연ᄒᆞ야 장ᄉᆞ에 퇴을 너고 고국으로 ᄀᆞ견이와 娘子
어 孤魂이야 어난 쩌나 도라ᄀᆞ리 ᄀᆞ다ᄀᆞ 桃花洞 娘子 父親 ᄉᆞ랏난지 □
門 알고

〈32-앞〉

훈준 술노 외로ᄒᆞ고 ᄀᆞ오리다 지물을 물에 풀고 눈물짓고 바라본이 난디
업난 꼿봉지ᄀᆞ 창희에 쩌 잇거날 船人들이 고이 여겨 셔로 본면 ᄒᆞ난 말
이 아마도 沈娘子 넉시로다 어셔 급피 져셔 갓ᄀᆞ이 ᄀᆞ셔 본이 果然 沈娘
子 쎤진 디라 마음이 감동ᄒᆞ야 꼿실 건져 비여 실고 츤츤이 살피보이 크
기ᄀᆞ 수러갓고 數三人이 관질니라 □船ᄒᆞ야 나올 적에 四五朔 定훈 길
數三日에 得達훈이 이도 쪼훈 이상ᄒᆞ다 數多이 나문 직物 다 각각 난을
졔 都沙工이 무신 마음인지 財物을 마다ᄒᆞ고 꼿봉이만 츳지ᄒᆞ야 져이 집
莊園에 단정ᄒᆞ기 단을 모와 고이 올여 두엇던이 항기 震動ᄒᆞ고 彩雲이
어루잇다 ○ 이쩌 宋天子 皇后 崩ᄒᆞ시고 再娶할 곳지 업셔 心神이 數亂
ᄒᆞ야

〈32-뒤〉

上林園 다 치우고 皇極殿 뜰압푸로 왼갓 花草 구ᄒᆞ여 여기져기 심어노코
皇帝 興을 부쳐 일노 쇼일할제 花草도 만ᄒᆞ도다 八月芙蓉 君子容 滿塘春
色 紅蓮花 暗香不動月向薰 消息 傳튼 寒梅花 요염셤셤옥지갑 金盆夜邛
鳳仙花 九月九日 龍山飮 笑逐臣 菊花꼿 公子王孫이 방츄ᄒᆞ라 花中王 牧
丹花 七十弟子 講論할 졔 한단春風 살괴꼿 遠情不知離別훈 玉窓견 櫻桃
花 芍藥花 海棠花 一枝花 杜鵑花 왜철죽 진발花 紅桃 碧桃 芭蕉 □□□
左右로 심어노코 일노 歲月을 보닐 졔 南京 갓던 船人들이 황성 관문 보

고 忽然이 싱각ᄒ되 본디 쳔셩으로 不□天恩ᄒ여신이 이 곳시로 天恩을
갑푸리라 ᄒ고 곳슬 실어다가 天子게 밧친이

〈33-앞〉

天子 바드시고 無知ᄒ 船人너가 졍셩 至極ᄒ이 忠臣一時 分明ᄒ다 卽時
武昌太守로 졔수ᄒ시고 곳실 다시 살펴본이 곳빗치 찰난ᄒ야 明日月長
光이라 香氣 震動ᄒ이 世上 곳치 안이로다 月中丹桂碧桃花가 西天國 蓮
花世界 그 곳치 써러져 海中으로 나왓난가 아마도 이 곳 일홈 오 降仙花
라 불근 안기 어루잇고 瑞氣 영농ᄒ이 皇帝 大喜ᄒᄉ 곳즁에 왕이로다
一日은 皇帝 月色 짜라 花階에 徘徊ᄒᄉ 明月은 滿庭ᄒ고 海風이 徐來ᄒ
이 降仙花 搖動ᄒ야 곳봉지 열여지며 무삼 쇼리 들이던이 션연ᄒ 玉女
ᄒ 쌍 열골을 반만 들고 곳박글 니다보고 人跡에 쌈죽 놀니 몸을 슘겨
드러가거날 皇帝 그 거동을 보시고 心神이 數□ᄒ야 무수이 주져ᄒ시다
가 갓가이 거동ᄒ사 곳

〈33-뒤〉

봉을 가만이 열고 본이 一介 玉女 端坐ᄒ고 一雙 侍女 侍衛ᄒ여거날 皇
帝 무르시되 너이가 괴신인야 스람인야 두 侍女 엿즈오되 小女 等은 南
海宮 侍婢로셔 娘子을 모시고 海中으로 나왓습다가 意外에 天顔을 犯ᄒ
엿스온이 극키 惶悚ᄒ여이다 天子 內念에 上帝 아르시고 인연을 보니시
쏘다 卽時 各 宮女을 불너 玉□을 웜기다가 皇극젼에 모셔두고 無論 侍
女 侍衛ᄒ되 만일 스스로 여려보난 侍女 이시면 션참ᄒ리라 영을 니시고
이튼날 朝會에 곳봉 쇽에 玉娘子 말삼을 □이 더신ᄒ신이 諸臣이 答奏曰
國母 업스오물 上帝 알으시고 죠흔 인연을 보니신이 天時幸이요 宋室之
興이라 써을 엇지 일으릿가 國母을 외로코져 ᄒ난이다 卽時 擇日ᄒ옵쇼

셔 卽日

〈34-앞〉

太史官을 불너 擇日흐이 庚辰 四月 甲子日이라 娘子을 承相宅으로 모시
고 그 일을 당흐미 フ예凡節이 □□셜힝흐야 우에 거동이 청공에 업난지
라 쏫봉 속에 양기 시여 娘子을 부여흐야 모셔닌이 北斗七星이 左右로
갈나섯다 皇帝 親연흐실시 國家에 慶事로다 滿朝 諸臣이 손호만세을 부
루더라 禮畢封公 後에 沈皇后 德이 四海에 볏나ᄉ 堯舜之天일네라 ○ 이
쩨 沈皇后난 富貴榮華 極盡흐야 포부에 민친 근심 다만 부친쑨이로다 주
야 수심을 못이기여 시중을 물이치고 옥난간에 안져신이 明月은 발가 손
호簾에 빗쳐들고 실솔은 실피 운이 靑天에 쩐 南飛烏鵲아 네 어디로 항
흐난야 쇼중낭 北海上에 편지 젼튼 기려긴야 水碧沙明兩岸苔 不□

〈34-뒤〉

淸怨 져 기려기 桃花洞 우리 부친 글씨 미고 네 오난야 이별 삼연에 쇼식
이 돈졀흐다 닌 편지 쎠 주거든 우리 부친 젼에 젼흐여라 방안에 들어가
一幅簡紙 쎄여들고 부슬 잡아 편지 쎠셔 문 박기 니다본이 기려기 간디
업고 蒼茫흔 □구롬 속에 변쇼식 쑨이로다 雲間明月 바라본이 무안흐기
그지업네 편지 거더 강직흐고 쇼리 업시 落淚할 졔 皇帝 內殿에 드러와
셔 皇后 얼골 살피본이 眉間에 懃心이요 얼골에 눈물이라 靑山은 夕陽에
잠긴 듯 黃花난 모란에 우난 듯 흐거날 皇帝 무려시되 무슨 수심으로 눈
물 흔젹 잇난잇フ 皇后 엿ᄌ오되 臣妾이 果然 所願이 잇스오되 감히 주
달키 어려워 흐난이다 무슨 所願인지 알아지다 皇后□ 쑤러안ᄌ 시시이
엿ᄌ오되

〈35-앞〉

塵土之民 □□五臣이오나 그 중 불상흔 것 환寡孤獨 四窮이요 그 되난
病身이라 病身中에 불상흔 겻 쇼경이라 盲人이라 흐난 거시 天地日月 발
근 世上 父母妻子 못 보옵고 靑紅黑白 好不好을 눈으로 못 보온이 불상
흔 것 盲人이라 盲人존츠 흐옵시면 臣妾으 所願이로쇼이다 皇帝 들으시
고 유즁 婦人으로 民情을 알으신이 堯舜聖德이라 □□之事온이 근심치
말으시오 이튼날 朝會에 흐시되 皇后 어지시스 盲人을 친은이 아르신이
盲人존츠을 비셜흐며 엇드함나 모든 諸臣이 伏地奏達흐되 國母 두어 玉
心이 國泰民安이로쇼이다 卽時 반포흐옵쇼셔 各道列邑에 下詔흐스 天下
盲人을 다 부루난 거신이 만일 一名이라도 쌘지면 方伯 守令은 難□重罪
요 맛당이 削脫官

〈35-뒤〉

직흐야 田橫島로 定配흐리라 方伯 守令이 詔令을 擧行흐야 면면츈촌 잇
난 霄經 成冊흐야 官家로 불너듸리 年及이 營□흐고 營門셔 장운흐야 皇
城으로 보닐 제 ○ 이쩌 심봉스난 딸을 일코 모진 목심 죽지 안코 주야로
셜이 울 제 그 동닉 쌩덕어미 힝실이 무졍 암기갓치 덤벙일졔 지라 自淸
심봉스을 호리어드랏고 밤낫시로 넘놀 젹에 심봉스 주린 씃터 이런 잡거
실 만나노은이 死生을 모로더라 이 기집 입버럿과 아리쑤리 버럿과 갓탄
지라 흐시 반쩌 노지 안코 양식 니여 쩍 스먹기 쓸 퍼주고 고기스기 비을
노와 돈을 스셔 燒酒 藥酒 淸酒 먹기 亭子 몃티 낫잠즈기 子夜밤에 울음
울기 감아푸럼 벗젹 들고 신힝 부인 인물푸기 남즈들 회쵸청에 청츈이
졉어들 술존

〈36-앞〉

쓰옴 부동ᄒᆞ기 진 담비디 숀에 들고 쵸면남즈 담비 쳥키 코 큰 놈만 유인
ᄒᆞ기 이러 노룻 일삼으되 심봉ᄉᆞ난 아물ᄒᆞᆫ 줄 모로고 디혹ᄒᆞ야 歲月을
보닐 제 家産이 漸漸 浪浿 ᄒᆞᆫ이 이 天下 몹쓸 잠연이 불상ᄒᆞᆫ 심봉ᄉᆞ 船人
들 주고간 지물 모도다 쓰라먹고 ᄒᆞᆫ이틀 먹을 양식 디엿 되 나마신이 이
늠 먹으면 쎄리라 ᄒᆞ고 밤낫으로 주셔먹을 제 黃州刺使 심봉ᄉᆞ을 불우거
날 衣冠을 정거ᄒᆞ고 官家에 들어간이 刺使 分付ᄒᆞ되 皇上이 어지지ᄉᆞ 盲
人을 칙은이 알으신이 즈니도 존ᄎᆞ에 춤이ᄒᆞ고 오라 ᄒᆞ고 路子 厚이 준
이 심봉ᄉᆞ 分付 듯고 집으로 도라와 쎙덕어미 급피 불너 여보쇼 할맘 天
子게옵셔 盲人존ᄎᆞ ᄒᆞ신다고 관즈 왓단네 궐ᄒᆞ면 참ᄒᆞ단네 우리 니외 살
든 졍을 엇지 一時

〈36-뒤〉

들 기릴숀야 추호강남으로 우리 양주 못갈숀야 슉실거운 우리 할맘 나와
두리 皇城 ᄀᆞ셰 쎙덕어미 디답ᄒᆞ되 압 못 보난 郎君任을 엇지 혼ᄌᆞ 보니
릿ᄀᆞ 그럿치 니 안이야 ᄀᆞ다ᄀᆞ 밤이 들면 즈니 싱각 간절ᄒᆞ야 니 혼ᄌᆞ
갈 수 잇나 아고 니 ᄉᆞ랑아 약간 나문 家産器物 洞中에 믹기두고 잇튼날
길을 쩌나 數日을 힝던이 니려오난 봉ᄉᆞ 즁에 黃봉ᄉᆞ라 ᄒᆞ난 霄經 人物
도 변변ᄒᆞ고 衣冠 衣服 씩긋ᄒᆞ이 宜當 □富ᄒᆞᆫ 쥴 알고 져 즙연 쎙덕어미
심봉ᄉᆞ 잠든 후에 黃봉ᄉᆞ 겻틔 누어 즙짓실 무수이 ᄒᆞᆫ이 黃봉ᄉᆞ 졀문 기
식이요 數月□地라 그져 둘 수 잇ᄂᆞ 잠간 작난ᄒᆞᆫ 然後에 연놈이 新情이
미흡ᄒᆞ야 심봉ᄉᆞ 쎄기 젼에 시벽달에 쎄여쑤나 심봉ᄉᆞ 잠을 쎄여 쎙덕어
미 만져

〈37-앞〉

본이 간디업다 심봉스 쌈죽 놀니 네 구억을 더듬아도 다라난 연 이실손
야 여보시오 주인니 우리 마노리 혹 안애 갓쇼 주인이 안이 왓쇼 오집
누로 나갓난가 되을 보로 나갓난ㄱ 어듭고 깁푼 밤에 괴신은 두련두련
豺虎난 허터진듸 네 무셔워 어이 간나 여바라 뺑덕어마 날 바리고 어디
간나 무상코 괘심ᄒ다 夫婦有別 三年 든 情 이디지도 박졀ᄒ야 四顧無處
中路에서 오도 ㄱ도 못ᄒ고셔 客地 孤魂 되다말ㄱ 심봉스 울음을 근치고
아셔라 씰디업다 션쳔혼 곽씨부인 죽난 양도 보고 살고 萬古孝女 우리
쌀 심쳥이도 이별ᄒ고 스랏거든 져만혼 연 싱각ᄒ랴 天下雜연 어덧다ㄱ
家産만 浪浿ᄒ고 中路에셔 망신훈이 니 쏘혼 실업쓴 그 연 다시 싱각ᄒ
면 니 □로 긔아달지 혼

〈37-뒤〉

ㅈ 탄식ᄒ다ㄱ 날신 후에 길을 쩌나 지평막디 더덤더덤 아고 아고 니 身
世야 皇城 千里 면면 길을 누라 引道ᄒ여주리 □□□□ 어이 갈고 더덤
더덤 올나갈 졔 ○ 이쩌난 □□이라 더외난 물꼿갓고 피曙ᄒ난 스람들은
창낭녹수물에 쩌셔 덤벙덤벙 沐浴할졔 심봉스 더외을 못 이기여 沐浴을
ᄒ랴 ᄒ고 上下衣服 쳘쳘 버셔 쌍버들에 미여노코 지쵹을 시알여 물에
펼셕 들어안ㅈ 수식경 모욕ᄒ고 기영기영 밧기 나와 衣冠 衣服 만져본이
盜賊놈이 ㄱ져간네 심봉스 미손이 모양으로 휠신 벗고 너르킹변을 기우
른 손영기 미쵸리 니금 셔듯 기여단이며 아모리 츠ㅈ도 업고나 심봉스
기ㄱ 믹켜 無數 痛哭 울음 운다 아고 니 오시나야 이 좀도젹놈들아 허다
혼 富者

〈38-앞〉

집에 먹고 씨고 나문 財物 그런 거시나 ᄀ져ᄀ지 니 衣服 ᄀ져다ᄀ 長生
不死을 ᄒ랏난야 니 눈에 눈물나면 네 눈에 피ᄀ 날나 妻子ᄀ 업셔신이
니 衣服을 뇌라 주며 衣服 업셔신이 皇城을 어이 갈고 아고 답답 니 八字
야 ᄒ창 이리 셜이 울 졔 워듸셔 벽지쇼리 들이거날 올타 워듸셔 관장
온다 억질이나 쎠보리라 ᄒ고 안졋실지 원이 갓가이 오거날 부즈지을 훔
쳐 즙고 馬□에 伏地ᄒ이 나졸들 쎠니거날 심봉ᄉ 그 □에 근유지통이나
진 줄노 알고 네 온 바라 니 비록 탈官이나 이리난 못ᄒ리라 힝ᄎ난 뇌씬
잇ᄀ 나난 □守 넌이 □宅에 가난 길이로다 즈닉 심봉ᄉ 안인ᄀ 果然 그
러ᄒ오이다 엇지 져리 도엿난ᄀ 올나오옵다ᄀ 모욕ᄒ고 衣冠 衣服 일어
신이 어듸로 ᄀ오릿ᄀ 살여

〈38-뒤〉

주오 살여주오 城主 德澤 살여주오 즈ᄉ 分付ᄒ되 지장 끌너닉야 衣服
ᄒ 불 닉여주라 □倍 불너 行裝에 나문 노즈 닷양만 닉여주라 치잡이 使
令 불너 네 갓 버셔 霄經 쥬라 馬夫 불너 네 網巾 버셔 쇼경 주 이만ᄒ면
갈 거신이 어셔 급피 올나ᄀ라 신이 업ᄉ온이 엇지ᄒ오릿ᄀ 칼즈 불너
신 ᄒ 커리 닉여주라 심봉ᄉ ᄒ난 말이 죽어ᄀ난 스람을 이디지 살여신
이 은히 감축ᄒ여이다 원임게 ᄒ즉ᄒ고 ᄎᄎ 젼젼ᄒ야 皇城으로 올나갈
졔 ᄒ 곳을 달른이 그기 디촌이라 女人들이 존득 모와 방이을 찟커날 심
봉ᄉ 避暑ᄎ로 방아집 ᄎᄌᄀ셔 근을에 안져신이 여러 女人들이 심봉ᄉ
을 誹謗ᄒ야 져 봉ᄉ도 존ᄎ에 ᄀ난구나 요시 봉ᄉ ᄒ 시기ᄀ 두고 져리
안졋지 말고 방이

〈39-앞〉

나 찌여주지 심봉스 그지야 흔임인 줄 알고 萬里他鄉 ㄱ난 스람 방아 찌
어 달나흔이 방아을 찌어주면 무어를 주시랴오 주기난 무엇 주어 점심이
나 어더먹지 점심은 먹을망정 또 무엇 주시랴오 또 고기 주지 고기를 줄
나거든 살고기를 주오 아고 그 봉스 음웅ᄒ다 혹시 줄지 어이알고 방이
나 찟코 보지 올쇼 반허락 도엿신이 방이나 찌어보ㅈ 여보 봉스임 방아
쇼리 더리ᄒ지 방아쇼리 참 잘ᄒ지 女人들게 못 이기여 방아쇼리 ᄒ던이
라 太古라 天皇氏난 木德으로 王ᄒ이스 이 남그로 방이로다 어유화 방이
야 유쇼씨 構木爲巢 木實ᄒ옵던가 어유화 방이야 이 방이ㄱ 누 방인고
姜太公으 造作방이 어유화 방이야 방이 만든 모양 본이 이상함도 이상ᄒ
네 스람을 버혓난

〈39-뒤〉

ㄱ 두 달리 벌엿난듸 玉膚紅顔 빈열넌ㄱ 허리에 잠질넛네 어유화 방이야
머리 들고 이러난이 창희노용 썽을 닌 듯 머리 수겨 너럿진이 주란완어
둑술인ㄱ 우리 聖上 즉외ᄒ스 國泰民安ᄒ옵던ㄱ 盲人 존ᄎ 영을 본이 古
今에 처음이라 흔 달이를 올여노코 오리락 니리락 할지마당 씰녹씰녹 죠
지로다 어유화 방이야 여러 女人 ᄒᄒ 욋고 요 쇼경아 그거시 무슨 말고
상쇼리 그리ᄒ나 世上에 그것 모로난 스람 잇나 女人들이 ᄒ난 말이 그
궁그로 나왓난ㄱ 니 나온 궁근 잇건이와 그 지ᄎ 궁근ᄒ여 본이 알것드
라 그렁져렁 방이 찟코 졈셤밥 어더먹고 마노리들 글이ᄒ오 ᄎᄎ 셩中
드러간이 모도 쇼경 빗칠니라 셔로가 디질이며 이기 뇌씨요 나 쇼경이요
나도 봉스오 봉

〈40-앞〉

수 걸이 出入할 수 업더라 흔 곳을 지니간이 엇드흔 여인 흔나 져기 가난
이 沈봉스지요 예 그럿쇼 거기 잠간 머무쇼셔 윗고 나오던이 날을 짜라
가슨이다 그 누ㄱ 날을 워더로 ㄱ존 말삼이요 잡말 말고 짜라오쇼 막디
을 씅을거날 씅을여 짜라간이 前堂에 안쳐노코 夕飯을 듸리거날 심봉스
싱각흔이 밍낭코 고이흔다 날이 업건만은 饌需도 찰난흐고 飮食도 맛당
흐다 밥을 달기 멱은 후에 쳔연이 안져신이 그 女人 다시 나와 內堂으로
인도커날 여보 나난 독경도 못흐고 단수도 할 줄 모로오 잡말 말고 드러
오오 씅을여 들어간이 챳을 주워 안치거날 물식업시 안져신이 東便에셔
女人으 □□쇼리 옥갓치 말기 닉아 게ㄱ 심봉스요 예 그이요 쳔이원경에
平安이 올나왓소

〈40-뒤〉

무스이 왓건이와 主人은 누라시오 安氏 盲人 딕답흐되 닉 성은 安ㄱ나
본디 부친이 딕승고로 오입던이 身運이 不吉흐와 다 구몰흐옵고 수다 젼
장 奴婢을 거나리고 홀노 직킨 十餘年 닉 나이 十八歲라 成婚흔 일 업고
닉 역시 안망흐와 간 밤에 꿈을 꾼이 日月이 써러져 물에 잠긷다ㄱ 쇼스
나 닉 품에 안쳐 보인이 日月이 써러져신이 날과 갓탄 盲人이요 물에 잠
기 보인이 分明 물 심ㄱ라 沈봉스줄 알고 일즉 侍婢로 직켜 盲人 姓을
추리로 무러ㄱ옵던이 다힝 天佑神助 이지 만낫스온이 인연인ㄱ 흐난이
다 심봉스 흐난 말이 말이야 좃쇼만은 그리 되기 숩쇼릿ㄱ 安氏 문난 말
거주 어디며 엇더흔 딕인인ㄱ 前後事을 다 말흐며 눈물을 흘이거날 安氏
외로흐야 벽장문 열터

〈41-앞〉

리고 北海□上 珊瑚瓶 蓮葉酒 너여노코 만단으로 외로ᄒ고 그날 밤 三庚
夜에 금단요 더단이불 원잉금침 도도 벼고 죠을 호ᄌ 흥을 니야 양주 눈
이 변젹변젹 ᄉ람은 둘이라도 눈은 합ᄒ야 반반틱이 못되더라 그날 밤
졍든 거시 文不可点이라 심봉ᄉ 죠흠에 지쳐 ᄉ랑ᄀ 부루더라 심봉ᄉ 忽
然이 싱각ᄒ이 ᄯᆯ이 압피 셧난 듯 ᄒ거날 흔숨 ᄉ여 눈물진이 安氏 문난
말이 무신 일노 수심ᄒ시난잇ᄀ 심봉ᄉ ᄒ난 말이 平生 두고 지음ᄒ즉
죠흔 일만 보즉 ᄒ러운 일이 싱기고 간 밤에 ᄭᅮᆷ을 ᄭᅮᆫ이 불에 ᄡᅬ여들어
보이고 니 ᄀ죽을 벅겨 북을 미와 보이고 나무입 ᄡᅥ러져 지ᄲᅮ리를 덥퍼
보인이 아마도 나 죽을 ᄭᅮᆷ이 안인가 부오 安氏 ᄭᅮᆷ말 듯고 解夢ᄒ되 그
ᄭᅮᆷ 즌이 죳소 그

〈41-뒤〉

夢이 身入火中ᄒ □□之像이요 去皮作敲ᄒ이 入宮之像이요 落葉이 歸根
ᄒ이 子女을 可逢이라 오날 오젼에 반갑고 질거운 쇼식을 들으리다 심봉
ᄉ ᄒ난 말이 俗談에 千不當萬不當이요 皮肉不關이요 鳥足之血이로ᄉ
安氏 盲人 ᄒ난 말 그러나 오날 午前에 두고 보옵쇼셔 進支을 듸리거날
심봉ᄉ 쵹飯ᄒ고 궐문 밧기 다다른이 발셔 盲人 즌ᄎ 드러옵쇼 외난 쇼
리 벽손이 ᄌ잣난 듯 이ᄯᅥ 심봉ᄉ 末席에 참이ᄒ이 음식은 피피ᄒ나 風
樂은 狼藉할 졔 衣服 혼 불 노ᄌ 열냥식 ᄉ슝ᄒ더라 이ᄯᅥ 심황후난 봉ᄉ
셩칙을 듸리놋코 這這이 상고ᄒ시되 桃花洞은 바져ᄭᅮ나 沈皇后 落淚ᄒ
며 暮雲寺 부쳐임 영험ᄒᄉ 그간에 눈을 ᄯᅥ셔 盲人축에 ᄲᅢ졋난ᄀ 니ᄀ

〈42-앞〉

人塘水에 죽은 줄을 정영이 아르시고 원통ᄒ야 셜이 울며 村村乞食 求ᄒ
시다ᄀ 飢死ᄒ야 죽어신가 大宴이 막죡이라 오날 종적 슨어져 불상ᄒ 부
친임을 이 世上에 못 보오면 後去黃泉 도라ᄀ 父母임을 모셔 보면 무신
말노 디답할고 오날 막죽 즌ᄎ이라 宴席 나ᄀ 구경ᄒ리라 前殿에 座定ᄒ
고 錦屛 珊瑚□ 三千宮女 侍衛ᄒ야 宴席을 구경ᄒ이 億兆 霄經 모왓시되
부친 消息 알 수 업네 인ᄒ야 吏府尙書 쇼경 成冊을 올이거날 ᄎᄎ 相考
ᄒ이 뜻박기 桃花洞 沈學教라 ᄒ여거날 桃花洞 글ᄌ 본이 글이라도 반갑
구나 皇后 分付ᄒ되 桃花洞 沈盲人 宴席에 참이ᄒ야거든 前宮으로 모셔
디리라 吏府尙書 分付 듯고 沈盲人을 □實할 졔 압압피 무러간다 계ᄀ

〈42-뒤〉

沈봉ᄉ오 계ᄀ 沈봉ᄉ오 末席에 다달나 게ᄀ 沈봉ᄉ요 심봉ᄉ 쌈즉 놀니
姓 隱偉ᄒ엿다ᄀ 安氏 盲人 解夢을 싱각ᄒ야 예 내가 심봉ᄉ요 그러면
이러나오 어디로 ᄀ즌 말슴이요 內殿에셔 불너신이 어셔 밥비 이러나오
심봉ᄉ ᄒ릴업셔 붓들여 따라ᄀ셔 皇極殿 中墀 우에 鞠躬ᄒ고 별별 썰
졔 이쩌 沈皇后 親見ᄒ신들 白髮이 환영ᄒ고 骨肉이 기고ᄒ야 아르실 수
업고 沈皇后난 三年 宮에 □히을 지닉신이 父親 얼골을 즈셔이 알 수 업
셔 무르시되 게ᄀ 妻子 잇난잇ᄀ 沈봉ᄉ 업더지며 기졀ᄒ야 엿즈오되 甲
子年에 喪妻ᄒ고 七日萬에 어미 일은 여식 ᄒ나 잇습던이 요망ᄒ 즁이
와셔 고양 三百石을 佛前에 시주ᄒ면 三年內 눈을 쩌셔 天地萬物 보려기
로 女息으 孝誠으로 南

〈43-앞〉

京장亽 船人들게 몸이 팔여 人塘水 졔슉으로 물에 썬져 죽엇습고 눈도 써도 못ᄒ엿쇼 주식 ᄑ라먹은 놈이 ᄉ라 무엇ᄒ오릿ᄀ 어셔 밥비 죽여주 오 심황후 이 말 듯고 珊瑚珠簾을 거더치고 보신발노 우루룩 쬐여네리 부친을 덥셕 안고 아고 아부지 人塘水 졔슉으로 간 沈淸이 ᄉ라왓쇼 부 쳔임도 헛말ᄒ고 施主도 虛事로다 沈봉亽 깜죽 놀니 아고 沈淸 말이 왼 말인야 엇지 반ᄀ왓던지 두 눈이 왈칵 발갓구나 눈을 쓰고 짤을 본이 生 前에 初面이라 심봉亽 히락ᄒ야 춤추고 노릭ᄒ다 얼시고나 절시고 지아 지 죠을시고 灑落ᄒ 天地間에 日月이 즁ᄒ도다 大明天地 발근 世上 오날 이야 보것구나 니 죽은 짤을 본이 □□□이 인도幻生ᄒ엿나 不重生男重 生女난 나로 두고 이름이

〈43-뒤〉

라 지아ᄌ 죠알시고 滿座中 안진 霄經 一時에 눈일 발ᄀ 영슨오잡 춤을 추여 沈生員임 德澤으로 億霄經 눈을 쓴 昊天罔極 깁푼 恩惠 엇ᄒ야 다 갑푸며 白骨難忘 이지릿ᄀ 萬世無量ᄒ옵쇼셔 安氏 盲人 눈이 발고 쎙덕 어미 눈이 멀□난 멀엇더라 이쩌 沈生員을 입시 식켜 寂寂ᄒ 말 可憐ᄒ 懷포을 ᄉ연ᄒ시고 安氏 盲人 말삼을 주달ᄒ이 皇帝 들으시고 시좌에 모 셔 듸리 貞烈婦人 封ᄒ시고 날근 심봉亽난 부원군을 봉ᄒ시고 그 시에 화주僧은 灰寺僧統을 지슈ᄒ시고 張承相宅 老婦人은 太侯婦人 封ᄒ시고 黃州刺史난 荊州刺史로 이젹ᄒ고 桃花洞 居民 卜戶王稅와 烟戶 使役 軍 役을 脫給 상ᄉᄒ이 德澤이 ᄒ날갓더라 이쩌 卽位 萬年 江口烟月이요 堯 舜之天할네라 朝野臣民 億兆蒼生들이 堯舜世界을 만낫더라 그 되야 누 알이요 더질더질

신문관본 활자본 〈심청전〉

　　1913년에 신문관에서 발행한 것이다. 표지에 '심쳥젼'이라는 제목과 '륙젼쇼셜 서울 신문관 발힝'이라는 말이 기록되어 있다. 이 활자본은 전반적으로 경판의 이본들을 선택적으로 수용한 모습을 보이면서도, 작품 배경이 국내적인 것으로 바뀐 점, 뺑덕어미의 삽화가 확대·추가된 점 등 개작된 부분도 많은 이본이다.(이태화, 「신문관 간행 판소리계 소설의 개작 양상」, 고려대 석사논문, 2003, 참조) 여기서는 고려대학교 중앙도서관 육당문고(813.15. 六堂)에 소장된 것을 이용했다.

신문관본 활자본 〈심청전〉

〈1〉

심청전(권지단)

화셜 고려 말년에 남군 짜헤 일위명시 잇스되 셩은 심이오 명은 현이니 본디 명문거족으로 공에게 니르러는 공명에 유의치 아니ᄒᆞ여 향리에 퇴쳐ᄒᆞ고 부인 졍시ᄂᆞᆫ 셩문지녀로 픔질이 유한ᄒᆞ고 용뫼 작약흔지라 공으로 더브러 동쥬 십여년에 일즉 미흡홈이 업스되 다만 슬하에 일졈혈육이 업슴으로 부뷔 미양 상디ᄒᆞ여 슬허ᄒᆞ더니 후에 부인이 신몽을 엇고 인ᄒᆞ여 그둘븟허 잉티ᄒᆞ여 십삭만에 일기 녀ᄋᆞ롤 싱ᄒᆞ니 부뷔 그 남이 아님을 이달아ᄒᆞ나 녀ᄋᆞ의 식티 비범홈을 보고 ᄉᆞ랑ᄒᆞ여 일홈을 쳥이라 ᄒᆞ고 ᄌᆞ롤 몽션이라 ᄒᆞ여 장즁보옥으로 아더라 쳥이 졈졈 자라 삼세 됨애 용뫼 션연ᄒᆞ고 지질이 긔이흔 즁 츌텬지ᄒᆞ 지극ᄒᆞ니 린리와 친쳑이 칭찬홈을 마지 아니ᄒᆞ더니 흥진비릭

〈2〉

ᄂᆞᆫ 고금샹시라 졍시 홀연 득병ᄒᆞ여 못참릭 셰샹을 ᄇᆞ리니 공이 크게 비도ᄒᆞ여 례롤 ᄀᆞᆽ초와 안장ᄒᆞ고 녀ᄋᆞ롤 품고 쥬야 슬허ᄒᆞ며 쳥이 쏘흔 모친을 부르지져 호읍ᄒᆞ니 그 부녀의 졍경을 참아 보지 못홀너라 공의 가셰 졈졈 탕진ᄒᆞ며 질병이 침면ᄒᆞ여 상셕을 ᄯᅥ나지 못ᄒᆞᄂᆞᆫ 즁 쏘 안질을 엇어 수월이 못ᄒᆞ여 지쳑을 분변치 못홈애 싱계 더욱 망측ᄒᆞ여 약간 가

산을 진매ㅎ여 죠석을 니으니 긔식이 엄엄혼지라 쳥이 점점 자람애 부친
의 쥬림을 슬허ㅎ여 동리로 돈니면셔 빌어다가 죠석을 공양ㅎ니 그 잔잉
홈을 져마다 가련히 넉여 주기룰 앗기지 아니ㅎ더라 일일은 쳥이 나가
늣도록 도라오지 아니ㅎ거늘 공이 빈도 곱흐고 수훈이 텹텹ㅎ여 막대룰
집고 초리룰 쓸어 쇠비룰 의지ㅎ여 기드리다가 길을 차져 점점 나아갈
시 믄득 실죡ㅎ여 굴헝에 빠져 능히 요동치 못ㅎ여 졍히 위급ㅎ더니 흔
로승이 지느다가 보고 붓드러 니릐혀 안치고 문

<h2 align="center">〈3〉</h2>

왈 그디는 병신으로 어디 가다가 이리 낭패ㅎ뇨 공이 통곡 왈 나는 본디
폐밍지인이러니 즈식이 나가 도라오지 아니홈애 스스로 바자녀 희염업
시 나오다가 하마 죽게 되엿더니 그디의 구홈을 닙으니 은혜 태산ㄱ도다
로승 왈 쇼승은 명월산 운심동 개법당 화쥬옵더니 춘가에 느려와 시쥬룰
구ㅎ와 우연히 이곳을 지내다가 령감을 구ㅎ엿거니와 령감의 샹격을 본
즉 지금은 궁곤ㅎ나 스오년 후면 왕후쟝샹이 될 것이오 일녀의 영화 텬
하에 읏듬이 되려니와 목금에 대시쥬룰 ㅎ면 일녀도 귀히 될 뿐 아니라
령감의 폐안이 쓰이리이다 공이 굴으디 시쥬룰 엇마나 ㅎ고 로승 왈 개
법당 시쥬는 공양미가 뎨일이니 빅미 삼빅셕 대시쥬룰 ㅎ여야 ㅎ리이다
ㅎ거늘 공이 권션에 빅미 삼빅셕을 젹으라 ㅎ고 도라올 시 로승이 합쟝
샤례ㅎ고 일후 다시 오리이다 ㅎ고 도라가니라 공이 도라와 탄식 왈 내
폐밍흔 사름으로 흔 그룻 죽도 쥬션치 못ㅎ

<h2 align="center">〈4〉</h2>

여 어린 즈식이 빌어다가 연명ㅎ거늘 엇지 삼빅셕을 엇어다가 시쥬ㅎ리
오 부쳐룰 속이면 필경 됴치 못홀 것이오 부득히 속이게 되니 후셰 억만

디옥을 면치 못ᄒ리로다 ᄒ고 슬허ᄒ더니 청이 량식을 빌어 가지고 와
그 부친의 슬허홈을 보고 문왈 금일은 셔편 쟝쟈의 집에 가 방아ᄅ 찌어
주고 량식을 엇어옴애 ᄌ연 날이 느졋거니와 부친이 뎌러툿 슬허ᄒ심은
도시 쇼녀의 셩호, 쳔박홈이로쇼이다 공이 눈물을 거두고 ᄀᆞᆯ오디 요사이
ᄌ연 감창ᄒ여 팔ᄌ의 궁박홈을 각골분훈홈애 문을 나 네 죵젹을 창망ᄒ
여 가는 바 업시 더드머 가다가 굴헝에 빠져 거의 죽게 되엿더니 여ᄎ여
ᄎ 화쥬승을 맛나 닐오디 내 눈 못 보기도 젼성 죄오 빌어먹기도 젼성
죄니 빅미 삼빅셕을 시쥬ᄒ면 눈이 쓰이고 네 일싱이 대귀ᄒ리라 ᄒ기로
내 믄득 격션지심이 발ᄒ여 삼빅셕을 권션에 젹으라 ᄒ고 도라와 싱각훈
즉 우리 부녀 일푼젼 일홉미ᄅ 쥬션홀 길 업

〈5〉

ᄂ 터에 어디가 이런 시쥬ᄅ ᄒ리오 부쳐ᄅ 속이게 되엿스니 쟝ᄎᆞᆺ 큰 앙
홰 잇슬지라 이런 고로 슬허ᄒ노라 청이 쳥파에 위로 왈 부친은 슬허 마
르쇼셔 졍셩이 지극ᄒ면 하늘도 늣기신다 ᄒ오니 부친의 졍셩이 여ᄎᄒ
샤 시쥬코져 ᄒ심애 부쳐의 도으심이 잇스리니 심녀ᄅ 허비치 말으쇼셔
ᄒ고 즉시 셕반을 ᄀᆞ초와 권훈대 공이 먹지 아니ᄒ고 다만 길히 탄식ᄒ
여 눈물이 이음차니 청이 민망히 녁여 고로은 말슴으로 위로ᄒ여 ᄀᆞᆯ오디
텬되 비록 놉흐시나 숣히심이 쇼쇼ᄒ시니 부친 졍셩을 텬디일월이 감동
ᄒ실 것임애 과히 번뇌치 말으쇼셔 ᄒ고 빅단위로ᄒ나 진실로 난쳐훈지
라 쳔ᄉ만탁ᄒ다가 ᄎ야 삼경에 목욕지계ᄒ고 뜰헤 나려 자리ᄅ 펴고 하
늘을 우러러 빌어 ᄀᆞᆯ오디 인간 심쳥은 폐밍훈 아비ᄅ 위ᄒ여 죽기ᄅ 피
치 아니ᄒᄂᆞ니 이제 아비 감은 눈을 쓰이게 발원ᄒ여 부쳐ᄭᅴ 시쥬ᄒ려ᄒ
나 삼빅셕 빅미ᄅ 엇을 길 업서 도로혀

⟨6⟩

부쳐롤 속인 죄롤 밧게 되엿스오니 텬디신명은 슓히쇼셔 ᄒ고 밤새도록
축원코 방즁으로 도라와 능히 잠을 일우지 못ᄒ고 탄식ᄒ다가 홀연 조으
더니 ᄒ 로승이 나아와 닐오디 러일 그디롤 사자ᄒᄂ 사롬이 잇슬 것이
니 팔니여 죽을 곳을 가도 피치 말라 네 효성을 하놀이 감동ᄒ샤 죽을
곳에 ᄌ연 귀ᄒ 일이 잇스리라 ᄒ고 믄득 간디 업거놀 ᄭ드르니 남가일
몽이라 심하에 크게 고이히 녁여 붉기롤 기드려 스긔롤 슓히더니 ᄎ시
남경샹괴 믈화롤 싯고 히외계국으로 ᄃ니며 환매홈애 년년히 대희롤 건
널시 류리국 디방에 인당쇼란 믈이 잇스니 믈 가온디 야채 잇셔 쇼고ᄒ
힝션은 무폐ᄒ나 보물과 치단을 만히 실은 비ᄂ 슈신씌 사롬으로 졔ᄒ
연후에야 무ᄉ히 지나ᄂ고로 년년히 계집ᄋ희롤 사다가 인당쇼에 너코
ᄃ니ᄂ지라 이째 ᄯ 마을마다 ᄃ니ᄂ 사롬이 잇서 외며 ᄃ니거놀 쳥이
듯고 깃거ᄒ여 급히 나아가 문왈 나ᄌᄒ흔 ᄋ희라

⟨7⟩

도 사려ᄒ느냐 ᄒ니 기인이 눈을 들어보니 그 ᄋ희 긔샹이 비범ᄒ여 량
인은 효성이 붉앗스며 쌍미ᄂ 츈산을 그린 듯 ᄒ고 쥬슌은 단샤롤 찍은
듯 놉흔 귀ᄂ 일월을 밧드럿스며 억개ᄂ ᄂᄂ 졔비ᄀᆺ고 셰요ᄂ 깁으로
묵근 듯 빅틱졀승ᄒ여 일셰에 희한ᄒ 미식이오 복록이 완젼ᄒ 샹이나 의
샹이 남루ᄒ여 겨우 살을 ᄀ리오고 긔골이 여위여 헛흔 록발 사이로 시
름ᄒᄂ 용뫼 쵸쵸ᄒ여 계궁다람 해광풍을 맛남ᄀᆺ고 랑랑ᄒ 셩음이 구쇼
에서 어린 봉이 부르지지ᄂ 듯 ᄒ니 뎌 궁향에서 싱쟝ᄒ여 벽쳐로 분주
ᄒᄂ 샹괴 엇지 이ᄀᆺ흔 졀식 귀인을 보앗스리오 황망히 졀ᄒ여 왈 폐인
은 믈화롤 미매ᄒᄂ 샹괴라 계집ᄋ희롤 즁가로 사다가 인당쇼에 가 룡신
씌 졔ᄒ니 인셩을 살해홈이 젹불션이나 이 ᄯᅩᄒ 셩애라 이제 낭ᄌ의 부

르심을 듯고 와셔 용모롤 보니 뭇참리 골몰홀 긔상이 아닌지라 무숨 곡
졀로 팔니려 ㅎ시ᄂᆞ뇨 쳥이 눈물을 뿌려 굴ᄋᆞ디

〈8〉

쳡의 팔지 긔구ㅎ여 여ᄎᆞ여ᄎᆞㅎ여 셰월을 보내다가 갈스록 명되험박ㅎ
여 부친이 안폐홈애 인ᄌᆞ졍리에 각골통샹ㅎ더니 모월 모일에 로승이 지
나다가 부친을 보고 닐ᄋᆞ기롤 여ᄎᆞ여ᄎᆞㅎ니 위친지도에 슈화라도 피치
못홀지라 몸을 팔아 스디에 림홀지라도 부친이 다시 일월을 보시면 내구
원에 도라나가 즐거온 귀신이 될지니 ᄇ라건댄 빅미 삼빅셕을 주고 사가
라 ㅎ니 샹괴쳥파에 그 졍시 참혹ㅎ고 셩회 지극홈을 감복ㅎ여 굴ᄋᆞ디
나는 낭ᄌᆞ롤 사거나 아니 사거나 ㅎ려니와 낭ᄌᆞ의 효심이 지극홈애 인비
목셕이라 엇지 감탄치 아니ㅎ리오 내 임의로 홀진댄 삼빅셕 빅미롤 그져
주고 간들 무엇이 앗가오리오마는 이는 여러 동ᄉᆞ의 일이니 맛당히 도라
가 의론ㅎ여 빅미롤 슈운ㅎ리라 ㅎ거놀 쳥이 응락ㅎ고 드러가 부친을 잠
간 속여 굴ᄋᆞ디 건넌 마을 아무쟝재 ᄌᆞ식이 업슴애 미양 나롤 ᄉ랑ㅎ여
량식을 후히 주더니 이졔 쇼녜 그

〈9〉

쟝쟈에게 삼빅셕 빅미롤 밧고 몸을 팔아 시쥬ㅎ게 ㅎ엿스니 화쥬승이 어
ᄂᆞ ᄯᆡ 오마 ㅎ더니잇고 ㅎ니 공이 쳥파에 일변 다힝ㅎ나 녀익 눔의 집에
갈 일을 싱각홈애 가슴이 터지ᄂᆞᆫ지라 이에 눈물을 뿌려 왈 네 말 ᄀᆞ홀진
댄 부쳐롤 속이지 아니케 되니 십분다힝ㅎ거니와 네 눔에게 즁가롤 밧고
몸을 팔니임애 일시도 내 집에 잇지 못ㅎ리니 내 홀노 누롤 ᄇ라고 살나
ㅎᄂᆞᆫ다 ㅎ며 이읍ㅎᄂᆞᆫ지라 쳥이 아즉 그 부친을 속이나 간담이 바아지ᄂᆞᆫ
듯 ㅎ여 싱각ㅎ되 내 사라 의식이 유죡ㅎ 곳에 간다ㅎ되 더러툿 슬허ㅎ

시거든 내 만일 죽을 곳에 간다ᄒ면 필연 셰상에 사라잇지 아니ᄒ리니
ᄉ싱 량뎌에 이런 불ᄒ, 어디 잇스리오 ᄒ며 눈물을 흘녀 하슈롤 보티더
라 이윽고 샹괴 빅미롤 슈운ᄒ여 오ᄂ지라 맛춤 화쥬승이 문밧게 와 뵈
옴을 쳥ᄒ거놀 쳥이 샹고에게 밧은 빅미롤 주니 화쥬승이 무수 치샤ᄒ고
빅미롤 슈운ᄒ여 도라간 후 쳥이 샹고ᄃ려 무

〈10〉

르되 어ᄂ 날 나롤 다려가려 ᄒᄂ뇨 샹괴 왈 츄칠월 초삼일에 ᄒᆡᆼ션ᄒ려
ᄒ노라 ᄒ고 도라가니라 쳥이 고요히 안져 싱각홈애 죽을 날이 불과 수
삼일이라 다만 하놀을 우러러 왈 이제 부친이 압홀 못 보심애 내 잇셔도
반일을 나가 도라오지 못ᄒ면 그 사이 물 ᄒ슐 ᄶᅥ 드릴 사롬이 업셔 나롤
기ᄃ리시거놀 내 죽으면 우리 부친을 뉘 보호ᄒ여 연명케 ᄒ리오 반ᄃ시
날이 오래지 못ᄒ여셔 주려 도라감을 면치 못ᄒ리니 이 망극홈을 쟝ᄎᆺ
엇지ᄒ리오 슯ᄒ다 내 이제 셰샹을 알은지 열셰 ᄒᆡ에 ᄌ모의 얼골을 아
지 못ᄒ고 병신 부친을 우러러 셤김애 비 부르게 엇어 봉양치 못ᄒ고 한
셔에 의복을 ᄀᆺ초지 못ᄒ여 옷에ᄂ 깃이 업고 치마에 폭이 차지 못ᄒ여
지내되 오히려 이 일을 니져ᄇ리고 부친의 긔식이 엄엄홈을 보고 쥬야호
읍ᄒ여 동에 가 밥을 빌고 셔에 가 량식을 구ᄒ여 ᄒᆡᆼ실과 렴치롤 도라보
지 아니ᄒ다가 이제 부친을 ᄇ리고 내 ᄯᅩ흔 ᄉ디로

〈11〉

나아가니 늣긔 온 혼빅이 운쇼에 빗겨 모친을 붓드러 울믈 면치 못ᄒ리
로다 ᄒ고 이ᄀᆺ치 싱각홈애 가슴이 뮈여지고 구곡이 사라지ᄂ 듯 ᄒ여
그날붓허 부즈런히 빌어 량식을 모호고 닉은 음식을 자로 부친ᄭᅴ 권ᄒ더
라 어언지간에 샹고의 뎡흔 날이 다다른지라 쳥이 죵시 부친을 속이지

못홀 줄 혜아리고 이에 부친 슬하에 나아가 업듸여 이이히 통곡ᄒ니 공
이 놀나 급히 연고를 무른대 쳥이 셜음이 흉격에 싸히여 능히 말을 일우
지 못ᄒᄂᆫ지라 공이 ᄯᅩ흔 통곡ᄒ며 녀ᄋᆞ를 어로몬져 그 슬허ᄒᄂᆫ 연고를
뭇거늘 쳥이 겨우 졍신을 슈습ᄒ여 ᄀᆞᆯᄋᆞ디 뎌즈음 긔 빅미 삼빅셕이 동
리 쟝쟈의 것이 아니라 여ᄎᆞ여ᄎᆞ 샹고에게 몸을 팔녀 엇엇더니 이졔 다
리러 왓ᄂᆫ지라 당초 쇼녜 바로 고치 못ᄒᆞᆷ은 그 사이 부친 심ᄉᆞ를 살오실
가 넘려홈이러니 금일은 하직을 당ᄒ와 쳔고영결이옴애 진졍을 고ᄒᆞᆸ
ᄂᆞ니 슯흐다 우리 부녀의 졍리는 늠에게셔 십빅

〈12〉

나 더홈이 잇ᄂᆫ지라 부친이 어미 업는 쇼녀를 양육ᄒ심과 쇼녜 겨우 셰
상을 알매 부친이 안폐ᄒ시고 가계 령락ᄒ여 능히 구복을 치오지 못ᄒᄋᆞ
니 우리 부녀ᄀᆞᆺ흔 인싱이 업ᄂᆫ지라 이제 ᄯᅩ 병부를 브리고 슈즁원귀 되
옴을 감심ᄒᄋᆞ니 망극흔 심회를 엇지 측량ᄒ리오 ᄒ며 실셩통읍ᄒ거늘
공이 쳥파에 믄득 대셩통곡 왈 내 ᄋᆞ희야 이 말이 어인 말이냐 부쳐를
속이고 억만 번 디옥에 드러 쳔만년 환도치 못ᄒᆞᆫ들 네 엇지 ᄎᆞᆷ아 이런
의ᄉᆞ를 내여 나를 급히 죽게 ᄒᄂᆫ다 네 잇셔도 셜은 일이 만커늘 하믈며
나 혼자 누를 의지ᄒ여 살나 ᄒᄂᆞ뇨 다만 너를 조차 홈ᄭᅴ 죽으리라 ᄒ고
몸을 부듸즈며 방셩대곡ᄒ니 동리사롬이 쳥의 부녜 졸연히 통곡운졀홈
을 보고 그 곡졀을 무러 알고 뎌마다 참연히 녁여 ᄀᆞᆯᄋᆞ디 손슌의 ᄋᆞ희를
무듬과 루빅의 범을 침이 쳔고에 류젼ᄒ엿스나 츌텬대효, 오히려 그 몸을
죽을 곳에 팔녀 그 아비 원을 일윗단 말은 듯지 못ᄒ

〈13〉

엿ᄂᆞ니 십삼 셰 ᄋᆞ녀ᄌᆞ의 효셩과 의긔는 고인이 밋츨 배 아니니 가련타

심쳥이 칠팔 셰붓허 가긍한 고싱이 조심홈애 우리 미양 부귀빈쳔이 고로
지 못홈을 탄식ᄒ더니 이제 슈즁 원귀 됨을 면치 못홀 줄 엇지 뜻ᄒ여스
리오 ᄒ고 쳥을 위ᄒ여 슬히ᄒ는 재 만터라 이에 쳥이 눈물을 거두고 좌
우런리 남녀에게 면면지비ᄒ며 읻걸 왈 로쟝과 파파는 조비지심을 드리
워 우리 병친을 구계ᄒ여 눕은 세월을 연명ᄒ여 보젼케 ᄒ시면 쳡이 구
쳔에 도라가나 당당히 화산에 줄을 미고 슈호의 구술을 먹음어 은덕을
갑흐리이다 ᄒ니 졔인이 심즁에 쳑연ᄒ여 심쳥을 붓들고 위로 왈 네 닐
으지 아니ᄒ나 그디 효셩을 닉이 탄복ᄒ는 바니 당당히 너롤 싱각ᄒ여
너의 부친을 각별보호ᄒ리니 넘려 말고 너는 임의 스디로 나아가니 모로
미 죽어 후싱에나 부디 ᄒ집 조식이 되여 금셰 과보롤 갑흐라ᄒ고 혹 ᄯ
닐오디 쳥텬이 지공무스 ᄒ시니 혈마십삼 쳥년

〈14〉

으로 ᄒ여곰 슈즁원혼이 되게 ᄒ리오 반드시 징험홈이 잇스리라 ᄒ니 쳥
이 활인홈을 읻걸ᄒ고 상고에게 하로만 더 빌녀 부녀의 미진한 졍을 ᄒ
업시 풀고 감을 간쳥ᄒ디 상괴 ᄯ한 그 츌텬셩호롤 탄복ᄒ고 그 졍셰롤
참혹히 넉여 수일롤 더 머믈나 ᄒ고 도라가니 심공은 통곡긔졀ᄒ며 다만
홈ᄭᅵ 가자 ᄒ는 소리롤 ᄭᅮᆾ치지 아니ᄒ더라 이러구러 수일이 지남애 상괴
ᄯᅩ 와 빅미 오십셕을 더 주어 왈 낭조의 위친대효롤 우리 등이 감동ᄒ여
오십셕을 더 주느니 낭조 부친의 삼ᄉ년 량식을 ᄒ게 ᄒ라 ᄒ고 혼가지
로 가기롤 쳥ᄒ거늘 쳥이 빅비샤례ᄒ고 량미롤 가져 동리 근신한 집에
맛겨 신신부탁ᄒ고 모친 스묘에 드러가 하직홀시 이원한 곡셩이 구쇼에
ᄉ못츠니 만일 졍시 유령이 알음이 잇실진댄 엇지 늣기지 아니ᄒ리오 쳥
이 십분강잉ᄒ여 부친ᄭᅵ 하직홈애 부녀 얼골을 다히고 통곡긔졀ᄒ다가
이윽고 쳥이 졍신을 슈습ᄒ여 부친 손을

〈15〉

오로문져 굴ㅇ디 부친은 불쵸녀룰 망초에 업눈 양으로 알으사 셩리의 거
릿김이 업게 ᄒ시고 아즉 량식은 구쳐ᄒ엿스니 이후 리리 만슈무강ᄒ쇼
셔 금셰에눈 다시 뵈옵지 못ᄒ려니와 후셰에 맛당히 부지되여 금셰의 늣
겨온 륜긔룰 폄을 원ᄒᄂ이다 ᄒ고 쳔만련련 ᄒ다가 몸을 니러서니 공이
녀ㅇ룰 붓들고 돈족통곡 왈 네 나룰 뉘게 의지ᄒ라 ᄒ고 어디로 가려ᄒ
ᄂ뇨 ᄒ니 쳥이 만단위로ᄒ고 인ᄒ여 하직ᄒᆫ 후 집 문을 나니 졍신이 아
득ᄒ여 거름마다 업더짐을 면치 못ᄒ니 목셕간장이라도 그 형샹을 볼진
댄 슯흠을 금치 못ᄒᆯ너라 공이 간신이 더듬어 나가 가슴을 두드리며 발
을 구을너 통곡ᄒ여 왈 쳥아 쳥아 나룰 춤아 ᄇ리고 어디로 가ᄂ냐 ᄒ니
그 경상을 이로 형언치 못ᄒᆯ지라 쳥이 스이지츳흠애 ᄒᆯ 길 업셔 쳔만셜
음을 품고 그 부친을 도라보며 나아감애 ᄒᆫ 거름에 열 번식 업더지ᄂ지
라 집마다 사룸이 문에 나와 쳥의 가는 길을

〈16〉

ᄇ라고 길이 탄식ᄒ여 서로 닐ㅇ디 츌텬지ᄒᆞ라 뎌런 일은 쳔만고에 업슨
일을 금일에 보도 다 ᄒ더라 쳥이 겨우 힝ᄒ여 인당쇼에 다다르니 이째
모든 샹괴 졔물을 버리고 시각이 느겨감을 민망히 녁여 고디ᄒ다가 쳥의
옴을 보고 밧비 들나 ᄒ거늘 쳥이 망극ᄒ나 ᄒᆯ 일 업ᄂ지라 하놀을 우러
러 통곡ᄒ고 다시 스방을 향ᄒ여 표비 왈 인간병인 심현의 ᄯᅩᆯ 쳥이 삼
셰에 어미룰 여희고 압 못보는 아비룰 빌어 먹여 연명ᄒ더니 부쳐끠 시
쥬ᄒ면 아비 눈이 쓰이리라홈애 몸을 팔녀 이 물에 ᄲᅡ져 죽스오니 죽기
는 셟지 아니ᄒᄋ오나 병신 아비룰 오날붓허 ᄒᆫ 술 물이라도 봉양ᄒᆯ 이 업
스오니 반ᄃ시 죽는 녀ㅇ룰 싱각ᄒ여 인병치스 ᄒ리니 스후 시신을 거두
어 션영에 영장ᄒᆯ 길이 업ᄂ지라 사룸의 ᄌ식이 되여 부모의 싱육지은을

갑지 못ᄒ고 아비롤 싱리ᄉ별ᄒ고 몬져 죽어 부모유톄로써 만경창파에
더져 어복을 치오니 텬디간에 이ᄀᆺ흔 불회 어이

〈17〉

더 잇스리오 유유창텬과 명명신기ᄂ 숣히쇼셔 ᄒ고 빌기롤 뭇친 후 물을
구버보니 푸른 물결은 하눌에 다핫ᄂ디 비풍은 쇼쇼히 니러나고 수운은
막막히 둘은 중이 니셩은 가ᄂ 넉을 지쵹ᄒ니 슯흐고 참잔ᄒ도다 이에
쳥이 부친을 세 번 불너 통곡ᄒ며 두 손으로 낫을 ᄀ리오고 몸을 놀녀
물에 쒸여드니 모든 샹괴 그 경상을 보고 못니 슬허ᄒ더라 이째 쳥이 물
에 쩌러지며 가라안지 아니ᄒ고 이윽히 쩌가더니 믄득 향풍이 니러ᄂ며
시양머리흔 션녀 일엽션을 트고 옥더롤 불며 ᄂᄂ다시 쩌오더니 쳥을 붓
들어 비에 올니고 져즌 옷을 벗기며 혼 벌 신의롤 밧고 와 닙히고 옥호에
셔 회싱약을 ᄯ라 먹이니 이윽ᄒ여 쳥이 눈을 쩌보니 ᄌ긔 일신이 편흔
곳에 누엇고 보지 못ᄒ던 두 치의션녀 좌우에 안져 슈죡을 쥬무르ᄂ지라
쳥이 혼혼 중 놀나 급히 니러안져 손을 들얼 샤례 왈 렬위션낭은 뉘시완
디 물에 쌔져 죽은 사람을 구ᄒ시ᄂ뇨 ᄒ며 이

〈18〉

러틋 말을 ᄒ나 오히려 경신이 아득ᄒ여 소리롤 일우지 못ᄒᄂ지라 션녀
답 왈 아등은 동히 룡왕의 시녀러니 부인을 뫼셔오라 ᄒ심애 시각이 더
디여 하마 부인이 부셔진 옥과 쩌러진 곳을 면치 못ᄒ실낫다 쳥이 다시
경신을 수습ᄒ여 왈 나ᄂ 인간의 쳔인이어놀 룡왕이 이러틋 권념ᄒ시니
지극황감ᄒ여이다 션녀 왈 부인의 고힝도 하눌의 졍ᄒ신 배오 이제 룡왕
이 쳥ᄒ심도 ᄯᅩ흔 텬쉬오니 가시면 ᄌ연 알으시리이다 ᄒ고 비롤 져어가
며 옥더롤 불며 션가롤 화답ᄒ니 쳥의 ᄆᆞ음이 상연ᄒ고 몸이 놀 듯 ᄒ여

슌식간에 흔 곳에 다다르니 쥬궁패궐이 운외에 표묘ㅎ고 큰 문에 금즈로
현판을 샥엿스되 동히 룡궁이라 ㅎ엿더라 션녜 비롤 문하에 다히고 느리
기롤 쳥ㅎ거늘 쳥이 몸을 니러 느리니 안흐로셔 슈의홍샹흔 시녜 쌍쌍이
나오며 황금 덩을 나아와 굴으디 낭즈는 이 덩에 오르쇼셔 ㅎ거늘 쳥이
스양 왈 나는 인간 쳔인이라 엇지 이롤

〈19〉

틀리오 션녜 왈 부인이 인간에셔는 쌔롤 못 맛나 궁곤ㅎ시나 우리 슈부
에는 극히 귀ㅎ신 몸이오 이 덩이 쏘흔 젼일 틋시던 것이라 스양치 말으
시고 밧비 올나 대왕의 기드리심을 싱각ㅎ쇼셔 쳥이 지삼 스양ㅎ다가 마
지 못ㅎ여 오르니 모든 시녜 옹위ㅎ여 온갓 풍류롤 다 알외며 류룡이 덩
을 메여가니 장려흔 위의 진실로 신션의 풍치러라 여러 문을 지내 뎐흐
에 다다르니 옥란은 찬란ㅎ고 쥬렴은 현황흔 곳에 샹운은 이익ㅎ고 셔무
는 몽몽ㅎ니 도로혀 졍신이 미란ㅎ고 의시 당황흔지라 흔 쌍 시녜 나아
와 낭즈를 붓들어 뎐샹에 올녀 북녁교의롤 구르쳐 비례ㅎ라 ㅎ거늘 낭지
우러러보니 황금 교의에 일위 왕지 통텬관을 쓰고 쳥사 곤룡포롤 닙엇스
며 양지 빅옥디롤 씌고 벽옥홀을 쥐여 은연히 안져 긔위 찬란ㅎ고 좌우
시신이 봉미션을 들엇스니 위의 엄슉ㅎ더라 쳥이 나아가 공경지비ㅎ니
룡왕이 흠신 왈 규셩아 인간즈미 엇더ㅎ더

〈20〉

뇨 쳥이 다시 공경비복 왈 쇼쳡은 인간 쳔인이라 디왕의 하교ㅎ셤을 씨
둣지 못ㅎ리로소이다 룡왕이 미쇼 왈 너는 젼싱 동히 룡왕의 귀녀로셔
요지왕 모연에 술을 가음 알게 ㅎ엿더니 네로 군셩과 스졍이 잇셔 술을
만히 먹이고 잔치에 술이 부죡흠애 도솔텬이 옥뎨끠 청죄흔대 옥뎨 진노

ᄒᆞ샤 굴ᄋᆞ샤ᄃᆡ 이ᄂᆞᆫ 텬존의 죄 아니라 술 가음 아ᄂᆞᆫ 시녀의 죄니 ᄌᆞ셰히 사실ᄒᆞ여 중죄를 주라 ᄒᆞ심애 로군셩을 인간에 내쳐 ᄉᆞ십 년을 무폐히 지내다가 널로 더보러 부녜되여 네 셩효ᄅᆞᆯ 나타내라 ᄒᆞ심애 로군셩은 심현이 되여 인간에 젹강ᄒᆞᆫ지 ᄉᆞ십 년 만에 널로써 그 ᄯᆞᆯ이 되여 텬샹에셔 술 도적ᄒᆞ여 먹은 죄로 식신을 뎜지치 아니ᄒᆞ여 십 삼년을 빌어먹게 ᄒᆞ고 ᄯᅩ 눈을 멀게ᄒᆞ며 규셩의 빌어 먹이ᄂᆞᆫ 것을 밧아셔 텬샹과보ᄅᆞᆯ 밧게 뎡ᄒᆞ여 계시니 젼셩보응과 금셩고락이 다 텬뎡ᄒᆞᆫ 쉬나 옥뎨 오히려 노ᄅᆞᆯ 풀지 아니ᄒᆞ시더니 텬하졔션과 ᄉᆞ히룡왕이며

〈21〉

오악산신 졔불졔텬을 모화 됴화ᄅᆞᆯ 밧을 시 셕가셰존이 옥뎨ᄭᅴ 주 왈 로군셩이 인간고ᄒᆡᆼ을 ᄌᆞ심히 격ᄂᆞᆫ 중 임의지쳑을 분변치 못ᄒᆞ연지 팔구 년이니 족히 쇽죄ᄒᆞ엿슬 것이오 규셩이 텬명을 어긔온 죄 비경ᄒᆞ오나 인간에 ᄂᆞ려가 유아로붓허 고초ᄒᆞ여 동셔개걸ᄒᆞ여 로군을 봉양ᄒᆞ여 효셩이 텬디에 ᄀᆞ득ᄒᆞ니 젼셩 죄ᄅᆞᆯ 가히 쇽ᄒᆞ염즉 ᄒᆞ거늘 다시 제 몸을 죽을 곳에 ᄑᆞᆯ녀 아비ᄅᆞᆯ 위ᄒᆞᆫ 졍셩이 과연 긔특ᄒᆞ기로 신이 뎨ᄌᆞᄅᆞᆯ 보내여 그 ᄆᆞ음을 시험ᄒᆞ온 즉 그 부녀의 ᄒᆡᆼ시 혈심쇼지로 지극ᄒᆞ오니 ᄒᆞᆫ갓 젼셩 죄만 다스리고 금셩 효의ᄅᆞᆯ 포쟝치 아니ᄒᆞ옴이 텬죠의 공졍ᄒᆞᆫ 쳐분이 아니옵고 그 졍경이 참혹ᄒᆞ옴애 폐하ᄂᆞᆫ 우로지틱을 ᄂᆞ리오샤 션불션을 명명히 분간ᄒᆞ쇼셔 ᄒᆞᆫ대 옥뎨 그 말ᄉᆞᆷ을 조츠샤 즉시 남두셩을 명ᄒᆞ샤 복록을 뎜지ᄒᆞ고 븍두셩으로 ᄒᆞ여 곰명과 ᄌᆞ손을 뎜지ᄒᆞ라 ᄒᆞ시니 남두셩이 주왈 규셩이 본ᄃᆡ 동ᄒᆡ 룡왕의 귀ᄒᆞᆫ ᄯᆞᆯ로

〈22〉

셔 인간에 젹강ᄒᆞ여 효의 츌텬ᄒᆞ오니 민가의 가모됨이 불가ᄒᆞ옴애 가히

류리국 왕휘 되여 평싱 왕락을 누리게 뎜지ᄒᆞᄂᆞ이다 ᄒᆞ니 옥뎨 허ᄒᆞ시고
북두셩이 ᄯᅩ 주왈 남두셩이 규셩을 극진히 뎜지ᄒᆞ엿스니 신은 로군셩으
로 공휘되여 늣게 낙하셩을 맛나 남녀를 싱ᄒᆞ여 부귀복록이 일셰에 웃듬
이 되게 ᄒᆞ고 슈는 칠십오 셰에 도로 녯 벼슬로 도라오게 ᄒᆞ고 규셩은
삼ᄌᆞ 이녀를 두고 칠십삼 셰에 도로 동회로 도라오게 뎜지ᄒᆞᄂᆞ이다 ᄒᆞ니
옥뎨 윤허ᄒᆞ시기로 내 ᄯᅩ 쳥주ᄒᆞ되 규셩의 죄를 샤ᄒᆞ시니 신이 ᄯᅩᄒᆞᆫ 녀
로 더브러 젼싱 부녀지졍이 잇습는지라 수일 후면 규셩이 인당쇼에셔 명
을 ᄭᅳᆫ칠지라 그 위급홈을 아니 구치 못ᄒᆞ리니 맛당히 구ᄒᆞ여 일야를 머
믈너 인간으로 보내여지이다 ᄒᆞᆫ즉 옥뎨 허ᄒᆞ심애 너를 다려왓나니 금야
에 머므러 부녀지졍을 니어 즐기다가 명일에 도라가라 ᄒᆞ거늘 쳥이 이
말 드름애 젼후 지낸 일이 다 졍ᄒᆞᆫ 줄

<h2>〈23〉</h2>

알고 더욱 슬허ᄒᆞ여 복디 주왈 셩교를 듯샤오니 신쳡의 젼싱 죄악이 관
영홈이 올ᄉᆞᆫ온지라 슈원슈귀리오마는 지난 바 고힝과 목금병신 아비 주
리는 일과 슬허ᄒᆞ여 죽을 일을 싱각ᄒᆞ온 즉 간장이 뮈여지는 듯 ᄒᆞ여이
다 룡왕 왈 이제는 너의 고힝이 다 진ᄒᆞ고 ᄎᆞ후 무궁ᄒᆞᆫ 복록을 누리리니
슬허 말나 ᄒᆞ고 시녀를 명ᄒᆞ여 다과를 나와 먹이라 ᄒᆞ니 이윽고 시녜 ᄌᆞ
지반에 차를 노하 나오니 빅옥종에 안기갓ᄒᆞᆫ 차와 대초ᄀᆞᆺᄒᆞᆫ 과실이라 쳥
이 밧아 먹음애 졍신이 씩씩ᄒᆞ여 젼셰 일이 력력ᄒᆞᆫ지라 부왕의 룡안을
새로히 반기며 좌우 시녜 다 젼셰 ᄌᆞ긔의 압헤셔 ᄉᆞ후ᄒᆞ던 무리니 ᄯᅩᄒᆞᆫ
반김을 마지 아니ᄒᆞ고 본디 쳔일쥬를 가음 아던 바로 로군을 불샹히 넉
여 술을 도적ᄒᆞ여 먹이던 일이 어졔갓ᄒᆞ니 새로히 슯흠을 이긔지 못ᄒᆞ여
부인을 우러러 락루 왈 쇼녜 인간에셔 고초를 격던 일을 싱각ᄒᆞ옴애 ᄆᆞ
음이 놀나온지라 이졔 임의 이에 드러왓ᄉᆞ오니

〈24〉

도로 나가지 말고 이곳에 머믈기롤 원ᄒᄂ이다 부인 왈 너는 슬허말라
이제 다시 인간에 나가면 젼일 고초ᄂ 일쟝츈몽이 되리니 엇지 텬명을
어긔리오 ᄒ고 시녀롤 명ᄒ여 쳥을 후원 별당으로 인도ᄒ여 편히 쉬게
ᄒ랴 ᄒ니 쳥이 시녀롤 조차 별당에 니르니 당즁에 버린 것이 다 젼일
보던 배러라 이ᄯ 심현이 반싱반ᄾ 즁에 녀이 문을 나아 모곳으로 가는
모양이나 보고져 ᄒ나 눈이 감겻슴애 엇지 능히 보리오 다만 가슴을 두
드려 통곡ᄒ다가 믄득 긔졀ᄒ여 인ᄉ롤 ᄎ리지 못ᄒ거ᄂ 동리 사룸들이
그 경상을 참혹히 녁여 붓들어 슈죡을 주물너 더운 물을 흘녀 구호ᄒ니
이윽고 졍신을 ᄎ려 손으로 벽을 쳐 통곡 왈 가련ᄒ샤 내 ᄯ이여 삼셰에
어미롤 일코 혈혈ᄒᆫ 강보치이 어미롤 부르지져 울 졔 이 병인의 ᄆᆞᆷ이
엇더ᄒ리오마는 목숨이 지완ᄒ여 죽지 아니ᄒᄂ 즁 더욱 안폐ᄒᆫ 병신이
되여 지척을 불분ᄒ고 가산이 탕진ᄒ여 ᄒ로 ᄒᆫ ᄯ를

〈25〉

엇더먹지 못ᄒᆷ애 녀이 한셔롤 혜지 아니ᄒ고 빌어다가 날로ᄒ여곰 잠시
도 곫ᄒ지 아니케 ᄒ더니 이제 아비롤 위ᄒ여 이럿틋 되엿스니 네 졍셩
은 지극ᄒ나 엇지 살기롤 ᄇ라리오 유유창텬아 가셰 빈곤커든 눈이나 셩
ᄒ거나 눈을 보지 못ᄒ거든 가산이 유여ᄒ거나 뎨 엇지 이롤 그딕도록
살며 죽을 곳에 나아갓스리오 슯흐다 ᄌ식이 병들어 죽어도 참혹ᄒ거
든 나는 쟝병의 셩ᄒᆫ ᄌ식을 목젼에 비명원ᄉ케 ᄒ니 가ᄉ 텬디신명ᄭ오
셔 외오 녁이지 아니ᄒ샤 눈이 씌인들 엇지 홀로 살아 이 셜음을 츔고
견딕리오 ᄒ며 이러틋 쥬야로 쳥을 불너 통곡ᄒ니 동리 사룸이 그 우는
소리에 능히 견듸여 잠을 일우지 못ᄒ더라 현이 불계쥬야ᄒ고 홀로 이통
ᄒ다가 스스로 위로ᄒ여 더듬어 보니 쳥의 빌어 모든 량식이 오두로 더
듬어 보니 ᄆᆞ른 육찬과 닉은 음식이 그릇마다 담겻거ᄂ 믄지이는 죡죡

흉격이 막히이고 간장이 록는 듯 ᄒᆞ여 아모리

〈26〉

싊흠을 강잉코져 ᄒᆞ나 능히 엇지 못ᄒᆞᆯ지라 다시곰 녀ᄋᆞ를 부르지져 왈 불샹ᄒᆞ다 너ᄂᆞᆫ 병신 아비를 이ᄀᆺ치 먹여 살니고져 ᄒᆞ엿거놀 나ᄂᆞᆫ 너를 죽을 곳에 보내고 태연ᄒᆞ니 이 엇지 인졍이라 ᄒᆞ리오 ᄒᆞ며 쥬야호읍으로 셰월를 보내니 이때 임의 가을이 진ᄒᆞ고 겨을이 당ᄒᆞᆫ지라 셜풍이 쇼슬ᄒᆞ여 사름의 쎄를 침노ᄒᆞ고 젹막ᄒᆞᆫ 뷘 집에 인젹이 막연ᄒᆞᆷ애 다만 싱각ᄒᆞᄂᆞᆫ 배 쳥이라 형용이 쵸췌ᄒᆞ여 형히만 놈앗거놀 빅미 오십 셕을 맛흔 집이 본디 유여ᄒᆞ고 부부 로인만 잇셔 텬셩이 쏘ᄒᆞᆫ 양슌ᄒᆞ여 젹션ᄒᆞ기를 슝샹ᄒᆞᄂᆞᆫ 고로 쳥이 잇슬 째에도 간간조급ᄒᆞ기를 앗기지 아니ᄒᆞᆷ애 쳥이 각골감은 ᄒᆞ더니 빅미를 맛기고 간 후 더욱 가련히 녁여 식음범졀을 극진히 디후ᄒᆞ여 졍셩으로 공궤ᄒᆞ고 남글 뷔여다가 방을 덥게 ᄒᆞ여 ᄀᆞᆫ졀히 구호ᄒᆞ니 현의 ᄆᆞ음에 이런 병인이 놈에게 신셰만 지고 살아잇셔 평싱 고싱ᄒᆞᆯ 일을 싱각ᄒᆞ고 죽고 십으나 뎡ᄒᆞᆫ 텬명

〈27〉

이 길매 능히 여의치 못ᄒᆞ여 이러구러 명년 초츄를 다ᄒᆞ니 졍히 쳥의 죽으라 가던 돌이 다 다랏ᄂᆞᆫ지라 츄풍이 쳐량ᄒᆞ여 남으로 가ᄂᆞᆫ 기럭이 무리 찻ᄂᆞᆫ 소릐 익를 쓴코 벽간에ᄂᆞᆫ 구쑤람이 소릐 도도ᄒᆞ여 간신히 빌어든 쑴을 놀내니 현이 더욱 ᄒᆞᆫ잠을 일우지 못ᄒᆞ여 녀ᄋᆞ를 부르지져 우ᄂᆞᆫ 소릐 참연ᄒᆞ더라 챠셜 심쳥이 룡궁에셔 일야를 지내고 니러남애 젼싱 일은 다 니져ㅂ리고 다만 어셔 나가 부친을 다시 보고져 ᄆᆞ음이 ᄀᆞᆫ졀ᄒᆞ여 아모리 ᄒᆞᆯ 줄 모르더니 문득 시녀 드러와 룡왕의 말솜으로 부르거놀 쳥이 쌜니 응명ᄒᆞ니 룡왕이 닐오디 옥뎨씌 일야 말믜를 엇어 ᄒᆞᆫ 가지로 지

내여 피초 졍회롤 펴니 만분다힝ᄒ나 다시 써남이 챵연ᄒ거니와 마지못
ᄒ 길이니 인간으로 도로 나가라 ᄒ고 좌우롤 명ᄒ여 덩을 티여 보내라
ᄒ대 시녜 승명ᄒ여 쳥을 덩에 올녀 나오다가 슈변에 다다라 일엽쥬롤
티와 흘니져어 ᄒ 곳에 다다라 션녜 하직 왈 이곳은

〈28〉

당초에 부인의 빠지던 곳임애 이에 머므르고 가노라 ᄒ고 믄득 간 디 업
스며 런넙쥐 변ᄒ여 큰 꼿송이 되니 그 속이 죡히 일신을 용납ᄒ지라 화
엽이 텹텹ᄒ여 ᄀ장 긔이ᄒ거놀 낭지 홀 일 업셔 동다히로 ᄇ라 샤례ᄒ
고 목이 므르면 꼿닙헤 구으는 이슬을 먹은 즉 ᄇ 부르고 졍신이 상쾌ᄒ
니 이 믈은 감로쉬라 인간 사롬이 ᄒ 번 곳 먹으면 빅병기 스스로 병 업
서지니 엇지 긔특ᄒ 보비의 믈이 아니리오 이째 낭즈롤 사다가 믈에 넛
코 갓던 샹괴 믈화롤 미매ᄒ여 가지고 도라오다가 인당쇼에 니르러 새로
히 차탄 왈 우리 거년에 심가 녀즈롤 사다가 이 믈에 너코 가며 소망이
만하 일힝이 무ᄉ히 도라오니 그 녀즈의 츅슈ᄒ던 말을 싱각홈애 불샹코
잔잉ᄒ도다 ᄒ며 서로 말ᄒ여 풍류ᄒ고 오더니 믄득 보니 믈 우헤 오식
치운이 어리고 난디 업는 큰 소반만ᄒ 꼿송이 ᄒ나히 믈에 써돈니니 광
치 찬란ᄒ여 본 바 처음이라 샹고등이 고이 녁여 닐오디 아

〈29〉

등이 여러 히롤 둔니되 꼿은 커니와 나모닙도 보지 못홀너니 이 꼿이 이
러틋 비샹ᄒ니 필경 그 녀지 원혼으로 꼿이 되여 죽던 곳을 써나지 아님
이로다 맛당히 가져다가 진샹ᄒ리라 ᄒ고 그 꼿을 건져 옥분에 담아다가
진샹ᄒ니 국왕이 그 꼿을 보고 대희ᄒ여 샹고롤 즁샹ᄒ 후 일등 쟝식을
불너 오식쟝을 쑤며 그 꼿을 쟝 속에 너허 침뎐 갓가이 두고 죠회롤 파ᄒ

면 그 장 압헤 안져 스랑홈애 향취 옹비ᄒ고 오식 치운이 어리엿스니 그
속을 ᄌ셰 보지 못ᄒ나 화염이 날노 찬란ᄒ여 님군을 디ᄒ즉 의연히 웃
는 듯 ᄒ니 국왕이 일시롤 ᄶ러나지 아니ᄒ더라 ᄎ시 심청이 ᄭᅩᆺ 속에 몸을
곱초고 감로슈로 연명ᄒ여 간간히 사롬 업ᄂᆫ 쌔ᄂᆫ 쟝 밧게 나와 두로 구
경ᄒ다가 사롬의 자최 잇스면 ᄭᅩᆺ 속에 숨으니 능히 알 재 업더라 ᄎ시
국왕이 졍궁으로 더브러 불화ᄒ여 죠회 ᄭᅩᆺ 파ᄒ면 ᄭᅩᆺ쟝으로 향ᄒ여 스랑
홈이 죠셕에 더ᄒ더니 불힝ᄒ여 왕비 득병ᄒ여 빅약

〈30〉

이 무효ᄒ여 ᄆᆞ침ᄂᆡ 승하ᄒ시니 례로써 선릉에 안장ᄒ고 공졔롤 ᄆᆞ친 후
졔신이 주왈 국가의 ᄂᆡ년을 일시도 뷔오지 못ᄒᆞᆯ지니 복원 뎐하ᄂᆞᆫ 현문덕
가의 슉녀롤 간튁ᄒ샤 만민의 ᄇᆞ라ᄂᆞᆫ 바롤 져ᄇᆞ리지 말으쇼셔 왕이 주
ᄉᆞ롤 듯고 굴ᄋᆞᄃᆡ 왕후롤 가히 일시도 업지 못ᄒᆞᆯ지니라 아모리 현철ᄒᆫ
슉녀롤 구ᄒ나 혹 여의치 못ᄒ면 일국의 실망임애 ᄌᆞ져ᄒᆞᄂᆞ니 경등은 아
직 물너스라 ᄒ니 졔신이 퇴죠ᄒ거늘 왕이 인ᄒ여 련화쟝 압ᄒ로 나아가
니 믄득 향취 진동ᄒ며 일위션아갓흔 미인이 급히 쟝 속으로 드러가거늘
왕이 대경ᄒ여 ᄶᆞᆯ니 나아가 쟝문을 열고보니 젼일은 치운이 바이더니 금
일은 치운이 거치고 ᄭᅩᆺ은 간 ᄃᆡ 업고 다만 치의홍샹ᄒᆫ 졀ᄃᆡ가인이 잇스
ᄃᆡ 년긔 십삼ᄉᆞᄂᆞᆫ ᄒ고 윤튁ᄒᆫ 긔부와 비범ᄒᆫ 긔질이 진짓 경국지식이라
왕이 대경대희ᄒ여 지삼 슉시ᄒ니 ᄒᆞᆫ갓 식ᄐᆡ 비샹ᄒᆞᆯ ᄲᅮᆫ 아니라 덕힝이
외모에 낫타나고 복록의 긔샹이 완전

〈31〉

ᄒ여 진짓 쳔승군왕의 졍비오 만셩인민의 국모지샹이라 왕이 황홀난측
ᄒ여 슉시량구에 왈 네 신션이냐 귀신이냐 엇지 ᄭᅩᆺ 속에 숨어 감히 군왕

을 희롱ᄒᆞᄂᆞ다 그 미인이 수식을 ᄢᅴ여 공경디왈 쳡은 신션도 아니오 귀
신도 아니라 과연 인간녀ᄌᆞ로셔 공교히 션도의 조화로 ᄒᆞ여곰 몸이 숫
속에 곰초여 이런 중디에 드러와 뎐하 안젼에 현황케 ᄒᆞ오니 죄당만ᄉᆡ니
이다 ᄒᆞ거ᄂᆞᆯ 왕이 더욱 경괴ᄒᆞ여 그 말을 인ᄒᆞ여 그 근본을 ᄌᆞ셰 뭇고져
ᄒᆞ더니 홀연 쇼황문이 주왈 삼공 류경이 쳥ᄂᆡᄒᆞᄂᆞ이다 ᄒᆞ거ᄂᆞᆯ 왕이 필유
ᄉᆞ고흠을 짐작ᄒᆞ고 즉시 인덕뎐에 뎐좌ᄒᆞ고 졔신을 인견ᄒᆞ실ᄉᆡ 태ᄉᆞ관
이 주ᄒᆞ되 신이 작야에 텬긔ᄅᆞᆯ 솗히온 즉 규셩이 궐중에 비최여 졍긔 당
당ᄒᆞ옵고 ᄌᆞ미셩의 긔운이 발양ᄒᆞ오니 반ᄃᆞ시 국모되실 녀지 궐ᄂᆡ에 머
므럿고 왕휘 승후ᄒᆞ심애 대군이 나실 징죄오니 신이 국가 홍복을 하례ᄒᆞ
ᄂᆞ이다 ᄒᆞ고 승샹 울명이 ᄯᅩ 주왈 신이 ᄯᅩ흔

<h2 style="text-align:center">〈32〉</h2>

요사이 텬문을 보온 즉 밤마다 셔긔 두우ᄅᆞᆯ 두루오니 뎐하ᄂᆞᆫ 비빙 즁의
지덕 잇ᄂᆞᆫ 쟈ᄅᆞᆯ 가릐혀 졍궁으로 승픔ᄒᆞ여 싱민의 옹망흠을 져ᄇᆞ리지 마
옵쇼셔 ᄒᆞ거ᄂᆞᆯ 왕이 드듸여 화즁ᄉᆞᄅᆞᆯ 셜파ᄒᆞ고 그 녀ᄌᆞ의 용모지덕을 닐
으니 졔신이 긔히 녁여 쳔셰ᄅᆞᆯ 불너 진하ᄒᆞ고 황도길일을 틱ᄒᆞ여 ᄲᆞᆯ니
셩례ᄒᆞ기ᄅᆞᆯ 주ᄒᆞᆫ대 왕이 윤허ᄒᆞ고 흠텬감으로 ᄒᆞ여곰 틱일ᄒᆞ니 겨우 일
망이 격ᄒᆞ엿ᄂᆞᆫ지라 왕이 하교 왈 왕비 친졍이 업스니 당연히 별궁으로
뫼셔 혼례ᄅᆞᆯ 지내되 범구ᄅᆞᆯ 너의로 모도 쥰비ᄒᆞ게 ᄒᆞ라 ᄒᆞ니 졔신이 응
명ᄒᆞ고 물너나 각ᄉᆞ로 ᄒᆞ여곰 혼구ᄅᆞᆯ 차려 디후홀 ᄉᆡ 길일이 임의 다다
름애 심쇼져ᄅᆞᆯ 별궁으로 뫼셔 수쳔궁녜 옹위ᄒᆞ여 응장 셩식으로 장수ᄒᆞ
기ᄅᆞᆯ ᄆᆞᆺ침애 시각에 밋쳐ᄂᆞᆫ 왕이 류례ᄅᆞᆯ ᄀᆞᆺ초와 별궁에 나아가 텬디ᄢᅴ
홍안을 젼ᄒᆞ고 왕비ᄅᆞᆯ 봉련에 올녀 빅량우귀ᄒᆞ여 궐ᄂᆡ로 도라와 영향뎐
에셔 합환교ᄇᆡ홀 ᄉᆡ 왕이 룡안을 들어 심후

〈33〉

롤 보니 머리에 쌍봉구 화관의 열두 줄 며류는 달굿흔 니마에 어리씨고
봉익의 일월촉금삼은 일식을 굿리오고 셰요의 진홍 월라샹을 치운이 어
린 듯 흐며 일신에 꾺인 보화 아니가즌 거시 업서서 긔롤 다토와 토흐고
오치 령롱찬란흐니 빗는 쟝 속으로 조차 일월굿흔 광염이 더욱 쇄락흐여
덕된 긔질과 고은 용뫼 엇지 쏫 속에 쇼쇼흐던 바에 비흐리오 왕이 황홀
긔이흐여 룡디흐는 졍이 태산이 눗고 하히 엿흔 듯 흐니 엇지 일셰의 범
범흔 부부의 금슬로 비흐여 의론흐리오 이러홈으로 왕이 일시 써남을 아
쳐흐여 외뎐에 나지 아니흔지 여러 날이 됨애 만죠문뮈 됴회롤 등디흐엿
다가 느즈면 스스로 물너나고 룩궁 비빙과 삼쳔 궁녜 죠알홈을 기드리다
가 무미히 퇴흐니 왕휘 자못 민망히 넉여 일일은 왕씌 간흐여 굴오디 신
쳡이 본디 미쳔흔 문호에 싱쟝흐여 셰경을 아지 못흐거든 더욱 국가 졍
톄롤 엇지 말솜흐리잇고마는 텬은이 망극

〈34〉

흐와 쳔흔 몸이 지존흔 위롤 외람히 당흐오니 쥬야공구흐와 동동축축흐
옵는 바로 엇지 젼하의 과실을 보옵고 극간치 아니흐리잇고 쳡은 듯샤오
니 님군이 일일을 졍스롤 아니흐면 빅셩이 일년 원민흔 일이 잇고 빅셩
이 열복지 아니흐면 님군이 무덕홈으로 닐컷는다 흐옵거눌 이제 뎐해 무
단히 여러 날 졍스롤 폐흐시니 죠뎡이 쟝춧 뎐하로써 엇더흔 님군이라
흐리잇고 즈고로 왕지 부인에게 침혹흐여 나라흘 보젼흐는 쟤 업스오니
뎐하는 고인의 힝스로써 거울을 삼으샤 덕을 닥가 후인의 시비롤 취치
말으쇼셔 흐거눌 왕이 황연대각흐여 이에 칭샤 왈 현비 과인의 실덕을
이럿틋 규간흐여 씨둧게 흐니 이는 쥬선왕의 강선후와 졔양공의 지현비
로 더브러 가히 병렬흐리로다 흐고 즉시 외뎐에 나와 빅관 죠회롤 밧고

파죠훈 후 닉뎐에 드르샤 룍궁의 죠알을 밧으시니 궁즁 닉외 만셰롤 불너 즐기는 소리 진동호더라 날이 반오에 니

〈35〉

름애 졍뎐에 황금룡상과 산호교즈롤 놋코 왕이 익션 면류관을 쓰고 홍금곤룡포롤 닙엇스며 빅옥디롤 씌고 벽옥홀을 쥐여 룡졀룡안에 희기 만면호거눌 왕휘 쏘훈 머리에 쌍봉구 화관을 쓰고 몸에 즈금취 라삼을 가호며 즈젹 금슈상을 두루고 교의에 뎡좌호엿스니 수플 곳흔 시녀 좌우에 시위호엿슴애 경운은 룡궐을 둘넛고 남풍은 인심을 화호니 진짓 희호 셰계오 태평 긔샹이라 이에 각식 풍악을 진주홈애 싱쇼고각은 구름 속에 사못 고금슈 포진은 히 아래 령롱호니 금일 승스는 가히 쳔고에 희한호더라 이윽고 샹궁이 머리롤 숙이고 홍라샹을 붓쳐 즁계에셔 빅레롤 보호니 왕실 죵친이 호창을 응호여 츠례로 나아가 스비훈 후 졔왕 공쥬와 외죠 명뷔 쏘훈 츠례로 스비호고 룍궁분더와 삼쳔 시녀 진하호기롤 뭋침애 왕과 휘 닉뎐에 드르샤 닉외 치졍을 의론호니 이후로조차 후의 위덕이 병힝호여 스스에 진션진미호니 칭찬호는

〈36〉

소리 일국에 진동호더라 이째 심쳥이 일죠에 존귀호여 만승국뫼되고 왕의 은춍이 륭셩호여 만스에 일호 미흡홈이 업스나 일념에 부친을 닛지 못호여 그 사이 두 번 츈취환역홈애 그 존망을 가히 혜아리지 못호나 지금 살아잇슴은 쳔만의외라 쥬야 운텬을 브라 아미롤 펼 째 업스니 츠시는 삼츈가졀이라 어원에 쇼연을 비셜호고 왕과 휘 후원 즁경을 완샹홀 시 층층훈 옥계샹에 아릿쏘온 곳은 탐향봉뎝을 머므르고 잔잔훈 금구변에 가는 버들은 환우호는 쬐고리롤 쳥호여 쳐쳐에 츈광이 랑쟈호여 사룸

의 흥치를 돕는지라 왕이 크게 즐겨 미쥬성찬으로 경물를 화답ᄒ나 후는
믄득 봉안에 슯흔 물결이 동ᄒ고 아미에 근심ᄒ는 구름이 엉긔여 다만
먼 하늘을 건너다보고 탄식홀 ᄲ분이여눌 왕이 고이 녁여 문왈 현휘 이ᄀᆺ
흔 승경을 디ᄒ여 슈식이 만면ᄒ여 일분 화긔 업슴은 엇지흔 쥬의뇨 휘
쳐연탄식 왈 미쳔흔 몸이 졸연히 영귀ᄒ니 엇

〈37〉

지 즐겁지 아니ᄒ리잇고마는 다만 그윽흔 소회 이습는지라 무릇 사롬의
칠규 즁에 두 눈이 일월ᄀᆺ흔지라 눈이 붉은즉 텬하만물을 슯혀 션악졍추
를 분변ᄒ거눌 밍인은 볼 것을 보지 못ᄒ야 다ᄀᆺ흔 사롬으로 홀로 이러
흔 승경을 아지 못ᄒ니 그 일을 싱각홈애 극히 잔잉ᄒ기로 그리ᄒᄂᆞ이다
왕 왈 휘 인덕이 츌즁홈애 그 말이 고이치 안커니와 ᄌᆞ고로 병인이 혼이
잇거눌 현휘 굿ᄒ여 슬허홀 곡졀이 잇스리오 휘 칭샤 왈 셩괴 맛당ᄒ시
나 쳡의 ᄆᆞ음은 이ᄀᆺ치 불샹흔 것이 업나니 맛당히 흔 번 경향의 모든
밍인을 모화 슈륙진찬으로 그 ᄆᆞ음을 위로ᄒ고져홈이 평싱의 미쳐 원ᄒ
는 배로소이다 왕이 그 현심을 못내 칭찬 왈 이만 일은 쉬온 일이니 무엇
을 근심ᄒ리오 ᄒ고 익일에 죠셔를 나리와 왈 졍궁이 셰상 밍인의 흑빅
분간치 못홈을 불샹히 녁여 한 번 원근 밍인을 모화 호쥬셩찬을 먹여 그
답답흔 심우를 위로ᄒ고져 ᄒ니 츠역 희한흔 음

〈38〉

덕이라 모로미 경향에 반포ᄒ여 모든 밍인을 불너 경ᄉ로 올니되 만일
빈곤ᄒ여 힝장을 출히지 못홀 재 잇거든 본읍으로 ᄒ여곰 치힝ᄒ여 올니
고 만일 한나히 나ᄲᅡ지는 폐 잇거든 디방관을 파츌ᄒ리라 ᄒ시니 각도에
셔 왕죠를 밧드러 일시에 밍인을 궁극히 차져 올니여 그 수를 아지 못홀

너라 방빅 슈령이 밍인의 셩명 수효롤 셩칙ᄒᆞ여 올닐 시 심현이 쏘ᄒᆞᆫ 그 가온디 참예ᄒᆞ엿더라 이쌔 심봉시 불샹ᄒᆞᆫ 쏠을 닐코 모진 목숨을 근근부 지ᄒᆞ더니 동리에 힝실 깨끗지 못ᄒᆞᆫ 쌩덕어미란 년이 심봉ᄉᆞ의 젼곡이 만 히 잇슴을 알고 ᄌᆞ원ᄒᆞ여 심봉ᄉᆞ의 쳡이 되여 지닐 시 이년의 버릇이 량 식 주고 쩍 사먹기 졍주 밋헤 낮잠 자기 니웃집에 밥 붓치기 남다려 욕셜 ᄒᆞ기 동너허고 싸홈ᄒᆞ기 산아희게 담배 쳥키 밤즁에 우름 울기 온갓 몹 쓸 힝실을 가졋스니 심봉ᄉᆞ의 셰간이 ᄎᆞᄎᆞ로 패ᄒᆞ여 그 만튼 젼곡이 다 업셔지고 남은 것이 겨오 삼일 량식 쑨이러니

〈39〉

하로는 그 골원이 심봉ᄉᆞ롤 불너 셔울셔 밍인 잔치롤 베프나니 너도 가 참예ᄒᆞ라 거쥬셩명 적은 뒤에 돈 두량 로즈 주며 수히 쩌나라 ᄒᆞ니 심봉 시 딕답ᄒᆞ고 도라와 여보 마누라 샹담에도 동무짜라 강남 간다 ᄒᆞ엿스니 우리 량쥐 셔울 가셔 잔치 참예 ᄒᆞᆫ 것이 대져 엇더ᄒᆞ고 쌩덕어미 간사 ᄒᆞᆫ 말로 딕답ᄒᆞ디 녯글에도 녀필죵부라 ᄒᆞ엿스니 령감 가시는 곳이면 어 디롤 가지 아니ᄒᆞ리오 ᄒᆞ야 봉시 쌩덕어미롤 압 세우고 수리나 힝ᄒᆞ다가 일셰가 저믈매 역촌에서 밤을 지니더니 근쳐 왕봉시 쌩덕어미 한 번 보 기롤 원ᄒᆞ니 그 년이 싱각ᄒᆞ디 셔울잔치롤 참예ᄒᆞ고 도라온들 먹을 것이 업스니 진작 뎌 사롬을 짜라가 신셰롤 편히 ᄒᆞ리라 ᄒᆞ고 무졍ᄒᆞ게 반야 삼경에 심봉ᄉᆞ 잠들기롤 기ᄃᆞ려 왕봉ᄉᆞ롤 짜라가더라 심봉시 잠을 쌔여 쌩덕어미롤 더듬어 보니 다라난 년이 잇스리오 여보 어디 갓나 이리 오 소 ᄒᆞ여도 아니오거눌 의아ᄒᆞ야 쥬인 불너

〈40〉

무러도 안에 드러간 일 업다 ᄒᆞ는지라 그제야 다라난 줄 알고 무수히 칭

원호다가 도로 풀쳐 싱각호디 너 싱각호는 니가 그르다 텬하 잡년을 몰
나보고 세간만랑 픠호고 간신혼 로수까지 쌔앗곗스니 도시 니 잘못이라
덕용이 무쌍혼 조강지쳐도 리별호고 셩효가 츌텬혼 귀동 쏠을 싱리별호
고도 지금까지 사랏거든 뎌만 년을 싱각호랴 그렁뎌렁 날이 밝아 길 쩌
날 째 되엿스니 이째는 류월이라 덥기는 불쏫갓고 쌈은 비지갓치 흐르는
디 압 못보는 늙은이가 길은 싱소호고 낭중에 돈은 업고 친친히 보아주
는 이 업시 머나먼 길을 촌촌 젼진호니 그 로샹 고싱은 과연 일필난긔라
돌부리만 것어 차도 이고 우리 심청이 도랑에만 쌔져도 이고 우리 심청
이 비 곱하도 심청이 호고 목 말나도 심청이 호며 욕을 보아도 심청이
호고 엇어 마져도 심청이 호니 거름거름 눈물이오 구뷔구뷔 한숨이라 그
참혹혼 졍샹과 이련혼 모양은 참아 보지 못홀너

〈41〉

라 명일을 당홈이 왕이 통명뎐에 뎐좌호시고 왕휘 쏘혼 구경코져홈애 니
외뎐을 통니호고 쥬렴을 드리온 후 오봉루에 어좌호시니 오봉루가 놉기
운간에 표묘호여 열두 층 셤돌이 차아호엿고 산호쥬렴에 명수롤 졍졔히
드리워 못거지롤 보시게 호고 다시 호부에 하교롤 느리와 금은필빅을 만
히 디령호라 호니 이는 밍인을 반샹호려 홈이라 이에 통명뎐 너른 쓸에
포진을 곳초고 혼 번에 밍인 일빅식 불너드려 갈나 안치고 추례로 샹을
주고 리원어악을 진주홀 시 허다 밍인이 술이 두어 슌 지남애 텬은도 열
복호고 홍치도 쏘혼 도도호여 일시에 니러 춤추고 태평셩가롤 노래호니
진실로 텬디간 장관이오 고금에 희한혼 덕틱이러라 죵이 진환혼 후 각각
금은필빅을 주어 보내니 모든 밍인이 뎐샹을 브라 산호비무호고 물너가
눈지라 이럿틋 삼일을 련호여 잔치호나 심현의 죵젹이 업거눌 휘 심하에
혜오디 이 잔치는 젼혀 부친을 찻고

⟨42⟩

져 홈이여늘 지금까지 형영이 업스니 필연 죽음이로다 ᄒ여 슬허ᄒ여 ᄀ
만훈 눈물이 ᄻ려짐을 ᄭᆡᆺ지 못ᄒ니 시위 궁녜 ᄀ장 의괴ᄒ나 감히 뭇
지 못ᄒ더라 뎨 ᄉ일에 마조막 밍인을 드리니 이 날은 원방궁향에 잇는
밍인이라 밍인이 ᄎ례로 드러오는 즁 최후에 드러와 말셕에 안는 밍인이
의복이 람루ᄒ고 형용이 쵸췌ᄒ여 힝보롤 일우지 못홈애 치인이 쳐 붓들
어 좌에 나아가나 능히 좌롤 안졉지 못ᄒ여 막대롤 의지ᄒ여 겨우 안즈
니 피골이 샹련ᄒ여 거의 촉뤼 되엿더라 상을 그 압헤 노ᄒ니 훈 잔 술을
마시지 못ᄒ고 손으로 어로 더듬어 훈 가지도 먹지 못ᄒ고 진진히 늣길
ᄯ롬이라 만죄 그 형상을 보고 가긍홈을 마지 아니ᄒ더니 믄득 샹궁이
오봉루로 조ᄎ 나려와 복디 주왈 왕후 낭낭이 뎌 말셕에 안즌 밍인을 오
봉루 아래로 부르라 ᄒ시ᄂ이다 ᄒ거늘 왕이 싱각ᄒ되 이 밍인이 여러
밍인 즁 별노 참혹홈애 왕후의 측은지심으로

⟨43⟩

각별 은뎐을 쓰고져 홈이로다 즉시 명ᄒ여 말셕의 밍인을 니뎐루하로 입
시ᄒ라 ᄒ시니 차비관이 나아가 그 머리에 성훈 갓을 쓰이고 몸에 관복
을 닙혀 니시로 ᄒ여곰 업혀 오봉루하 즁계의 룡문치 화셕 우희 안치니
라 ᄎ시 왕휘 밍인이 마즈막 든 단말을 듯고 시각으로 룡안이 홀변ᄒ여
옥뤼 진진ᄒ더니 말셕 밍인을 보니 비록 사이 멀어 ᄌ셰치 못ᄒ나 엇지
부녀의 텬륜으로써 그 형용을 몰나보리오 ᄲᆞᆯ니 몸을 니러 외뎐으로 젼어
ᄒ고 입시 지쵹을 성화ᄀᆞ치 ᄒ니 니시 그 밍인을 업어 즁계에 안치거늘
왕휘 밧비 눈을 들어 본 즉 이는 분명 부친이라 이목구비는 완연ᄒ나 긔
뷔츄락ᄒ여 귀신ᄀᆞᆺ거늘 왕휘 훈마듸 부친을 부르고 업더지니 시위 궁녜
대경살식ᄒ여 급히 붓드러 구호ᄒ고 외뎐에 주ᄒ니 왕이 경황ᄒ여 밧비

니뎐에 드르샤 곡졀을 무르시니 휘 비로소 졍신을 슈습ᄒ여 눈을 들어 본 즉 왕이 갓가히 오샤 어슈로 ᄌ긔 슈죡을 쥐

〈44〉

므르ᄂᄂ지라 휘 황공ᄒ여 급히 니러 줌을 ᄲᅡ혀 군젼에 불경홈을 쳥죄ᄒ고 버거 ᄌ긔 회포롤 진달ᄒ고 굴오디 즉금 중계에 섯ᄂᄂ 밍인이 쳡의 아비라 부녜 서로 ᄶᅥ난 지 삼년에 지금 맛나오니 텬륜지졍이 ᄌ연 격발ᄒ여 실례ᄒ여 셩심을 경동케ᄒ니 죄당만시로소이다 왕이 쳥파에 대찬 왈 미지며 긔지라 원니ᄉ졍이 여ᄎᄒᆷ이 잇도다 그러나 현휴의 효셩이 텬디에 사못ᄎ니 과인이 엇지 부녀 합ᄎᆔ홈을 치하치 아니리오 ᄒ시고 니시로 ᄒ여곰 중계 밍인을 붓드러 뎐샹에 올니고 부녜 샹봉케 ᄒ라 ᄒ시니 휘 중계에 나셔 부친을 붓들고 진비 통곡 왈 부친은 쇼녀롤 모로시나니잇가 샹고에게 팔녀 인당쇼에 ᄲᅡ져 죽은 쳥이러니 텬은이 망극ᄒ여 일신이 영귀ᄒ고 부녜샹봉ᄒ오니 이제 죽은들 무슴 혼이 잇스리잇고 ᄒ며 실셩통곡ᄒ니 심현이 이 말을 듯고 부지불각에 크게 소리 질너 왈 이곳이 텬샹이냐 인간이냐 이 일이 몽즁이냐 싱시냐

〈45〉

네 진졍 내 ᄯᆯ 심쳥이냐 삼년 젼에 죽은 녀이 엇지ᄒ여 이럿틋 귀히 되단 말고 셰간에 이런 일도 잇ᄂᄂ가 내 눈이 업서 너롤 보지 못ᄒ니 이런 죄악도 엇ᄂᄂ냐 ᄒ며 ᄒᆫ 번 얼골을 ᄶᅵᆼ긔고 눈을 빗쓰니 믄득 두 눈이 쾌히 ᄯᅳ엇ᄂᄂ지라 부녜 붓들고 일쟝톄읍ᄒ니 이곳은 지엄지디라 감히 ᄉ졍을 ᄆᆞ옴디로 펴지 못ᄒ나 왕이 그 부녀로 ᄒ여곰 서로 보게 ᄒ심은 ᄉ지부셩ᄒ엿슴으로 ᄒᆫ 번 ᄉ졍을 펴토록 ᄒ심이러라 휘 이ᄯᅢ롤 당ᄒ여 맛당히 부친을 안고 통곡홀 것이로디 후비의 톄모롤 아니 도라보지 못홈애 십분

강잉ᄒ여 닉젼에 드르시고 닉시로 ᄒ여금 부친을 뫼셔 후원 별당에 안돈
ᄒ 후 어의로 간병ᄒ라 ᄒ시니 이윽고 현이 회소ᄒ여 완인이 되고 량안
이 분명ᄒ니 후의 깃거홈은 닐으도 말고 궁즁닉외가 그 긔이홈을 못ᄂ
칭탄ᄒ더라 수일이 지남애 왕이 심현으로써 국구ᄅ 삼아 입죠ᄒ라 ᄒ신
대 현이 관복을 ᄀ초고 옥계에 나아가 고두샤은 ᄒ

〈46〉

후 감루ᄅ 흘녀 ᄀ로오디 신의 명되 궁익ᄒ와 여ᄎ ᄒ엿ᄉ더니 왕샹의 젼
고에 업ᄉ 은틱으로 쳔만몽외에 삼년을 셩리ᄉ별 ᄒ엿던 녀식이 이럿틋
영귀히 되엿고 다시 부녀샹봉ᄒ오니 이ᄂ ᄆᄅ 나무에 봄이 오고 찬지
다시 더워짐이오 더욱 신이 감앗던 눈이 다시 붉아 골슈에 밋첫던 병이
츈셜ᄀ치 사라졋스니 쳔ᄒ 몸이 간뇌도지ᄒ오나 셩덕혜화ᄅ 다 갑흘 길
이 업ᄂ이다 ᄒ거눌 왕이 흔연히 좌ᄅ 주시고 젼후 ᄉ연을 문답ᄒ여 후
의 고싱ᄒ던 일과 근졀ᄒ던 효셩을 듯고 일변 이련이 넉이시며 일변 흠
탄ᄒ여 즉시 공의 벼슬을 도도와 호부샹셔 겸 대ᄉ마초 국공을 ᄒ이시고
노비 뎐결과 별궁을 ᄉ급ᄒ시고 ᄀᆫ샤디 국귀 년긔 미쇠ᄒ엿스니 모로
미 취실홀지어다 심공이 크게 놀나 만만블가홈을 주ᄒ대 왕이 불윤ᄒ시
고 공경에게 하교ᄒ샤 혼쳐ᄅ 쳔거ᄒ라 ᄒ신대 어ᄉ 위랑이 주왈 자승샹
님한에게 일녀 잇ᄉ오되 과년ᄒ여 이

〈47〉

십 삼셰라 ᄒ오니 국구와 결혼홈이 가홀가 ᄒᄂ이다 왕이 대희ᄒ샤 님한
을 명ᄒ샤 왈 경녜 과년ᄒ다 ᄒ니 국구와 결혼홈이 엇더ᄒ뇨 ᄒ신대 님
한이 디왈 셩교ᄅ 엇지 위월ᄒ오리잇고마ᄂ 신이 우둔ᄒ와 ᄀᄅ치지 못
ᄒ온지라 비혼 힝실이 쳔박ᄒ와 국구의 건즐을 쇼임치 못홀가 ᄒᄂ이다
왕이 로왈 ᄉ양치 말라 ᄒ시고 부부인 직텹을 ᄂ리시니 님한이 샤은퇴죠

ᄒ여 연즁셜화롤 젼ᄒ고 혼구롤 쥰비ᄒ며 일변으로 틱일ᄒ니 칠월 망간
이라 심휘 친히 혼구롤 쥰비ᄒ여 ᄉ급ᄒ시고 샹궁을 보내여 길셕을 돕더
라 길일을 당홈애 초공이 위의롤 ᄀᆞ초와 혼가로 나아가 힝례홀 시 신랑
의 헌앙홈과 신부의 현슉홈이 ᄎ등이 업ᄂ지라 빙모 정부인이 그 나 만
흠을 혐의치 아니ᄒ더라 신뷔 덩에 오름애 위의롤 휘동ᄒ여 도라와 교비
롤 뭇침애 샹궁이 ᄉ급ᄒ신 즙물을 기착홈애 광치 비승ᄒ더라 날이 져믈
미 정침에 쵹을 붉히고 부뷔 상디 ᄒ

〈48〉

여 셕ᄉ롤 싱각홈애 일쟝츈몽이라 쵹을 멸ᄒ고 금금에 나아가 운우지락
을 일움애 은정이 여산약히ᄒ더라 샹궁이 도라가 신부 현슉홈과 심공의
희열ᄒᄃᆫ 바롤 쥬ᄒᄃᆡ 휘 깃거ᄒ며 죠셕 봉양치 못홈을 ᄒᄒ더라 □□□
□□로 젼홈이 잇기로 여긔ᄂ 그만 그치노라
심쳥젼 죵

신구서림본 활자본 〈강상련〉

　　이 활자본은 '심정순 창본 〈심청가〉'에 있는 장단표시를 모두 빼고 새로 발행한 것이다. 주지하듯이 심정순 창본 〈심청가〉는 1912년 매일신보에 '名唱 沈正淳 口述', '解觀子 刪正'이란 이름으로 연재되어 큰 인기를 얻은 바 있는데, 그 후 신구서림, 광동서국 등에서 창본에 있던 장단표시만 빼고 〈강상련〉이란 이름으로 새로 발행한 바 있다. 그렇기 때문에 내용은 완전히 동일하다. 우리는 『심청전전집』 2권에 이미 심정순 창본 〈심청가〉를 거두어 실은 바 있다. 그래서 이 〈강상련〉은 이본 전집에서 제외하려고 하였으나, 신소설을 표방하고 활자본의 형태로 인기리에 유통된 점을 중시하여 이본 전집 속에 넣기로 하였다. 여기 실은 것은 1916년에 발행된 것인데, 앞부분에 여러 장의 그림이 짤막한 제목과 함께 실려 있다. 현재 국립중앙도서관에 소장되어 있다.

신구서림본 활자본 〈강상련〉

〈1〉

느진 봄 피는 꼿은 곳곳이 만발인디 경업시 부는 바롬 꼿가지를 후리치미 락화는 유졉(游蝶)갓고 유졉은 락화갓치 펄펄 날니다가 림당슈 흐르는 물에 힘업시 쩌러지미 아롬다온 봄소식 물소리를 싸라 흔젹업시 너려간다 이쩌에 황쥬 도화동에 쇼경 하나히 잇스되 셩은 심이오 일홈은 학규라 셰딕 잠영지족으로 셩명이 자자터니 가운이 영톄ᄒᆞ야 이십에 안밍ᄒᆞ니 락슈쳥운에 발ᄌᆞ최 쓴어지고 금쟝자슈에 공명이 뷔엿스니 향곡에 곤흔 신셰 강근흔 친쳑업고 겸ᄒᆞ야 안밍ᄒᆞ니 누가 디졉ᄒᆞᆯ가마는 량반의 후예로셔 힝실이 쳥염ᄒᆞ고 지기가 고샹ᄒᆞ야 일동일졍을 경솔히 아니ᄒᆞ니 스룸이 다 군자로 칭찬ᄒᆞ더라 그 안히 곽씨부인 쏘흔 현쳘ᄒᆞ야 임샤의 덕

〈2〉

과 쟝강의 식과 목란의 졀기와 례긔 가례 니측편과 쥬남 쇼남 관져 시를 모를 것이 바이 업고 봉졔ᄉᆞ 졉빈킥과 린리에 화목ᄒᆞ고 가쟝공경 치산범졀 빅집ᄉᆞ 가감이오 이제의 쳥렴이오 안ᄌᆞ의 간난이라 긔구지업(箕裘之業) 바이 업셔 한간 집 단표ᄌᆞ에 반쇼음슈(飯蔬飮水) ᄒᆞᄂᆞᆫ고나 곽외에 편토업고 랑하에 로비업셔 가련흔 곽씨부인 몸을 바려 품을 팔 졔 삭바느질 관디도복 잔누비질 상침질 박음질과 외올쓰기 씨ㅅ담누비 고

두누비 솔을기며 셰답셜니 푸시마젼 하졀의북 젹삼고의 망건 꿈여 갓끈
졉기 빗즈 토슈 보션짓기 힝젼 더님 허리씌와 쥼치 약낭 쌈지 필낭 휘양
풍차 복건ᄒ기 가진 금침 벼깃모에 쌍원앙 슈놋키며 문무빅관 관디 흉
비 외학 쌍학 범거리기 길쌈도 궁초공단 토쥬 갑주 분쥬 져쥬 싱반져 빅
마포 츈포 무명 극상셰목 삭밧고 맛허ᄡ고 쳥황 젹빅 침향 오식 각식으
로 염식ᄒ기 초상는 집 원슴졔복 혼상디사 음식셜비 가진편 즁계 약과
빅산 과줄 다식 졍과 랭면 화치 신션로 가진 챤슈 약쥬빗기 슈팔연 봉오

〈3〉

림 상비보와 괴임질 일년 슴빅 륙십일을 잠시라도 놀지 안코 픔을 팔라
모을 젹에 푼을 모와 돈이 되면 돈을 모와 량 만들고 량을 모와 관이 되
면 린근동 스룸즁에 착실ᄒ데 빗을 주어 실슈업시 바다드려 츈츄시향 봉
졔스와 압 못보는 가쟝 공경 시죵이 여일ᄒ니
상하일면 사람들이 뉘 아니 칭찬ᄒ랴 하로는 심봉사가 겻혜 마누라를 불너
여보 마누라 거긔 안져 니 말슴 드러보오 사람이 셰상에 ᄂ 부부야 뉘
업슬싸마는 이목구비 셩ᄒ 사람도 불측ᄒ 계집을 엇어 부부불화 만커니
와 마누라는 젼셩에 나와 무슴 은혜 잇셔 이셩에 부부되야 압 못보는 가
쟝 나를 한시반쩌 놀지 안코 불텰쥬야 버러드려 어린 아희 밧들드시 항
여 치워ᄒᆯ싸 비곱흘싸 의복 음식 쩌 맛추아 지셩으로 봉양ᄒ니 나는 편
타 ᄒ려니와 마누라 고성살이 도로혀 불안ᄒ니 괴로은 일 넘오 말고 사
눈디로 스옵시다 그러나 니 마음에 지원ᄒ 일이 잇소 우리가 년광이 스
십이나

〈4〉

슬하에 일졈혈륙이 업셔 죠상향화를 끈케 되니 죽어 황텬에 도라간들 무

숨 면목으로 조상을 디흐오며 우리 량주 사후신셰 초종장례 쇼디기며 년
년이 오는 긔졔 밥 흔그릇 물 흔목음 뉘라셔 써 노릿가 병신 즈식이라도
남녀간 나아보면 평싱 한을 풀듯흐니 명산대쳔에 졍셩이느 드려보오
곽씨부인 디답흐되
녯 글에 잇는 말슴 불효삼쳔에 무후위디(不孝三千에 無後爲大)라 흐얏
스니 응당 니침즉흐되 가군의 넓으신 덕으로 지금까지 보존흐얏스느 즈
식 두고 십은 마음이야 몸을 팔고 뼈를 간들 무삼 일를 못흐릿가마는 가
쟝의 졍대흐신 셩졍을 알지 못흐야 발셜치 못힛습더니 몬져 말슴 흐오시
니 무슨 일를 못흐릿가 진셩것 흐오리다
그날부터 곽씨부인 픔팔아 모은 지물 왼갓 졍셩 다 드린다
명산대쳔 령신당 고묘총사 셕왕사에 셕불보살 미륵님젼 노귀맛이 집짓
기와 칠셩불공 라흔불공 빅일산졔 뎨셕불공 가사시주 인등시주 창호시

〈5〉

주 신즁마지 다리젹션 길닥기와 집에 드러 잇는 날도 셩주죠왕터주업의
양군웅지신졔를 갓가지로 다 지니니 공든 탑이 문허지며 힘든 나무 부러
질까
현쳘흔 곽씨부인이 이런 부졍당흔 일을 힛슬 리가 잇느냐 이것은 모다
광디의 롱듬이든 것이엇다
갑즈 사월 초팔일날 꿈 흔아롤 엇엇스되 이샹 밍랑 괴이흐다 텬디 명랑
흐고 셔긔 만공흐며 오식치운 둘우더니 션인 옥녀 학를 타고 흐놀노셔
느려온다 머리에 화관이오 몸에는 흐의로다 월픠를 느짓츠고 옥픠쇼리
징징흐며 계화가지 손에 들고 엄연히 나려와셔 부인 압헤 지비흐고 겻흐
로 오는 양이 두렷흔 월궁흥아 달 속으로 드러온 듯 남히 관음이 히즁으
로 도라온 듯 심신이 황홀흐야 진뎡치 못홀 젹에 션녀의 고흔 모양 이연
히 엿즈오되

다른 스룸 안이오라 셔왕모의 쏠이러니 반도진샹 가는 길에 옥진비즈

⟨6⟩

잠스간 만나 슈작을 ᄒᆞᆸ다가 조금 느졋기로 샹뎨끠 득죄ᄒᆞ고 인간으로
뎡비ᄒᆞ야 갈 바를 모로더니 틱샹노군 후토부인 졔불보살 셕가님이 딕으
로 지시ᄒᆞ야 지금 추즈 왓스오니 어엽비 넉이소셔
품에 와 안키거늘
곽씨부인 잠을 씨니 남가일몽이라 량주 몽사를 의론ᄒᆞ니 둘의 꿈이 갓흔
지라 틱몽인줄 짐작ᄒᆞ고 마음에 희한ᄒᆞ야 못늬 깃버 넉이더니 그달부터
틱긔 잇셔 곽씨부인 어진 범졀 죠심이 극진터라
좌불변(坐不邊)ᄒᆞ고 립불필(立不蹕)ᄒᆞ며 셕불졍부좌(席不正不坐) 홀부
졍불식(割不正不食) 이불쳥음셩(耳不廳淫聲) 목불시악식(目不視惡色)
십삭을 고이 치여 하로는 히복 빌미가 잇고나
이고 빈야 이고 허리야
심봉스 겁을 닉여 이웃 집을 추즈가셔 친흔 부인 다려다가 히산구원 식
이랼졔 집 한단 드려쌀고 시 스발 졍한슈 소반 우에 밧쳐 놋코 좌불안셕
급흔

⟨7⟩

마음 슌산ᄒᆞ기 바롤 젹에 향취가 진동ᄒᆞ며 치운이 둘우더니 혼미 중에
탄싱ᄒᆞ니 션녀 갓흔 쌀이로다 웃집 부인 들어와셔 ᄋᆞ기를 밧은 후에 슘
을 갈나 누여노코 밧그로 ᄂᆞ갓구ᄂᆞ 곽씨부인 졍신추려
여보시오 봉스님 슌산은 ᄒᆞ얏스ᄂᆞ 남녀간에 무엇이오
심봉사 깃분 마음 아기를 더듬어 삿흘 만져보아 한참을 만지더니 우스며
ᄒᆞᄂᆞ 말이

아기 삿을 만져보니 숀이 느로비 지느가듯 것침업시 지닉가는 것이 아마
도 아달반디 되는 것을 느앗느보오
곽씨부인 셜위ㅎ야
만득으로 느은 즈식 딸이라니 졀통ㅎ오
심봉사 디답ㅎ되
마누라 그 말 마오 쏠이 아달만 못ㅎ디도 아달도 잘못 두면 욕급션죠홀
것이오 쏠즈식도 잘 두오면 못된 아달과 밧고릿가 우리 이 쏠 고히 길녀

〈8〉

례졀 몬져 가라치고 침션방젹 줄 가랏쳐 요죠슉녀 조흔 비필 군즈호구
줄 가리여 금슬우지 즐기오고 종亽우진진(螽斯羽振振)ㅎ면 외숀 봉亽는
못ㅎ릿가 그런 말은 다시 마오
웃집 부인 당부ㅎ야 첫 국밥을 얼는 지어 삼신상에 밧쳐노코 의관을 졍
히 ㅎ고 두 무릅 공손이 꿀고 슘신끠 두 손 흡장 비는디 셩혼 亽름 갓게
되면 느즉히 빌년마는 심봉亽는 근본이 셩픔이 팔팔ㅎ고로 슘신데왕님
이 쌈작 놀나 도망ㅎ게 빌것다
삼십솜텬두솔텬(三十三千兜率天) 이십팔슈 신불졔왕 령험ㅎ온 신령님
네 화의동심ㅎ옵소셔 亽십 후에 졈지혼 쏠 십삭 고히 것위 슌산을 시기
시니 슘신님의 넓으신 덕 빅골난망 이즈릿가 다만 독녀 쏠이라도 오복을
졈지ㅎ야 동방삭의 명을 쥬고 셕숭의 복을 니려 디슌증즈 효힝이며 반희
의 지질이며 타임의 덕힝이며 수복을 고로 타여 외 붓듯 가지 붓듯 잔병
업시 잘 자라느 일취월쟝 식입소셔

〈9〉

더운 국밥 쩌다노코 산모를 먹인 후에 심봉亽 귀혼 마음 아기를 어루는디

아가아가 니 쏠이야 아달겸 내 쏠이야 금을 준들 너를 스며 옥올 준들
너를 스랴 어-둥둥 니 쏠이야 열소경의 한막디 분방셔안 옥등경 시벽바
롬 스초롱 당긔 맂헤 준쥬 어름 궁게 이어로구ᄂ 어-둥둥 내 쏠이야 남
뎐북답 작만흔들 이에셔 더 조흐며 산호준쥬 엇엇슨들 이에셔 반가오랴
표진강에 슉향이가 네가 되야 틱엿ᄂ나 은하수 직녀셩이 네가 되야 나려
왓나 어-둥둥 내 쏠이야

쥬야로 즐겨홀졔 뜻박게 곽씨부인 산후별ᄉ증 니러ᄂ 호흡을 쳔촉ᄒ며
식음을 젼폐ᄒ고 졍신업시 알ᄂ구ᄂ

잉고 머리야 잉고 허리야 잉고 어머니야

심봉ᄉ 겁을 니여 문의ᄒ야 졍도 닑고 문복ᄒ야 굿도 ᄒ고 빅가지로 셔
두러도 죽기로 든 병이라 인력으로 홀쇼냐 심봉ᄉ 긔가 막혀 곽씨부인
겻헤 안져 젼신을 만져보며

〈10〉

여보시오 마누라 졍신차려 말을 ᄒ오 식음을 젼폐ᄒ니 긔허ᄒ야 이러ᄒ
오 슴신님쎄 탈이 되며 졔셕님쎄 탈이 낫ᄂ 홀일업시 죽게 되니 이것이
웬일이오 만일 불힝 죽게 되면 눈 어둔 이놈 팔즈 일가친쳑 바이 업셔
혈혈단신 이니 몸이 올디 갈디 업셔스니 그 쏘ᄒ 원통흔디 강보에 이 녀
식를 엇지를 ᄒ잔 말이오

곽씨부인 싱각ᄒ니 즈긔의 알ᄂ 병셰 살지를 못홀 쥴 알고 봉ᄉ에게 유
언흔다

가군에 숀을 잡고 후유 한슘 길게 쉬며

여보시오 봉ᄉ님 니 말슴 드러보오 우리 부부 희로ᄒ야 빅년 동거ᄒ렷더
니 명한을 못 익의여 필경은 죽을테니 죽ᄂ ᄂᄂ 셜지 안으ᄂ 가군 신셰
어이ᄒ리 니 평싱 먹은 마음 압 못보는 가장님을 니가 죠곰 범연ᄒ면 고
싱되기 쉽겟기에 풍한셔습 갈이지 안코 남촌북촌 품을 팔아 밥도 밧고

반찬 엇어 식은 밥은 니가 먹고 더운 밥은 가군 드려 곱흐지 안코 칩지
안케

〈11〉

극진공경흐옵더니 텬명이 이쑨인지 인연이 끈첫는지 홀일업시 죽게 되
니 니가 만일 죽게 되면 의복뒤를 뉘 거두며 죠셕공궤 뉘라 홀까 스고무
친 혈혈단신 의탁홀 곳 바이 업셔 집힝 막디 검쳐 잡고 더듬더듬 단이다
가 구렁에도 쩌러지고 돌에 치여 너머져셔 신셰즈탄 우는 모양 눈으로
본 듯 흐고 긔한를 못 익이여 가가문젼 단이면셔 밥 좀 쥬오 슬푼 소리
귀의 징징 들니는 듯 늬 죽은 혼빅인들 참아 웃지 듯고 보며 쥬야쟝텬
기디리다 스십 후에 늬은 즈식 졋 한 번도 못 먹이고 죽단 말이 무슴 일
고 어미 업는 어린 것을 뉘 졋 먹여 길너니며 츈하츄동 스시졀을 무엇
입혀 길너니리 이 몸 아차 죽게 되면 멀고 먼 황쳔길을 눈물 가려 어이
가며 압히 막혀 어이 갈고 여보시오 봉스님 뎌 건너 김동지ㅅ딕 돈 열량
맛겻스니 그 돈은 츠져다가 늬 죽은 초상시에 략략히 쓰옵시고 항아리
너흔 량식 산미로 두엇더니 못 다 먹고 죽어가니 츌상이나 흐 연후에 두
고 량식 흐옵시고 진어사ㅅ딕 관디 한 별 흉비에 학을 놋타 못 다 노코
보에 쓰 롱안

〈12〉

에 너엇스니 남의 즁흔 의복 나 죽기 젼 보니옵고 뒤ㅅ마을 귀덕어미 나
와 친흔 스롬이니 니가 죽은 후일지라도 어린 ㅇ희 안고 가셔 졋 좀 믹여
달나흐면 괄시 아니 흐오리다 텬힝으로 즈식이 죽지 안코 살아나셔 졔
발노 것거들낭 압흘 셰고 길을 무러 니 뫼 압히 챠져와셔 아가 이 무덤이
너의 모친 무덤이다 력력히 가라쳐셔 모녀 상봉 식여쥬오 텬명을 못 익

이여 압 못보는 가쟝의게 어린 즈식 쪠쳐두고 영결죵텬 도라가니 가군의
귀흐신 몸 이통흐야 상치 말고 쳔만보즁흐옵소셔 츠셩에 미진 흔을 후셩
에 다시 맛나 리별업시 살사이다

한슘 쉬고 도라누어 어린 아히에게 낫을 디고 혀를 차며

텬디도 무심흐고 귀신도 야속흐다 네가 진작 싱겻거나 내가 죠곰 더 살
거나 너 낫츠 나 죽으니 한량업는 구텬지통 너로흐야 품게 되니 죽는
어미 산즈식이 싱스간에 무슴 죄냐 아가 니 졋 망죵 먹고 오리오리 잘 살
어라 아츠 니가 이졋소 이 으희 일홈을낭 심쳥이라 불너쥬오 이 의 주랴

〈13〉

지은 굴네 진옥판 홍슈을 진쥬드림 부젼 달어 함 속에 너엇스니 업락락
뒤치락 흐거들랑 나 본 듯이 씨워쥬오 홀 말이 무궁흐나 슘이 갑버 못흐
겟소

한슘겨워 부는 바람 삽삽비풍 되여잇고 눈물 겨워 오는 비는 소소셰우
되얏세라

폐긔질 두세번에 슘이 덜컥 쓴쳣구나 심봉스는 안밍흔 사름이라 죽은 줄
모로고 죵시 살아잇는 줄 알고

여보- 마누라 병들면 다 죽을가 그런 일 업느니다

약방의 가 문의흐야 약 지어 올 거시니 부디 안심흐옵소셔

속속히 약을 지어 집으로 도라와 화로에 불 피우고 부치질 히 다려니여
북포슈건에 얼는 짜 들고 오며

여보 마누라 이러나 약 자시오

이러 안치랴 홀 졔 무셔운 마음이 느셔 사지를 만져보니 슈죡은 다 느러
지

〈14〉

고 코 밋혜 찬 김이 느니 봉스 긔가 막혀 부인이 죽은 줄 알고 실셩 발광을 ᄒᆞᆫᄃᆡ

잇고 마누라 참으로 죽엇는가

가삼 쾅쾅 머리 탕탕 발 동동 구르면셔

여보시오 마누라 그ᄃᆡ 살고 나 죽으면 져 ᄌᆞ식을 잘 키울썰 그ᄃᆡ 죽고 닉가 살아 뎌 ᄌᆞ식을 엇지ᄒᆞ며 구츠히 사는 살님 무엇 먹고 살아날ㅅ가 엄동셜ᄒᆞᆫ 북풍 불졔 무엇 입혀 길너니며 비곱파 우는 ᄌᆞ식 무엇 먹여 살녀낼가 평싱에 졍한 뜻 사싱동거 ᄒᆞ쟛더니 렴나국이 엇의라고 느 버리고 엇의 갓소 인졔 가면 언졔 올가 쳥츈작반호환향 봄을 ᄯᆞ라 오랴는가 쳥텬유월러긔시오 달을 좃차 오랴는가 꼿도 지면 다시 피고 ᄒᆡ도 졋다 돗 것마는 마누라 가신 곳은 몃 만리나 멀엇관ᄃᆡ 흔번 가면 못 오는가 삼쳔벽도요지연에 셔왕모를 ᄯᆞ라갓는 월궁항아 짝이 되여 도학ᄒᆞ러 올느갓는 황릉묘 이비젼에 회포말을 ᄒᆞ러갓는 목졉이질 덜컥 덜컥 치며 굴

〈15〉

닉리 둥굴 복통졀식 셜니 우니

도화동 사람들이 남녀노소 업시 뉘 안이 슯허ᄒᆞ리 동닉셔 공론ᄒᆞ되

곽씨부인 작고흠도 지극히 불상ᄒᆞ고 안밍한 심봉사가 그 안이 불상한가

우리 동리 빅여호에 십시일반으로 한돈식 수렴노아 현쳘ᄒᆞᆫ 곽씨부인 감장ᄒᆞ야주면 웃더ᄒᆞ오

그 말이 한번 느니 여츌일구 허락ᄒᆞ고 출상을 ᄒᆞ랴홀 졔 불상한 곽씨부인 의금관곽 졍히 ᄒᆞ야 신건상두 디틀 우에 결관ᄒᆞ여 닉여노코 명졍공포 운아숨을 좌우로 갈나셰고 견젼졔 지닌 후에 상두를 운송홀시 상두치례 홀란ᄒᆞ다

남디단 휘장 빅공단 초양에 초록디단 젼을 둘너 남공단 드림에 홍부젼
금자박이 압뒤 난간 순금장식 국화 물녀 느리웟다 동셔남북 쳥의동ᄌ 머
리에 쌍북상토 좌우난간 비겨셰고 동에 쳥봉 셔에 빅봉 남에 젹봉 북에
흑봉 한가온디 황봉 주홍당사 벌미듭에 쇠코 물녀 느리우고 압뒤에 쳥룡
식인

〈16〉

벌미듭 느리여셔 구졍닷줄 샹두군은 두건 졔복 힁젼ᄭ지 싱베로 거들고
셔 상두를 엇메고 갈 지자로 운샹흔다
쌩그랑 쌩그랑 어화 넘ᄎ 너하
그 ᄯㅣ에 심봉ᄉ는 어린 아히 강보에 쏜 귀덕어미게 맛겨두고 졔복을 엇
어 입고 상두 뒤치 겸쳐잡고 여광여취 실셩발광 부축히 나가면셔
이고 여보 마누라 날 바리고 엇의 가나 나도 갑셰 나와 가 만리라도 나와
갑셰 엇지 그리 무졍흔가 ᄌ식도 귀흥지 안소 어려셔도 죽엇고 굴머셔
도 죽을테니 날과 한게 가ᄉ이다 어화 남ᄎ 너하
불상흔 곽씨부인 힝실도 엄졀터니 불상히도 죽엇고나 어화 남ᄎ너하 북
망이 멀다마소 건넛산이 북망일셰 어화 너하 너하
이 셰상에 나온 사롬 쟝셩불사 못ᄒ야셔 이 질 한번 당ᄒ지만 어화 넘ᄎ
너하
우리 마을 곽씨부인 칠십향슈 못ᄒ고셔 오날 이 길 웬일인가 어화 너하

〈17〉

너하
시벽닭이 지쳐 우니 셔산명월 다 넘어가고 벽슈비풍 슬슬 분다 어화 너
하 너하

건너 안산 도라들어 향양지디 갈리워셔 깁히 안장훈 연후에 평토제 지닐
젹에 어동육셔 홍동빅셔 좌포우히 버려놋코 축문을 닑을 젹에 심봉사가
근본 밍인이 안이라 이십 후 밍인이라 속에 식즈 넉넉ㅎ야 셜운 원정 축
을 지어 심봉사가 닑것다

츠호부인 츠호부인 요조슉녀헤여 퇴명안지옹옹이라 긔빅년지히로헤여
홀연몰헤혼귀로다 유치즈이영세헤여 이하슐이양육ㅎ리 귀불귀헤무어ㅎ
니 무하시이깅릭로다 락슝츄이위가ㅎ야 여취슈이쟝와로다 상음용혜 젹
막ㅎ니 츠눈견이난문이라 빅양지외월락ㅎ야 산혜젹젹 밤 깁흔디 여츄츄
유성ㅎ야 무슨 말을 ㅎ소훈들 격유현이로슈ㅎ야 게 뉘라셔 위로ㅎ리

〈18〉

쥬과 포히 박젼이나 만히 먹고 도라가오
축문을 다 닑더니 심봉亽 긔가 막혀
여보시오 마누라 나는 집으로 도라가고 마누라는 예셔 살고 으으으
달녀드러 봉분에 가 업더져셔 통곡ㅎ며 ㅎ눈 말이
그디는 만亽를 이져바리고 심심훈 산곡 즁에 송빅으로 울을 숨고 두견이
벗이 되야 창오야월 밝은 달에 화답가를 하랴눈가 니 신세 싱각하니 긔
밥에 도토리오 쮕 일은 미가 되니 누를 밋고 살ㅅ것인가
봉분을 어루만져 실셩통곡 울음우니 동즁의 힝긱들이 뉘 아니 셜워ㅎ리
심봉사를 위로ㅎ며
마오 마오 이리 마오 죽은 안히 싱각말고 어린 즈식 싱각ㅎ오
고분지통 진졍ㅎ야 집으로 도라올졔 심봉사 졍신추려 동즁에 오신 손님
빅비치사 ㅎ직ㅎ고 집에를 당도ㅎ니
부억은 뎍막ㅎ고 방은 텡 뷔엿눈디 향니 그져 퓌여잇다 횡덩그런 방안

⟨19⟩

에 벗업시 혼즈 안져 온갓 슬흔 싱각홀졔 귀덕어미 도라와서 아기를 쥬
고가니 아기 밧아 품에 안꼬 지리산 갈가마귀 계발 물러 더진 듯이 혼즈
웃쑥 안져스니 셜음이 창텬흔디 품 안에 어린ㅇ기 죄아쳐 울음운다 심봉
사 긔가 막혀
아가 아가 울지마라 너의 모친 먼데 갓다 락양동촌 리화정에 슉낭즈를
보러갓다 황능묘 이비흔테 회포 말을 흐러갓다 너도 너의 모친 일코 셜
음 겨워 너 우느냐 우지마라 우지마라 네 팔즈가 얼마나 조흐면 칠일만
에 어미 일코 강보즁에 고싱흐리 울지마라 울지마라 희당화 범나뷔야 꼿
이 진다 셜워마라 명년 숨월 도라오면 그 꼿 다시 피느니라 우리 안히
가신 디는 한번 가면 못 오신다 어진 심덕 축흔 힝실 잇고 살ㅅ길 바이
업다 락일욕몰현산셔 희가 져도 부인 싱각 파산야우창쥬비 비쇼리도 부
인 싱각 셰우쳥강량량비흔던 짝 일은 외기럭이 명사벽히 바르보고 쑤루
룩 씰눅 쇼리흐고 북텬으로 향흐는냥 니 마음 더욱 슯허 너도 쏘한 임을
일코 임 추져 가는 길가 너와 나와 비교흐면 두 팔즈 갓흐구나

⟨20⟩

그날 밤을 지낼 젹에 아기는 긔진흔니 어둔 눈이 침침흐야 엇지홀 줄 모
로더니 동방이 밝아지며 우물ㅅ가에 두레쇼리 귀에 얼는 들니거눌 날신
줄 짐작흐고 문 혈쩍 열쩌리고 우당통 밧게 나가
우물가에 오신 부인 뉘신 쥴은 모르오나 칠일 안에 어미 일코 졋 못 먹여
죽게 되니 이 이 졋 좀 먹여쥬오
져 부인 디답흐되
나는 과연 졋이 업소 졋 잇는 녀인네가 이 동니 만사오니 ㅇ기 안고 추져
가셔 졋 좀 먹여 달나흐면 뉘가 괄시흐오릿가

심봉ᄉ 그 말 듯고 품 속에 아기 안고 한 손에 집힝이 집고 더듬더듬 동
닉 가셔 ᄋ희잇ᄂ 집을 물어 시비 안에 드러셔며 익걸복걸 비ᄂ 말이
이 딕이 뉘시온지 살올 말슘 잇ᄂ이다
그 집 부인 밥을 ᄒ다 쳔방지방 나오면셔 비감이 디답ᄒ다
지닌 말은 다 아니ᄒ나 엇지 고싱ᄒ시오며 엇지 오신닛가

〈21〉

심봉사 눈물지며 목이 메여 ᄒ난 말이
현쳘ᄒ 우리 안히 인심으로 싱각ᄒ나 눈 어둔 나를 본들 어미업ᄂ 얼인
것이 이 안이 불상ᄒ오 딕 집 귀한 ᄋ기 먹고 남은 졋 잇거든 이 이 졋
좀 먹여주오
동셔남북 익걸ᄒ니 졋 잇ᄂ 녀인네가 목셕인들 안 먹이며 도척인들 괄시
ᄒ리
칠월이라 류화졀에 지심 믹고 쉬인 여가
이 이 졋 좀 먹여주오
빅셕쳥탄 시ㄴ ᄉ가에 빨닉ᄒ다 쉬인 여가
이 이 졋 좀 먹여주오
근방의 부인네라 봉ᄉ 근본 아ᄂ고로 한업시 긍칙ᄒ야 ᄋ기 바다 졋을
먹여 봉사 쥬며 ᄒᄂ 말이
여보시오 봉ᄉ님 어려히 알지 말고 릭일도 안ᄉ고 오고 모레도 안ᄉ고

〈22〉

오면 이 이 셜마 굼기릿가
심봉사 아기 밧고 부인들게 치하ᄒ며
어질고 후덕ᄒᄉ 됴흔 일을 ᄒ시오니 우리 동닉 부인딕들 셰상에ᄂ 듬으

오니 비옵건디 여려 부인 슈복강령ᄒ옵소셔

빅비치하ᄒ고 ᄋ기를 품에 안ᄉ고 집으로 도라와셔 ᄋ기 비를 만져보며 허허 니 쏠 비 불넛다 일년 숨빅 륙십일 일싱 이만 ᄒ고지고 이것이 뉘 덕이냐 동니부인 덕이로다 어셔 어셔 잘 ᄌ러라 너도 너의 모친 갓치 현쳘ᄒ고 효힝 잇셔 아비 귀염 뵈이여라 어려셔 고싱ᄒ면 부귀다남 ᄒ나니라 요 덥허 뉘여노코 사이 사이 동량ᄒᆯ졔 마포건디 두동 지어 뒤 억기에 엇메이고 집힝이 들너집고 구븟ᄒ고 더듬더듬 이 집 져 집 단이면셔 스쳘 업시 동량ᄒ다 ᄒᆫ 편에 쏠을 너코 한 편에 베를 엇어 쥬논디로 져츅ᄒ고 한달 륙장면 것우어 어린 ᄋ희 옴쥭거리 셜당 홍합 ᄉ셔 들고 더듬더듬 오난 양이 뉘 안이 불상ᄒ리

<h2>〈23〉</h2>

미월 삭망 소디긔를 궐치 안코 지니갈 제 그쩌 심쳥이논 장리 크게 될 사룸이라 턴디 신명이 도아쥬고 졔불보살이 보호ᄒ야 잔병 업시 잘아나 륙칠셰 되야가니 소경 아비 손길 잡고 압헤 셔셔 인도ᄒ고 십여셰 되야 가니 얼골이 일식이오 효힝이 츌텬이라 소견이 능통ᄒ고 지죠가 졀등ᄒ야 부친 젼 조셕공양 모친의 긔졔ᄉ를 지극히 공경ᄒ야 어룬을 압두ᄒ니 뉘 안이 칭찬ᄒ랴 하로논 심쳥이가 부친 젼에 엿ᄌ오되

아버님 듯조시오 말 못ᄒ는 가마귀도 공림 져문 날에 반포를 ᄒᆯ 쥴 알고 곽거라 ᄒᆫ논 스룸 부모젼 효도ᄒ야 찬슈공양 극진ᄒᆯ 졔 숨사셰 된 어린 아히 부모 반찬 먹논다구 산 ᄌ식을 무드랴고 양쥬 셔로 의론ᄒ고 밍종은 효도ᄒ야 엄동셜한 죽슌 엇어 부모 봉양 ᄒ얏스니 소녀 나히 십여셰라 녯 효ᄌ만 못ᄒᆯ망졍 감지공친 못ᄒ오릿가 아바지 어두신 눈 험노ᄒᆫ 길 단니시다 넘어져 샹키 쉽고 불피풍우 단이시면 병환 날가 념려오니 아바지는 오날브터 집안에 게시오면 소녀 혼ᄌ 밥을 비러 죠셕 근심 드

〈24〉

오리다

심봉사 디쇼ᄒ야

(봉) 네 말이 효녀로다 인정은 그러ᄒᄂ 어린 너를 니보니고 안져 바다 먹는 마음 니가 웃지 편켓ᄂ냐 그런 말은 다시 마라

(심청) 아바지 그 말 마오 즈로는 현인으로 빅리부미(百里負米)ᄒ야잇고 녯날 뎨영이는 낙양읍에 가친 아비 몸을 파라 속죄ᄒ니 그런 일을 싱각ᄒ면 스람은 일반인디 이만 일을 못ᄒ릿가 넘어 만류 마옵소셔

심봉ᄉ 올케 역여

효녀로다 니 뚤이여 네 말이 긔특ᄒ니 아모러나 ᄒ렴으나

심청이 그날브터 밥을 빌너 나셜 젹에

원산에 히 빗최고 압마을 연긔 ᄂ니 가련ᄒ다 심청이가 헌베 즁의 우ᄉ 단임 미고 깃만 눕은 헌져고리 즈락업는 쳥목휘양 볼셩업시 슉여쓰고 뒤축업는 헌 집신에 보션 버셔 발을 벗고 헌 박아지 손에 들고 건너ᄉ말 바라보니

〈25〉

쳔산됴비 ᄭᆫ어지고 만경인죵 바이 업다 북풍에 모진 바람 살쏘드시 불어온다 황혼에 가는 거동 눈쑤리는 슈풀 쇽에 외로히 어미 일코 눌아가는 감아귀라 엽거름쳐 손을 불며 옹숑구려 건너간다 건너ᄉ말 다다라 이 집 뎌 집 밥을 빌졔 부엌 문안 드러셔며 가련히 비는 말이

모친 샹ᄉᄒ신 후에 안밍ᄒ신 우리 부친 공양ᄒᆯ 길 업사오니 딕에서 잡슈시는디로 밥 ᄒ술만 쥬옵쇼셔

보고듯는 사람들이 마음이 감동ᄒ야 그릇 밥 짐치 쟝을 앗기지 안코 더러쥬며 아가 어셔 어한ᄒ고 만히 먹고 가거라

심청이 엿즈오되

치운 방에 늙은 부친 나 오기만 기다리니 나 혼즈 먹사릿가

이러케 엇은 밥이 두 셰 그릇 족훈지라 심청이 급훈 마음 속속히 도라와 셔 싸리문 밧게 당호며

아바지 칩지 안소 디단이 시쟝호지오 여러 집을 단이즈니 즈연 지쳬 되

〈26〉

얏습니다

심봉사 쏠 보닉고 마음 놋치 못호다가 쏠 소릭 반겨듯고 문 헐쩍 마죠 열고

익고 내 쏠 너 오느냐

두 손목을 덤셕 잡고

손 시리지 아이호며 화로에 불ㅅ쐬여라

심봉사가 긔가 막혀 홀쩍홀쩍 눈물지며 익달도다 내 팔즈야 압 못보고 구츠호야 쓰지 못홀 이 목슘이 슬면 무엇 호즈 호고 즈식 고셩 식이는고

심청이 쟝훈 효셩 부친을 위로호야

아바지 셜워마오 부모쎄 공양호고 즈식에게 효 밧는 것이 텬디에 쩟쩟호고 사톄에 당연호니 넘어 셩화 마옵소셔

이러케 공양홀 졔 츈화츄동 스시졀을 쉬일 날 업시 밥을 비니 동닉 걸인 되얏구나 나이 졈졈 자라가니 침션방젹 능는호야 동리집 바느질을 공밥 먹지 안이호고 삭을 바다 모은 돈을 부친의 의복 찬슈 근근공양 지닉갈 졔 셰

〈27〉

월이 여류호야 십오셰에 당호더니 얼골이 국식이오 효힝이 출텬훈 즁 지

질이 비범ㅎ고 문필도 유여ㅎ야 인의례지 숨강힝실 빅집사 가감ㅎ니 텬
성려질이라 녀즁에 군즈요 금즁에 봉황이오 화즁에 모란이라
상하쵼 사람들이 모친계격 ㅎ얏다고 칭찬이 ㅈㅈㅎ야 원근에 젼파ㅎ니
ㅎ로는 월편 무릉쵼 쟝승샹 부인이 심쳥의 소문을 들으시고 시비를 보니
여 심쇼져를 쳥ㅎ거날 심쳥이 그 말 듯고 부친젼에 엿ㅈ오디
아바지 쳔만 의외에 쟝승샹 부인쎄셔 시비에게 분부ㅎ야 소녀를 부르시
니 시비와 한쎄 가오릿가
언봉사 그 말 듯고
일부러 부르신다니 안니 가 뵈옵겟ᄂ냐 여보아라 그 부인이 일국 지샹
부인이니 조심ㅎ야 단여오라
심쳥이 디답ㅎ고
아버지 소녀가 더듸 단여 오게 되면 기간 시장ㅎ실터니 진지샹을 보와

〈28〉

탁즈 우에 노왓슨즉 시쟝컨던 잡슈시오 슈히 단녀 오오리다
하직ㅎ고 물너셔셔 시비를 싸라갈 졔 텬연ㅎ고 돈졍ㅎ야 쳔쳔히 거름거
러 승샹 문젼 당도ㅎ니 문젼에 들인 버들 오류츈식 자랑ㅎ고 담 안에 긔
화요초 즁향셩을 열어논 듯 즁문안을 들어셔니 건츅이 웅쟝ㅎ고 쟝식도
화려하다 즁계에 다다르니 반빅이 넘은 부인 의샹이 돈졍ㅎ고 긔부가 풍
부하야 복록이 가득ㅎ다 심쳥을 반겨ㅎ고 이러셔 마즌 후에 심쳥의 손을
잡고
네 과연 심쳥인다 듯던 말과 드름업ᄃ
좌를 쥬어 안진 후에 ㅈ셰히 살펴보니
별노 단쟝훈 일 업시 텬ㅈ봉용 국식이라 염용ㅎ고 안진 모양 빅석쳥탄
시너ㅅ가에 목욕ㅎ고 안진 졔비 스람보고 날냐는 듯 얼골이 두렷ㅎ야 련
심에 돗은 달이 슈변에 비최인 듯 추파를 흘니 쓰니 시벽비 기인 하눌

경경훈 시ᄉ별 갓고 팔ᄉᄌ쳥산 가는 눈셥 초싱편월 졍신이오 양협에 고 혼 빗은 부

〈29〉

용화 시로 핀 듯 단슌호지 말하는 양 롱산에 잉무로다
뎐신을 네 물나도 분명훈 션녀로다 도화동에 격하ᄒ니 월궁에 노든 션녀
벗 하나를 일헛도다 무릉촌에 니가 잇고 도화동에 네가 나셔 무릉촌에
봄이 드니 도화동에 긔화로다 달텬디지 졍긔ᄒ니 비범훈 네로구ᄂ 심쳥
아 말 들어라 승상은 긔셰ᄒ시고 아달은 습형뎨ᄂ 황셩 가 려환ᄒ고 다
른 ᄌ식 손ᄌ 업고 슬하에 말 벗 업셔 ᄌᄂ씨ᄂ 씨ᄂᄌᄂ 격젹훈 빈방
안에 디ᄒᄂ니 촉불이라 길고 길은 겨울밤에 보는 거시 고셔로다 네 신
셰 싱각ᄒ니 량반의 후예로셔 져럿타시 궁곤ᄒ니 ᄂ의 슈양ᄯᆯ이 되면 녀
공도 슝상ᄒ고 문ᄉᄌ도 학습ᄒ야 긔츌갓치 셩취 식여 말년 자미 보ᄌ하
니 너의 뜻이 엇더ᄒ냐
심쳥이 엿ᄌ오더
명도가 긔구ᄒ와 져 ᄂ흔지 칠일 만에 모친 셰상 바리시고 안맹ᄒ신 늘
근 부친 ᄂ를 안ᄉ고 단이면셔 동니 졋을 엇어먹여 근근히 길너니여 이만

〈30〉

큼 되얏ᄂ더 모친의 의형 모습 모로는 일 쳘텬지 한이 되야 ᄭᆫ칠 날이
업습기로 니 부모를 싱각ᄒ야 ᄂᆷ의 부모 봉양터니 오날놀 승상 부인 존
귀ᄒ신 쳐지로셔 미쳔홈을 불고ᄒᄉ ᄯᆯ숨으랴 ᄒ옵시니 어미를 다시 본
듯 반갑고도 황숑ᄒ니 부인을 뫼시면은 니 팔ᄌᄂ 영귀ᄒᄂ 안밍ᄒ신 우
리 부친 ᄉ쳘의복 조셕공양 뉘라셔 ᄒ오릿가 길너니신 부모 은덕 ᄉ룸마
다 잇거니와 ᄂᄂ 더옥 부모 은혜 비홀데 업ᄉ오니 슬하를 일시라도 ᄯᅥ

날 슈가 업슴니다

목이 메여 말 못ᄒ고 눈물이 흘너ᄂ려 옥면에 졋ᄂ 형용 츈풍셰우 도화 가지 이슬에 잠기엿다 졈졈이 ᄶ려진 듯

부인이 듯고 가긍ᄒ야

네 말이 과연 츌텬지 효녀로다 노혼ᄒ 이 늘근니 밋쳐 싱각 못ᄒ엿다 그렁져렁 눌 졈으니 심쳥이 이러셔며 부인 젼에 엿즈오딕

부인의 덕틱으로 죵일토록 놀다가니 영광이 무비오ᄂ 일럭이 다ᄒ오

〈31〉

니 졔 집으로 가겟ᄂ이다

부인이 련련ᄒ야 비단과 픠물이며 량식을 후히 쥬어 시비 한쎄 보낼 젹에

심쳥아 말 드러러라 너는 ᄂ를 잇지 말고 모녀간 의를 두라

심쳥이 엿즈오되

부인의 어진 쳐분 루루 말슴 ᄒ옵시니 가르침을 밧소리다

하직ᄒ고 도라올 졔

그 쩌에 심봉스ᄂ 무릉촌에 ᄯ 보내고 말 벗 업시 혼즈 안져 ᄯ 오기만 기딕일 졔 비ᄂ 곱ᄒ 등에 붓고 방은 치워 쇼랭ᄒ고 잘식ᄂ 날아들고 먼 데 졀 쇠북 치니 눌 졈은 줄 짐작ᄒ고 혼즈말노 즈탄ᄒ야

우리 ᄯ 심쳥이ᄂ 응당 슈히 오련마ᄂ 무슨 일에 골몰ᄒ야 눌 졈은줄 모로ᄂ고 부인이 잡고 안이놋ᄂ 풍셜이 쓸쓸ᄒ니 몸이 치워 못오ᄂ가 우리 ᄯ 쟝ᄒ 효셩 불피풍우 오련만ᄂ

시만 푸루루 눌아가도

〈32〉

심쳥이 너 오느냐

낙엽만 벗셕히도

심청이 너 오느냐

아모리 기디려도 젹막공산 일모도궁(寂寞空山 日暮途窮) 인젹이 바이
업셔 심봉사 각갑ᄒ야 집힝막디 것더집고 쏠 오ᄂᆞᆫ디 마종간다 더듬더듬
쥬츔쥬츔 시비밧게 ᄂᆞ가다가 빙판에 발이 쎅쏫

길 되ᄂᆞᆫ 기쳔물에 풍덩 쑥 쪄러져 면상에 진흙이오 의복이 다 졋ᄂᆞᆫ다 두
눈을 번젹이며 ᄂᆞ오랴면 더 빠지고 ᄉᆞ방 물이 출넝거려 물소리 요란ᄒ니

심봉ᄉᆞ 겁을 내여

아모도 업쇼 ᄉᆞ룸 살이시오

허리 위 물이 도니

아이고 ᄂᆞ 죽ᄂᆞᆫ다

ᄎᆞᄎᆞ 물이 올나와 목에 간즈런ᄒ니

〈33〉

허푸허푸 아이고 ᄉᆞ룸 죽쇼

아모리 쇼리ᄒᆞᆫ들 리인거긱 ᄰᆞ쳣스니 뉘라서 건져쥬랴

그ᄯᅥ 몽운사 화쥬승이 졀을 즁창ᄒ랴 ᄒ고 권션문 둘너메고 시쥬집에 ᄂᆞ
려왓다 졀을 ᄎᆞ져 올ᄂᆞ갈 졔

츙츙 ᄂᆞ간다 츙츙 ᄂᆞ간다 뎌 즁의 거동보쇼 얼골은 형산빅옥갓고 눈은
쇼상강 물ᄉ결이라 량 귀가 축 쳐려 슈슈과슬ᄒ얏ᄂᆞᆫ디 실굴갓 총감투 뒤
를 눌너 흠썩쓰고 당상금관ᄌᆞ 귀 위에다 쩍 붓쳐 빅셰포 큰 장솜 다홍
씌 눌너씌고 구리 빅통 은장도 고름에 느짓 ᄎᆞ고 넘쥬 목에 걸고 단쥬
발에 걸고 쇼샹반쥭 열두마디 쇠고리 길게 달어 쳘쳘 둘너집고 흐늘거려
올나간다 이 즁이 엇던 즁인고 륙관뒤사 명을 밧아 용궁에 문안 갓다 약
쥬 취케 먹고 츈풍 셕교상에 팔션녀 희롱ᄒ던 셩진이도 안이오 삭발은
도진세(削髮은 逃塵世)오 죤염은 표장부(存髥은 表丈夫)라 ᄉᆞ명당도 안

이오 몽운사 화쥬승이 시쥬집 내려왔다가 청산은 암암ᄒ고 셜월은 도다
올 졔 석경에 좁은 길

〈34〉

노 흔늘흔늘 흔늘거려 올나갈 졔 풍편에 슬픈 쇼리 사롬을 쳥ᄒ거늘 이
즁이 의심내여

이 울음이 웬 울음 마외역 져문 놀 양틱진의 울음인가 ᄒ디 셜곡즁 통국
을 리별ᄒ던 소즁랑의 울음인가 이 쇼리가 웬 소리

그 곳을 추져가니 엇더ᄒ 사롬이 긴쳔물에 쩌러져 거의 죽게 되얏거늘
져 즁이 쌈쪽 놀나 굴갓장삼 훨훨 버셔 되는디로 내버리고 집헛던 구졀
쥭장 되는디로 내버려 힝젼 다님 보션 벗고 고두누비 바지가리 둘둘 말
아 즈감이에 쏙 붓쳐 빅로규어(白鷺窺魚) 격으로 징검징검 드러가 심봉
사 가는 허리를 후리쳐 듬숙 안어

에-쑤름 이야츠

물가 밧게 안친 후에 즈세히 보니 젼에 보던 심봉사라

허허 이게 웬일이오

심봉사 졍신추려

〈35〉

나 살닌 이 거 누구시오

소승은 몽운ᄉ 화쥬승이올시다

그럿치 활인지불이로고 죽을 사롬을 살녀쥬니 은혜 빅골난망이오

그 즁이 손을 줍고 심봉사를 인도ᄒ야 방 안에 안친 후에 져진 의복 벗겨
노코 마른 의복 닙힌 후에 물에 빠진 리력을 무른즉 심봉사가 신세즈탄
ᄒ야 젼후슈말을 ᄒ니 뎌 즁이 말ᄒ기를

우리 졀 부처님이 령험이 만으셔셔 빌어 안이 되난 일 업고 구ᄒ면 응ᄒ

시느니 부처님젼 고양미 삼빅석을 시쥬로 올니옵고 지셩으로 빌으시면
셩젼에 눈을 떠서 텬디만물 묘흔 구경 완인이 되오리다
심봉사 그 말 듯고 쳐디는 싱각지안코 눈 뜬다는 말 반가워서
여보소 대사 공양미 삼빅석을 권션문에 적어가소
져 즁이 허허 웃고
적기는 적사오나 딕 가셰를 둘너보니 삼빅석을 주션홀 길 업슬 쯧 ᄒ오

〈36〉

이다
심봉사 화를 내여
여보소 딕사가 사룸을 몰나보네 엇던 실업슨 사룸이 령험ᄒ신 부처님젼
빈말을 홀 터인가 눈도 못쓰고 안진방이 마즈 되게 사룸을 넘오 주미업
시 넉이는고 당장 적어 칼부림 눌 터이니
화쥬승이 허허 웃고 권션문에 올니기를 졔일층 홍지에다
심학규 미 삼빅석
이라 더서특서ᄒ더니 ᄒ직ᄒ고 간 연후에 심봉사 즁 보내고 화 쩌진 뒤
싱각ᄒ니 도로혀 후환이라 혼즈말노 즈탄ᄒ야
내가 공을 드리랴다가 만약에 죄가 되면 이를 장츠 엇지ᄒ즌말가
묵은 근심 싀 근심이 동모지어 니러나니 신셰즈탄ᄒ야 통곡ᄒ는 말이
텬디가 지공ᄒ샤 별노 후박이 업것마는 이내 팔즈 어이ᄒ야 형셰 업고
눈이 머러 희달갓치 넓은 것을 분별홀 수 젼혀 업고 쳐즈갓흔 지경간에

〈37〉

더ᄒ야도 못 보는가 우리 망쳐 사랏스면 죠석 근심 업슬텐데 다 커가는
쏠 자식을 삼사동리 품을 팔아 근근호구ᄒ는 즁에 삼빅석이 어딕 잇서

호긔잇게 적어노코 빅가지로 혜아려도 방칙이 업시 되니 이 일을 엇지ᄒ
준말가 독긔그릇 팔아도 한 되 곡식 살 것 업고 장롱함을 경미ᄒᆫ들 단돈
닷량 쓰지안코 집이ᄂ 팔즈ᄒᆫ들 비바룸 못 가리니 내라도 안살 테라 내
몸이나 팔즈ᄒᆫ들 눈 못보는 이 줍것을 언의 누가 사가리오 엇던 사룸 팔
쟈 조아 이목구비 완연ᄒ고 슈족이 구비ᄒ야 곡식이 진진 지물이 넉넉
용지불갈 취지무금(用之不竭 取之無禁) 그른 일이 업것마는 나는 혼즈
무슨 죄로 이 몰골이 되얏는가 이고이고 설운지고
한춤 이리 설이 울 졔
심청이 거동보소 속속히 도라와셔 다든 방문 헐적 열고
아바지
불으더니 져의 부친 모양을 보고 쌈작 놀나 달녀드러

〈38〉

이고 이게 웬일이오 나 오는가 마죵코져 문 밧게 나오시다 이런 욕을 보
시닛가 버스신 의복보니 물에 흠신 져졋슬 졔ᄂ 물에 싸져 욕을 보셧소
이고 아바지 칩긴들 오작ᄒ며 분홈인들 오작홀가 승샹딕 로부인이 구지
잡고 만류ᄒ야 어언간 더듸엿소
승샹딕 시비다려 방에 불을 써 달나고 쵸마폭을 거더쥐고 눈물을 씨츠면
셔 언으다시 밥을 지어 부친 압헤 상 올니고
아바지 진지 줍슈시오
심봉ᄉ가 엇진 곡졀인지
(봉) 나 밥 안이 먹을는다
(심) 엇의 압하 그리시오 소녀가 더듸오니 괘심ᄒ야 그리시오
(봉) 안일다
(심) 무슨 근심 계시닛가
(봉) 너 알닐 안이다

〈39〉

심청이 엿자오되

(심) 아바지 그 무슨 말슴이오 소녀는 아바지만 바라고 스옵고 아바지끠셔는 소녀를 밋어 디소스를 의론터니 오늘날에 무슨 일로 너 알 일이 안이라니 소녀 비록 불효인들 말슴을 소기시니 마음에 셜스이다

홀젹홀젹 울어 노으니 심봉스가 깜작 놀나

아가 아가 울지말아 너 속일 리 업지마는 네가 만일 알고 보면 지극흔 네 효성에 걱정이 되겟기로 진즉 말을 못흐엿다 아스가 니가 너 오는가 문 밧게 나가다가 기쳔물에 써러져셔 거의 죽게 되엿더니 몽운스 화쥬승이 나를 건져 살녀노코 내 스졍 무러보기 내 신셰 싱각흐고 젼후 말을 다 힛더니 그 즁 듯고 말을 흐되 몽운스 부쳐님이 령험흐기 쏘 업스니 공양미 슴빅셕을 불젼에 시쥬흐면 싱젼에 눈을 써셔 완인이 된다 흐기로 형셰는 싱각지 안코 화스김에 격엇더니 도로혀 후회로다

심쳥이 그 말 듯고 반겨 웃고 디답흐되

〈40〉

(심) 후회를 흐옵시면 졍셩이 못 되오니 아바지 어두신 눈 졍녕 밝아 보량이면 슴빅셕을 아못죠록 준비흐야 보오리다

(봉) 네 아모리 흐즈흔들 안빈락도 우리 형셰 단 빅셕은 홀슈잇나

(심) 아바지 그 말 마오 옛 일을 싱각흐니 왕상은 고빙(王祥은 叩氷)흐야 어름 궁게 리어 엇고 밍종은 읍죽(孟宗은 泣竹)흐야 눈 가온디 죽슌 나니 그런 일을 싱각흐면 츌쳔디효 스친지졀 옛 스룸만 못흐여도 지셩이면 감텬이라 아모 걱졍 마옵소셔

만단으로 위로흐고 심쳥이 그눌붓터 부친을 위흐야셔 흐나님젼 축슈흔다

후원을 졍히 쓸고 황토로 단을 모고 좌우에 금스줄 미고 졍화슈 흔 동의

를 쇼반 우에 밧쳐노코 북두칠성 효야반에 분향지비혼 연후에 두 무릅 정히 꿀고 두 손 합쟝 비는 말이

샹쳔일월성신이며 하디후토성황 사방지신 졔텬졔불 셕가여리 관음

〈41〉

강보살 소소응감흐옵쇼서 하나님이 일월 두기 스롬의 안목이라 일월이 업스오면 무슨 분별 흐오릿가 소녀 아비 무ᄌᆞ싱 이십 후 안밍흐야 시물 을 못흐오니 소녀 아비 허물을낭 이 몸으로 디신흐고 아비 눈을 붉게흐 야 텬싱년분 짝을 만나 오복을 갓게 주워 슈부다남ᄌᆞ를 졈지흐야 주옵쇼셔 주야로 빌엇더니 도화동 심쇼져는 텬신이 아는지라 흠향을 흐옵시고 압 일을 인도흐신지라 하로는 유모 귀덕어미가 오더니

(귀) 아가씨 이샹한 일 보앗나이다

(심) 무슨 일이 이샹흐오

(귀) 엇더혼 스롬인지 이십여명이 단이면서 갑은 고하간에 십오셰 된 쳐 녀를 사겟다흐고 단이니 그런 미친놈들이 잇소

츌텬디효 심소져 안마음에 반겨 듯고

여보 그 말 진졍이오 졍말 그리 되량이면 그 단이는 스롬 중에 로슉흐고

〈42〉

졈ᄌᆞ는 스롬을 불너오되 말이 밧게 나지 안케 죵용히 다려오오

귀덕어미 디답흐고 과연 다려왓는지라 처음은 유모 식여 사롬 스랴는 리 력을 무른즉 그 스롬 대답흐되

우리는 본래 황성스롬으로셔 샹고차로 비를 타고 만리 밧게 단이더니 비 갈ㅅ길에 림당슈라 흐는 물이 잇서 변화 불측흐야 잣칫흐면 몰스를 당흐 는대 십오셰 쳐녀를 뎨슈 넛코 졔스를 지내면 슈로만리를 무스히 왕래흐

고 쟝스도 흥왕ᄒ옵기로

생이가 원수로 스롬 스라 단이오니 몸 풀을 처녀 잇스오면 갑을 앗기지 안코 주겟내다

심쳥이 그제야 느서며 이른 말이

느는 본촌 스롬으로 우리 부친 안밍ᄒ야 셰상을 분별 못ᄒ기로 평생에 한이 되야 하느님젼 츅수하더니 몽운스 화쥬승이 공양미 슴빅셕을 불젼에 시쥬ᄒ면 눈을 써서 보리라 ᄒ되 가셰가 지빈ᄒ야 쥬션홀 길 업습

〈43〉

기로 내 몸을 방미ᄒ야 발원ᄒ기 바라오니 느를 삼이 엇더ᄒ오 내 느히 십오셰라 그 안이 덕둥ᄒ오

션인이 그 말을 듯고 심소져를 쳐다보더니 마음이 억싁ᄒ야 다시 볼 졍신이 업서 고기를 숙이고 믁믁히 서 잇다가

랑즈 말삼 듯즈오니 거룩ᄒ고 장ᄒ 효셩 비홀대 업숩내다

이럿타시 치하ᄒ 후에 져의 일이 긴훈지라 그리ᄒ오 허록ᄒ니

심소져-다시 무러

(심) 힝션늘이 언졔오닛가

(션) 리월 십오일이 힝션ᄒ는 늘이오니 그리 아옵소셔

피ᄎ에 샹약ᄒ고 그 늘에 션인들이 공양미 삼빅셕을 몽운스로 보닛구느

심소져는 귀덕어미를 빅번이느 돈쇽ᄒ야 말 못너게 ᄒ 연후에 집으로 드러와 부친 젼에 엿즈오되

(심) 아바지

〈44〉

(봉) 웨 그리느야

(심) 공양미 삼빅셕을 몽운수로 올엿느이다

심봉수가 깜작 놀느서

그게 엇진 말이야 삼빅셕이 엇의 잇서 몽운수로 보닛서야

심쳥이가 류 달은 효셩으로 거줏말을 ㅎ야 부친을 속일싸만는 수셰부득이라 잠싼 속여 엿쥽것다

일젼에 무릉촌 장승상덕 부인쯰서 소녀 보고 말ㅎ기를 수양쌀 노릇ㅎ라 ㅎ되 아바지 게시기로 허록 아니 ㅎ얏는대 수셰부득ㅎ야 이 말삼 살왓더니 부인이 반겨 듯고 쌀 삼빅셕 쥬시기로 몽운수로 보내옵고 수양쌀노 풀넛내다

(심봉수) 물식모르고 대쇼ㅎ며 즐겨ㅎ야

(봉) 어허 그 일 줄 되얏다 일국직상 부인이오 후복이 만ㅎ겟다 암만ㅎ야도 다르니라 참 그 일 줄 되얏다 언졔 다려근다드냐

〈45〉

(심)러월 십오일눌 다려근다 ㅎ옵듸다

(봉) 너 게 가 살더리도 ㄴ 살기 관계찬치 어ㅡ춤으로 줄 되엿다

만돈으로 위로ㅎ니 심쳥이 그눌브터

일을 곰곰 생각ㅎ니 스룸이 셰상에 생겨느서 아모일 흔 것 업시 열여셧에 죽을 일과 온밍흔 즈긔 부친 영결ㅎ고 죽을 일이 정신이 아득ㅎ야 일에도 뜻이 업셔 식음을 젼폐ㅎ고 실음업시 지내다가 다시 생각ㅎ야 보니 얼크러진 그물이 되고 쏘아노은 살이로다 내 이몸이 죽어노면 츈하츄동 스시졀에 부친 의복 뉘 다홀싸 아직 스라잇슬 쩌에 아바지 사쳘의복 망죵 지어 들이리라

츈츄의복 상침겹것 하졀의복 젹슴고의 겨을의복 솜을 두어 보에 쓰셔 장에 넛코 갓 망근도 시로 사셔 말쏙에다 거러노코 힝션눌을 기다일 졔 하로붐이 격흔지라 붐은 졈졈 숨경인대 은하수는 기우러져 촉불이 희미홀

졔 두 무릅을 쏘구리예 아모리 성각흔들 심신을 난졍이라 부친의 신쓴
버션 볼

〈46〉

이느 망종 바드리라 바늘에 실을 쐬여 손에 들고 해염업는 눈물이 근장
에셔 소사올느 경경열열(哽哽咽咽)흐야
부친 귀에 들니지 안케 속으로 늣게 울며 부친의 낫에다가 얼골도 감안
이 대여보고 수족도 만지면셔
오눌봄 뫼시며는 다시는 못 볼테지 내가 한번 죽어지면 여단수족(如斷
手足) 우리 부친 뉘를 밋고 살으실가 이둛도다 우리 부친 니가 철을 안
연후에 냅 빌기를 노앗더니 이졔 니 몸 죽게 되면 츈하츄동 스시졀을 동
리결인 되겟구나 이총인들 오작 쥬며 괄시인들 오작홀꼬 부친 겻혜 니가
뫼셔 빅셰꾼지 공양타가 이별을 당흐야도 망극흔 이 셜음이 측량홀 슈
업슬텐데 함을며 싱리별이 고금텬디 쏘 잇슬싸 우리 부친 곤흔 신셰 적
슈단신(赤手單身) 살자흔들 죠셕공궤 뉘라 흐며 고싱흐다 죽스오면 쏘
언의 즈식 잇셔 머리 플고 이통흐며 초종 장례 쇼더끄며 년년 오는 긔졔
스에 냅 흔그릇 물 흔그릇 뉘라셔 츠려놀싸 몹슬 년의 팔즈로다 칠일 안

〈47〉

에 모친 일코 부친 마즈 리별흐니 이런 일도 쏘 잇는가 하양락일수원리
(河陽落日愁遠離)는 쇼통국의 모즈리별 편습슈유쇼일인(遍揷茱萸少一
人)은 룡산에 형뎨리별 졍긱관산로긔즁(征客關山路幾重)은 오희월녀 부
부리별 셔츌향관무고인(西出陽關無故人)은 위셩에 붕우리별 그런 리별
만흐야도 피츳 살아 당흔 리별 쇼식 드를 날이 잇고 만나 볼 쩌 잇셧스나
우리 부녀 이 리별은 니가 영영 죽어가니 언의 쩌 쇼식 알며 언의 날에

맛나볼까 도라가신 우리 모친 황천으로 들어가고 나는 인제 죽게 되면
슈궁으로 갈 터이니 슈궁에 들어가서 모녀 상봉ㅎㅈ 혼들 황텬과 슈궁길
이 슈륙이 현슈ㅎ니 만나볼 슈 전혀 업네 슈궁에서 황쳔가기 몃쳔리나
머다는지 황쳔길을 뭇고 물어 불원쳔리 츠겨간들 모친이 나를 어이 알며
나는 모친 어이 알니 만일 알고 뵈옵는 날 부친 쇼식 뭇ㅈ오면 무슨 말로
디답홀쏘 오날 밤 오경시를 함디에 머므르고 릭일 아참 돗는 희를 부상
에 미엿스면 하늘ㅈ혼 우리 부친 더 뫼셔 뵈련마는 밤 가고 희 돗

〈48〉

는 일 게 뉘라셔 막을손가
텬디가 사정업셔 이윽고 닭이 우니 심청이 긔가 믹혀
닭아 닭아 우지마라 반야진관에 맹상군이 안이 온다 네가 울면 날이 시
고 날이 시면 나 죽는다 나 죽기는 셜지 안으나 의지업슨 우리 부친 엇지
잇고 가잔 말가
밤식도록 셜니 울고 동방이 밝어오니 부친 진지 지으랴고 문을 열고 나
셔보니 발셔 션인들이 시비 밧게 쥬져쥬져
오날 힝션날이오니 쉬히 가게 ㅎ옵쇼셔
심청이가 그 말 듯고 디번에 두 눈에서 눈물이 빙빙 도라 목이 메여 시비
밧게 나아가
여보시오 션인네들 오날 힝션 ㅎ는 줄은 닉 임의 알거니와 부친이 모로
오니 잠싼 지체ㅎ옵시면 불상ㅎ신 우리 부친 진지 망종ㅎ야 상을 올녀
잡슌 후에 말슴을 엿쥬옵고 써나게 ㅎ오리다

〈49〉

션인이 가긍ㅎ야

그리호오

허락호니

심쳥이 드러와셔 눈물 셕거 밥을 지어 부친 압헤 상 올니고 아모조록 진지 만히 잡슛도록 호노라고 상 머리에 마조 안져 좌반도 쑥쑥 쪠여 슈져 우에 올녀노코 쌈도 쓰셔 입에 너며

(심) 아바지 진지 만히 잡슈시오

(봉) 오냐 만히 먹으마 오날은 별로 반찬이 미우 됴쿠나 뉘 집 졔스 지닛느냐

심쳥이는 긔가 믹혀 속으로만 늣겨 울며 훌젹훌젹 쇼리나니 심봉스 물식 업시 귀볽은 톄 말을 호며

아가 아가 웨 그러니 몸이 앏흐냐 감긔가 드럿나보구나 오날이 몃칠이냐 오날이 열 닷식지

〈50〉

부녀 텬륜이 즁호니 몽조가 엇지 업슬쇼냐 심봉스가 간밤 꿈 리약이를 호던 것이엿다

간밤에 꿈을 쑤니 네가 큰 슈레를 타고 한업시 가 보이니 슈레라 흐는 거슨 귀훈 스롬 타는 거시라 아마도 오날 무릉촌 승상딕에셔 가마 틱여 가랴나보다

심쳥이 드러보니 즈긔 죽을 꿈이로다 아모조록 안심토록

그 꿈이 쟝히 됴소이다

진지상 물녀닉고 담비 푸여 올닌 후에

스당에 하직추로 셰슈를 졍히 호고 눈물 흔젹 업신 후에 졍훈 의복 가라 입고 후원에 도라가셔 사당문 가만히 열고 쥬과를 추려노코 통곡 지비 하직홀졔

불효 녀식 심쳥이는 부친 눈을 씌우려고 남경 쟝亽 션인들쩨 슘빅셕에
몸이 팔녀 림당슈로 도라가니 소녀가 죽드리도 부친의 눈을 씌여 챡훈

〈51〉

부인 작비ᄒ야 아달낫코 ᄯᅩᆯ을 나아 조상향화 젼케ᄒ오
문 닷치며 우는 말이
소녀가 죽亽오면 이 문을 누가 여다드며 동지 한식 단오 츄셕 사명졀이
도라온들 쥬과포혜를 누가 다시 올니오며 분향지비 누가 홀고 죠상에 복
이 업셔 이 디경이 되옵는지 불상훈 우리 부친 무강근지친족ᄒ고 압 못
보고 형셰업셔 밋을 곳이 업시 되니 엇지 잇고 도라갈가
우루루 나오더니 즈긔 분친 안진 압헤 쎳다 쳘셕 안지면셔
아바지
부르더니 말 못ᄒ고 긔졀훈다
심봉亽 씸쯕 놀나
아가 웬일이냐 봉亽의 ᄯᅩᆯ이라고 누가 명가ᄒ드냐 이거시 회동ᄒ엿고나
말ᄒ여라
심쳥이 졍신차려

〈52〉

(심) 아바지
(봉) 오냐
(심) 너가 불효녀식으로 아바지를 속엿소 고양미 슘빅셕을 누가 나를 쥬
오릿가 남경장亽 션인들이 슘빅셕에 몸을 팔녀 림당슈 데슈로 가기로 ᄒ
와 오날 힝션놀이오니 나를 오늘 망죵망죵
심봉亽 하 긔가 막혀 노으니 울음도 안이 나오고 실셩을 ᄒ는데

인고 이게 웬말이냐 응 참말이냐 롱담이냐 말 갓지 안이ᄒ다 나다려 뭇
도 안코 네 마음디로 ᄒᆞᆫ단말가 네가 살고 닉 눈쓰면 그는 응당 됴려니와
네가 죽고 닉 눈쓰면 그게 무슨 말이 되랴 너의 모친 너를 낫코 칠일만에
죽은 후에 눈죠츠 어둔 놈이 품 안에 너를 안ᄉ고 이 집 져 집 단이면셔
동양졋 엇어먹여 그만치나 자랏기로 한 스름을 이졋더니 네 이게 웬말이
냐 눈을 팔아 너을 살데 너를 팔아 눈을 산들 그 눈 ᄒᆞ셔 무엇ᄒᆞ랴 엇전
놈의 팔ᄌᆞ로셔 안히 죽고 ᄌᆞ식 일코 사궁지슈가 되단 말가 네 이 션인놈
들아 쟝사도 죠컨이

<h2 style="text-align:center">〈53〉</h2>

와 사름 사다 졔슈 닉는디 어디셔 보앗나냐 하나님의 어지심과 귀신의
발근 마음 앙화가 업슬손냐 눈 먼 놈의 무남독녀 쳘 모르는 어린 것을
나 모르게 유인ᄒᆞ야 사단 말이 웬말이냐 쌀도 실코 눈쓰기 닉 다 실타
네 이 독ᄒᆞᆫ 상놈들아 녯 일을 모르느냐 칠년디한 감을 젹에 사름잡아 빌
야 ᄒᆞ니 탕님군 어진 마음 닉가 지금 비는 바는 빅셩을 위홈이라 사름
죽여 빌 양이면 닉 몸으로 디신ᄒᆞ리라 몸으로 희성되야 젼됴단발 신영빅
모(剪爪斷髮身嬰白茅) 상님들에 비르시니 디우방슈쳔리 그런 일도 잇나
니라 ᄎᆞ라리 닉 몸으로 디신 가면 엇더ᄒᆞ냐 너의놈들 나 죽여라 평성에
밋친 마음 죽기가 원이로다 인고 나 죽는다 직금 닉가 죽어노면 네 놈들
이 무스홀까 무지ᄒᆞᆫ 강도놈들아 싱스롭 죽이면은 디젼통편 률이 잇다
홀노 쟝둠 닉를 갈며 죽기로 시쟉ᄒᆞ니 심쳥이 부친을 붓들고
아바지 이 일이 남의 탓이 아니오니 상둄픠셜 마옵쇼셔
부녀 셔로 붓들고 둥굴며 통곡ᄒᆞ니 도화동 남녀노소 뉘 아니 셜어ᄒᆞ리
션

〈54〉

인들 모다 울며

여보시오 령좌령감 츌쳔디효 심소져는 의론도 말녀니와 심봉수 져 량반
이 춤으로 불상ᄒᆞ니 우리 션인 숨십여명 십시일반으로 져 량반 평싱 신
셰 굼지 안코 벗지 안케 주션을 ᄒᆞ야쥬셰

그 말이 올타ᄒᆞ고 돈 숨빅양 빅미빅셕 빅목마포 각 한 바리 동즁으로 드
려노며

숨빅량은 논을 스서 챡실ᄒᆞ 스룸 쥬어 도죠로 작졍ᄒᆞ고 빅미 즁 열듯셤
은 당년 량식 ᄒᆞ게 ᄒᆞ고 남져지 풀십여석 년년이 홋터노아 쟝리로 츄심
ᄒᆞ면 량미가 풍족ᄒᆞ니 그러케 ᄒᆞ시읍고 빅모마포 각 일티는 스철의복 짓
게 ᄒᆞ소셔

동즁에셔 의론ᄒᆞ야 그리ᄒᆞ라 ᄒᆞ고 그 연유로 공문너여 일동이 구일ᄒᆞ게
구별을 ᄒᆞ얏구나 그 ᄯᅢ에 무릉촌 장승상 부인쎄셔 심쳥이 몸을 풀녀 림
당슈로 간단 말을 그졔야 드르시고 시비를 급히 불너

〈55〉

드르미 심쳥이가 죽으러 간다 ᄒᆞ니 싱젼에 근너와셔 나를 보고 가라ᄒᆞ고
급히 다리고 건너 오라

시비 분부 듯고 심쳥을 와셔보고 그 연유로 말을 ᄒᆞ니 심쳥이 시비와 한
쎄 무릉촌을 건너가니 승상부인 밧게 나와

심쳥의 손을 잡고 눈물 지어 ᄒᆞ는 말이

너 이 무상ᄒᆞᆫ 스람아 닉가 너를 안 이후에 ᄌᆞ식으로 넉엿는디 너는 나를
이졋나냐 네 말을 드러보니 부친 눈을 ᄯᅴ우랴고 션인에게 몸을 팔녀 죽
으러 간다ᄒᆞ니 효셩은 지극ᄒᆞ나 네가 죽어 될 닐이냐 그리 일이 되량이
면 나ᄒᆞᆫ테 근너와셔 이 연유를 말ᄒᆞᆻᆺ스면 이 디경이 업슬 것을 엇지 그리

무샹호냐
쓰을고 들어가셔 심쳥을 안친 후에
쏠 삼빅셕을 쥴 것이니 션인 불너 도로 쥬고 망령의스 먹지 말아
심쳥이 그 말 듯고 한춤을 싱각다가 텬연히 엿즈오되

<h2 style="text-align:center">〈56〉</h2>

당초 말숨 못혼 일을 후회혼들 엇지호며 쏘혼 몸이 위친호야 졍셩을 다
차호면 남의 무명식혼 지물을 바라릿가 빅미 삼빅셕을 도로 니쥰다 혼들
션인들도 림시 랑퓌 그도 쏘혼 어렵숩고 스룸이 남에게다 혼번 몸을 허
룩호야 갑을 밧고 팔녓다가 슈숙이 지낸 후에 춤아 엇지 늣을 들고 무엇
이라 비약호오릿가 로친 두고 죽는 것이 이효샹효호는 쥴은 모르는 비
안이로디 텬명이니 홀 일 업소 부인의 놉혼 은혜와 어질고 챡혼 말숨 죽
어 황쳔 도라가셔 결초보은호오리다
승샹부인이 놀나와 심쳥을 살펴보니 긔식이 엄슉호야 다시 권치는 못호
고 춤아 노키 익셕호야 통곡호며 호는 말이
니가 너를 본 연후에 긔츌 갓치 졍을 두어 일시일각 못 보아도 한이 되고
연연혼 이 싱각 잇치지 못호더니 목젼에 네 몸이 죽으러 가는 것을 춤아
보고 살 슈 업다 네가 잠간 지쳬호면 네 얼골 네 틱도를 화공 불너 그려
두고 니 싱젼 볼 것이니 죠금만 머물너라

<h2 style="text-align:center">〈57〉</h2>

시비를 급히 불너 일등화공 불너드려 분부호되
여보아라 졍신드려 심쇼져 얼글 톄격 샹하의복 입은 것과 슈심 겨워 우
는 형용 츠착업시 쥴 그리면 즁샹을 홀 터이니 졍신드려 쥴 그리라
족즈를 니여노니 화공이 분부 듯고 족즈에 포슈호야 류탄을 손에 들고

심소져를 쏙쏙이 바라본 후 이리져리 그린 후에 오식화필 좌르르 펼쳐
각식단쳥 버려노코 란초갓치 푸른 머리 광치가 찬란ᄒ고 빅옥갓튼 슈심
얼골 눈물 흔적이 완연ᄒ고 가는 허리 고은 슈족 분명ᄒ 심소져라 휙휙
터러 노으니 심소져가 둘이로다 부인이 일어나셔 우슈로 심쳥의 목을 안
ㅅ고 좌슈로 화상을 어로만지며 통곡ᄒ야 슯피 우니 심쳥이 울며 엿ᄌ오되
녕녕히 부인쎄셔 젼셩에 니 부모니 오날날 물너가면 어늬 날에 뫼시릿가
소녀의 일졍슈심 글 한 슈 지어닉여 부인 젼에 올니오니 걸어두고 보시
오면 증험이 잇스리다
부인이 반기 넉여 필연을 니여노니 화상 족ᄌ상에 화졔글 모양으로 붓을

〈58〉

들고 글을 쓸 제 눈물이 픠가 되야 졈졈이 써러지니 송이송이 쏫이 되야
향닉가 날듯ᄒ다 그 글에 ᄒ얏스되
싱긔ᄉ귀일몽간(生寄死歸一夢間)ᄒ니 권졍하필누산산(眷情何必淚珊珊)
가 셰간최유단장쳐(世間最有斷腸處)는 초록강남인미환(草綠江南人木
還)이라
부인이 놀나시며
네 글이 진실노 신션의 구긔니 이번에 너 가는 길 네 마음이 안이라 텬상
에셔 불음이로다
즉시 혼 쏫 씃어닉여 얼는 써셔 심쳥 쥬니 그 글에 ᄒ얏스되
무단풍우야릭흔(無端風雨夜來痕)은 취숑명화락힉문(吹送名花落海門)이
라 젹고인간을 텬필념(積苦人間天必念)이어늘 무고부녀단졍은(無辜父
女斷情恩)이라
심소져 그 글 밧아 단단히 간직ᄒ고 눈물노 리별홀 졔 무릉촌 남녀로소
뉘

⟨59⟩

아니 통곡ᄒ랴 심청이 건너오니 심봉ᄉ 달녀들어 심청의 목을 안ᄉ고 쒸놀며 통곡ᄒ다

나고 가ᄌ 나랑 가 혼ᄌ 가지 못ᄒ리라 죽어도 갓치 죽고 살아도 갓치 살ᄌ 나 바리고 못 가리라 고기붑이 되드러도 나와 너와 갓치 되ᄌ

심청이 울음 울며

우리 부녀 텬륜을 쓴코 십허 쓴ᄉ오며 죽고 십허 죽ᄉ릿가마는 익회가 슈에 잇고 고싱ᄉ가 한이 잇셔 인ᄌ지졍 싱각ᄒ면 쩌날 날이 업ᄉ오나 쳔명이니 홀 일 업소 불효녀식 심쳥이ᄂ 싱각지 마옵시고 아바지ᄂ 눈을 쩌셔 더명텬디 다시 보고 착ᄒ 스롬 구혼ᄒ야 아달 낫코 ᄯ을 나아 후ᄉ 젼케 ᄒ옵소셔

심봉ᄉ 펼젹 쒸며

익고익고 그 말 마라 쳐ᄌ 잇슬 풀ᄌ 되면 이런 일이 잇겟나냐 나 바리고 못 가리라

⟨60⟩

심청이 져의 부친을 동리 스롬에게 붓들니여 안쳐노코 울면셔 ᄒᄂ 말이 동늬 남여 어룬 혈혈단신 우리 부모 죽으려 가는 몸이 동즁만 밋ᄉ오니 깁히 싱각ᄒ옵소셔

하직ᄒ고 도라셔니 동리 남녀로소 업시 발구르며 통곡ᄒ다

심청이 울음 울며 션인을 ᄯ라갈 졔 슬니ᄂ 초마ᄌ락 거듬거듬 거더안ᄉ고 만슈비봉 홋흔머리 귓밋헤와 드리웟고 피갓치 흘은 눈물 옷깃에 ᄉ못친다 졍신업시 나가면셔 근녀ᄉ집 바라보며

김동지딕 큰 아가 너와 나와 동갑으로 격장간 피ᄎ 크며 형졔갓치 졍을 두어 빅년이 다 진토록 인간고락 ᄉᄂ 흥미 한끠 보ᄌ ᄒ얏더니 나 이러

케 써나가니 그도 쏘흔 한이로다 텬명이 그 쑨으로 나는 임의 죽거니와
의지업는 우리 부친 이통ᄒᆞ야 상ᄒᆞ실싸 나 죽은 후이라도 슈궁원혼 되겟
스니 네가 나를 싱각거든 불상ᄒᆞ신 나의 부친 극진 디우ᄒᆞ야다고
압집 즈근 아가 상침질 슈놋키를 누와 한ᄭᅴ ᄒᆞ랴나냐 작년 오월 단오야

〈61〉

에 츄텬ᄒᆞ고 노던 일을 네가 그져 싱각너냐 금년 칠월 칠셕야에 한ᄭᅴ 걸
교ᄒᆞ짓더니 이제는 허스로다 나는 임의 위친ᄒᆞ야 영결ᄒᆞ고 가거니와 네
가 나를 싱각거든 불상흔 우리 부친 나 부르고 이통커든 네가 와셔 위로
ᄒᆞ라 너와 나와 스괸 본졍 네 부모가 니 부모요 니 부모가 네 부모라 우
리 싱젼 잇슬 졔는 별로 혐이 업셧스나 우리 부모 빅셰 후에 디부에 드러
오셔 부녀 상면ᄒᆞ는 날에 네 졍셩을 니 알겟다
이럿타시 하직홀 졔 하느님이 아시던지 빅일은 어둬가고 음운이 즈옥ᄒᆞ
다 이ᄶᅡ감 비ㅅ방울이 눈물갓치 써러지고 휘늘어져 곱던 쏫이 이위고져
빗히 업고 쳥산에 셧는 초목 슈식을 씌워잇고 록슈에 드린 버들 니 근심
을 도읍는 듯 우는이 져 쇠ᄭᅩ리 너는 무슨 회포런가 너의 속 깁흔 한을
니가 알든 못ᄒᆞ여도 통곡ᄒᆞ는 니 심스를 네가 혹시 짐작홀가 뜻밧게 져
두견이 귀촉도 불여귀라 야월공산 엇다두고 진졍졔송단장셩(盡情啼送斷
腸聲)을 어이 살ᄌ 살오나냐 네 아모리 ᄀᆞ지 우에 불여귀라 울것마는 갑
을 밧고 팔닌 몸이

〈62〉

다시 엇지 도라오리 바롬에 날닌 쏫이 낫헤 와 부듯치니 쏫을 들고 바라
보며 약도츈풍불ᄒᆡ의(若道春風不解意)ᄒᆞ면 ᄒᆞ인취송락화리(何因吹送落
花來)오 츈산에 지는 쏫이 지고 십허 지랴마는 바롬에 써러지니 네 마음

이 안이로다 나의 박명 홍안신셰 져 꼿과 갓튼지라 죽고 십허 죽으랴마
는 스셰부득이라 슈원슈구홀 것 업다
한 거름에 눈물지고 두 거름에 도라보며
강두에 다다르니 션인들이 일심ᄒ야 비ㅅ머리에 좌판 노코 심소져를 모
셔 올녀 비ㅅ창안에 안친 후에 돗 감고 돗을 달아
어긔야 어긔야
소리ᄒ며 복을 둥둥 울니면셔 지향업시 떠나간다
범피중류 떠나갈 졔 망망흔 창히 중에 탕탕흔 물ㅅ결이라 빅빈쥬 갈먹이
는 홍료안으로 날아들고 삼강에 기럭이는 평스로 떠러진다 묘량한 남은
소리 어젹인 듯 ᄒ것마는 곡종인불견(曲終人不見)에 유식만 푸르럿다

〈63〉

익너셩중만고수(欸乃聲中萬古愁)는 나를 두고 일음이라
장스를 지나가니 가틱부 간 곳 업고 명라슈 바라보니 굴슴려 어복츙혼
엇의로 가셧는고 황학루 다다르니 일모향관하쳐시(日暮鄕關何處是)오
연파강샹스인슈(烟波江上使人愁)는 최호의 유젹이라 봉황틱 다다르니
삼산반락쳥텬외(三山半落靑天外) 이슈중분빅로쥬(二水中分白露洲)는
틱빅이 노든 디오 심양강 다다르니 빅락쳔이 어디가고 피파셩이 끈어졋
다 젹벽강 그져 가랴 소동파 노던 풍월 의구히 잇다마는 죠밍덕 일셰지
웅이 금에 안지오 월락오졔 깁흔 밤에 고소성에 비를 미고 한산스 식북
소리 긱션에 떠러진다 진회슈 건너가니 격강에 상녀들은 망국흔을 모르
고셔 연롱한슈월롱스(烟籠寒水月籠沙)를 후졍화만 부르더라 소상강 드
러가니 악양루 놉흔 집은 호샹에 떠셔 잇고 동남으로 바라보니 오산은
천쳡(吳山千疊)이오 초슈는 만중(楚水萬重)이라 탄죽에 져진 눈물 리별
한을 씌워 잇고 무산에 돗는 달은 동뎡호에 비취이니 샹ᄒ텬광 거울 속
에 푸르럿다 창오산이 졈

〈64〉

은 연긔 춤담ㅎ야 황능묘에 잠기엿다 산협에 잔납뷔는 ᄌ식촛난 슯흔 소
리 쳔긱소인 몃몃치냐 심쳥이 비 안에서 소상팔경 다 본 후에
한 곳을 가노라니 향풍이 이러나며 옥픠소리 들니더니 의희흔 쥬렴시로
엇더흔 두 부인이 션판을 놉피 쓰고 자하상 것듭 안ㅅ고 두럿이 나오더니
져긔 가는 심소져야 나를 어이 모르나냐 우리 셩군 유우씨가 남슌수ㅎ시
다가 창오야에 붕ㅎ시니 속절업는 이 두 몸이 소상강 딕슈풀에 피눈물을
뿔엿더니 가지마다 아롱져셔 입입히 원한이라 챵호산붕상슈졀(蒼梧山崩
湘水絶)이라야 죽상지뤼니가멸(竹上之淚乃可滅)이라 쳔츄에 깁흔 한을
하소홀 길 업셧더니 네 효셩이 지극키로 너다려 말ㅎ노라 딕슌붕후긔쳔
년에 오현금 남풍시를 지금ᄭ지 젼ㅎ더냐 슈로 만리 몃몃칠에 죠심ㅎ야
단여오라
홀연히 간 곳 업다 심쳥이 싱각ㅎ니
소상강 이비로다 죽으려 가는 나를 죠심ㅎ야 오라ㅎ니 진실노 괴이

〈65〉

ㅎ다
그 곳을 지내여셔 계산을 당도ㅎ니 풍랑이 니러나며 찬 긔운이 소습터니
한 사름 나오난딕 두 눈을 싹 감고 가죽으로 몸을 싸고 울음 울고 나오더니
더긔 가는 심소져야 네 나를 모르리라 오ㅅ나라 ᄌ셔로다 슯흐다 우리
셩상 빅비의 참소 듯고 촉루검을 나를 쥬어 목을 질너 죽은 후에 치리로
몸을 싸셔 이 물에 더졋구나 원통흠을 못 익의여 월병이 멸오(越兵이 滅
吳)흠을 력력히 보랴ㅎ고 이 눈을 일즉 쎄여 동문상에 걸엇더니 내 완연
히 보앗스니 몸에 싸힌 이 가죽을 뉘라셔 볏겨쥬며 눈 업는 게 한이로다
홀연이 간 곳 업다 심쳥이 싱각ㅎ니 그 혼은 오ㅅ나라 츙신 오ᄌ셔라 한

곳을 다다르니 엇더훈 두 사롬이 턱반으로 나오는더 압흐로 서신 이는
왕쟈의 긔상이라 의상이 롬루ㅎ니 쵸슈(楚囚)일시 분명ㅎ다 눈물지며
ㅎ는 말이

이달고도 분훈 것이 진나라 속임 되야 무관에 숨년 잇다 고국을 바라보

〈66〉

니 미귀혼이 되얏고나 쳔츄에 한이 잇셔 초혼죠(楚魂鳥)가 되얏더니 박
랑퇴셩 반겨 듯고 속졀업는 동뎡ㅅ달에 헛츔만 츄엇셰라

그 뒤에 ㅅ롬은 안식이 초최ㅎ고 형용이 고괴훈더

나는 죠ㅅ나라 굴원이라 회왕을 섬기다가 쟈란의 춤소만나 드런 마음 씨
스랴고 이 물에 와셔 싸졋노라 어엽불ㅅ 우리 님군 ㅅ후에나 뫼셔볼짜
길이 훈이 잇셔기로 이갓치 뫼셧노라 틔고양지묘예혜여 짐황고왈빅용이
라 유초목지령락혜여 공미인지지모도다 셰상에 문쟝직ㅅ 멧분이나 계시
더냐 심소져는 효셩으로 죽고 나는 츙심으로 죽엇스니 츙효는 일반이라
위로코져 나왓노라 챵힌만리에 평안이 가옵소셔

심청이 싱각ㅎ되

죽은 지 슈쳔년에 령혼이 남아 잇셔 니 눈에 뵈난 일이 그 아니 이상훈가
나 죽을 증죠로다

슯흐게 탄식ㅎ다

〈67〉

물에셔 밤이 멧 밤이며 비에셔 날이 멧 날이냐 거연ㅅ오일이 물과 갓치
흘너가니 금풍삽이셕긔(金風颯而夕起)ㅎ고 옥우곽이정영(玉宇廓而崢
嶸)이라 락하여고목졔비(落霞與孤鶩齊飛)ㅎ고 추슈공쟝텬일식(秋水共
長天一色)이라 강안에 귤롱ㅎ니 황금이쳔편(江岸橘濃ㅎ니 黃金이 이千

片)이오 로화에 풍긔ᄒ니 빅셜이 만뎜(蘆花에 風起ᄒ니 白雪이 萬點)이
라 신포세류 지는 입과 옥로쳥풍 붉엇는디 괴로올ᄉ 어션들은 등불을 도
도 달고 어가로 화답ᄒ니 도도는게 슈심이요 희반에 쳥산들은 봉봉이 칼
눌이라 월락장ᄉ초식원(月落長沙草色遠)ᄒ니 부지ᄒ쳐죠상군(不知何處
吊湘君)이라 숑옥의 비츄부가 이에셔 슯흘소냐 동녀를 실엇스니 진시황
의 치약빈가 방ᄉ는 업셧스나 한무뎨 구션빈가 너가 진작 죽즈 ᄒ니 션
인들이 슈직ᄒ고 살아 실녀가즈 ᄒ니 고국이 창망ᄒ다
한 곳을 당도ᄒ니 닷을 쥬고 돗을 질 졔 이는 곳 림당슈라 광풍이 디작ᄒ
고 바다가 뒤놉는디 어룡이 쌋오는 듯 대양 바다 한가온디 돗을 일코 닷
도 쓴

〈68〉

쳐 로도 일코 키도 쌔져 바롬 불고 물ㅅ결 쳐 안기 뒤셕거 자즈진 눌이
갈 길은 쳔리나 만리나 넘고 ᄉ면이 거머 잔득 졈으려 텬지디쳑 막막ᄒ
야 산갓흔 파도 비ㅅ젼을 쌍쌍 쳐 경각에 위티ᄒ니 도ᄉ공 이하ᄀ 황황
디겁ᄒ야 혼불부신ᄒ야 고ᄉ졀ᄎ 차리는디 셤쌀로 밥을 짓고 큰 돗 ᄒᄋ
큰 칼 쏘자 졍ᄒ게 밧쳐놋코 삼ᄉ 실과 오ᄉ 당쇽 큰 소 잡고 동의슐을
방위ᄎ져 갈나놋코
심쳥을 목욕식여 의복을 졍히 입혀 비ㅅ머리에 안친 후에 도ᄉ공이 고ᄉ
를 올닐 졔 북치를 갈나쥐고
북을 둥둥둥둥 두리둥두리둥 울니며
헌원씨 비를 모와 이졔불통ᄒ옵신 후 후싱이 본을 밧아 다 각기 위업ᄒ
니 막디ᄒ 공 이 안인ᄀ 하우씨 구년지슈 비를 타고 기디리고 오복의 뎡
ᄒ 공세 우구도로 도라들제 비를 타고 기디리고 공명의 놉흔 조화 동남
풍을 비러너여 조조의 빅만디병 쥬유로 화공ᄒ야 젹벽대젼ᄒ올 젹에 비

〈69〉

안이면 어이ᄒ리 쥬요요이경양(舟搖搖而經颺)ᄒ니 도연명의 귀거리오
히활ᄒ니 고범지(海闊ᄒ니 孤帆遲)ᄂ 장한의 강동거오 임술지츄 칠월에
죵일위지소여ᄒ니 소동파의 노라잇고 지국총 어스화로 공션만지월명귀
(空船滿載月明歸)ᄂ 어부의 즐검이오 계도란요하장포ᄂ 오희월녀치련
쥬오 차군발션하군왕은 샹고션이 그 안인ᄀ
우리 동모 스믈네명 샹고로 위업ᄒ야 십오셰에 조슈 타고 경셰우경년
(經歲又經年)에 표박셔남 단이더니 오늘놀 림당슈에 졔슈를 올니오니
동희 신 아명이며 남희 신 츅융이며 셔희 신 거승이며 북희 신 웅강이며
강한지죵과 쳔퇵지신이 졔슈를 흠향ᄒ야 일쳬통감ᄒ옵신 후 비렴으로
바롬주고 히약으로 인도ᄒ야 빅쳔만금 퇴를 니게 소망 일워 주옵소셔 고
시리 둥둥
빌기를 다ᄒ 후에 심쳥이 물에 들ᄂ 션인들이 지촉ᄒ니 심쳥의 거동보소
비ㅅ머리에 웃둑 셔셔 두 손을 합장ᄒ고 하ᄂ님 젼 비ᄂ 말이

〈70〉

비ᄂ이다 비ᄂ이다 하ᄂ님 젼 비ᄂ이다 심쳥이 쥭ᄂ 일은 츄호도 셜지
안으나 안밍ᄒ신 우리 부친 텬디의 깁흔 한을 싱젼에 풀냐ᄒ고 쥭엄을
당ᄒ오니 명텬이 감동ᄒᄉ 우리 부친 어둔 눈을 불원간에 발게ᄒ야 대명
텬디 보게 ᄒ오
뒤로 펼셕 주져안져 도화동을 향ᄒ더니
아바지 나ᄂ 쥭쇼 어셔 눈을 쓰옵쇼셔
손집고 이러셔 션인들끠 말을 ᄒ야
여러 션인 샹고님네 평안이 가옵시고 억십만금 리를 엇어 이 믈가에 지
나거든 나의 혼빅 넉을 불너 ᄌᄀ 귀 면케 ᄒ야쥬오

영치 조흔 눈을 감고 초마폭을 무릅쓰고 이리 져리 져리 이리 빅ㅅ머리
와락 나가 물에 풍덩 쌔져노니
힝화는 풍랑을 좃고 명월은 희문에 잠겻도다 션인령좌 긔가 막혀
아츠아츠 불샹ᄒ다

〈71〉

령좌가 통곡ᄒ며 역군화중 업쳐 울며
츌텬대효 심소져는 앗갑고 불샹ᄒ다 부모 형졔 죽엇슨들 이에셔 더ᄒᆯ소냐
한춤 이리울 졔
그 쌔에 옥황상뎨끠옵셔 스히룡왕에게 분부ᄒ야
명일 오시 초각에 림당슈 바다 중에 츌텬디효 심청이가 물에 쩌러질 터
이니 그디 등은 등디ᄒ야 슈졍궁에 영접ᄒ고 다시 령을 기다려 도로 츌
송인간ᄒ되 만일 시각 어긔다는 스히 슈궁 졔신들이 죄를 면치 못ᄒ리라
분부가 지엄ᄒ시니 스히룡왕 황겁ᄒ야 원춤군 별쥬부와 빅만렬갑 졔쟝
이며 무슈ᄒ 시녀들게 빅옥교ᄌ 등디ᄒ고 그 시를 기다일졔 과연 오시
초각되ᄌ 빅옥갓튼 한 쇼져가 희샹에 쩌러지니 여러 션녀 옹위ᄒ야 심쇼
져를 고히 뫼셔 교ᄌ에 안치거늘 심쇼져 정신츠려 스양ᄒ야 일은 말이
나는 진셰 쳔인이라 엇지 황송ᄒ야 룡궁 교ᄌ를 타올잇가

〈72〉

여러 션녀 엿ᄌ오되
샹졔 분부 게옵시니 만일 지톄ᄒ옵시면 스히 슈궁 탈이오니 지톄말고 타
옵소셔
스양타 못ᄒ야 교ᄌ에 안져노니 슈뎡궁으로 들러갈 졔
수뎡궁으로 드러간다 위의도 쟝ᄒᆯ시고 텬샹션관 션녀들이 심소져를 보

랴ᄒ고 좌우로 버려셧ᄂᆞᆫ디 틱을진군 학을 타고 안긔싱은 난조 타고 젹송
ᄌᆞᄂᆞᆫ 구름 타고 갈션군은 사ᄌᆞ 타고 청의동ᄌᆞ 홍의동ᄌᆞ 쌍쌍이 버려셧ᄂᆞᆫ
디 월궁항아 셔왕모며 마고션녀 락포션녀 남악부인 팔션녀 다 모여 들엇
ᄂᆞᆫ디 고흔 물식 조흔 픠물 향긔가 진동ᄒ고 풍악이 랑ᄌᆞᄒ다 왕ᄌᆞ진의
봉필리 곽쳐ᄉ의 죽장고 롱옥의 옥통소 완젹의 회파룸 금고의 거문고 랑
ᄌᆞᄒᆞᆫ 풍악소리 수궁이 진동ᄒ다 수졍궁을 드러가니 집치례가 황홀ᄒ다
쳔여간 수졍궁에 호박 긔동 빅옥쥬츄 디모란갼 산호쥬렴 광치 찬란ᄒ야
셔긔가 만공이라 쥬궁 픠궐은 응텬상지슘광이오 근의수샹은 비인갼지오
복이

〈73〉

라 동으로 바라보니 ᄉᆞ빅쳑 부샹까지 일륜홍이 붉어잇고 남으로 바라보
니 대붕이 비진ᄒ야 슈식이 쪽과 갓고 셔으로 바라보니 츄야요지왕모강
ᄒ니 일쌍쳥됴 ᄂᆞ라들고 북으로 바라보니 요졈ᄒ쳐 시즁원고 일말쳥산
이 푸르럿다 우으로 바라보니 즁쥬파일봉셔ᄒ니 챵싱화장을 다졔ᄒ고
아리로 바라보니 청효빈문찬비셩ᄒ니 강신하빅이 조회ᄒ다 음식을 드릴
젹에 셰상에 업ᄂᆞᆫ 비라 피리상화류반에 산호잔 호박디며 ᄌᆞ하쥬 련엽쥬
를 긔린포로 안쥬 노코 호로병 예호당에 감로쥬를 겻드리고 금강셕 식인
징반 안긔증죠 담아노코 좌우에 션녀들이 심쇼져를 위로ᄒ야 수뎡궁에
머무를시 옥황상뎨 령이어든 거힝이 범연ᄒ랴 ᄉᆞ히룡왕쯰셔 션녀들을
보니여 조셕으로 문안ᄒ고 톄번ᄒ야 시위ᄒᆞᆯ 졔 슴일에 소연이오 오일에
대연으로 극진히 위로ᄒ다
그 ᄯᅦ에 무릉촌 장승상 부인은 심소져를 리별ᄒ고 이셕ᄒᆞᆫ 마음을 익의지
못ᄒ야 심소져 화상족ᄌᆞ를 침상에 걸어두고 날마다 징험터니 하로는 족

〈74〉

자 빗히 거머지며 화상에 물이 흐르거늘 부인이 놀니여 왈

인졔는 죽엇구나

비회를 못 익의여 간장이 끈치는 듯 가슴이 터지는 듯 긔믹혀 울음 울졔 이윽고 족ᄌ 빗이 완연히 시로오니 마음에 괴이ᄒ야 누가 건져 살녀니여

목슘이 살앗는가

창히만리에 소식을 엇지 알니 그늘밤 삼경초에 졔젼을 갓초와셔 시비ᄒ야 들니고셔 강ᄉ가에 나아가 빅ᄉ장 졍ᄒ 곳에 쥬과포 츠려노코 승상부 인 축문을 놉피 닑어 심소져의 혼을 불너 위로ᄒ야 졔 지닌다

강촌에 밤이 들어 ᄉ면이 고요홀 졔

심소져야 심소져야 앗갑도다 심소져야 안밍ᄒ 너의 부친 어둔 눈을 씌우 랴고 평싱이 한이 되야 지극ᄒ 네 효셩에 죽기로써 갑흐랴고 일루잔명을 스스로 판단ᄒ야 어복에 혼이 되니 가련ᄒ고 불상코나 하나님이 어이ᄒ 야 너를 니고 죽게 ᄒ며 귀신은 어이ᄒ야 죽는 너를 못 살니나 네가

〈75〉

나지 말앗거나 니가 너를 몰낫거나 싱리ᄉ별 어인 일고 그믐이 되기 젼 에 달이 몬져 기우럿고 모츈이 되기 젼에 꼿이 먼쳐 쩌러지니 오동에 걸 닌 달은 두렷ᄒ 네 얼골이 분명히 다시 온 듯 이슬에 져진 꼿은 션연ᄒ 네 티도가 눈 압혜 나리는 듯 됴양에 안진 졔비 아름다온 너의 소리 무슨 말을 하소홀 듯 두 귀밋혜 셔린 털은 일로죠차 희여지고 인간에 남은 히 는 너로ᄒ야 지쵹ᄒ니 무궁ᄒ 나의 슈심 너는 죽어 모르것만 나는 살아 고싱일다 한잔 슐로 위로ᄒ니 유유향혼은 오호이지 상향

제문 닑고 분향홀 졔 하늘이 나즉ᄒ니 제문을 드르신 듯 강상의 ᄌ진 안 기 톄운이 어리는 듯 믈ᄉ결이 잔잔ᄒ니 어룡이 늣기는 듯 청산이 젹젹

호니 금죠가 셜위혼 듯 평ㅅ지쳑 잠든 빅구 놀나 찌여 머리 들고 등불 단 어션들은 가는 길 머무른다 부인이 눈물 씻고 졔물을 물에 풀 졔 슐잔 이 굴엇스니 쇼져의 혼이 온 듯 부인이 한입시 셜위 집으로 도라오샤 그 잇흔 날 지물을 만히 드려 물ㅅ가에 놉히 모아 망녀딕를 지어노코 민월 삭망으로 슴년까지

〈76〉

졔 지낼 졔 쩌가 업시 부인끠셔 망녀딕에 올나 안져 심쇼져를 싱각더라 이 씌에 심봉ㅅ는 무남독녀 똘을 일코

모진 목슘 안이 죽고 근근히 부지홀 졔 도화동 ㅅ룸들이 심쇼져 지극혼 효셩으로 물에 싸져 죽은 일을 불상이 녁여 뭉녀딕 지은 엽헤 타루비를 셰우고 글을 지어 삭엿스니

심위기친쌍안할(心爲其親雙眼瞎)호야 살신셩효샤룡궁(殺身成孝謝龍宮) 을 연파만리심심벽(烟波萬里深深碧)호니 강초년년한불궁(江草年年恨不 窮)을

강두에 셰워노니 리왕호는 힝인들이 그 비문 글을 보고 눈물 아니 지나 니 업더라 도화동 사룸들이 심봉ㅅ의 젼곡을 착실이 신칙호야 의식이 넉 넉호고 형셰 ᄎᄎ 늘어가니 본촌에 뺑덕 어미라 호는 년이 힝실이 괴약 혼디 심봉ㅅ의 가셰 넉넉혼 줄 알고 ᄌ원호고 쳡이 되야 심봉ㅅ와 ᄉ는 디 이년의 버릇이 아죠 인즁지말이던 것이얏다 심봉ㅅ의 가셰를 결단닉 는디

〈77〉

쏠을 쥬고 엿 ᄉ먹고 벼를 쥬고 고기 사기 잡곡을낭 돈을 ᄉ셔 술집예 가 슐먹기와 이웃집에 밥 붓치기 빈 담빅써 손에 들고 보는디로 담빅쳥

키 이웃집을 욕 잘ᄒ고 동무들과 쌈 잘ᄒ고 정ᄌ밋헤 낫잠ᄌ기 술 취ᄒ
면 한밤중에 묵을 노코 울음 울고 동리 남ᄌ 유인ᄒ고 일년 슴빅 륙십일
을 입을 잠시 안 놀니고 집 안에 살님술이를 홍시감 쌜 듯 홀짝 업시 ᄒ
되 심봉ᄉ는 슈년 공방에 지니던 터이라 기즁 실가지락이 잇셔 죽을동
술동 모르고 밤낫 업시 삭밧고 관가 일ᄒ듯 ᄒ되 ᄲᅦᆼ덕어미는 마음 먹기
를 형세를 쩌러먹고 이슴일 량식홀 만큼 남겨노코 도망홀 작정으로 오륙
월 가마귀 돌슈박 파먹듯 불샹ᄒ 심봉ᄉ의 지물을 쥬야로 퍽퍽 파던 것
이엿다 하로는 심봉ᄉ가 ᄲᅦᆼ덕어미를 불너
(봉) 여보소 우리 형세가 미오 착실터니 지금 남은 술님이 얼마 아니된
다 ᄒ니 내 도로 비러먹기 쉬운즉 찰ᄒ리 타관에 가 비러먹세 본촌에는
붓그럽고 남의 칙망 어려오니 이ᄉᄒ면 엇더ᄒᆫ가

〈78〉

(ᄲᅦᆼ) 니ᄉ 가쟝 ᄒ자는 디로 ᄒ지오
(봉) 당연ᄒ 말이로세 동리 남의 빗이나 업나
(ᄲᅦᆼ) 니가 쥴 것 조곰 잇소
(봉) 얼마나 되나
(ᄲᅦᆼ) 뒤ᄉ동리 놉흔 쥬목에 가 희쟝ᄒ 갑이 마흔량
심봉ᄉ 어이업셔
(봉) 잘 먹엇다 ᄯᅩ 어디
(ᄲᅦᆼ) 뎌 건너 불쑹이 함씨믜 엿갑 셜흔량
(봉) 잘 먹엇다
(ᄲᅦᆼ) ᄯᅩ 안촌가셔 담비갑시 쉬흔량
(봉) 이것 참 잘 먹엇네
(ᄲᅦᆼ) 기름장ᄉ흔테 스므량
(봉) 기름은 무엇 힛나

〈79〉

(쎙) 머리기름 힛지요

(봉) 실샹 얼마 안이 되네

(쎙) 고ᄭ지것 무엇 만소

여간즙물 남은 것을 헐가방미ᄒ야 ᄉ방에 세음ᄒ고 남져지 얼마 가지고
남부녀디로 거쳐업시 단이것다

그 ᄯ에 심소져는 슈졍궁에 머물을 졔 하로는 하날에 옥진부인이 오신다
ᄒ니 심소져는 누군 줄 모르고 이러셔 바라보니

오식치운이 반공에 어렷는디 료란ᄒ 풍악이 궁즁에 랑ᄌᄒ며 우편에는
단계화 좌편에는 벽도화 청학 빅학 옹위ᄒ고 공작은 츔을 츄고 안비로
젼인ᄒ야 텬샹션녀 압흘 셔고 룡궁 션동이 뒤를 셔 엄슉ᄒ게 나려오니
보던 비 쳐음이라

이윽고 나려와 교ᄌ로 좃ᄎ 옥진부인이 들어오며

심청아 너의 모 내가 왓다

〈80〉

심소져 듸려다보니 모친이 오셧거늘

심청이 반계라고 펄젹 뛰여 ᄂ려가

잇고 어머니오

우루루 달녀드러 모후 목을 덤셕 안ᄉ고 일희일비ᄒ는 말이

어머니 나를 낫코 칠일 만에 상사 나셔 그ᄉᄯ 소녀 몸이 부친 덕에 안이
죽고 십오세 당ᄒ도록 모녀간 텬디 즁ᄒ 얼골을 모르기로 평싱 한이 미
쳐 이즐 날이 업습더니 오날늘 뫼시오니 나는 한이 업ᄉ오나 외로오신
아바지는 누를 보고 반기실까

시로옵고 반가온 졍과 감격ᄒ고 급ᄒ 마음 엇지홀 줄 모르다가 뫼시고

루에 올나가 모친 품에 쓰여 안져 얼골도 디여보고 슈죡도 만지면셔
졋도 인졔 먹어보셰 반갑고도 즐거워라
즐겨ㅎ며 울음우니 부인도 슯허ㅎ야 등을 쑥쑥 두다리며
울지마라 내 쌀이야 내가 너를 난 연후로 샹졔 분부 급급ㅎ야 셰샹을 이

〈81〉

졋스나 눈 어둔 너의 부친 고싱ㅎ고 살으신 일 싱각스록 긔맥힌 즁 버셧
갓고 이슬갓흔 십싱구스 네 목슘을 더욱 웃지 밋엇스랴 황텬이 도와쥬스
네 이졔 술앗구나 안어볼ㅅ 업어볼ㅅ 귀ㅎ여라 니 쌀이야 얼골젼형 웃는
모양 너의 부친 흡스ㅎ고 손ㅅ길 발ㅅ길 고은 것이 엇지 그리 나갓ㅎ랴
어려셔 크던 일을 네가 웃지 알냐마는 이 집 져 집 몃사롬에 동량졋을
먹고 크니 뎌 기간의 너의 부친 그 고싱을 알니로다 너의 부친 고싱ㅎ야
응당 만히 늙그셧지 뒤ㅅ동리 귀덕어미 네게 미오 극진ㅎ야 지금까지 안
잇친다
심쳥이 엿즈오되
아바지쩨 듯스와도 고싱ㅎ고 지닌 일을 엇지 감히 이즈릿가
부친 고싱ㅎ든 말과 닐곱살에 졔가 나셔 밥 비러 봉친ㅎ 일 바느질노 스
든 말과 승샹 부인 져를 불너 모녀의로 믹진 후에 은혜 틱산 갓흔 일과
션인 짜라 오라 홀 ㅆ 화상쪽ㅈ ㅎ던 말과 귀덕어미 은혜 말을 낫낫치
다 고ㅎ니 부

〈82〉

인이 그 말 듯고 승샹부인 치하ㅎ며 그렁져렁 여러 날을 슈뎡궁에 머무
를 졔 하로는 옥진 부인이 심쳥다려 ㅎ는 말이
모녀간에 리별홀 말 한량이 업건마는 옥황샹졔 쳐분으로 맛튼 직분 허다

ᄒ야 오리 지쳬 못ᄒ겟다 오늘날 리별ᄒ고 너의 부친 맛날 쥴은 너야 엇
지 알야마는 후일에 셔로 반길 ᄢ가 잇스리라

작별ᄒ고 니러나니 심쳥이 긔가 막혀

아이오 어머니 쇼녀는 마음 먹기를 오리오리 뫼실 쥴노만 알앗더니 리별
말이 웬말이오

아모리 이걸ᄒᆫ들 임의로 못ᄒᆯ지라 옥진부인이 니러셔셔 손을 잡고 작별
터니 공즁으로 향ᄒ야 인홀불견 올나가니 심쳥이 ᄒᆯ일업시 눈물노 하직
ᄒ고 슈졍궁에 머믈을 시 심랑ᄌ 츌텬대효를 옥황상졔ᄭᅵᆸ셔 심히 가상
히 녁이스 슈궁에 오리 둘 길이 업셔 스히룡왕에게 다시 하교ᄒ샤디
대효 심랑ᄌ를 옥졍련화 ᄭᅩᆺ봉 속에 아모조록 고히 뫼셔 오던 길 림당슈

〈83〉

로 도로 니보너라

력력히 이르시니 룡왕이 령을 듯고 옥졍련 ᄭᅩᆺ봉 속에 심랑ᄌ를 고히 뫼
셔 림당슈로 환숑ᄒᆯ 시 스히룡왕 각궁시녀 팔션녀를 ᄎ례로 하직ᄒᄂᆫ디
심랑ᄌ 쟝ᄒᆫ 효셩 셰상에 나가셔셔 부귀영화를 만만셰나 누리쇼셔 심랑
ᄌ 디답ᄒ되

죽은 몸이 다시 사라 여러 왕의 은혜 입어 셰상에 다시 가니 슈궁에 귀ᄒᆫ
몸이 니니 무양ᄒᆸ쇼셔

한 두 마디 말을 ᄒᆯ시 인홀불견 ᄌ최업다 ᄭᅩᆺ봉 속에 심랑ᄌ는 목지소향
모르다가 슈졍문 밧 ᄶᅥ나갈 졔 텬무렬풍음우(天無烈風陰雨)ᄒ고 ᄒᆡ불양
파(海不揚波) 잔잔ᄒᆫ디 슴츈에 ᄒᆡ당화는 ᄒᆡ슈 즁에 붉어 잇고 동풍에 푸
른 버들 위슈변에 드렷ᄂᆫ디 고기잡는 뎌 어옹은 시름업시 안졋구나 한
곳을 다다르니 일식이 명랑ᄒ고 스면이 광활ᄒ다 스면을 둘너보니 룡궁
가든 림당슈라

〈84〉

그 쩨에 남경쟝ㅅ 션인들이 심랑즈를 졔슈혼 후 그 힝보에 리를 남겨 돗디 꼿헤 큰 긔 꼿고 우슙으로 담화ᄒ야 츔을 츄고 도라올 졔 림당슈 당도ᄒ셔 큰 쇼 잡고 동의슐과 각식 과실 ᄎ려놋코 북을 치며 졔 지낸다 두리둥 두리둥 북을 끈치더니 도ᄉ공이 심랑즈의 넉을 쳐 들어 큰 쇼리로 부른다

츙텬대효 심랑즈 슈즁고혼 되엿스니 이닯고 불상혼 말 엇지 다 ᄒ오릿가 우리 여러 션인들은 쇼져로 인연ᄒ야 억십만량 리를 남겨 고국으로 가려니와 랑즈의 방혼이야 언의 쩨나 오랴시오 가다가 도화동에 쇼져 부친 평안혼가 안부 문안ᄒ오리다 심랑즈여 심랑즈여 슈즁고혼 되지 말고 극락세계 가옵쇼셔 고슈레 테테

ᄒ더니 ᄉ공도 울고 여러 션인이 모다 울음을 울 졔 희상을 바라보니 난데업는 꼿 한송이 물 우에 둥실 쩌오거늘 션인들이 너다르며

이 익야 져 꼿이 웬 꼿이냐 텬상에 월계화냐 요지에 벽도화냐 텬상 꼿도 안이오 셰상 꼿도 안인디 희상에 쩟슬 쩨는 아모리도 심랑즈의 넉인게다

〈85〉

공론이 분분홀 쩨 빅운이 몽롱혼 즁 션연혼 쳥의션관 공즁에 학을 타고 크계 웨여 일은 말이

희상에 쩟는 션인들아 꼿 보고 짠말 말아 그 꼿이 텬상화니 타인 통셜 부디 말고 각별 죠심 곱게 뫼셔 텬즈젼에 진상ᄒ라 만일에 불연ᄒ면 뢰졍보화 텬존 식여 산벼락을 니리리라

션인들 이 말 듯고 황겁ᄒ야 벌벌 쩔며 그 꼿을 고이 건져 허리간에 뫼신 후에 쳥포쟝 둘너치니 니외톄통 분명ᄒ다 닷을 달고 돗을 다니 슌풍이 졀로 일어 남경이 슌식간이라 희안에 비를 미엿것다 셰지경진 슴월이라

슝텬ᄌ끠옵셔 황후상ᄉ 당ᄒ시니 억조창싱 만인들과 십이졔국 ᄉ신들은
황황급급 분쥬홀 쎠 텬ᄌ 마음 슈란ᄒ야 각식화초를 다 구ᄒ야 상림원에
치우시고 황극젼 압흐로 여긔져긔 심엇더니
그 화초 장ᄒ도다
경보릉파답명경(輕步凌波踏明鏡) 만당츄수홍련화(滿塘秋水紅蓮花) 암
향부

〈86〉

동월황혼(暗香浮動月黃昏) 쇼식젼턴 한미화 공ᄌ왕손방수하(公子王孫
芳樹下)의 부귀롤손 모란화 리화만지불기문(梨花滿地不開門)에 장신궁
즁 비꼿 촉국ᄒ 못 익의여 졔혈ᄒᄂ 두견화 황국 빅국 젹국이며 빅일홍
영산홍 란쵸 파쵸 셕류 류ᄌ 머루 다리 왜쳘쥭 진달니 민드람이 봉션화
여러 화쵸 만발ᄒᆫ듸 화간쌍쌍 범나뷔는 꼿을 보고 반기 녁여 너울너울
춤을 츌 졔 텬ᄌ 마음 디희ᄒ야 꼿을 보고 ᄉ랑홀 졔 남경쟝ᄉ 션인들이
꼿 ᄒᆫ 송이 진상ᄒ니 텬ᄌ 보시고 디희ᄒ야 꼿을 보고 ᄉ랑홀졔 남경쟝
ᄉ 션인들이 꼿 ᄒᆫ송이 진상ᄒ니 텬ᄌ 보시고 디희ᄒ야 옥졍반에 바쳐
놋코 구름 갓튼 황극젼에 날이 가고 밤이 드니 경졈소리 뿐이로다
텬ᄌ 취침ᄒ실 쎠에 비몽ᄉ몽간에 봉리 션관 학을 타고 분명히 나려와
거슈장읍ᄒ고 흔연히 갈오디
황후상사 당ᄒ심을 상졔쎼셔 아르시고 인연을 보니셧ᄉ오니 어셔 밧비
슙히소셔
말을 맛지 못ᄒ야 쎠다르니 일몽이라 비회ᄒ야 완보타가 궁녀들을 급히

〈87〉

불너 옥졍반에 꼿송이를 슙피시니 보든 꼿 간디업고 ᄒᆫ 랑ᄌ가 안졋거늘

텬즈끠셔 디희ᄒ야

작일요화반상긔(昨日瑤花盤上寄) 금일션아하텬릭(今日仙娥下天來)로구나 꿈인쥴 알앗더니 꿈이 ᄯ호 실졍인가

이 ᄯᆺ으로 긔록ᄒ야 묘당에 ᄂᆡ리시니 습틱류경 만죠빅관 문무졔신이 일시에 드러와 복디ᄒ니 텬즈끠셔 하교ᄒ샤디

짐이 거야에 득몽ᄒ니 하도 심히 긔이키로 작일 션인 진상ᄒ던 ᄭᆺ슝이를 살펴보니 그 ᄭᆺ은 간 곳 업고 ᄒᆫ 랑즈가 안졋ᄂᆫᄃᆡ 황후의 긔상이라 경등 ᄯᆺ은 엇더ᄒ뇨

문무졔신이 일시에 알외되

황후 승하하옵심을 상텬이 아르시고 인연을 보닉시니 황후를 봉ᄒ쇼셔 텬즈 극히 올케 넉여 일관 식여 틱일홀ᄉᆡ 음양부장 싱긔복덕 습합덕일 가

〈88〉

려ᄂᆡ여 심랑즈로 황후를 봉ᄒ시니 요지복식 칠보화관 집쟝싱 슈복 노아 진주옥픽 슌금쌍학 봉미션에 월궁항아 하강ᄒᆫ 듯 젼후좌우 습궁시녀 록의홍상 빗이 나네

랑즈ㅣ 화관 족도리며 봉ᄎ죽졀 밀화불슈 산호가지 명월픽 울금향 당의 원슘 호픔으로 단장ᄒ고 황후 위의 쟝ᄒ도다 층층히 뫼신 션녀 광한젼 시위ᄒᆫ 듯 쳥홍빅 비단 ᄎ일 하날닷케 놉히치고 금수복 룡문셕 공단휘장 금병풍에 빅집쳔손 근갈ᄒ다 금촛디 홍초 ᄭᆺ고 록리산호 죠흔 옥병 귀ᄇᆡ 귀ᄇᆡ 진쥬로다 란봉공장 짓ᄂᆫ ᄉᆞ직 쳥학 빅학 쌍쌍이오 잉모갓튼 궁녀들은 긔를 잡고 늘러셧다 습틱류경 만죠빅관 동셔편에 갈나셔셔 읍양진퇴 ᄒ난 거동 리부상셔 함을 지고 납치를 드린 후에 텬즈 위의 볼작시면 룡쥰룡안 미수염에 미디강산졍긔(眉帶江山精氣)ᄒ고 복은텬디됴화(腹隱天地造化)ᄒ니 황하수 다시 말거 셩인이 나셧도다 면류판 곤룡포에 랑억긔 일월붓쳐 응텬상지삼광(應天上之三光)이오 비인간지오복(備人間

之五福)이

⟨89⟩

라 디례를 맛친 후에 랑즈를 금덩에 고이 뫼셔 황극젼에 드옵실 쩌 위의
례졀이 거룩ᄒ고 쟝ᄒ도다
심황후의 어진 셩덕 텬하에 가득ᄒ니 조졍에 문무빅관 각셩즈스 열읍틱
수 억조창싱 인민들이 복지ᄒ야 축원ᄒ되
우리 황후 어진 셩덕 만수무강ᄒ옵소셔
이 쩌에 심봉스는 똘을 일코 실셩ᄒ야 날마다 탄실홀 쩌 봄이 가고 여름
되니 록음방초 훈이 되고 가지가지 우는 시는 심봉스를 비웃는 듯 산쳔
은 막막훈디 물소리도 쳐량ᄒ다 도화동 안밧동리 남녀로소 모다 와셔 안
부 무러 졍담ᄒ고 똘과 갓치 노는 쳐녀 죵죵와셔 인ᄉᄒ고 셜은 마음 쳡
쳡ᄒ야 아쟝아쟝 들오는 듯 압헤 안져 말ᄒ는 듯 물이물이 착훈 일과 공
경ᄒ던 말소리를 일시라도 못 잇겟고 반시라도 못 견딜 데 목젼에 똘을
일코 목셕갓치 살앗스니 이런 팔즈 또 잇는가 이러타시 락누홀 졔
이 쩌에 심황후는 귀즁훈 몸이 되얏스나 안밍ᄒ신 부친 싱각 무시로 비감

⟨90⟩

ᄒᄉ 홀노 안져 탄식훈다
불상ᄒ신 우리 부친 싱존훈가 별셰훈가 부쳐님이 령험ᄒᄉ 기간에 눈를
쓰ᄉ 뎡쳐업시 단이시나
이러트시 탄식홀 쩌
텬즈끠셔 니뎐에 드옵셔 황후를 보옵시니 두 눈에 눈물이 셔려잇고 옥면
에 슈심이 쓰엇거놀 텬즈ㅣ 무르시되
황후는 무슴 일노 미간에 슈심이 미만ᄒ시니 무슴 일이온지오

무르시니 심황후 뚜러안져 나즉이 엿즈오되

신첩이 근본 룡궁인이 안이오라 황쥬 도화동 스옵는 심학규의 쫄일녀니 첩의 부친 안밍ㅎ야 철텬지원 되옵더니 몽운스 부쳐님끠 공양미 숨빅셕을 향안에 시쥬ㅎ면 감은 눈을 뜬다 ㅎ옵기로 가셰는 빈한ㅎ고 판츌홀 길 바이 업셔 남경장스 션인들에게 숨빅셕에 이 몸이 팔여 림당슈에 빠졋숩더니 룡왕의 덕을 입어 싱환인간ㅎ야 몸이 귀히 되얏스오나 텬지인

〈91〉

간 병신 중에 소경이 졔일 불상ㅎ오니 특별이 통촉ㅎ압셔 텬하에 션칙ㅎ스 밍인 불너 올여 잔치를 ㅎ옵시면 첩의 텬륜을 츠질 눌이 잇슬가 ㅎ오며 쪼흔 국가에 티평훈 경스가 아니올잇가

황뎨 칭찬ㅎ시되

황후는 과연 녀중 디효로소이다

즉시 근신을 명소ㅎ스 연유를 하교ㅎ스 금월 망일에 황셩에셔 밍인연을 열으신다는 칙지를 션포ㅎ니

각도 각현에셔 곳곳마다 거리거리 계시ㅎ야 로소 밍인들을 황셩으로 올녀 보낼 시 그 중에 병든 소경 약을 먹여 됴리 식혀 올녀가고 그 중에도 요부훈 즈 좌청우촉 빠지랴다 염문에 들녀나면 볼기 맛고 올나가고 졀문 밍인 늙은 밍인 일시에 올나갈 졔

이 쎼에 심봉스는 심쳥 싱각 간졀ㅎ야 강두에를 나가 심쳥가던 길을 츠져 강변에 홀로 안져 쫄을 불너 우는 말이

〈92〉

니 쫄 심쳥아 너는 어이 못 오나냐 림당슈 집흔 물에 네가 죽어 황쳔 가셔 너의 모친 뵈옵거든 모녀간에 혼이라도 나를 어셔 잡어가거라

이럿타시 락누홀 쩌 관츠가 심봉스 강두에셔 운단 말을 듯고

강도로 쫏츠와셔

여보 심봉스님 관가에셔 부으시니 어셔 밧비 가옵시다

심봉스 이 말 듯고

나는 아모 죄가 업소

관치가 ᄒᄂᆞᆫ 말이

황성에셔 밍인님을 불너 올녀 벼술을 쥬고 조흔 가디를 만히 쥰다 ᄒᆞ니

어셔 급히 관가로 갑시다

심봉스 관츠 ᄯᆞ라 관가에 드러가니 관가에셔 분부ᄒᆞ되

황셩셔 밍인 잔치ᄒᆞ신다니 어셔 급히 올나가라

심봉스 디답ᄒᆞ되

〈93〉

옷 업고 로ᄌᆞ 업셔 황셩 쳔리 못 가겟소

관가에셔도 심봉스의 일을 다 아ᄂᆞᆫ지라 로ᄌᆞ를 너여쥬고 옷 일습 너여쥬며

어셔 밧비 올ᄂᆞ가라

ᄒᆞ니 심봉스 홀일업셔 집으로 도로 나와

쎙덕이네 황셩존치 내 갈 터이니 집안을 잘 살피고 나 오기를 기디리쇼

쎙덕어미 ᄒᆞᄂᆞᆫ 말이

녀필종부라니 가군 가ᄂᆞᆫ디 나 안이굴가 나도 갓치 ᄀᆞ겟소

심봉스 그 말 듯고

자네 말이 하도 고마오니 갓치 ᄀᆞ볼가 건넌말 김쟝스집 돈 슘빅량 믹겻

스니 그 돈 중에 오십량만 츠져ᄀᆞ지고 ᄀᆞ셰

쎙덕어미 그 말 듯고

에그 봉스님 쏜소리ᄒᆞ네 그 돈 슘빅량 발셔 츠져 이 달에 살구갑으로 다

〈94〉

업싯소

심봉사 긔ㄱ 막혀

(봉) 숨빅량 츠저온 지 멧칠 안이되야 살구갑으로 다 업싯단 말이야

(쎙) 고까진 돈 숨빅량을 써ㅅ다고 그갓치 로여ㅎ나

(봉) 네 말ㅎ는 꼴 드러본즉 귀덕이네 집에 믹긴 돈을 쏘 써ㅅ구나

쎙덕어미 몹슬년 디답ㅎ되

그 돈 오빅량 츠져셔는 썩갑 팟죽갑으로 발셔 다 써ㅅ소

심봉사 긔가 믁혀

인고 이 몹실년아 츌텬대효 내 쏠 심쳥이 림당슈에 망종 굴 찌 사후에
신체라도 의탁ㅎ라 쥬고간 돈 네 년이 무엇이라고 그 즁흔 돈을 썩갑 살
구갑 팟죽갑으로 다 록엿든 말이냐

쎙덕어미 디답ㅎ되

그러면 웃지ㅎ여요 먹고 십흔 걸 안 먹을 수 잇소

〈95〉

이년이 살망을 푸이며

엇진 일인지 지는 달 이 달에 니가 몸 구실을 거르더니 신겻만 구미에
당기고 밥은 아조 먹기가 실어요

심봉ㅅ 이 말 듯고 쌈짝 놀나

여보게 그러면 틱긔가 잇슬나나베 그러ㅎ나 신 것을 그러케 만히 먹고
그 이를 나면 그놈의 조식이 시큰둥ㅎ야 쓰겟나 남녀군에 한나만 낫소

이러틋 말을 ㅎ며

황셩 잔치 곳치 가셰

힝장을 찰일 적에 심봉ㅅ 거동보죠 졔쥬양티 굴은 베로 쓰기훈갓 죽영

갓근 달아 쓰고 편즈업는 헌 망건을 압을 눌너 숙여쓰고 굴근 베 즁추막
에 목분합 눌너씌고 로즈ㅅ량 보에 싸셔 억기너머 둘너메고 쇼샹반쥭 집
핑이를 왼손에 든 연후에 뺑덕어미 압셰우고 심봉스 뒤를 싸라 황셩으로
올나갈 졔

<h2 style="text-align:center">〈96〉</h2>

한 곳을 다다라 한 쥬막에 드러 자노라니 그 근쳐에 황봉스라 ㅎ는 쇼경
이 뺑덕어미 잡것인 줄 린근 읍에 즈즈ㅎ야 한번 보기를 원ㅎ얏는디 뺑
덕이네가 의례히 그곳 올 줄 알고 그 쥬인과 의론ㅎ고 뺑덕어미 유인홀
씨 뺑덕어미 싱각ㅎ되
심봉사 싸라 황셩 존채 간다히도 참예 못홀톄요 집으로 가즈ㅎ니 외상갑
에 죨닐톄니 집에 가도 살 수 업고 황봉스를 싸라갓스면 일신도 편코 한
쳘 살구는 잘 먹을터이니 황봉스를 싸라가리라
ㅎ고 심봉사의 로즈 잉장꼬지 도적ㅎ야 가지고 도망을 ㅎ얏구나
심봉사는 아모 조격 모르고 식젼에 니러나셔
여보게 뺑덕이모 어셔 가셰 무슨 잠을 그리 즈나
ㅎ며 말을 흔들 슈십리나 다라는 계집이 엇지 디답이 잇슬 슈 잇나
여보 마누라 마누라
아모리 이리ㅎ야도 디답이 업스니 머리맛을 더듬은즉 힝장과 로즈 싼 보

<h2 style="text-align:center">〈97〉</h2>

가 업논지라 그졔야 도망훈 줄 알고
익고 이 계집 쏘 도망ㅎ얏구나
심봉스 탄식흔다
여보게 마누라 나를 두고 어듸 갓나 나구 가셰 나를 두고 어딀 갓나 황셩

쳔리 먼먼길을 누와 홈쎄 동힝ᄒ며 누구 밋고 가존 말가 느를 두고 어듸
갓ᄂ 이고이고 니 일이야

이러타시 탄식ᄒ다가 다시 싱각ᄒ고

아셔라 그년 싱각ᄒᄂ 니가 잠놈일다 현쳘ᄒ신 곽씨부인 죽ᄂ 양도 보고
츌텬딕효 니 ᄯ을 심쳥 싱리별도 ᄒ얏거만 그 괴흔 년을 다시 싱각ᄒ면 니
가 ᄯ한 잠놈일다 다시 그년을 싱각ᄒ야 말을 ᄒ면 기아들이로다

ᄒ더니 그리도 ᄯ 못 이겨

이고 ᄲᅵᆼ덕이네

불으며 그곳셔 ᄯᅥ낫더라

〈98〉

한 곳을 ᄃᄃ르니 이 ᄯᅢᄂ 인의 ᄯᅢ인고 오륙월 더운 ᄯᅢ라 더웁기ᄂ 불과
갓고 비지쏨 흘니면셔 한 곳을 당도ᄒ니 빅셕쳥탄 시내가에 목욕감ᄂ 아
희들이 져의끼리 지담ᄒ며 목욕감ᄂ 소리가 ᄂ니 심봉ᄉ도

에- ᄂ도 목욕이나 ᄒ겟ᄃ

고의젹숨 훨훨 벗고 시내ㅅ가에 드러안져 목욕을 한춤ᄒ고 슈변으로 ᄂ
아가 옷을 닙으랴 더듬어본즉 심봉ᄉ보ᄃ 더 시쟝흔 도젹놈이 ᄃ 집어가
지고 도뭉ᄒ얏고ᄂ 심봉ᄉ 긔가 믹혀

이고 이 좀도젹놈아 내 것을 가져갓ᄃ 말이냐 텬디 인간 병신 중에 ᄂ갓
흔 이 뉘 잇스리 일월이 발것셔도 동셔를 내 모르니 ᄉ라잇ᄂ 팔ᄌ야 어
셔 죽어 황쳔 가셔 내 ᄯ을 심쳥 고흔 얼골 맛ᄂ 보리로ᄃ

벌거버슨 알봉ᄉ가 불갓튼 볏아리 홀노 안져 탄식흔들 그 뉘라 옷을 줄
가 그ᄯᅢ 무릉틱슈가 황셩갓ᄃ 오ᄂ 길인디 벽제소리 반겨 듯고

올타 져 관원에게 억지ᄂ 좀 써 보리라

〈99〉

벌거버슨 알봉스가 부자지만 홈켜쥐고
알외여라 알외여라 급장아 알외여ᄅ 황셩가는 봉스로셔 빅활츠로 알외
여라
힝츠가 머무르고
엇의 스는 소경이며 엇지 옷은 버셧스며 무슨 말을 ᄒ랴ᄂᆞ듸
심봉스 엿즈오되
예- 소밍이 알외리듸 소밍은 황쥬 도화동 스옵더니 황셩 존채에 가압다
가 하도 더웁기에 이 물시가에 목욕 감다가 의복과 힝쟝을 일엇쓰오니
셰셰히 추저지이다
힝츠가 놀ᄂᆞ워 들으시고
그려면 무엇 무엇 일엇ᄂᆞ니
심봉스 착ᄒᆞᆫ 마음에도 허언으로 말을 ᄒᆞ야 의복을 혹 어더 입을ᄭᅡ ᄒᆞ고
당치 안캐 알외것다

〈100〉

한 량중 슌금동곳 쳔은으로 곳을 물녀 쎄 논 채 일스옵고 셕셩뭉건 디모
관즈 호박풍잠 돈 치 일코 게알갓흔 명쥬탕건 디모멋독이 돈 채 일코 슴
빅돌님 통양갓에 금피갓ᄼᆖ 단 치 일코 새로 지은 세포직령 람창의 밧첫
ᄂᆞᆫ듸 도홍씌 민 치 일코 당셩초 겹져고리 베등거리 밧쳐 일코 십이승 모
시고의 남허리씌 쪄셔 일코
심봉스에게 비스듬 당치 안케 알외것다
돈피풍차 만션드리 양피비즈 모다 일코 집치갓흔 호달마의 쳥쳔다리 은
입동즈 록피 다련 쌍걸랑에 힝즈직물 오십량과 소상반죽 집힝이에 빅통
쟝식혼 치 일코 외뎜빅이 디모안경 쳔은빅이 디모침통 바슈졍낙 은동침

을 한아가득 든 치 일코 심지어 푼돈까지 모도득 일엇사오니 세세 추져
지이다

힝츠가 분부ㅎ되

밋친 소경이로고 네 이 소경 말 드러라 외덤빅이 더모안경 네 눈에 당ㅎ

〈101〉

게며 소경놈이 사름을 얼마느 죽이랴고 바슈경낙 은동침은 네 몸에 당ㅎ
게며 말 탄 놈이 집힝이가 당ㅎ게며 류월염턴 더운 쩌에 돈피휘양 양피
빗즈 당ㅎ게냐 도모지 무쇼로다

심봉사 그졔야

예- 소밍이 올외리다 츔쳑 보고 환쟝ㅎ 마음이 셩치 못ㅎ야 정신이 황홀
ㅎ고로 황숑이 되얏스오니 어지신 힝츠 덕분에 살녀쥬기 바라나이다

힝츠가 분부ㅎ되

네 소위는 불측ㅎ나 옷 ㅎ벌 쥬는계니 어셔 입고 황셩 가르

급쟝이 불너 분부ㅎ되

너는 벙거지 써도 탓 업스니 갓 버셔 소경 쥬르

교군군 슈건쓰고 망건 버셔 소경 쥬라

심봉사가 일은 옷보다 항결 나혼지라

빅비사례ㅎ고 황셩으로 올느굴 졔 즈탄ㅎ며 올느간다

〈102〉

어이 가리너 닉 어이 가리너 오늘은 가다 엇의 가 자며 릭일은 가드 엇의
가 줄ㅅ가 죠즈룡 월궁ㅎ던 쳥총마느 탓스며는 오늘 황셩 가련마는 밧삭
마른 내 다리로 멧눌 거러 황셩 굴가

이러타시 즈탄ㅎ며 록슈경 이른지라 락슈교를 건너굴 졔

가로에셔 엇더훈 녀인이 문는 말이

(녀) 게 가는 게 심봉사오 늬 좀 보오

심봉사 싱각ᄒᆞ되

이 ᄯᅡᆼ에셔 나를 알 이 업것마는 괴이훈 일이로다

그 녀인 ᄯᆞ라가니 집이 ᄯᅩ훈 굉쟝훈디 셕반을 드리는디 찬슈 ᄯᅩ훈 긔이

ᄒᆞ다 셕반을 먹은 후에 그 녀인이

봉ᄉᆞ님 나를 ᄯᆞ라 니 방으로 드러가옵시다

봉ᄉᆞ ᄒᆞ는 말이

여보 무슨 우환 잇소 나는 졈도 못ᄒᆞ고 경도 못 읽쇼

〈103〉

녀인이 디답ᄒᆞ되

잔말 말고 니 방으로 가옵시다

심봉ᄉᆞ 싱각에

잇고 옴만ᄒᆡ도 보쌈에 드렷나 보다

안으로 드러가니 엇더훈 부인인지 은근이 ᄒᆞ는 말이

(녀인) 당신이 심봉ᄉᆞ오

(봉) 그러ᄒᆞ오 엇지 아시오

녀인이 ᄒᆞ는 말이

아는 도리가 잇지오 니 셩은 안가요 십셰 젼 안밍ᄒᆞ야 여간복슐을 비왓

더니 이십오셰 되도록 비필을 안이 웃기는 징험ᄒᆞ는 일 잇기로 츌가를

안이ᄒᆞ얏더니 간밤에 ᄭᅮᆷ을 ᄭᅮᆫ즉 하ᄂᆞᆯ에 일월이 ᄯᅥ러져 뵈이거늘

싱각에 일월은 사룸의 안목이라 니 비필이 나와 갓흔 소경인 줄 알고 물

에 잠기거늘 심씨인 줄 알고 쳥ᄒᆞ얏ᄉᆞ오니 나와 인연인가 ᄒᆞ나이다

〈104〉

심봉ᄉ 속마음으로 됴와셔

말이야 됴코머는 그러키를 바라겟소

그날 밤에 안씨녀 밍인과 동품ᄒ고 이튼날 니러안져 심봉ᄉ가 큰 걱정을

ᄒ니 안씨 맹인이 뭇는 말이

우리가 빅년비필을 미졋ᄂ디 무슨 걱정이 만으시오

심봉ᄉ 일른 말이

내 가족을 벗겨 북을 메여쳐 뵈이고 락엽이 써러져 뿌리를 다 덥허 뵈이

고 화렴츙텬ᄒᄃᆝ 불 데고 왕리ᄒ얏스니 반다시 죽을 꿈이오

안씨 맹인 싱각을 ᄒ더니

그 꿈인즉 디몽이오 거피작고(去皮作鼓)ᄒ니 고성은 궁셩(鼓聲은 宮聲)

이라 궁안에 들 것이오 록엽귀근(落葉歸根)ᄒ니 부ᄌ상봉(父子相逢)이

라 ᄌ식 만나볼 것이오 화렴이 츙텬(火炎衝天)ᄒ대 불 데고 왕리ᄒ기ᄂᆫ

몸을 운동ᄒ야 펄펄 쒸엿스니 깃거음 보고 츔 츌 일이 잇겟소

〈105〉

봉ᄉ 탄식ᄒ다

츙텬대효 내 ᄯᆯ 심쳥 림당슈에 죽은 후에 언의 ᄌ식 상봉홀고

이러툿 탄식홀ᄊᆡ 안씨 밍인 만류ᄒ고 셔로 작별ᄒ 연후에 심봉ᄉ 길을

써나 슈일을 밧비 거러

황성을 둥도ᄒ니 각도각읍 쇼경들이 들어오거니 나오거니 각쳐 려각에

들ᄭᆞ나니 쇼경이라 소경이 엇지 만히 왓던지 눈 셩ᄒ 사롬도 이상히 검

으즁츙ᄒ것다 심봉ᄉᄂᆞᆫ 늣게 가셔 쥬인 엇지 못ᄒ고 리부상셔딕 대문 밧

방아ㅅ간에셔 누어 ᄌ노란이 날이 시여 시벽초에 그 딕 한님네가 아춤방

아 ᄍᆞ랴ᄒ고

익고 이 쇼경 물너나오 방아 좀 찌어보세
로쇼한님 달녀들어
덜거덩 덜거덩
방아찌며

〈106〉

어-으아 방아요 이 방아가 뉘 방안고 강퇴공의 도작방아
어-유아 방아요 방아타령에 우슌 말이 만치마는 잡되야셔 다 쌔둔 것이
엿다
봉명군亽 거동보쇼 영긔를 둘너메고 골옥골옥 외는 말이
각도각읍 쇼경님네 맹인 잔치 막죵이니 밧비 와셔 춤예ᄒᆞ오
고셩ᄒᆞ야 외고가니 심봉亽가 빗비 써나 궁 안을 추져가니 수문장이 좌긔
ᄒᆞ고 날마다 오난 쇼경 졈고ᄒᆞ야 들일 젹에
이 ᄯᅢ에 심황후는 놀마다 오는 쇼경 거쥬셩명을 바다보되 부친의 셩명은
업스니 홀노 안져 탄식ᄒᆞ다 슘쳔궁녀 시위ᄒᆞ야 크게 울든 못ᄒᆞ고 옥난간
에 비겨 안져 산호렴에 옥면 대고 혼ᄌᆞ말로 ᄒᆞ는 말이
불샹ᄒᆞ신 우리 부친 싱죤ᄒᆞᆫ가 별셰ᄒᆞᆫ가 붓쳐님이 영험ᄒᆞ야 기간에 눈을
써셔 쇼경츅에 싸지신가 당년 칠십 로환으로 병이 드러 못 오신가 오시
다가 로중에셔 무슘 랑픠 보셧는가 나 살아 귀히 될 쥴 알으실 길 업스

〈107〉

시니 엇지 안이 원통ᄒᆞᆫ가
이럿틋 탄식홀 ᄯᅢ 말셕에 안진 쇼경 감안이 바라보니 머리는 빅발인대
귀밋헤 거문 ᄯᅥ가 부친일시 분명ᄒᆞ다
져 쇼경 이리와 거쥬셩명 고ᄒᆞ여라

심봉ᄉᆞ 쑤러안젓다ᄀᆞ 탑젼으로 드러가셔 셰셰원통 ᄉᆞ연을 낫낫치 말
ᄉᆞ하되
쇼맹은 근본 황쥬 도화동 ᄉᆞᆸ는 심학규옵더니 삼십에 안맹ᄒᆞ고 사십에
상쳐ᄒᆞ야 강보에 쓰인 녀식 동냥젓 엇어먹여 근근히 길너내여 십오셰ᄀᆞ
되얏난대 일홈은 심쳥이라 효셩이 츌텬ᄒᆞ야 그것이 녑을 비러 연명ᄒᆞ야
살아갈 쩌 몽은ᄉᆞ 부쳐님끠 공양미 삼빅셕을 지셩으로 시쥬ᄒᆞ면 눈 뜬단
말을 듯고 남경쟝ᄉᆞ 션인들게 공양미 삼빅셕에 아조 영영 몸이 팔녀 림
당수에 죽엇난대 ᄯᆞᆯ 죽이고 눈을 쓰니 몹슬 놈의 팔ᄌᆞ 벌셔 죽ᄌᆞ ᄒᆞ엿더
니 탑젼에 셰셰원졍 낫낫치 알왼 후에 결항치사ᄒᆞ옵자고 불

〈108〉

원쳔리 왓ᄂᆞ니다
ᄒᆞ며 빅수풍신 두 눈에셔 피눈물이 흘너니리며
이고 내 ᄯᆞᆯ 심쳥아 혼이라도 아비를 싱각ᄒᆞ야 황셩잔치 오는 길에 네 혼
도 왓슬테니 우에 ᄎᆞ려내신 ᄎᆞ돔상을 갓치 먹자
ᅡᆼ을 치며 통곡ᄒᆞ니
심황후 이 말 듯고 톄례를 불고ᄒᆞ고 젼후궁녀 물니치며 왈악 쒸여 달녀
들어
이고 아바지 눈을 ᄯᅥ셔 나를 보옵소셔 림당슈 창랑즁에 삼빅셕에 몸이
팔녀 수궁 갓든 아바지 ᄯᆞᆯ 심쳥이오 눈을 ᄯᅥ셔 나를 보옵소셔
심봉ᄉᆞ 이 말 듯고
이고 이게 웬말이냐 내 ᄯᆞᆯ 심쳥이가 살단 말이 될 말이냐 내 ᄯᆞᆯ이면 엇의
보자
ᄒᆞ더니 빅운이 자옥ᄒᆞ며 쳥학 빅학 란봉 공작 운무 즁에 왕리ᄒᆞ며 심봉
ᄉᆞ

〈109〉

머리 우에 안기가 자욱ㅎ더니 심봉스의 두 눈이 활덕 씌니 텬디일월 밝
엇구나 심봉스가

이고 어머니 이고 무슨 일로 량짝 눈이 환ㅎ더니 셰상이 허전허전ㅎ고
나 감엇든 눈 쓰니 텬디일월 반갑도다

쓸의 얼골 쳐다보니 칠보화관 황홀ㅎ야 두렷ㅎ고 어엽불사 심봉사가 그
졔야 눈 쓴 줄 알고 스방을 살펴보니 형형식식 반갑도다 심봉스ㄱ 엇지
죠흔지 와락 쮜여 달녀들어 쏠의 손목 덤벅 잡고

이 이 이게 누구냐

갑즈 스월 초팔일날 몽중보던 얼골일세 음성은 갓다마는 얼골은 초면일
세 얼시구나 지화쟈 지화쟈 이런 경스 쏘 잇슬가 여보게 셰상스롬들아
고진감리 흥진비리(苦盡甘來, 興盡悲來) 나를 두고 흔 말일세 얼시고 죠
흘시고 지화쟈 죠흘시고 어둠침침 빈 방안에 불현 다시 반갑고 산양슈
큰 쏘홈에 즈룡 본 듯 반갑도다 어둡던 눈을 쓰니 황성궁중 웬일이며 궁

〈110〉

안을 살펴보니 닉 쏠 심청 황후되기 쳔쳔만만 뜻박기지 창희만리 먼먼
길에 림당슈 죽은 쏠은 황세상에 황후되고 닉 눈이 안밍흔지 스십여 년
에 눈을 쓰니 녯 글에도 업는 말 허허 셰상 사롬들 이런 말 들엇슴나 얼
시고 죠흘시고 이런 경사 어듸잇나

심황후 디희ㅎ샤 슘쳔궁녀 옹위ㅎ야 닉뎐으로 드러가니 황뎨쎄옵셔도
룡안에 유희(龍顏에 有喜)ㅎ샤 심봉스는 부원군을 봉ㅎ샤 갑뎨와 뎐답
노비를 사급ㅎ압시고 뺑덕어미와 황봉스는 일시에 잡아올녀 어장으로
엄징ㅎ고 몽운스 화쥬즁을 블너올녀 빅은 일쳔량 상급ㅎ고 몽운사는 지
궁으로 졍ㅎ시고 도화동 빅셩들은 뎐호잡역 졔감ㅎ고 심황후 즈라놀 쩌

졋 먹여쥬던 부인 가틱을 내리시고 상급을 후히 쥬고 홈끠 주란 동모들
은 궁즁으로 불너드려 황후끠셔 보압시고 쟝승상틱 부인 긔구잇게 뫼셔
올녀 궁즁으로 뫼신 후에
승상 부인과 심황후와 셔로 잡고 우는 양은 텬디도 감챵이라 승상부인이

〈111〉

품안에셔 족즈를 내여 심황후 압헤다 펼쳐노니 그 족자에 쓰인 글은 심
황후의 친필이라 셔로 잡고 일희일비ㅎ는 양은 족자에 화상도 우는 듯ㅎ
다 심부원군이 션영과 곽씨부인 산소에 영분을 흔 연후에 즁로에셔 맛는
안씨 맹인에게 칠십에 싱남ㅎ고 심황후 어진 셩덕 텬하에 가득ㅎ니 억조
창싱들은 만셰를 부르고 심황후의 본을 바다 효즈렬녀 가가지라
강상련 죵

광동서국본 활자본 〈교정 심청전〉

　　이 〈교정 심청전〉은 〈심부인전〉과 합본되어 광동서국, 박문서관, 한성서관을 공동 발행소로 해서 1915년에 초판이 발행된 이래 1920년까지 총 9판이 발행된 바 있다. 저작자는 홍순모(洪淳模), 발행자는 이관수(李觀洙)로 되어 있다. 그 후 이 〈교정 심청전〉은 〈심부인전〉과 분리되어 다른 출판사에서도 여러번 발행된 바 있다. 〈심청전〉 활자본 중에는 이 〈교정 심청전〉과 비슷한 이본으로서, 영창서관에서 발행된 〈원본 심청전〉, 그리고 서로간에 동형동판인 〈만고효녀 심청전〉(태화서관), 〈고대소설 심청전〉(회동서관, 세창서관), 〈교정 심청전〉(시문당) 등이 있는데, 이들은 모두 각 페이지당 분량이나 표기에서 약간의 차이가 발견될 뿐, 내용은 거의 같다. 그래서 우리는 그 중 대표 이본이라 할 수 있는 〈교정 심청전〉과 〈원본 심청전〉 2종을 대상으로 전산 입력했다. 이 〈교정 심청전〉 뒤에는 〈심부인전〉이 합철되어 있는데, 내용상 〈심청전〉과는 관계가 없다. 〈심부인전〉은 이해룡과 심소저 부부의 출천대효를 그린 작품이다. 독자들이 심청과 이해룡부부의 효성을 배워야 한다는 작품 말미의 저작자의 말을 통해 볼 때, 두 작품이 모두 부모에 대한 효성을 주제로 하고 있기 때문에 합철한 것 같다. 국립도서관에 소장되어 있는 〈교정 심청전〉을 대본으로 하여 활자화했다.

광동서국본 활자본 〈교정 심청전〉

〈1〉

삼츈화류 호시절에 쵸목군싱지물이 긔유이 주락ㅎ더 츈풍도리화긔야ㅎ
고 빅화만발ㅎ다 츈슈만ㅅ틱ㅎ고 하운이 다긔봉이라 간슈는 잔잔ㅎ야
산곡간으로 흘너가고 푸른 언덕 우희는 학이 무리지어 왕너ㅎ고 황금ㅈ
혼 꾀고리는 양류간으로 나라들고 소상강 쩨기러기는 북텬으로 나라가
고 낙화는 유졉ㅈ고 유졉은 낙화ㅈ치 펄펄 날니다가 인당슈 흐르는 물에
힘업시 쩌러지민 아름다온 봄소식은 소리를 싸라 흔젹업시 나려가는 곳
은 황쥐 도화동이라 심학규라ㅎ는 봉시 잇스니 셰디잠영지족으로 셩명
이 ㅈㅈ터니 가운이 영쳬ㅎ야 쇼년의 안밍ㅎ니 향곡간에 곤혼 신셰로도
강근지족이 업고 겸ㅎ야 안밍ㅎ니 뉘라셔 디졉홀가마는 본이 량반에 후
예로셔 힝실이 쳥염 졍직ㅎ고 지긔 고상ㅎ야 일동일졍을 조곰도 경소리
아니ㅎ니 그 동리 눈뜬 스룸은 모도다 층찬ㅎ는 터이라 그 안히 곽씨부
인 쏘혼 현쳘ㅎ야 임수의 덕과 장강에 식과 목란의 졀긔와 예긔가에 니
측편과 쥬남소남 관져시를 모를 것시 바이 업고 봉졔스 졉빈긱과 린리에
화목ㅎ고 가장공경 치산범졀 빅집ㅅ가감이라 그러느 가셰가 빈혼ㅎ니
이졔의 쳥염이오 안즈의 간난이라 긔구지업 바이 업셔 일간두옥 단표즈
에 반도음슈를 ㅎ는 터에 곽외에 편도 업고 랑하에 로비 업셔 가련혼 곽
씨부인 몸을 바려 품을 팔 졔 삭바누질 삭쌜니

〈2〉

삭질삼 삭마젼 염식ᄒ기 혼상더ᄉ 음식셜비 슐빗기 쩍찌기 일년 삼빅 륙
십 일을 잠시라도 놀지 안코 품을 파라 모으ᄂ디 푼을 모와 돈이 되면
돈을 모와 량을 만들고 량을 모와 관이 되면 린근동 ᄉ롬 중에 착실ᄒ디
실슈업시 바다드려 츈츄시향 봉졔사와 압 못보는 가장공경 시종이 여일
ᄒ니 간난과 병신은 조금도 허물될 것 업고 상하면 ᄉ롬드리 불어ᄒ고
층찬ᄒᄂ 소리에 직미잇게 셰월을 보니더라 그러나 그갓치 지니는 중에
도 심학규의 가삼에ᄂ 혼갓 억울혼 한을 품은 거슨 실하에 일졈 혈육이
업슴으로 ᄒ로ᄂ 심봉ᄉ가 마누라를 겻히 불너안치고 여보 마누라 거긔
안져 니 말숨 드러보오 ᄉ롬이 세상에 나셔 부부야 뉘 업슬까마ᄂ 이목
구비 셩혼 ᄉ롬도 불칙게집을 어더 부부불화 만컨니와 마누라ᄂ 전성에
나와 무슴 은혜 잇셔 이싱에 부부되야 압 못보는 가장 나를 한시 반ᄶ
놀지 안코 불쳘쥬야 버러드려 어린 아히 밧들드시 항여ᄂ 치원홀가 비
곱하홀가 의복 음식 ᄶ를 마추어 지셩으로 봉량ᄒ니 나는 편타 ᄒ려니와
마누라 고싱사리 도로혀 불안ᄒ니 괴로온 일 너머 말고 사ᄂ더로 ᄉ웁시
다 그러ᄂ 니 마음에 지원혼 일이 잇소 우리가 년광이 ᄉ십이ᄂ 실하에
일졈 혈육이 업스니 조상 향화를 ᄯᄂ케 되니 죽어 황텬의 도라간들 무삼
면목으로 조상을 디ᄒ오며 우리 량쥬 ᄉ후신셰 초종장녜 쇼디긔며 년년
오는 긔졔ᄉ며 밥 혼 그릇 물 혼 목음 뉘라셔 쩌노릿가 병신 ᄌ식이라도
남녀간 나아보면 평싱 혼을 풀ᄯᆺᄒ니 엇지ᄒ면 조흘는지 명산더쳔에 졍
셩이나 드려보오 녯글에 잇는 말숨 불효

〈3〉

삼쳔에 무후위더라 ᄒ얏스나 ᄌ식 두고 십흔 마음이야 뉘 업ᄉ오릿가 쇼
첩의 죄가 응당 니침즉하오나 가군의 넓으신 덕으로 지금ᄭ지 보존ᄒ얏

스니 몸을 파라 쎼를 간들 무삼 일을 못ㅎ릿가마는 가장의 졍더ㅎ신 셩
졍의향을 알지 못ㅎ야 발셜치 못ㅎ얏습더니 몬져 말슴ㅎ시니 무슨 일을
못ㅎ릿가 지셩것 ㅎ오리다 이러케 디답ㅎ고 그날부터 품을 파라 모은 지
물 왼갓 졍셩 다 드린다 명산더쳔 신령당 고묘춍ᄉ 셕왕ᄉ에 셕불보살
미륵님젼 노귀마지 당짓기와 칠셩불공 라한불공 빅일산뎨 뎨셕불공 가
ᄉ시쥬 인등시쥬 창호시쥬 신즁마지 다리젹션 길닥기와 집에 들어 잇는
날도 셩쥬조왕 터쥬졔신 갓가지로 다 지니니 공든 탑이 문어지며 힘든
나무 부러지랴 갑ᄌ ᄉ월 초팔일날 쑴 ㅎᄂ를 어덧스니 이상 밍랑과 괴
이ㅎ다 텬디 명낭ㅎ고 셔긔 반공ㅎ며 오식치운 두루더니 션인 옥녀 학을
타고 하늘노셔 나려온다 머리위 화관이오 몸에는 하의로다 월픽를 느짓
ᄎ고 옥픠쇼리 징징ㅎ며 계화가지 손에 들고 언연히 ᄂ려와셔 부인압히
지비ㅎ고 겻흐로 오는 량이 두럿혼 월궁항아 달속으로 드러온 듯 남ㅎ관
음이 ㅎ즁으로 도라온 듯 심신이 황홀ㅎ야 진동치 못홀 젹에 션녀의 고
흔 모양 이연니 엿ᄌ오디 쇼녀는 다른 스람 아니오라 셔왕모의 ᄯ올이러니
반도진상 가는 길에 옥진비ᄌ 잠간 만ᄂ 슈작ㅎ옵다가 쎅가 조금 느졋기
로 상졔씌 득죄ㅎ고 인간으로 뎡비하야 갈 바를 모로더니 퇴상노군 후토
부인 제불보살 셕가임이 덕으로 지시ㅎ야 지금 ᄎᄌ왓스오니 어엿비 녁
이소셔 ㅎ고 품에 와 안

〈4〉

치거놀 곽씨부인 잠을 찌니 남가일몽이라 량쥬 몽ᄉ를 의론ㅎ니 둘의 쑴
이 혼가지라 퇴몽인 줄 짐작ㅎ고 마음에 희횬ㅎ야 못닉 깃버 녁이더니
그달부터 팃긔 잇스니 신불의 힘이런가 ㅎ날이 도으심이런가 부인이 뎡
셩이 지극홈으로 ㅎ날이 과연 감동ㅎ심이러라 곽씨부인 어진 범졀 조심
이 극진ㅎ여 좌불변ㅎ고 입불필ㅎ며 셕부졍부좌ㅎ며 할부졍불식ㅎ고 이
불쳥음셩ㅎ고 목불시ᄉ식ㅎ야 십삭을 고이 치이더니 ㅎ로는 ㅎ복 긔미

가 잇셔 부인이 이고 빙야 이고 허리야 몸져 누어 아르니 심봉스 겁을
닉여 이웃집을 츠자가셔 친훈 부인 다려다가 희산구완 식여닐 제 집 훈
단 드려너코 시 스발 정한슈를 소반상에 밧쳐노코 좌불안셕 급훈 마음
순산흐기 바랄 젹에 향취가 진동흐며 치운이 두루더니 혼미중에 탄성흐
니 션녀갓훈 똘이로다 웃집부인 드러와셔 아기를 밧은 후에 삼을 갈나
누여노코 밧그로 나갓는디 곽씨부인 정신츠려 여보시오 셔방님 순산은
흐얏스나 남녀간에 무어시오 심봉스의 깃분 마음 아기를 더듬어 삿흘 만
져보와 한참을 만지더니 우스며 흐는 말이 아기 삿흘 만져보니 아마 아
들은 안인가보오 비티흐기 젼에는 비티나 흐기 희망이오 비티훈 후는 아
달되기 희망흐는 마음은 너외가 일반이라 곽씨부인 셜위흐야 만득으로
나은 즈식 똘이라니 졀통흐오 심봉스 디답흐되 마누라 그 말 마오 똘이
아들만 못흐다 히도 아들도 잘못 두면 욕급션조흘 거시오 똘즈식도 잘
두우면 못된 아들과 밧구릿가 우리 이 똘 고히 길너 례졀 몬져 가라치고
침션 방젹 잘 가르쳐 요조슉녀 조

〈5〉

훈 비필 군즈호구 잘 가리여 금슬우지 즐기오고 죵스우진진흐면 외숀봉
스는 못흐릿가 그런 말은 다시 마오 웃집 부인 당부흐야 첫국밥을 얼는
지어 삼신상에 밧쳐 노코 의관을 정히 흐고 두 무릅 공슌이 꿀고 삼신끠
두숀 합장 비는디 삼십삼쳔 도솔쳔 이십팔슈 신불졔왕 령험흐온 신령님
네 화의동심흐옵쇼셔 사십후에 졈지훈 똘 십삭 고히 것워 순산을 식이시
니 삼신님의 넓으신 덕 빅골는망 이즈릿가 다만 독녀 똘이라도 오복을
졈지흐야 동방삭의 명을 주고 셕승의 복을 너려 순증즈 효힝이며 반희의
지질이며 슈복을 고로 틱여 외 붓듯 가지 붓듯 잔병업시 잘 즈라나 일취
월장 식힙쇼셔 빌기를 맛친 후 더운 국밥 쩌다 노코 산모를 먹인 후 심봉
스 다시 싱각흐니 비록 똘일망뎡 깃부고 귀훈 마음 비홀 디 업는지라 눈

으로 보든 못ᄒ고 손으로 더듬거리며 아기를 어르ᄂᆞᆫᄃᆡ 으가 으가 니 ᄯᅡᆯ
이야 아달 겸 니 ᄯᅡᆯ이야 금을 준들 너를 사며 옥을 준들 너를 사랴 어둥
둥 니 ᄯᅡᆯ이야 열소경의 ᄒᆞᆫ 막ᄃᆡ 분방셔안 옥등경 시벽바롬 ᄉᆞ초롱 당기
곳에 진쥬 어름 궁게 이어로구나 어둥둥 니ᄯᅡᆯ이야 남젼북답 작만ᄒᆞᆫ들 이
에셔 더 조ᄒᆞ며 산호진쥬 어덧든들 이에셔 반가오랴 표진강의 숙향이가
네가 되야 틔엿나냐 은하슈 직녀셩이 네가 되여 나려왓나 어둥둥 니 ᄯᅡᆯ
이야 심학규ᄂᆞᆫ 이갓치 쥬야로 즐겨홀 졔 뎡말로 반가운 마음으로 이러ᄒᆞ
니 산모의 셥셥ᄒᆞᆫ 마음도 위로되여 셔로 즐겁기 층량업더라 슬푸다 셰상
ᄉᆞ 익락이 슈가 잇고 ᄉᆞ셩이 명이 잇ᄂᆞᆫ지라 운슈소도에 가련ᄒᆞᆫ 몸을 용
셔치 안토다 ᄯᅳᆺ밧게 곽씨부인 산후별

〈6〉

증이 이러ᄂᆞ 호흡을 천촉ᄒᆞ며 식음을 젼폐ᄒᆞ고 졍신이 업시 알ᄂᆞᆫᄃᆡ 이고
머리야 이고 허리야 ᄒᆞᄂᆞᆫ 소ᄅᆡ 심봉사 겁을 니여 문의ᄒᆞ야 약을 쓰고 경
도 닑고 굿도 ᄒᆞ고 빅가지로 셔드러도 죽기로 든 병이라 인력으로 구홀
소냐 심봉ᄉᆞ 긔가 막혀 곽씨부인 겻헤 안져 젼신을 만져보며 여보시오
마누라 졍신 차려 말을 ᄒᆞ오 음식을 젼폐ᄒᆞ니 긔허ᄒᆞ야 이러ᄒᆞ오 삼신님
ᄭᅴ 탈이 되여 졔셕님의 탈이 낫ᄂᆞᆫ ᄒᆞ리업시 죽게 되니 이것이 왼 이리오
만일 불힝 죽게 되면 눈 어둔 이놈 팔ᄌᆞ 일가친쳑 바이 업셔 혈혈단신
이 니 몸니 올 ᄃᆡ 갈 ᄃᆡ 업셔지니 그도 ᄯᅩᄒᆞᆫ 원통ᄒᆞᆫᄃᆡ 강보에 이 녀식을
엇지를 ᄒᆞᆫ잔 말이오 곽씨부인 싱각ᄒᆞ니 ᄌᆞ긔의 알ᄂᆞᆫ 병세 살지를 못홀
쥴 알고 봉ᄉᆞ의게 유언ᄒᆞᆫ다 가군의 숀을 잡고 후유 흔숨 길게 쉬며 여보
시오 셔방님 니 말슴 드러보오 우리 부부 ᄒᆡ로ᄒᆞ야 빅년동거 ᄒᆞᄌᆞᆺ드니
명한을 못 익이여 필경은 죽을 터니 죽ᄂᆞᆫ 나는 셜지 안으나 가군 신셰
어이ᄒᆞ리 니 평싱 먹은 마음 압 못보는 가쟝님을 니가 조심범연ᄒᆞ면 고
싱되기 쉽것기에 풍ᄒᆞᆫ셔습 가리지 안코 남촌 북촌 품을 파라 밥도 밧고

반찬 어더 식은 밥은 너가 먹고 더운 밥은 가군 드려 주리지 안코 츕지
안케 극진공경ᄒ옵더니 턴명이 이 쑨인지 인연이 끈쳣는지 할 릴 업시
죽게 되니 너가 만일 죽게 되면 의복뒤를 뉘 거두며 조셕공궤 뉘라 홀가
스고무친 혈혈단신 의탁홀 곳 바이 업셔 집힝막더 걸쳐잡고 더듬더듬 단
이다가 구렁에도 써러지고 돌에도 치여 너머져 신셰ᄌ탄 우는 모양 눈으
로 보는 듯 ᄒ고 긔한을 못 익의여 가가문젼 단이면셔 밥 좀

〈7〉

쥬오 슬푼 소리 귀에 징징 들이는 듯 나 죽은 혼빅인들 참아 엇지 듯고
보며 쥬야장텬 기리다가 스십후에 나은 ᄌ식 졋 혼번도 못 먹이고 죽단
마리 무슴 일고 어미 읍는 어린 것을 뉘 졋 먹여 길너느며 츈하츄동 스시
졀을 무엇 입혀 길너너리 이몸 아츠 죽게 되면 멀고 먼 황텬길을 눈물
가려 어이 가며 압히 막혀 어이 갈고 여보시오 봉사님 더 건너 김동지딕
돈 열양 맛겻스니 그 돈은 ᄎᄌ다가 나 죽은 초상시에 략략히 쓰옵시고
항아리 너은 양식 산미로 두엇더니 못다 먹고 죽어가니 츌상이나 혼 연
후에 두고 량식 ᄒ옵시고 진어스딕 관디 혼 벌 홍비에 학을 노타 못다
놋코 보에 싸셔 롱안에 느엇스니 남의 딕 즁혼 의복 나 죽기 젼 보니옵고
뒤말 귀덕어미 나와 친혼 스룹이니 너가 죽은 후라도 어린 아희 안고 가
셔 졋 좀 먹여달나 ᄒ면 괄시 아니ᄒ오리다 텬힝으로 져 ᄌ식이 죽지 안
코 살아나셔 졔 발노 것거들랑 압흘 셰고 길을 무러 니 묘 압희 ᄎᄌ와셔
아가 이 무덤이 너의 모친 무덤이다 력력히 가르쳐셔 모녀상봉 식여쥬오
텬명을 못 이긔여 압 못보는 가장의게 어린 ᄌ식 쎼쳐두고 영결종텬 도
라가니 가군의 귀ᄒ신 몸 이통ᄒ야 상치 말고 쳔만보존 ᄒ옵소셔 ᄎ싱에
미진혼 한을 후싱에 다시 만나 리별 업시 살ᄌᄒ고 한숨 쉬고 도라누어
어린 아희에게 낫흘 디고 혀를 ᄎ며 텬디도 무심ᄒ고 귀신도 야속ᄒ다
네가 진작 싱겻거느 너가 조곰 더 살거느 너 나츠 나 죽으니 한량업는

구텬디통 너로 ᄒ야 품게 되니 죽은 어미 산ᄌ식이 싱ᄉ간에 무슴 죄냐 아가 니 졋 망종 먹고 어셔 어셔 잘 살어라 봉ᄉ다려 ᄋ츠 니가 이

⟨8⟩

졋소 이이 일홈을랑 쳥이라 불너쥬오 이이 쥬랴고 지은 굴네 진옥판 홍수울 진쥬드림 부쳐다라 함 속에 너엇스니 업치락 뒤치락 ᄒ거들랑 나 본드시 씨워주오 홀 말이 무궁ᄒᄂ 숨이 갓버 못 ᄒ겟소 말을 마치미 흔 숨 겨워 부ᄂ 바롬 삽삽비풍 되여 잇고 눈물 겨워 오ᄂ 비ᄂ 소소셰우 되여세라 폐긔질 두 세 번에 숨이 덜컥 끈쳐스니 곽씨부인은 임의 다시 이 세샹 스롬이 아니라 슬푸다 스롬 수명을 하늘이 엇지 도으지 못ᄒᄂ고 이 ᄊ 심봉ᄉ 안밍혼 스롬이라 죽은 줄 모르고 아즉도 살아잇ᄂ 쥴 알고 여보 마누라 병들면 다 죽을가 그런 일 업ᄂ이다 약방에 가 문의ᄒ야 약 지어 올 거시니 부디 안심ᄒ옵소셔 심봉ᄉ 속속히 약을 지어 집으로 도라와 하로에 불을 피우고 부치질 히 다려니여 북포수건에 얼는 싸 들고 드러오며 여보 마누라 이러나 약을 자시오 ᄒ고 약그릇 겻헤 노코 부인을 이러안치랴 홀 졔 무셔운 증이 나셔 사지를 만져보니 슈족은 다 느러지고 코밋 찬 김이 ᄂ니 봉ᄉ 비로소 부인이 죽은 줄 알고 실셩발광 ᄒᄂ디 이고 마누라 춤으로 죽엇ᄂ가 가슴을 쾅쾅 머리를 탕탕 발 동동 구르면서 울며 불으지진다 여보시오 마누라 그디 살고 나 죽으면 져 ᄌ식을 잘 키울 걸 그디 죽고 니가 사라 뎌 ᄌ식을 엇지ᄒ며 구구히 사ᄂ 살림 무엇 먹고 살ᄋ날가 엄동셜한 북풍 불 졔 무엇 입혀 길너니여 비 곱하 우ᄂ ᄌ식 무엇 먹여 살여닐가 평싱 졍훈 뜻 사싱동거 ᄒ쥣더니 렴나국이 어듸라고 나 버리고 어디 갓소 인졔 가면 언졔 올가 쳥츈작반호 환향 봄을 싸라오랴ᄂ가 마누라 가신 곳은 몃 만리나 멀엇관디 흔번

〈9〉

ᄀ면 못 오는가 삼천벽도 요지연에 셔왕모를 짜라갓나 월궁항아 짝이 되여 도학ᄒ려 올ᄂᆞᆽᄂ 황능묘 이비젼에 회포 말을 ᄒ러 갓ᄂ 울다가 긔가 막혀 목졉이질 덜컥덜컥 치둥굴 너리둥굴 복통졀식 슬피운이 이 ᄯ 도화동 ᄉ롬드리 이 말 듯고 남녀노소 업시 뉘 아니 슯허ᄒ리 동뉘셔 공논ᄒ되 곽씨부인 작고흠도 지극히 불상ᄒ고 안명훈 심봉ᄉ 그 아니 불상훈가 우리 동리 빅여호에 십시일반으로 한 돈식 슈렴노아 현쳘훈 곽씨부인 감장ᄒ야 쥬면 엇더ᄒᆞ오 그 말 훈번 ᄂ니 여츌일구 응락ᄒ고 츌상을 ᄒ려 홀 졔 불상훈 곽씨부인 의금관곽 졍히 ᄒ야 신건상두 더틀 우에 결관ᄒ야 너여노코 명졍공포운하삽을 좌우로 갈ᄂ셰고 바린졔진 지닌 후에 상두를 운용홀 시 남은 비록 가난훈 초상이라도 동늬가 힘을 도아 진심것 ᄎ럿스니 상두치례 지극히 홀란ᄒ더라 남뎌단 휘장 빅공단 치양에 초록뎌단 젼을 둘너 남공단 드림에 홍부젼 금ᄌ 박아 압뒤 난간 황금장식 국화 물여 느리윗다 동셔남북 쳥의동ᄌ 머리에 쌍븍상토 좌우ᄂ간 비겨 세고 동에 쳥봉 셔에 빅봉 남에 젹봉 븍에 흑봉 훈ᄀ온디 황봉 쥬홍당ᄉ 벌민듭에 ᄉᆞ코 믈여 느리고 압뒤에 쳥용 식인 벌민듭 느리여셔 무명닷 줄 상두군은 두건졔복 힝젼ᄭ지 싱포로 거들고셔 상두를 얼메고 굴지ᄌ로 운구훈다 딩그랑 쨍그랑 어화 넘ᄎ 너화 그 ᄯ에 심봉ᄉᄂ 어린 아히 강보에 싸 귀덕어미에 맛겨 두고 졔복을 어더 입고 상두 뒤치 겸쳐 잡고 여광여취ᄒ야 겨우 부츅히셔 ᄂ아ᄀ면셔 이고 여보 마누라 날 바리고 엇의 가ᄂ ᄂ도 갑세 나와 가 만리라도

〈10〉

나와 갑세 엇지 그리 무졍훈가 ᄌ식도 귀ᄒ지 안소 어려셔도 죽을 테오 굴머셔도 죽을 테니 날과 훕게 가ᄉ이다 어화 넘차 너하 심봉ᄉᄂ 울고

부르기를 말지 아니ᄒ고 상두군은 상두노리가 쯘치 아니ᄒᆫ다 불상ᄒᆫ 곽
씨부인 힝실도 음견터니 불상이도 죽엇고ᄂ 엇화 넘츠 너하 북망산이 멀
다 마쇼 건너산이 북망일세 어화 너하 너하 이 세상에 나은 사롬 장성불
스 못ᄒ야셔 이 길 ᄒᆫ번 당ᄒ지만 어화 넘츠 너하 우리 마를 곽씨부인
칠십향수 못ᄒ고셔 오날 이 길 왼 일인가 어화 넘츠 너하 시벽닭기 지쳐
우니 셔산명월 다 너머가고 벽수비풍 슬슬 분다 어화 너하 너하 그럭져
럭 건너 안산 도라드러 향양디디 굴히여셔 깁히 안장ᄒᆫ 연후에 평토졔
지니ᄂ디 어동육셔 홍동빅셔 좌포우혜 버려노코 축문을 닑을 젹에 심봉
스가 근본 밍인이 아니라 이십후 밍인이라 속에 식ᄌ가 넉넉홈으로 설은
원졍 축을 지어 심봉스가 닑ᄂ다 차호부인 차호부인 요ᄎ요죠숙녀혜여
티명안지옹옹이라 긔빅년지히로혜여 홀연몰혜혼귀로다 유치ᄌ이영세혜
여 이하슐이양육ᄒ리 귀불귀혜일거ᄒ니 무하시이깅리로다 락숑츄이위
가ᄒ야 여취슈이장와로다 상음용혜젹막ᄒ니 차ᄂ견이난문이라 빅양지
외월락ᄒ야 산혜젹젹 밤 깁흔디 여츄츄이 유셩ᄒ야 무슨 말을 ᄒ쇼한들
격유현이 로슈ᄒ야 긔 뉘라셔 위로ᄒ리 후유 주과포혜 박견이나 만히 머
고 도라가오 축문을 다 익더니 심봉스 긔가 막혀 여보시오 마누라 나는
집으로 도라가고 마누라는 예셔 살고 으으 달녀드러 봉분에 가 업드려셔
통곡ᄒ며 ᄒᄂ 말이

〈11〉

그디ᄂ 만스를 이져 바리고 심심ᄒᆫ 산곡 중에 숑빅으로 울을ᄒ고 두견이
버시 되야 창오야월 밝은 달에 화답가를 ᄒ랴ᄂ가 니 신세 싱각ᄒ니 긔
밥에 도토리오 쎙 이른 미가 되니 누를 밋고 살 거인가 봉분을 어루만져
실셩통곡 울음 우니 동중의 힝긱드리 뉘 아니 설워ᄒ리 심봉스를 위로ᄒ
며 마오 마오 이리 마오 죽은 안희 싱각 말고 어린 ᄌ식 싱각ᄒ오 심봉스
마지못ᄒ야 고분지통 진졍ᄒ야 집으로 도라올 졔 심봉스 졍신츠려 동중

에 오신 손님 빅비치스 흐직흐고 집으로 향흐야 도라가니라 이 써 심봉
스는 부인을 미장흐야 공산야월에 혼자 두고 허둥지둥 도라오니 부억은
격막흐고 방은 텅 뷔엿는디 향니 그저 퓌여잇다 횡덩그런 빈 방안에 벗
업시 혼즈 안져 온갓 슯흔 싱각홀 졔 이웃집 귀덕어미 스롬 업는 동안에
아기를 가져가 보와쥬엇다가 도라와셔 아기를 주고 간는지라 심봉스 아
기를 바다 품에 안고 지리산 갈가마귀 게발 무더 진드시 혼즈 웃쑥 안졋
스니 셜음이 창텬흔디 품안에 어린 ᄋ기 죄아쳐 우름 운다 심봉스 긔가
막혀 ᄋ기를 달니는디 아가 아가 우지 말아 너의 모친 먼 데 갓다 락양동
촌 리화졍에 슉낭즈를 보러 갓다 황능묘 이비흔테 회포말을 흐러 갓다
너도 너의 모친 일코 서름겨워 너 우는냐 우지 마라 우지 마라 네 팔즈가
얼마나 조면 칠일 만에 어미 일코 강보중에 고싱흐리 우지 마라 우지 마
라 희당화 범나뷔야 쏫이 진다 셜워 마라 명년 숨월 도라오면 그 쏫 다시
피느니라 우리 안히 가시는 디는 훈번 가면 못 오신다 어진 심덕 착흔
힝실 잇고 살 길 바이 업다 락일욕몰현산셔 히

〈12〉

가 져도 부인 싱각 파산야우창츄지 비소리도 부인 싱각 세우청강량량비
흐던 쩍 일흔 외기럭이 명스벽히 바라보고 쑤루룩 씰국 쇼리흐고 북텬으
로 향흐는 양 니 마음 더욱 슯다 너도 쏘흔 임 일코 임 츠져 가는 길가
너와 느와 비교흐면 두 팔즈 갓고느 이러구러 그날 밤 지닐 젹에 ᄋ기는
긔진흐니 어둔 눈이 더욱 침침흐야 엇지홀 쥴 모로더니 동방이 발가지며
우물가에 두레쇼리 귀에 얼는 들니거늘 눌신 쥴 짐작흐고 문 펄쩍 열쩌
리고 우둥퉁 밧게 나가 우물가에 오신 부인 뉘 신 줄은 모로나 칠일 안에
어미 일코 졋 못 먹어 죽게 되니 이이 졋 좀 먹여주오 나는 과연 졋이
업쇼마는 졋 잇는 녀인네가 이 동니 만스오니 아기 안고 츠즈가셔 졋 좀
먹여달느흐면 뉘가 괄시흐오릿가 심봉스 그 말 듯고 품 속에 아기 안고

한 손에 집힝이 집고 더듬더듬 동너 가셔 아히 잇눈 집을 물어 시비 안에
드러셔며 익걸 복걸 비눈 말이 이 딕이 뉘시온지 살을 말슴 잇느니다 그
집 부인 밥을 흣다 쳔방지방 나오면셔 비감이 디답흣다 그 지닌 말은 다
아니흣나 디쳐 엇지 고셩흣시오며 엇지 오시닛가 심봉스 눈물 지며 목이
메여 흣눈 말이 현쳘흔 우리 안히 인심으로 싱각흣나 눈 어둔 나를 본들
어미업눈 어린 거시 이 아니 불상흣오 딕 집 귀흔 아기 먹고 남은 졋 잇
거든 이 익 졋 좀 먹여주오 동셔남북 다니며 이러틋 익걸흣니 졋 잇눈
녀인네가 목셕인들 안이 먹이며 도쳑인들 괄시흣리 칠월이라 류화졀에
지심미고 쉬인 여가 이 익 졋 좀 먹여쥬오 빅셕쳥탄 시너가에 샐닉흣다
쉬인 여가 이 익 졋 좀 먹여주오 근방의 부인네가 봉스 근본 아

〈13〉

눈 고로 흔업시 긍측흣야 아기 바다 졋을 먹여 봉스 주며 흣눈 말이 여보
시오 봉스님 어려히 알지 말고 러일도 안고 오고 모레도 안고 오면 이
익 셜마 굼기릿가 어질고 후덕흣셔 됴흔 일을 흣시오니 우리 동너 부인
딕들 셰상에눈 듬으오니 비옵건디 여러부인 슈복강녕흣옵소셔 빅빅치흣
흣고 아기를 품에 안고 집으로 도라와셔 아기 비를 만져보며 혼즈말노
허허 니 쌀 비 불느다 일년 삼빅 륙십 일에 일셩 이만흣고지고 이것 뉘
덕이냐 동너부인 덕이로다 어셔 어셔 잘 자러라 너도 너의 모친갓치 현
쳘흣고 효힝잇셔 아비귀염 뵈이여라 어려셔 고셩흣면 부귀다남흣느니라
요 덥허 뉘여노코 아기 노눈 스이스이 동양흘 졔 마포건디 두 동 지어
원억기에 엇메고 집힝이 둘너집고 구붓흣고 더듬더듬 이 집 져 집 단니
면셔 사쳘업시 동양흣다 흔편에 쌀을 너코 흔편에 베를 엇어 쥬눈디로
져축흣고 흔달 륙장면 것우어 어린아히 암죽거리 셜당홍합 스셔 들고 더
듬더듬 오눈 양이 뉘 아니 불상흣리 이러틋 구걸흣며 미월 삭망 소디긔
를 궐치 안코 지니갈 졔 그 씨 심쳥이눈 쟝리 크게 될 스룸이라 텬디신명

이 도아쥬어 잔병 업시 잘아는디 세월이 여류ᄒ야 그 아히가 륙칠세 되
야가니 소경아비 손길 잡고 압헤 셔셔 인도ᄒ고 십여세가 되야가니 얼골
리 일식이오 효힝이 츌턴니라 소견이 능통ᄒ고 지조가 절등ᄒ야 부친전
조셕공양과 모친의 긔졔ᄉ를 지극히 공경ᄒ야 어룬을 압두ᄒ니 뉘 아니
층찬ᄒ랴 세상에 덧업는 거슨 세월이오 무정ᄒ 거슨 가난니라 심쳥이 나
히 십일세에 가셰 가련ᄒ고 노부가 궁병ᄒ

〈14〉

니 어리고 약ᄒᆫ 몸이 무어슬 의지ᄒ여 살니오 하로는 심쳥이 부친 전에
엿ᄌ오되 아버님 듯ᄌ오시오 말 못ᄒᄂ 가마귀도 공림 져문 날에 반포홀
줄 알고 곽거라 ᄒᄂ 스롬 부모전 효도ᄒ야 찬슈 공경 극진홀 졔 삼ᄉ세
된 어린 아히 부모 반찬 먹이고ᄌ 산ᄌ식을 길으랴고 양쥐 셔로 의논ᄒ
고 밍종은 효도ᄒ야 엄동셜한 쥭슌 어더 부모봉양 ᄒ얏스니 소녀 나히
십여세라 녯 효ᄌ만 못홀망졍 감지공친 못ᄒ릿가 아버지 어두신 눈 험노
ᄒ 길 단니시다 넘어져 상키 쉽고 불피풍우 단니시면 병환 날가 념녀오
니 아버지는 오날부터 집안에 계시오면 소녀 혼ᄌ 밥을 비러 조셕 근심
더으리다 심봉ᄉ 디소ᄒ야 네 마리 효녀로다 인졍은 그러ᄒᄂ 어린 너를
니보니고 안져 바다먹는 마음 니가 엇지 편케ᄂ냐 그런 말은 다시 마라
아버지 그 말 마오 ᄌ로는 현인으로 빅리부미ᄒ야 잇고 녯날 뎨영이는
낙양읍에 가 친아비 몸을 파라 속죄ᄒ니 그런 일을 싱각ᄒ면 스롬은 일
반닌디 이만 일을 못ᄒ리가 넘어 말류 마옵소셔 심봉ᄉ 올케 역여 허락
ᄒ되 효녀로다 너 쏠이여 네 말이 긔특ᄒ니 아모려나 하렴으나 심쳥이
그날부터 밥을 빌너 나셜 젹에 원산에 히 빗최고 압마을 연긔ᄂ니 가련
ᄒ다 심쳥이가 헌 베종의 웃다님 미고 깃만 남은 헌져고리 자락 업는 쳥
목휘양 볼상업시 슉여쓰고 뒤츅 업는 헌 집신에 보션 업셔 발을 벗고 헌
박아지 손에 들고 건넌말 바라보니 쳔산조비 ᄭᅳᆫ어지고 만경 인종 바이

업다 북풍에 모진 바롬 살 쏘드시 불어온다 황혼에 가는 거동 눈 쑤리는
수풀 속에 외로히 느라가는 어미 이른 가마귀라 엽거

〈15〉

름 쳐 손을 불며 옹숑구려 건너간다 건너말 다다라셔 이 집 져 집 밥을
빌 제 부억문 안 드러셔며 가련히 비는 말이 모친상ᄉ후신 후에 안밍후
신 우리 부친 공양홀 길 업ᄉ오니 딕에셔 잡슈시는 디로 밥 훈 술만 쥬옵
소셔 보고 듯는 ᄉ롬드리 마음이 감동후야 그릇 밥 침치쟝을 앗기지 안
코 더러쥬며 아가 어셔 어한후고 만히 먹고 가거라 후는 말은 가련한 졍
에 감동되여 고마운 마음으로 후는 말리라 그러나 심청이는 치운 방에
늘근 부친 나 오기만 기다리니 나 혼즈 먹ᄉ릿가 후는 말은 쏘한 부친을
싱각후는 지졍에셔 나옴이러라 이러케 엇은 밥이 두 세 그릇 죡훈지라
심청이 급한 마음 속속히 도라와셔 싸리문 밧게 당도후며 아버지 칩지
안쇼 디단니 시장후시요 여러집을 단니즈니 즈연 지체되엿습니다 심봉
ᄉ 쏠 보니고 마음 노치 못후다가 쏠소리 반겨 듯고 문 펄쩍 열고 익고
니 쏠 너 오나냐 두 숀목을 덥셕 잡고 손 시리지 으니후냐 화로에 불 쏘
여라 후고 부모 마음은 자식 액기는 거 가치 간졀훈 것은 업는 터이라
심봉ᄉ 긔가 막혀 흘젹흘젹 눈물 지며 인달도다 니 쏠 팔즈야 압 못보고
구츳후야 쓰지 못홀 이 목숨이 살면 무엇후즈 후고 즈식 고싱 식히는고
심청이 장한 효셩 부친 위로후야 으바지 셜워 마오 부모게 봉양후고 즈
식의게 효밧는 것이 텬디에 썻썻후고 사례에 당연후니 너머 심화 마옵소
셔 이럿케 봉양홀 졔 츈하츄동 ᄉ시졀을 쉬일 놀 업시 밥을 빌고 나이
졈졈 자랄ᄉ록 침션 녀공으로 삭을 바다 부친 공경을 여일히 후더라 셰
월이 여류후야 심청이 십오셰를 당후더니 얼골이 국식이오 효힝

〈16〉

이 출텬호 즁 지질이 비범호고 문필도 유여호야 인의례지 삼강힝실 빅집 스가감호니 텬셩려질이라 녀즁에 군즈요 금즁에 봉황이요 화즁에 모란 이라 상하촌 사롬드리 모친계격 호얏다고 층찬이 즈즈호야 원근에 젼파 호니 하로는 월편 무릉촌 장승부인이 심쳥의 쇼문을 드르시고 시비를 보 니여 심소져를 쳥호거놀 심쳥이 그 말 듯고 부친 젼에 엿즈오디 오바지 쳔만 의외에 장승상 부인끠셔 시비에게 분부호야 소녀를 부르시니 시비 와 홈게 가오릿가 일부러 부르신다니 오니 가 뵈옵겟느냐 여보오라 그 부인니 일국 지상부인이니 조심호야 단녀오라 오바지 소녀가 더듸 단녀 오게 되면 기간 시장호실 터이니 진지상을 보아 탁즈 우에 노왓슨즉 시 장커든 잡슈시오 슈히 단녀오리다 하직호고 믈너셔셔 시비를 짜라갈 졔 텬연호고 단졍호게 쳔쳔히 거름 거러 승상문젼 당도호니 문젼에 들인 버 들 오류츈식 즈랑호고 담안에 긔화요초 즁향셩을 여러는 듯 즁문 안을 들어셔니 건츅이 웅장호고 장식도 화려호다 즁계에 다다르니 반빅이 넘 은 부인 의상이 단졍호고 긔부가 풍부호야 복록이 가득호다 심쳥을 반겨 보고 이러셔 마즌 후에 심쳥의 숀을 잡고 네 과연 심쳥인다 듯던 말과 다름업다 좌를 쥬어 안진 후에 즈셔히 살펴보니 별노 단장호 일 업시 텬 즈 봉용국식이라 염용호고 안진 모양 빅셕쳥탄 시니가에 목욕호고 안즌 졔비 스롬 보고 날냐는 듯 얼골이 두렷호야 텬심에 도든 다리 슈변에 비 최닌 듯 추파를 홀이쓰니 시벽비 기인 하늘 경경호 시별갓고 팔즈쳥산 가는 눈셥 초성편월 졍신이요 양

〈17〉

협에 고흔 빗슨 부용화 시로 핀 듯 단슌호치 말호는 양 용산에 잉무로다 뎐신을 네 몰나도 분명호 션녀로다 도화동에 격하호니 월궁에 노든 션녀

벗 ㅎ나를 일헛도다 무릉촌에 니가 잇고 도화동에 네가 ᄂ셔 무릉촌에 봄이 드니 도화동에 기화로다 달텬지 졍긔ㅎ니 비범ᄒ 네로구ᄂ 심쳥아 말 드러라 승상은 긔셰ㅎ시고 ㅇ달은 삼ᄉ 형뎨나 황셩가 려환ㅎ고 다른 ᄌ식 숀자 업다 슬하에 말벗 업셔 자나 ᄭ나 ᄭ나 자나 젹젹ᄒ 빈방 안에 디ㅎᄂ니 쵹불이라 길고 기은 겨울밤에 보ᄂ 거시 고셔로다 네 신세 싱각ㅎ니 량반의 후예로서 져럿타시 궁곤ㅎ니 나의 슈양쏠이 되면 녀공도 승상ㅎ고 문자도 학습ㅎ야 긔츌갓치 셩쵊식혀 말년 자미 보자ㅎ니 네의 ᄯ이 엇더ㅎ냐 심쳥이 엿자오되 명도가 긔구ㅎ와 져 나흔 지 칠일 만에 모친 세상 바리시고 안밍ㅎ신 늘근 부친 나를 안고 단이면셔 동양졋을 어더 먹여 근근히 길너너여 이만콤 되얏ᄂ디 모친의 의형 모습 모르ᄂ 일 쳘텬지한이 되야 ᄭ친 날이 업ᄉ기로 니 부모를 싱각ㅎ야 남의 부모 봉양터니 오날날 승상부인 존귀ㅎ신 쳐디로셔 미쳔ᄒᄆᆯ 불구ㅎᄉ 쏠 삼 ᄋ랴 ㅎ옵시니 어미를 다시 본 듯 반갑고도 황숑ㅎ나 부인을 뫼시며은 니 팔자ᄂ 영귀ㅎ나 안밍ㅎ신 우리 부친 사쳘의복 조셕공양 뉘라셔 ㅎ오 리가 길너니신 부모 은덕 사롬마다 잇거니와 나ᄂ 더욱 부모 은혜 비홀 디 업ᄉ오니 슬하를 일시라도 써날 슈가 업ᄉ니다 목이 메여 말 못ㅎ고 눈물 흘너 나려 옥면에 졋ᄂ 형용 츈풍셰우 도화가지 이슬에 잠기엿다 졈졈이 써러지 듯 부인이 듯고 가상ㅎ

〈18〉

야 네 말이 과연 츌텬지효녀로다 노혼ㅎ 니 늘근니 밋쳐 싱각지 못ㅎ엿 다 그렁져렁 날 졈으니 심쳥이 이러셔며 부인 젼에 엿자오디 부인의 덕 틱으로 죵일토록 놀다가니 영광이 무비오나 일력이 다ㅎ오니 졔 집으로 가겟나이다 부인이 련련ㅎ야 비단과 피물이며 량식을 후이 쥬어 시비 힘 게 보닐 젹에 심쳥아 말 드러라 너ᄂ 나를 잇지 말고 모녀간에 의를 두 라 부인의 어진 쳐분 루루 말슴ㅎ옵시니 가르치믈 밧쇼리다 하즉ㅎ고 도라오니라 그 쪄에 심봉ᄉᆞ는 무릉촌에 ᄯᆞᆯ 보ᄂᆡ고 말벗 업시 혼ᄌᆞ 안져 ᄯᆞᆯ 오기만 기다릴 졔 ᄇᆡ는 곱하 등에 붓고 방은 치워 쇼렁ᄒᆞ고 잘ᄉᆡ는 날아 들고 먼 ᄃᆡ 졀 쇠북 치니 날 졈은 쥴 짐작ᄒᆞ고 혼ᄌᆞ말노 ᄌᆞ탄ᄒᆞ되 우리 ᄯᆞᆯ 심쳥이는 응당 슈히 오련마는 무슨 일에 골몰ᄒᆞ야 날 졈은 쥴 모로는고 부인이 잡고 안니놋ᄂᆞ 풍셜이 슬슬ᄒᆞ니 몸이 치워 못 오는가 우리 ᄯᆞᆯ 쟝ᄒᆞᆫ 효셩 불피풍우 오련마는 ᄉᆡ만 프루룩 날아가도 심쳥이 너 오ᄂᆞ냐 낙엽만 벗셕히도 심쳥이 너 오ᄂᆞ냐 아모리 기ᄃᆡ려도 젹막공산 일모도궁 인젹이 바이 업다 심봉ᄉᆞ 각갑ᄒᆞ야 집힝막ᄃᆡ 걸더집고 ᄯᆞᆯ 오는ᄃᆡ 마좀 간다 더듬더듬 주츰주츰 시비 밧게 나가다가 빙판에 바리 ᄲᅵ끈 길리는 ᄀᆡ쳔물에 풍덩 ᄯᅮᆨ ᄶᅥ러져 면상에 진흙이오 의복이 다 젓는다 두 눈을 번젹이며 나오라면 더 ᄲᅡ지고 사방 물이 츌렁거려 물소릐 요란ᄒᆞ니 심봉ᄉᆞ 겁을 ᄂᆡ여 아모도 업소 사름 살이시오 몸이 졈졈 깁히 ᄲᅡ져 허리 위 물이 도니 아이고 나 쥭는다 ᄎᆞᄎᆞ 물이 올나와셔 목에 간즈런ᄒᆞ니 허 푸푸 아이고 사름 쥭쇼 아모리 쇼릐ᄒᆞᆫ들 ᄂᆡ인거긱 끈쳣스

〈19〉

니 뉘라셔 건져쥬랴 그 ᄯᅢ 몽운사 화쥬승이 졀을 쥬창ᄒᆞ랴 ᄒᆞ고 권션문 둘너메고 시주집에 나려왓다 졀을 ᄎᆞᄌᆞ 올나갈 졔 충충거러 가는 거동 얼골은 형산ᄇᆡᆨ옥 갓고 눈은 쇼상강 물결이라 량귀가 축 쳐져 슈슈과슬 ᄒᆞ얏는ᄃᆡ 실굴갓 총감투 뒤를 눌너 흠벅 쓰고 단상 금관ᄌᆞ 귀 위에다 ᄶᅥᆨ 부쳐 ᄇᆡᆨ셰포 큰 장삼 당홍ᄯᅴ 눌너ᄯᅴ고 구리 ᄇᆡᆨ통 은장도 고름에 느짓 ᄎᆞ고 념쥬 목에 걸고 단쥬팔ᄀᆡ 팔에 걸고 쇼상반쥭 열두 마ᄃᆡ ᄉᆞ고리 길게 다라 쳘쳘 느려집고 흐늘거려 올나가다 이 즁이 엇던 즁인고 륙환ᄃᆡᄉᆞ 명을 바다 용궁에 문안 가다 약쥬 취케 먹고 츈풍 셕교상 팔션녀 희롱ᄒᆞ던 셩진니도 아니오 삭발은 도진셰오 존엄은 표장부라든 사명당도 아니오 몽운사 화쥬승이 시쥬집 ᄂᆡ려왓다가 쳥산은 암암ᄒᆞ고 셜월은 도라올

졔 셕경 좁은 길노 흔들흔들 흐늘거려 올나갈 졔 풍편에 슬푼 쇼리 스룸
을 쳥흐거늘 이 즁이 의심 니여 이 울음이 왼 울음 마외역 져문 날 양티
진의 울음인가 호긔셜곡 찬바룸에 즁통군을 리별ㅎ던 숀즁랑의 울음인
가 이 소리가 왼 쇼린고 그곳을 차져가니 엇던 스룸이 긔쳔물에 써러져
거의 죽게 되엿거늘 그 즁이 쌈작 놀나 굴갓 장삼 훨훨 버셔 되는 디로
니버리고 집헛던 구졀쥭장 되는 디로 니버려 던지고 힝젼 단임 보션 벗
고 고두누비 바지가리 둘둘 말아 자감이에 쏙 붓쳐 빅로규어 격으로 짐
검짐검 드러가 심봉스 가는 허리에 후리쳐 담슉 아느 에쭈름 이여차 물
밧게 안친 후에 ㅈ셰 보니 젼에 보던 심봉스라 허허 이게 왼 일이오 심봉
스 졍신 차려 나 살닌 니 거 누구시오 쇼승은 몽운스 화쥬

〈20〉

승이올시다 그러치 활인지불이로곤 죽은 스룸 살여쥬니 은혜 빅골란망
이오 그 즁이 숀 잡고 심봉스를 인도ㅎ야 방안에 안친 후 져진 의복 벗겨
노코 마른 의복 닙힌 후에 물에 빠진 리력을 무른 즉 심봉스가 신셰ㅈ탄
ㅎ야 젼후스 말을 ㅎ니 져 즁이 말ㅎ기를 우리 졀 부쳐님이 령험이 만으
셔셔 비러 아니 되는 일 업고 구ㅎ면 응ㅎ시ᄂ니 부쳐님 젼 공양미 삼빅
셕을 시쥬로 올니압고 지셩으로 빌으시면 싱젼에 눈을 써셔 텬디만물 조
흔 구경 완인 되오리다 심봉스 그 말 듯고 쳐디는 싱각지 안코 눈 쓴단
말만 반가워셔 여보쇼 디스 공양미 숨빅셕을 권션문에 젹어가쇼 뎌 즁이
허허 웃고 젹기는 젹스오나 딕 가셰를 둘너보니 삼빅셕을 쥬션홀 길 업
슬 듯 ㅎ오니다 심봉스 화를 니여 여보쇼 디스가 사룸을 몰나 보네 엇던
실업슨 사룸이 령험ㅎ신 부쳐님 젼 빈 말을 헐 터인가 눈도 못쓰고 안진
방이 마ㅈ되게 사룸을 너머 자미 업시 녁이는고 당장 젹어 그러치 안으
면 칼부림 날 터니 화쥬승이 허허 웃고 권션문에 올니기를 졔일층 홍지
에다 심학규 미 삼빅셕 이리 디셔특셔ㅎ더니 ㅎ직ㅎ고 간 연후에 심봉스

즁 보누고 화 쩌진 뒤에 싱각ㅎ니 도로혀 후환이라 혼ㅈ ㅈ탄ㅎ여 니 가
공을 드리랴다가 만약에 죄가 되면 이를 장차 엇지ㅎ쟌 말ㄱ 묵은 근심
시 근심이 불가치 이러느니 신셰ㅈ탄ㅎ야 통곡ㅎ는 말이 텬디가공ㅎㅅ
별노 후박이 업것마는 이 니 팔ㅈ 어이ㅎ야 형셰 업고 눈이 머러 희 달가
치 밝은 거슬 분별홀 수 젼혀 업고 쳐ㅈ갓흔 지뎡간에 디ㅎ야 못 보는가
우리 망쳐 ㅅ랏스면 조셕 근심 업슬턴디 다 커가

⟨21⟩

눈 쓸ㅈ식이 삼ㅅ 동리 품을 팔아 근근호구 ㅎ는 즁에 삼빅셕이 어디 잇
셔 호긔 잇게 젹어 노코 빅가지로 혜아려도 방칙이 업시 되니 이를 엇지
ㅎ쟌말가 독긔그릇 다 팔아도 한 되 곡식 쌀 것 업고 장롱함을 방미한들
단돈 닷 냥 싸지 안코 집이나 팔쟈흔들 비바롬 못 가리니 니라도 안 살
테라 니 몸이나 팔ㅈㅎ들 눈 못 보는 이 잡것 어니 뉘가 ㅅ가리오 엇던
ㅅ롬 팔ㅈ 조아 이목구비 완연ㅎ고 슈족이 구비ㅎ야 곡식이 진진 지물이
넉넉 용지불갈 취지무금 그른 일이 업것마는 나는 혼ㅈ 무슨 죄로 이 몰
골이 되얏는가 이고 이고 서른지고 함춤 이리 슬퍼울 졔 이 쩌 심쳥이
쇽쇽히 도라와셔 다든 방문 펄젹 열고 아바지 불으더니 져의 부친 모양
보고 쌈작 놀나 달여드러 이고 이게 왼 일니오 나 오는가 마죵코져 문
밧게 나오시다 이런 욕을 보시닛가 버스신 의복 보니 물에 흠신 져졋스
니 물에 싸져 욕 보셧소 이고 아바지 츕긴들 오작ㅎ며 분홈인들 오작홀
가 승상덕 로부인이 구지 잡고 말류ㅎ야 어언간 더듸엿쇼 심쳥이 옷슬
니여 밧구어 입히고 일변으로 승상덕 시비 다려 방에 불을 쩌 달나ㅎ고
초마를 거더쥐고 눈물을 씨스면셔 얼풋 밥을 지어 부친 읍희 상을 노코
아바지 진지 잡슈시오 심봉ㅅ 엇진 곡졀인지 나 밥 안이 먹을난다 어듸
읍하 그리시오 쇼녀가 더듸 오닛가 괘심ㅎ여 그리시오 안일다 무슨 근심
게시닛가 네 알 일 아니다 아바지 그 무슨 말슴이오 쇼녀는 아바지만 바

라고 사옵고 아바지쎼셔는 쇼녀를 밋어 디소스를 의논터니 오날날에 무
슨 일로 너 알 일이 아니라니 쇼녀 비록 불효인들 말숨을 쇽이

〈22〉

시니 마음에 셜스니다 ᄒ고 심쳥이 흘젹 흘젹 우니 심봉스가 깜작 놀나
아가 아가 우지 마라 너 쇽일 니 업지마는 네가 만일 알고 보면 지극ᄒ
네 효셩에 걱졍이 되겟기로 진즉 말을 못ᄒ엿다 앗가 니가 너 오는가 문
밧게 나가다가 기쳔물에 빠져셔 거의 죽게 되엿드니 몽운스 화쥬승이 나
를 건져 살녀노코 너 스졍 무러보기 너 신셰 싱각ᄒ고 젼후말을 다 힛더
니 그 즁 듯고 말을 ᄒ되 몽운스 부쳐님이 령험ᄒ기 또 업스니 공양미
삼빅셕을 불젼에 시쥬ᄒ면 싱젼에 눈 써셔 완인이 된다기로 형셰는 싱각
지 안코 화씸에 젹엇더니 도로혀 후회로다 심쳥이 그 말 듯고 반겨 웃고
디답ᄒ되 후회를 ᄒ옵시면 졍셩이 못 되오니 아바지 어두신 눈 졍녕 밝
아 보량이면 삼빅셕을 아모조록 쥰비ᄒ여 보오리다 네 아모리 ᄒ즈ᄒᆫ들
안빈락도 우리 형셰 단 빅셕은 홀 슈 잇나 아바지 그 말 마오 녯 일을
싱각ᄒ니 왕샹은 고빙ᄒ야 어름궁게 리어 엇고 밍종은 읍쥭ᄒ야 눈 가온
디 죽슌 나니 그런 일을 싱각ᄒ면 츌텬디효 스친지졀 녯 스롭만 못ᄒ여
도 지셩이 감쳔이라 아모 걱졍 마옵소셔 심쳥이 부친에 말을 듯고 그날
부터 후원을 졍히 ᄒ고 황토로 단을 모아 두고 좌우에 금쥴 미고 졍화슈
ᄒᆫ 동희를 소반우에 밧쳐 노코 북두칠셩 호야반에 분향지비ᄒᆫ 연후에 두
무릅 공슌이 꿀고 두 손 합장 비는 말이 샹텬 일월셩신이며 하디 후토셩
황 사방지신 계텬졔불 셕가여리 팔금강보살 쇼쇼응감ᄒ옵소셔 하나님이
일월두기 사롭의게 안목이라 일월이 업스오면 무슨 분별ᄒ오릿가 쇼녀
아비 무즈싱 이십후 안밍ᄒ야 시물을 못ᄒ오니 쇼

〈23〉

녀 아비 허물을랑 이 몸으로 디신ᄒ고 아비 눈을 붉게 ᄒ여 텬싱연분 짝
을 만나 오복을 갓게 주워 슈부다남ᄌ를 졉지ᄒ여 주옵쇼셔 쥬야로 비럿
더니 도화동 심소져는 텬신이 아는지라 흠향ᄒ옵시고 압일을 인도ᄒ셧
더라 하로는 유모 귀덕어미가 오더니 아가씨 이상ᄒ 일 보앗ᄂ니다 무슨
일이 이상ᄒ오 엇더ᄒ 사름이 인지 십여명 단이면셔 갑은 고하간에 십오
셰 된 쳐녀를 사겟다 ᄒ고 단이니 그런 밋친 놈들이 잇소 심쳥이 쇽마음
에 반겨 듯고 여보 그 말 진졍이오 졍말로 그리 되량이면 그 단이는 사름
즁에 로슉ᄒ고 졈잔ᄒ 사름을 불너오되 말이 밧게 나지 안케 죵용히 다
려오오 귀덕어미 디답ᄒ고 과연 다려 왓는지라 쳐음은 유모 식혀 사름
스랴는 리력을 무른즉 그 사름 디답이 우리는 본디 황성 사름으로셔 샹
고차로 비를 타고 만리 밧게 단이더니 비 갈 길에 림당슈라 ᄒ는 물이
잇셔 변화불측ᄒ여 잣츳ᄒ면 몰스를 당ᄒ는디 십오셰 쳐녀를 뎨슈 넛코
졔스를 지니면 슈로 만리를 무스히 왕니ᄒ고 장스도 흥왕ᄒ옵기로 샹이
가 원수로 사름 스랴 단이오니 몸을 팔 쳐녀 잇스오면 갑을 관게치 안코
주겟ᄂ니다 심쳥이 그졔야 ᄂ셔며 나는 본촌 사름으로 우리 부친 안밍ᄒ
야 세상을 분별 못ᄒ기로 평싱에 한이 되여 하느님 젼 축수ᄒ더니 몽운
스 화쥬승이 고양미 삼빅셕을 불젼에 시주ᄒ면 눈을 써셔 보리라 ᄒ

〈24〉

되 가셰가 지빈ᄒ여 쥬션홀 길 업습기로 니 몸을 방민ᄒ여 발원ᄒ기 바
라오니 나를 스미 엇더ᄒ오 니 나히 십오셰라 그 아니 젹당ᄒ오 션인이
그 말 듯고 심소져를 보더니 마음이 억식ᄒ야 다시 볼 졍신이 업셔 고기
를 숙이고 묵묵히 셧다가 랑ᄌ 말솜 듯ᄌ오니 거록ᄒ고 장ᄒ 효셩 비홀
디 업습니다 이럿트시 치ᄒ혼 후에 져의 일니 긴ᄒ지라 그리ᄒ오 허락ᄒ

니 힝션놀이 언졔닛가 리월 십오일이 힝션ᄒᄂᆞᆫ 놀이오니 그리 아옵소셔 피츳에 상약ᄒᆞ고 그날에 션인드리 공양미 숨빅셕을 몽운ᄉᆞ에 보닛더라 심소져는 귀덕어미를 빅번이나 단속ᄒᆞ야 말 못ᄂᆞᆫ게 ᄒᆞᆫ 연후에 집으로 드러와 부친 젼에 엿ᄌᆞ오되 아바지 웨 그러ᄂᆞ냐 공양미 숨빅셕을 몽운ᄉᆞ로 올엿ᄂᆞ니다 심봉ᄉᆞ ᄶᆞᆷ작 놀나셔 그게 엇진 말이냐 숨빅셕이 엇의 닛셔 몽운ᄉᆞ로 보닛셔 심청이 이갓흔 효셩으로 거즛말을 ᄒᆞ야 부친을 속일가마는 ᄉᆞ셰부득이라 잠ᄭᆞᆫ 속여 엿줍ᄂᆞᆫ다 일젼에 무릉촌 장승상딕 부인끠셔 소녀 보고 말ᄒᆞ기를 슈양ᄯᆞᆯ 노릇ᄒᆞ라 ᄒᆞ되 아바지 계시기로 허락 아니ᄒᆞ얏ᄂᆞᆫ디 ᄉᆞ셰부득ᄒᆞ야 이 말슴 살왓더니 부인이 반겨 듯고 쌀 숨빅셕 쥬기로 몽운ᄉᆞ로 보니옵고 슈양ᄯᆞᆯ노 팔엿니다 심봉ᄉᆞ 물식 모르고 디소ᄒᆞ며 즐겨ᄒᆞᆫ다 어허 그 일 잘 되엿다 언졔 다려간다드냐 리월 십오일 날 다려간다 ᄒᆞ옵듸다 너 게 가 살더리도 나 살기 관계찬치 어 참

〈25〉

으로 잘 되엿다 부녀간에 이갓치 문답ᄒᆞ고 부친 위로ᄒᆞᆫ 후 심청이 그날부터 션인을 ᄯᆞ라갈 일을 곰곰 싱각ᄒᆞ니 ᄉᆞᄅᆞᆷ이 셰상에 싱겨나셔 ᄒᆞᆫ ᄶᆞ를 못 보고 이팔청츈에 죽을 일과 안밍ᄒᆞ신 부친 영결ᄒᆞ고 죽을 일이 졍신이 아득ᄒᆞ야 일에도 뜻이 업셔 식음을 젼폐ᄒᆞ고 실음업시 지ᄂᆡ다가 다시 싱각ᄒᆞ야 보니 얼크러진 그믈이 되고 쏘다 노은 쌀이로더 너 몸이 죽어노면 츈하츄동 ᄉᆞ시졀에 부친 의복 뉘라 다 홀가 아즉 ᄉᆞ라 잇슬 ᄶᆡ에 아바지 사쳘의복 망종 지어 드리리라 ᄒᆞ고 춘츄의복과 하동의복 보에 ᄊᆞ셔 롱에 넛코 갓 망건도 시로 사셔 거러두고 힝션날을 기다릴 졔 하로밤이 격ᄒᆞᆫ지라 밤은 졈졈 삼경인디 은하슈는 기우러져 촉불이 희미홀 졔 두 무릅을 ᄶᆞ쿠리고 아모리 싱각ᄒᆞᆫ들 심신을 난졍이라 부친의 버슨 보션 볼의나 망종 바드리라 바늘에 실을 ᄭᅴ여 손에 들고 희염업는 눈물이 간장에셔 소ᄉᆞ올ᄂᆞ 경경열열ᄒᆞ야 부친 귀에 들니지 안케 속으로 늣겨 울며

부친의 낫에다가 얼골도 감안이 디여보고 슈족도 만지면서 오날밤 뫼시
면은 다시는 못 볼 테지 니가 흔번 죽어지면 여단슈족 우리 부친 누를
밋고 살으실가 이달도다 우리 부친 니가 철을 안 연후에 밥 빌기를 흐얏
더니 니졔 니 몸 죽게 되면 춘하추동 사시졀을 동리 걸인 되겟구나 눈총
인들 오작흐며 괄시인들 오작홀가 부친 겻히 니가 뫼셔 빅셰꼬지 공양타

〈26〉

가 리별을 당흐야도 망극흔 이 셔름이 층양홀 슈 업슬 터인데 함을며 싱
리별이 고금텬디간 또 잇슬가 우리 부친 곤흔 신셰 젹슈단신 살즈흔들
조셕공양 뉘라흐며 고싱흐다 죽사오면 또 언의 즈식 잇셔 머리 풀고 이
통흐며 초죵장례 소디긔며 년년 오는 긔졔ㅅ에 밥 흔 그릇 물 흔 그릇
뉘라셔 차려 놀가 몹슬 년의 팔즈로다 칠일 안에 모친 일코 부친 마즈
리별흐니 이런 일도 또 인는가 하양락일슈원리는 소통국의 모즈 리별 변
삽슈유쇼일인은 룡산에 형뎨 리별 졍긱관산로긔즁 오희월여 부부 리별
셔출양관무고인은 위셩에 붕우 리별 그런 리별 만흐야도 피츠 살아 당흔
리별 소식 드를 날이 잇고 맛느 볼 쩨 잇셧스나 우리 부녀 된 이 리별은
니가 영영 죽어가니 언의 쩨 소식 알며 언의 날에 만느볼가 도라가신 우
리 모친 황텬으로 들어가고 나는 인졔 죽게 되면 슈궁으로 갈 터이니 슈
궁에 들어가셔 모녀 상봉을 흐즈흔들 황텬과 슈궁길이 슈륙이 현슈흐니
만느볼 슈 젼여 업닉 슈궁에서 황텬가기 몃 쳔리나 머다는지 황텬을 뭇
고 무러 불원쳔리 츠즈간들 모친이 나를 어이 알며 나는 모친 어이 알니
만일 알고 뵈옵는 날 부친 쇼식 못즈오면 무슨 말노 디답홀고 오날밤 오
경 시를 함디에 머므르고 릭일 아참 돗는 히를 부상에 미엿스면 하늘 갓
튼 우리 부친 더 흔번 보련마는 밤 가고 히 돗는 일 게 뉘라셔 막을손가
턴디가 ㅅ졍

〈27〉

업셔 이윽고 닭이 우니 심청이 긔가 막혀 닭아 닭아 우지마라 반야진관
에 밍상군이 안니 온다 네가 울면 날이 시고 날이 시면 나 죽는다 나 죽
기는 셜지 안으느 의지 업는 우리 부친 엇지 잇고 가잔 말가 밤시도록
셜이 울고 동방이 발가오니 부친 진지 지으랴고 문을 열고 나셔보니 발
셔 션인드리 시비 밧게 쥬져쥬져 ᄒ며 오날 힝션날이오니 슈히 가게 ᄒ
옵소셔 심청이가 그 말 듯고 디번에 두 눈에서 눈물이 빙빙 도라 목이
메여 시비 밧게 나아가셔 여보시오 션인네들 오날 힝션ᄒ는 쥴은 니가
임의 알거니와 부친니 모로오니 잠간 지쳬ᄒ옵시면 불상ᄒ신 우리 부친
진지나 망종ᄒ야 상을 올여 잡순 후에 말슴 엿주옵고 쩌나게 ᄒ오리다
션인이 가긍ᄒ야 그리ᄒ오 허락ᄒ니 심청이 드러와셔 눈물 셕거 밥을 지
어 부친압헤 상을 올니고 아모조록 진지 만히 잡숫도록 ᄒ노라고 상머리
에 마조 안져 자반도 쑥쑥 쩌여 슈져 우에 올녀노코 쌈도 싸셔 입에 너어
아바지 진지 만히 잡슈시오 오냐 만히 먹으마 오날은 별노 반찬이 미우
조코나 뉘 집 졔스 지닉는냐 심청이는 긔가 막혀 쇽으로만 늣겨 울며 흘
젹흘젹 소리나니 심봉스 물식업시 귀 밝은 쳬 말을 ᄒ다 아가 네 몸 압푸
냐 감긔가 드럿느 보구나 오날니 몃칠이냐 오날이 열 닷시지 응 부녀텬
륜이 즁ᄒ니 몽조가 엇지 업슬소냐 심봉스가 간밤 쑴 이야기를 ᄒ되 간
밤에 쑴을 쑤

〈28〉

니 네가 큰 수레를 타고 한업시 가 보이니 슈레라 ᄒ는 거슨 귀훈 사롬
타는 거시라 아마도 오날 무릉촌 승상딕에셔 너를 가마 틱여 가려느보다
심청이 드러보니 분명이 즈긔 죽을 쑴이로다 쇽으로 슬푼 싱각 가득ᄒ느
것트로는 아못조록 부친이 안심토록 그 쑴이 장이 좃소이다 디답ᄒ고 진

지상을 물녀니고 밤베 푸여 물닌 후에 스당에 하즉츠로 셰슈를 졍히 흐
고 눈물 흔적 업신 후에 졍흔 의복 가라 입고 후원에 도라가셔 사당문
가마니 열고 주과를 츠려 놋코 통곡지비 흐즉홀 졔 불효녀식 심쳥이는
부친 눈을 씌으랴고 남경장스 션인들게 숨빅셕에 몸이 팔여 림당슈로 도
라가니 소녀가 죽드리도 부친의 눈 씌여 착흔 부인 작비흐야 아달 낫코
쭐을 나아 조상향화 젼케 흐오 이러케 축원흐고 문 다치여 우는 말리 소
녀가 죽스오면 이 문을 뉘가 여다드며 동지 한식 단오 츄셕 스명졀이 도
라온들 쥬과포혜를 누가 다시 올니오며 분향지비 누가 흐고 조상에 복이
업셔 이 지경의 되옵는 지 불상흔 우리 부친 무강손지 친족흐고 압 못
보고 형셰 업셔 밋을 곳이 업시 되니 엇지 잇고 도라갈가 우루루 나오더
니 즈긔 부친 안진 압헤 셧다 쳘셕 주져 안져 아바지 부르더니 말 못흐고
긔졀흔다 심봉스 쌈작 놀나 아가 윈 일이냐 봉스의 쫄이라고 뉘가 졍가
흐드냐 이거시 회동흐얏고나 엇젼 일이냐 말 좀 흐야라 심쳥이 졍신츠려
아바지

〈29〉

오냐 니가 불효녀식으로 아바지를 쇽엿소 공양미 삼빅셕을 누가 나를 주
오릿가 남경장스 션인들긔 삼빅셕에 몸을 팔여 림당슈 졔슈로 가기로 흐
와 오날 힝션날이오니 나를 오날 망종 보오 스룸이 슬품이 극진흐면 도
로혀 가슴이 막히는 법이라 심봉스 하 긔가 막혀 노으니 울음도 아니 나
오고 실셩을 흐는디 익고 이게 웬 말이냐 응 참말이냐 롱담이냐 말갓지
아기흐다 나다려 뭇지도 안코 네 마음디로 흔단 말가 네가 살고 니 눈
쓰면 그는 응당 조흐련니 네가 죽고 니 눈 쓰면 그게 무슨 말이 될랴 너
의 모친 너를 낫코 칠일 만에 죽은 후에 눈조찻 어둔 놈이 품안에 너를
안고 이 집 져 집 단니면셔 동량졋 엇어 먹여 그만치ᄂ 즈랏기로 흔 슬움
이졋더니 네 이게 윈 말이냐 눈을 팔아 너를 살 데 너를 팔아 눈을 산들

그 눈 히셔 무엇홀냐 엇던 놈의 팔즈로셔 안히 죽고 즈식 일코 사궁지슈가 되단 말가 네 이 션인놈드라 장스도 조커니와 스룸 스다 졔슈 넌는디 어디셔 보앗느냐 하느님의 어지심과 귀신의 발근 마음 앙화가 업슬소냐 눈먼 놈의 무남독녀 쳘 모르는 어린 거슬 아모로게 유인호야 스단 마리 왼 말이냐 쌀도 실코 돈도 실코 눈 쓰기 니 다 실타 네 이 독호 상놈들아 녯 일을 모로느냐 칠년디한 감을 젹에 사룸 잡아 빌냐 호니 탕님군 어진 마음 너가 지금 비는 바는 빅셩을 위홈이라 사룸 죽여 빌 양이면 니 몸으로 디신호니라

<h2 style="text-align:center">〈30〉</h2>

몸으로 회싱되야 젼조단발 신영빅모 상님뜰에 비르시니 디우방 슈쳔리 그런 일도 잇나니라 추라리 니 몸으로 디신 가면 엇더호냐 너의 놈들 나 죽여라 평싱에 밋친 마음 죽기가 원니로다 이고 나 죽는다 지금 너가 죽어노면 네놈드리 무스홀가 무지훈 강도놈들아 싱사룸 죽이며는 디젼통편 률이니라 홀노 장담 니를 갈며 죽기로 시작호니 심쳥이 부친을 붓들고 아바지 이 일이 남의 탓시 아니오니 그리 마옵소셔 부녀 셔로 붓들고 둥글며 통곡호니 도화동 남녀로소 뉘 안이 셜어호리 션인들 모다 운다 그 중에 훈 사룸이 발론호되 여보시오 령좌 령감 츌텬디효 심소져는 의론도 말연니와 심봉스 져 량반이 참으로 불상호니 우리 션인 숨십여명이 십시일반으로 져 량반 평싱 신셰 굼지 안코 벗지 안케 쥬션을 호야쥬셰 호니 즁기 왈 그 말이 올타 호고 돈 삼빅냥 빅미 빅셕 빅목 마포각 훈 바리 동즁으로 드려노며 삼빅냥은 논을 스셔 착실훈 스룸 주어 도조로 작졍호고 빅미 즁 열닷 셤은 당년 냥식호게 호고 남져지 팔십여 셕은 년년 흐터노와 장리로 츄심호면 량미가 풍족호니 그러케 호옵시고 빅목 마포각 일 터는 스쳘 의복 짓게 호소셔 동즁에셔 의론호야 그리 호라 호고 그 연유로 공문 너여 일동이 구일호게 구별호엿더라 그 쩌에 무릉촌 장

승상 부인끠셔 심청이 몸을 팔여 림당슈로 간단 말을 그졔야 드르시고 시비를

〈31〉

급히 불너드르미 심청이가 죽으러 간다 ㅎ니 성젼에 건너와셔 나를 보고 가라 ㅎ고 급히 다리고 건너오라 시비 분부 듯고 심청을 와셔 보고 그 연유로 말을 ㅎ거눌 심청이 시비 홈끠 무릉촌 건너가니 승상부인 밧게 나와 심청의 숀을 잡고 눈물지어 ㅎ는 말이 너 이 무졍훈 사름아 니가 너를 안 이후로 ㅈ식으로 넉엿눈디 너는 나를 이졋느냐 니 말을 들어보니 부친 눈을 씌우랴고 션인의게 몸을 팔여 죽으러 간다 ㅎ니 효셩은 지극ㅎ나 네가 죽어 될 일이냐 그리 일이 될 량니면 나훈테 건너와셔 이 연유를 말횟스면 이 지경이 업슬거슬 엇지 그리 무상훈냐 숀 끄을고 드러가셔 심청을 안친 후에 쌀 숨빅셕 줄 것이니 션인 불너 도로 쥬고 망녕의스 먹지 마라 심청이 그 말 듯고 훈참 싱각다가 텬연이 엿ㅈ오디 당초 말슴 못훈 일을 후회훈들 엇지ㅎ며 쏘훈 몸이 위친ㅎ여 졍셩을 다츳ㅎ면 남의 무명식훈 지물을 바라릿가 빅미 숨빅셕을 도로 니쥰다 훈들 션인들도 림시 랑픽 그도 쏘훈 어렵습고 사름이 남의게다 훈번 몸을 허락ㅎ야 갑을 밧고 팔엿다가 슈삭이 지닌 후에 참아 엇지 낫츨 들고 무어이라 보오리가 로친 두고 죽는 거시 이효상효ㅎ는 쥴은 모로는 빈 아니로디 텬명이니 홀 일 업소 부인의 놉은 은혜와 어질고 착훈 말슴 죽어 황텬 도라가셔 결초보은 ㅎ오리다 승샹부인이 놀느와 심청을 살펴보니 긔식이 엄슉ㅎ야 다

〈32〉

시 권치는 못ㅎ고 참아 노키 익셕ㅎ야 통곡ㅎ야 ㅎ는 말이 니가 너를 본 연후에 긔츌갓치 졍을 두어 일시일각 못 보아도 훈이 되고 연연ㅎ야 억

졔치 못ᄒ더니 목젼에 네 몸이 죽으려 가는 것을 참아 보고 살 슈 업다
네가 잠간 지쳬ᄒ면 네 얼골 네 틱도를 화공을 불너 그려두고 너 싱젼
볼 것이니 조곰만 머물너라 시비를 급히 불너 일등화공 불너드려 승상부
인 분부ᄒ되 여보아라 졍신 드려 심소져 얼골 쳬격 상하의복 입은 것과
슈심 겨워 우는 형용 차착 업시 잘 그리면 즁상을 홀 터이니 졍신 드려
잘 그리라 족ᄌ를 너여 노니 화공이 분부 듯고 족ᄌ 포쇄ᄒ야 류탄을 손
에 들고 심소져를 쏙쏙이 바라본 후 이리져리 그린 후에 오식화필을 좌
르륵 펼쳐 각식단쳥 버려노코 난초갓치 푸른 머리 광치가 찬란ᄒ고 빅옥
갓튼 슈심 얼골 눈물 흔젹 완연ᄒ고 가는 허리 고은 슈족 분명ᄒ 심소져
라 훨훨 쎠러노니 심소져가 두리 되다 부인이 일어나셔 우슈로 심쳥의
목을 안고 좌슈로 화상을 어로만지며 통곡ᄒ야 슯히 우니 심쳥이 울며
엿ᄌ오디 뎡령히 부인쎄셔 젼싱에 니 부모니 오날날 물너가면 어늬 날에
뫼시릿가 소녀의 일졈 슈심 글 한 슈 지어니여 부인젼에 올니오니 걸어
두고 보시오면 증험이 잇스리라 부인이 반가 역여 필연을 니여노니 화상
족ᄌ상에 화졔 글 모양으로 붓슬 들고 글을 쓸 졔 눈물이 피가 되야 뎜뎜
이 쎠러지

〈33〉

니 송이송이 쏫이 되야 향니가 날 듯ᄒ다 그 글에 ᄒ엿스되 싱긔ᄉ긔일
몽간이라 권명하필누산산가 셰간에 최유단장쳐는 초록강남인미환을 부
인이 놀나시며 네 글이 진실노 신션의 구긔니 이번 네 가는 길 네 마음이
아니라 아마 텬샹에셔 부름니로다 부인니 쏘ᄒ 쥬지 한 츅 쯘어니여 얼
는 쎠셔 심쳥 주니 그 글에 ᄒ얏스되 무단풍운양리혼은 취송명화락희문
이라 젹고인간을 텬필넘이어눌 무고부녀단뎡이로다 심쇼져 그 글 밧아
단단히 간직ᄒ고 눈물노 리별홀 졔 무릉촌 남녀노소 뉘 아니 통곡ᄒ랴
심쳥이 건너오니 심봉ᄉ 달녀들어 심쳥의 목을 안고 쒸놀며 통곡ᄒ다 나

고 가즈 나고 가 혼즈 가지 못ᄒ리라 죽어도 갓치 죽고 사라도 갓치 살즈
나 버리고 못 가리라 고기밥이 되드라도 나와 너와 갓치 되즈 심청이 울
음 울며 우리 부녀 텬륜을 끈코 시퍼 끈스오며 죽고 십허 죽스릿가마는
익회가 슈에 잇고 셩스가 흔이 잇셔 인즈지뎡 셩각ᄒ면 써눌 눌이 업스오
나 텬명이니 홀 일 업소 불효녀식 심쳥이는 셩각지 마옵시고 아바지 눈을
써셔 광명턴디 다시 보고 착혼 스름 구혼ᄒ야 아들 낫코 쏠 나아 후스 젼
케 ᄒ옵소셔 심봉스 펄젹 쒸며 익고 익고 그 말 마라 쳐즈식 잇슬 팔즈 되
면 이젼 일이 잇겟ᄂ냐 나 바리고 못 가리라 심쳥이 져의 부친을 동리 스
룸의게 붓들니여 안쳐노코 울면셔 ᄒ는 말이 동닉 남녀 어룬들네 혈

〈34〉

혈단신 우리 부친 죽으려 가는 몸이 동중만 밋스오니 깁히 셩각ᄒ옵소셔
하직ᄒ고 도라셔니 동리 남녀노소 업시 발 구로며 통곡혼다 심쳥이 울음
울며 션인을 싸라갈 졔 쓸니는 초마즈락 거듬거듬 거더안고 만슈비봉 흣
흔 머리 귀 밋헤 와 드리엿고 피가치 흐르는 눈물 옷깃에 스모친다 뎡신
업시 나가면셔 건넌 집 바라보며 김동지딕 큰아기 너와 나와 동갑으로
격장간 피츠 크며 형뎨갓치 뎡을 두어 빅년이 다 진토록 인간고락 스는
흥미 함의 보즈 ᄒ엿더니 나 이러케 써나가니 그도 쏘흔 흔이로다 텬명
이 그 쑨으로 나는 이믜 죽거니와 의지 업는 우리 부친 이통ᄒ야 샹ᄒ실
가 나 죽은 후라도 슈궁원혼 되겟스니 네가 나를 셩각거든 불샹ᄒ신 나
의 부친 극진더우 ᄒ야다고 압집 즈근아가 샹침질 슈노키를 누와 함게
ᄒ랴느냐 작년 오월 단오야에 츄쳔ᄒ고 노던 일을 네가 그져 셩각너냐
금년 칠월 칠셕야에 함게 걸교 ᄒ잣드니 이데는 허스로다 느는 임의 위
친ᄒ야 영결ᄒ고 가거니와 네가 느를 셩각거든 불샹혼 우리 부친 나 부
르고 이통커든 네가 와셔 위로ᄒ라 너와 나와 스귄 본뎡 네 부모가 닉
부모요 닉 부모가 네 부모라 우리 셩젼 잇슬 데는 별노 혐의 업셧스나

우리 부친 빅셰 후에 디부에 드러오셔 부녀 상봉ᄒᆞᄂᆞᆫ 날에 네 명셩 닉
알겟다 이러 틋 ᄒᆞ직홀 졔 하ᄂᆞ님이 아시던 지 빅일은 어딕 가고 음운니
즈옥ᄒᆞ다 이

〈35〉

짜감 비방울리 눈물가치 쩌러지고 휘느러져 곱던 쏫치 이울고져 빗치 업
고 쳥산에 셧ᄂᆞᆫ 초목 슈식을 씌워 잇고 녹슈에 드린 버들 닉 근심을 도웁
ᄂᆞᆫ 듯 우ᄂᆞᆫ 이 져 꾀꼬리 너ᄂᆞᆫ 무슨 회포런가 너의 깁흔 한을 닉가 알든
못ᄒᆞ야도 통곡ᄒᆞᄂᆞᆫ 닉 심스를 네가 혹시 짐작홀가 뜻밧게 져 두견니 귀
촉도 불여귀라 야월강산 엇다 두고 진뎡뎨송단장셩을 어이 스즈 스로ᄂᆞ
냐 네 아모리 가지 우에 불여귀라 울것마ᄂᆞᆫ 갑을 밧고 팔닌 몸이 다시
엇지 도라오리 바름에 놀닌 쏫이 낫헤 와 부드치니 쏫을 들고 바라보며
약도춘풍불희의ᄒᆞ면 하인취송락화리요 춘산에 지ᄂᆞᆫ 쏫이 지고 십허 지
랴마ᄂᆞᆫ 바룸에 쩌러지니 네 마음이 아니오라 박명홍안 나의 신셰 져 쏫
과 갓흔지라 죽고 십허 죽으랴마ᄂᆞᆫ 스셰부득이라 슈원슈구 홀 것 업다
한 거름에 눈물 지고 두 거름에 도라보며 쏫 쩌나가니 명도풍파가 일로
부터 위험ᄒᆞ니 강두에 다다르니 션인드리 모혀드러 빅 머리에 좌판 노코
심소져를 모셔 올여 비장 안에 안친 후에 닷 감고 돗을 다라 소리ᄒᆞ며
북을 둥둥 우리면셔 지향 업시 쩌ᄂᆞ간다 범피즁피 쩌ᄂᆞ갈 졔 망망ᄒᆞᆫ 창ᄒᆡ
즁에 탕탕ᄒᆞᆫ 물결이라 빅빈쥬 갈미기ᄂᆞᆫ 홍료 안으로 놀아들고 삼강에 기
러기ᄂᆞᆫ 평스로 쩌러진다 료량ᄒᆞᆫ 남은 소리 어젹인 듯 ᄒᆞ건마ᄂᆞᆫ 곡종인불
견 유식만 푸르럿다 에닉셩즁만고슈ᄂᆞᆫ 나를 두고 일음이라 장스를 지나

〈36〉

니 가리부 간 곳 업고 명나슈 바라보니 굴삼녀 어복충혼 엇의로 가셧ᄂᆞᆫ

고 황혹루 다다르니 일모향관하쳐시오 연파강샹수인슈는 최호의 유젹이
라 봉황디 다다르니 삼산반락쳥텬외 이슈중분빅로쥬는 틱빅이 노든 디
요 심양강 다다르니 빅락텬이 어디 가고 미파셩이 끈어졋다 젹벽강 그져
가랴 소동파 노든 풍월 의구히 잇다마는 조밍덕 일셰지웅 이금에 안지지
오 월락오뎨 깁흔 밤에 고소셩외에 비를 미고 한산수 소북소리 긱션에
쩌러진다 진회슈 건너가니 격강에 샹여들은 망국한을 모로고셔 연롱한
슈월롱수를 후뎡화만 부르더라 소샹강 드러가니 악양루 놉흔 집은 호샹
에 쩌셔 잇고 동남으로 바라보니 오산은 쳡쳡이오 초슈는 망중이라 반죽
에 져진 눈물 이비 유한 씌워 잇고 무산에 돗는 달은 동졍호에 빗췌이니
샹하텬광 거울 속에 푸르럿다 창오산이 졈은 연긔 참담ᄒ야 황능묘에 잠
기엿다 삼협에 잔나뷔는 즈식 찻는 슬흔 소리 쳔긱 소인 몃몃치냐 심쳥
이 비안에셔 소샹팔경 다 본 후에 한 곳을 가노라니 향풍이 이러느며 옥
픽소리 들니더니 의희흔 쥬렴 사이로 엇더흔 두 부인이 션관을 놉히 쓰
고 자하샹 거더안고 두려시 나오더니 져긔 가는 심소져야 나를 어이 모
로나냐 우리 셩군 유우씨가 남슌슈ᄒ시다가 창오야에 붕ᄒ시니 쇽졀업
는 이 두 몸이 쇼샹강 디슈풀에 피눈물을 쑤럿더니 가지마

〈37〉

다 아롱져셔 입입히 원흐니라 창오산붕샹슈졀에 죽샹지루니가멸니라 쳔
츄 깁흔 흔을 흐소홀 길 업셧더니 네 효셩이 지극키로 너다려 말ᄒ노라
디슌붕후 긔쳔년에 오현금 남풍시를 지금ᄭ지 젼ᄒ더냐 슈로 만리 몃몃
칠에 조심ᄒ야 단여오라 홀연히 간 곳 업다 심쳥이 싱각ᄒ니 소상강 이
비로다 죽으러 가는 나를 조심ᄒ야 오라ᄒ니 진실노 괴이ᄒ다 그 곳을
지닉여셔 계산을 당도ᄒ니 풍랑이 이러나며 찬긔운니 쇼삽터니 흔 사룸
이 나오는디 두 눈을 싹 감고 가죽으로 몸을 싸고 울음 울고 나오더니
져긔 가는 심소져야 네 나를 모로나라 오나라 즈셔로다 슯흐다 우리 셩

상 빅비 참쇼 듯고 촉루검을 나를 주어 목을 질너 죽인 후에 가죽으로
몸을 싸셔 이 물에 던졋구나 원통흠을 못 익의여 월명이 멸오흠을 력력
히 보랴ᄒ고 닉 눈을 일즉 쎄여 동문상에 거럿더니 닉 완연히 보왓스나
몸에 싸힌 이 가죽을 뉘라셔 벗겨쥬며 눈 업는 게 흔니로다 홀연니 간
곳 업다 심쳥이 싱각ᄒ니 그 혼은 오나라 츙신 오ᄌ셔라 ᄒ 곳을 다다르
니 엇더ᄒ 두 사람이 턱반으로 나오는디 압흐로 셔신 이는 왕ᄌ의 긔상
이라 의상이 람루ᄒ니 초슈일사 분명ᄒ다 눈물지며 ᄒ는 말이 이달고도
분ᄒ 것이 진나라 쇽임되야 무관에 삼 년 잇다 고국을 바라보니 미귀혼
이 되얏구나 쳔츄에 한이 잇셔 초혼조가 되얏더니 박랑퇴셩 반겨 듯고
쇽졀업

〈38〉

는 동덩달에 헛춤만 츄어셰라 그 뒤에 ᄒ 사람은 안식이 초최ᄒ고 형용
이 고고흔디 나는 초나라 굴원니라 회왕을 셤기다가 ᄌ란의 참소 만나
더런 마음 씨스랴고 이 물에 와 빠졋노라 어엽불스 우리 님군 스후에ᄂ
뫼셔볼가 길이 ᄒ니 잇셧기로 이갓치 뫼셧노라 데고향지묘연혜여 짐황
고왈빅용이라 슈초목지령락혜여 공미인지지혜로다 셰상에 문장지스 몃
분니나 게시더냐 심소져는 효셩으로 죽고 나는 츙심으로 죽엇스니 츙효
는 일반이라 위로코져 나왓노라 창히 만리에 평안니 가옵소셔 심쳥이 싱
각ᄒ되 죽은 지 슈쳔 년에 령혼니 남아 잇셔 닉 눈에 뵈는 일이 그 아니
니상흔가 나 죽을 증조로다 슯흐게 탄식흔다 물에셔 밤이 몃 밤이며 비
에셔 날이 몃 날니냐 거연 스오삭에 물결갓치 흘너가니 금풍삽이셕긔ᄒ
고 옥우확이정영이라 락하여고목져비ᄒ고 츄슈공장텬일식이라 강안에
귤롱ᄒ니 황금이 쳔편이오 로화에 풍긔ᄒ니 빅셜이 만졈이라 신포셰류
지는 업과 옥로쳥풍 불엇는디 괴로올스 어션들은 등불을 도도 달고 어가
로 화답ᄒ니 도도는 게 슈심이오 희반에 쳥산들은 봉봉이 칼날이라 일락

장스츄식원ᄒ니 부지하쳐죠상군니라 슝옥에 비츄부가 이에셔 슯흘쇼냐
동녀를 실엇스니 진시황의 치약비가 방스는 업셧스니 흔무졔 구션빈가
니가 진작 죽즈ᄒ니 션인드리 슈직ᄒ고 살아 실녀

〈39〉

가즈ᄒ니 고국이 창망ᄒ다 흔 곳을 당도ᄒ니 닷을 쥬고 돗을 질으니 니
는 곳 림당슈라 광풍이 디작ᄒ고 바다가 뒤눕는디 어룡이 싸오는 듯 디
양 바다 흔가온디 돗도 일코 닷도 쓴쳐 로도 일코 키도 빠져 바롬 불고
물결 쳐 안기 뒤셕겨 자자진 날니 갈 길은 쳔리나 만리나 넘고 스면이
검어 어득 점으러 텬디지쳑 막막ᄒ여 산갓튼 파도 비젼을 짱짱 쳐 경각
에 위티ᄒ니 도스공 이하가 황황디겁ᄒ야 혼불슈신ᄒ야 고스 졀츠 차리
는디 셤쌀로 밥을 짓고 큰 돗 잡아 큰 칼 꼿고 졍ᄒ게 바쳐놋코 삼식실과
오식당속 큰 쇼 잡고 동위슐을 방위 츠려 갈나노코 심청을 목욕식혀 의
복을 졍히 입혀 비머리에 안친 후에 도스공이 고스를 올닐 졔 북치를 갈
느쥐고 북을 둥둥둥둥 두리둥둥 울리며 헌원씨 비를 모와 이졔불통ᄒ옵
신 후 후성이 본을 바다 다 각기 위업ᄒ니 막디흔 공 이 아니가 하우씨
구년치슈 비를 타고 다스리고 오복쇼죵 공 셰우고 도로 구쥬 도라들 졔
비를 타고 기다리고 공명의 놉흔 조화 동남풍을 비러녀여 조조의 빅만디
병 쥬유로 화공ᄒ야 젹벽디젼 ᄒ올 젹에 비 아니면 어이 ᄒ리 쥬요요이
경양ᄒ니 도원명의 귀거리오 히활ᄒ니고법지는 장한의 강동거오 임슐지
츄칠월에 죵일위지쇼여ᄒ여 쇼동파 노라잇고 지국총 어스화로 공션만지
월명귀는 어부의 즐김이오 긔도란요하장포는 오히월녀치련쥬오 츠군

〈40〉

발션하양셩은 상고션이 그 안인가 우리 동모 스믈네 명 상고로 위업ᄒ야

십오셰에 죠슈 타고 경셰우경년에 표박셔남 단이더니 오날날 림당슈에 제슈를 올니오니 동희신 아명이며 남희신 츅융이며 셔희신 거승이며 북 희신 웅강이며 강한지종과 쳔퇵지신니 제슈를 흠향ᄒ야 일쳬 통감ᄒ옵 신 후 비렴으로 바롬 쥬고 희약으로 인도ᄒ야 빅쳔만금퇴를 니게 쇼망 일워 쥬옵쇼셔 고시리 둥둥 빌기를 다ᄒ 후 심쳥을 물에 들나 션인드리 지쵹ᄒ니 심쳥의 거동보소 빈머리에 웃쑥 셔셔 두손을 합쟝ᄒ고 하나님 젼 비는 말이 비나이다 비나이다 하느님젼 비느이다 심쳥이 쥭는 일은 츄호도 셜지 안느나 안밍ᄒ신 우리 부친 턴디에 깁흔 한을 성젼에 풀냐 ᄒ고 쥭엄을 당ᄒ오니 황텬니 감동ᄒᄉ 우리 부친 어둔 눈을 불원간 발 게ᄒ야 광명텬디 보게 ᄒ오 뒤로 펄젹 쥬져안져 도화동을 향ᄒ더니 아바 지 ᄂ 죽쇼 어셔 눈을 쓰옵소셔 손을 집고 이러셔셔 션인들끠 말ᄒ되 여 러 션인 상고님네 평안니 가옵시고 억십만금 리를 어더 이 물가에 지나 거든 나의 혼빅 넉을 불너 긱귀 면케 ᄒ야쥬오 영치 죠흔 눈을 감고 초마 폭을 무릅쓰고 이리 져리 이리 빈머리에 와락 나가 물에 풍덩 ᄲᅡ지니 물 은 림당슈오 사롬은 심봉ᄉ의 ᄯᅩᆯ 심쳥이라 림당슈 깁흔 물에 힘업시 쩌 러진 꼿 허장어복 되단 말가 그 빈 션인 령좌 긔가 막혀 아츠츠 불

〈41〉

상ᄒ다 령좌가 통곡ᄒ며 역군화장 업더져 울며 츌텬디효 심쇼져는 앗갑 고 불상ᄒ다 부모 형졔 쥭엇슨들 이에셔 더홀손냐 잇ᄯᅥᆫ에 무릉촌 장승상 부인은 심쇼져를 리별ᄒ고 이셕ᄒᆫ 마음을 이기지 못ᄒ야 심쇼져 화상 족 ᄌ를 침상에 걸어두고 날마다 증험터니 하로는 족ᄌ 빗히 거머지며 화상 에 물리 흐르거날 부인이 놀니여 왈 인졔는 쥭엇고나 비회를 못 익의여 간쟝이 쓴치는 듯 가삼이 터지는 듯 긔믹혀 울음울 제 이윽고 족ᄌ 비치 완연히 시로오니 마음에 괴이ᄒ야 누가 건져 살녀닌여 목슘이 살앗는가 창희만리에 쇼식을 엇지 알니 그날 밤 삼경초에 졔젼을 갓초와 시비ᄒ야

들니고셔 강가에 나아가 빅ᄉ장 졍ᄒ 곳에 쥬과포 ᄎ려 노코 승상부인 축문을 놉히 일거 심쇼져의 혼을 불너 위로ᄒ야 졔 지닌다 강촌에 밤이 들어 ᄉ면이 고요홀 졔 심소져야 심소져야 앗갑도다 심쇼져야 안밍훈 너의 부친 어둔 눈을 씌우랴고 평성에 훈 되야셔 지극훈 네 효셩에 죽기로 써 갑흐랴고 일루잔명을 스스로 판단ᄒ야 어복에 혼이 되니 가련ᄒ고 불상코나 하나님이 엇지ᄒ야 너를 니고 죽게 ᄒ며 귀신 어이ᄒ야 죽는 너를 못 살이나 네가 나지 말앗거나 닉가 너를 몰낫거ᄂ 싱리사별 어인 일고 금음이 되기 젼에 달이 몬져 기우럿고 모츈이 되기 젼에 곳이 몬져 써러지니 오동에 걸인 달은 두렷훈 네 얼골이 분명히 다시 온 듯 이

〈42〉

슬에 져진 곳은 션연훈 네 티도가 눈 압헤 나리는 듯 됴량에 안진 졔비 아름다온 너의 소리 무슨 말을 하쇼홀 듯 두 귀밋혜 셔리털은 일로조차 희여지고 인간에 남은 히는 너로ᄒ야 직촉ᄒ니 무궁훈 나의 슈심 너는 죽어 모르건만 나는 사라 고성일다 훈 잔 슐로 위로ᄒ니 유유향혼은 오호이지 상향 졔문 닑고 분향홀 졔 하날이 나즉ᄒ니 졔문을 드르신 듯 강상에 자진 안기 치운이 어리는 듯 물결히 잔잔ᄒ나 어룡이 늣기는 듯 쳥산이 격젹ᄒ니 금조가 셜워훈 듯 평ᄉ지젹 잠든 빅구 놀나씌여 머리 들고 등불 단 어션들은 가는 길 머무른다 부인이 눈물 씻고 졔물에 풀 졔 슐잔이 굴엇스니 소졔의 혼이온 듯 부인이 훈업시 셜워 집으로 도라오ᄉ 그 잇흔 날 지물을 만히 드려 물가에 놉히 모아 망녀디를 지어 놋코 미월 삭망으로 삼년까지 졔 지닐 졔 씌가 업시 부인끠셔 망녀디에 올나 안져 심쇼져를 싱각더라 그 씌에 심봉ᄉ는 무남독녀 ᄯ을 일코 모진 목슘 아니 죽고 근근히 부지홀 졔 도화동 ᄉ름들이 심쇼져 지극훈 효셩으로 물에 ᄲᅡ져 죽은 일을 불상히 역여 망녀디 지은 엽헤 ᄯᅡ루 비를 셰우고 글을 지어 식엿스니 심위기친쌍안홀ᄒ야 살신셩효샤룡궁을 연파만리심심벽

ᄒ니 강초년년ᄒ불궁을 강두에 셰워노니 러왕ᄒᄂ는 힝인들이 그 비문 글
을 보고 눈물 아니 지나 니 업더라 디져 이 셰상갓치 억울ᄒ고 고르지
못ᄒ 셰상

〈43〉

이 업ᄂ지라 간ᄂ코 약ᄒ 스룹은 그 부모가 나은 몸과 하날이 쥬신 귀즁
ᄒ 목슴도 보젼치 못ᄒ고 심쳥갓흔 츌텬디효가 필경 림당슈 물에 가련ᄒ
눈물을 잠겻도다 그러나 그 잠긴 곳은 이 셰상을 리별ᄒ고 간 하날셰상
계니 하ᄂ님의 능력이 ᄒ업시 큰 셰상이라 리욕에 눈 어둔 셰상 스룹과
말 못ᄒᄂ는 붓쳐는 심쳥을 도으지 못ᄒ엿거니와 림당슈 물귀신이야 엇지
심쳥을 모르리요 그 ᄶᅢ에 옥황상뎨끠옵셔 스희룡왕에게 분부ᄒ되 명일
오시 초각에 림당슈 바다즁에 츌텬디효 심쳥이가 물에 ᄶᅥ러실 터이니 그
디 등은 등디ᄒ야 슈졍궁에 영졉ᄒ고 다시 령을 기다려 도로 츌숑 인간
ᄒ되 만일 시각 어긔다는 스희슈궁 졔신들이 죄를 면치 못ᄒ리라 분부가
지엄ᄒ시니 스희룡왕 황겁ᄒ야 원참군 별쥬와 북만쳘갑 졔쟝이며 무슈
ᄒ 시녀들로 빅옥교즈 등디ᄒ고 그 시를 기다릴 졔 과연 오시 호각 되즈
빅옥갓흔 ᄒ 소져가 희상에 ᄶᅥ러지니 여러 션녀 옹위ᄒ야 심쇼져를 고히
뫼셔 교즈에 안치거놀 심쇼져 졍신츠려 스양ᄒ야 일은 말이 나는 진셰
쳔인이라 엇지 황숑ᄒ야 룡궁 교즈에 타오릿가 여러 션녀 엿즈오되 상졔
분부 게옵시니 만일 지톄ᄒ옵시면 스희슈궁 탈이오니 지톄말고 타옵소
셔 심쳥이 스양타 못ᄒ야 교즈에 안즈니 졔션녀 옹위ᄒ야 슈뎡궁으로 드
러갓다 위의도 장홀시고 텬상 션관 션녀들이 심쇼져를

〈44〉

보랴 ᄒ고 좌우로 버려셧ᄂ디 틱을진군 학 타고 안긔싱은 눈조 틱고 젹

송ᄌᆞ느 구룸 투고 선옹은 사ᄌᆞ 투고 쳥의동ᄌᆞ 홍의동ᄌᆞ 쌍쌍이 버려선는
디 월궁항아 셔왕모며 마고션녀 락포션녀 남악부인 팔션녀 다 모여들엇
는디 고흔 물식 조흔 픠물 향긔가 진동ᄒᆞ고 풍악이 랑ᄌᆞᄒᆞ다 왕ᄌᆞ진의
봉피리 곽쳐ᄉ 죽장고 롱옥의 옥통쇼 완젹의 회파람 금고의 거문고 란ᄌᆞ
ᄒᆞᆫ 풍악쇼리 슈궁이 진동ᄒᆞᆫ다 슈뎡궁 드러가니 집치례가 황홀ᄒᆞ다 쳔여
간 수뎡궁에 호박기동 빅옥 쥬츄디 모랑간 산호슈 쥬렴광치 찬란ᄒᆞ고 셔
긔가 반공이라 쥬궁퓌궐은 응텬상디삼광이오 비인지오복이라 동으로 바
라보니 삼빅쳑 부상카지 일륜홍이 푸여 잇고 남으로 바라보니 디붕이 비
진ᄒᆞ야 슈식이 남과 갓고 셔으로 바라보니 효아요지왕모강ᄒᆞ니 일쌍 쳥
됴 나라들고 북으로 바라보니 요쳡하쳐시즁원고 일만쳥산이 푸르럿다
우으로 바라보니 즁쥬과일봉셔ᄒᆞ니 창셩화장을 다졔ᄒᆞ고 아리로 바라보
니 쳥호빈문찬비셩ᄒᆞ니 강신 하빅이 조회ᄒᆞᆫ다 음식을 드릴 젹에 셰상에
업는 비라 파리상 화류반에 산호잔 호박디며 자하쥬 련엽쥬를 긔린포로
안쥬ᄒᆞ고 호로병 졔호탕에 감로쥬를 겻드리고 금강셕 식인 징반 안기증
조 담아노코 좌우에 션녀드리 심소져를 위로ᄒᆞ고 슈뎡궁에 머믈ᄉᆡ 옥황
상뎨 령이여든 거힝이 범연ᄒᆞ랴 스희룡왕

〈45〉

끠셔 션녀들을 보니여 조셕으로 문안ᄒᆞ고 톄번ᄒᆞ여 시위홀ᄉᆡ 삼일에 쇼
연이요 오일에 디연으로 극진이 위로ᄒᆞ더라 심소져는 이러틋 슈뎡궁에
머믈을 ᄉᆡ 하로는 하늘에 옥진부인이 오신다 ᄒᆞ니 심소져는 누군 쥴 모
로고 이러셔 바라보니 오식 치운이 벽공에 어렷는디 됴량ᄒᆞᆫ 풍악이 궁즁
에 랑ᄌᆞᄒᆞ며 우편에는 단계화오 좌편에는 벽도화라 쳥학 빅학 옹위ᄒᆞ고
공작은 츔을 츄고 안비로 젼인ᄒᆞ야 텬상션녀 압흘 셔고 룡궁션녀 뒤 셔
셔 엄슉ᄒᆞ게 나려오니 보던 비 쳐음이라 이윽고 느려와 교ᄌᆞ로 조ᄎᆞ 옥
진부인이 드러오며 심쳥아 너의 모 니 왓다 심소져 드러보니 모친이 오

셧거눌 심쳥이 반겨라고 펄젹 쮜여 니려가 이고 어머니오 우루루 달녀들어 모친 목을 덜컥 안고 일희일비 ㅎ는 말이 어머니 나를 난 지 칠일 만에 상스 나셔 근근흔 쇼녀 몸이 부친 덕에 안이 죽고 십오셰 당ㅎ도록 모녀간 턴디 즁흔 얼골을 모로기로 평싱 한이 미쳐 이즐 날이 업습더니 오날날 뫼시오니 나는 한이 업스오나 외로오신 아바지는 누를 보고 반기실가 시로옵고 반가온 졍과 감격ㅎ고 급급흔 마음 엇지홀 쥴 모로다가 뫼시고 누에 올나가 모친 품에 싸여안져 얼골도 디보고 슈족도 만지면셔 졋도 인졔 먹어보즈 반갑고도 즐거워라 이갓치 즐겨ㅎ여 울음 우니 부인도 슯허ㅎ고 등을 쑥쑥 두다리며 울지마라 니 똘이야 니가 너를 난 연

〈46〉

후로 샹졔의 분부 급ㅎ야 셰상을 이졋스나 눈 어둔 너의 부친 고싱ㅎ고 살으신 일 싱각스록 긔막힌 즁 버셧갓고 이슬갓흔 십분구스 네 목숨을 더욱 엇지 밋엇스랴 황텬이 도와쥬스 네 이졔 스랏구나 안아볼짜 업어볼짜 귀ㅎ여라 니 똘이냐 얼골젼형 웃는 모양 너의 부친 흡스ㅎ고 숀길 발씰 고흔 거시 엇지 그리 나 갓ㅎ냐 어려셔 크던 을 네가 엇지 알냐마는 이 집 져 집 여러 사람 동량졋을 먹고 크니 뎌 기간 너의 부친 그 고싱 알니로다 너의 부친 고싱ㅎ고 응당 만히 늘그셧지 뒤동리 귀덕어미 네게 미우 극진ㅎ니 지금까지 사랏느냐 심쳥이 엿즈오되 아바지게 듯스와도 고싱ㅎ고 지닌 일을 엇지 감히 이즈릿가 부친 고싱ㅎ던 말과 닐곱 살에 졔가 나셔 밥 비러 봉친흔 일 바느질노 사든 말과 승상부인 져를 불너 모녀의로 믹진 후에 은혜 틱산갓흔 일과 션인짜라 오랴홀 쩌 화상족즈ㅎ던 말과 귀덕어미 은혜 말을 낫낫치 다 고ㅎ니 그 말 듯고 승상부인 치하ㅎ며 그렁져렁 여러 날을 슈뎡궁에 머믈 졔 하로는 옥진부인이 심쳥다려 모녀간에 반가온 마음 한량 업것마는 옥황상졔 쳐분으로 맛튼 직분 허다ㅎ야 오릭 지쳬 못ㅎ겟다 오날 나를 리별ㅎ고 너의 부친 맛눌 쥴을

너야 엇지 알냐마는 후일에 셔로 반길 쩌가 잇스리라 작별ᄒ고 이러나니
심청이 긔가 막혀 아이고 어머니 소녀는 마음먹기를 오리오리 뫼실 쥴노
만 알

〈47〉

엇더니 리별 말이 왼 말이오 아모리 익걸ᄒ든 임의로 못홀지라 옥진부인
이 니러셔셔 손을 잡고 작별터니 공중으로 향ᄒ야 인홀불견 올나가니 심
청이 헐일업시 눈물노 하직ᄒ고 슈뎡궁에 머믈 시 심랑지 츌텬디효를 옥
황상데게옵셔 심히 가상이 역이ᄉ 슈궁에 오리 둘 길이 업셔 ᄉ희룡왕에
게 다시 하교ᄒ사디 디효 심랑즈를 옥졍련화 쏫봉 속에 아못조록 고히
모셔 오던 길 림당슈로 도로 너보니라 이르시니 룡왕이 령을 듯고 옥졍
연쏫봉 속에 심랑즈를 고히 모셔 림당수로 환숑홀 시 ᄉ희룡왕 각궁 시
녀 팔션녀를 ᄎ례로 ᄒ직ᄒ는디 심랑즈 장ᄒ 효성 셰상에 나가셔셔 부귀
영화를 만만셰나 누리소셔 심랑자 디답ᄒ되 죽은 몸이 다시 사라 여러
왕의 은혜 입어 셰샹에 다시 가니 슈궁에 귀흔 몸이 너니 무량 ᄒ옵소셔
한 두 마듸 말을 홀시 인홀불견 즈최업다 쏫봉 속에 심랑즈는 막지쇼향
모르다가 슈뎡문 밧게 쩌나갈 졔 텬무렬풍 음우ᄒ고 ᄒ불양파 잔잔흔디
삼츈에 ᄒ당화는 ᄒ슈중에 붉어 잇고 동풍에 푸른 버들 ᄒ슈변에 드렷는
디 고기 잡는 져 어옹은 시름 업시 안졋구나 한 곳을 다다르니 일식이
명낭ᄒ고 ᄉ면이 광활ᄒ다 심청이 뎡신ᄎ려 둘너보니 룡궁 가던 림당슈
라 슬프다 이 쏘흔 꿈 가온디 안인가 그 쩌에 남경장ᄉ 션인들이 심랑즈
를 뎨슈흔 후 그 힝부에 리를 남겨 돗디 꼿히 큰 긔 쏫고 우슘으로 담

〈48〉

화ᄒ야 츔을 츄고 도라올 졔 림당슈 당도ᄒ셔 큰 쇼 잡고 동희술과 각식

과실 차려노코 북을 치며 뎨 지닌다 두리 둥둥둥 북을 끈치더니 도사공
이 심랑즈의 넉을 쳐드러 큰 쇼리로 부른다 츌텬디효 심랑즈 슈궁고혼
되엿스니 이달고 불샹훈 말 엇지 다 ᄒ오릿가 우리 여러 션인들은 쇼져
로 인연ᄒ야 억십만양 리를 늠겨 고국으로 가려니와 랑즈의 방혼이야 어
느 ᄯᅢ나 오랴시오 가다가 도화동에 소져 부친 평안훈가 안부 문안ᄒ오리
다 사공도 울고 여러 션인드리 모다 울음을 울 데 희샹을 바라보니 난디
업는 꼿 훈숑이 물 우에 둥실 ᄯᅥ오거늘 션인드리 모도 니다르며 이 이야
져 곳치 웬 꼿치냐 텬샹에 월계화냐 요디에 벽도화냐 텬샹꼿도 아니오
셰샹꼿도 아닌디 희샹에 ᄯᅥᆻᄉ을 ᄯᅢ는 아마도 심랑즈의 넉인 게다 공론이
분분홀 ᄯᅢ 빅운이 모롱훈 중 션연훈 청의션관 공중에 학을 타고 크게 외
여 일은 말이 희샹에 ᄯᅥ는 션인들아 꼿 보고 헌화마라 그 꼿이 텬샹화니
타인통섭 부디 말고 각별 조심 곱게 뫼셔 텬즈젼에 진샹ᄒ라 만일에 불
연ᄒ면 뢰셩보화 텬조 식여 산벼락을 니리리라 션인드리 그 말 듯고 황
겁ᄒ야 벌벌 쩔며 그 꼿을 고이 건져 허간에 뫼신 후에 쳥포쟝 둘너치니
닉외쳬통 분명ᄒ다 닷을 감고 돗을 다니 슌풍이 졀노 일어 남경이 슌식
간리라 희안에 비를 미엿더라 셰지 경진 삼월이라 숑텬즈끠옵셔 황후샹
ᄉ 당

〈49〉

ᄒ시니 억죠창싱 만민들과 십이졔국 ᄉ신들은 황황급급 분쥬홀 ᄯᅢ 텬즈
마음 슈란ᄒ야 각식 화초를 다 구ᄒ야 샹림원에 치우시고 황극뎐 읍호로
여긔 져긔 심엇스니 긔화요초 장ᄒ도다 경보릉파답명경 만당츄슈홍연화
암향부동월황혼 소식 젼텬 한민화 공즈왕숀방슈하에 부귀올손 모란화
리화만지불기문에 쟝신궁즁 비꼿 쵹국유한 못 익여 성성졔혈 두견화 황
국 빅국 젹국이며 빅일홍 영산홍 란초 파초 셕류 류즈 멀우 다리 왜쳘쥭
진달니 민드람이 봉션화 여러 화초 만발훈디 화간 쌍쌍 범나뷔는 꼿을

보고 반기 역여 너울너울 춤츌 제 텬ᄌ 마음 디희ᄒ야 쏫을 보고 ᄉ랑ᄒ
더니 맛참 잇써 남경장ᄉ 셔인드리 쏫 ᄒ송이를 진상ᄒ니 텬ᄌ 보시고
디희ᄒ야 옥징반에 밧쳐노코 구름갓흔 황극뎐에셔 날이 가고 밤이 드니
경졈소리 뿐이로다 텬ᄌ 취침ᄒ실 써에 비몽ᄉ몽간에 봉릭션관이 혹을
타고 분명이 나려와 거슈장읍ᄒ고 흔연이 갈오디 황후상ᄉ 당ᄒ심을 상
뎨께서 아읍시고 인연을 보니셧ᄉ오니 어셔 밧비 숇히소셔 말을 맛지 못
ᄒ야 ᄭᅵ다르니 남가일몽이라 비회완보타가 궁녀를 급히 불너 옥징반에
쏫송이를 숇히시니 보든 쏫 업고 ᄒᆫ 랑ᄌ가 안졋거눌 텬ᄌ 디희ᄒ야 작
일요화반상긔 금일션아하쳔리로구나 꿈인 줄 아랏더니 꿈이 ᄯᅩᄒᆫ 실상
인가 익조에 이 뜻으로 긔록ᄒ야 묘당에 너리시니 삼

<50>

티륙경 만조빅관 문무졔신이 일시에 드러와 복디커눌 텬ᄌ께셔 ᄒ교ᄒ
ᄉᄃᆡ 짐이 거야에 득몽ᄒ니 하도 심히 긔이키로 작일 션인 진상ᄒᆫ 쏫송
이를 살펴보니 그 쏫은 간 곳 업고 한 랑ᄌ가 안졋ᄂᆫ디 황후의 긔상이라
경등 뜻은 엇더ᄒᆫ고 문무졔신이 일시에 알외되 황후 승하ᄒ읍심을 샹텬
이 아읍시고 인연을 보니시니 국조 무궁ᄒ와 황텬이 보우ᄒ심이니 요지
복식 칠보화관 십장성 슈복노와 진쥬옥픠 슌금쌍혹 봉미션에 월궁항아
하강ᄒᆫ 듯 젼후 좌우 샹궁 신녀 록의홍샹 빗이 ᄂᆫ다 랑ᄌ 화관 족도리며
봉치족졀 밀화불슈 산호가지 명월픠 울금향 당의원삼 호품으로 단장 황
후 위의 장ᄒ도다 층층히 뫼신 션녀 광한뎐 시위ᄒᆫ 듯 쳥홍빅 비단ᄎᆞ일
하눌 닷게 놉히 치고 금슈복 용문셕 공단 휘장 금병풍에 빅자쳔손 근감
ᄒ다 금촉디 홍초 쏫고 류리산호 조흔 옥병 귀비귀비 진쥬로다 란봉 공
작 짓ᄂᆫ ᄉᄌ 쳥혹 빅혹 쌍쌍이오 잉무갓흔 궁녀들은 긔를 잡고 늘어셧
다 삼티륙경 만조빅관 동셔편에 갈나셔셔 읍양진퇴ᄒᆫᆫ 거동 리부샹셔
함을 지고 납치를 드린 후에 텬ᄌ 위의 볼작시면 룡준용안 미슈염이 디

강산 졍긔ᄒ고 복은텬디 조화ᄒ고 황하슈 다시 말가 셩인이 나셧도다 면류관 곤룡포에 량억기 일월 붓쳐 응텬샹지삼광이오 비인지오복이라 디례를 맛친 후에 랑ᄌ를 금뎡에 고히 뫼셔 황극뎐에 드옵실 쩌 위

〈51〉

의 례졀이 거록ᄒ고 장ᄒ도다 이로부터 심황후 어진 심덕 텬하에 가득ᄒ니 조졍에 문무빅관 각셩 ᄌᄉ 열읍 틱슈 억조창싱 인민들이 복디 축원ᄒ되 우리 황후 어진 셩덕 만슈무강ᄒ옵소셔 이쩌에 심봉ᄉ는 쌀을 일코 실셩ᄒ야 날마다 탄식홀 졔 봄이 가고 여름 되니 록음방초 한니 되고 가지가지 우는 시는 심봉ᄉ를 비웃는 듯 산쳔은 막막ᄒ고 물소리도 쳐량ᄒ다 도화동 안밧 동리 남녀로소 모다 와셔 안부 무러 졍담ᄒ고 쌀과 가치 노던 쳐녀 종종 와셔 인ᄉᄒ나 셜은 마음 쳡쳡ᄒ야 아장아장 들어오는 듯 압히 안저 말ᄒ는 듯 물이 물이 착ᄒ 일과 공경ᄒ던 말소리를 일시라도 못 견듸고 반시라도 못 견딜 졔 목젼에 쌀을 일코 목셕가치 사랏스니 이런 팔ᄌ 쏘 잇는가 이러타시 락루ᄒ고 셰월을 보니는듸 인간에 친졀ᄒ 거슨 텬륜이라 심황후는 이쩌 귀즁ᄒ 몸이 되얏스나 안밍ᄒ신 부친 싱각 무시로 비감ᄒᄉ 홀노 안저 탄식ᄒ다 불샹ᄒ신 우리 부친 싱존ᄒ가 별셰ᄒ가 부쳐님이 령험ᄒᄉ 시간에 눈을 쓰ᄉ 뎡쳐업시 단이시나 이러트시 탄식홀 쩌 텬ᄌ끠셔 니뎐에 드옵셔 황후를 보옵시니 두 눈에 눈물이 셔려잇고 옥면에 슈심이 쏘엿거늘 텬ᄌ 무르시되 황후는 무삼 일로 미간에 슈심이 미만ᄒ시니 무삼 일인지요 무르시니 심황후 꾸러안ᄌ 나즉히 엿ᄌ오디 신쳡이 근본 룡궁인이 아니오라 황쥬 도화동 사옵는

〈52〉

심혹규의 쌀일너니 쳡의 부친 안밍ᄒ야 쳘텬지원 되옵드니 몽운ᄉ 부쳐

님끠 공양미 삼빅셕을 향안에 시쥬ᄒᆞ면 감은 눈을 쓴다 ᄒᆞ옵기로 가셰ᄂᆞᆫ
비ᄒᆞᆫᄒᆞ고 판츌홀 길 바이 업셔 남경장사 션인들에게 삼빅셕에 이 몸이
팔여 림당수에 ᄲᅡ졋습더니 룡왕의 덕을 입어 싱환인간ᄒᆞ야 몸은 귀히 되
왓스오나 텬디인간 병신 중에 소경이 졔일 불샹ᄒᆞ오니 특별이 통촉ᄒᆞ옵
셔 텬하에 신칙ᄒᆞᄉᆞ 밍인을 불너 올녀 사찬ᄒᆞ옵시면 쳡의 텬륜을 차질이
잇슬가 ᄒᆞ오며 ᄯᅩ한 국가에 틱평ᄒᆞᆫ 경ᄉᆞ가 아니오릿가 황데 층찬ᄒᆞ시되
황후ᄂᆞᆫ 과연 녀즁디효로소이다 즉시 근신을 명소ᄒᆞᄉᆞ 연유를 하교ᄒᆞ사
금일 만일에 황셩에셔 밍인연을 열으신다는 칙지를 션포ᄒᆞ니 각도 각현
에셔 곳곳마다 거리거리 게시ᄒᆞ야 노쇼 밍인들은 황셩으로 올녀보닐 식
그 즁에 병든 소경 약을 먹여 조리 식여 올녀가고 그 즁에도 요부ᄒᆞᆫ 자
좌우쳥쵹 ᄲᅡ지라 다 염문에 들여가면 볼기 맛고 올나가고 졀문 밍인 늙
은 밍인 일시에 올나간다 그러나 심봉ᄉᆞᄂᆞᆫ 어디 가고 모로든고 이ᄯᅥ 심
혹규ᄂᆞᆫ 몽운ᄉᆞ 부쳐가 령험이 업셧ᄂᆞᆫ지 ᄯᅡᆯ 일코 쌀 일코 눈도 ᄯᅳ지 못ᄒᆞ
야 지금것 심봉ᄉᆞᄂᆞᆫ 심봉ᄉᆞ디로 잇ᄂᆞᆫ지라 그 즁에 눈만 못 ᄯᅥ슬 분 아니
라 싱이의 고싱이 셰월을 ᄯᅡ라 더욱 깁허간다 도화동 ᄉᆞ룸들은 당쵸에
남경장ᄉᆞ 부탁도 잇고 곽씨부인을 싱각ᄒᆞ든지 심쳥의 졍곡을 싱각

〈53〉

ᄒᆞ야도 심봉ᄉᆞ를 위ᄒᆞ야ᄂᆞᆫ 마음을 극진히 ᄡᅥ 도으ᄂᆞᆫ 터이라 그 ᄯᅢ 션인
의 막긴 젼곡을 착실히 신칙ᄒᆞ야 리식을 느려가며 심봉ᄉᆞ의 의식을 넉넉
케 ᄒᆞ고 형셰도 ᄎᆞᄎᆞ 느러가더니 이ᄯᅢ 마참 본촌에 ᄲᅢᆼ덕어미라 ᄒᆞᄂᆞᆫ 게
집이 잇셔 힝실이 괴약ᄒᆞᆫ디 심봉ᄉᆞ의 가셰 넉넉ᄒᆞᆫ 줄 알고 자원ᄒᆞ고 쳡
이 되야 심봉ᄉᆞ와 사ᄂᆞᆫ디 이 계집의 버릇은 아조 인즁지말이라 그러틋
어둔 즁에도 심봉ᄉᆞ를 더욱 고싱되게 가셰를 결단니ᄂᆞᆫ디 쌀을 쥬고 엿
ᄉᆞ먹기 벼를 쥬고 고기 ᄉᆞ기 잡곡을낭 돈을 ᄉᆞ셔 슐집에 슐 먹기와 이웃
집에 밥 붓치기 빈 담비때 손에 들고 보ᄂᆞᆫ디로 담비 쳥키 이웃집을 욕

잘ᄒ고 동모들과 쌈 잘ᄒ고 졍ᄌ 밋헤 낫잠 자기 술 취하면 ᄒ밤 즁에
목 노코 울음 울고 동리 남ᄌ 유인ᄒ기 일년 삼빅 륙십 일을 입을 잠시
안 놀니고 집안에 살님살이 홍시 감 쌜듯 홀작 업시 ᄒ되 심봉ᄉᄂ 슈년
공방에 지니던 터이라 기즁 실가지락이 잇셔 죽을 동 살 동 모르고 밤낫
업시 삭 밧고 관가일 ᄒ듯 ᄒ되 쌩덕어미ᄂᄂ 마음 먹기를 형셰를 쎠러 먹
다 이삼 일 양식ᄒ을 만콤 남겨 노코 도망ᄒ올 작정으로 오륙월 가마귀 곤슈
박 파먹듯 불샹ᄒ 심봉ᄉᄂ의 진물을 쥬야로 픽픽 파든 터이라 하로ᄂ 심
봉ᄉ가 쌩덕어미를 불너 여보소 우리 형셰가 미오 착실터니 지금 남은
살님 얼마 아니 된다 ᄒ니 니 도로 비러먹기 쉬운즉 찰ᄒ리 타관에 가
비러먹셰 본촌에ᄂ

<h2>〈54〉</h2>

붓그럽고 남의 칙망 어려오니 이ᄉᄒ면 엇더ᄒ가 니ᄉ 가장 ᄒᄌᄂ 디로
ᄒ지오 당연ᄒ 말이로셰 동리 남의게 빗이나 업나 니가 쥴 것 죠곰 잇소
얼마나 되나 뒷 동리 놉흔 쥬막에 가 희졍쥬ᄒ 갑이 마흔 량 심봉ᄉ 어이
업셔 잘 먹엇다 ᄯ 어디 져 건너 불쏭이 함씨의게 엿갑이 셜흔 량 잘 먹
엿다 ᄯ 안촌 가셔 담비갑이 쉬흔 량 이것 참 잘 먹엇네 기름장ᄉᄒ테
스무 량 기름은 무엇 힛나 머리 기름 힛지요 심봉ᄉ 긔가 막혀 하 어의
업셔 실샹 얼마콤 아니 되네 고ᄭ지 것 무엇이 만소 ᄒ참 이러틋 문답을
ᄒ더니 심봉ᄉᄂ 그 진물을 싱각ᄒ 젹이면 그 쌀의 싱각이 더욱 쎼가 울
이여 간졀ᄒ 지라 여광여취ᄒ 듯 홀로 뛰여나와 심쳥 가던 길을 ᄎᆽ져 강
변에 홀로 안져 쌀을 불너 우ᄂ 말이 니 쌀 심쳥아 너ᄂ 어이 못 오ᄂᄂ
림당슈 깁흔 물에 네가 죽어 황텬 가셔 너의 보친 뵈옵거든 모녀간에 혼
이라도 나를 어셔 잡어가거라 이러타시 록루ᄒ을 ᄯ 관츠가 심봉ᄉ 강두에
셔 운단 말을 듯고 강두로 죠ᄎ와셔 여보 심봉ᄉ님 관가에셔 부르시니
어셔 밧비 가옵시다 심봉ᄉ 이 말 듯고 쌈작 놀나 나ᄂ 아모 죄가 업쇼

황셩에셔 밍인님을 불너 올녀 벼살을 쥬고 죠흔 가디를 만히 쥰다 ᄒ니 어셔 급히 관가로 갑시다 심봉ᄉ 관츠 ᄯᅡ라 관가에 들어가니 관가에서 분부ᄒ되 황셩셔 밍인 잔치 ᄒ신다니 어셔 급히 올나가라 심봉ᄉ 디답ᄒ되 옷 업고 로ᄌ 업

<h2 style="text-align:center">〈55〉</h2>

셔 황셩 쳔리 못 가겟쇼 관가에셔도 심봉ᄉ 일을 다 아ᄂ지라 로ᄌ를 니여쥬고 옷 일습 니여쥬며 어셔 밧비 올나가라 ᄒ니 심봉ᄉ 홀 일 업셔 집으로 도라나와 마누라를 부른다 ᄲᅢᆼ덕이네 ᄲᅢᆼ덕어미ᄂ 심봉ᄉ가 화김에 물에나 ᄲᅡ진 쥴 알고 남은 살림 니 ᄎ지라고 속으로 은근히 죠화ᄒ더니 심봉ᄉ가 드러오니까 급히 디답ᄒ되 네네 여보 게 마누라 오날 관가에 갓더니 황셩셔 밍인 잔치를 흔다고 날다려 가라 ᄒ니 니 갓다 올 터이니 집안을 잘 살피고 나 오기를 기다리소 녀필종부라니 가군 가ᄂ 디 나 아니 갈가 나도 갓치 가겟소 자네 말이 하도 고마오니 갓치 가 볼가 건너말 김장ᄌ 딕 돈 삼빅량 믹겻스니 그 돈 중에 오십 량 ᄎ져 가지고 가세에 그 봉ᄉ님 ᄯᅡᆫ소리 ᄒ네 그 돈 삼빅냥 발셔 차져 이 달에 살구갑으로 다 업싯소 심봉ᄉ 긔가 막혀 삼빅냥 차져온 지 몃 칠 아니 되야 살구갑으로 다 업시단 말이야 고까진 돈 삼빅냥을 썼다고 그 갓치 노혀 ᄒ나 네 말 ᄒᄂ 꼴 드러본즉 귀덕이네 집에 믹긴 돈을 ᄯᅩ 썼구나 ᄲᅢᆼ덕어미 ᄯᅩ 디답ᄒ되 그 돈 오빅냥 차져셔ᄂ ᄯᅥᆨ갑 팟죽갑으로 발셔 다 썼쇼 심봉ᄉ 더욱 긔가 막혀 이고 이 몹쓸 년아 출텬디효 니 ᄯᅡᆯ 심쳥이 림당수에 망종 갈 ᄯᅢ 사후에 신쳬라도 의탁ᄒ라 쥬고 간 돈 네 년니 무엇이라고 그 즁흔 돈을 ᄯᅥᆨ갑 살구갑 팟죽갑으로 다 녹엿단 말이냐 그러면 엇지ᄒ여요 먹고 십흔 것 안 먹을 수 잇

〈56〉

쇼 뺑덕어미가 살망을 푸이며 엇진 일인지 지는 달에 몸구실을 거르더니 신 것만 구미에 당긔고 밥은 아죠 먹기가 실혀요 그리도 어리셕은 사나 히라 심봉스 이 말 듯고 짬작 놀나 여보게 그러면 틱긔가 잇슬나나베 그러흐나 신 것을 그러케 만히 먹고 그 이를 나면 그 놈의 즈식이 시큰둥흐야 쓰겟나 남녀간에 하나만 낫소 그도 그러려니와 셔울 구경도 흐고 황성 잔치 갓치 가셰 이럿틋 말을 흐며 힝장을 차릴 젹에 심봉스 거동보소 졔주 양틱 굴근 베로 중츄막에 목견디 둘너 씌고 로수 냥보에 쓰셔 억긔 너머 둘너메고 소상반쥭 집펑이를 왼 손에 든 연후에 뺑덕어미 압셰우고 심봉스 뒤를 짜라 황셩으로 올나간다 흔 곳을 다다라 흔 쥬막에 드러 즈 노라니 그 근쳐에 황봉스라 흐는 소경이 뺑덕어미 잡것인 쥴 린근 읍에 즈즈흐야 흔번 보기를 원흐얏는디 뺑덕이네가 의례히 그 곳 올 쥴 알고 그 쥬인과 의론흐고 뺑덕어미를 유인홀 졔 뺑덕어미 속으로 싱각흐되 심 봉스 짜라 황셩잔치 간다히도 눈 쓴 계집이야 참예도 못 홀테요 집으로 가즈흐니 외샹갑에 죨닐 테니 집에 가 살 수 업슨즉 황봉스를 짜라 갓스 면 일신도 편코 흔 쳘 살구는 잘 먹을이니 황봉스를 짜라가리라 흐고 심 봉스의 로즈 힝장까지 도젹흐야 가지고 밤중에 도망을 흐얏더라 불샹흔 심봉스는 아모 죠건 모르고 식전에 이러나셔 여보 뺑덕이모 어셔 가셰 무

〈57〉

슨 잠을 그리 자나 흐며 말을 흔 들 수십 리나 다라는 계집이 엇지 디답 이 잇슬 수 잇나 여보 마누라 마누라 아모리 흐야도 디답이 업스니 심봉 스 마음에 괴이흐야 머리 맛슬 더듬은즉 힝장 로자 싼 보가 업는지라 그 졔야 도망흔 쥴 알고 잇고 이 계집 도망흐얏나 심봉스 탄식흔다 여보게 마누라 나를 두고 어디 갓나 나구 가셰 마누라 나를 두고 어듸 갓나 황셩

쳔리 먼먼 길을 누구와 홈게 동힝ㅎ며 누구 밋고 가잔 말가 나를 두고
어딀 갓나 이고 이고 늬 일이야 이러타시 탄식ㅎ다가 다시 싱각ㅎ고 아
셔라 그 년 싱각ㅎ니 너가 잠놈일다 현쳘ㅎ신 곽씨부인 죽는 양도 보왓
스며 츌텬딕효 늬 딸 심청 싱리별도 ㅎ얏거든 그 망홀 년을 다시 싱각ㅎ
면 너가 쏘한 잠놈일다 다시는 그 년을 싱각ㅎ야 말도 안이ㅎ리라 ㅎ더
니 그리도 쏘 못 이져 이고 쌩덕어미 불으며 그 곳에셔 쩌낫더라 쏘 한
곳을 다다르니 이 쩌는 언의 쩌인고 오류월 더운 쩌이라 덥기는 불 갓튼
딕 비지쌈 흘니면셔 한 곳을 당도ㅎ니 빅셕쳥탄 시닉가에 목욕 감난 아
희드리 져의씰리 지담ㅎ며 목욕 감난 소리가 나니 심봉스도 에 나도 목
욕이나 ㅎ겟다고 의젹삼 훨훨 벗고 시닉가에 드러안져 목욕을 한춤 ㅎ고
수변으로 나아가 옷슬 입으랴 더듬어 본즉 심봉스보다 더 시장훈 도적놈
이 다 집어가지고 도망ㅎ얏고나 심봉스 긔가 막혀 이고 이 도적놈아 늬
것을 가져갓단 말

〈58〉

이냐 텬딕인간 병신 중에 나 갓ㅎ니 뉘 잇스리 일월이 발것셔도 동셔를
늬 모르니 사라잇는 늬 팔즈야 어셔 죽어 황텬 가셔 늬 딸 심청 고흔 얼
골 만나셔 보리로다 벌거버슨 알봉스가 불갓흔 볏 아리 홀노 안져 탄식
흔들 그 뉘라 옷을 쥴가 그 쩌 무릉틱수가 황성 갓다 오는 길인딕 벽제소
리 반겨 듯고 올타 져 관원의게 억지나 좀 써 보리라 벌거버슨 알봉스가
브자지만 홈켜 쥐고 알외여라 알외여라 급창아 알외여라 황성 가는 봉사
로셔 빅활츠로 알외여라 힝차가 머무르고 어디 사는 소경이며 엇지 옷은
버셧스며 무슨 말을 ㅎ랴는가 심봉스 엿즈오되 예 소밍이 알외리다 소밍
은 황쥬 도화동 사옵더니 황성 잔치에 가옵다가 하도 덥기에 이 물가에
목욕 감다가 의복과 힝장을 일엇쏘오니 셰셰히 차져지이다 힝차가 놀나
히 들으시고 그러면 무엇 무엇 일엇느냐 심봉스 일일이 알외니 힝차가

분부ᄒ되 네 사정 원통ᄒ나 졸지에 차질 수 어려우니 옷 한 벌 주는 게니 어셔 입고 황셩에 올나가라 관힝차 급창이 불너 분부ᄒ되 너는 벙거지 쎠도 탓 업스니 갓 버셔 쇼경 쥬라 교군군 수건 쓰고 망건 버셔 소경 쥬 라 심봉스가 입고 나니 일은 옷보다 항결 나은지라 빅비스례ᄒ고 황셩으 로 올나갈 졔 신셰를 ᄌ탄ᄒ며 올나간다 어이 가리네 닉 어이 가리네 올 날은 가다 엇듸 가 자며 리일은 가다 엇듸 가 잘짜 죠ᄌ룡 월강ᄒ던 청총 마ᄂ

〈59〉

탓스며는 오날 황셩 가런마는 밧삿 마른 닉 다리로 몃 날 거러 황셩 갈가 어이 가리네 닉 어이 가리네 졍긱관산로긔즁에 관산이 멀다 ᄒ들 날닌 군ᄉ 가는 길리라 눈 어둡고 약ᄒ 놈이 황쳔리 어이 가리 어이 가리 네 어이를 가리 황셩은 가건마는 그 곳은 무슨 곳인고 용궁이 아니여든 우 리 ᄯᆯ을 만나보며 황텬이 아니여든 곽씨부인 맛날소냐 궁ᄒ고 병든 몸이 그곳인들 어이 갈고 이러타시 ᄌ탄ᄒ며 록수경 이른지라 락수교를 건너 갈 졔 가로에셔 엇더ᄒ 녀인이 뭇난 말이 게 가는 게 심봉스요 나 좀 보 오 심봉스 싱각ᄒ되 이 ᄯᅡᆼ셔 나를 알 니 업것마는 괴이ᄒ 일이로다 ᄒ 고 즉시 디답을 ᄒ고 그 녀인 ᄯᅡ라가니 집이 ᄯᅩᄒ 굉장ᄒ다 셕반을 드리 는디 찬수 ᄯᅩᄒ 괴이ᄒ다 셕반을 먹은 후에 그 녀인이 봉스님 나를 ᄯᅡ라 져 방으로 드러가옵시다 여보 무슨 우환 잇소 나는 눈만 봉ᄉ지 뎜도 못 치고 경도 못 닑쇼 녀인이 디답ᄒ되 잔말 말고 닉 방으로 갑시다 심봉스 싱각에 이고 암만히도 보쌈에 드럿나보다 마지 못ᄒ야 안으로 드러가니 엇더ᄒ 부인인지 은근이 ᄒ는 말이 당신이 심봉스요 그러ᄒ오 엇지 아시 오 아는 도리가 잇지오 닉 셩은 안가요 셤셰 젼 안밍ᄒ야 여간 복슐을 빅왓더니 이십오셰 되도록 비필을 아니 엇기는 즁험ᄒᄂ 일 잇기로 츌가 를 아니ᄒ얏더니 간밤의 꿈을 ᄭᅮᆫ즉 ᄒᄂᆯ에 일월이 ᄯᅥ러져 뵈이거늘 싱각

에 일

〈60〉

월은 스룸의 안목이라 니 비필이 나와 갓흔 쇼경인 쥴 알고 물의 잠기거
늘 심씨인 쥴 알고 청흐얏스오니 나와 인연인가 흐느니다 심봉스 쇽마음
됴와서 말리야 됴컨마는 그리키를 바라겟소 그 날 밤에 안씨녀 밍인과
동침흐며 잠시라도 질기더니 몽스 괴이흔지라 이튼날 니러안져 봉스가
큰 걱정을 흐니 안씨 밍인이 뭇는 마리 우리가 빅년비필 미졋는디 무슨
걱정이 그리 만으시오 니가 간밤에 꿈을 꾸니 니 가죽을 벗겨 북을 메여
쳐 뵈이고 락엽이 쩌러져 뿌리를 다 덥허 뵈니고 화렴츙쳔흔디 벌 데고
왕리흐얏스니 반다시 죽을 꿈이오 안씨 밍인니 흔참 싱각을 흐더니 희몽
을 흐여 말흐되 그 꿈인즉 디몽이오 거피작고흐니 고경은 궁셩이라 궁안
에 들 거시오 락엽귀근흐니 부즈샹봉이라 즈식 만나 볼 것이오 화렴이
츈텬흔디 볼 데고 왕리흐기는 몸을 운동 펄펄 쮜엿스니 깃거움 보고 츔
츌 일이 잇겟쇼 심스 탄식흔다 츌텬더됴 니 쌀 심청 림당슈에 죽은 후에
언의 즈식 상봉홀고 이러틋 탄식흔 후 안씨 밍인 만류흐므로 슈일 류련
흐다가 셔로 작별흔 연후에 심봉스 다시 황성 기를 쩌나니라 심봉스 안
씨 녀인을 흐고 황성을 당도흐니 각도 각읍 소경드리 들거니 나거니 각
쳐 려각에 들슬느니 소경이라 소경이 엇지 만히 왓던지 눈 셩흔 사룸까
지 소경으로 보일 지경이라 봉명군스가 영긔를 들메고 골목 골목 외

〈61〉

는 말이 각도 각읍 소경님네 밍인잔치 망죵이니 밧비 와셔 츠례흐오 고
셩흐야 외고 가거늘 심봉스가 긱쥬에 쉬이다가 밧비 쩌나 궁안을 츠져가
니 슈문장이 좌긔흐고 늘마다 오는 소경 졈고흐야 들일 젹에 이 쩌에 심

황후는 놀마다 오는 소경 거주 셩명을 바다보되 부친의 셩명은 업스니
홀노 안져 탄식혼다 삼천 궁녀 시위ᄒ야 크게 울든 못ᄒ고 옥난간에 비
겨 안져 산호렴에 옥면 디고 혼ᄌ말로 ᄒ는 말이 불상ᄒ신 우리 부친 싱
존혼가 별셰혼가 부쳐님이 령험ᄒ야 기간에 눈을 써셔 소경축에 빠지신
가 당년 칠십 로환으로 병이 들어 못오신가 오시다가 로즁에셔 무슴 랑
픠 보셧는가 나 술라 귀히 될 줄 알으실 길 업스니 엇지 아니 원통혼가
이러틋 탄식ᄒ더니 이윽고 모든소경 궁즁에 들어와 잔치를 버려 안졋는
디 말셕에 안진 소경 감아니 바라보니 머리는 반빅인디 귀밋헤 거문 써
가 부친이 분명ᄒ다 심황후 시녀를 불너 분부ᄒ되 져 소경 이리 와 거쥬
셩명 고ᄒ게 ᄒ라 심봉ᄉ가 쑤러안졋다가 시녀를 짜라 탑젼으로 드러가
셔 셰셰원통혼 ᄉ연을 낫낫치 말삼을 혼다 쇼밍은 근본 황주 도화동 ᄉ
옵는 심ᄒᆞᆨ규옵더니 삼십에 안밍ᄒ고 사십에 상쳐ᄒ야 강보에 싸인 녀식
동양졋 엇어 먹여 근근히 길너니여 십오셰가 되얏는디 일홈은 심쳥이라
효셩이 출텬ᄒ야 그것이 밥을 비러 연명ᄒ야 술아갈 써 몽운ᄉ 부쳐님

〈62〉

쎄 공양미 삼빅셕을 지셩으로 시쥬ᄒ면 눈 뜬단 말을 듯고 남경장ᄉ 션
인들게 공양미 삼빅셕에 아조 몸이 영영 팔여 림당슈에 죽난 시 쌀 죽이
고 눈 못 쓰니 몹쓸 놈의 팔ᄌ 벌셔 죽ᄌ ᄒ엿더니 탑뎐에 셰셰원졍 낫낫
치 알윈 후에 죽습ᄌ고 불원쳔리 왓ᄂᆞ이다 ᄒ며 빅슈풍신 두 눈에셔 피
눈물이 흘너나리며 잇고 니 쌀 심쳥아 업더지며 쌍을 치며 통곡 마지 아
니ᄒ니 심황후 이 말을 드르시미 말을 마치기 젼에 발셔 눈에 피가 두루
고 쎠가 녹는 듯ᄒ야 부친을 붓드러 니로키며 잇고 아바지 눈을 써셔 나
를 보옵소셔 이 말을 심봉ᄉ 듯고 엇더케 반가왓던지 두 눈 번젹 씌이니
심봉ᄉ 놀나셔 두 손으로 눈을 쓱쓱 부비며 으으 이게 왼 말이냐 니 쌀
심쳥이가 술단 말이 왼 말이냐 니 쌀이면 어듸 보ᄌ ᄒ더니 빅운이 ᄌ옥

ᄒ며 청학 빅학 란봉 공작 운무 즁에 왕닉ᄒ며 심봉ᄉ 머리 우에 안기가
ᄌ옥터니 심봉ᄉ의 두 눈이 활젹 씌이니 턴디 일월 발가윗구나 심봉ᄉ
마음 여취여광ᄒ야 쇼리를 지른다 이고 어머니 이고 무슨 일로 양짝 눈
이 환ᄒ더니 셰상이 허젼 허젼코나 감엇던 눈 쓰니 턴디 일월 반갑도다
ᄯᅡᆯ의 얼골 처다보니 칠보화관 황홀ᄒ야 두렷ᄒ고 어엽불ᄉ 심봉ᄉ가 그
졔야 눈 쓴 줄 알고 사방을 술펴보니 형형식식 반갑도다 심봉ᄉ가 엇지
죠흔지 와락 쒸여 이이 이게 누구냐 갑ᄌ ᄉ월 초팔일날 몽즁 보던 얼골
일셰 음셩은

〈63〉

갓다마는 얼골은 초면일셰 얼시구나 지화ᄌ 지화ᄌ 이런 경ᄉ 또 잇슬가
여보게 셰상 사룸들아 고진감리 홍진비리 나를 두고 말일셰 얼시고 조흘
시고 지화ᄌ 죠흘시고 지화ᄌ 죠흘시고 어둑침침 빈 방안에 불켠다시 반
갑고 산양수 큰 싸홈에 ᄌ룡 본 듯 반갑도다 어둡든 눈을 쓰니 황성 궁중
윈 일이며 궁안을 술펴보니 닉 ᄯᅡᆯ 심청 황후되기 쳔쳔만만 ᄯᅳᆺ밧기지 창
히만리 먼먼 길에 림당수 죽은 ᄯᅡᆯ은 한 셰상에 황후되고 닉 눈이 안밍ᄒ
지 사십 년에 눈을 쓰니 녯 글에도 업는 말 허허 셰상 사룸들 일언 말
들엇슴나 얼시고 죠흘시고 이런 경ᄉ 어듸 잇나 심황후 ᄯᅩ흔 디희ᄒᄉ
부친을 뫼시고 삼쳔궁녀 옹위ᄒ야 내뎐으로 들어가니 황뎨께셔도 용안
에 유희ᄒ샤 심학규로 부원군을 봉ᄒ샤 갑뎨와 뎐답 노비를 사퓌하시고
ᄲᅢᆼ덕어미와 황봉ᄉ는 일시에 잡아올녀 간죄를 엄즁ᄒ고 도화동 빅셩들
은 연호잡역 졔감ᄒ고 심황후 자라눌씨 졋 먹여주던 부인 가퇵을 내리시
고 상급을 후이 쥬시고 함게 ᄌ란 동모들은 궁즁으로 불너드려 황후ᄭᅴ셔
보옵시고 장승상딕 부인 긔구잇게 뫼셔 올녀 궁즁으로 뫼신 후에 승상부
인과 심황후와 셔로 잡고 우는 양은 턴디도 감창이라 승상부인이 품안에
셔 죡ᄌ를 내여 심황후 압ᄒ디 펼쳐서 노니 그 죡ᄌ에 쓰인 글은 심황후

의 친필이라 셔로 잡고 일희일비ᄒᄂᆫ 마음 쭉ᄌᆞ에 화샹도 우ᄂᆫ 듯

〈64〉

ᄒ더라 심부원군이 션영과 곽씨부인 산쇼에 영분을 ᄒᆫ 연후에 즁노에셔 만ᄂᆫ 안씨 밍인의게 칠십에 싱남ᄒ고 심황후 어진 셩덕 텬하에 가득ᄒ니 억죠창싱들은 만세를 부르고 심황후의 본을 바다 효ᄌᆞ렬녀가 가지라 슬푸다 후셰에 이 글을 보ᄂᆫ 지 뉘가 효셩이 지극ᄒᆫ 보빈 되ᄂᆫ 줄을 싱각지 안으리오 ᄒᆞ얏더라

교정 심청전 죵

영창서관본 활자본 〈원본 심청전〉

　　이 이본은 1925년 영창서관(永昌書館)에서 발행한 국문활자본이
다. 앞의 〈교정 심청전〉과 비교해보면, 내용 전개는 동일하나 표기형태
와 각 페이지당 분량은 다르다. 그래서 전체 페이지 수도 14페이지 정
도 줄었다. 여기서는 인천대학교에서 편찬한 『구활자본고소설전집』 8
권에 영인되어 있는 것을 자료로 이용했다.

영창서관본 활자본 〈원본 심청전〉

〈1〉

삼촌화류호시절에 초목군생지물이 개유이 자락한대 춘풍도리화개야하고 백화만발하다 춘수만사택하고 하운이 다긔봉이라 간수는 잔잔하야 산곡으로 흘너가고 푸른 언덕 우해는 학이 무리지어 왕내하고 황금갓흔 쇠꼬리는 양류간으로 나라들고 소상강 쩨기러기는 북텬으로 나라가고 낙화는 유졉갓고 유졉은 낙화갓치 펄펄 날니다가 인당수 흐르는 물에 힘업시 쩌러지매 아름다온 봄소식은 물소래를 짜라 흔적 업시 나려가는 곳은 황수 도화동이라 심학규라 하는 봉사 잇스니 셰대 잠영지족으로 성명이 자자터니 가운이 영체하야 소년의 안맹하니 향곡간에 곤한 신셰로도 강근지족이 업고 겸하야 안맹하니 뉘라서 대졉할가마는 본이 량반에 후예로서 행실이 쳥염 졍직하고 지개 고상하야 일동일졍을 조곰도 경소리 아니하니 그 동리 눈 쓴 사람은 모다 층찬하는 터이라 그 안해 곽씨부인 쏘한 현철하야 임사의 덕과 장강의 색과 목란의 졀개와 예기가에 내측편과 주남 소남 관져시를 모를 것이 바이 업고 봉졔사 졉빈객과 린리에 화목하고 가장공경 치산범졀 백집사 가감이라 그러나 가셰가 빈한하니 이졔의 쳥염이오 안자의 간난이라 긔구지업 바이 업셔 일가두옥 단표자에 반소음수를 하는 터에 곽외에 편토 업고 랑하에 로비 업셔 가련한 곽씨부인 몸을 팔 졔 삭바누질 삭쌜내 삭질삼 삭마젼 염색하기 혼상대사 음식 셜비 술 빗기 쩍 찌기 일년 삼백 륙십 일을 잠시라도 놀지 안코 품을 파라 모으는대 푼을 모와 돈이 되면 돈을 모와 량을 만들고 양을 모와

관이 되면 린근 동 사람 중에 착실한대 실수 업시 바다드려 춘추시향 봉
제사와

〈2〉

압 못 보는 가장 공경 시종이 여일하니 간난과 병신은 조금도 허물될 것
업고 상하면 사람들이 불어하고 층찬하는 소래에 재미잇게 셰월을 보내
더라 그러나 그갓치 지내는 중에도 심학규의 가삼의는 한갓 억울한 한을
품은 것은 심하에 일점 혈육이 업슴으로 하로는 심봉사가 마누라를 겻헤
불너 안치고 여보 마누라 거긔 안져 내 말삼 드러보오 사람이 셰상에 나
서 부부야 뉘 업슬까마는 이목구비 셩한 사람도 불칙계집을 어더 부부불
화 만컨니와 마누라는 전생에 나와 무삼 은혜 잇서 이생에 부부 되야 압
못 보는 가장 나를 한시 반째 놀지 안코 불철쥬야 버러드려 어린 아해
밧들드시 항여나 치워할가 백곱하할가 의복 음식 째를 마추어 지성으로
봉량하니 나는 편타 하려니와 마누라 고생사리 도로혀 불안하니 괴로온
일 너머 말고 사는대로 사옵시다 그러나 내 마음에 지원한 일이 잇소 우
리가 년광이 사십이나 실하에 일점 혈육이 업스니 조상향화를 끈케 되면
죽어 황텬의 도라간들 무삼 면목으로 조상을 대하오며 우리 량쥬 사후
신셰 초종장례 소대긔며 년년 오는 긔졔사며 밥 한 그릇 물 한 목음 뉘라
서 쩌노릿가 병신 자식이라도 남녀간 나아보면 평생 한을 풀 뜻하니 엇
지하면 조흘는지 명산대천에 정성이나 드려보오 곽씨부인 대답하되 녯
글에 잇는 말삼 불효삼쳔에 무후위대라 하얏으니 자식 두고 십흔 마음이
야 뉘 업사오릿가 쇼쳡의 죄가 응당 내침즉하오나 가군의 넓으신 덕으로
지금싸지 보존하얏스니 몸을 파라 쎄을 간들 무삼 일을 못하릿가마는 가
장의 정대하신 성정의향을 알지 못하야 발설치 못하얏삽더니 몬져 말삼
하시니 무슨 일을 못 하릿가 지성껏 하오리다 이러케 대답하고 그날부터
품을 파라 모은 재물 왼갓 정성 다 드린다 명산대천 신령당 고묘총사 석

왕사에 셕불보살 미륵님젼 노귀마지 당짓기와

〈3〉

칠성분공 라한불공 백일산데 뎨셕불공 가사시쥬 일등시쥬 칭호시쥬 신
중마지 다리격션 길닥기와 집에 들어 잇는 날도 셩쥬조왕 터쥬지신 갓가
지로 다 지내니 공든 탑이 문어지며 힘든 나무 부러지랴 갑자 사월 초팔
일 날 꿈 하나를 어덧스니 이상 맹랑 괴이하다 텬디 명낭하고 서긔 반공
하며 오색 채운 두루더니 션인 옥녀 학을 타고 하날로서 나려온다 머리
에 화관하오 몸에는 하의로다 월패를 느짓 차고 옥패 소래 쟁징하며 계
화가지 손에 들고 언연히 나려와서 부인 압헤 재배하고 겻흐로 오는 량
이 두렷한 월궁항아 달 속으로 드러온 듯 남해관음이 해중으로 도라온
듯 심신이 황홀하야 진정치 못할 젹에 선녀의 고흔 모양 애연이 엇자오
대 소녀는 다른 사람 아니오라 서왕모의 딸이러니 반도진상 가는 길에
옥진비자 잠간 만나 수작 하옵다가 조금 느젓기로 상졔끠 득죄하고 인간
으로 뎡백하야 갈 바를 모로더니 태상노군 후토부인 졔불보살 셕가임이
댁으로 지시하야 지금 차자 왓사오니 여엿비 역이소서 하고 품에 와 안
키거날 곽씨부인 잠을 끠니 남가일몽이라 량주 몽사를 의론하니 둘의 꿈
이 한 가지라 태몽인 줄 짐작하고 마음에 희한하야 못내 깃버 역이더니
그 달부터 태긔 잇스니 신불의 힘이런가 하날이 도으심이런가 부인이 뎡
성이 지극함으로 하날이 과연 감동하심이러라 곽씨부인 어진 범졀 조심
이 극진하여 좌불변하고 입불필하며 셕부졍부좌하며 할부졍불식하고 이
불텽음셩하고 목불시사색하야 십삭을 고이 채이더니 하로는 해복 긔미
가 잇서 부인이 애고 배야 애고 허리야 몸져 누어 아르니 심봉사 겁을
내고 이웃집을 차자가서 친한 부인 다려다가 해산 구완하여 낼 제 집 한
단 드려노코 새 사발 정한수를 소반상에 밧쳐노코 좌불안셕 급한 마음
순산하기를 바랄 젹에 향취가 진동하며 채운이 두루더니 혼

〈4〉

미중에 탄생하니 선녀갓흔 딸이로다 웃집 부인 드러와서 아기를 밧은 후
에 삼을 갈라 누여노코 밧그로 나가는대 곽씨부인 정신 차려 여보시오
서방님 순산은 하얏스니 남녀간에 무어시오 심봉사 깃분 마음 아기를 더
듬어 삿흘 만져보와 한참을 만지더니 우스며 하는 말이 아기 삿흘 만져
보니 아마 아들을 안인가 보오 배태하기 전에는 배태나 하기 희망이오
백태한 후는 아달되기 희망하는 마음은 내외가 일반이라 곽씨부인 설위
하야 만득으로 나은 자식 딸이라 하니 절통하오 심봉사 대답하되 마누라
그 말 마오 딸이 아들만 못하다 해도 아들도 잘못 두면 욕급선조할 거시
오 딸 자식도 잘 두우면 못된 아들과 밧구릿가 우리 딸 고히 길너 례결
몬져 가라치고 침선 방적 잘 가르쳐 요조숙녀 조흔 배필 군자호구 잘 가
리여 금슬우지 즐기오고 종사우진진하면 외손봉사는 못 하릿가 그런 말
은 다시 마오 웃집 부인 당부하야 첫 국밥을 얼는 지어 삼신상에 밧쳐
노코 의관을 정히 하고 두 모릅 공순이 꿀고 삼신끠 두 손 합장 비는대
삼십 삼천 도솔천 이십팔수 신불계왕 신령님께 화의동심 하옵소서 사십
후에 졈지한 딸 십삭을 고히 채워 순산을 식이시니 삼신님의 넓으신 덕
백골난망 이즈릿가 다만 독녀 딸이라도 오복을 졈지하야 동망삭의 명을
쥬고 석숭의 복을 내려 대순증자의 효행이며 반희의 재질이며 수복을 고
로 태여 외 붓듯 가지 붓듯 잔병 업시 잘 자라나 일취월장케 합소서 빌기
를 맛친 후 더운 국밥 쩌다 노코 산모를 먹인 후 심봉사 다시 생각하니
비록 딸일망뎡 깃부고 귀한 마음 비할대 업는지라 눈으로 보듯 못 하고
손으로 더듬거리며 아기를 어르는대 아가 아가 내 딸이야 아달 겸 내 딸
이야 금을 준들 너를 사며 옥을 준들 너를 사랴 어둥둥 내 딸이야 열 소
경에 한 막대 분방서안 등경 새벽바람 사조롱 당긔꼿에 진쥬 어름 궁게
이어로

〈5〉

구나 어둥둥 내 딸이야 남진복답 작만한들 이에서 더 조흐며 호진쥬 어
덧든들 이에서 반가오랴 표진강의 숙향이가 네가 되야 태엿나냐 은하수
직녀성이 네가 되여 나려왓나 어둥둥 내 딸이야 심학규는 이갓치 쥬야로
즐겨할 제 뎡말로 반가운 마음으로 이러하니 산모의 셥셥한 마음도 위로
되여 서로 즐겁기 층량업더라 슬푸다 세상사가 애락이 수가 잇고 사생이
명이 잇는지라 운수도 가련한 몸을 용서치 안토다 쯧밧게 곽씨부인 산후
별증이 이러나 호흡을 쳔촉하며 식음을 젼폐하고 정신이 업시 알는대 애
고 머리야 애고 허리야 하는 소래 심봉사 겁을 내여 문의하야 약을 쓰고
경도 닑고 굿도 하고 빅가지로서 드러도 죽기로 든 병이라 인력으로 구
할소냐 심봉사 긔가 막혀 곽씨부인 겻혜 안져 전신을 만져보며 여보 여
보시오 마누라 정신 차러 말을 하오 식음을 젼폐하니 긔허하야 이러하오
삼신님끠 탈이 되며 졔셕님의 탈이 낫나 할 일 업시 죽게 되니 이것이
왼 일이오 만일 불행 죽게 데면 눈 어둔 이 놈 팔자 일가친척 바이 업서
혈혈단신 이 내 몸이 올 대 갈 대 업서지니 그도 쏘한 원통한 대강보에
이 녀식을 엇지를 하잔 말이오 곽씨부인 생각하니 자긔의 알는 병셰 살
지를 못할 쥴 알고 봉사에게 유언한다 가군의 손을 잡고 후유 한숨 길게
쉬며 여보시오 서방님 내 말삼 드러보오 우리 부부 해로하야 백년 동거
하잣드니 명한을 못 익이여 필경은 죽을 터니 죽는 나는 설지 안으나 가
군 신셰 어이하리 내 평생 먹은 마음 압 못 보는 가장님을 내가 조금 범
연하면 고생되기 쉽것기에 풍한서습 가리지 안코 남촌 북촌 품을 파라
밥도 밧고 반찬 어더 식은 밥은 내가 먹고 더운 밥은 가군 드려 쥬리지
안코 츕지 안케 극진 공경 하옵더니 텬명이 이뿐인지 인연이 긋쳣는지
할 릴 업시 죽게 되니 내가 만일 죽게 되면 의복 뒤를 뉘 거두며 조셕공
궤 뉘라

〈6〉

할가 사고무친 혈혈단신 의탁할 곳 바이 업서 집행막대 걸쳐 잡고 더듬
더듬 단이다가 구렁에도 써러지고 돌에도 채여 너머져 신세자탄 우는 모
양 눈으로 보는 듯 하고 긔한을 못 익의여 가가문전 단이면서 밥 좀 쥬오
슬푼 소리 귀에 쟁쟁 들니는 듯 나 죽은 혼인면 참아 엇지 듯고 보며 쥬
야장텬 그리다가 사십 후에 나은 자식 졋 한 번도 못 먹이고 죽단 말이
무삼 일고 어미 업는 어린 것을 뉘 졋 먹여 길너내며 춘하추동 사시졀을
무엇 입혀 길너내리 이 몸 아차 죽게 되면 멀고 먼 황텬길을 눈물 가려
어이 가며 압히 막혀 어이 갈고 여보시오 봉사님 뎌 건너 김동지 댁에
돈 열 양 맛겻스니 그 돈은 차자다가 나 죽은 초상시에 략략히 쓰압시고
항아리에 너은 양식 산미로 두엇더니 못다 먹고 죽어가니 출상이나 한
연후에 두고 량식 하시압고 진어사딕 관디 한 벌 홍비에 학을 노타 못다
놋코 보에 싸셔 롱 속에 느엇스니 남의 딕 즁한 의복 나 죽기 전 보내옵
고 뒤말 귀덕어미 나와 친한 사롬이니 내가 죽은 후라도 어린 아희 업고
가셔 졋 좀 믹여 달나 하면 괄시 아니하오리다 텬힝으로 져 자식이 죽지
안코 살아나셔 졔 발노 것거들랑 압흘 세고 길을 무러 내 묘 압히 추자와
셔 아가 이 무덤이 너의 모친 무덤이다 력력히 가르쳐셔 모녀 상봉 식여
쥬오 텬명을 못 익이여 압 못 보는 가장의게 어린 자식 쪠쳐 두고 영결종
텬 도라가니 가군의 귀하신 몸 애통하야 상치 말고 천만보존 하옵소셔
차생에 미진 한을 후생에 다시 만나 리별 업시 살자 하고 한숨 쉬고 도라
누어 어린 해에게 낫흘 디고 혀를 차며 텬디도 무심하고 귀신도 야속하
다 네가 진작 생겻거나 내가 조곰 더 살거나 너 낫차 나 죽으니 한량업논
구텬지통 너로하야 품게되니 죽은 어미 산자식이 생사간에 무삼 죄냐 아
가 내 졋 망종 먹고 어서어서 잘 살어라 봉사다려 아차 내가 이졋소 이
애 일홈을랑 청이라

〈7〉

불너쥬오 이 애 쥬랴고 지은 굴네 진옥판 홍수울 진쥬드림 부쳐 다라 함
속에 너엇스니 업치락 뒤치락 하거들랑 나 본드시 씨워주오 할 말이 무
궁하나 숩이 갓버 못 하겟소 말을 마치매 한숨 겨워 부는 바람 삽삽비풍
되여 잇고 눈물겨워 오는 비는 소소세우 되여세라 폐긔질 두 세 번에 숨
이 덜컥 끈쳐스니 곽씨부인은 임의 다시 이 세상 사람이 아니라 슬푸다
사평의 수명을 하날이 엇지 도으지 못 하는고 이 째 심봉사 안맹한 사람
이라 죽은 줄 모르고 아즉도 살아잇는 쥴 알고 여보 마누라 병들면 다
죽을가 그런 일 업나이다 약방에 문의하야 약 지어 올 거시니 부듸 안심
하옵소셔 심봉사 속속히 애을 지어 집으로 도라와 화로에 불을 피우고
부치질 해 다려내여 북포송건에 얼는 짜들고 들어오며 여보 마누라 이러
나 약을 자시오 하고 약 그릇 겻헤 노코 부인을 이러안치랴 할 제 무셔운
증이 나셔 사지를 만져보니 슈죽은 다 느러지고 코 밋헤 참김이 나니 봉
사 비로서 부인이 죽은 줄 알고 실성발광 하는디 익고 마누라 춤으로 죽
언는가 가삼을 쾅쾅 머리 탕탕 발 동동 구르면서 울며 불으지진다 여보
시요 마누라 그디 살고 나 죽으면 져 자식을 잘 키울 걸 그디 죽고 내가
사라 뎌 자식을 엇지하며 구구히 사는 살림 무엇 먹고 살아날가 어동설
한 북풍 불 제 무엇 입혀 길너내며 비 곱하 우는 자식 무엇 먹여 살녀낼
가 평생에 정한 뜻이 사생동거 하쟷더니 렴나국이 어듸라고 나 버리고
어듸 갓소 인졔 가면 언졔 올가 청춘삭료호환향 북을 짜라 오랴는가 마
누라 가신 곳은 몃 리나 멀엇관디 한 번 그면 못 오는가 삼쳐벽도 요지연
에 셔왕모를 짜라 갓나 월궁항아 짝이 되여 도학하려 올나 갓나 황능여
이비젼에 회포말을 하러 갓나 올다가 긔 막혀 목졉이질 덜컥컥컥 치둥굴
니리둥굴 북통절식 슬피 운니 이 째 도화동 사람드리 이 말 듯고 남녀노
소 업시 뉘 아

〈8〉

니 슯허하리 동내셔 공논하되 곽씨부인 작고하니 지극히 불상하고 안맹
한 심봉사 그 아니 불상한가 우리 동리 백여 호에 십시일반으로 한 돈씩
츄렴 노아 현철한 곽씨부인 감장하야 쥬면 엇더하오 그 말이 한 번 나니
여츌일구 웅락하고 츌상을 하려 할 제 불상한 곽씨부인 의금관곽 정히
하야 신건상두대를 우에 결관하야 내여노코 명정공표 운하삽을 좌우로
갈나 세고 바린졔 지낸 후에 상두를 운용할 새 남은 비록 가난한 초상이
라도 동내가 힘을 도아 진심것 차렷스니 상두치례 지극히 홀란하더라 남
대단 휘장 빅공단 채양에 초록대단 션을 둘너 남공단 드림에 흥부젼에
금자 박아 압뒤 난간 황금장식 국화물여 느리윗다 동셔남북 청의동자 머
리에 쌍복상토 좌우난간 비겨 세고 동에 청봉 셔에 빅봉 남에 젹봉 북에
흑봉 한가온대 황봉 쥬홍당사 벌매듭에 ᄉ,코 물녀 느리우고 압뒤에 청용
색인 벌매듭 느리여서 무명닷쥴 상뇨군은 두건 졔복 행젼까지 생포로 거
들고서 상두를 얼메고 갈지 자로 운구한다 씽그랑 쌩그랑 어화 넘차 너
하 그 째에 심봉사 어린 아해 강보에 싸 귀덕어미에 맛겨 두고 졔복을
어더 입고 상두 뒤채 훔쳐 잡고 여광여취하야 겨우 부축해서 나아가면셔
애고 여보 마누라 날 바리고 엇의 가나 나도 갑세 나와 가 만리라도 나와
갑세 엇지 그리 무정한가 자식도 귀하지 안소 어러셔도 죽을 테오 굴머
셔도 죽을 테니 날과 함게 가사이다 어화 넘차 너하 심봉사는 울고 부르
기를 마지 아니하고 상두군은 상두 노래가 끈치지 아니한다 불상한 곽씨
부인 행실도 음젼터니 불상이도 죽엇고나 엇화 넘차 너하 북망산이 멀다
마쇼 건너산이 북망일세 어화 너하 너화 이 세상에 나은 사람 장생불사
못 하야셔 이 길 한 번 당하지만 어화 넘차 너하 우리 마을 곽씨부인 칠
십향수 못 하고서 오날 이 길 읜 일인가 어화 넘차 너하 생벽닭이

〈9〉

재쳐우니 셔산 명월 다 너머갈가 고벽수비풍 슬슬 분다 어화 너하 너하
그럭져럭 건너 안산 도라드러 향양디디 갈히여서 안장한 후에 평토제 지
내는대 어동륙셔 홍동백셔 좌포우혜 버려노코 축분을 닑을 젹에 심봉사
가 근봉 맹인이 아니라 이십 후에 맹인이라 속에 식자가 넉넉함으로 셜
은 원졍 축을 지이 심봉사가 읽는다 차호부인 차호부인 요차요죠숙녀혜
여 태명안지옹옹이라 긔백년지해로혜여 홀연몰혜혼귀로다 유치자이영
세혜여 이하슐이양륙하리 귀불귀혜일거하니 무하시이갱래로다 락송츄
이위가하야 취슈이장와로다 상음용혜젹막하니 차난견이 난문이라 백양
지외월락하야 산혜젹젹밤깁흔대 여츄츄이유성하야 무슨 말을 하쇼한들
격유현이로슈하야 그 뉘라서 위로하리 후유 주과포혜 박젼이나 만히 먹
고 도라가오 축문을 다 읽더니 심봉사 긔가 막혀 여보시오 마누라 나는
집으로 도라가고 마누라는 예셔 살고 으으 달녀드러 봉분에 가 업드려서
통곡하며 하는 말이 그대는 만사를 이져 바리고 심신한 산곡 중에 송백
으로 울을하고 두견이 벗이 되야 창오야월 밝은 달에 화답가를 하랴는가
내의 신세 생각하니 개밥에 도토리오 쌩 이른 매가 되니 누를 밋고 살
것인가 봉분을 어루만져 실셩통곡 울음 우니 동중의 행객들리 뉘 아니
셜워하리 심봉사를 위로하며 마오 마오 이리 마오 죽은 안해 생각 말고
어린 자식 생각하오 심봉사 마지 못하야 분지통 진졍하야 집으로 도라올
제 시봉사 정신차려 동중에 오신 손님 백배치사 하직하고 집으로 향하야
도라가니라 이 째 심봉사는 부인을 매장하야 공산월월에 혼자 두고 허둥
지둥 도라오니 부억은 젹막하고 방은 텅 뷔엿는대 향내 그져 피여 잇다
황덩그런 빈 방안에 벗 업시 혼자 안져 온갓 슯흔 생각할 제 이웃집 귀덕
어미 사람 업는 동안에 아기를 가져다

〈10〉

보와 쥬엇다가 도라와서 아기를 쥬고 가는지라 심봉사 아기를 바다 품에 안고 지리산 갈가마귀 계발물 어더진 듯이 혼자 웃득 안젓스니 설음이 창텬한대 품안에 어린 아기 죄아쳐 우름 운다 심봉사 긔가 막혀 아기를 달내는대 아가 아가 우지 말아 너의 모친 먼 데 갓다 락양동촌 리화정에 숙낭자를 보러 갓다 황능묘 이비안테 회포말을 하러 갓다 너도 너의 모친 일코 서름 겨워 너 우는냐 우지 마라 우지 마라 네 팔자가 얼마나 조면 칠일 만에 어미 일코 강보 중에 고생하리 우지 마라 우지 마라 해당화 범나뷔야 꼿이 진다 설워 마라 명년 삼월 도라오면 그 꼿 다시 피나니라 우리 안해 가시는대 반 번 가면 못 오신다 어진 심덕 착한 행실 잇고 살 길 바이 업다 락일욕몰현산서 해가 져도 부인 생각 파산야우창츄지 비소래도 부인 생각 세우청강량량비하던 짝 일흔 외기력이 명사벽해 바라보고 쑤루룩 씰국 소리 하고 북텬으로 향하는 양 내 마음 더우 슯다 너도 쏘한 임을 일코 임 차저가는 길가 너와 나와 비교하면 두 팔자 갓고나 이러구러 그날 밤 지낼 적에 아기는 긔진하니 어둔 눈이 더욱 침침하야 엇지할 줄 모로더니 동방이 밝아지며 우물가에 두레 소래 귀에 들니거날 날 샌 줄 짐작하고 문 펄쩍 열고 우등퉁 밧게 나가 우물가에 오신 부인 뉘신 줄은 모로나 칠일 안에 어미 일코 젓 못 먹어 죽게 되니 이 애 젓 좀 먹여주오 나는 과연 젓이 업소마는 젓 잇는 녀인네가 이 동내 만사오니 아기 안고 차자가서 젓 좀 먹여달나 하면 뉘가 괄시하오릿가 심봉사 그 말 듯고 품속에 아기 안고 한 손에 집행이 집고 더듬더듬 동내 가서 아해 잇는 집을 물어 문안에 드러서며 애걸복걸 비는 말이 이 댁이 뉘시온지 살월 말삼 잇나니다 그 집 부인 밥을 하다 천방지방 나오면서 비감이 대답한다 그동안 지낸 말은 다 아니하나 대쳐 엇지 고생하시오며 엇지 오시닛가 심봉사

〈11〉

눈물지며 목이 메여 하는 말이 현철한 우리 아해 인심으로 생각하나 눈어둔 나를 본들 어미 업는 어린 거시 이 아니 불상하오 댁 집 귀한 아기 먹고 남은 졋 잇거든 이 애 졋 좀 먹여주오 동서남북 다니며 이러틋 애걸하니 졋 잇는 녀인네가 목셕인들 아니 먹이며 도척인들 괄시하리 칠월이라 류화졀에 지심 미고 쉬인 여가 이 애 졋 좀 먹여쥬오 백셕쳥탄 시내가에 쌜내하다 쉬인 여가 이 애 졋 좀 먹여주오 근방의 부인네가 봉사 근본 아는 고로 한업시 긍측하야 아기 바다 졋을 먹여 봉사 주며 하는 말이 여보시오 봉사님 어려히 알지 말고 래일도 안고 오고 모레도 안고 오면 이 애 설마 굼기릿가 어질고 후덕하서 됴흔 일을 하시오니 우리 동내 부인댁들 셰상에는 듬이오니 비옵건대 여러 부인 슈복강영 하옵소서 백배 치하하고 아기를 품에 안고 집으로 도라와서 아기 배를 만셔보며 혼자말노 허허 내 쌀 배 불느다 일년 삼백 륙십 일에 일생 이만하고지고 이것이 뉘 덕이냐 동리 부인 덕이로다 어서 어서 잘 자러라 너도 너의 모친갓치 현철하고 효행 잇서 아비귀염 뵈이여라 어러서 고생하면 부귀다남 하나니라 요 덥허 뒤여노코 아기 노는 사이에 동양할 제 마포견대 두 동 지어 외억개에 엇메고 집행이 둘너집고 구붓하고 더듬더듬 이 집 저 집 단이면서 사철 업시 동양한다 한 편에 쌀을 너코 한 편에 베를 엇어 쥬는대로 져축하고 한달 륙장젼 것우어 어릴 아해 암죽거리 셜당홍합 사서 들고 더듬더듬 오는 양이 뉘 아니 불상하리 이러틋구걸하며 미월 삭망 소대긔를 궐치 안코 지내갈 제 이 때 심쳥이는 장래 크게 될 사람이라 텬디신명이 도아쥬어 잔병 업시 잘아난대 셰월이 여류하야 그 아해가 륙칠 셰 되야가니 소경아비 손길 잡고 압헤 서서 인도하고 십여 셰가 되야가니 얼골리 일색이오 효행이 출텬이라 소견이 능통하고 재조가 졀능하야 부친

〈12〉

젼 조셕공양과 모친의 긔졔사를 지극히 공경하야 어른을 압두하니 뉘 아
니 층찬하랴 세상에 덧업는 거슨 셰월이오 무정한 거슨 가난니라 심청이
나이 십일 셰에 가셰가 가련하고 노부가 궁병하니 어리고 약한 몸이 무
어슬 의지하여 살니오 하로는 심청이 부친 젼에 엿자오되 아바님 듯조시
오 말 못하는 가마귀도 공림 져문 날에 반포할 쥴 알고 곽거라 하는 사람
부모끠 효도하야 찬수공경 극진할 졔 삼사 셰 된 어린 아해 부모 반찬
먹이고자 자산자식 을으랴고 양쥐 서로 의론하고 맹종은 효도하야 엄동
셜한 죽순 어더 부모봉양 하엿스니 소녀 나히 십여 셰라 녯효자만 못할
망졍 감지공친 못하릿가 아버지 어두신 눈 혐노한 길 다니시다 넘어져
상키 쉽고 불피풍우 다니시면 병환날가 넘녀오니 아버지는 오날부터 집
안에 계시오면 소녀 혼자 밥을 비러 조셕근심 더을니다 심봉사 대소하야
네 말이 효녀로다 인명은 그러하나 어린 너를 내보내고 안져 바다먹는
마음 내가 엇지 편케는냐 그런 말은 다시 마라 아버지 그 말 마오 자로는
현인으로 백리부미 하야잇고 녯날 데영이는 낙양읍에 가 친아비 몸을 파
라 속죄하니 그런 일을 생각하면 사람은 일반인데 이만 일을 못하릿가
항어말류 마옵소서 심봉사 올케 역여 허락하되 효녀로다 내 딸이여 네
말이 긔특하니 아모려나 하렴으나 심청이 그 날부터 밥을 빌너 나설 젹
에 원산에 해 빗지고 압마을연긔 나니 가련하다 심청이가 헌 베종의 웃
다님 미고 깃만 남은 헌져고리 자락 업는 쳥목휘양 볼상업시 숙여쓰고
뒤축 업는 헐집신에 보션 업서 발을 벗고 헌박아지 손에 들고 건넌말 발
아보니 쳔산조비 끈어지고 만경 인종 바이 업다 북풍에 모진 바람 살 쏘
드시 불어온다 황혼에 가는 거동 눈 쑤리는 수풀 속에 외로이 나라가는
어미 이른 가마귀라 엽겨름 처 손을 불며 옹숭구려 건너간다 건너

〈13〉

말 다다라서 이 집 가서 밥을 빌 졔 부억에 안 드러서며 가련히 비는 말이 모친상사 하신 후에 안맹하신 우리 부친 공양할 길 업사오니 댁에서 잡수시는 대로 밥 한 술만 쥬옵소서 보고 듯는 사람드리 마음이 감동하야 그릇밥 침채 장을 앗기지안코 더러쥬며 아가 어서 어한하고 만히 먹고 가거라 하는 말은 가련한 졍에 감동되여 고마운 마음으로 하는 말리라 그러나 심쳥이는 치운 방에 늘근 부친 나 오기만 기다리니 나 혼자 먹소릿가 하는 말은 쏘한 부친을 생각하는 지졍에서 나옴이러라 이러케 엇은 밥이 두셰 그릇 족한지라 심쳥이 급한 마음 속속히 도라와서 싸리문 밧게 당도하며 아버지 칩지 안소 대단이 시장하시지요 여러 집을 다니자니 자연 지체 되엿습내다 심봉사 쌀을 보내고 마음노치 못하다가 쌀소리 반겨 듯고 문 필쩍 열고 애고 내 쌀 너 오나냐 두 손복을 덤석 잡고 손 시리지 아니하냐 화로에 불 쏘여라 하고 부모 마음은 자식 액기는 거가치 간절한 것은 업는 터이라 심봉사 긔가 막혀 홀적홀적 눈물지며 애달도다 내 쌀 팔자야 압 못보고 구차하야 쓰지 못할 이 목숨이 살면 무엇하자 하고 자식 고생 식히난고 심쳥이 장한 효성 바친을 위로하야 아바지 설워마오 부모게 봉양하고 자식의게 효 밧난 것이 텬디에 쩟쩟하고 사례에 당연하니 너머 심녀 마옵소서 이럿테 봉양할 졔 춘하추동 사시졀을 쉬일 날 업시 밥을 빌고 나이 졈졈 자랄사록 침션녀공으로 삭을 바다 부친 공경을 여일히 하더라 셰월이 여류하야 심쳥이 십오 셰를 당하더니 얼골이 국색이오 효행이 출텬한 즁 재질이 비범하고 문필도 유여하야 인의례지 삼강행실 백집사가감하니 텬생질여이라 녀즁에 군자요 금즁에 봉황이요 화즁에 모란이라 상하촌 사람드리 모친계적 하얏다하고 층찬이 자자하야 원근에 젼파하니 하로난 월편 무릉촌 장승상 부인이 심쳥에 소문

〈14〉

을 드르시고 시비를 보내여 심소져를 청하거날 심청이 그 말 듯고 부친
전에 엿자오대 아바지 천만의외에 장승상 부인끠서 시비에게 분부하야
소녀를 부르시니 시비와 할게 가오릿가 일부러 부르신다니 아니 가 뵈옵
겟나냐 여보아라 그 부인니 일국 재상 부인이니 조심하야 단녀오라 아바
지 소녀가 더듸 단여오게 되면 기간 시장하실 터이니 진지상을 보아 탁
자 우에 노왓슨즉 시장커든 잡수시오 수히 단녀오리다 하직하고 믈너서
서 시비를 싸라갈 제 텬연하고 단정하게 천천이 거름거러 승상문전 당도
하니 문전에 들인 버들 오류춘색 자랑하고 담안에 긔화요초 중하성을 여
러논 듯 중문안을 들어서니 건축이 웅장하고 장원도 화려하다 중계에 다
다르니 반백이 넘은 부인 의상이 단정하고 긔부가 풍부하야 복록이 가득
하다 심청을 반겨보고 이러서 마즌 후에 심청의 손을 잡고 네 과연 심청
인다 듯던 말과 다름업다 좌를 쥬어 안진 후에 자셔히 살펴보니 별노 단
장한 일 업시 천자봉용 국색이다 엄용하고 안진 모량 백셕청탄 시내가에
목욕하고 안즌 제비 사람 보고 날랴는 듯 얼골이 두렷하야 천심에 도든
달이 수변에 비최난 듯 추파를 흘리쓰니 새벽비 개인 하날 경겨한 새별
갓고 팔자청산 가는 눈섭 초생편월 정신이요 양협에 고혼 빗은 부용화
새로 핀 듯 단순호치 말하는 양 릉산에 앵무로다 견신을 네 몰나도 분명
한 선녀로다 도화동에 격하하니 월궁에 노든 선녀 빗 하나를 일헛도다
무릉촌에 내가 잇고 도화동에 네가 나셔 무릉촌에 붐이 드니 도화동에
개화로다 탈텬지지졍긔하니 비범한 네로구나 심청아 말 드러라 승상은
기셰하시고 아달은 삼사 형제나 황성에 가서 려환하고 다른 자식 손자
업다 슬하에 말벗 업셔 자나 깨나 깨나 자나 격적한 빈 방안에 대하나니
촉불이라 길고 기인 겨을밤에 보는 거시 고서로다 네 신

〈15〉

세 생각하니 량반의 후예로서 저럿타시 빈곤하니 나의 수양딸이 되면 녀
공도 슝상고 문자도 학습하야 긔츌갓치 성춰 식혀 말년자미 보랴하니
너의 뜻이 엇더하냐 심청이 엿자오되 명도가 긔구하와셔 나흔 지 칠일
만에 모친 셰상 바리시고 안맹하신 늘근 부친 나를 안고 단이면서 동양
졋을 어더먹여 근근히 길녀내여 이만큼 되얏는대 모친의 의형모습 모르
는 일 철텬지한이 되야 쓸칠 날이 업살기로 내 부모를 생각하야 남의 부
모 봉양터니 오날날 승상부인 존귀하신 처디로서 미천함을 불구하사 쏠
삼으랴 하옵시니 어미를 다시 본 듯 반갑고도 황송하나 부인을 뫼오면
내 팔자는 영귀하나 안맹하신 우리 부친 사철의복 조석공양 뉘라서 하오
릿가 길녀내신 부모은덕 사람마다 잇거니와 나는 더욱 부모은혜 비할 대
업사오니 슬하를 일시라도 찌날 수가 업삽내다 목이 메여 말 못하고 눈
물이 흘너나려 옥면에 졋는 형용 춘풍셰우 도화가지 이슬에 잠겨엿다 점
점이 써러지 듯 부인이 듯고 가상하야 네 말이 과연 츌텬지효녀로다 노
흔한이 늘근니 밋쳐 생각지 못하엿다 그렁져렁 날 점으니 심청이 이러서
며 부인전에 엿자오대 부인의 덕택으로 종일토록 놀다 가니 영광이 무비
오나 일력이 다하오니 졔 집으로 가겟나이다 부인이 련련하야 비단과 패
물이며 량식을 후이 쥬어 시비 함게 보낼 적에 심청아 말 드러라 너는
나를 잇지 말고 모녀간이 의를 두라 부인의 어진 쳐분 루루 말삼하옵시
니 가르침을 밧쇼리다 하즉하고 도라오니라 그 째 심봉사는 무릉촌에 딸
보내고 말벗 업시 혼자 안져 딸 오기만 기다릴 제 배는 곱하 등에 붓고
방은 치워 쇼랭하고 잘새는 날아들고 먼 대 절 쇠북 치니 날 점은 줄 짐
작하고 혼자말노 자탄하되 우리 딸 심청이는 응당 슈히 오련마는 무삼
일에 골몰하야 날 점은 줄 모르는고 부인이 잡고 안니 놋나 풍

〈16〉

설이 슬슬하니 몸이 치워 못 오는가 우리 쏠 장한 효성 불피풍우 오련마
는 새만 프루룩 날아가도 심청이 너 오나냐 낙엽만 벗석해도 심청이 너
오는냐 아모리 기대려도 젹막공산 일모도궁 인젹이 바이 업다 심봉사 각
갑하야 집행막대 걸더집고 쏠 오는 데 마종간다 더듬더듬 주츰주츰 시비
밧게 나가다가 빙판에 발이 미끈 길이 넘는 개쳔물에 풍덩 쭉 쩌러져 면
상에 진흙이오 의복이 다 졋는다 두 팔을 번젹이며 나오랴면 더 쌔지고
사방몰이 출넝거려 물소래 요란하시 심봉사 겁을 내여 아모도 업소 사람
살어시오 몸이 졈졈 깁히 쌔져 허리위 물이 도니 아이고 나 죽는다 차차
물이 올나와셔 목에 간즈턴하니 허푸푸 아이고 사람 죽쇼 아모리 쇼래한
들 내인거객 끈쳣스니 뉘라셔 건져주랴 그대 몽운사 화쥬승이 절을 중창
하랴 하고 권션문 둘너메고 시주집에 나려왓다 절을 차자 올나갈 졔 충
충거러 가는 거동 얼골은 형산 백옥갓고 눈은 쇼상강 물결이라 량귀가
축 쳐져 슈슈과슬 하얏는대 실굴갓총김투 뒤를 눌너 흠벅 쓰고 단상금관
자 귀 위에다 쩍 부쳐 백셰포 큰 장삼에 홍씌를 눌너 씌고 구리백통은
장도고름에 느짓 차고 념쥬 목에 걸은 단쥬팔개 팔에 걸고 쇼상반쥭 열
두마대 쇠고리 길게 다라 쳘쳘 느려 집고 흐늘거려 올나간다 이 중이 엇
던 중인고 류환대사 명을 바다 룡궁에 문안 가다 약쥬를 취케 먹고 츈풍
셕교상 팔션녀 희롱하신 셩진니도 아니오 삭발은 도진셰오 존엄은 표장
부라든 사명당도 아니오 몽운사 화쥬승이 시쥬집 내려왓다가 쳥산은 암
암하고 셜월은 도다올 졔 셕경 좁은 길노 흔들흔들 흐늘거려 올나갈 졔
풍편에 슬푼 쇼래 사람을 청하거날 이 중이 의심내여 이 울음이 웬 울음
인가 마역저 외문날에 양태진의 울음인가 호긔절곡 찬바람에 중통군을
리별하던 손중랑의 울음인가 이 소리가 웬 소린고 그 곳을 차

〈17〉

져가니 엇던 사람이 개천물에 써러져 거의 죽게 되엿거날 그 즁이 쌈작 놀나 굴갓 장삼 훨훨 버셔 되는대로 내버리고 집헛던 구졀죽장 되는대니 내버려던지고 행젼 단임 보션 벗고 고두누비 바지가래 둘둘 말아 자감이에 싹 붓쳐 백로규어 격으로 짐검짐검 드러가 심봉사 가는 허리에 후리쳐 담숙 안아 에쑤름 이여차 밧게 안친 후에 자셰보니 젼에 보던 심봉사라 허허 이게 윈일이오 심봉사 졍신차려 나 살닌 니 누구시오 쇼승을 몽운사 화쥬승이올시다 그럿치 활인지볼이로곤 즉은 사람 살여쥬니 은혜 백골란망이오 그 즁이 손을 잡고 심봉사를 인도하야 방안에 안친 후 져진 의복 벗겨노코 마른 의복 닙힌 후에 물에 싸진 래력을 무른 즉 심봉사가 신셰 자탄하야 젼후사 말을 하니 즁이 말하기를 우리 졀 부쳐님이 령험이 만으셔셔 비러 아니 되는 일이 업고 구하면 응하시나니 부쳐님젼 고양미 삼백 셕을 시쥬로 올니압고 지셩으로 빌으시면 생젹에 눈을 써서 텬디만물 죠흔 구경 완연이오리다 심봉사 그 말 듯고 쳐디는 생각지 안코 눈 쓴단 말만 반가워셔 여보쇼 대사 고양미 삼백 셕을 권션문에 젹어가쇼 뎌 즁이 허허 웃고 젹기는 젹사오나 댁 가셰를 둘너보니 삼백 셕을 쥬션할 길 업슬 듯 하오니다 심봉사 화를 내여 여보쇼 대사가 사람을 몰나 보네 그래 엇던 실업는 사람이 령험하신 부쳐님젼 빈말을 헐 터인가 눈도 못 쓰고 안진방이마저 되게 사람을 너머 자미업시 넉이는고 당장 젹어 그러치 안으면 칼부림 날 터니 화쥬승이 허허 웃고 권션문에 올니기를 제일층 홍지에다 심학규 미 삼백 셕이라 대셔특셔 하더니 하직하고 간 연후에 심봉사 즁 보내고 화 써진 뒤에 생각하니 도로혀 후환이라 혼자 자탄하여 내가 공을 드리랴다가 만약에 죄가 되면 이를 장차 엇지하잔 말가 목은 근심 새 근심이 불가치 이러나니 신셰를 자탄하야 통곡

〈18〉

하는 말이 턴디가 공정하사 별노 후박 업것마는 이 내 팔자 어이하야 형
셰 업고 눈이 멀어 해달가치 발근 거슬 분별할 수 전혀 업고 처자갓흔
지정간에 대면하야 못 보는가 우리 망처 사랐스면 조석근심 업슬터인대
다 커가는 쌀 자식이 삼사동리 품을 팔아 근근호구 하는 중에 삼백 석이
어대 잇셔 호긔잇게 적어 노코 백 가지로 혜아려도 방책이 업시 되니 이
를 엇지 하잔말가 독개그릇 다 팔아도 한 되 곡식 쌀 것 업고 쟝롱할을
방매한들 단돈 닷 냥 싸지 안코 집이나 팔자한들 비바람 못 가리니 내라
도 안살테라 내 몸이나 팔자한들 눈 못 보는 이 잡것의 어내 누가 사가리
오 엿던 사람 팔자 조와 이목구비 완연하고 슈족이 구비하야 곡식이 진
진 재물이 넉넉 용지불길 취지무궁 그른 일이 업것마는 나는 혼자 무녜
죄로 이 몰골이 되얏는가 애고 애고 서른지고 한참 이리 슬피 울 제 이
때 심청이 슉슉히 도라와셔 다든 방문 펄젹 열고 아바지 불으더니 져의
부친 모양 보고 쌈작 놀나 달여드러 애고 이게 윈일니오 나 오는가 마종
코져 문 밧게 나오시다 이런 욕을 보시닛가 버스신 의복 보니 물에 흠신
져젓스니 물에 빠져 욕 보셧오 애고 야버지 춥긴들 오작하며 분함인들
오작할가 승상댁 시비 다려 방에 불을 째달나나 초마를 거더쥐고 눈물을
씨스면셔 얼풋 밥을 지어 부친압해 상을 노코 아버지 진지 잡슈시오 심
봉사 엇진 곡절인지 나 밥 안이 먹을난다 어듸 압하 그리시오 소녀가 더
듸 오닛가 괘심하여 그리시오 안일다 무삼 근심 게신닛가 네 알 일 아니
다 아바지 그 무삼 말삼이오 쇼녀는 아바지만 바라고 사옵고 아바지쎄셔
는 쇼녀를 밋어 대소사를 의논터니 오날날에 무산 일로 너 알 일이 아니
라니 쇼녀 비록 불효인들 말삼을 속이시니 마음에 설사니다 하고 심청이
흘젹 흘젹 우니 심봉사가 쌈작 놀나 아가 아가 우지마라 너 쇽일 니 업지
마는 네가

〈19〉

만일 알고 보면 지극한 네 효성에 걱정이 되겟기로 진즉 말을 못하엿다 앗가 내가 너 오는가 문바게 나가다가 개쳔물에 빠져셔 거의 죽게 되엿드니 몽운사 화쥬승이 나를 건져 살녀노코 내 사정 무러보기 내 신세 생각하고 전후말을 다 햇더니 그 중 듯고 말을 하되 몽운사 부처님이 령험하기 쏘 업스니 고양미 삼백 셕을 불진에 시쥬하면 생전에 눈을 쩌셔 완인이 된다기로 형셰는 생각 안코 화씸에 젹엇더니 도로혀 후회로다 심청이 그 말 듯고 반겨 웃고 대답하되 후회를 하옵시면 정셩이 안되오니 아바지 어두신 눈 졍녕 밝아 보이랴면 삼백 셕을 아모쏘록 쥰비하여 보리이다 네 아모리 하자한들 안빈락도 우리 형셰 단 백 셕은 할 슈 잇나 아바지 그 말 마오 녜일을 생각하니 왕상은 고빙하야 어름궁게 리어 엇고 맹조은 읍죽하야 눈 가온대 죽슌 나니 그런 일을 생각하며 츌텬대효 사친지졀 녯 사람만 못하여도 지성이면 감쳔이라 아모 걱정 마옵소셔 심청이 부친에 말을 듯고 그날부터 후원을 졍히 하고 황토로 단을 모아두고 좌우에 금줄 매고 정화슈 한 동히를 소반우에 밧쳐노코 북두칠성 호반예 분향재배 한 연후에 두 무릅 공순이 꿀고 두손 합장 비는 말이 상텬 일원 셩신이며 하디후토 셩화 사방지신 졔텬졔불 셕가여래 팔금강보살 쇼쇼 음감 하옵소셔 하나님이 일월두기 사람의 안목이라 일월이 업사오면 무산 분별 하오릿가 쇼녀 아비 무자생 이십 후 안맹하야 시물을 못하오니 쇼녀 아비 허물을랑 이 몸으로 대신하고 아비 눈을 밝게 하여 텬생연분 짝을 만나 오복을 갓게 주워 수부다남자를 점지하여 주옵쇼셔 쥬야로 비럿더니 도화동 심소져는 텬신이 아는지라 흠향하옵시고 압일을 인도하셧더라 하로는 유모 귀덕어미가 오더니 아가씨 이상한 일 보앗나니다 무산 일이 이상하오 엇더한 사람이인지 십여 명식 단이면셔 갑은

〈20〉

고하간에 십오 세 쳐녀를 사겟다고 하고 단이니 그런 밋친 놈들이 잇소
심청이 속마음에 반겨 듯고 여보 그 말이 진정이오 졍말로 그리 되량이
면 그 단이는 사람 즁에 로슉하고 졈잔한 사람을 불너오되 말이 밧게 나
지 안케 죵요히 다려오오 귀덕어미 대답하고 과연 다려 왓는지는 쳐음은
유모 식혀 사람 사랴는 리력을 무른 즉 그 사람 대답이 우리는 본대 황셩
사람으로셔 샹고차로 배를 타고 만리 밧게 단이더니 배 갈 길에 림당슈
라 하는 물이 잇셔 변화불측하여 잣츳하면 몰사를 당하는대 십오 세 쳐
녀를 졔쉬 넛코 제사를 지내면 슈로만리 무사히 왕래하고 장사도 흥왕하
옵기로 생애가 원슈로 사람 사랴 단이오니 몸을 팔 쳐녀 잇사오면 갑을
관계치 안코 주겟나니다 심청이 그졔야 나셔며 나는 본촌사람으로 우리
부친 안맹하야 셰상을 분변치 못하기로 평생에 한이 되여 하나님젼 츅슈
하더니 몽운사 화쥬승이 고양미 삼백 셕을 불젼에 시쥬하면 눈을 쩌셔
보리라 하되 가셰가 지빈하여 쥬션할 길 업삽기로 내 몸올 방매하여 발
원하기 바라오니 나를 사미 엇더하오 내 나히 십오 셰라 그 아니 적당하
오 션인이 그 말 듯고 심소져를 보더니 마음이 억색하야 다시 볼 졍신이
업셔 고개를 숙이고 목목히 셧다가 랑자 말삼 듯사오니 거룩하고 장한
효셩 비할대 업삼내다 이럿트시 치하한 후에 져의 일이 긴한지라 그리하
오 허락하니 행션날이 언졔닛가 래월 십오 일 행션하는 날이오니 그리
아옵소셔 피차에 상약하고 그날에 션인들이 공양미 삼빅 셕을 몽운사에
보냇더라 심소져는 귀덕어미를 빅번이나 단속하야 말 못내게 한 연후에
집으로 드러와 부친젼에 엿자오되 아바지 웨 그리나냐 고양미 삼빅 셕을
몽운사로 올엿나니다 심봉사 쌈작 놀나셔 그게 엇진 말이냐 삼빅 셕이
엇의 닛셔 몽운사로 보냇셔 심청이 이갓혼 효셩으로 거즛말을 하

〈21〉

야 부친을 속일가마는 사셰부득이라 잠간 속여 엿줍는다 일전에 무릉촌 장승지댁 부인끠셔 소녀 보고 말삼하기를 슈양딸 노릇하라 하되 아바지가 계시기로 허락 아니 하얏는대 사셰부득하야 이 말삼 살왓더니 부인이 반겨 듯고 쌀 삼빅 셕 쥬기로 몽운사로 보내고 슈양딸노 팔엿내다 심봉사 물색 모르고 대소하며 즐거한다 어허 그 일 잘 되엇다 언졔 다려간다드냐 리월 십오 일 날 다려간다 하옵듸다 네게 가 살더리도 나 살기 관계찬치 어 참으로 잘 되엿다 부녀간에 이갓치 문답하고 부친을 위로한 후 심청이 그날부터 션인을 짜라 갈 일을 곰곰 생각하니 사람이 셰상에 생겨나셔 흔한 째를 못 보고 이팔청츈에 죽을 일과 안맹하신 부친을 영결하고 죽을 일이 정신이 아득하야 일에도 뜻이 업셔 식음을 전폐하고 실음 업시 지내다가 다시 생각하야 본즉 얼크러진 그물이 되고 쏘다 노은 물이로다 내 몸이 죽어노면 춘하츄동 사시졀에 부친의복 뉘라 다 할가 아즉 사라 잇슬 째에 아바지 사쳘의복 망종 지어드리리라 하고 춘츄의복과 하동의복 보에 싸셔 롱에 넛코 갓 망건도 시로 사셔 거러두고 힝션날을 기다릴 졔 하로밤이 격한지라 밤은 졈졈 삼경인대 으하슈는 기우러져 촉불이 희미할 졔 두 무릅을 쏘쿠리고 아모리 생각한들 심신을 난졍이라 부친의 버슨 보션볼이나 망종 바드리라 바늘에 실을 끠여 손에 들고 해 염업는 눈물이 간장에서 소사올너 경경열열하야 부친 귀에 들니지안케 쇽으로 늣겨 울며 부친의 낫에다 가 얼골을 감안이 대여보고 슈족도 만지면셔 오날 밤 뫼시면 쏘다시는 못 볼 테지 내가 한 번 죽어지면 여단슈족 우리 부친 누를 밋고 살으실가 애달도다 우리 부친 내가 철을 안 연후에 밥 빌기를 하얏더니 니졔 내 몸 죽게데면 춘하추동 사시졀을 동리결인 되겟구나 눈총인들 오작하며 괄시인들 오작할가 부친 겻희

〈22〉

내가 뫼셔 빅셰ᄭ지 공양타가 리별을 당하야도 망극한 이 셔름이 층양할
슈 업슬 터인대 함을며 생리별이 고금텬디간 ᄯ 잇슬가 우리 부친 곤한
신셰 젹슈단신 살자한들 조셕공양 뉘라 하며 고생하다 죽사오면 ᄯ 언의
자식 잇서 머리 풀고 애통하며 초종장례 소대긔며 년년 오는 긔졔사에
밥 한 그릇 물 한 그릇 뉘라서 차려놀가 몹슬 년의 팔자로다 칠일 안에
모친 일코 부친 마자 리별 하니 이런 일도 ᄯ 인는가 하양락일슈쳔리는
소통국의 모자 리별 편삽슈유쇼일인은 룡산에 형뎨 리별 정직관산로긔
중 오회월녀 부부 리별 셔츌양관무고인은 위성에 붕우 리별 그런 리별
만번하야도 피차 살아 당한 리별 소식 드를 날이 잇고 만나볼 쌔 잇셧스
나 우리 부녀 이 리별은 내가 영영 죽어가니 언의 째 소식 알며 언의 날
에 만나볼가 도라가신 우리 모친 황텬으로 들어가고 나는 인졔 죽게 되
면 슈궁으로 갈 터이니 슈궁에 들어가서 모녀 상봉을 하자 한들 황텬과
슈궁길이 슈륙이 현슈하니 만나볼 슈 젼여 업내 슈궁에서 황텬가기 몃
쳔리나 머다는 지 황텬을 뭇고 무러 불원쳔리 차자간들 모친이 나를 어
이 알며 나는 모친 어이 알니 만일 알고 뵈옵는 날 부친 쇼식 뭇자오면
무슨 말노 대답할고 오날 밤 오경시를 함디에 머무르고 래일 아참 돗는
희를 부상에 미엿스면 하날갓튼 우리 부친 더 한 번 보련마는 밤 가고
희 돗는 일 게 뉘라서 막을속가 텬디가 사정업서 이윽고 닭이 우니 심청
이 긔가 막혀 닭아 닭아 우지 마라 반야진관에 맹상군이 안니 온다 네가
울면 날이 새고 날이 새면 나 죽는다 나 죽기는 설지 안으나 의지 업는
우리 부친 엇지 잇고 가잔말가 밤새도록 설이 울고 동방이 발가오니 부
친 진지 지으랴고 문을 열고 나서보니 발서 셕인드리 시비밧게 쥬져쥬져
하며 오날 행션날이 오니 슈히 가게 하옵소서 심쳥이가 그 말 듯고 대번
에 두 눈에서

〈23〉

눈물이 빙빙 도라 목이 메여 시비밧게 나아가서 여보시오 선인네들 오날
행선하는 줄은 내가 엄의 알거니와 부친이 모로오니 잠간 지체 하옵시면
불상하신 우리 부친 진지나 하야 샹을 올여 잡슌 후에 말삼 엿주옵고 써
나게 하오리다 선인이 가긍하야 그리하오 허락하니 심청이 드러와셔 눈
물 셕거 밥을 지어 부친 압해 상 올니고 아모조록 진지 만히 잡슛도록
하노라고 상머리에 마조 안져 자반도 쑥쑥 써여 슈겨우에 올녀노코 쌈도
싸셔 입에 너어 아바지 진지 만히 잡슈시오 오냐 만히 먹으마 오날은 별
노 반찬이 미우 조코나 뉘 집 졔스 지내는냐 심청이는 긔가 막혀 속으로
만 늣겨 울며 홀적홀적 소리 나니 심봉사 물색 업시 귀 밝온 체 말을 한
다 아가 네 몸 압푸냐 감긔가 드럿나 보구나 오날이 몃 칠이냐 오날이
열닷시지 응 부녀텬륜이 중하니 몽조가 엇지 업슬소냐 심봉사가 간밤 꿈
이야기를 하되 간밤에 꿈을 쑤니 네가 큰슈레를 타고 한업시 가 보이니
슈레라 하는 거슨 귀한 사람 타는 거시라 아마도 오날 무릉촌 승샹댁에
셔 너를 가마 태여 가려나보다 심청이 드러보니 분명이 자긔 죽을 꿈이
로다 속으로 슬푼 생각 가득하나 것트로는 아못조록 부친이 안심토록 그
꿈이 장이 좃소이다 대답하고 진지샹 물녀넉고 담배 푸여 물닌 후에 사
당에 하즉차로 셰수를 정히 하고 눈물 흔적 업시 한 후에 정한의복 가라
입고 후원에 도라가셔 사당문 가마니 열고 주과를 차려놋코 통곡재배 하
즉할 제 불효녀식 심청이는 부친 눈을 씌우랴고 남경장사 션인들게 삼백
셕에 몸이 팔여 림당수로 도라가니 소녀가 죽드래도 부친의 눈 씌여 착
한 부인 작배하야 아달 낫코 쌀을 나아 조샹향화 젼케하오 이러케 축원
하고 문 다치며 우는 말리 소녀가 죽사오면 문을 뉘가 여다드며 동지 한
식 단오 츄셕 사명절이 온들 쥬과포해를 누가 다시 올니오며 분향재

〈24〉

비 누가 할고 조상에 복이 업셔 이 지경이 되옵는지 불샹한 우리 부친
무갈근지친족하고 압 못 보고 형셰 업서 밋을 곳이 업시 되니 엇지 잇고
도라갈가 우루루 나오더니 자긔 부친 안진 압혜 섯니 철셕 주져안저 아
바지 부르더니 말 못하고 긔졀하다 심봉사가 쌈작 놀나 아가 웬일이냐
봉사의 쌀이라고 귀가 졍가하드냐 이거시 회동하얏고나 엇진 일이냐 말
좀 하야라 심쳥이 졍신차려 아바지 오냐 내가 불효녀식으로 아바지를 속
엿소 공양미 삼백 셕을 누가 나를 쥬오릿가 남경장사 션인들긔 삼백 셕
에 몸을 팔어 림당수 제수로 가기로 하와 오날 행션날이 오니 나를 오날
망죵 보오 사람이 슬품이 극진하면 도로혀 가삼이 막히는 법이라 심봉사
하 긔가 막혀 노으니 울음도 아니 나오고 실졍을 이는대 애고 이게 웻
말이냐 응 참말이냐 롱담이냐 말갓지 아니하다 나다려 뭇지도 안코 네
마음대로 한단 말가 네가 살고 니 눈 쓰면 그는 응당 조흐련니와 네가
죽고 니 눈 쓰면 그게 무산 말이 될랴 너의 모친 너를 낫코 칠일 만에
죽은 후에 눈조차 어둔 놈이 품안에 너를 안고 이 집 져 집 단이면서 동
량젓 엇어 먹여 그만치나 자랏기로 한 슬음이 졋더니 네 이게 웬 말이냐
눈을 팔아 너를 살 데 너를 팔아 눈을 산들 그 눈해서 무엇할냐 엇던 놈
의 팔자로서 안해 죽고 자식 일코 사궁지수가 되단 말가 네 이 션인놈드
라 장사도 조커니와 사람 사다 제수 넌는대 어대서 보앗나냐 이나님의
어지심과 귀신의 발근 마음 앙화가 업슬소냐 군 먼 놈의 무남독녀 철 모
르는 어린 거슬 나 모르게 유인하야 사단 말이 웬 말이냐 쌀도 실코 돈도
실코 눈 쓰기도 실타 네 이 독한 샹놈들아 녯일의 모르나냐 칠년대한 감
을 적에 사람 잡아 빌냐하니 탕님군 어진 마음 내가 지금 비는 바는 백성
을 위함이라 사람 죽여 빌 양이면 내 몸으로 대신하니라 몸으로 희생되
야 전조단발 신영백

〈25〉

모 샹님쓸에 비르시니 대우방수쳔리 그런 일도 잇나니라 차라리 내 몸으로 대신 가면 엇더하냐 너의 놈들 나 죽여라 평생에 맷친 마음 죽기가 원이로다 나 죽는다 지금 내가 죽어노면 네놈드리 무사할가 무지한 강도 놈들아 생사람 죽이면은 대전통편 률이니라 홀노 장담 니를 갈며 죽기로 시작하니 심쳥이 부친을 붓들고 아바지 이 일이 남의 탓시 아니오니 그리 마옵소서 부녀 서로 붓들고 둥글며 통곡하니 도화동 남녀로소 뉘 안이 셜어하리 션인들 모다 운다 그 중에 한 사람이 발론하되 여보시오 령좌 령감 츌쳔대효 심소져는 의론로 말연이와 심봉사 저 량반이 참으로 불상하니 우리 션인 삼삽여명이 십시일반으로 져 량반 평생 신세 굼지 안코 벗지 안케 쥬션을 하야쥬세 하니 쥼개 왈 그 말이 올타 하고 돈 삼백 냥 백미 백셕 목마포각 한 바리 동즁으로 드려노며 삼백 냥은 논을 사서 착실한 사람 주어 도조로 작정하고 백미 즁 열닷 셤은 당년 냥식하게 하고 남저지 팔십여 셕은 년년 흐터노아 장리로 츄심하면 량미가 풍족하니 그러케 하옵시고 빅목 마포 각일터는 사쳘의복 짓게 하소서 동즁에서 의론하야 그리하라 하고 그 연유로 공문 내여 일동이 구일하게 구별하얏더라 그 째에 무릉촌 장승샹 부인끠서 심쳥이 몸을 팔어 림당슈로 간단 말을 그제야 드르시고 시비를 급히 불너 드르매 심쳥이가 죽으러 간다하니 생전에 건너와서 나를 보고 가라하고 급허 다리고 건너오라 시비 분부 듯고 심쳥을 와서 보고 그 연유로 말을 하거날 심쳥이 시비와 함끠 무릉촌 건너가니 승샹부인 밧게 나와 심쳥의 손을 잡고 눈뭇 지어 하는 말이 너 이 무정한 사람아 내가 너를 안 이후로 자식으로 넉엿는대 너는 나를 이졋나냐 내 말을 들어보니 부친눈을 씌우랴고 션인의게 몸을 팔어 죽으러 간다 하니 효셩은 지극하나 네가 죽어 될 일이냐 그리 일이 될

〈26〉

량니면 나한테 건너와서 이 연유를 말햇스면 이 지경이 업슬 거슬 엇지
그리 무정하냐 손을 끌고 드러가서 심청을 안친 후에 쌀 삼빅 셕 줄 것이
니 선인 불너 도로쥬고 망녕의 사먹지 마라 심청이 그 말 듯고 한참 생각
다가 텬연이 엿쥬오대 당초 말삼 못한 일을 후회한들 엇지하며 쏘한 몸
이 위친하여 정성을 다차하면 남의 무명한 색재물을 바라릿가 백미 삼백
셕을 도로 내쥰다한들 선인들도 림시랑패 그도 쏘한 어렵삽고 사람이 남
의게다 한번 몸을 허락하야 갑을 밧고 팔엿다가 슈삭이 지낸 후에 참아
엇지 낫을 들고 무어이라고 보오리가 로친 두고 죽는 거시 이효상효 하
는 줄은 모로는 배 아니로대 텬명이니 할 일 업소 부인의 놉은 은혜와
어질고 착한 말삼 죽어 황텬에 도라가서 결초보은 하오리다 승상부인이
놀라와 심청을 살펴보니 긔색이 엄숙하야 다시 권치는 못하고 참아 노키
애석하야 통곡하야 하는 말이 내가 너를 본 연후에 긔출갓치 정을 두어
일시일각 못 보아도 한이 되고 연연하야 억제치 못하더니 목전에 네 몸
이 죽으러 가는 것을 참아 보고 살 슈 업다 네가 잠간 지체하면 네 얼골
네 태도를 화공을 불너 그려두고 내 생전 볼 것이니 조곰만 머물너라 시
비를 급히 불너 일등화공 불너드려 승상부인 분부하되 보아라 정신드려
심소져 얼골 체격 상하 의복 입은 것과 슈심 견원 우는 형용 차착 업시
잘 그리면 중상을 할 터이니 정신 드려 잘 그리라 족자를 너여노니 화공
이 분부 듯고 족자를 포쇄하야 류판을 손에 들고 심소져를 쏙쏙이 바라
본 후 이리져리 그린 후에 오색화필을 좌르륵 펼처 각색단청 버려노코
난초갓치 푸은 머리 광채가 찬란하고 백옥갓튼 슈심 얼골 눈물 흔적 완
연하고 가는 허리 고은 슈족 분명한 심소져라 훨훨 써러노니 심소져가
두리 되다 부인이 일어나서 우슈로 심청의 목을 안고 좌슈로 화상을 어
로만

〈27〉

지며 통곡하야 슯히 우니 심정이 울며 엿자오대 령령히 부인쎠셔 젼생에
내 부모이너 오날날 몰너가면 어늬 날의 뫼시릿가 소녀의 일졈수심 글
한 수 지어내여 부인젼에 올니오니 걸어 두고 보시오면 증험이 잇스리다
부인이 반가히 역여 필연을 내여노니 화샹족자샹에 화제글 모양으로 붓
슬 들고 글을 쓸 제 눈물이 피가 되야 덤덤히 쩌러지니 송이셩이 꼿이
되야 향내가 날 듯하다 그 글에 하엿스되 생긔사귀일몽간이라 권령하필
누산산가 셰간에 최유단장쳐는 초록강남인미환을 부인이 놀나시며 네
글이 진실노 신션의 글구니 이번 네 가는 길 네 마음이 아니라 아마 텬샹
에서 부름이로다 부인이 쏘 한 쥬지 한 축 끈어내여 얼는 써서 심졍 주니
그 글에 하얏스되 두단풍운양대혼은 취숑명화락희문이라 젹고 인간을
텬필넘이어날 무고부녀단명이로다 심소져 그 글 밧아 단단히 간슈하고
눈물노 리별할 제 무릉촌 남녀노소 뉘 아니 통곡하랴 심청이 건너오니
심봉사 달녀들어 심청의 목을 안고 쮜놀며 통곡한다 나고 가자 나고 가
자 혼자 가지 못하리라 죽어도 갓치 죽고 사라도 갓치 살자 나 버리고
못 가리라 고기밥이 되도더라 나와 너와 갓치 되자 심청이 울음 울며 우
리 부녀 쳔륜을 끈코 시퍼 끈사오며 죽고 십허 죽사오릿가마는 액회가
수에 잇고 생사가 한이 잇서 인자지명 생각하면 쩌날 날이 업사오나 쳔
명이니 할 일 업소 불효녀식을 청이는 생각지 마옵시고 아바지 눈을 써
서 광명쳔지 다시 보고 착한 사람 구혼하야 아달 낫코 쌀을 나아 후사
젼케 하옵소서 심봉사 펄젹 쮜고 애고 그 말 마라 쳐자 잇슬 팔자 되면
이런 일이 잇겟나냐 나 바리고 못 가리라 심청이 져의 부친을 동리 사람
의게 붓들니어 안쳐노코 울면서 하는 말이 동내 남녀 어른네들 혈혈단신
우리 부친 죽으려 가는 몸이 동즁만 밋사오니 깁히 생각하옵소서 하직

〈28〉

하고 도라서니 동리 남녀노소 업시 발 구로며 통곡한다 심청이 울음 울
며 선인을 짜라갈 제 끌리는 초마자락 거듬듬듬 안고 만수비봉 훗흔 머
리 귀 밋헤 와 드리엿고 피가치 흐르는 눈물 옷깃에 사모친다 뎡신 업시
나가면셔 건넌집 바라보며 김동지댁 큰아기 너와 나와 동갑으로 격장하
야 피차 크며 형뎨갓치 뎡을 두어 백년이 다 진토록 인간고락 사는 홍미
함끽 보자 하엿더니 나 이러케 쩌나가니 그도 쏘한 한이로다 천명이 그
쑨으로 나는 이믜 죽거니와 의지 업는 우리 부친 애통하야 샹하실가 나
죽은 후라도 수중원혼 되겟스니 네가 나를 생각거든 불샹하신 나의 부친
극진 대우하야다고 압집 자근아가 상침질 수노키를 누와 함게 하랴나냐
작년 오월 단오야에 츄천하고 노던 일을 네가 그져 생각너냐 금년 칠월
칠석야에 함게 결고하잣더니 이뎨는 허사로다 나는 임의 위친하야 영결
하고 가거니와 네가 나를 생각거든 불상한 우리 부친 나 부르고 애통커
든 네가 와서 위로해라 너와 나와 사귄 본뎡 네 부모가 내 부모요 내 부
모가 네 부모라 우리 생전 잇슬 뎨는 별노 혐의 업셧스나 우리 부모 백셰
후에 디부에 드러오서 부녀 상봉 하는 날에 네 뎡셩 내 알겟다 이럿틋
하직할 뎨 하나님이 아시던지 백일은 어대 가고 음운이 자옥하다 잇짜감
비방울이 눈물갓치 쩌러지고 휘느러져 곱던 쏫치 울고 져 빗치 업고 청
산에 셧는 초목 수색을 쯰워 잇고 녹수에 드린 버들 내 근심을 도읍는
듯 뭇는 이 져 꾀고리 너는 무슨 희포런가 너의 깁흔 한을 내가 알든 못
하야도 통곡하는 내 심사를 네가 혹시 짐작할가 쯧밧게 저 두견이 귀촉
도 불여귀라 야월강산 엇다 두고 진뎡뎨송 단장셩을 어이 사자 사로느냐
네 아모리 가지 우에 불여귀라 울것마는 갑을 밧고 팔닌 몸이 다시 엇지
도라오리 바람에 날닌 쏫이 낫혜와 부드치니 쏫을 들고 바라보며 악도풍
추

〈29〉

불해의하면 하인취송락확리요 춘산에 지는 꽂이 지고 십허 지랴마는 바람에 쩌러지니 네 마음이 아니오라 박명홍안 나의 신셰 저 꽂과 갓흔지라 죽고 십허 죽으랴마는 사셰부득이라 수원수구 할 것 업다 한 거름에 눈물 지고 두 거름에 도라보며 선인을 싸라가니 명도풍파가 일로부터 위험하니 강두에 다다르니 션인드리 모혀드러 비머리에 좌판 노코 심소저를 모셔 올여 배장안에 안친 후에 닷 감고 돗을 다라 소래하며 북을 둥둥 울리면서 지향 업시 쩌나간다 범피중피 쩌나갈 제 망망한 창히 중에 탕탕한 물결이라 백빈쥬 갈믜기는 홍료 안으로 날아들고 삼강에 기럭이는 평사로 쩌러진다 료량한 남은 소래 어젹인 듯 하건마는 곡종인불견 유색만 푸르럿다 애내성중만고수는 나를 두고 일음이라 장사를 지나가니 가틱부 간 곳 업고 멱나수 바라보니 굴삼녀 어복츙혼 엇의로 가셧는고 황학루 다다르니 일모향관하처시오 언파강상사인수는 최호의 유적이라 봉황대 다다르니 삼산반락청쳔외 이수중분백로쥬는 태백이 노든 대요 심양강 다다르니 백락쳔이 어대 가고 비파셩이 끈어젓다 적벽강 그져 가랴 소동파 노든 풍월 의구히 잇다마는 조맹덕 일셰지웅이 금에안직지오 월락오뎨 깁흔 밤에 고소성외에 비를 매고 한산사 쇠북소래 긱션에 쩌러진다 진회슈 건너가니 격강에 상녀들은 망국한을 모로고셔 연룡한수월룡사를 후뎡화만 부르더라 소상강 드러가니 악양루 놉흔 집은 호상에 쩌서 잇고 동남으로 바라보니 오산은 쳡쳡이오 초수는 망중이라 반쥭에 저진 눈물 이비유한 씌워 잇고 무산에 돗는 달을 동정호에 비춰이니 상하천광 거울 속에 푸르럿다 창호산의 졈은 연긔 참담하야 황능묘에 잠기엿다 삼협에 잔나븨는 자식 찻는 슬흔 소래 천긱 소인 멧멧치냐 심청이 배 안에서 소상팔경 다 본 후에 한 곳을 가노라

〈30〉

니 향풍이 이러나며 옥픠소래 들리더니 의희한 쥬렴 사이로 엇더한 두 부인이 선관을 놉히 쓰고 자하상 거더 안고 두렷이 나오더니 저긔 가는 심소저야 나를 어이 모르나냐 우리 셩군 유우씨가 남순수 하시다가 창오 야에 붕하시니 속되 업는 이 내 몸이 소상강 대수풀에 피눈물을 뿌렷더 니 가자마다 아롱저서 입입히 원한니라 창오산봉상수진에 쥭상지루내가 멸이라 천추에 깁흔 한을 하소할 길 업섯더니 네 효셩이 지극키로 너다 려 말하노라 대순붕후긔쳔년에 오현금남풍시를 지금까지 젼하더냐 수리 만리 멋멋칠에 조심하여 단녀오라 홀연이 간 곳 업다 심쳥이 생각하니 소상강 이비로다 죽으려 가는 나를 조심하야 오라하니 진실노 괴이하다 그 곳을 지니여서 계산을 당도하니 풍랑이 이러나며 찬긔운이 소삽터니 한 사람이 나오는대 두 눈을 싹 감고 가쥭으로 몸을 싸고 울음 울고 나오 더니 저긔 가는 심소저야 네 나를 모르리라 오나라 자서로다 슯흐다 우 리 셩상 백비에 참소 듯고 촉루검을 나를 주어 목을 질너 죽인 후에 가쥭 으로 몸을 싸서 이 물에 던젓구나 원통함을 못 익의여 월병이 멸오함을 력력히 보려하고 내 눈을 일즉 쎄여 동문상에 거럿더니 내 완연히 보앗 스나 몸에 싸힌 이 가쥭을 뉘라서 볏겨쥬며 눈 업는 게 한이로다 홀연이 간 곳 업다 심쳥이 생각하니 고혼은 오나라 츙신 오자서라 한 곳을 다다 르니 엇더한 두 사람이 택반으로 나오는대 압흐로 서신 이는 왕자의 긔 상이라 의상이 람루하니 초수일사 분명하다 눈물지며 하는 말이 이달고 분한 것이 진나라 속임 되야 무관에 삼년 잇다 고국을 바라보니 미귀혼 이 되얏구나 천츄에 원한이 잇서 초혼조가 되얏더니 박랑셩틔셩 반겨 듯 고 속절 업는 동명달에 헛츔만 추어셰라 그 뒤에 한 사람은 안색이 초최 하고 형용이 고고한대 나는 초나라 굴원니라 희왕을 셤기

〈31〉

다가 자란의 참소 만나 더런 마음 씨스랴고 이 물에 와 싸젓노라 어엽불 사 우리 님군 사후에라도 뫼셔볼가 길이 한이 잇셧기로 이갓치 뫼셧노라 뎨고향지묘연혜여 짐황고왈백용이라도 수초복지령락혜여 공미인지지혜 로다 셰상에 문장지시 몃 분이나 게시더냐 심소저는 효성으로 죽고 나는 츙성으로 죽엇스니 츙효는 일반이라 위로코저 나왓노라 창희 만리에 평 안이 가옵소서 심청이 생각하되 죽은 지 수쳔년에 령혼이 살아 잇서 내 눈에 뵈는 일이 그 아니 니상한가 나 죽을 중조로다 슯흐게 탄식한다 물 에서 밤이 몟 밤이며 비에서 날이 몟 날이냐 거연 사오산에 물결갓치 흘 너가니 금풍삽이 셕긔하고 옥우확이 쟁영이라 락하여 고목제비하고 츄 수공장 천일색이라 강안에 령롱하니 황금이 쳔편이오 로화에 풍긔하니 백셜이 만점이라 신포셰류지는 엽과옥로 쳥풍 불엇는대 괴로올사 어선 들은 등불을 도도 달고 어가로 화답하니 도도는 게 수심이오 해반에 쳥 산들은 봉봉이 칼날이라 일락장사츄색원하니 부지하쳐죠상군니라 송옥 에 비츄부가 이에서 슯흘소냐 동녀를 실엇스니 진시황의 치약빈가 방사 는 업셧스니 한무제 구선빈가 내가 진작 죽자 하니 션인들이 수직하고 살아 실녀 가자 하니 고국이 창망하다 한 곳을 당도하니 닷을 쥬고 돗을 질으니 이는 곳 림당수라 광풍이 대작하고 바다가 뒤눔는 대 어룡이 싸 오는 듯 대양 바다 한가온대 돗도 일코 닷도 끈쳐 로도 일코 키도 싸져 바락 불고 물결 쳐 안기 뒤셕겨 자자진 날 니 갈 길을 쳔리나 넘고 사면 이 검어 어득 졈으러 쳔지 지쳑 막막하여 산갓흔 파도 배젼을 쌍쌍 쳐 경각에 위태하니 도사공이 히가 황황대겁하야 혼불백신하야 고사 절차 차리는대 셥쌀로 밥을 짓고 큰 소 잡아 큰 칼 꼿져 졍하게 밧쳐놋코 삼색 실과 오색당속 큰 소 잡고 동위술을 방위 차려 갈나

〈32〉

노코 심청을 목욕 식혀 의복을 졍히 입혀 배머리의 안친 후의 도사공이 고사를 올닐 졔 북치를 갈라쥐고 북을 둥둥둥둥 두리둥둥 두다리며 현원씨 배를 모와 이제불통 하옵신 후 후생이 본을 바다 각기 위업하니 막대한 공이 아인가 하우씨 구년지수 배를 타고 다사리고 오복쇼졍 공 셰우고 도로 구주 도라들 졔 배를 타고 기다리고 공명의 놉흔 조화 동남풍을 비러내여 조조의 백만대병 쥬유로 화공하야 적벽대전 하올 적에 배 아니면 어에 하리 쥬요요이경양하니 도원명의 귀거래오 해활하니 고범지는 장한의 강동거오 임슐지츄칠월에 종일위지쇼여하여 쇼동파 노라 잇고 지국총 어사화로 공션만재명월귀는 어부의 즐김이오 계도란요하장포는 오회월녀 채련쥬오 차군발션하양성은 상고선이 그 안날가 우리 동모 스믈 녀명 상고로 위업하샤 십오 세에 조수 타고 경세우경년에 표박서남다 이더니 오날날 림당슈에 졔수을 올니오니 동해신 아명이여 남해신 축융이며 서해신 거승이며 북해신 웅강이며 강한지종과 천택지신이 졔수을 흠향하야 일체통감 하옵신 후 비렴으로 바람 쥬고 해약으로 인도하야 백천금뢰를 내 개쇼망 일워 쥬옵쇼서 고시래 둥둥 빌기들 다한 후 심청을 물에 들나 션인드리 재촉하니 심청의 거동보소 배머리에 웃뚝 셔서 두 손을 합장하고 하나님전 비는 말이 비나이다 비나이다 하나님전 비나이다 심청이 죽는 일은 츄호도 셜지 안느나 안맹하신 우리 모친 텬디에 깁흔 한을 생견에 풀냐하고 죽엄을 당하오니 황텬이 감응하사 우리 부친 어둔 눈을 불원간 밝게 하야 광명텬디 보게 하오 뒤로 펄적 쥬져안져 도화동을 향하더니 아버지 나 죽쇼 어서 눈을 쓰옵쇼서 손을 집고 이러셔서 션인들의 말하되 여러 선인 상고님네 평안니 가옵시고 억십만금리를 어더 이 물가에 지나거든 나의 혼백 넉을 불너 객

〈33〉

귀 먼케 하야쥬오 영채 쏘혼 눈을 감고 초마폭을 무릅 쓰고 이리져리 저
리이리 배머리에 와락 나가 물에 풍덩 쌔지니 물은 림당수오 사람은 심
봉사의 쌀 심청이라 림당수 깁흔 물여 힘 업시 써러친 쏫 허장어복 되단
말가 그 배 선인 령좌 긔가 막혀 아차차 불상하다 령좌가 통곡하며 일군
화장 업더저 울며 츌텬대효 심쇼저는 앗갑고 불상하다 부모 형졔 죽엇슨
들 이에서 더할손냐 이 째에 무릉촌 쟝승상부인은 심쇼져를 리별하고 애
석한 마음을 이기지 못하야 심쇼져 화상족자를 침상에 결어두고 날마다
즁험터니 하로는 족자빗히 거머지며 화상에 물리 흐르거날 부인이 놀내
여 왈 인졔는 죽엇고니 비회를 못 익의여 간장이 끈치는 듯 가삼이 터지
는 듯 긔 맥혀 울음 졔 이윽고 족자비치 완연히 새로 오니 마음에 괴이하
야 누가 건저 살녀내여 목숨이 살앗는가 창해만리에 쇼식을 엇지 알니
그날 밤 삼경 쵸에 제젼을 갓초와 시비하야 들니고서 강가에 나아가 백
사장 정한 곳에 주과포 차려노코 승상부인 축문을 놉히 읽어 심쇼져의
혼을 불너 위로하야 졔 지낸다 강촌에 밤이 들어 사면이 고요할 제 심쇼
져야 심쇼져야 앗갑도다 심쇼져야 안맹한 너의 부친 어둔 눈 씌우랴고
평생에 한 되야서 지극한 네 효성이 죽기려써 갑흐랴고 일루잔명을 스사
로 판단하야 어복에 혼이 도니 가련하고 불상코나 하나님이 엇지하야 너
를 내고 죽게 하며 귀신이 어이하야 죽는 너를 못 살니나 네가 나지람앗
거나 내가 너를 몰낫거나 생리사별 어인 일고 금음이 되기 전에 달이 몬
져 기우럿고 모츈이 되기 전에 쏫이 몬져 써러지니 오동에 결닌 달은 두
렷한 네 어골이 분명히 다시 온 듯 이슬에 져진 쏫은 선연한 네 태도가
눈 압혜 나리는 듯 됴량에 안진 졔비 아름다온 너의 소래 무슨 말을 하쇼
할 듯 두 귀 밋혜 서리털은 일로조차 희여지고 인간에 남은 해는 너로

〈34〉

하야 재촉하니 무궁한 나의 수심 너는 죽어 모르건만 나는 사라 고생일
다 한 잔 술로 위로하니 유유향혼은 오호애재 상향 졔문 닑고 분향할 졔
하날이 나즉하니 졔문을 드르신 듯 강상에 자진 안개 채운이 어리듯 물
결이 잔잔하나 어룡이 늣기는 듯 청산이 젹젹하니 금조가 셜워한 듯 평
사지젹 잠든 백구 놀나 깨여나 들부둥불 단 어션들은 가는 길 머무른다
고인이 눈물 씻고 졔물을 물에 풀 졔 슐잔이 굴엇스니 소졔의 혼이 온
듯 부인이 한업시 셜워 집으로 도러오사 그 잇흔날 재물을 만히 드려 물
가에 놉히 모아 망녀대를 지어놋코 매월 삭망으로 삼년까지 졔 지낼 졔
째가 업시 부인끠서 망녀대에 올나안져 심쇼져를 생각더라 그 째에 심봉
사는 무남독녀 딸을 일코 모진 목숨 아니 죽고 근근히 부지할 졔 도화동
사람들이 심쇼져 지극한 효성으로 물에 빠져 죽은 일을 불상이 역여 망
녀대 지은 엽헤 짜루비를 셰우고 색엿스니 심위가친쌍안할하야 살신셩
효샤룡궁을 연파만리심심벽하니 강초년년한불궁을 강두에 셰워 노니 래
왕하는 행인들이 그 비문 글을 보고 눈물 아니 지나 니 업더라 대져 이셰
상갓치 억울하고 고르지 못한 셰상이 업는지라 간난코 약한 사람은 그
부모가 나은 몸과 하날이 쥬신 귀중한 목숨도 보존치 못하고 심청갓 출
텬대효가 필경 림당슈 물에 가련한 눈물을 잔겻도다 그러나 그 잠긴 곳
은 이 셰상을 리별하고 간 하날에 상계니 하나님의 능력이 한업시 큰지
라 리욕에 눈이 어둔 이셰상 사람과 말 못하는 붓쳐는 심청을 도으지 못
엿거니와 림당슈 물귀신이야 엇지 심청을 모르리오 그 째에 옥황상뎨끠
옵서 사해룡왕에게 분부하되 명일 오시 초각에 림당슈 바다 중에 출텬대
효 심청이가 물에 써러질 터이니 그대 등은 등대하야 슈졍궁에 영졉하고
다시 령을 기다려 도로 츌숑인간하되 만일 시각을 어긔다는 사

〈35〉

해 슈궁제신들이 죄를 면치 못하리라 분부가 지엄하시니 사해룡왕 황겁
하야 원참군 별쥬와 백만쳘갑 제쟝이며 무슈한 시녀들로 백옥교자 등대
하고 그 시를 기다릴 제 과연 오시 초각이 되자 백옥갓흔 한 소져가 해상
에 써러지니 여려 션녀 옹위하야 심쇼져를 고히 뫼서 교자에 안치거늘
심쇼져 정신 차려 시양하야 일은 말이 나는 진셰 인생이라 엇지 황숑하
야 룡궁교자에 타오릿가 여러 션녀 엿자오되 상제 분부 계옵시니 만일
지톄 하옵시면 사해슈궁 탈이오니 지톄 말고 타옵서서 심청이 사양타 못
하야 교자에 안즈니 제션녀 옹위하야 슈뎡궁으로 드려가니 위의도 장할
시고 텬상선관 션녀들이 심쇼져를 보랴하고 좌우로 벼려셧는대 태을잔
군 학을 타고 안기생은 난조 타고 젹송자는 구름 타고 갈션욕은 사자 타
고 청의동자 홍의동자 쌍쌍이 벼려션는대 월궁항아 서왕모며 마고션녀
락포션녀 남악부인 팔션녀 다 모여들엇는대 고흔 물색 조흔 패물 향긔가
진동하고 풍악이 랑자하다 왕자진의 봉피리 곽쳐사 죽장고 룡옥의 옥통
쇼 완적의 회파람 금고의 거문고 랑자한 풍악쇼래 수궁이 진동한다 슈뎡
궁 드러가니 집치례가 황홀하다 쳔여간 슈뎡궁에 호박기동 백옥쥬츄 대
모란간 산호쥬렴 광채도 찬란하고 서긔가 반공이라 쥬궁패월은 응텬상
디삼광이오 비인간지오복이라 동으로 바라보니 삼백척 부상가지 일륜홍
이 푸여 잇고 남으로 바라보니 대봉이 비진이야 슈색이 남과 갓고 서으
로 바라보니 효아요지왕모강하니 일쌍 쳥됴 나라들고 북으로 바라보니
요쳠하쳐시중원고 일만 쳥산이 푸르럿다 우으로 바라보니 흡중쥬과일봉
서하니 창생화장을 다제하고 아래로 바라보니 쳥호반문찬배셩하니 강신
하백이 조회한다 음식을 드릴 젹에 셰상에 업는 배라 파리상 화류반에
산호잔 호박대며 자하쥬 련엽쥬를

〈36〉

긔린포로 안쥬하고 호로병 계호탕에 감로쥬를 겻드리고 금강셕 색인 징
반안 기증조 담아노코 좌우에 션녀드리 심소져를 위로하고 슈뎡궁에 머
믈 새 옥황상뎨 령이여든 거행이 범연하랴 사해룡왕끠서 션녀들을 보내
여 조셕으로 문안하고 톄별하여 시위할 새 삼일에 쇼연이오 오일에 대연
으로 극진이 위로하더라 심쇼져는 이러틋 슈뎡궁에 머물을 새 하로는 하
날에 옥진부인이 오신다하니 심쇼져는 누군 줄 모드고 이러서 바라보니
오색치운이 벽공에 어렷는대 료랑한 풍악이 궁중에 랑자하며 우편에는
단계화오 좌편에는 벽도화라 쳥학 백학 옹위하고 공작은 춤을 추고 안비
로 전인하야 텬상션녀 압흘 서고 룡궁션녀 뒤를 서서 엄숙하게 나려오니
보던 배 처음이라 이윽고 나려와 교자로 조차 옥진부인이 드러오며 심청
아 너의 모 내 왓다 심쇼져 드러보니 모친이 오셧거늘 심청이 반겨라고
펄젹 쒸여 내려가 애고 어메니오 우루루 달녀들어 모친목을 덜컥 안고
일희일비 하는 말이 어머니 나를 난 지 칠일만에 상사나서 근근한 쇼녀
몸이 부친덕에 안이 죽고 십오 세 당하도록 모녀간 텬디 즁한 얼골을 모
로기로 평생 한이 넘쳐 이즐 날이 업삽더니 오날날 뵈시오니 나는 한이
업사오나 외로오신 아바지는 누를 보고 반가실가 새로옵고 반가온 정과
감격하고 급한 마음 엇지할 쥴 모로다가 뵈시고 누에 올나가 모친품에
싸여안져 얼골도 대보고 슈족도 만지면서 졋도 인제 먹어보자 반갑고도
즐거워라 이갓치 즐겨하며 울음 우니 부인도 슯허하고 등을 쑥쑥 두다리
며 우지 마라 내 쏠이야 내가 너를 난 연후로 샹졔의 분부하하야 세상을
이졋스나 눈 어둔 너의 부친 고생하고 살으신 일 생각사록 긔막힌 즁 버
셧갓고 이슬갓흔 십생구사 네 목숨을 더욱 엇지 밋엇스랴 황텬이 도와쥬
사 네 이졔 사랏구나 안아불까 업어볼가 귀

〈37〉

여워라 내 쭐이야 얼골전형 웃는 모양 너의 부친 흡사하고 손길 발씰 고
흔 거시 엇지 그리 나 갓흐냐 어려서 크던 일을 네가 엇지 알냐마는 이집
적집 여러 사람 동량젓을 먹고 크니 뎌 기간 너의 부친 그 그생 알니로다
너의 부친 고생하고 응당 만히 늘그셧지 뒤 동리 귀덕어미 네에게 매우
극진하니 지금짜지 사랏나냐 심청이 엿자오되 아바지게 듯사와도 고생
하고 지낸 일을 엇지 감히 이즈릿가 부친 고생하던 말삼과 닐곱 살에 졔
가 나서 밥 비러 봉친한 일 바느질노 사든 말과 승상부인 져를 불너 모녀
의로 매진 후에 은혜 태산갓흔 일과 션인 짜라오랴 할 째 화상족자 하던
말과 귀덕어미 은혜 말을 낫낫치 다 고하니 그 말 듯고 승상부인 치하하
며 그렁져렁 여러 날을 슈뎡궁에 머믈 졔 하로는 옥진부인이 심청다려
하는 말이 모녀간에 반가온 마음 한량업것마는 옥항상졔 처분으로 맛튼
직분 허다하야 오래 지체 못하겟다 오날 나를 리별하고 너의 모친 맛날
줄을 너야 엇지 알냐마는 후일에 서로 반길 째가 잇스리라 작별하고 이
러나줄 심청이가 긔가 막혀 아이고 어머니 소녀는 마음먹기를 오래오래
뫼실 줄노만 알엇더니 리별말이 왼 말이오 아모리 애통한들 임의로 못할
지라 옥진부인이 니러서서 손을 잡고 작별터니 공중으로 향하야 인홀불
견 올나가니 심청이 헐일업시 눈물노 하직하고 수뎡궁에 머믈 새 심랑자
출텬대효를 옥황상뎨게옵서 심히 가상이 역이사 수뎡궁에 오래 머믈 길
이 업서 사해경왕에게 다시 하교하사 대대효 심랑자를 옥정련화 쏫봉 속
에 아못조록 고히 모서 오던 길 림당수로 도로 내보내라 이르시니 룡왕
이 령을 듯고 옥정연쏫봉 속에 심랑자를 고히 모서 림당수로 환송할 새
사해룡왕 각궁 시녀 팔션녀를 차례로 하직하는대 심랑자 장한 효성 세상
에 나가서서 부귀영화를 만만세나 누리소서 심랑자 대답하

〈38〉

되 죽은 몸이 다시 사라 여러 왕의 은혜 입어 세상에 다시 가니 수궁에
귀하신 몸이 내내 무량하옵소서 한두 마대 말을 할 새 인홀불견 자최업
다 솟봉 속에 심랑자는 막지소향 모르다가 수멷문 밧게 쩌나갈 제 텬무
렬풍 음우하고 해불양파 잔잔한대 삼춘에 해당화는 해수중에 피어 잇고
동풍에 푸른 풀은 해수변에 드럿는대 고기 잡는 저 어옹은 시름업시 안
젓구나 한 곳을 다다르니 일색이 명낭하고 사면이 광활하다 심청이 뎡신
차려 둘너보니 룡궁 가던 림당수라 슬프다 이 또한 꿈 가온대 안인가 그
째에 남경장사 간 선인들이 심랑자를 뎨수한 후 그 행부에리를 남겨 돗
째 꼿해 큰 긔 꼿고 우슴으로 담화하야 춤추고 도라올 제 림당수 당도해
서 큰 소 잡고 동희술과 각종 과일 차려노코 북을 치며 뎨 지낸다 두리둥
둥 북을 끈치고 도사공이 심랑자 자명을 치드러 큰소래로 부른다 출텬대
효 심랑자 수궁고혼 되엿스니 에달고 불상한 말 엇지 다 하오릿가 우리
여러 선인들은 소저로 인연하야 억십만양리를 남겨 고국으로 가려니와
랑자의 방혼이야 어느 째나 오시랴시오 도화동에 부친 평안한가 안부하
오리다 사공도 울고 여러 선인드리 모다 울 데 해상을 바라보니 난대업
는 꼿 한송이 물 우에 둥실 쩌 오거늘 선인드리 모도 내다르며 이 애야
저 꼿치 원 꼿치냐 텬상에 월계화냐 요디에 벽도화냐 텬상꼿도 아니오
세상꼿도 아닌 해상에 잇슬대는 아마도 심랑자의 혼인게다 공론이 분분
할 째 백운이 몽롱한 중 선연한 청의선관 공중에 학을 타고 크게 외여
일은 말이 해상에 쩌난 선인들아 꼿 보고 현화마라 그 꼿이 텬상화니라
타인통셥 부대 말고 각별조심 곱게 뫼셔 텬자전에 진상하라 만일에 불연
하면 뢰셩보화텬존식하여 산벼락을 내리리라 선인들이 그 말 듯고 황겁
하야 벌벌 썰며 그 꼿을 고이 건저 허간에 뫼신 후에 청포장 둘너치니
내

〈39〉

외체통 분명히다 닷을 감고 돗을 다니 순풍이 절노 일어 남경이 순간이
라 해안에 배를 매엿더라 세재 경진 삼월이라 송텬자끠옵서 황후상사 당
하시니 억조창생 만민들과 십이제국 사신들은 황황급급 분주할 째 텬자
마음 수란하사 각색 화초를 다 구하사 상림원에 채우시고 황극뎐 압흐로
여긔 져긔 심엇스니 긔화요초 장하도다 경보릉파명경 만당추수 홍연화
암양부동월황혼 소식 전텬 한매화 공자왕손방수중에 부귀를손 모란화
이화만지불개문에 장신궁중 배꼿 촉국유한 못 익여 정성제혈 두견화 황
국 적국이며 백일홍 영산홍 란초 파초 셕류 류자 멀우 달애 왜쳘죽 진달
내 맨드람이 봉선화 여러 화초 만발한대 화간쌍쌍 범나뷔는 꼿을 보고
반기여여 너울너울 춤을 출 제 텬자 마음 대희하야 꼿을 보고 사랑하시
더니 맛참 이 째 남경장사 션인들이 꼿 한송이를 진상하니 텬자 보시고
대희하야 옥쟁반에 밧쳐노코 구름갓흔 황극뎐에서 날이 가고 밤이 드니
경졈소래 뿐이로다 텬자 취심하실 째에 비몽간에 봉내선관이 학을 타고
분명이 나려와 거수장읍하고 흔연이 갈오대 황후상사하심을 상뎨끠서
아옵시고 인연을 보내엇사오니 어서 밧비 슓히소서 말을 맛지 못하야 깨
다르니 남가일몽이라 배회 완보타가 궁녀를 급히 불너 옥쟁반에 꼿 한송
이를 살피시니 보든 꼿 업서지고 한 랑재가 안젓거늘 텬자가 대희하야
작일요화반상긔 금일선아하천래로구나 꿈인 줄 아랏더니 꿈이 쏘한 실
상인인가 익조에 이 뜻으로 긔록하야 묘당에 내리시니 삼태경육 만조백
관 문무제신이 일시에 드러와 복디커날 텬자끠서 하교하사대 짐이 거야
에 득몽하니 하도 심히 긔이키로 작일 선인 진상한 꼿송이를 살펴보니
그 꼿은 간 곳 업고 한 랑자가 안젓는대 황후의 긔상이라 경등 뜻은 엇더
한고 문무졔신이 일시에 알외되 황후 승하하옵

〈40〉

심을 상텬이 아옵시고 인연을 보내시니 국조무궁하와 황텬이 보우하심이니 급히 행례하옵소셔 황뎨 대희하사 요지복색 칠보화관 십장생수복노와 진주옥패 순금쌍학 봉미션에 월궁항아 하강한 듯 전후 좌우 상궁시녀 록의홍상 빗이 난다 랑자화관 족도리 봉채죽절 밀화분수 산호가지 명월패 울금향당의 원삼호둡으로 단장 황후위의 장하도다 층층히 뫼신 신녀 광한뎐 시위한 듯 청홍백 비단차일 하날 닷게 놉히 치고 금수복 용물석 공단휘장 금병풍에 백자천손 근감하다 금촉대 홍초 꼿고 류리산호 조흔 옥병 구비구비 진주로다 난봉 공작 짓는 사자 청학 백학 쌍쌍이오 앵무갓흔 궁녀들은 긔를 잡고 늘어섯다 삼태륙경 만조백관 동서편에 갈나서서 읍양진퇴하는 거동 리부상서 함을 지고 납채를 드린 후에 텬자 위의 볼작시면 룡준용안 미수염인대 강산정긔 득가하고 복은 텬지조와하고 황하수 다시 말가 성인이 나섯도다 면류관 곤룡포에 량억개 일월 붓쳐 응텬상지삼광이오 비인간지오복이라 대례를 맛친 후에 랑자를 금뎡에 고히 뫼서 황극뎐에 드옵실 째 위의례절이 거룩하고 장하도다 이로부터 심황후 어진 심덕 참하에 가득하니 조경 문무백관 각셩자사 열읍태수 억조창생 인민들이 복디축원하되 우리 황후 어진 셩덕 만수무강 하옵소셔 이 째에 심봉사는 쌀을 일코 실셩하야 날마다 탄식할 졔 봄이 가고 여름이 되니 록음방초 한니 되고 지지지 우는 심봉사를 비웃는 듯 산천은 막막하고 물소래 처량하다 도화동 안팟 동리 남녀로소 모다 와서 안부 무러 정담하고 쌀과 갓쳐 노던 처녀 종종 와서 인사하나 설은 마음 첩첩하야 아창아장 드러 오는 듯 압헤 안저 말하는 듯 물이물이 착한 일과 공경하던 말소래를 일시라도 못 견듸고 반시라도 못 견딀 졔 목전에 쌀을 일코 목셕갓치 사랏스니 이런 팔자 쏘 잇는가 이러타

〈41〉

시 락루하고 세월을 보내는대 인간에 친절한 거슨 텬륜이라 심황후는 이째 귀중한 몸이 되엿스나 안맹하신 부친 생각 무시로 비감하사 홀노 안자 탄식한다 불상하신 우리 부친 생존한가 별세한가 부처님이 령험하사 시간에 눈을 쓰사 뎡처 업신 단이시나 이럿트시 탄식할 째 텬자씌셔 내전에 드옵서 황후를 보옵시니 두 눈에 눈물이 서려 잇고 옥면에 수심이 싸엿거날 텬자 무르시되 황후는 무삼 일로 미간에 수심이 미만하시니 무삼 일인지요 무르시니 황후 쑤러안자 나즉히 엿자오대 신첩이 근본 룡궁인이 아니오라 황주 도화동 사옵는 심학규에 짤일너니 첩의 부친 안맹하야 쳘쳔지원 되옵드니 몽운사 부처님씌 고양미 삼백 셕을 향안에 시주하면 감은 눈을 쓴다 하옵기로 가셰는 빈한하고 판출할 길 바이 업서 남경 장사 선인들에게 삼백 셕에 이 몸 팔여 림당수에 싸젓삽더니 룡왕의 덕을 입어 생환인간하야 몸은 귀히 되왓사오나 턴디인간 병신 중에 소경이 졔일 불상하오니 특별히 통축하옵소서 턴하에 신칙하사 맹인을 불너올녀 사찬하옵시면 첩의 쳔륜을 차질이 잇을가 하오며 쏘한 국가에 태평한 경사가 아니오릿가 황뎨 층찬하시되 황후는 과연 녀중 대효로소이다 즉시 근신을 명소하사 연유를 하교하사 황 금일 만일에 황성에셔 맹인연을 열으신다는 칙지를 션포하니 각도 각현에서 곳곳마다 거리거리 게시하야 노소 맹인들을 황성으로 모다 보낼 새 그 중에 병든 소경 약을 먹여 조리 식여 올녀가고 그 중에 요도부한 자 좌우 쳥촉 싸지랴다 염문에 드러가면 볼기 맛고 올나가고 졀문 맹인 늙은 맹인 일시에 올나간다 그러나 봉사는 어대 가고 모르든고 이 째 심학규는 몽운사 부쳐가 령험이 업섯는지 짤 일코 쌀 일코 눈도 쓰지 못하야 지금것 심봉사는 심봉사대로 잇는지라 그 중에 눈만 못 써슬 쑨 아니라 생애의 고

〈42〉

생이 세월을 짜러 더욱 깁허간다 도화동 사람들은 당초에 남경장사 부탁
도 잇고 곽씨부인을 생각하든지 심쳥의 졍곡을 생각하야도 심봉사를 위
하는 마음을 극진히 써 도으는 터이라 그 째 션인의 막긴 젼곡을 착실히
신칙하야 리식을 느려가며 심봉사의 의식을 넉넉하게 하고 형세도 차차
느러가더니 이 째 마참 본촌에쌩덕어미라 하는 계집이 잇셔 행실이 괴약
한대 심봉사의 가셰 넉넉한 줄 알고 자원하고 쳡이 되아 심봉사와 사는
대 이 계집의 버릇은 아조 인중지말이라 그러틋 어둔 중에도 심봉사를
더욱 고생되게 가셰를 결단내는대 쌀을 주고 엿 사먹기 벼를 주고 고기
사기 잡곡을낭 돈을 사셔 술집에 술 먹기와 이웃집에 밥 붓치기 빈 담배
째 손에 들고 보는 대로 담배 쳥키 이웃집을 욕 잘하고 동무들과 쌈 잘하
고 졍자 밋혜 나잡 자기 술 취하면 한밤중에 목을 노코 울음 울고 동리
남자 유인하기 일년 삼백 륙십 일을 잠시라도 안 놀니고 집안에 살님살
이 홍시감 쌀 듯 홀작업시 하되 심봉사는 수년 공방에 지내던 터이라 기
중 실가지락이 잇셔 죽을 동 살 동 모르고 밤낫업시 삭 밧고 관가 일하듯
하되쌩덕어미는 마음 먹기를 형세를 쩌러먹다 이삼 일 량식 할만큼 남겨
노코 도망할 작정으로 오륙월 가마귀 곤수박 파먹듯 불상한 심봉사의 재
물을 주야로 퍽퍽 파든 터이라 하로는 심봉사가쌩덕어미를 불너 여보 우
리 형세가 매오 착실하더니 지금 남은 살림 얼마 아니된다 하니 내 도로
비러먹기 쉬운 즉 차라리 타관에 가 비러 먹세 본촌에는 붓그럽고 남의
책망 어려우니 이사하면 엇더한가 매사를 가장 하자는대로 하지오 당연
한 말이로세 동리 남의게 빗이나 업나 내가 줄 것 조곰 잇소 얼마나 되나
뒤동리 놉흔 주막에 가 해졍주한 갑이 마흔 량 심봉사 어이 업셔 잘 먹엇
다 쏘 어대 저 건너 불쏭이 함씨의게 엿갑이 설흔 량 잘 먹엇

〈43〉

다 쏘 안촌 가셔 담배갑이 쉬흔 량 이것 참 잘 되엇네 기름장사한테 스무 량 기름은 무엇 햇나 머리기름 햇지오 심봉사가 긔가 막혀 어의 업셔 실 상 얼마큼 아니 되네 고까지 것 무엇이 만소 한참 이러틋 문답을 하더니 심봉사는 그 재물을 생각할 적이면 그 딸의 생각이 더욱 쎠가 울여니 간 절한 지라 여광여취한 듯 홀로 쮜여나와 심청 가던 길을 차저 저 강변에 홀노 안져 딸을 불너 우는 말이 내 딸 심청아 너는 어이 못 오나냐 림당 수 깁흔 물에 네가 죽어 황텬 가셔 너 모친 뵈옵거든 모녀간에 혼이라도 나를 어셔 잡어가거라 이러타시 락루할 째 관차가 심봉사 강두에셔 운단 말을 듯고 강두로 조차와셔 여보 심봉사 관가님에셔 부르시니 어셔 밧비 가옵시다 심봉사 이 말 듯고 깜작 놀나 나는 아모 죄가 업소 황성에셔 맹인님을 불너 올녀 벼살을 주고 조흔 가대를 만히 준다 하니 어셔 급히 관가로 갑시다 심봉사 관차 짜라 관가에 드러가니 관가에셔 분부하되 황 성셔 맹인잔채 하신다니 어셔 급히 올나가라 심봉사 대답하되 옷 업고 노자 업셔 황성 쳔리 못 가겟소 관가에셔도 심봉사 일을 다 아는지라 로 자를 내여주고 옷 일습 내여주며 어셔 밧비 올나가라 하니 심봉사 할 일 업셔 집으로 나와 마누라를 부른다쌩덕이네쌩덕어미는 심봉사가 화김에 물에 빠진 줄 알고 남은 살림 내 차지라 속으로 은근히 조화하더니 심봉 사가 드러오니짜 급히대답하대 네 네 여보 게 마누라 오날 관가에 갓더 니 황셩사 맹웅잔채를 한다고 날다려 가라하니 내 갓다 올 터이니 집안 을 잘 살피고 나 오기를 기다리소 너필죵부라니 가군 가는대 나 아니 갈 가 나도 갓치 가겟소 자네 말이 하도 고마오니 갓치 가 볼가 건너말 김장 자댁 돈 삼백 량 맷겻스니 그 돈 중에 오십 량 차저가지고 가세 에 그 봉사님 짠소리 하네 그 삼백 냥 발서 차저 이 달에 산구갑으로 다 업샛소

〈44〉

심봉사 긔가 막혀 삼백 냥 차저온 지 몃 칠 아니 되야 살구갑으로 다 업
새단 말이야 고까질 돈 삼백 냥을 썻다고 그갓치 노혀하나 네 말하는 꼴
드러본 즉 귀덕으네 집에 맥긴 돈을 쏘 썻구나쌩덕어미 쏘 대답하되 차
저서는 쩍갑 팟죽갑으로 발서 다 썻다 심봉사 더욱 긔가 막혀 애고 몹슬
년아 출천대효 내 쌀 심청이 림당수에 망종갈 째 사후에 선체라도 의탁
하라 주고 간 돈 네 넌니 무엇이라고 그 중한 돈을 쩍갑 살구갑 파죽갑으
로 다 녹앗단 말이냐 그러면 엇지하여요 먹고 십흔 것 안 먹을 수 잇소쌩
덕어미가 살망을 푸이며 엇진 일인지 나는 이 달에도 구실을 거르더니
신 것만 구미에 당기고 밥은 아조 먹기가 실혀요 그래도 어리석은 사나
히라 심봉사 이 말 듯고 깜작 놀나 여보게 그러면 태기가 잇슬나나베 그
러하나 신 것을 그러케 만히 먹고 그 애 나면 그놈에 자식이 시큰둥하야
쓰겟나 남녀간에 하나만 낫소 그도 그러려니와 서울구경도 하고 황성잔
채 갓치 가세 이럿틋 말을 하며 행장을 차릴 적에 심봉사 거둥 보소 졔쥬
양태 굴근 배로 중추막에 목견대 둘너씌고 노수냥 보에 싸서 억개에 둘
너메고 소샹반쥭 집팽이를 왼 손에 든 연후에쌩덕어미 압셰우고 심봉사
뒤를 짜라 황성으로 올나간다 한 곳을 다다라 한 주막에 드러 자노라니
그 근쳐에 황봉사라 하는 소경이쌩덕어미 잡것인 줄 린근 읍에 자자하야
한 번 보기를 원하얏는대쌩덕이네가 의례히 그곳 올 줄 알고 그 주인과
의론하고쌩더어미를 유인할 졔쌩더어미 속으로 생각하되 심봉사 짜라
황성잔채 간다 해도 눈 쓴 게집이야 참예도 못할 테이요 집으로 가자니
외샹갑에 졸닐 테니 집에 가 살 수 업슨 즉 황봉사를 짜라갓스면 일신도
편코 한철 잘살구는 잘 먹으리니 황봉사를 짜라가리라 하고 심봉사의 로
자 행장까지 도젹해 가지고 밤중에 도망을 하얏더라 불샹한 심봉사는

〈45〉

아모 조건 모르고 식전에 이러나서 여보쌩덕이모 어서 가세 무슨 잠을
그리 자나 하며 말을 한들 수십리나 다라난 계집이 엇지 대답이 잇슬 수
잇나 여보 마누라 마누라 아모리 하야도 대답이 업스니 심봉사 마음에
괴이하야 머리 맛을 더듬은 즉 행장 로자 싼 보가 업는지라 그제야 도망
한 줄 알고 애고 이 계집 도망하얏고나 심봉사 탄식한다 여보게 마누라
나를 두고 어대 갓나 나구 가세 마누라 나를 두고 어듸 갓나 황성 천리
먼 먼 길을 누구와 함께 동행하며 누구 밋고 가잔 말가 나를 두고 어듸
갓나 애고 애고 내 일이야 이러타시 탄식하다가 다시 생각하고 아서라
그 년을 생각하는 내가 잠놈일다 현철하신 곽씨부인 죽는 양도 보왓스며
출텬대효 내 딸 심청 생리별도 하얏거든 그 망할 년을 다시 생각하면 내
가 쏘한 잠놈일다 다시는 그 년을 생각하야 말도 아니 하리라 하더니 그
래도 쏘 못 이져 애고쌩덕어미 불으며 그 곳에서 써낫더라 쏘 한 곳을
다다르니 이째는 언의 째인고 오류월 더운 째이라 덥기는 불갓튼대 비지
쌈 흘니면서 한 곳을 당도하니 백셕쳥탄 시내가에 목욕하난 아희드리 저
의씰리 재담하며 목욕하난 소래가 나니 심봉사도 에라 나도 목욕이나 하
겟다고 의적삼 훨훨 벗고 시내가에 드러안저 목욕을 한참 하고 수변으로
나아가 옷슬 입으랴 더덤어본 즉 심봉사보다 더 시장한 도적놈이 집어가
지고 도망하얏고나 심봉사 긔가 막허 애고 이 도적놈아 내 것을 가져갓
단 말이냐 텬디인간 병신 중에 나 갓흐니 뉘 잇스리 일월이 밝엇서도 동
서를 내 모르니 사라 잇는 내 팔자야 어서 죽어 황텬 가서 내 딸 심청
고흔 얼골 만나서 보리로다 벌거버슨 알봉사가 불갓흔 볏 아래 홀노 안
져 탄식한들 그 뉘라 옷을 줄가 그 째 무릉태수가 황성 갓다 오는 길인대
벽제소래 반겨 듯고 올타 저 관원의게 억지나 좀 써 보리라 벌거버슨 알
봉사가

〈46〉

부자지만 훔켜 쥐고 알외여라 알외여라 급창아 알외여라 황성 가는 봉사
로서 백활차로 알외여라 행차가 머무르고 어대 사는 소경이며 엇지 옷은
버섯스며 무슨 말은 하랴는다 심봉사 엿자오되 예 소맹이 알외리다 소맹
은 황주 도화동 사옵더니 황성잔채에 가옵다가 하도 덥기에 이 물가에
목욕하다가 의복과 행장을 일엇싸오니 자세히 차져지이다 행차가 놀나
히 들으시고 그러면 무엇 무엇 일엇나냐 심봉사 일일히 알외니 행차가
분부하되 네 사정 원통하나 졸지에 차질 수 어려우니 옷 한 벌 주는 게니
어서 입고 황성에 올나가라 관행차 급창 불너 분부하되 너는 벙거지 써
도 탓 업스니 갓 버서 소경 주라 교군 군수건 쓰고 망건 버서 소경 주라
심봉사가 입고 나니 일은 웃보다 항결 나흔 지라 빅배사례하고 황성으로
올나갈 제 신세를 자탄하여 올나간다 어이 가리네 내 어이 가리네 오날
은 가다 엇듸 가 자며 래일은 가다 어듸 가 잘까 조자룡 월강하던 청총마
나 탓스며는 오날 황성 가련마는 밧짝 마른 내 다리로 몃 날 거러 황성
갈가 어이 가리네 내 어이 가리네 정객관산로긔중에 관산이 멀다 한들
날낸 군사 가는 길리라 눈 어둡고 약한 놈이 황성 쳔리 어이 가리 어이
가리 네 어이를 가리 황성은 가건만는 그 곳은 무슨 곳인고 용궁이 아니
여든 우리 딸을 만나보며 황텬이 아니여든 곽씨부인 만날소냐 궁하고 병
든 몸이 그 곳인들 어이 갈고 이러타시 자탄하며 록수경 이른지라 락수
교를 건너갈 제 가로에서 엇더한 녀인이 뭇는 말이 게 가는 게 심봉사요
나 좀 보오 심봉사 생각하되 이 쌍에서 나를 알 니 업것마는 괴이한 일이
로다 하고 즉시 대답을 하고 그 녀인 짜라가니 집이 쏘한 굉장하다 셕반
을 드리는대 찬수 쏘한 긔이하다 셕반을 먹은 후에 그 녀인이 봉사님 나
를 짜라 져 방으로 드러가옵시다 여보 무슨 우완 잇소 나는 눈만 봉사지
뎜

〈47〉

도 못치고 경도 못 읽소 녀인이 대답하되 잔말 말고 내 방으로 갑시다
심봉사 생각에 애고 암만해도 보쌈에 드럿나보다 마지 못하야 안으로 드
러가니 엇더한 부인인지 은근이 하는 말이 당신이 심봉사오 그러하오 엇
지 아시오 아는 도리가 잇지오 내 성은 안가요 십셰전 안맹하야 여간복
술을 배왓더니 이십오 세 되도록 배필을 아니 엇기는 증험하는 일 잇기
로 츌가를 아니 하엿더니 간밤의 쑴을 쑨 즉 하날에 일월이 쩌러져 뵈이
거날 생각에 일월은 사람의 안목이라 내 배필이 나와 갓흔 소경인 줄 알
고 믈의 잠기 보이거날 심씨인지 알고 청하얏사오니 나와 인연인가 하나
니다 심봉사 속마음으로 됴와서 말리야 됴컨마는 그러키를 바라겟소 그
날 밤에 안씨녀 맹인과 동침하며 잠시라도 질기더니 몽사 괴이한지라 니
튼날 니러 안저 봉사가 큰 걱정을 하니 안씨맹인이 뭇는 말이 우리가 백
년배필을 매젓는대 무슨 걱정이 그리 만으시오 내가 간밤에 쑴을 쑤니
내 가죽을 백겨 북을 메여 쳐 뵈이고 락엽이 쩌러저 쑤리를 다 덥허 뵈이
고 화렴이 츙텬한대 벌거벗고 왕래하얏스니 반다시 죽을 쑴이오 안씨맹
인이 한참 생각을 하더니 해몽을 하여 말하되 그 쑴인 즉 대몽이오 거피
작고하니 고경은 궁셩이라 궁안에 들 거시오 락엽이 귀근하니 부자상봉
이라 자녀 만나 볼 것이오 화렴이 춘텬한대 벌거벗고 왕래하기는 몸을
운동 펄펄 쮜엿스니 깃거움을 보고 춤츌 일이 잇겟소 심봉사 탄식한다
츌텬대효 내 쌀 심쳥 림당수에 죽은 후에 언의 자식 상봉할고 이러틋 탄
식한 후 안씨맹인 만류하므로 수일 류련하다가 서로 작별한 후에 심봉사
다시 황셩길을 쩌나니라 심봉사 안씨녀인을 작별하고 황셩을 당도하니
각도 각읍 소경드리 들거니 나거니 각쳐 려각에 들쓸느니 소경이라 소경
이 엇지 만히 왓던지 눈 성한 사람까지 소경으로 보일 지경

〈48〉

이라 봉명군사가 영긔를 들매고 골골 골목 외는 말이 각도 각읍 소경님네 맹인잔채 망종이니 밧비 와서 참례하오 고목하야 외고 가거날 심봉사가 객주에 쉬이다가 밧비 써나 궁안을 차저가니 수문장이 좌긔하고 날마다 오는 소경 졉고하야 들일 적에 이 째에 심황후는 날마다 오는 쇼경거주 성명을 바다보되 부친의 성명은 업스니 홀노 안저 탄식하다 삼천궁녀 시위하야 크게 울든 못하고 옥난간에 비겨 안저 산호렴에 옥면 대고 혼자말로 하는 말이 불상하신 우리 부친 생존한가 별셰한가 부쳐님이 령험하야 기간에 눈을 써서 소경축에 빠진신가 당년 칠십 로환으로 병이 들어 못 오신가 오시다가 로즁에서 무삼 랑패 보섯는가 나 살아 귀히 될 줄 알으실 길 업스니 엇지 아니 원통한가 이러틋 탄식하더니 이윽고 모든 소경 궁중에 들어와 잔채를 버려 안젓는대 말석에 안진 소경 감아니 바라보니 머리는 반백인대 귀밋해 거문 째가 부친이 분명하다 심황후 시녀를 불너 분부하되 저 소경 이리로 와 거쥬 성명 고하게 하라 심봉사가 쑤러안젓다가 시녀를 짜라 탑전으로 들어가서 세세원통한 사연을 낫낫치 말삼을 한다 소맹은 근본 황주 도화동 사옵는 심학규옵더니 삼십에 안맹하고 사십에 상쳐하야 강보에 싸인 녀아 동양젓 어더 먹여 근근히 길너내여 십오 세가 되얏는대 일홈은 심청이라 효성이 출텬하야 그것이 밥을 비러 연명하야 살아갈 째 몽운사 부쳐님께 공양미 삼백 셕을 지성으로 시주하면 눈 쓴단 말을 듯고 남경장사 션인들게 고양미 삼백 셕에 아조 몸을 영영 팔여 림당수에 죽엇는대 쌀 죽이고 눈 못 쓰니 몹슬 놈의 팔자 벌서 죽자 하엿더니 탑전에 세세원정 낫낫치 알왼 후에 죽삽자고 불원쳔리 왓나이다 하며 백수풍신 두 눈에서 피눈물이 흘너나니며 애고 내 쌀 심청아 업더지며 쌍을 치며 통곡을 마지 아니하니 심황후

〈49〉

이 말을 다 드르시매 말을 마치기 전에 발서 눈에 피가 두루고 쎠가 녹는 듯하야 부친을 붓드러 니로키며 애고 아버지 눈을 쩌서 나를 보옵소서 이 말을 심봉사 듯고 어더케 반가왓던지 두 눈을 번적 쓰니 심봉사 두 손으로 눈을 쓱쓱 부비며 으으 이게 원 말이냐 내 딸 심청이가 살단 말이냐 내 딸 심청이가 살단 말이 원 말이냐 내 딸이면 어듸 보자 하니 백운이 자옥 더하며 청학 백학 란봉 공작 운무 중에 왕내하며 심봉사 머리 우에 안개 자옥터니 심봉사가 두 눈이 활적 씌이니 텬지 일월 발가왓구나 심봉사 마음 여취여광하야 소례를 지른다 애고 어머니 애고 무슨 일로 양짝 눈이 환하더니 세상이 허견 허전코나 감엇던 눈을 쓰니 텬디 일월 반갑도다 딸의 얼골 처다보니 칠보화관 황홀하야 두렷하고 어엽불사 심봉사가 그졔야 눈 쓴 줄 알고 사방을 살펴보니 형형색색 반갑도다 심봉사가 엇지 조흔지 와락 달여 이 애 이게 누구냐 갑자 사월 초팔일 날 몽중 보던 얼골일세 음성은 갓다마는 얼골은 초면일세 얼시구나 지화자 지화자 이런 경사 쏘 잇슬가 여보게 세상 사람들아 고진감래 홍진비래 나를 두고 말일세 얼시고 지화자 조흘시고 지화자 조흘시고 어욱침침 빙 방안에 불 켠다시 반갑고 산양수 큰 싸홈에 자룡 본 듯 반갑도다 어둡든 눈을 쓰니 황성궁중 웬일이며 궁안을 살펴보니 내 딸 심청 황후 되기 쳔쳔만만 뜻 밧기지 창해만리 먼먼 길에 림당수 죽은 딸은 한세상에 황후 되고 내 눈이 안맹한 지 사십 년에 눈을 쓰니 넷 글에도 업는 말 허허 세상 사람들 일언 말 들엇슴나 얼시고 조흘시고 이런 경사 어듸 잇나 심 황후 쏘한 대희하사 부친을 뫼시고 삼천궁녀 웅위하야 내뎐으로 들어가니 황뎨씌서도 룡안에 유희하사 심학규로 부원군을 봉하사 갑뎨와 뎐답 노비를 사패하시고 쨍덕어미 황봉사는 일시에 잡아올녀 간죄를 엄증하고 도화동

⟨50⟩

백성들은 열호 잡역 제감하고 심황후 자라날 째 젓 먹여주던 부인 가택을 내리시고 상급을 후히 주시고 함게 자란 동무들은 궁중으로 불너드려 황후믜셔 보옵시고 장승상 부인 긔구잇게 뫼셔올녀 궁중으로 뫼신 후에 승상부인과 심황후와 서로 잡고 우는 양은 텬디도 감창이라 승상부인이 품안에서 족자를 내여 심황후 압해다 펼처노니 그 촉자에 쓰인 글은 심황후의 친필이라 서로 잡고 일희일비 하는 마음 족자의 화상도 우는 듯 하더라 부원군이 선영과 곽씨부인 산소에 영분을 한 연후에 중노에서 만난 안씨 맹인에게 칠십에 생남하고 심황후 어진 성덕 텬하에 가득하니 억조창생들은 만세를 부르고 심황후의 본일 밧아 효자 열녀가 가재라 슬푸다 후세에 이 글을 보는 재 뉘가 효성이 지극한 보배되는 줄을 생각지 안으리오 하엿더라

원본 심청전 죵

박문서관본 활자본 〈증상연정 심청전〉

　이 이본은 광동서국과 박문서관을 발행소로 하여 1915년에 초판이 나오고, 1922년에 10판이 나온 활자본이다. 여기 실은 것은 1922년에 발행된 것이다. 저작자는 홍순모(洪淳模), 발행자는 이관수(李觀洙)로 되어 있다. 작품 앞부분의 일부 내용에 한문이 병기되어 있으나, 대부분은 순국문으로 되어 있다. 또 내용에 앞서 작품 내용과 관련된 그림이 '恨歎生涯 심봉사 賢哲호 곽시부인'과 같은 제목과 함께 여러 장 실려 있다. 회장체로 편성된 점, 1페이지의 서두 부분의 차이, 돈을 허비한 일을 두고 나눈 심봉사와 뺑덕어미간의 대화부분이 심봉사가 황성으로 출발하기 직전에 놓여있는 점 등을 제외하면, 내용상 〈강상련〉과 차이가 없다. 현재 국립중앙도서관에 소장되어 있다.

박문서관본 활자본 〈증상연정 심청전〉

〈1〉

증상연뎡 심쳥젼(增像演訂 沈淸傳)

○ 제 일회 심청이 츌싱

각셜(却說) 디송(大宋) 시졀(時節)에 죠션국(朝鮮國) 황히도(黃海道) 황쥬군(黃州郡) 도화동(桃花洞)에는 곳곳마다 작작(灼灼)흔 도화(桃花)가 만발(滿發)ᄒ여 느진 봄 피는 꼿 경치(景致)가 화려(華麗)ᄒ여 가히 한번 볼 만흔디 졍(情) 업시 부는 바람 꼿가지를 후리치니 락화(落花)는 유졉(遊蝶)갓고 유졉(遊蝶)은 락화(落花)갓치 펄펄 날니다가 림당슈(林塘水) 흐르난 물에 힘업시 써러져셔 아름다온 봄 소식(消息)이 물소리를 짜라 흔젹(痕迹)업시 니려가는디 삼십츈광(三十春光)을 그 동리(洞里)에셔 살면셔도 도화류슈(桃花流水) 조흔 경(景)을 다 못보고 바람이 불면 꼿이 써러지나 보다 비가 오면 물이 흐르나 보다 짐작만 ᄒ고 지니는 사람 하나히 그 동리(洞里)에 잇스니 스름은 그 동리(洞里)에셔 군ᄌ양반(君子兩班)이라고 층찬(稱讚)을 ᄒ는디 셩(姓)은 심(沈)이요 명은 학규(學圭)라 셰디잠영지족(世代簪纓之族)으로 셩명(聲名)이 ᄌᄌ(藉藉)터니 가운(家運)이 영톄(零替)ᄒ야 조년(早年)에 안밍(眼盲)ᄒ니 락슈쳥운(落水靑雲)에 발ᄌ취 쓴어지고 금장자슈(錦帳紫綬)에 공명(功名)이 뷔

〈2〉

엿스니 향곡(鄕曲)에 곤(困)한 신세(身歲) 강근(强近)한 친척 업고 겸(兼)흐야 안밍(眼盲)흐니 뉘라셔 디접(待接)홀가마는 량반(兩班)의 후예(後裔)로셔 힝실(行實)이 쳥염(淸廉)흐고 지기(志槪)가 고상흐야 일동일졍(一動一靜)을 경솔(輕率)히 아니흐니 그 동닉 눈 뜬 사롬은 모두 다 층찬(稱讚)흐는 터이라 그 안히 곽씨부인(郭氏夫人) 쏘한 현쳘(賢哲)흐야 임수의 덕(德)과 쟝강의 식(色)과 목란(木蘭)의 졀기(絶槪)와 례긔(禮記) 가례(家禮) 닉측편(內則篇)과 주남(周南) 소남(召南) 관져시(關雎詩)를 모를 것이 바히 업고 봉제수(奉祭祀) 접빈긱(接賓客)과 린리(隣里)에 화목(和睦)흐고 가장공경(家長供敬) 치산범빅(治産凡百) 빅집수가감(百執事可堪)이라 그러나 가세(家勢) 빈한(貧寒)흐니 이졔(夷齊)의 쳥렴(淸廉)이오 안주(顔子)의 간난(艱難)이라 긔(箕)구 지업(之業) 바이 업셔 일간두옥(一間斗屋) 단표주(簞瓢子)에 반소음슈(飯蔬飮水)를 흐는 터에 곽외(郭外)에 편토(片土) 업고 랑하(廊下)에 로비(奴婢) 업셔 가련(可憐)흔 곽씨부인(郭氏夫人) 몸을 바려 품을 팔 졔 삭바누질 삭쌜닉질 삭질삼 삭마젼 염식흐기 혼상딕수(婚喪大事) 음식셜비(飮食設備) 술빗기 쩍찌기 일년(一年) 삼빅(三百) 륙십일(六十日)을 잠시(暫時)라도 놀지 안코 품을 팔아 모으는디 푼(分)을 모와 돈이 되면 돈을 모와 량(兩)을 만들고 량(兩)을 모와 관(貫)이 되면 린근(隣近) 동(洞) 스롬 중에 착실(着實)흔 데 빗을 쥬어 실슈업시 바다드려 츈츄시형(春秋時享) 봉제수(奉祭祀)와 압 못보는 가장 공경 시죵(始終)이 여일(如一)흐니 간난(艱難)과 병신(病身)은 조금도 허물될 것 업고 상하면(上下面) 스롬들이 불어흐고 층찬흐는 소리에 지미잇게 셰월(歲月)을 보닉더라 그러나 그갓치 지닉는 중에도 심학규(沈學圭)의 가슴에는 한갓 억울흔 한(恨)을 품은 것은 슬하(膝下)에 일졈혈육(一点血肉)이 업슴

〈3〉

이러니 하루는 심봉스가 마루라를 겻히 불너 안치고 흐는 말이 여보 마
루라 거긔 안져 니 말 좀 드러보오 사롬이 셰상(世上)에 나셔 부부(夫
婦)야 뉘 업슬싸만은 이목구비(耳目口鼻) 셩한 스롬도 불측(不測)흔 계
집을 엇어 부부(夫婦) 불화 만컨니와 마루라는 전싱(前生)에 나와 무슴
은혜(恩惠) 잇셔 이싱에 부부(夫婦)되야 압 못보는 가장 나를 한시 반쩌
놀지 안코 불쳘쥬야(不徹晝夜) 버러드려 어린 아히 밧들드시 항여 치워
홀가 비 곱흘가 의복음식(衣服飮食) 쩌마츄아 지셩(至誠)으로 봉양(奉
養)흐니 나는 편타 흐런니와 마누라 고싱살이 도로혀 불안(不安)흐니
괴로은 닐 넘어 말고 사는디로 스옵시다 그러나 니 마음에 지원(至冤)흔
일이 잇쇼 우리가 년광(年光)이 스십(四十)이나 슬하(膝下)에 일졈혈육
(一点血肉)이 업셔 조상향화(祖上香火)를 끈케 되니 죽어 황텬(黃泉)에
도라간들 무슴 면목으로 죠상(祖上)을 디(對)흐오며 우리 양쥬(兩主)
스후신셰(死後身勢) 초종장례(初終葬禮) 소디긔(小大朞)며 년년(年年)
이 오는 긔졔(忌祭) 밥 흔 그릇 물 흔 목음을 뉘라셔 쩌노릿가 병신즈식
(病身子息)이라도 남녀(男女)간 나아보면 평싱(平生) 흔(恨)을 풀 듯
흐니 엇지흐면 조흘는지 명산디쳔(名山大川)에 졍셩(精誠)이나 드려보오
(부인) 녯 글에 잇는 말숨 불효삼쳔(不孝三千)에 무후위디(無後爲大)라
흐얏스니 소쳡(小妾)의 즈(罪)가 응당(應當) 니츌(出)즉흐되 가군(家
君)의 넓으신 덕(德)으로 지금꼬지 보존(保存)흐얏스나 즈식(子息) 두
고 십은 마음이야 몸을 팔고 뼈를 간들 무슴 일을 못흐릿가만은 가장(家
長)의 졍디(正大)흐신 셩졍의향(性情意向)을 아지 못흐야 발셜(發說)치

〈4〉

못흐얏숩더니 몬져 말숨흐시니 무슴 일을 못흐릿가 지셩(至誠)껏 흐오

리다

이러케 디답(對答)ᄒ고 그날부터 품을 팔아 모은 지물 왼갓 정셩 다 드
린다

명산디쳔(名山大川) 령신당(靈神堂) 고묘총ᄉ(古廟叢社) 셕왕ᄉ(釋王
寺)에 셕불보살(石佛菩薩) 미륵(彌勒)님 젼노귀(前老鬼)마지 집짓기와
칠셩불공(七星佛供) 라한불공(羅漢佛供) 빅일산졔(百日山祭) 졔셕불공
(除夕佛供) 가ᄉ시쥬(袈裟施主) 인등시쥬(引燈施主) 창호시쥬(窓戶施
主) 신즁마지 다리 젹션(積善) 길닥기와 집에 드러잇는 날도 셩쥬조왕
(城主竈王) 토쥬졔신(土主諸神) 갓가지로 다 지니니 공(功)든 탑(塔)이
문어지며 힘든 나무 부러질ᄭ

갑ᄌ(甲子) 사월(四月) 초팔일(初八日)날 꿈 하나를 엇더스되 이상 밍
랑 괴이ᄒ다 텬디명랑(天地明朗)ᄒ고 셔긔반공(瑞氣蟠空)ᄒ며 오싁치
운(五色彩雲) 둘우더니 션인옥녀(仙人玉女) 학(鶴)을 타고 하날로셔 나
려온다 머리 우희 화관(花冠)이오 몸에는 하의(霞衣)로다 월픽(月佩)를
느짓 차고 옥픠소리 징징ᄒ며 계화(桂花)가지(枝) 손에 들고 언연(偃
然)히 나려와셔 부인(夫人) 압희 지비(再拜)ᄒ고 겻흐로 오는 양(樣)이
두렷훈 월궁항아(月宮嫦娥) 달 속으로 드러온 듯 남희관음(南海觀音)이
희즁(海中)으로 도라온 듯 심신(心身)이 황홀ᄒ야 진동치 못홀 젹에 션
녀(仙女)의 고흔 모양 이연(靄然)이 엿ᄌ오되

소녀(小女)는 다른 ᄉ롬 아니오라 셔왕모(西王母)의 쏠이러니 반도진상
(蟠桃進上) 가는 길에 옥진(玉眞) 비ᄌ 잠간 만

〈5〉

나 슈작을 ᄒ옵다가 째가 좀 느젓기로 상졔(上帝)믜 득죄(得罪)ᄒ고 인
간(人間)으로 졍비(定配)ᄒ야 갈 바을 모로더니 틱상노군(太上老君) 후

토부인(姤土夫人) 졔불보살(諸佛菩薩) 셕가(釋迦)님이 딕(宅)으로 지
시ᄒᆞ야 지금 ᄎᆞᄌᆞ왓ᄉᆞ오니 어엽비 녁이소셔
ᄒᆞ고 품에 와 안치거늘 곽씨부인 잠을 ᄭᆡ니 남가일몽(南柯一夢)이라 량
쥬(兩主) 몽ᄉᆞ(夢事)를 의논ᄒᆞ니 둘의 꿈이 갓흔지라 ᄐᆡ몽(胎夢)인 쥴
짐작ᄒᆞ고 마음에 희한ᄒᆞ야 못니 깃거 녁이더니 그달부터 ᄐᆡ긔(胎氣) 잇
ᄉᆞ니 신불(神佛)의 함이런가 하날이 도으심이런가 부인이 졍셩이 지극
홈으로 하날이 과연(果然) 감동(感動)ᄒᆞ심이러라
곽씨부인(郭氏夫人) 어진 범졀 죠심이 극진ᄒᆞ여 좌불변(坐不邊)ᄒᆞ고 립
불필(立不蹕)ᄒᆞ며 셕부졍부좌(席不正不坐)ᄒᆞ며 할부졍불식(割不正不
食)ᄒᆞ고 이불쳥음셩(耳不聽淫聲)ᄒᆞ고 목불시악식(目不視惡色)ᄒᆞ야 십
삭(十朔)을 고이 치이더니 하로ᄂᆞᆫ ᄒᆡ복긔미(解腹機微)가 잇셔 부인(婦
人)이
 익고 비야 익고 허리야
몸겨 누어 아르니 심봉ᄉᆞ가 겁(怯)을 니여 이웃집 차져가셔 친ᄒᆞᆫ 부인
다려다가 ᄒᆡ산구원(解産救援) 식여낼 졔 집 한 단 드려노코 시 사발 졍
화슈(井華水) 소반(小盤)에 밧쳐놋코 좌불안셕(坐不安席) 급ᄒᆞᆫ 마음 슌
산(順産)ᄒᆞ기

〈6〉

바랄 젹에 향ᄎᆔ(香臭)가 진동(振動)ᄒᆞ며 치운(彩雲)이 둘우더니 혼미
(昏迷) 즁(中)에 탄싱(誕生)ᄒᆞ니 션녀(仙女)갓흔 ᄯᆞᆯ이로다 웃집부인 드
러와셔 아기를 밧은 후에 삼을 갈나 누여노코 밧그로 나갓ᄂᆞᆫᄃᆡ 곽씨부인
졍신차려
(부인) 여보시오 셔방님 슌산(順産)은 ᄒᆞ얏ᄉᆞ나 남녀간(男女間)에 무엇
이오
심봉ᄉᆞ 깃분 마음 아기를 더듬어 삿흘 만져보아 한참을 만져보더니 우스

며 ᄒᆞᆫ는 말이

(심) 아기 삿흘 만져보니 아마 아달은 아닌가보오

빗틱(胚胎)ᄒᆞ기 젼(前)에ᄂᆞᆫ 빗틱(胚胎)ᄒᆞ기 희망(希望)이오 빗틱(胚胎)ᄒᆞᆫ 후(後)ᄂᆞᆫ 아달 되기 희망(希望)ᄒᆞᆫ는 마음은 닉외(內外)가 일반(一般)이라

곽씨부인 셜워ᄒᆞ야

만득(晩得)으로 나은 ᄌᆞ식 ᄯᆞᆯ이라니 졀통(切痛)ᄒᆞ오

심봉ᄉᆞ 디답ᄒᆞ되

마루라 그 말 마오 ᄯᆞᆯ이 아달만 못ᄒᆞ다 ᄒᆡ도 아달도 잘못 두면 욕급션죠(辱及先祖)ᄒᆞᆯ 것이오 ᄯᆞᆯᄌᆞ식

〈7〉

도 잘 두면 못된 아달과 밧구릿가 우리 ᄯᆞᆯ 고히 길너 례졀(禮節) 몬져 가라치고 침션방젹(針綫紡績) 잘 가라쳐 요조슉녀(窈窕淑女) 조흔 빅필(配匹) 군ᄌᆞ호구(君子好逑) 잘 가리여 금실(琴瑟)지락으로 죵ᄉᆞ우진진(螽斯羽振振)ᄒᆞ면 외손봉ᄉᆞ(外孫奉祀)ᄂᆞᆫ 못ᄒᆞ릿가 그런 말은 다시 마오 웃집부인 당부ᄒᆞ야 첫국밥을 얼는 지여 삼신상에 밧쳐노코 의관(衣冠)을 졍(淨)히 ᄒᆞ고 무릅 공손이 꿀고 삼신ᄭᅴ 두손 합쟝(合掌) 비ᄂᆞᆫ디 삼십삼텬(三十三天) 도솔텬(兜率天) 이십팔슈(二十八宿) 신불졔왕(神佛諸王) 령험ᄒᆞ온 신령님네 화의동심(和意動心)ᄒᆞ옵소셔 사십후(四十後)에 졈지(貼之)ᄒᆞᆫ ᄯᆞᆯ 십삭(十朔) 고히 것워 순산(順産)을 식이시니 삼신님의 넓부신 덕 빅골난망(白骨難忘) 이즈릿가 다만 독녀(獨女) ᄯᆞᆯ이라도 오복(五福)이 구비(具備)ᄒᆞ게 졈지ᄒᆞ야 동방삭(東方朔)의 명(命)을 주고 셕슝(石崇)의 복(福)을 니려 디순증ᄌᆞ(大舜曾子) 효힝(孝行)이며 반희(班姬)의 진질(才質) 틱임(太妊)의 덕힝(德行)이며 슈복(壽福)을 고로 틱여 외 붓듯 가지(茄子) 붓듯 잔병(殘病) 업시 잘 자라

나 일취월쟝(日就月將) 식힙소셔 빌기를 맛친 후(後) 더운 국밥 쪄다노
코 산모(産母)를 먹인 후 심봉스 다시 싱각ᄒ니 비록 쏠일망뎡 깃부고
귀한 마음 비홀더 업ᄂ지라 눈으로 보든 못ᄒ고 손으로 더듬거리며 아기
를 어르ᄂ디

아가 아가 니 쏠이야 아달 겸 니 쏠이야 금(金)을 쥰들 너를 사며 옥
(玉)을 쥰들 너를 사랴 어–둥

〈8〉

둥 니 쏠이야 열쇼경의 한 막더 분방셔안(粉房書案) 옥등경(玉燈檠) 시
벽바람 스초롱(紗燭籠) 당긔끗헤 진쥬(眞珠) 어름궁게 이어(鯉魚)로구
나 어– 둥둥 니 쏠이야 남젼북답(南田北畓) 쟝만ᄒᄂ들 이에셔 더 조ᄒ며
산호진쥬(珊瑚眞珠) 엇엇든들 이에셔 반가오랴 표진강(漂津江)에 슉향
(淑香)이가 네가 되여 틱엿ᄂ냐 은하슈(銀河水) 직녀셩(織女星)이 네가
되여 나려왓나 어– 둥둥 니 쏠이야
심학규(沈學圭)는 이갓치 쥬야(晝夜)로 즐거홀 제 뎡말로 반가운 마음
으로 이러ᄒ니 산모(産母)의 셥셥ᄒ 마음도 위로되여 셔로 즐겁게 ᄒ미
측양업더라

제이회(第二回) 곽씨부인(郭氏夫人) 상스(喪事)

슬푸다 셰상스(世上事)ㅣ 익락(哀樂)이 슈(數)가 잇고 스싱(死生)이 명
(命)이 잇ᄂ지라 운슈소도(運數所到)에 가련(可憐)ᄒ 몸을 용셔(容恕)
치 아니ᄒ도다 뜻밧쎄 곽씨부인 산후별증(産後別症)이 이러나 호흡(呼
吸)을 쳔촉(喘促)ᄒ며 식음(食飮)을 전폐(全廢)ᄒ고 정신업시 알ᄂ디

이고 머리야 이고 허리야 이고 머리야

ᄒᄂ 소리 심봉스 경겁ᄒ여 문의(問醫)ᄒ야 약(藥)을 쓰고 경(經)도 닑
고 굿도 ᄒ고 빅가지로 셔둘너도 죽기로 든 병(病)이라 인력(人力)으로
구(救)홀소냐 심봉스 긔가 막혀 곽씨부인 겻희 안져 젼신(全身)을 만져

⟨9⟩

보며

(심) 여보시오 마누라 정신차려 말을 ᄒᆞ오 식음을 전폐ᄒᆞ니 긔허ᄒᆞ야 이
러ᄒᆞ오 삼신님쎄 탈이 되며 졔셕님의 탈이 낫나 헐 일 업시 죽게 되니
이것이 웬일이오 만일 불ᄒᆡᆼ 죽게 되면 눈 어둔 이놈 팔즈 일가친쳑 바이
업셔 혈혈단신 이닉 몸이 올ᄃᆡ 갈ᄃᆡ 업시 그 쏘ᄒᆞ 원통ᄒᆞᄃᆡ 강보에 녀식
을 엇지를 ᄒᆞ잔 말이오

곽씨부인 싱각ᄒᆞ니 자긔의 알는 병셰 살지를 못헐 쥴 알고 봉스에게 유
언ᄒᆞ다 가군의 손을 잡고 후유 한숨 길게 쉬며

(부) 여보시오 셔방님 닉 말슴 드러보오 우리 부부 ᄒᆡ로ᄒᆞ야 빅년동거
ᄒᆞ쥣더니 명한을 못 익이여 필경은 죽을 터니 죽는 나는 셜지 안으나 가
군신셰 어이ᄒᆞ리 닉 평싱 먹은 마음 압 못보는 가쟝님을 닉가 조금 범연
ᄒᆞ면 고싱되기 쉽겟기에 풍한셔습 가리지 안코 남촌북촌 품을 팔아 밥도
밧고 반찬 엇어 식은 밥은 닉가 먹고 더운 밥은 가군 드려 주리지 안코
츕지 안케 극진공경ᄒᆞ옵더니 텬명이 이쑨인지 인연이 끈쳣는지 할 일 업
시 죽게 되니 닉가 만일 죽게 되면 의복 뒤를 뉘 거두며 조셕공궤 뉘라
홀가 스고무친 혈혈단신 의탁홀 곳 바히 업셔 집ᄒᆡᆼ막ᄃᆡ 걸쳐 잡고 더듬
더듬 다니다가 구렁에도 쎠러지고 돌에도 치여 너머져셔 신셰즈탄 우는
모양 눈으로 본 듯 ᄒᆞ고 긔한을 못 익의여 가가문젼 단이면셔 밥 좀 주오
슬푼 소리 귀에 징징 들이는 듯 나 죽은 혼빅인들 참아 웃지 듯고 보며
쥬야쟝텬 긔리다가 사십 후에 나은 즈식 졋 ᄒᆞᆫ 번도 못 먹이고 죽단 말이
무슴 일고 어

⟨10⟩

미 업는 어린 것을 뉘 졋 먹여 길너니며 츈하츄동 사시졀을 무엇 입혀

길너니리 이 몸 아츳 죽게 되면 멀고 먼 황텬길을 눈물 가려 어이가며
압히 막혀 어이 갈고 여보시오 봉스님 뎌 건너 김동지딕 돈 열양 맛겨스
니 그 돈은 츠져다가 나 죽은 초상시에 략략히 쓰옵시고 항아리 너은 양
식 산미로 두엇더니 못다 먹고 죽어가니 츌상이나 흔 연후에 두고 량식
ᄒᆞ옵시고 진어스딕 관디 흔 벌 흥비에 학을 놋타 못다 노코 보에 쓰셔
롱안에 너엇스니 남의 딕 중흔 의복 나 죽기 젼 보니옵고 뒤스마을 귀덕
어미 나와 친흔 스롬이니 니가 죽은 후일지라도 어린 아희 안고 가셔 졋
좀 먹여 달나 ᄒᆞ면 괄시 아니 ᄒᆞ오리다 텬힝으로 져 ᄌᆞ식이 죽지 안코
살아나셔 졔발노 것거들랑 압흘 셰고 길을 무러 니 묘 압히 차ᄌᆞ와셔 아
가 이 무덤이 너의 모친 무덤이다 력력히 가라쳐 모녀상봉 식여쥬오
텬명을 못 익의여 압 못보는 가장의게 어린 ᄌᆞ식 쪠쳐 두고 영결죵텬 도
라가니 가군의 귀ᄒᆞ신 몸 이통ᄒᆞ야 상치 말고 쳔만보죤ᄒᆞ옵소셔 초셩에
미진 한을 후셩에 다시 만나 리별 업시 살사이다 한숨 쉬고 도라누어 어
린 아희에게 낫을 디고 혀를 차며
텬지도 무심ᄒᆞ고 귀신도 야속ᄒᆞ다 네가 진작 싱겻거나 니가 조곰 더 살
거나 너 낫츠 나 죽으니 한량업는 구텬지통 너로ᄒᆞ야 품스게 되니 죽는
어미 산ᄌᆞ식이 싱사간에 무슴 죄냐 아가 니 졋 망죵 먹고 어셔 어셔 잘
잘어라 봉스다려 아 참 니가 이겻소 이 아희 일홈을랑 쳥이라 불너주오
이 익 주랴 지은 굴네 진옥판 홍슈울 진주드림 부젼다라 함 속에 너엇스
니 업치락 뒤치락 ᄒᆞ거들랑 나 본 듯시 씨워쥬오 홀 말이 무궁ᄒᆞ나 숨이
갓버 못ᄒᆞ깃소

〈11〉

말을 맛침이 한숨 겨워 부는 바람 삽삽비풍 되엿고 눈물겨워 오는 비는
소소셰우 되엿셔라 폐긔질 두셰번에 숨이 덜썩 끗쳣스니 곽씨부인은 임
에 다시 이 셰상 사람이 아니라 슬푸다 사람 수명을 하늘이 엇지 도으지

못ᄒ는고

이ᄯᅵ 심봉ᄉ 안밍ᄒ 스람이라 죽은 줄 모르고 아즉도 살아잇는 쥴 알고

(숩) 여보 마누라 병들면 다 죽을가 그런 일 업나이다 약방에 가 문의ᄒ야 약 지어 올 것이니 부디 안심ᄒ옵소셔

심봉사 속속히 약을 지어 집으로 도라와 화로에 불 피우고 부쳐질 히 다 려니여 북포슈건에 얼는 ᄶᅡ 들고 드러오며

(심) 여보 마누라 이러나 약 자시오

ᄒ고 약그릇을 겻히노코 부인을 이러안치랴 홀 졔 무셔운 증이 나셔 사지를 만져보니 수족은 다 느러지고 코 밋헤 찬 김이 나니 봉ᄉ 비로쇼 부인이 죽은 줄 알고 실셩발광ᄒ는디

이고 마누라 참으로 죽엇는가

가삼을 쾅쾅 머리를 탕탕 발을 동동 구르면셔 울며 불으지진다

여보시오 마누라 그디 살고 나 죽으면 져 ᄌ식을 잘 기울 걸 그디 죽고 니가 살아 뎌 ᄌ식을 엇지ᄒ며 구추히 스는 사롬 무엇 먹고 살아날ㅅ가 엄동셜한 북풍 불 졔 무엇 입혀 길너니며 비곱파 우는 ᄌ식 무엇 먹여 살녀닐가 평셩에 졍혼 ᄯᅳᆺ 사싱동거ᄒ잣더니 렴나국이 엇의라고 나 버리고 엇의 갓쇼 인졔 가면 언졔 올가 쳥츈작반호환향 봄을 ᄯᅡ라 오

〈12〉

랴는가 쳥텬유월리긔시오 달을 조ᄎ 오랴는가 곳도 지면 다시 피고 힝도 졋다 돗건마는 마누라 가신 곳은 몃 만리나 머러관디 한번 가면 못 오는가 심쳔벽도요지연에 셔왕모를 ᄯᅡ라갓나 월궁항아 쫙이 되여 도학ᄒ러 올나갓나 황능묘 이비젼에 회포말을 ᄒ러갓나 울다가 긔가 막혀 목졉이질 덜컥덜컥 치둥굴 ᄂᆞ리둥굴 복통졀식 셜니 우니 이ᄯᅵ 도화동 스롬드리 이 말을 듯고 남녀노쇼 업시 뉘 안이 슯허ᄒ리 동니셔 공논ᄒ되

곽씨부인 작고흠도 지극히 불상ᄒ고 안밍흔 심봉ᄉ가 그 아니 불상흔가

우리 동리 빅여호에 십시일반으로 흔 돈식 슈렴노아 현철흔 곽씨부인 감
쟝흐야 쥬면 엇더흐오

그 말이 흔번 나니 여츌일구 응락흐고 츌상을 흐려 홀졔 불상흔 곽씨부
인 의금관곽을 졍히 흐야 신건상두 디틀 우에 결관흐야 니여노코 명졍공
포운하습을 좌우로 갈나셰고 발인졔 지닌 후에 상두를 운숑홀시 남은 비
록 간난흔 초상이라도 동너가 힘을 도아 진심것 츠렷스니 상두치례 지극
히 홀란흐더라

남디단 휘장 빅공단 츠양에 초록디단 젼을 둘너 남공단 드림에 홍부젼
금즈 박아 압뒤 눈간 황금장식 국화 물녀 느리웟다 동셔남북 쳥의동즈
머리에 쌍북상투 좌우 난간 비겨셰고 동에 쳥봉 셔에 빅봉 남에 젹봉 북
에 흑봉 흔가운디 황봉 쥬홍당스 벌미듭에 스코 물녀 느리오고 압뒤에
쳥룡 식인 벌미듭 느리여셔 무명닷줄 상두군은 두건 졔복 힝젼끄지 싱베
로 겨들고셔 상두를 엇메고 굴 지즈로 운상흔다

  댕그랑 쌍그랑 어화 넘츠 너흐

〈13〉

그때에 심봉스는 어린 아히 강보에 싸 귀덕어미게 맛겨두고 졔복을 엇어
입고 상두 뒤치 겸쳐잡고 여광여취 실셩발광 부츅히셔 나가면셔
(심) 이고 여보 마누라 날 바리고 엇의 가나 나도 갑셰 나와 가치 만리라
도 나와 갑셰 엇지 그리 무졍흔가 즈식도 귀흐지 안쇼 어려셔도 죽을 테
오 굴머셔도 죽을 테니 날과 홈게 가스이다
(상두) 어와 넘츠 너하
심봉스는 울고 부르기를 마지 아니흐고 상두군은 상두노리가 끈치지 아
니흔다

  불상흔 곽씨부인 힝실도 음젼터니 불상히도 죽엇고나 어화 넘즈 너흐
북망이 멀다 마쇼 건넌산이 북망일셰 어화 너흐 너흐

이 세상에 나온 스룸 장싱불사 못ᄒ야셔 이 길 ᄒ번 당ᄒ지면 어화 넘
츠 너ᄒ 우리 마을 곽씨부인 칠십향수 못ᄒ고셔 오날 이 길 웬 일인가
어화 넘츠 너ᄒ 시벽닭이 지쳐 우니 셔산명월 다 넘어가고 벽수비풍 슬
슬 분다 어화 너ᄒ 너ᄒ
그럭져럭 건너 안산 도라드러 향양디디 갈히워셔 깁히 안장훈 연후에 평
토졔 지닉ᄂᆞᆫ디 어동육셔 홍동빅셔 좌포우혜 버려노코 축문을 닑을 제 심
봉스가 근본 밍인이 안이라 이십 후에 밍인이라 속에 식즈가 넉넉홈으로
셜은 원졍 축을 지어 심봉스가 닑ᄂᆞᆫ다
  차호부인 차호부인 요츠요됴숙녀혜여 틱명안지웅웅이라 긔빅년지히로
혜여 홀연몰혜혼귀로다 유치즈이영셰혜여 이하슐이양육ᄒ리 귀불귀혜
여 일거ᄒ니 무하시

〈14〉

이깅리로다 락송츄이위가ᄒ야 여취슈이장와로다 상음요혜 젹막ᄒ니 차
ᄂᆞᆫ견이ᄂᆞᆫ문이라 빅양지외 월락ᄒ야 산혜젹젹 밤 깁흔디 여수츄이유셩ᄒ
야 무슨 말을 ᄒ소한들 격유현이 로슈ᄒ야 게 뉘라셔 위로ᄒ리 (휴유)
쥬과포혜 박견이나 만히 먹고 도라가오 축문을 다 익더니 심봉스 긔가
막혀
 여보시오 마누라 나는 집으로 도라가고 마누라는 예셔 살고 으으으으
으으
달녀드러 봉분에 가 업더려셔 통곡ᄒ며 ᄒᄂᆞᆫ 말이
 그딕는 만스를 이져바리고 심심한 산곡 즁에 송빅으로 울을 삼고 두견
이 벗이 되야 창오야월 밝은 달에 화답가를 ᄒ랴ᄂᆞᆫ가 닉 신셰 싱각ᄒ니
기밥에 도토리오 쒱 일은 믹가 되니 누를 밋고 살스 것인가
불불히 봉분을 어루만져 실셩통곡 울음 우니 동즁의 힝긱드리 뉘 아니
셜워ᄒ리 심봉스를 위로ᄒ며

마오 마오 이리 마오 죽은 안히 싱각 말고 어린 즈식 싱각ᄒ오
심봉스 마지 못ᄒ야 고분지통 진정ᄒ야 집으로 도라올 졔 심봉스 졍신츠
려 동즁에 오신 손님 빅비치스 ᄒ직ᄒ고 집으로 향ᄒ야 도라가니라
　　　　第三回 沈봉스 沈淸을 기른다
이ᄯᅥ 심봉스는 부인을 미쟝ᄒ야 공산야월에 혼즈 두고 허동지동 도라오
니 부억은 젹막ᄒ고 방은 텅 뷔엿는디 향닉 그져 픠여잇다 흔덩그런 빈
방안에 벗 업시 혼즈 안져 온갓 습

〈15〉

흔 싱각홀 졔 이웃집 귀덕어미 스람 업는 동안에 아기를 가져가 보와 쥬
엇다가 도라와셔 아기를 쥬고 가는지라 심봉스 아기 밧아 품에 안꼬 지
리산 갈가마귀 게발 물어 더진 듯이 혼즈 웃쑥 안졋스니 셜음이 창텬흔디
품안에 어린 아기 죄아쳐 우름 운다 심봉스 긔가 믹혀 아기를 달닉는디
아가 아가 우지마라 너의 모친 먼 데 갓다 락양동촌 리화졍에 슉낭즈를
보러 갓다 황능묘 이비흔데 회포말을 ᄒ러 갓다 너도 너의 모친 일코 셔
름 겨워 너 우나냐 우지 말아 우지 마라 네 팔즈가 얼마나 조흐면 칠일
만에 어미 일코 강보 즁에 고싱ᄒ리 우지 마라 우지 마라 희당화 범나뷔
야 꼿이 진다 셜워 말아 명년 삼월 도라오면 그 꼿 다시 피나니라 우리
안히 가신디는 한번 가면 못 오신다 어진 심덕 착흔 힝실 잇고 살 길 바
이 업다 락일욕몰현산셔 희가 져도 부인 싱각 파산야우창츄지 비쇼리도
부인 싱각 셰우쳥강양스비ᄒ던 ᄶᅡᆨ 일흔 외기러기 명스벽히 바라보고 ᄯᅮ
루룩 씰눅 소리 ᄒ고 북텬으로 향ᄒ는 양 닉 마음 더욱 슯허 너도 쏘흔
임을 일코 임 츠져가는 길가 너와 나와 비교ᄒ면 두 팔즈 갓흐고나 이러
그러 그날 밤을 지낼 젹에 아기는 기진ᄒ니 어둔 눈이 더욱 침침ᄒ야 엇
지홀 쥴 모로더니 동방이 밝아지며 우물가에 두레 소리 귀에 얼는 들니
거늘 날신 쥴 짐작ᄒ고 문 펼쩍 열쩌리고 우둥퉁 밧게 나와

(심) 우물가에 오신 부인 뉘신 줄은 모로오나 칠일 안에 어미 일코 졋 못 먹어 죽게 되니 이익 졋 좀 먹여주오

〈16〉

(그 부인) 나는 과연 졋이 업쇼만은 졋 잇는 녀인네가 이 동닉 만亽오니 아기 안고 차져가셔 졋 좀 먹여 달나 ᄒ면 뉘가 괄시ᄒ오릿가

심봉亽 그 말 듯고 품 속에 아기 안고 한손에 집힝이 집고 더듬더듬 동닉 나가셔 아힉 잇는 집을 물어 시비 안에 드러셔며 익걸복걸 비는 말이 이 딕이 뉘시온지 살올 말숨 잇나이다

그 집 부인 밥을 ᄒ다 텀방지방 나오면셔 비감히 딕답ᄒ다

지닌 말은 다 아니ᄒ나 딕쳐 엇지 고성ᄒ시오며 엇지 오시닛가

심봉亽 눈물 지며 목이 메여 ᄒ는 말이

현철ᄒ 우리 안힉 인심으로 싱각ᄒ이 눈 어둔 날을 본들 어미 업는 어린 것이 그 아니 불상ᄒ오 딕집 귀ᄒ 아기 먹고 남은 졋 잇거든 이 익 졋 좀 먹여쥬오

동셔남북 다 다니며 이럿틋 익걸ᄒ니 졋 잇는 녀인네가 목셕인들 안 먹이며 도척인들 괄시ᄒ리

칠월이라 류화졀에 지심 미고 쉬인 녀가 이 익 졋 좀 먹여쥬오

빅셕청탄 시닉가에 쌜닉ᄒ나 쉬인 여가 이 익 졋 좀 먹여쥬오

근방의 부인네가 봉亽를 근본 아는고로 한업시 긍측ᄒ야 아기 바다 졋을 먹여 봉亽 쥬며 ᄒ는 말이

(부인네) 여보시오 봉亽님 어려히 알지 말고 릭일도 안亽고 오고 모레도 안亽고 오면 이

〈17〉

이 셜마 굼기릿가

(심) 어질고 후덕ᄒᆞ셔 됴흔 일을 ᄒᆞ시오니 우리 동니 부인ᄃᆡᆨ들 세상에ᄂᆞᆫ 듬으오니 비옵건ᄃᆡ 여러 부인 수복강녕ᄒᆞ옵소셔

빅비치하ᄒᆞ고 아기를 품에 안ᄉᆞ고 집으로 도라와셔 아기 비를 만져보며 혼ᄌᆞᆺ말로 허허 니 ᄯᅩᆯ 비 불넛다 일년 슴빅 륙십일 일싱 이만ᄒᆞ고 지고 이것이 뉘 덕이냐 동니 부인 덕이로다 어셔 어셔 잘 자러라 너도 너의 모친갓치 현철ᄒᆞ고 효힝 잇셔 아비 귀엄 뵈이여라 어려셔 고싱ᄒᆞ면 부귀 다남ᄒᆞ나니라

요 덥허 뉘여노코 아기 노는 사이 동냥홀 졔 마포견ᄃᆡ 두동 지어 왼 억기에 엇메이고 집힝이 둘너 집고 구붓ᄒᆞ고 더듬더듬 이 집 져 집 다니면셔 사쳘업시 동냥ᄒᆞ다 한편에 쌀을 너코 한편에 베를 엇어 주ᄂᆞᆫᄃᆡ로 져축ᄒᆞ고 한달 륙장 것우어 어린 아히 암죽거리 셜당홍합 ᄉᆞ셔 들고 더듬더듬 오는 양이 뉘 아니 불상ᄒᆞ리

이럿틋 구걸ᄒᆞ야 민월 삭망 소ᄃᆡ긔를 궐치 안코 지닉갈 졔 그ᄯᆡ 심청이ᄂᆞᆫ 쟝릭 크게 될 사람이라 텬디신명이 도아쥬어 잔병업시 잘아ᄂᆞᆫᄃᆡ 셰월이 여류ᄒᆞ야 그 아히가 륙칠셰 되민 쇼경 아비 손길 잡고 압헤 셔셔 인도 ᄒᆞ고 십여셰 되야가니 얼골이 일식이오 효힝이 츌텬이라 소견이 능통ᄒᆞ고 지조가 졀등ᄒᆞ야 부친 젼 조셕공양 모친의 긔졔ᄉᆞ를 극진이 공경ᄒᆞ야 어룬을 읍두ᄒᆞ니 뉘 아니 칭찬ᄒᆞ랴

셰상에 덧업ᄂᆞᆫ 거슨 셰월이오 무졍흔 것은 간ᄂᆞᆫ이라 심쳥이 발셔 나히 십일셰에 가셰 가

〈18〉

련ᄒᆞ고 로부가 궁병ᄒᆞ니 어리고 약흔 몸이 무엇을 의지ᄒᆞ여 살니오 ᄒᆞ로

는 심쳥이 부친전에 엿즈오되

(심쳥) 아버님 듯조시오 말 못ᄒᄂᄂ 가마귀도 공림 져믄 날에 반포를 훌
쥴 알고 곽거라 ᄒᄂᄂ 사람은 부모전 효도ᄒ야 찬수공양 극진홀 제 삼소
세 된 어린 아희 부모 반찬 먹이고즈 산즈식을 길려고 양쥐 셔로 의논
ᄒ고 밍종은 효도ᄒ야 엄동셜한 죽슌 엇어 부모봉양 ᄒ얏스니 소녀 나히
십여세라 녯 효즈만 못홀망졍 감지공친 못ᄒ오릿가 아버지 어두신 눈 험
노훈 길 단이시다 넘어져 샹키 쉽고 불피풍우 단이시면 병환 날가 넘녀
오니 아버지는 오늘부터 집안에 게시오면 소녀 혼즈 밥을 비러 조셕근심
도으리다 심봉소 더쇼ᄒ야

(심) 네 말이 효녀로다 인졍은 그러ᄒ나 어린 너를 너보너고 안져 바다
먹는 마음 너가 엇지 편케ᄉᄂ냐 그런 말은 다시 말아

(심쳥) 아버지 그 말 마오 즈로는 현인으로 빅리부미ᄒ야 잇고 옛날 데
영이는 낙양읍에 가친 아비를 몸을 파라 속퇴ᄒ니 그런 일을 싱각ᄒ면
사룸은 일반인디 이만 일을 못ᄒ릿가 넘어 만류마옵소셔

심봉소 올케 역여 허락ᄒ되

효녀로다 너 쏼이여 네 말이 긔특ᄒ니 아모려나 하렴으나

심쳥이 그놀부터 밥을 빌너 나셜 젹에

〈19〉

원산에 ᄒ 빗최고 압마을 연긔 나니 가련ᄒ다 심쳥이가 헌 베즁의에 웃
단님 미고 깃만 남은 헌 져고리 자락 업는 쳥목 휘양 볼셩업시 슉여쓰고
뒤축업는 헌 집신에 보션 업셔 발을 벗고 헌 박아지 손에 들고 건넛말
바라보니 쳔산조비 끈어지고 만경인종 바이 업다 북풍에 모진 바룸 살
쏘드시 불어온다 황혼에 가는 거동 눈 쑤리는 슈풀 속에 외로히 나라가
는 어미 일은 가마귀라 엽거름 쳣손을 불며 옹숑구려 건너간다 건너ᄉ말
다다라 이 집 져 집 밥을 비러 볼 졔 부억문 안 드러셔며 가련히 비는

말이

모친 상스흐신 후에 안밍흐신 우리 부친 공양헐 길 업스오니 딕에셔 잡
슈시는 디로 밥 호 술만 쥬옵소셔

보고 듯는 스람드리 마음이 감동흐야 그릇밥 짐치쟝을 앗기지 안코 더러
쥬며

아가 어셔 어한흐고 만히 먹고 가거라

허는 말은 가련한 졍에 감동되여 고마운 마음으로 흐는 말이라 그러나
심청이는 치운 방에 늙은 부친 나 오기믄 기다리니 나 혼즈 먹사릿가
흐는 말은 쏘호 부친을 싱각흐는 지졍에셔 나옴이러라

이러케 엇은 밥이 두셰 그릇 족흔지라 심청이 급흔 마음 쇽쇽히 도라와셔
쓰리문 밧게 당도흐며

(졍) 아바지 칩지 안쇼 디단이 시쟝흐지요 여러 집을 단이즈니 즈연 지
쳬 되엿슴이다

심봉스 쏠 보니고 마음 노치 못흐다가 쏠 소리 반겨 듯고 문 펄쩍 열고

〈20〉

익고 니 쏠 오너냐

두 손목을 덤셕 잡고

손 시리지 아니흐냐 화로에 불 쏘여라

흐고도 부모 마음은 즈식 익기는 것 갓치 간졀흔 것은 업는 터이라 심봉
스 긔가 막혀 훌젹훌젹 눈물 지며

익달도다 니 팔즈야 압 못보고 구츠흐야 쓰지 못홀 이 목숨이 살면 무
엇흐즈 흐고 즈식 고싱 식히는고

심청의 쟝헌 효셩 부친을 위로흐야

아버지 셜워마오 부모게 봉양흐고 즈식에게 효 밧는 것이 텬지에 쩟쩟
흐고 사톄에 당연흐니 넘어 심화 마옵쇼셔

이러케 봉양헐 졔 츈하츄동 ᄉ시졀을 쉬일 날 업시 밥을 빌고 나이 점점 자랄사록 침션녀공으로 삭을 밧아 부친공경을 여일히 ᄒ더라

第四回 심봉ᄉ 몽운ᄉ에 시쥬ᄒ다

셰월이 여류ᄒ야 심쳥이 십오셰를 당ᄒ더니 얼골이 국ᄉ이오 효힝이 츌텬혼 즁 지질이 비범ᄒ고 문필도 유여ᄒ야 인의례지 삼강힝실 빅집사가 감ᄒ니 텬성려질이라 녀즁에 군ᄌ요 금즁에 봉황이오 화즁에 모란이라 상하촌 ᄉ롭들이 모친계젹 ᄒ얏다고 칭찬이 ᄌᄌᄒ야 원근에 전파ᄒ니 하로는 월편 무릉촌 장승상 부인이 심쳥의 소문을 듯고 시비

〈21〉

를 보니여 심쇼져를 쳥ᄒ거놀 심쳥이 그 말 듯고 부친젼에 엿ᄌ오디
(쳥) 아바지 천만 의외에 장승상 부인끠셔 시비에게 분부ᄒ야 소녀를 부르시니 시비와 홈끠 가오릿가
(봉) 일부러 부르신다니 아니 가 뵈옵겟ᄂ냐 여보아라 그 부인이 일국 지상부인이니 조심ᄒ야 단여오라
(쳥) 아바지 쇼녀가 더듸 단여오게 되면 기간 시장ᄒ실 터니 이 진지상을 보와 탁ᄌ 우에 노왓슨즉 시장커든 잡슈시오 속히 단녀 오오리다
하즉ᄒ고 물너셔셔 시비를 싸라갈 졔 텬연ᄒ고 단뎡ᄒ게 쳔쳔히 거름 거러 승상문젼 당도ᄒ니 문젼에 들인 버들 오류츈식 자랑ᄒ고 담안에 긔화요초 즁향셩을 여러논 듯 즁문 안을 들어셔니 건츅이 웅장ᄒ고 장식도 화려하다 즁게에 다다르니 반빅이 넘은 부인 의상이 단뎡ᄒ고 긔부가 풍부ᄒ야 복록이 가득ᄒ다 심쳥을 반겨보고 이러셔 마즌 후에 심쳥의 손을 잡고
(장부인) 네 과연 심쳥인다 듯던 말고 다름이 업다
좌를 쥬어 안진 후에 ᄌ셔히 살펴보니 별노 단장혼 일 업시 텬ᄌ 봉용 국식이라 염용ᄒ고 안진 모양 빅석쳥탄 시니 ᄀ녀에 목욕ᄒ고 안진 졔비 사람 보고 날냐는 듯 얼골이 두렷ᄒ야 텬심에 돗은 달이 슈변에 비취인

듯 츄파를 흘니쓰니 시벽비 기인 하날 경경한 시별 갓고 팔즈 청산 가는
눈섭 초싱편월 경신이오 양협에 고흔 빗은 부용화 시로 핀 듯 단슌호치

〈22〉

말ᄒᆞ는 양 룡산에 잉무로다
(부인) 뎐신을 네 몰나도 분명훈 션녀로다 도화동에 격하ᄒᆞ니 월궁에 노
든 션녀 벗 ᄒᆞ나를 일헛도다 무릉촌에 니가 잇고 도화동에 네가 나셔 무
릉쵼에 봄이 드니 도화동에 기화로다 달텬디 졍긔ᄒᆞ니 비범훈 네로구나
심청아 말 들어라 승상은 긔셰ᄒᆞ시고 아달은 삼형졔나 황셩 가 려환ᄒᆞ고
다른 즈식 손자 업고 슬ᄒᆞ에 말 벗 업셔 자나 씨나 씨나 자나 젹젹훈 빈
방안에 디ᄒᆞ나니 촉불이라 길고 길은 겨울밤에 보는 거시 고셔로다 네
신세 싱각ᄒᆞ니 량반의 후예로셔 져럿트시 궁곤ᄒᆞ니 나의 슈양쫄이 되면
녀공도 슝샹ᄒᆞ고 문즈도 학습ᄒᆞ야 긔츌갓치 셩취 식혀 말년 즈미 보즈ᄒᆞ
니 네의 뜻이 엇더ᄒᆞ냐
심청이 엿즈오디
 명도가 긔구ᄒᆞ와 저 나흔 지 칠일 만에 모친 셰상 바리시고 안밍ᄒᆞ신
늙은 부친 나를 안고 단이면셔 동량젓을 엇어먹여 근근히 길너니여 이만
콤 되얏는디 모친의 의형 모습 모로는 일 쳘텬지훈이 되야 쯘칠 날이 업
삽기로 니 부모를 싱각ᄒᆞ야 남의 부모 봉양터니 오날날 승샹부인 존귀ᄒᆞ
신 쳐디로셔 미쳔훔을 불구ᄒᆞᄉ 쫄 삼으랴 ᄒᆞ옵시니 어머를 다시 본 듯
반갑고도 황송ᄒᆞ나 부인을 모시면은 니 팔즈는 영귀ᄒᆞ나 안밍ᄒᆞ신 우리
부친 사쳘의복 조셕공양 뉘라셔 ᄒᆞ오릿가 길너니신 부모은덕 ᄉᆞ롬마다
잇거이와 나는 더욱 부모은혜 비헐디 업스오니 슬하를 일시라도 쩌놀 슈
가 업삽니다
목이 메여 말 못허고 눈물이 흘너ᄂᆞ려 옥면에 젓는 형용 츈풍셰우 도화
가지 이슬에 잠기

〈23〉

엿다 점점이 쩌러진 듯 부인이 듯고 가상ㅎ야

(쟝) 네 말이 과연 출텬지효녀로다 노혼한 이 늙으니 밋쳐 싱각 못ㅎ엿다

그렁져렁 날 졈으니 심청이 이러셔며 부인젼에 엿자오디

(쳥) 부인 덕택으로 종일토록 놀다가니 영광이 무비오나 일력이 다ㅎ오니 제 집으로 가겟나이다

부인이 련련ㅎ야 비단과 피물이며 량식을 후이 쥬어 시비 홈게 보닐 젹에

(쟝) 심청아 말 들어라 너는 나를 잇지 말고 모녀간 의를 두라

(쳥) 부인의 어진 쳐분 루루 말숨 ㅎ오시니 가르침을 밧소리다

하직ㅎ고 도라오니라

그쩌에 심봉스는 무릉촌에 쌀 보니고 말 벗 업시 혼즈 안져 쌀 오기만 기다릴 졔 비는 곱하 등에 붓고 방은 치워 소랭ㅎ고 잘시는 날아들고 먼디 졀 쇠북 친이 날 졈은 쥴 짐작ㅎ고 혼즈말노 즈탄ㅎ되

우리 심청이는 응당 슈히 오련만은 무슨 일에 골몰ㅎ야 날 졈은 쥴 모로는고 부인이 잡고 아니 놋나 풍셜이 슬슬ㅎ니 몸이 치워 못 오는가 우리 쌀 장한 효셩 불피풍우 오련마는

시만 푸루루 날아가도 심청이 너 오나냐

낙엽만 벗셕히도 심청이 너 오너냐

〈24〉

아모리 기디려도 젹막공산 일모도궁 인젹이 바이 업다

심봉스 각갑ㅎ야 집힝막디 거더집고 쌀 오는디 마종간다 더듬더듬 쥬춤쥬춤 시비 밧게 나가다가 빙판에 발이 쩍끗 길 되는 기쳔물에 풍덩 쑥 쩌러져 면상에 진흙이오 의복이 다 졋는디 두 눈을 번젹이며 나오랴면 더 쌔지고 사방물이 츌넝거려 물소리 요란ㅎ니 심봉스 겁을 니여

 아모도 업소 스롬 살니시오

몸이 점점 깁히 빠져 허리 위 물이 도니

 아이고 나 죽는다

 츠츠 물이 올나와 목에 간즈런ᄒ니

 허푸푸 아이고 사롬 죽소

아모리 소리ᄒ들 니인거긱 ᄯᅳᆫ쳣스니 뉘라셔 건져쥬랴

그째 몽운ᄉ 화쥬승이 절을 쥬창ᄒ랴 ᄒ고 권선문을 둘너메고 시쥬집에 나려왓다 절을 츠저 올나갈 졔 츙츙거러 가는 거동 얼골은 형순빅옥 갓고 눈은 쇼상강 물결이라 량 귀가 축 쳐저 슈슈과슬 ᄒ얏는디 실굴갓총 감투 뒤를 눌너 흠쩍 쓰고 당상금관ᄌ 귀 위에다 쩍 부쳐 빅셰포 큰 장숨 당홍씌 눌너씌고 구리빅통 은장도 고름에 느짓 츠고 념쥬 목에 걸고 단쥬 팔에 걸고 쇼상반죽 열두 마듸 고리 길게 달아 쳘쳘 눌너집고 흐늘거려 올나간다 이 즁이 엇던 즁인고 류환디ᄉ 명을 밧아 룡궁에 문안 가다 약쥬 취케 먹고 츈풍 석교샹 팔션녀

<h2>〈25〉</h2>

희롱ᄒ든 셩진이도 아니오 삭발은 도진셰오 존염은 표쟝부라든 사명당도 아니오 몽운사 화쥬승이 시쥬집 니려왓다가 쳥산은 암암ᄒ고 셜월은 도라올 졔 석경에 좁은 길노 흔들흔들 흔들거려 올나갈 졔 풍편에 슬푼 쇼리 스롬을 쳥ᄒ거늘 이 즁이 의심니여

 이 울음이 웬 울음 마외역 저문 날 양틱진의 울음인가 호디셜곡 찬 바롬에 즁통군을 이별ᄒ든 쇼즁랑의 우름인가 이 쇼리가 웬 쇼린고

그 곳을 츠저가니 엇더ᄒ 스롬이 긔쳔물에 ᄲᅥ러저 거의 죽게 되엿거날 그 즁이 쌈짝 놀나 굴갓 쟝숨 훨훨 버셔 되는디로 니버리고 집헛던 구졀 죽장 되는디로 니버려 던지고 힝젼단님 보션 벗고 고두누비 바지가리 둘둘 말아 즈감이에 쫙 붓쳐 빅로규어격으로 짐검짐검 드러가 심봉ᄉ 가는

허리 에후리쳐 담쑥 안어
에-쑤름이여츠
물가 밧게 안친 후에 ᄌ서히 보니 젼에 보던 심봉ᄉ라
허허 이게 웬 일이오
심봉ᄉ 졍신 ᄎ려
(봉) 나 살닌 이 거 누구시오
(즁) 쇼승은 몽운사 화쥬승이올시다
(봉) 그럿치 활인지불이로고 죽은 사롬 살녀주니 은혜 빅골난망이오
그 즁이 손을 잡고 심봉ᄉ를 인도ᄒ야 방안에 안친 후에 저진 의복 볏겨
놋코 말른 의복 닙

〈26〉

힌 후에 물에 ᄲ진 리력을 무른즉 심봉ᄉ가 신셰ᄌ탄ᄒ야 젼후사 물을
ᄒ니 뎌 즁이 말ᄒ기를
우리 졀 부쳐님이 령험이 만으셔셔 빌어 아니 되난 일이 업고 구허면
응ᄒ시나니 부쳐님젼 공양미 삼빅셕을 시쥬로 올니압고 지셩으로 빌면
싱젼에 눈을 써셔 텬디만물 조흔 구경 완인이 되오리다
심봉ᄉ 그 말 듯고 쳐디는 싱각지 안고 눈 쓴다난 말만 반가워셔
여보쇼 뎌ᄉ 공양미 삼빅셕을 권션문에 젹어가소
뎌 즁이 허허 웃고
젹기는 젹ᄉ오나 딕 가셰를 둘너보니 삼빅셕을 쥬션홀 길 업슬 듯 허오
이다
심봉ᄉ 화증 니여
여보소 뎌ᄉ가 사룸을 몰나보네 엇던 실업슨 ᄉ룸이 령험ᄒ신 부쳐님
젼 빈말을 헐 터인가 눈도 못 쓰고 안진방이 마ᄌ 되게 사룸을 넘어 ᄌ미
업시 넉이난고 당장 젹어 그러치 안으면 칼부림 날 터이니

화쥬승이 허허 웃고 권션문에 올이기를 졔일층 홍지에다 심학규 미 슴빅
셕이라 디셔특셔ㅎ더니 ㅎ즉ㅎ고 간 연후에 심봉스 즁 보니고 화 쩌진
뒤 싱각ㅎ니 도로혀 후환이라 혼ㅈ 쟈탄ㅎ여
 닉가 공을 드리랴다 믄약에 ㅈ가 되면 이를 장차 엇지 ㅎ쟌 말가

〈27〉

묵은 근심 시 근심이 불갓치 이러나니 신셰쟈탄ㅎ야 통곡ㅎ는 말이
 텬지가 지공ㅎ사 별로 후박이 업것믄은 이니 팔쟈 어이ㅎ야 형세 업고
눈이 머러 히 달 가치 붉은 것을 분별헐 슈 젼혀 업고 쳐쟈갓흔 지졍간에
디ㅎ야도 못보는가 우리 망쳐 사랏스면 조셕근심 업슬텐디 다 커가는 쏠
ㅈ식이 삼스 동리 품을 팔아 근근호구ㅎ는 즁에 삼빅 셕이 어디 잇셔 호
긔 잇게 격어노코 빅가지로 혜아려도 방칙이 업시 되니 이 일을 엇지ㅎ
쟌 말가 독씨그릇 다 팔아도 한 되 곡식 살 것 업고 장롱홈을 방미흔들
단 돈 닷 양 싸지 안코 집이나 팔ㅈ헌들 비바람 못 가리니 니라도 안 살
테라 니 몸이나 팔ㅈ훈들 눈 못 보난 이 잡것 언의 누가 사가리오 엇던
스람 팔ㅈ 조와 이목구비 완연ㅎ고 슈족이 구비ㅎ야 곡식이 진진 지물이
넉넉 용지불갈 취지무금 그른 일이 업것믄은 나난 혼ㅈ 무슴 죄로 이 몰
골이 되얏는가 익고 익고 셜운지고
한참 이리 셜니 울 졔 이쩌 심쳥이 속속히 도라와셔 닷은 방문 펄젹 열고
아버지 불으더니 져의 부친 모양 보고 쌈짝 놀나 달녀들어
 익고 이게 웬 일이오 나 오는가 마죵코져 문 밧게 나오시다 이런 욕을
보시닛가 버스신 의복 보니 물에 흠신 져졋스니 물에 빠져 욕 보셧쇼 익
고 아버지 츕긴들 오작ㅎ며 분함인들 오작헐까 승상딕 로부인이 구지 잡
고 만류ㅎ야 어언간 더듸엿쇼
심쳥이 옷을 니여 밧귀여 입히고 일변으로 승상딕 시비다려 방에 불 쩌
달나고 쵸마폭을 거더쥐고 눈물을 씨츠면셔 언으 다시 밥을 지어 부친

압히 상을 올니고

〈28〉

아버지 진지 잡슈시오

심봉ᄉ 엇진 곡절인지

(봉) 나 밥 아니 먹을난다

(청) 엇지허여 그리시오 엇의 압하 그리시오 쇼녀가 더듸오니 쾌심ᄒ여 그리시오

(봉) 안일다

(청) 무슨 근심 게신닛가

(봉) 네 알 일 아니다

(청) 아버지 그 무슨 말슴이오 쇼녀는 아버지만 바라고 스읍고 아버지게셔는 쇼녀를 밋어 디쇼ᄉ를 의론터니 오날에 무슨 일로 너 알 일이 아니라니 쇼녀 비록 불효인들 말슴을 속이시니 마음에 셜ᄉ이다

ᄒ고 심쳥이 훌젹 훌젹 울으니 심봉ᄉ가 깜작 놀나

아가 아가 울지 말아 너 속일 니 업지만은 네가 만일 알고 보면 지극ᄒ 네 효셩에 걱졍이 되겟기로 진즉 말을 못ᄒ엿다 아ᄉ가 니가 너 오난가 문 밧게 나가다가 기쳔물에 빠져셔 거의 죽게 되엿더니 몽운ᄉ 화쥬승이 나를 건져 살녀노코 니 사졍 무러보기 니 신셰 싱각허고 젼후말을 다 힛더니 그 즁 듯고 말을 ᄒ되 몽운ᄉ 부쳐님이 령험ᄒ기 쏘 업스니 공양미 삼빅셕을 불젼에 시쥬ᄒ면 싱젼에 눈을 쩌셔 완인이 된다ᄒ기로 형셰는 싱각지 안코 화ᄉ김에 젹엇더니 도로혀 후회로다

〈29〉

심쳥이 그 말 듯고 반겨 웃고 디답ᄒ되

(청) 후회를 ㅎ옵시면 정성이 못 되오니 아버지 어두신 눈 졍녕 밝아 보
량이면 삼빅셕을 아모조록 쥰비ㅎ여 보오리다
(봉) 네 아모리 ㅎ자 헌들 안빈락도 우리 형셰 단 빅셕은 헐 슈 잇나
(청) 아버지 그 말 마오 녯날 일을 싱각ㅎ니 왕상은 고빙ㅎ야 어름궁게
리어 엇고 밍종은 읍죽ㅎ야 눈 가온디 죽슌 나리 그런 일 싱각ㅎ면 츌텬
더효 ㅅ친지졀 녯ㅅ람만 못ㅎ여도 지셩이 감텬이라 아모 걱졍 마옵쇼셔
만단으로 위로ㅎ고 빅가지로 안심케 ㅎ더라

第五回 심청이 몸을 파라 공양미를 밧들다

심쳥이 부친의 말을 듯고 그날붓터 후원을 졍히 쓸고 황토로 단을 모고
좌우에 금줄 미고 졍화슈 ㅎ 동위를 소반 우에 밧쳐 노코 북두칠셩 효야
반에 분향지비ㅎ 연후에 두 무릅 졍히 쑬코 두손 합장 비난 말이
상텬 일월셩신이며 하디 후토셩황 사방지신 졔텬졔불 셕가여리 팔금강
보살 소소응감ㅎ옵소셔 하나님이 일월 두기 사람의 안목이라 일월이 업
ㅅ오면 무슨 분별 ㅎ오릿가 소녀 아비 눈을 밝게 ㅎ여 텬싱연분 짝을 만
나 오복을 갓게 쥬워 슈부다남ㅈ를 졈지허여 쥬옵쇼셔
쥬야로 빌엇더니 도화동 심쇼져는 텬신이 아는지라 흠양을 ㅎ옵시고 압
일을 인도ㅎ셧

〈30〉

더라
(귀) 아가씨 이상훈 일 보앗나이다
(청) 무슨 일이 이상ㅎ오
(귀) 엇더훈 사람이 인지 십여명 단이면셔 갑은 고하간에 십오셰 된 쳐
녀를 사겟다 ㅎ고 단이니 그런 밋친 놈들이 잇쇼
심청이 속마음에 반겨 듯고
여보 그 말 진졍이오 졍말로 그리 되량이면 그 단이는 ㅅ람 중에 로슉

흐고 흔 스람을 불너오되 말이 밧게 나지 안케 죵용히 다려오오

귀덕어미 디답허고 과연 다려왔난지라 쳐음은 유모 식여 스룸 스랴는 리력을 무른즉 그 스람 디답흐되

우리는 본디 황셩스람으로셔 상고츠로 비를 타고 만리밧게 단이더니 비 갈 길에 림당슈라 흐는 물이 잇셔 변화 불측흐여 잣칫흐면 몰스를 당흐는디 십오셰 쳐녀를 데슈로 넛코 졔스를 지니면 슈로만리를 무스히 왕니흐고 장스도 흥황흐옵기로 싱이가 원슈로 스람 스랴 단이오니 몸을 팔쳐녀 잇스오면 갑을 관게치 안코 쥬겟나이다

심쳥이 그졔야 나셔며

나는 본촌 스람으로 우리 부친 안밍흐야 셰상을 분별 못흐기로 평싱에 한이 되여 하나님젼 축슈흐더니 몽순스 화쥬승이 공양미 삼빅셕을 불젼에 시쥬흐면 눈을 써셔 보리

〈31〉

라 흐되 가셰가 지빈흐여 쥬션헐 길 업셔 늬 몸을 방미흐여 발원흐기 바라오니 나를 스미 엇더흐오 늬 나히 십오셰라 그 아니 덕당흐오

션인이 그 말 듯고 심쇼져를 쳐다보더니 마음이 억식흐야 다시 볼 졍신이 업셔 고기를 슉이고 묵묵히 셧다가

랑즈 말슴 듯즈오니 거룩흐고 장흔 효셩 비헐 디 업습니다

이러타시 치흐헌 후에 져의 일이 긴흔지라 그리 흐오 허락흐니

(쳥) 힝션날이 언졔닛가

(션) 리월 십오일이 힝션흐는 날이오니 그리 아옵쇼셔

피츳 상약흐고 그 날에 션인들이 공양미 슴빅셕을 몽운스로 보닛더라

심쇼져는 귀덕어미를 빅번이나 단속흐야 말 못늬게 흔 후에 집으로 드러와 부친젼에 엿즈오되

(쳥) 아버지

(봉) 웨 그리느냐
(청) 공양미 숨빅셕을 몽운ᄉ로 올넛나이다
심봉ᄉ 쌈쟉 놀나셔
 그게 엇진 말인야 숨빅셕이 엇의 잇셔 몽운ᄉ로 보냇셔
심청이 갓흔 효셩으로 거즛말을 ᄒ여 부친을 속일까마는 사셰부득이라
잠싼 속여 엿줍

〈32〉

는다
 일젼에 무릉촌 장승상덕 부인ᄭᅴ셔 쇼녀 보고 말ᄒ기를 수양쌀 노릇ᄒ
라 ᄒ되 아버지 게시기로 허락 아니ᄒ엿난디 ᄉ세부득ᄒ야 이 말ᄉᆷ 살왓
더니 부인이 반겨 듯고 쌀 숨빅셕 쥬기로 몽운사로 보니옵고 슈양쌀노
팔엿니다
심봉ᄉ 물식 몰으고 디쇼ᄒ며 즐겨ᄒ다
(봉) 어허 그 일 잘 되엿다 일국 지샹부인이 오후복만ᄒ겟다 암만ᄒ여도
다르니라 그 일 잘 되엿다 언졔 다려간다드냐
(심) 리월 십오일날 다려간다 ᄒ옵듸다
(봉) 네 게 가 살더리도 나 살기 관게찬치 어- 참으로 잘 되엿다
부녀간에 이갓치 문답ᄒ고 부친 위로ᄒ 후 심청이 그날부터 선인을 싸라
갈 일을 곰곰 싱각ᄒ니 ᄉ람이 세상에 싱겨나셔 ᄒ쎄를 못보고 이팔청춘
에 죽어 이즐 일을 싱각ᄒᄂᆫ 것과 안밍ᄒ 즈긔 부친 영결ᄒ고 죽을 일이
정신이 아득ᄒ여 일에도 쯧이 업셔 식음을 젼폐ᄒ고 실음 업시 지니다가
다시 싱각ᄒ여보니 얼크러진 그물이 되고 쏘다 노은 쌀이로디 니 몸이
죽어노면 춘하츄동 사시졀에 부친 의복 뉘 다홀가 아즉 살라잇슬 쎡에
아버지 사쳘의복 망죵 지어 들이랴 ᄒ고 춘츄의복 상침 겻것 하졀의복
젹삼 고의 겨을의복 쇼음 두어 보에 싸셔 롱의 너코 갓 망근도 시로 사셔

말쑥에다 거러놋코 힝션날을 기달일 졔 하로밤 격흔지라 밤은 컴컴 삼경
인더 은하슈는 기우러져 촉불이 희미홀 졔 두 무릅을 쏘쿠리

<h2 style="text-align:center">〈33〉</h2>

고 아모리 싱각흔들 심신을 논뎡이라 부친의 버슨 버션볼이나 망죵 바다
드리리라 바눌에 실을 쐬여 손에 들고 희염 업는 눈물이 간쟝에서 쇼사
나 올나 경경열열흐여 부친 귀에 들니지 안케 속으로 늣겨 울며 부친의
낫에다가 얼골도 갑안니 디여보고 수죡도 만지면셔
 오날밤 뫼시면은 다시는 못 볼 테지 니가 흔번 죽어지면 여단수죡 우리
부친 누를 밋고 살으실가 이달도다 우리 부친 니가 철을 안 연후에 밥
빌기를 흐엿더니 이졔 니 몸 죽게 되면 츈하츄동 스시졀을 동리 걸인 되
겟구나 눈총인들 오작 쥬며 괄셰인들 오작홀가 부친 겻히 니가 뫼셔 빅
셰까지 공양타가 리별을 당흐여도 망극흔 이 서름이 층양홀 슈 업슬 터
인데 흡흐며 싱리별이 고금텬지 쏘 잇슬가 우리 부친 곤흔 신셰 젹슈단
신 살즈흔들 조셕공양 뉘라 흐며 고싱흐다 죽스오면 쏘 언의 즈식 잇셔
머리 풀고 이통흐며 초죵장사 소디긔며 년년 오난 긔졔스에 밥 흔 그릇
물 흔 그릇 뉘라셔 차려놀가 몹슬 년의 팔즈로다 칠일 안에 모친 일코
부친 마즈 리별흐니 이런 일도 쏘 잇는가 하양락일슈원리는 소통국의 모
즈이별 변삼슈유소일인은 룡산에 형뎨리별 졍긱관산로괴즁 오희월녀 부
부리별 셔츌양관무고이은 위셩에 붕우이별 그런 리별만 흐여도 피츳 살
아 당흔 리별 소식 드를 날이 잇고 만나볼 써 잇셧스니 우리 부녀 이 리
별은 니가 영영 죽어가니 언의써 소식 알며 언의 날에 만나볼가 도라가
신 우리 모친 황쳔으로 들어가고 나는 인졔 죽게 되면 수궁으로 갈 터이
니 수궁에 들어가셔 모녀상봉을 흐즈흔들 황텬과

〈34〉

슈궁길리 슈륙이 현슈ᄒ니 만나 볼 슈 젼혀 업네 수궁에셔 황텬 가기 몃 천리나 머다는지 황텬을 뭇고 무러 불원천리 ᄎᄌ간들 모친이 나를 어이 알며 나는 모친 어이 알니 만일 알고 뵈옵는 날 부친소식 뭇ᄌ오면 무슨 말로 디답홀ᄭᅩ 오날밤 오경시를 함디에 머므르고 리일 아ᄎᆷ 돗는 ᄒᆡ를 부상에 미엿스면 하늘ᄀᆞᆺ흔 우리 부친 더 헌 번 보련만은 밤 가고 ᄒᆡ 돗는 일에 뉘라셔 막을손가 텬디간 사졍 업셔 이윽고 둙이 우니 심청이 긔가 막혀 둘아 둙아 우지 마라 반야진관에 밍상군이 아니 온다 네가 울면 날이 시고 날이 시면 나 쥭는다 나 쥭기는 셜지 안으나 의지 업는 우리 부친 엇지 잇고 가잔 말가 밤시도록 셜이 울고 동방이 밝어오니 부친 진지 지으랴고 문을 열고 나셔보니 발셔 션인들이 시비 밧게 쥬져쥬져

(션인) 오날 ᄒᆡᆼ션날이오니 슈히 가게 ᄒᆞ옵소셔

심청이가 그 말을 듯고 디번에 두 눈에셔 눈물이 빙빙 도라 목이 메여 시비 밧게 나ᄋ가 여보시오 션인네들 오날 ᄒᆡᆼ션ᄒᆞ는 줄은 니 임의 알거니와 부친이 모르오니 잠간 지쳬ᄒᆞ옵시면 불상ᄒᆞ신 우리 부친 진지나 망종ᄒᆞ여 샹을 올려 잡슌 후에 말슴 엿쥬옵고 쩌나게 ᄒᆞ오리다 션인이 가긍ᄒᆞ여 그리ᄒᆞ오 허락ᄒᆞ니 심청이 드러와셔 눈물 셕거 밥을 지어 부친 압히 샹을 올니고 ᄋᆞ모조록 진지 만히 잡슛도록 ᄒᆞ노라고 샹머리에 마조 안져 자반도 쑥쑥 쩨여 슈져 우에 올녀노코 쌈도 쓰셔 입에 너며

(쳥) ᄋᆞ버지 진지 만히 잡슈시오

〈35〉

(봉) 오냐 만히 먹으마 오날은 별노 반찬이 미우 됴코나 뉘 집 졔ᄉ 지냇느냐 심청이가 긔가 막혀 속으로만 늣겨 울며 훌젹 훌젹 소리나니 심봉ᄉ 물식업시 귀 밝은 톄 말을 ᄒᆞᆫ다 아가 네 몸 압푸냐 감긔가 드럿나 보

구나 오날이 몃칠이냐 오날이 열닷시지 응 부녀 텬륜이 즁ᄒ니 몽조가
엇지 업슬소냐 심봉사가 간밤 꿈 이약이를 ᄒ더

(봉) 간밤에 꿈을 ᄭ우니 네가 큰 슈레를 타고 한업시 가 보이니 슈레라
ᄒ는 거슨 귀ᄒ 스람 타난 거시라 아마도 오날 무릉촌 승상ᄃᆡ에셔 가마
ᄐᆡ여 가려나 보다 심청이 드러보니 분명이 ᄌᆡ긔 죽을 꿈이로다 속으로
슬푼 싱각 가득ᄒ나 것으로는 아모ᄌᆞ록 부친이 안심토록 그 꿈이 장이
좃소이다 ᄃᆡ답ᄒ고 진지샹 물녀ᄂᆡ고 담ᄇᆡ 피여 올닌 후에 ᄉᆞ당에 하즉ᄎᆞ
로 셰슈를 졍히 ᄒ고 눈물 흔젹 업신 후에 졍ᄒ 의복 가라입고 후원에
도라가셔 사당문 가만히 열고 쥬과를 치려ᄂᆞ코 통곡지ᄇᆡ 하즉헐 졔 불효
녀식 심청이난 부친 눈을 ᄯᅴ우랴고 남경장ᄉᆞ 션인들ᄭᅦ 삼ᄇᆡᆨ셕에 몸이 팔
녀 림당슈로 가니 소녀가 죽드리도 부친의 눈을 ᄯᅴ여 착헌 부인 작비ᄒ
여 ᄋᆞ달 낫코 ᄯᅩᆯ을 나아 조샹향화 젼케ᄒ오

이러케 츅원ᄒ고 문 닷치며 우는 말이

소녀가 죽ᄉᆞ오면 이 문을 뉘가 여다드며 동지 한식 단오 츄셕 사명졀이
도라온들 주과포혜를 누가 다시 올니오며 분향지ᄇᆡ 누가 ᄒᆞᆯ고 조샹에 복
이 업셔 이 지경이 되옵는지 불샹ᄒ 우리 부친 무강근지친족ᄒ고 ᄋᆞᆸ 못
보고 형셰 업셔 밋을 곳이 업시 되니 엇지 잇고 도라갈가 우루루 나오더
니 ᄌᆡ긔 부친 안진 ᄋᆞᆸ헤 셧다 쳘셕 쥬져안져 아버지 부르더

〈36〉

니 말 못ᄒ고 긔졀혼다 심봉ᄉᆞ ᄭᅡᆷ짝 놀나 아가 윈 일이냐 봉ᄉᆞ의 ᄯᅩᆯ이라
고 누가 졍가ᄒ드냐 이거시 회동ᄒ엿고나 엇젼 일이냐 말ᄒ여라

심청이 졍신ᄎᆞ려

(청) 아버지

(봉) 오냐

(청) 니가 불효녀식으로 아버지를 속엿소 공양미 숨ᄇᆡᆨ셕을 누가 나를 주

오릿가 남경장수 션인들씌 슙빅셕에 몸을 팔녀 림당슈 데슈로 가기로 ᄒ
와 오날 힝션날이오니 나를 오날 망종 보오

사룸이 슬품이 극진ᄒ면 도로혀 가슴이 막히는 법이라 심봉수 하 긔가
막혀노으니 우름도 아니 나고 실셩ᄒᄂᆫ디 잇고 이게 웬 일이냐 응 참말
이냐 롱담이냐 말갓지 아니ᄒ다 나다려 뭇도 안코 네 마음디로 ᄒ단 말
가 네가 살고 닉 눈 쓰면 그난 응당 됴흐런니와 네가 죽고 너가 눈 쓰면
그게 무슨 말이 되랴 너의 모친 너를 낫코 칠일 만에 즉은 후에 눈조츠
어둔 놈이 몸안에 너를 안ᄉ고 이 집 져 집 단이면셔 동량졋 엇어먹여
그만치 ᄌ랏기로 ᄒ 스름을 이젓더니 네 이게 웬 말이냐 눈을 팔아 너를
살데 너를 팔아 눈을 산들 그 눈힉셔 무엇ᄒ랴 엇던 놈의 팔ᄌ로셔 안희
죽고 ᄌ식 일코 시궁지슈가 되단 말가 네 이 션인놈들아 장수도 조커니
와 스룸 스다 졔슈 넛난디 어디셔 보앗나냐 하ᄂᆞ님의 어지심과 귀신의
발근 마음 앙화가 업슬소냐 눈 먼 놈의 무남독녀 쳘 모르는 어린 것을
나 모르게 유인ᄒ야 사단 말

〈37〉

이 웬 말이냐 쌀도 실코 돈도 실코 눈 쓰기 닉 다 실타 네 이 독헌 상놈
들아 녯일을 모르나냐 칠년디한 감을 젹에 스룸 잡아 빌냐 ᄒ니 탕닙군
어진 마음 닉가 지금 비는 바는 빅셩을 위홈이라 스룸 죽여 빌 양이면
닉 몸으로 디신ᄒ리라 몸으로 희싱 도야 젼됴단발 신영빅모 상님뜰에 비
르시니 디우방슈쳔리 그런 일도 잇나니라 ᄎᆞ라리 닉 몸으로 디신 가면
엇더허냐 너의 놈들 나 죽여라 평싱에 밋친 마음 죽기가 원이로다

잇고 나 죽는다 직금 너가 죽어노면 네놈들이 무스홀까 무지강도놈들
아 싱스룸 죽이면는 디젼통편 률이 잇다

홀로 장담 니를 갈며 죽기로 시작ᄒ니 심쳥이 부친을 붓들고

아버지 이 일이 남의 툿이 아니오니 그리 마옵소셔 부녀 셔로 붓들고 둥

글며 통곡ᄒᆞ니 도화동 남녀로쇼 뉘 아니 셜어허리 션인들 모다 운다 그 즁에 한 ᄉᆞ람이 발론ᄒᆞ되

여보시오 령좌 령감 츌쳔ᄃᆡ효 심소져ᄂᆞᆫ 의논도 말녀니와 심봉ᄉᆞ 져 량반이 참으로 불상ᄒᆞ니 우리 션인 삼십여명 십시일반으로 져 량반 평싱신셰 굼치 안고 벗지 안케 쥬션을 ᄒᆞ야 쥬셰

ᄒᆞ니 즁이 ᄀᆡ왈 그 말이 올타ᄒᆞ고 돈 삼ᄇᆡᆨ량 ᄇᆡᆨ미 ᄇᆡᆨ셕 ᄇᆡᆨ목 마포 각 ᄒᆞᆫ바리 동즁의 의논ᄒᆞ며

숨ᄇᆡᆨ량은 논을 사셔 착실ᄒᆞᆫ ᄉᆞ롬 쥬어 도죠로 작정ᄒᆞ고 ᄇᆡᆨ미 즁 열둣셤은 당년 량식ᄒᆞ게 ᄒᆞ고 남져지 팔십셕은 년년이 흣터노아 장리로 츄심ᄒᆞ면 량미가 풍족ᄒᆞ니 그러케

〈38〉

ᄒᆞ시옵고 ᄇᆡᆨ목 마포 각 일ᄐᆡ는 ᄉᆞ쳘의복 짓게 ᄒᆞ소셔

동즁에셔 의론ᄒᆞ야 그리ᄒᆞ라 ᄒᆞ고 그 연유로 공문 ᄂᆡ여 일동이 귀일ᄒᆞ게 구별을 ᄒᆞ엿더라 그ᄯᅢ에 무릉촌 장승상 부인ᄭᅴ셔 심쳥이 몸을 팔녀 님당슈로 간단 말을 그졔야 드르시고 시비를 급히 불너

드르미 심쳥이가 죽으러 간다 ᄒᆞ니 싱젼에 건너와셔 나를 보고 가라 ᄒᆞ고 급피 다리고 건너오라

시비 분부 듯고 심쳥을 와셔 보고 그 연유로 말을 ᄒᆞ거늘 심쳥이 시비 ᄒᆞᆷᄭᅴ 무릉촌 건너가니 승상부인 밧게 나와 심쳥의 손을 잡고 눈물 지어 ᄒᆞ난 말이 네 이 무정ᄒᆞᆫ ᄉᆞ롬아 ᄂᆡ가 너를 안 이후로 ᄌᆞ식으로 녁엿는ᄃᆡ 너는 나를 이젓나냐 ᄂᆡ 말을 들어보니 부친 눈을 ᄯᅴ우랴고 션인에게 목을 팔녀 쥭으려 간다 ᄒᆞ니 효셩은 지극ᄒᆞ나 네가 쥭어 될 일이냐 그리 일이 되량이면 나ᄒᆞᆫ테 건너와셔 이 연유를 말힛스면 이 지경이 업슬 것을 엇지 그리 무상허냐 손 ᄭᅳ을고 들어가셔 심쳥을 안친 후에

쌀 숨ᄇᆡᆨ셕 줄 것이니 션인 불너 도로 주고 망령의사 먹지 말아

심청이가 그 말 듯고 흔춤 싱각다가 텬연이 엿주오되

당쵸 말숨 못흔 일을 후회흔들 엇지흐며 쏘흔 몸이 위친흐여 졍셩을 다 흐즈면 남의 무명식 흔 지물을 바라릿가 빅미 숨빅셕을 도로 니쥰다 흔들 션인들도 림시랑퓌 그도 쏘흔 어렵삽고 사람이 남에게다 흔번 몸을 허락흐야 갑을 밧고 팔엿다가 싹이 지닌 후

〈39〉

에 춤아 엇지 낫을 들고 무엇이라 보오릿가 로친 두고 죽는 것이 이효상 효흐는 쥴은 모로는 빅 안이로되 텬명이니 헐 일 업소 부인의 놉흔 은혜 와 어질고 착흔 말숨 죽어 황텬 도라가셔 결쵸보은흐오리다

승샹부인이 놀나와 심청을 살펴보니 긔식이 엄숙흐야 다시 권치는 못흐고 춤아 노키 이셕흐야 통곡하여 흐는 말이

니가 너를 본 연후에 긔츌갓치 졍을 두어 일시일각 못 보아도 흔이 되고 연연흐여 억졔치 못흐더니 목젼에 네 몸이 죽으려 가는 것을 참아 보고 살 슈 업다 네가 잠간 지체흐면 네 얼골 네 틱도를 화공을 불너 그려두고 니 싱젼 볼 것이니 조금만 머물너라

시비를 급히 불너 일등화공 불너드려 승샹부인 분부흐되

여보아라 졍신드려 심소져 얼골 체격 상하의복 입은 것과 슈심 겨워 우는 형용 차착 업시 그리면 중샹을 홀 터이니 졍신드려 잘 그리라

족즈를 니여노니 화공이 분부 듯고 족즈에 포슈흐야 류탄을 손에 들고 심소져를 쏙쏙이 바라본 후 이리져리 그린 후에 오식화필을 좌르르 펼쳐 각식단청 버려노코 난초갓치 푸른 머리 광치가 찬란흐고 빅옥갓흔 슈심 얼골 눈물 흔젹 완연흐고 가는 허리 고은 슈족 분명흔 심소져라 훨훨 쩌 러노으니 심소져가 둘이로다 부인이 일어나셔 우수로 심청의 목을 안스 고 좌슈로 화상을 어로만지며 통곡흐야 슯히 우니 심청이 울며 엿주오되

명녕히 부인쎠셔 젼셩에 니 부모니 오날날 물너가면 어늬 날에 뫼실잇

가 소녀의 일졈

〈40〉

슈심 글 한 슈 지어닉여 부인젼에 올니오니 걸어두고 보시오면 중험이 잇스리다

부인이 반기 넉여 필연을 닉여노니 화상족ᄌ상에 화졔글 모양으로 붓을 들고 글을 쓸 졔 눈물이 피가 되야 뎜뎜이 써러지니 송이송이 꼿이 되야 향닉가 날 듯ᄒ다 그 글에 ᄒ얏스되 셩긔ᄉ귀일몽간이라 권졍하필누산산가

셰간에 최유단쟝쳐는 쵸록강남인민환을

부인이 놀나시며

네 글이 진실노 신션의 구긔니 이번에 네 가난 길 네 마음이 아니라 아마 텬샹에서 불음이로다 부인이 ᄯ호 쥬지 호 축 ᄯ어닉여 얼는 써셔 심쳥 주니 그 글에 ᄒ엿스되

무단풍운야리혼은 취송명화히문이라

격고인간을 텬필넘이어늘 무고부녀단졍은이로다

심소져 그 글 밧고 단단히 감직ᄒ며 눈물노 리별홀 졔 무릉촌 남녀로소 뉘 아니 통곡ᄒ랴 심쳥이 건너오니 심봉ᄉ 달녀들어 심쳥의 목을 안고 쮜놀며 통곡혼다

나고 가ᄌ 나고 가 혼ᄌ 가지 못ᄒ리라 죽어도 갓치 죽고 살아도 갓치 살ᄌ 나 바리고 못 가리라 고기밥이 되드리도 나와 너와 갓치 되ᄌ

심쳥이 울음 울며 우리 부녀 텬륜을 ᄯ코 십허 ᄯᄉ오며 죽고십허 죽쌋릿가만은 익회가 슈에 잇고 셩ᄉ가 한이 잇셔 안ᄌ지졍 싱각ᄒ면 써날 날이 업스오나 텬명이니 헐 일 업소 불효녀식 심쳥이는 싱각지 마옵시고 아버지 눈을 써셔 광명텬지 다시 보고 착혼 스룸 구

〈41〉

혼ᄒ야 아달 낫코 쏠을 나어 후ᄉ 젼케 ᄒ옵소셔

심봉ᄉ 펄젹 쒸며 이고 이고 그 말 마라 쳐ᄌ 잇슬 팔ᄌ 되면 이런 일이 잇겟나냐 나 바리고 못 가리라

심청이 져의 부친을 동리 ᄉ롬에게 붓들이여 안쳐 놋코 울면셔 ᄒ는 말이 동너 남녀 어룬들네 혈혈단신 우리 부친 죽으려 가난 몸이 동즁만 밋오스니 깁히 싱각ᄒ옵소셔 하직ᄒ고 도라셔니 동리 남녀로소 업시 발 구르며 통곡ᄒ다

심청이 울음 울며 션인을 짜라갈 졔 쓸니는 초마자락 거듬거듬 안ᄉ고 만슈비봉 흔튼 머리 귀밋헤 와 드리엿고 피갓치 흐른 눈물 옷깃에 ᄉ모친다 졍신 업시 나가면서 건너집 바라보며 김동지딕 큰아가 너와 나와 동갑으로 격장간 피ᄎ 크며 형뎨가치 졍을 두어 빅년이 다 진토록 인간 고락 ᄉ는 흥미 함ᄭᅴ 보ᄌ ᄒ엿더니 나 이러케 쩌나가니 그도 쏘한 흔이로다 텬명이 그 쑨으로 나는 임의 죽거니와 의지업는 우리 부친 이통ᄒ야 상ᄒ실까 나 죽은 후이라도 수궁원혼 되깃스니 네가 나를 싱각거든 불상ᄒ신 나의 부친 극진 디우ᄒ야다고 압집 ᄌ근 아가 상침질 슈놋키를 누와 함ᄭᅴ ᄒ랴ᄂ냐 작년 오월 단오야에 추쳔ᄒ고 노던 일을 네가 그져 싱각너냐 금년 칠월 칠셕야에 함ᄭᅴ 걸교ᄒ잣더니 이졔는 허ᄉ로다 나는 임의 위친ᄒ야 영결ᄒ고 가거니와 네가 나를 싱각거든 불상훈 우리 부친 나 부르고 이통커든 네가 와셔 위로ᄒ라 너와 나와 사귄 본졍 네 부모가 니 부모요 니 모부가 네 부모라 우리 싱젼 잇슬 졔는 별로 혐의 업셧스나 우리 부친 빅셰 후에 디부에 드러오셔 부녀 샹

〈42〉

면ᄒ는 날에 네 졍셩 니 알깃다

이러타시 흐직홀 졔 하느님이 아시던지 빅일은 어듸 가고 음운이 즈옥ㅎ
다 이따감 비방울이 눈물ス치 써러지고 휘느러져 곱던 쏫이 이울고져 빗
히 업고 쳥산에 셧는 초목 수식을 씌워 잇고 록수에 드린 버들 늬 근심을
도읍는 듯 우는 이 져 꾀꼬리 너는 무슨 회포런가 너의 깁흔 한을 늬가
알든 못ㅎ야도 통곡ㅎ는 늬 심스를 네가 혹시 짐작홀까 뜻밧게 져 두견
이 귀촉도 불여귀라 야월공산 엇다 두고 진녕뎨송 단잔셩을 어이 살쟈
살오느냐 네 아모리 가지 우에 불여귀라 울것만은 갑을 밧고 팔닌 몸이
다시 엇지 도라오리 바람에 날닌 쏫이 낫헤 와 부듯치니 쏫을 들고 바라
보며 약도츈풍불히의ㅎ면 하인취송락화리오 츈신에 지는 쏫이 지고 십
허 지랴만은 바람에 써러지니 네 마음이 아니로다 박명홍안 나에 신셰
져 쏫과 ス흔지라 죽고 십허 죽으랴마는 스셰부득이라 수원수구홀 것 업
다 한거름에 눈물 짓고 두거름에 도라보며 쏫 써나가니 명도풍파가 일로
부터 위험ㅎ니라

第六回 심쳥이 림당수에 쌘지다

강두에 다다르니 션인들이 모혜드러 비ㅅ머리에 좌판 노코 심소져를 모
셔 올녀 비장안에 안친 후에 닷 감고 돗을 달아 어긔야 어긔야 소리ㅎ며
북을 둥둥 울니면셔 지향 업시 써나간다 범피중류 써나갈 졔 망망흔 창
희 중에 탕탕흔 물결이라 빅빈쥬 갈먹이는 홍료안으로 나라들고 삼강에
기럭이는 평스로 써러진다 료량흔 남은 소리 어젹인 듯ㅎ것마는 곡죵인
불견유식만 푸르럿다 이닉셩중만고수는 나를 두고 일음이라 장스를 지
나가니

〈43〉

가리부 간 곳 업고 명라수 바라보니 굴삼녀에 어복츙혼 엇의로 ス셧는고
황학루 다다르니 일모향관ㅎ쳐시오 연파강상스인수는 최호의 유젹이라
봉황뎌 다다르니 삼산반락쳥텬외 이수즁분빅로쥬는 틱빅이 노든 뎌요

심양강 다다르니 빅락텬이 어듸 가고 비파셩이 끈어젓다 젹벽강 그져 가
랴 소동파 노든 풍월 의구히 잇다만은 조밍덕 일셰지웅이 금에 안지지오
월락오계 깁흔 밤에 고소셩에 비를 미고 한산스 쇠북소리 긱션에 쩌러진
다 진회수 건너가니 격강에 녀들은 망국한을 모로고셔 연룡한슈월룽스
를 후졍화만 부르더라 소상강 드러가니 악양루 놉흔 집은 호상에 쩌셔
잇고 동남으로 바라보니 오산은 천쳡이오 초수는 만즁이라 반죽에 져진
눈물 이비 유흔을 쯰워 잇고 무산에 돗는 달은 동뎡호에 비취이니 상하
텬광 거울 속에 푸르럿다 챵오산에 졈은 연긔 참담ᄒᆞ야 황능묘에 잠기엿
다 삼협에 잔나뷔는 즈식 찻는 슯흔 소리 천긱소인 몃몃치냐 심쳥이 비
안에서 소상팔경 다 본 후에 한 곳을 가노라니 향풍이 이러나며 옥픠소
리 들니더니 의희한 쥬렴 시로 져기 가는 심소져야 나를 어이 모로느냐
우리 셩군 유우씨가 남슌슈ᄒᆞ시다가 창오야에 붕ᄒᆞ시니 속졀업는 이 두
몸이 소상강 디수풀에 피눈물을 뿌렷더니 가지마다 아롱져셔 입입히 원
한이라 창오산 붕상슈졀에 죽상지루너가멸이라 쳔츄에 깁흔 한을 ᄒᆞ소
홀 길 업셧더니 네 효셩이 지극키로 너다려 말ᄒᆞ노라 디슌붕후긔쳔년에
오현금 남풍시를 지금ᄭᆞ지 젼ᄒᆞ더냐 슈로만리 몃몃 칠에 조심ᄒᆞ야 단여
오라
홀연히 간 곳 업다 심쳥이 싱각ᄒᆞ니

〈44〉

소상강이 여기로다 죽으러 가는 나를 조심ᄒᆞ야 오라 ᄒᆞ니 진실노 괴이
ᄒᆞ다
그곳을 지니여셔 게산을 당도ᄒᆞ니 풍낭이 니러나며 찬 긔운이 소습더니
흔 스람이 나오는디 두 눈을 쌱 감고 가죽으로 몸을 싸고 울음을 울고
나오더니
져긔 가는 심쇼져야 네가 나를 모르리라 오ᄉ나라 즈셔로다 슯ᄒᆞ다 우

리 셩상 빅비의 참쇼를 듯고 촉루검을 주어 목을 질너 죽은 후에 가죽으로 몸을 쓰셔 이 물에 더졋구나 원통홈을 못 익의여 월병이 멸오홀 거슬 력력히 보랴ᄒ고 닉 눈을 일즉 쎄여 동문상에 걸엇더니 닉 완년히 보왓스나 몸에 쓰힌 이 가족을 뉘라셔 볏겨주며 눈업는 게 흔이로다 홀연이 간 곳 업다 심쳥이 싱각ᄒ니 그 혼은 오ㅅ나라 튱신 오즈셔라 흔 곳을 다다르니 엇더흔 두 스람이 퇴반으로 나오는디 압흐로 셔신 이는 왕즈의 긔상이라 의상이 람루ᄒ니 쵸슈일사 분명ᄒ다 눈물 지며 ᄒ는 말이 익달고도 분흔 것이 진나라 속임 되여 무관에 삼년 잇다 고국을 바라보니 미귀혼이 되얏구나 쳔츄에 흔이 잇셔 쵸혼조가 되얏더니 박랑퇴셩 반겨 듯고 속졀 업는 동령ㅅ달에 헛춤만 츄엇셰라

그 뒤에 흔 사람은 안식이 초최ᄒ고 형용이 고괴흔디

나는 초나라 굴원이라 회왕을 셤기다가 즈란의 참쇼를 맛나 더러 마음을 씨스랴고 이 물에 와셔 쎈졋노라 어엽불스 우리 님군 스후에나 뫼셔 볼까 길이 흔이 잇셧기로 이갓치 뫼셧노라 데고향지묘연헤여 짐황고왈 빅용이라 수목지령락헤여 공미인지혜로다 셰상에 문쟝지스 몃 분이나 계시더냐 심쇼져는 효셩으로 죽고 나는 튱심으로 죽

〈45〉

엇스니 츙효는 일반이라 위로코져 느왓노라 챵희만리에 평안니 가옵쇼셔 심쳥이 싱각ᄒ되 죽은 지 슈쳔년에 령혼이 남아 잇셔 닉 눈에 보는 일이 그 아니 이상흔가 나 죽을 증조로다 슯흐게 탄식ᄒ다 물에셔 밤이 몃 밤이며 비에셔 날이 몃 날이냐 거연 사오삭이 물결ᄀᆾ치 흘너가니 금풍습이 셕긔ᄒ고 옥우확이징영이라 락하는 여고목제비ᄒ고 츄슈는 공쟝텬일식이라 강안에 귤롱ᄒ니 황금이 쳔편이오 로화에 풍긔ᄒ니 빅셜이 만뎜이라 신포셰류지는 엽과옥로텽풍 불엇는디 괴로올스 어션들은 등불을 도도 달고 어가로 화답ᄒ니 도도는 게 슈심이오 희빈에 텽산들은 봉봉이

칼날이라 일락쟝스추식원ᄒ니 부지ᄒ쳐죠샹군이라 송옥의 비츄부가 이
에셔 슯홀쇼냐 동녀를 실엇스니 진시황의 치약비가 방스는 업셧스니 ᄒ
무뎨 구션빈가 너가 진작 죽ᄌ하니 션인들이 슈즉ᄒ고 살아 실녀 가ᄌ하
니 고국이 쳐량창망ᄒ다 ᄒ 곳을 당도ᄒ니 닷을 쥬고 돗을 질 졔 이는
곳 림당수라 광풍이 디작ᄒ고 바다가 뒤놉는디 어룡이 싸오는 듯 디양
바다 ᄒ가운디 돗도 일코 닷도 쓴쳐 로도 일코 키도 쌘져 바람 불고 물ᄉ
결 쳐 안기뒤셕거 자즈진 날이 갈 길은 쳔리나 만이나 넘고 스면이 거머
어득 졈으러 텬지지쳑 막막ᄒ야 산갓흔 파도 비ᄉ젼을 쌍쌍 쳐 경각에
위틱ᄒ니 도사공 이하가 황황디겁ᄒ야 혼불슈신ᄒ야 고스 졀차 차리는
디 셤쌀노 밥을 짓고 큰 돗 잡아 큰칼 쏘즈 졍ᄒ게 밧쳐 노코 삼식실과
오식당속 큰 쇼 잡고 동위슐을 방위 츠져 갈나놋코 심쳥을 목욕 식혀 의
복을 졍이 입혀 비ᄉ머리에 안친 후에 도ᄉ공이 고스를 올닐 졔 북치를
갈나쥐고 북을 둥둥둥 울니며 헌원씨 비를 모와 이

〈46〉

졔불통ᄒ옵신 후 후싱이 본을 바다 각기 위업ᄒ니 막디ᄒ 공이 안니릿가
하우씨 구년치수 비를 타고 다사리며 오복쇼뎡 공셰우구 도로구쥬 도라
들 졔 비를 타고 기다리고 공명의 놉흔 조화 동남풍 비러너여 조조의 빅
만디병 쥬유로 화공ᄒ야 젹벽디젼 ᄒ올 젹에 비 아니면 어이ᄒ리 쥬요요
이경양ᄒ니 도연명의 귀거리오 희활ᄒ니 고범지는 쟝한의 강동거오 임
슐지츄칠월에 종일위지쇼여ᄒ야 쇼동파 노라 잇고 지국총 어사화로 공
션만직월명귀는 어부의 즐김이요 긔도란요하장포는 오희월녀 치련쥬오
츠군발션하양셩은 상고션이 그 안인가 우리 동모 스물네명 상고로 위업
ᄒ야 시오셰에 조슈 타고 경셰우경년에 표박셔남 단이더니 오날눌 림당
수에 졔수를 올니오니 동희신 아명이며 남희신 츅늉이며 셔희신 거승이
며 북희신 융강이며 강호지종과 천틱지신이 졔수를 흠양ᄒ야 일체통감

호옵신 후 비럼으로 바람 쥬고 히약으로 인도호야 빅쳔만금 퇴를 니게
쇼망 일워 쥬옵쇼셔 고시리 둥둥 빌기를 다한 후에 심쳥이 물에 들나 션
인들이 지쵹호니 심쳥의 거동보쇼 빅ㅅ머리에 웃쑥 셔셔 두 손을 합쟝호
고 하느젼 비는 말이

비나니다 비나니다 호느님젼 비느니다 심쳥이 죽는 일은 츄호도 셜지
안으나 안밍호신 우리 부친 텬디의 깁흔 혼을 싱젼에 풀냐 호고 죽엄을
당호오니 황텬이 감동호ᄉ 우리 부친 어둔 눈을 불원간에 발게 호야 광
명텬디 보게 호오 뒤로 펄젹 쥬져안져 도화동을 향호더니 아버지 나는
죽쇼 어셔 눈을 쓰옵쇼셔
손 집고 이러셔셔 션인들긔 말호되

〈47〉

여러 션인 상고님네 평안이 가옵쇼셔 이번 힝션에 억십만 금리를 엇어
이 물가에 지나거든 나의 혼빅 넉을 불너 긱귀 면케 호야 쥬오 호고 영치
조흔 눈을 감고 초마폭을 무릅 쓰고 이리져리 뎌리 이리 빅ㅅ머리 와락
나가 물에 풍덩 쑌지니 물은 림당수오 사람은 심봉ᄉ의 쑬 심쳥이라 림
당수 깁흔 물에 힘업시 쩌러진 곳 허쟝어복 되단 말가
그 비에 션인 령좌 긔막혀 아츠 아츠 불상호다
령좌가 통곡호며 역군화장 업더뎌 울며
츌텬디효 심쇼져는 앗갑고 불상호다 부모형졔 죽엇슨들 이에셔 더홀쇼냐
이쎄에 무릉촌 장승부인은 심쇼져를 리별호고 의셕혼 마음을 익이지 못
호야 심쇼져 화상족ᄌ를 침상에 걸어두고 날마다 징험터니 호로는 족ᄌ
빗히 거머지며 화상에 물이 흐르거늘 부인이 놀나여 왈
인졔는 죽엇구나
비회를 못 익의여 간쟝이 끈치는 듯 가삼이 터지는 듯 긔믹혀 우름 울
졔 이윽고 족ᄌ빗치 완연히 시로오니 마음에 괴이호야 누가 건저 살녀니

여 목숨이 살앗는가 창희만리에 쇼식을 엇지 알니 그늘밤 삼경초에 졔젼
을 갓초와셔 시비ᄒᆞ야 들니고셔 강ㅅ가에 나아가 빅ㅅ쟝 한 곳에 쥬과표
헤 ᄎᆞ려노코 승샹부인 축문을 놉히 일거 심쇼저의 혼을 불너 위로ᄒᆞ야
졔 지닌다 강촌에 밤이 들어 ᄉᆞ면이 고요홀 졔

 심쇼저야 심쇼저야 앗갑도다 심쇼저야 안밍훈 너의 부친 어둔 눈을 씌
우랴고 평싱에

〈48〉

혼이 되야 지극훈 네 효셩에 죽기로써 갑흐랴고 일루잔명을 스스로 판단
ᄒᆞ야 어복의 혼이 된니 가련ᄒᆞ고 불샹코나 ᄒᆞᄂᆞ님이 엇지ᄒᆞ야 너를 니고
죽게 ᄒᆞ며 귀신은 어이ᄒᆞ야 죽는 너를 못 살니나 네가 나지 말엇거나 니
가 너를 몰낫거나 싱리사별 어인 일고 금음이 되기 전에 달이 몬저 기우
럿고 모츈이 되기 전에 꼿이 몬저 쩌러지니 오동에 걸닌 달은 두렷훈 네
얼골이 분명히 다시 온 듯 이실에 저진 꼿은 션연훈 네 틱도가 눈압히
나리는 듯 됴양에 안진 졔비 아름다온 네 쇼리 무슨 말을 하쇼홀 듯 두
귀밋헤 셔리털은 일로조ᄎᆞ 희여지고 인간에 남은 희는 너로ᄒᆞ야 지촉ᄒᆞ
니 무궁훈 나의 수심 너는 죽어 모르건만 나는 살아 고싱일다 훈 잔 술로
위로ᄒᆞ니 유유향혼은 오호이지라 샹향

제문 낡고 분향홀 졔 하늘이 나즉ᄒᆞ니 제문을 드르신 듯 강샹에 자진 안
기 치운이 어리는 듯 물결ㅅ히 잔잔ᄒᆞ니 어룡이 늣기는 듯 텽산은 젹젹
훈디 금조가 셜워훈 듯 평ㅅ젹 잠든 빅구 놀나 씌여 머리 들고 등불 단
어션들은 가는 길 머무른다 부인이 눈물 씻고 졔물을 물에 풀 졔 슐잔이
굴엇스니 쇼저의 혼이 온 듯 부인이 훈업시 셜워 집으로 도라오ᄉᆞ 그 잇
흔날 직물을 만히 드려 물ㅅ에 놉히 모하 망녀디를 지어노코 미월 삭망
으로 삼년까지 졔 지낼 졔 쌔가 업시 부인끠셔 망녀디에 올나안져 심쇼
져를 싱각더라

그때 심봉스는 무남독녀 똘을 일코 모진 목숨 아니 죽고 근근히 부지훌 제 도화동 사람들이 심쇼져 지극훈 효성으로 물에 쩐져 죽은 일을 불샹히 역여 망녀디 지은 엽희 타루비를 셰우고 글을 지어 식엿스니

〈49〉

심위기친쌍안할ㅎ야 살신셩효사룡궁을
연파만리심심벽ㅎ니 강초년년훈불궁을

강두에 셰워노니 리왕ㅎ는 힝인들이 그 비문 글을 보고 눈물 아니지나니 업더라

第七回 슈졍궁의 심청

디져 이 셰샹갓치 억울ㅎ고 고르지 못훈 셰샹이 업는지라 간눈코 약훈 사람은 그 부모가 나은 몸과 하날이 주신 귀즁훈 목숨도 보젼치 못ㅎ고 심쳥이 갓흔 츌텬디효가 필경 림당슈 물에 가련훈 눈물을 잠것도다 그러나 그 잠긴 곳은 이 셰샹을 리별ㅎ고 간 하날 셰샹이니 하느님에 능력이 한업시 큰 셰샹이라 리욕에 눈 어두운 셰샹 사람과 말 못ㅎ는 붓쳐는 심쳥을 도으지 못ㅎ엿거니와 림당슈 물귀신이야 엇지 심쳥을 모르리요 그쩌에 옥황샹뎨끠옵셔 스히용왕에게 분부ㅎ시되

명일 오시 초각에 림당슈 바다 즁에 츌텬디효 심쳥이가 물에 쩌러질 터이니 그디등은 등디ㅎ야 슈졍궁에 영졉ㅎ고 다시 령을 기다려 도로 츌송 인간ㅎ되 만일 시각에 어긔는 일이 잇스면 스히슈궁 졔신들이 죄를 면치 못ㅎ리라

분부가 지엄ㅎ시니 스히용왕이 황겁ㅎ야 원참군 별주부와 빅만쳘갑 뎨신이며 무슈훈 시녀들로 빅옥교즈 등디ㅎ고 그 시를 기다릴 뎨 과연 오시 쵸각 되즈 빅옥갓흔 훈 쇼져가 희샹에 쩌러지니 여러 션녀 옹뒤ㅎ야 심쇼져를 고히 뫼셔 교즈에 안치거눌 심쇼져 졍신츠려 스양ㅎ야 일은 말이 나는 진셰 쳔인이라 엇지 황송ㅎ야 룡궁 교즈에 타오릿가

〈50〉

여러 션녀 엿즈오되

상졔 분부게옵시니 만일 지쳬ᄒ옵시면 스희슈궁 탈이오니 지쳬 말고
타옵쇼셔

심청이 스양타 못ᄒ여 교즈에 안즈니 졔션녀 옹위ᄒ야 슈뎡궁으로 들어
갓다 위의도 장헐시고 텬상 션관 션녀들이 심소져를 보고 좌우로 버려셧
ᄂᄃ 티을진군 학을 타고 안기싱은 눈초 ᄐ고 젹송즈ᄂ 구름 타고 갈션
옹은 스즈 ᄐ고 청의동즈 홍의동즈 쌍쌍이 버려셧ᄂᄃ 월궁항아 셔왕모
며 마고션녀 락포션녀 남악부인 팔션녀 다 모여들엇ᄂᄃ 고흔 물식 조흔
픠물 향긔가 진동ᄒ고 풍악이 랑즈ᄒ다 왕즈진의 봉피리 곽쳐스 죽장고
롱옥의 옥퉁쇼 완져의 회파람 금고의 거문고 랑즈헌 풍악쇼리 슈궁이 진
동혼다 슈졍궁을 드러가니 집지례가 황홀ᄒ다 쳔여간 슈졍궁에 호박기
동 빅옥쥬츄디 모란간 상호쥬렴 광치 찬란ᄒ고 셔긔반공이라 쥬궁픠궐
은 응쳔상지슴광이오 비인간지오복이라 동으로 바라보니 삼빅쳑 부상가
지 일륜홍이 피여잇고 남으로 바라보니 디붕이 비진ᄒ야 슈식이 남과 갓
고 셔으로 바라보니 효아요지왕모강ᄒ니 일쌍 쳥됴 나라들고 북으로 바
라보니 요쳡하쳐시즁원고 일만쳥산이 푸르럿다 우으로 바라보니 즁쥬과
일봉셔ᄒ니 창셩화장을 다 졔ᄒ고 아리로 바라보니 쳥호빈문찬빗셩ᄒ니
강신하빅이 조회혼다 음식을 드릴 젹에 셰상에 업ᄂ 비라 파리상 화류반
에 산호잔 호박디며 하쥬 련엽쥬를 긔린포로 안쥬 노코 호로병 데호탕에
감로쥬를 겻드리고 금강셕 식인 졍반 안기증조 담아노코 좌우에 션녀들
이 심소져를 위로ᄒ고 슈졍궁에 머물을시 옥황상뎨 령이여든 거힝이 범

〈51〉

연ᄒ랴 스희룡왕끠셔 션녀들을 보니여 조셕으로 문안ᄒ고 데번ᄒ여 시

위헐식 삼일에 쇼년이오 오일에 디연으로 극진이 위로ㅎ더라

심쇼져는 이러틋 슈정궁에 머물을식 ㅎ로는 ㅎ날에 옥진부인이 오신다
ㅎ니 심쇼져는 누군 쥴 모로고 이러셔 바라보니

오식 치운이 벽공에 어렷는디 됴량훈 풍악이 궁중에 랑ᄌ하며 우편에는
단게화 좌편에는 벽도화 청학 빅학 옹위ㅎ고 공작은 춤을 츄고 안비로
전언ㅎ야 텬상션녀 압홀 셔고 룡궁션녀 뒤를 셔 엄숙ㅎ게 나려오니 보던
비 쳐음이라 이윽고 나려와 교ᄌ로 조ᄎ 옥진부인이 드러오며

심청아 너의 모 니가 왓다

심쇼져 드러보니 모친이 오셧거눌

심청이 반겨라고 펄적 쒸여 니려가

익고 어머니오

우루루 달녀드러 모친목을 덜컥 안ᄉ고 일희일비ㅎ는 말이

어머니 날를 난 지 칠일 만에 샹ᄉ 나셔 근근ㅎ 쇼녀 몸이 부친 덕에
안이 죽고 십오세 당ㅎ도록 모녀간 텬디 중훈 얼골을 모르기로 평싱 한
이 밋쳐 이즐 날이 업습드니 오날날 뫼시오니 나는 한이 업ᄉ오나 외로
오신 아버지는 누를 보고 반기실까

시로옵고 반가온 졍과 감격ㅎ고 급급훈 마음 엇지헐 쥴 모로다가 뫼시고
루에 올나가 모

〈52〉

침 품에 ᄊ여 안겨 얼골도 디여보고 슈족도 만져보며

졋도 인졔 먹어보자 반갑고도 즐거워라

이갓치 즐겨하며 울음 우니 부인도 슯허ㅎ고 등을 쓱쓱 두다리며

울지 마라 니 쭐이야 니가 너를 난 연후로 샹졔 분부 급ㅎ야 세상을 이
졋스니 눈 어둔 너의 부친 고싱ㅎ고 살으신 일 싱각ᄉ록 긔믹힌다 버셧
ᄀ고 이슬ᄀ흔 십분구ᄉ 네 목슘을 더욱 엇지 밋엇스랴 황텬이 도와쥬ᄉ

네 이졔 살앗구나 안어볼ᄭᅡ 업어볼ᄭᅡ 귀ᄒᆞ여라 니 ᄯᅩᆯ이야 얼골 전형 웃
는 모양 너에 부친 흡ᄉᆞᄒᆞ고 손ㅅ길 발ㅅ길 고은 것이 엇지 그리 나 ᄀᆞᄐᆞᆫ
냐 어려서 크던 일을 네가 웃지 알냐마는 이 집 저 집 몃 ᄉᆞ롬에 동량졋
을 먹고 큰니 뎌 기간 너의 부친 그 고ᄉᆡᆼ을 알니로다 너의 부친 고ᄉᆡᆼᄒᆞ고
등당 만히 늙으셧지 뒤동ㅅ리 귀덕어미 네게 미우 극진ᄒᆞ니 지금ᄭᅡ지 살
앗나냐
심청이 엿ᄌᆞ오되
 아버지게 듯ᄉᆞ와도 고ᄉᆡᆼᄒᆞ고 지난 일을 엇지 감히 이즈릿가
부친 고ᄉᆡᆼᄒᆞ던 말과 닐곱 살에 제가 나셔 밥 빌어 봉친헌 일 ᄇᆞ느질노
사든 말과 승샹부인 저를 불너 모녀 의로 ᄆᆡ진 후에 은혜 틱산ᄀᆞᄐᆞᆫ 일과
선인 ᄯᅡ라 오랴헐 째 화샹족자ᄒᆞ던 말과 귀덕어미 은혜 말을 낫낫치 다
고ᄒᆞ니 부인이 그 말 듯고 승샹부인 치하ᄒᆞ며 그렁저렁 여러 날을 슈졍
궁에 머물을 졔 하로는 옥진부인이 심청다려
 모녀간에 반가온 마음 한량이 업것만는 옥황상졔 쳐분으로 맛튼 직분
허다ᄒᆞ야 오릭

〈53〉

지체 못ᄒᆞ겟다 오날 날를 리별ᄒᆞ고 너의 부친 맛날 쥴을
너야 엇지 알냐마는 후일에 셔로 반길 ᄭᅢ가 잇스리라
작별ᄒᆞ고 니러나니 심청이 긔가 막혀
 아이고 어머니 쇼녀는 마음 먹기를 오릭오릭 뫼실 쥴노만 알엇든니 리
별이 웬 말이오 아모리 익걸훈들 임의로 못 설지라 옥진부인이 니러셔셔
손을 잡고 작별터니 공중으로 향ᄒᆞ야 인홀불견 올나가니 심청이 할 일
업시 눈물로 하즉ᄒᆞ고 슈졍궁에 머물을시 심랑ᄌᆞ 츌텬디효를 옥황상졔
ᄭᅵ옵셔 심히 가상이 역이ᄉᆞ 슈궁에 오릭 둘 길이 업셔 ᄉᆞ히룡왕에게 다
시 하교ᄒᆞ사 딕딕효심 심청이를 옥뎡련화 꼿봉 쇽에 아못됴록 고히 모셔

오던 길 림당슈로 도로 너보너라 이르시니 룡왕이 령을 듯고 옥녕연 꼿
봉 속에 심랑즈를 고히 모셔 림당수로 환숑헐시 스히룡왕 각궁시녀 팔션
녀를 츠례로 흐직흐는딕
 심랑즈 장흐 효힝 셰상에 나가셔셔 부귀영화를 만만셰나 누리쇼셔
심랑즈 딕답흐되
 죽은 몸이 다시 스라 여러 왕의 은혜 입어 셰상에 다시 가니 수궁에 귀
흔 몸이 니니 무량 흐옵쇼셔
한두 마듸 말을 홀 시 인홀불견 즈최업다
꼿봉 속에 심랑즈는 막지소향 모로다가 수뎡문 밧 쩌나갈 졔 텬무령풍
음우흐고 히불양과 잔잔흔딕 삼츈에 히당화는 히수중에 붉어 잇고 동풍
에 푸른 버들 히수변에 드럿는딕

<h2 style="text-align:center">〈54〉</h2>

고기 잡는 저 어옹은 시름 업시 안젓구나 흔 곳을 다다르니 일식이 명낭
흐고 스면이 광활흐다 심청이 뎡신츠려 둘너보니 룡궁 가던 림당수러라
슬푸다 이 쪼흔 꿈 가운딕 아인가
　　　第八回 황극젼의 심졍
그쩌에 남경장스 션인들이 심랑즈를 졔수흔 후 그 힝보에 리를 남겨 돗
딕 꼿히 큰 긔 꼿고 우슴으로 담화흐야 춤을 츄고 도라올 졔 림당수 당도
히셔 큰 소 잡고 동의술과 각식과실 츠려노코 북을 치며 제 지닌다 두리
둥 두리둥 북을 끈치더니 도스공이 심랑즈의 넉를 쳐들어 큰 쇼릐로 부
른다 츌텬딕효 심랑즈 수궁고혼 되엿스니 이달고 불상헌 말 엇지 다 흐
오릿가 우리 여러 션인들은 쇼져로 인연흐야 억십만 량 리을 남겨 고국
으로 가려이와 랑즈의 방혼이야 어느 쩌나 오랴시오 가다가 도화동에 쇼
져 부친 평안흔가 안부 문안흐오리다 심랑즈여 심랑즈여 수중고혼 되지
말고 극락셰게 가옵소셔 고시례 테테흐더니 사공도 울고 여러 션인이 모

다 울음 울 졔 희샹을 바라보니 난데업는 곳 훈 송이 물 우에 둥실 써오
거날 션인들이 니다르며
 이이 져 곳이 웬 곳치냐 텬샹에 월계화냐 요지에 벽도화냐 텬샹곳도 아
니오 셰샹곳도 아인디 희샹에 썻슬 쩌는 아마도 심랑즈의 넉인 게다 공
론이 분분헐 쩌 빅운이 몽롱훈 중 션연헌 쳥의션관 공즁에서 학을 타고
크게 웨여 일은 말이
희샹에 썻는 션인들아 곳 보고 헛말 말아 그 곳이 텬샹화니 타인통셥 부
디 말고 각별 조심 곱게 모셔 텬즈젼에 진샹ᄒ라 만일에 불연ᄒ면 뢰셩
보화 텬존 식여 산벼락을 니리

〈55〉

리라
션인들이 이 말 듯고 황겁ᄒ야 벌벌 썰며 그 곳을 고이 건져 허간에 모신
후에 쳥포쟝 둘너치니 니외쳬통 분명ᄒ다 닷을 감고 돗을 다니 슌풍이
졀로 일어 남경이 슌식간이라 희안에 비를 미엿더라
셰지 경진 심월이라 숑텬즈께서 황후상스 당ᄒ시미 억조창싱 만민들과
십이졔국 스신들은 황황급급 분뷰헐 쩌 숑텬지 마음이 수란ᄒ야 각식화
초를 다 구ᄒ야 상림원에 치우시고 황극뎐 압히 여긔져긔 심엇스니 긔화
요초 쟝허도다 경보릉파답명경 만당추슈 홍연화 암향부동월황혼 소식
젼턴 훈민화 공즈왕손방슈하의 부귀롤손 모란화 리화만지불기문에 장신
궁즁 비곳 쵹국유훈 목 익긔여 셩셩졔혈 두견화 황국 빅국 젹국이며 빅
일홍 란초 파초 셕류 류즈 머루 마리 왜쳘죽 진달니 민드람이 봉션화쵸
만발훈디 화간 쌍쌍 범나뷔는 곳을 보고 반기 넉여 너울너울 츔을 츌 졔
쳔즈 마음 디희ᄒ야 곳을 보고 스랑ᄒ더니 맛춤 잇써 남경장스 션인들이
곳 한송이를 진샹훈이 쳔지 보시고 디희ᄒ야 옥징반의 바쳐노코 구름갓
흔 황극젼에 날이 가고 밤이 드니 경졈소리 뿐이로다

텬지 취침ᄒ실 ᄶ에 비몽ᄉ몽간에 봉리션관 학을 타고 분명이 나려와 거슈장읍ᄒ고 흔연이 갈오디

황후상ᄉ ᄒ심을 상졔게셔 아옵시고 인연을 보니셧ᄉ오니 어셔 밧비 살피소셔

말을 맛치지 못ᄒ여 ᄶ다르니 남가일몽이라 비회완보타가 궁녀들를 급히 불너 옥징반

〈56〉

에 꼿송이를 숣히시니 보든 꼿 간디 업고 한 랑ᄌ가 안졋거늘 텬지 디희ᄒ야

작일요화반상게 금일 션인이 하쳔리로구나 ᄭ움인 쥴 알엇더니 ᄭ움이 ᄯ호ᄒ 실상인가 익조에 이 ᄠᄃ으로 긔록ᄒ야 묘당에 ᄂ리시니 삼티륙경 만죠빅관 문무졔신이 일시에 드러와 복지커늘 텬지쎄셔 ᄒ교ᄒ시디

짐이 거야에 득몽ᄒ니 ᄒ도 심히 긔이키로 작일 션인 진상허든 꼿송이를 살펴보니 그 꼿은 간 곳 업고 한 랑ᄌ가 안졋는디 황후의 긔상이라 경등 ᄠᆺ에는 웃쩌ᄒ고

문무졔신이 일시에 알외되

황후 승ᄒᄒ옵심을 상텬이 아옵시고 인연을 보니시니 국죠무궁ᄒ와 황텬이 보우ᄒ심이니 속히 황후를 봉ᄒ소셔

텬ᄌ 극히 올케 역여 일관 식여 퇴할시 음양부장 셩긔복덕 삼합덕일 가려니여 심랑ᄌ로 황후를 봉ᄒ시니 요지보식 칠보화관 십장싱 수복강령 노아 진쥬옥피 슌금ᄶ학 봉미션에 월궁항아 ᄒ강ᄒ 듯 젼후좌우 삼궁시녀 록의홍상 빗이 ᄂ다

랑ᄌ 화관죡도리며 봉치쥭졀 밀화불수 산호가지 명월피 울금향당의 원삼 품으로 단장ᄒ고 황후 위의 장ᄒ도다 층층히 모신 션녀 광ᄒ뎐 시위ᄒ 듯 쳥홍빅 비단차일 ᄒ날 닷게 놉히 치고 금수복룡 문셕공단 휘장금

병풍에 빅ᄌ쳔손 근감ᄒ다 금츅씩 홍조 나고 류리산호 죠흔 옥병 귀비귀
비 진쥬로다 란봉 공작 짓는 ᄉᄌ 쳥학 빅학 쌍쌍이오 잉무갓흔 궁녀들
은 긔를 잡고 느러셧다 삼터륙경 만조빅관 동셔편의 갈나셔셔 읍양진퇴
ᄒ는 거동

〈57〉

리부상셔 함을 지고 납치를 드린 후에 텬ᄌ 위의 볼작시면 룡쥰룡안미수
념에 미티강손졍긔ᄒ고 복은텬디죠화ᄒ니 황ᄒ수 다시 맑어 셩인이 나
셧도다 면류관 곤룡포에 두 억기 일월 붓쳐 응텬상지삼광이오 비인간지
오복이라 디례를 맛친 후에 랑ᄌ를 금뎡에 고이고이 뫼시여셔 황극젼에
드옵실 쌔 위의례졀이 거룩ᄒ고 쟝ᄒ도다
이로부터 심황후 어진 셩덕 텬ᄒ에 가득ᄒ니 죠졍에 문무빅관 각셩ᄌ시
열읍틱슈 억죠창싱 인민들이 복디 축원ᄒ되
 우리 황후 어진 셩덕 만수무강ᄒ옵소셔
　　第九回 황셩에 밍인잔치
이쌔에 심봉ᄉ는 쌀을 일코 실셩ᄒ야 날마다 탄식헐 졔 봄이 가고 여름
되니 록음방초 흔이 되고 가지가지 우는 시는 심봉ᄉ를 비웃는 듯 산쳔
은 막막ᄒ디 물소리도 쳐량ᄒ다 도화동 안밧동리 남녀로소 모다 와셔 안
부 무러 졍담ᄒ고 쌀과 ᄀᆺ치 노던 쳐녀 종종 와셔 인ᄉ하나 셜은 마음
쳡쳡ᄒ야 아장아장 들어오는 듯 압히 안져 말ᄒ는 듯 물이물이 착흔 일
과 공경ᄒ던 말 소리를 일시라도 못 잇게고 반시라도 못 견딜 졔 목젼에
쌀을 일코 목셕갓치 살앗스니 이런 팔ᄌ 쏘 잇는가 이러타시 낙루ᄒ고
셰월을 보니는디 인간에 친졀흔 것은 텬륜이라 심황후는 이쌔 귀즁흔 몸
이 되얏스나 안밍ᄒ신 부친 싱각 무시로 비감ᄒᄉ 홀노 안져 탄식ᄒ다
 불샹ᄒ신 우리 부친 싱존흔가 별셰흔가 부처님이 령험ᄒᄉ 기간에 눈
을 쓰ᄉ 뎡쳐 업

〈58〉

시 단니시나 이러트시 탄식헐 쩌

텬즈끠셔 니젼에 드옵셔 황후를 보옵시니 두 눈에 눈물이 셔려잇고 옥면에 수심이 쓰엿거늘 텬즈ㅣ 무르시되

황후는 무슴 일로 미간에 수심이 미만ㅎ시니 무슴 일인지오

무르시니 심황후 쑤러안져 나즉히 엿즈오되

신첩은 근본 룡궁인이 아니오라 죠션국 황희도 황쥬 도화동 사옵는 심학규의 녀식일너니 첩의 부친 안밍ㅎ야 쳘텬지원이 되옵더니 몽운사 부쳐님끠 공양미 숨빅셕을 향안에 시쥬ㅎ면 감은 눈을 뜬다 ㅎ옵기로 가셰가 빈한ㅎ고 판츌헐 길 바이 업셔 남경장스 션인들에게 삼빅셕에 이 몸이 팔녀 림당수에 쌔졋습더니 룡왕의 덕을 입어 싱환인간ㅎ야 몸은 귀히 되얏쓰오나 텬지인간 병신 중에 소경이 뎨일 불샹ㅎ오니 특별이 통축ㅎ옵셔 텬ㅎ에 반포ㅎ스 밍인불너 올녀 사찬을 ㅎ옵시면 첩의 텬륜을 츠질이 잇슬가 ㅎ오며 쏘흔 국가에 틱평흔 경사가 아니오릿가

황뎨 칭찬ㅎ시되

황후는 과연 녀중디효로소이다

즉시 근신을 명소ㅎ스 연유를 ㅎ됴ㅎ샤 황셩에셔 밍인연을 열으신다는 칙지를 각도 각읍과 졔후에 션포ㅎ니

각도 각현에셔 곳곳마다 거리거리 게시ㅎ야 로소밍인들을 황셩으로 올나보낼시 그 중

〈59〉

에 병든 소경 약을 먹여 죠리 식여 올녀가고 그 중에도 요부흔 자 좌우젼촉 쌔지랴다 염문에 들녀가면 볼기 맛고 올나가고 졀문 밍인 늙은 밍은 밍인 일시에 올나간다 그러나 심봉스는 어딕를 가고 모로든고

第十回 심봉亽와 뺑덕어미 밍인잔치에 간다

이쩌 심학규는 몽운亽 부쳐가 령검이 업셧는 지 쏠 일코 쌀 일코 눈도 쓰지 못흐여 지금것 심봉亽난 봉亽디로 잇는지라 그 중에 눈만 못 써슬 뿐 안이라 셩익의 고셩이 셰월을 싸라 더욱 깁허간다

도화동 亽룹은 당초에 남경장亽의 부탁도 잇고 곽씨부인을 싱각흐든지 심청의 졍곡을 싱각흐여도 심봉亽를 위흐야는 맘을 극진히 써 도으난 터이라 그쩌 션인의 막긴 젼곡을 착실히 신측흐여 리식을 느려가며 심봉亽 의식을 넉넉케 흐고 형셰도 ᄎᄎ 느러가더니 이쩌 맛춤 본촌에 뺑덕어미라 흐는 계집이 잇셔 힝실이 괴약흔디 심봉亽의 가셰 넉넉흔 쥴 알고 자원흐고 첩이 되여 심봉亽와 사는디 이 계집의 버릇은 아조 인중지말이라 그러틋 어둔 중에도 심봉亽를 더욱 고셩되게 가셰를 결단닌난디 쌀을 쥬고 엿 亽먹기 벼를 쥬고 고기 사기 잡곡을낭 돈을 亽셔 술집에 슐 먹기와 이웃집에 밥 붓치기 빈 담비쩌 손에 들고 보는디로 담비 청키 이웃집을 욕 잘흐고 동모들과 쌈 잘흐고 졍즈 밋히 낫잠 자기 슐 취흐면 흔 밤중에 목을 노코 울음 울고 동리 남자 유인흐기 일년 숨빅 륙십일을 입을 잠시 안 놀이고 집안에 살님살이를 홍시 감 쌜 듯 홀작업시 흐되 심봉亽는 슈년 공방에 지니던

〈60〉

터이라 기중 실가지락이 잇셔 죽을 동 살 동 모르고 밤낫업시 삭 밧고 관가 일흐듯 흐되 뺑덕어미는 마음먹기를 형셰를 써러먹다 이삼일 양식 헐 만콤 남겨노코 망헐 작졍으로 오륙월 가마귀 골수박 파먹듯 풀상흔 심봉亽의 지물을 쥬야로 퍽퍽 파던지더라

하로는 심봉亽가 뺑덕어미를 불너

(봉) 여보소 우리 형셰가 미오 착실터니 지금 남은 살림 얼만 아니 된다 흐니 니 도로 비러먹기 쉬운즉 찰흐리 타관에 가 비러먹세 본촌에는 붓그럽고 남에 칙망 어려오니 이亽흐면 엇더흔가

(셍) 너ᄉ 가장 ᄒᄌᄂ디로 ᄒ지오
(봉) 당연호 말이로셰 동리 남의 빗이나 업나
(셍) 느기 줄 것 조곰 잇소
(봉) 얼마나 되ᄂ
(셍) 뒤ᄉ동리 놉흔 쥬막에 가 희장 호 갑이 마흔 량
심봉ᄉ 어이 업셔
(봉) 잘 먹엇다 ᄯ 어디
(셍) 뎌 건너 불똥이 함씨끠 엿갑이 셜흔 량
(봉) 잘 먹엇다
(셍) ᄯ 안촌 가셔 담비 갑이 쉬흔 량

〈61〉

(봉) 이것 참 잘 먹엇다
(셍) 기름장ᄉ호티 스무량
(봉) 기름은 무엇 힛나
(셍) 머리기름 힛지오
심봉ᄉ 긔가 막혀 하 어이 업셔
(봉) 실상 얼마콤 아니 되네
(셍) 고ᄭ지것 무엇이 만소
한참 이러툿 문답을 ᄒ더니 심봉ᄉ는 그 직물을 싱각헐 젹이면 그 쫄의 싱각이 더욱 쎠가 울이여 간졀호지라 여광여취호 듯 홀노 쮜여나와 심청 가던 길을 ᄎ져 강변에 홀로 안져 쫄을 불너 우는 말이
니 쫄 심청아 너는 어이 못 오나냐 림당슈 깁흔 물에 네가 죽어 황텬 가셔 너이 모친 뵈옵거던 모녀간에 혼이라도 날을 어셔 잡어가거라
이러타시 락루홀 졔 관츤가 심봉ᄉ 강두에서 운단 말을 듯고 강두로 죠츤 와셔

(관ᄎ) 여보 심봉ᄉ님 관가에서 불으시니 어셔 밧비 가옵시다

심봉ᄉ 이 말 듯고 쌈짝 놀나

(봉) 나는 아모 죄가 업소

(관ᄎ) 황셩의셔 밍인님을 불너올녀 벼살을 쥬고 죠흔 가딕를 만히 쥰다

ᄒ니 어셔 급히

〈62〉

관가로 갑시다

심봉ᄉ 관ᄎ 짜라 관가에 들어가니 관가에셔 분부ᄒ되 황셩셔 밍인잔치

ᄒ신다니 어셔 급히 올나가라

심봉ᄉ 디답ᄒ되

 옷 업고 노ᄌ 업셔 황셩 쳔리 못 가겟소

관가에셔도 심봉ᄉ 일을 다 아는지라 로ᄌ 니여 쥬고 옷 일습 니여쥬며

어셔 밧비 올나가라 ᄒ니 심봉ᄉ 홀 일 업셔 집으로 도로와 마누라를 불

은다

(봉) 뺑덕이네ㅡ

뺑덕어미는 심봉ᄉ가 화김에 물에나 싸진 쥴 알고 남은 살림 니 ᄎ지라

고 속으로 은근히 죠화ᄒ더니 심봉ᄉ가 드러오닛짜 급히 디답ᄒ되

(뺑) 네ㅡ

(봉) 여보게 마누라 오날 관가에셔 황셩에 밍인잔치를 혼다고 날다려 가

라 ᄒ니 니 갓다 올 터이니 집을 잘 살피고 나 오기를 기다리소

(뺑) 녀필종부라니 가군 가는딕 나 아니 갈가 나도 갓치 가겟소

(봉) ᄌ네 말이 하도 고마오니 갓치 가볼가 건너말 김장쟈딕 삼빅량 믹

겨스니 그 돈 중에 오십 량만 ᄎ져 가지고 가셰

(뺑) 에그 봉ᄉ님 쓴소리 ᄒ네 그 돈 습빅량 발셔 ᄎ져 이 달에 살구갑을

다 업싯소

〈63〉

심봉스 긔가 막혀

(봉) 슘빅양 츠져온 지 몃칠 안이 되야 살구갑으로 다 업시단 말이야

(쎙) 고까진 돈 슘빅량을 써다고 그곳치 로혀 ㅎ나

(봉) 네 말ㅎ는 꼴 드러본즉 귀덕이네 집에 믹긴 돈을 쏘 쎳구나

(쎙) 쎙덕어미 쏘 디답ㅎ되

 그 돈 오빅량 츠져셔는 쎡갑 팟죽갑으로 발셔 다 쎳소

심봉스 더욱 긔가 막혀

(봉) 익고 이 몹슬 년아 츌텬디효 늬 쏠 심쳥 림당슈에 망종 갈 쩌 사후에 신쳬라도 의탁ㅎ라 쥬고 간 돈 네년이 무엇이라고 그 즁흔 돈을 쎡갑 살구갑 팟죽갑으로 다 녹엿단 말이냐

(쎙) 그러면 엇지ㅎ여요 먹고 십흔 것 안 먹을 슈 잇소

쎙덕어미가 살망을 부리며

(쎙) 엇진 일인지 지는 달에 늬가 몸구실을 거느더니 신 것만 구미에 당기고 밥은 아죠 먹기가 실혀요

그러도 어리셕은 사나히라 심봉스 이 말 듯고 쌈쫙 놀나

(봉) 여보게 그러면 틱긔가 잇슬나나베 그러ㅎ나 신 것을 그러케 만히 먹고 그 익를 나면 그 놈의 자식이 시큰둥ㅎ야 쓰겟나 남녀간에 흔아만 낫소

〈64〉

그도 그러런니와 셔울 구경도 ㅎ고 황셩잔치 갓치 가셰

이럿틋 말을 ㅎ며 힝장을 칠일 젹에 심봉스 거동 보소 제쥬 양티 굴근 베로 쓰기 흔갓 쥭영갓슨 달아 쓰고 편즈 업는 헌 망건 압을 눌너 숙여 쓰고 굴근 베 즁츄막에 목견디 눌너 씌고 로즈ㅅ 량보에 쓰셔 억기 너머

둘너메고 소상반죽 집팽이를 왼손에 든 연후에 뺑덕어미 압셰우고 심봉
스 뒤를 짜라 황셩으로 올나간다

한 곳디 다다라 흔 쥬막에 드러 즈노라니 그 근쳐에 황봉스라 흐는 쇼경
이 뺑덕어미 잡것인 줄 린근읍에 즈즈흐야 흔번 보기를 원흐얏는디 뺑덕
이네가 의례히 그 곳 올 줄 알고 그 쥬인과 의논흐고 뺑덕어미를 유인헐
제 뺑덕어미 속으로 싱각흐되

심봉스 짜라 황셩잔치 간다 히도 눈 쓴 계집이야 참예도 못헐테오 집으
로 가즈 흐니 외상갑에 졸닐테니 집에 가 살 슈 업슨즉 황봉스를 짜라가
리라

흐고 심봉스의 노즈 힝쟝짜지 도젹흐야 가지고 밤중에 도망을 흐얏더라
불샹흔 심봉스사는 아모 조격 모르고 식젼에 이러나셔

(봉) 여보 뺑덕이모 어셔 가셰 무슨 잠을 그리 즈나 흐며 말을 흔들 슈십
리나 다라는 계집이 엇지 디답이 잇슬 슈 잇나

(봉) 여보게 마누라 마누라

아모리 이리흐야도 디답이 업스니 심봉스 마음에 괴이흐야 머리맛을 더
듬은즉 힝쟝과 노즈 싼 보가 업난지라 그제야 도망흔 줄 알고

〈65〉

인고 이 계집 쏘 도망흐얏구나 심봉스 탄식흔다

여보게 마누라 나 두고 어듸 갓나 나구 가셰 마루라 나를 두고 어딜 갓
나 황셩 쳔리 먼 길을 누구와 함끠 동힝흐며 누구 밋고 가잔 말가 나를
두고 어딜 갓나 인고인고 니 일이야

이러타시 탄식흐다가 다시 싱각흐고 아셔라 그 년 싱각흐니 니가 잡놈일
다 현철흐신 곽씨부인 죽는 양도 보왓스며 츌텬디효 니 쌀 심쳥이 싱리
별도 흐얏거든 그 망헐 년을 다시 싱각흐면 니가 쏘흔 잡놈일다 다시는
그 년을 싱각흐야 말도 아니흐리라 흐더니 그리 쏘 못 이져

이고 뺑덕이네 불으며 그 곳에서 쩌늣더라

쏘 흔 곳을 다다르니 이쩌는 언의 쩌인고 오륙월 더운 쩌라 더웁기 불곳 튼디 비지짬 흘니면셔 흔 곳을 당도흐니 빅석쳥탄 시니가에 목욕 감는 아희드리 져이끼리 지담흐며 목욕 감는 소리가 나니 심봉사도

에- 느도 목욕이느 흐겟다

고의젹슴 활활 벗고 시니가에 드러안져 목욕 흔참 흐고 슈변으로 느가 옷을 입으랴 더듬어 본즉 심봉스보다 더 시쟝흔 도젹놈이 다 집어가지고 도망흐엿고느 심봉스 긔가 막혀

이고 이 도젹놈아 니 것을 가져곳단 말이냐 텬지 인간 병신 즁에 나곳 흔 이 뉘 잇스리 일월이 발것셔도 동셔를 니 모르니 사라잇는 니 팔즈야 어셔 죽어 황텬 가셔 니 쭐 심쳥 고흔 얼골 만나셔 보리로다

〈66〉

벌거버슨 알봉스가 불곳흔 볏 아리 홀노 안져 탄식흔들 그 뉘라 옷을 줄 가 그쩌 무릉틱수가 황셩 곳다 오는 길인디 벽제 소리 반겨듯고

올타 져 관원에게 억지느 좀 쩌보리라 벌거버슨 알봉스가 부자지만 홈 켜 쥐고

알외여라 알외여라 급창아 알외여라 황셩 가는 봉사로셔 빅활츠로 알외 여라

힝차가 머무르고 엇에 사는 소경이며 엇지 옷은 버셧스며 무슨 말을 흐 랴는다

심봉스 엿즈오되

예-소밍이 알외리다 소밍은 황쥬 도화동 사옵더니 황셩잔치에 가옵다 가 흐도 더웁기에 이 물ㅅ가에 목욕 감다 의복과 힝장을 일엇쏘오니 셰 셰히 츠져지이다

힝츠가 놀나히 들으시고

그러면 무엇무엇 일엇나냐 심봉스 일일히 알외니

힝츠가 분부ᄒ되 네 사정 원통ᄒ나 졸지에 차질 수 어려우니 옷 흔 벌 주는 거시니 어셔 입고 황성에 올나가라

관힝츠 급창이 불너 분부ᄒ되 너는 벙거지 써도 탓 업스니 ᄀᆺ 버셔 소경 주라

교군군 수건 쓰고 망건 버셔 소경 주라

심봉사가 입고 나니 일은 옷 보다 항결 나은지라 빅비사례ᄒ고 황성으로 올나굴 제 신셰를 ᄌ탄ᄒ며 올나간다

어이 가리너- 닉 어이 가리너- 오날은 가다 엇의 가 자며 릭일은 가다 엇의 가 잘ㅅ가

〈67〉

죠자룡 월강ᄒ던 쳥총마 톳스면 오날 황성 가련마는 밧삭 마른 내 다리로 몃 눌 걸어굴가

어이 가리너- 내 어이 가리너- 정긱관산로긔즁에 관산이 멀다 흔들 눌닌 군스 가는 길이라 눈 어둡고 약흔 놈이 황성 쳔리 어이 가리

어이 가리너- 어이를 가리 황성은 가건마는 그 곳은 무슨 곳인고 룡궁이 아니여든 우리 쌀을 맛나보며 황텬이 아니여든 곽씨부인 맛눌쇼냐 궁ᄒ고 병든 몸이 그 곳인들 어이 굴꼬 이러타시 자탄ᄒ며 록수경 이른지라 수교를 건너갈 제 가로에셔 엇더흔 녀인이 뭇난 말이

(녀) 게 가는 게 심봉스요 나 좀 보오

심봉스 싱각ᄒ되 이 쌍에셔 나를 알 이 업것만은 괴이흔 일이로다

ᄒ고 즉시 딕답을 ᄒ고 그 녀인 싸라가니 집이 쏘흔 굉쟝ᄒ다 셕반을 드리는디 찬수 쏘흔 긔이ᄒ다 셕반을 봉은 후에 그 녀인이

(녀) 봉스님 나를 싸라 져 방으로 드러가옵시다

(봉) 여보 무슨 우환 잇쇼 나인 눈만 봉스지 졈도 못 치고 경도 못 읽소

녀인이 디답ᄒ되 잔말 말고 내 방으로 가옵시다 심봉ᄉ 싱각에
이고 암만히도 보쌈에 드럿나보다
마지 못ᄒ여 안으로 드러가니 엇더ᄒ 부인지 은근이 ᄒᄂ 말이

〈68〉

(녀인) 당신이 심봉ᄉ요
(봉) 그러ᄒ오 엇지 아시오
(녀인) 아는 도리가 잇지오 니 셩은 안가요 십셰 전 안밍ᄒ야 여간복술
을 비왓더니 이십오 셰 되도록 비필을 아니 엇기는 증험ᄒᄂ 일이 잇기
로 츌가를 아니 ᄒ얏더니 간밤에 꿈을 ᄭᆫ 즉 하날에 일월이 ᄶᅥ러져 뵈이
거늘 싱각에 일월은 ᄉ람의 안목이라 니 비필이 나와 갓흔 쇼경인 줄 알
고 물의 잠기거늘 심씨인 줄 알고 청ᄒ얏ᄉ오니 나와 인연인가 ᄒᄂ이다
심봉ᄉ 속마음으로 됴와셔
(봉) 말이야 됴컨마는 그러키를 바라겟소
그날 밤에 안씨녀 밍인과 동침ᄒ며 잠시라도 질거더니 몽ᄉ 괴이ᄒ지라
잇흔 날 니러안져 심봉ᄉ가 큰 걱졍을 ᄒ니 안씨 밍인이 뭇는 말이
(안) 우리가 빅년비필을 미졋ᄂᄃ 무슨 걱졍이 그리 만으시오
(봉) 니가 간밤에 꿈을 ᄭᅮ니 니 가족을 벗겨 북을 메여 쳐 뵈이고 락엽이
ᄶᅥ러져 ᄲᅮ리를 다 덥허 뵈이고 화렴츙텬ᄒᄃ 벌 데고 왕리ᄒ얏스니 반다
시 죽을 꿈이오 안씨 밍인이 ᄒ참 싱각을 ᄒ더니 히몽을 ᄒ여 말ᄒ되
(안) 그 꿈인즉 디몽이오 거피작고ᄒ니 고셩은 궁셩이라
궁안에 들 것이오 락엽귀근ᄒ니 부ᄌ상봉이라 ᄌ식 만나볼 것이오

〈69〉

화렴이 츙텬ᄒᄃ 벌 데고 왕리ᄒ기는 몸을 운동 펄펄 ᄶᅱ엿스니 깃거움

보고 춤 츌 일이 잇겟쇼

 심봉스 탄식혼다 츌텬디효 늬 쌀 심청이 림당슈의 죽은 후에 언의 주식 상봉홀고

이러틋 탄식혼 후 안씨 밍인 만류홈으로 슈일 류련ᄒ다가 셔로 작별혼 후에 심봉스 다시 황셩길을 쩌나니라

        第十一回 심청이 부녀상봉

심봉스 안씨 녀인을 리별ᄒ고 황셩을 당도ᄒ니 각도 각읍 소경들이 들어 오거니 나오거니 각쳐 려각에 들끌느니 소경이 엇지 만히 왓든지 눈 셩혼 ᄉ롬까지 소경으로 보일 지경이라 봉명군스가 영긔를 들메고 골목골목 외는 말이

 각도 각읍 소경님네 밍인잔치 망종이니 밧비 와서 춤례ᄒ오

고셩ᄒ야 외고 가거늘 심봉스가 긱쥬에 쉬히다가 밧비 쩌나 궁안을 츠져 가니 슈문쟝이 좌긔ᄒ고 날마다 오는 쇼경 졈고ᄒ야 드릴 젹에

이ᄯ에에 심봉스을 싱각ᄒ는 심황후는 날마다 오는 쇼경 거쥬셩명을 바다 보되 부친의 셩명은 업스니 홀노 안져 탄식혼다 삼쳔궁녀 시위ᄒ야 크게 울든 못ᄒ고 옥난간에 비겨 안져 산호렴에 옥면 디고 혼ᄌ말로 ᄒ는 말이

 불상ᄒ신 우리 부친 싱존혼가 별셰혼가 부쳐님이 령험ᄒ야 기간에 눈을 쩌셔 쇼경츅에 쌔지신가 당년 칠십 로환으로 병이 들어 못오신가 오시다가 로즁에셔 무슴 랑퓌 보

〈70〉

셧는가 나 살아 귀히 될 쥴 알으실 길 업스시니 엇지 아니 원통혼가

이러틋 탄식ᄒ더니 이윽고 모든 소경 궁즁에 드러와 잔치를 버려 안졋는 디 말셕에 안진 소경 감안이 바라보니 머리는 반빅인디 귀밋헤 거문 ᄯ가 부친이 분명ᄒ다

심황후 시녀를 불너 분부ᄒ되 져 소경 이리 와 거쥬셩명 고ᄒ게 ᄒ라

심봉스가 쑤러안젓다가 시녀를 따라 탑젼으로 드러가셔 셰셰 원통스연을 낫낫치 말슴혼다

(봉) 쇼밍은 근본 죠션국 황희도 황쥬군 도화동 사옵는 심학규옵더니 삼십에 안밍ᄒ고 사십에 상쳐ᄒ야 강보에 싸인 녀식 동량졋 엇어먹여 근근히 길너니여 십오셰가 되얏는디 일홈은 심쳥이라 효셩이 츌텬ᄒ야 그것이 밥을 비러 연명ᄒ야 살아갈 쎄 몽운스 부쳐님께 공양미 삼빅셕을 지셩으로 시쥬ᄒ면 눈뜬단 말을 듯고 남경장스 션인들게 공양미 삼빅셕에 아조 영영 몸이 팔녀 림당슈에 죽엇는디 쏠 죽이고 눈 못쓰니 몹슬 놈의 팔즈 벌셔 죽즈 ᄒ엿더니 탑젼에 셰셰원졍 낫낫치 알원 후에 죽삽즈고 불원쳔리 왓ᄂ이다

ᄒ며 빅슈풍신 두 눈에셔 피눈물이 흘너니리며

이고 니 쏠 심쳥아 혼이라도 아비를 싱각ᄒ야 황셩잔치 오는 길에 네 혼도 왓슬테니 우에셔 니려주신 차담상을 갓치 먹즈 심쳥아 업더지며 쌍을 치며 통곡 마지 아니ᄒ니 심황후 이 말을 들으심이 말을 맛치기 젼에 발셔 눈에 피가 두루고 쎠가 녹는 듯 ᄒ여 부친을 붓드러 니르키며

〈71〉

이고 아버지 눈을 쎠셔 나를 보옵소셔

심봉스 이 말 듯고 엇더케 반가왓던지 두 눈 번쩍 씌이니 심봉스 놀나셔 두 손으로 눈을 썩썩 부비며

으-으 이게 웬 말이냐 니 쏠 심쳥이가 살단 말이 웬 말이냐 니 쏠이면 어듸 보즈 ᄒ더니 빅운이 즈옥ᄒ며 쳥학 빅학 란봉 공작 운무 즁에 왕리ᄒ며 심봉스 머리 우에 안기가 즈옥ᄒ더니 심봉스의 두 눈이 활쎡 씌이니 텬디일월 밝엇구나 심봉스 마음에 여취여광ᄒ야 소리 지른다

이고 어머니 이고 무슨 일로 양쟉 눈이 환ᄒ더니 셰상이 허젼허젼ᄒ고나 감엇든 눈쓰니 텬디일월 반갑도다

딸의 얼골 쳐다보니 칠보화관 황홀ᄒᆞ야 두렷ᄒᆞ고 어엽불ᄉᆞ 심봉ᄉᆞ가 그졔야 눈 쓴 쥴 알고 사방을 슯혀보니 형형식식 반갑도다 심봉ᄉᆞ가 엇지 조흔지 와락 뛰여 돌녀드러 딸의 손목 덤벅 잡고 이이 이게 누구냐 갑ᄌᆞ 스월 초팔일날 몽즁 보던 얼골일셰 음셩은 갓다만는 얼골은 초면일셰 얼시구나 지화ᄌᆞ 지화ᄌᆞ 이런 경ᄉᆞ 쏘 잇슬가
여보게 셰상 사람들아 고진감리 홍진비리 나를 두고 말일셰 얼시고 죠홀시고 지화ᄌᆞ 죠홀시고 지화ᄌᆞ 조홀시고 어둑침침 빈 방안에 불켠다시 반갑고 산양슈 큰 싸홈에 ᄌᆞ룡 본 듯 반갑도다 어둡던 눈을 쓰니 황셩 궁즁 웬 일이며 궁안을 슯혀보니 니 딸 심쳥 황후되기

〈72〉

쳔쳔만만 뜻 밧기지 챵ᄒᆡ만리 먼먼 길에 림당슈 죽은 딸은 한 셰상에 황후 되고 니 눈이 안밍흔지 사십 년에 눈을 쓰니 녯글에도 업는 말 허허 셰상 스룹들아 이런 말 들어슴나 얼시고 조홀시고 이런 경ᄉᆞ 어듸 잇나 심황후 쏘한 더희ᄒᆞ샤 부친을 모시고 삼쳔궁녀 옹위ᄒᆞ야 니뎐으로 드러가니 황뎨쎄셔도 룡안에 유희ᄒᆞ샤 심봉ᄉᆞ는 부원군을 봉ᄒᆞᄉᆞ 갑졔와 뎐답 노비를 사픠ᄒᆞ옵시고 뻥덕어미와 황봉ᄉᆞ는 일시에 잡아올녀 간죄를 엄징ᄒᆞ고 도화동 빅셩들은 면호 잡역 졔감ᄒᆞ고 심황후 자라날 째 졋 먹여쥬던 부인 가퇵을 니리시고 상급을 후히 주고 흠꾀 쟈란 동무들른 궁즁으로 불너드려 황후쎄셔 보옵시고 장승상딕 부인 긔구 잇게 모셔 올여 궁즁으로 뫼신 후에 승상부인과 심황후와 셔로 잡고 우는 양은 텬디도 감챵이라 승상부인이 품안에셔 족ᄌᆞ를 니여 심황후 압희다 펼쳐노니 그 족ᄌᆞ에 쓰인 글은 심황후에 친필이라 셔로 잡고 일희일비ᄒᆞᄂᆞᆫ 마음 족ᄌᆞ에 화상도 우는 듯 ᄒᆞ더라 심부원군이 션영과 곽씨부인 산소에 영분흔 연후에 즁노에셔 만는 안씨 밍인에게 칠십에 싱남ᄒᆞ고 심황후 어진 셩덕 텬하에 가득ᄒᆞ니 억조창싱들은 만셰를 부르고 심황후의 본을 바다 효ᄌᆞ

럴녀가가지라 슬푸다 후셰에 이 글을 보는 즈ㅣ 뉘가 효셩이 지극훈 보
비 되는 쥴을 싱각지 안으리오 흐엿더라

심쳥젼 죵

박문서관본 활자본 〈신정 심청전(몽금도전)〉

1916년에 박문서관에서 발행한 것으로서, 편집 겸 발행자는 노익형 (盧益亨)으로 되어 있다. 표제는 알 수 없고, 내제는 '演劇小說 沈淸傳/ 신정심쳥뎐/몽금도뎐'이란 말이 차례대로 기록되어 있다. 이 활자본은 재창작이 되었다고 할 만큼, 기존의 이본들과 차이가 많다. 배경이 철저히 조선으로 되어 있고, 다른 이본에서의 용궁이 여기서는 '몽금도'로 되어 있으며, 이 몽금도가 '황해도 장산곶 북편 수십 리 거리에 있다.'는 설명까지 붙여놓고 있다. 또 80장의 말미에는 제목을 '몽금도'라고 한 연유를 자세히 기술하고 있다. 곽씨부인이 수태하기 전에 나오는 "엇지 신명이 잇셔 조식을 쥬는 법이 잇스며 꿈이라 ᄒ는 것은 사롬의 싱각디로 되는 것이니 엇지 ᄯᆺ밧게 싱길 일이 꿈에 미리 뵈이리오"라는 말처럼, 서술자의 발언이 많이 나타나고, 내용이 전반적으로 합리적인 방향으로 개작되었다. 현재 국립중앙도서관에 소장되어 있다.

박문서관본 활자본 〈신정 심청전(몽금도전)〉

〈1〉

演劇小說 沈淸傳
신정 심청젼
몽금도젼

빅셜이 분분이 휘날니든 동지셧달이 잠간 지니가고 만화방창(萬花方暢)
훈 츈삼월 호시졀이 쏘 다시 도라오니 화장훈 봄바람에 곳곳마다 리화
힝화 도화가 란만이 피엿는데
관셔 황희도 황쥬셩 도화동(關西 黃海道 黃州城 桃花洞)은 과연 복송아
꼿 텬디러라
한 쥴기 더운 바람결이 무슈훈 복송아꼿을 펄펄 날녀다가 도화동 외짠
골자구니에 죠고마안 초가집 압뒤뜰에다 뿌리니 그 집은 사면산울도 복
송아나무요 근쳐 과목밧도 견슈 복송아나무 세상이라
그 집은 비록 일간 모옥에 간난ᄒ야 경식이 디단이 쳐량훈 터이나 흔훈
것

〈2〉

은 복송아꼿 쑨이라
압뜰 산울 밧게는 한 쥴기 심물이 잇고 심물 압혜는 큼직훈 샐니ㅅ돌 두

어 긔를 노앗는데 현털호 졀믄 부인네 한 아이 쌀늬를 잔득 싸아놋코 부
즈러니 빨고 안젓다가 쩌러지는 복송아곳이 심물과 왼 마당을 비단결갓
치 덥허놋는 것을 보고 빨늬를 죽죽- 싸셔 마당 안에 펴쳐 널며 방안을
향호야 그 남편을 부른다

여보시오 아모리 보시지는 못호셔도 밧게 좀 나와 보시오 됴흔 바람이
슐슐 불어서 복송아곳이 사면에 그득호게 쩌러젓슴니다 그려

(남뎡) 아모리 구경스러오면 무엇호오 눈ㅅ갈 먼 놈이 보아야 알지요

(부인) 에구 참 구경스럽기도 홈니다 그런 됴흔 빗츨 보시지 못호니 여
복 갑갑호실ㅅ가 바람이라도 쐬이시게 갑갑흔데 밧그로 나오시구려

(남뎡) 에그 이런 놈의 팔즈가 어듸 잇겟소 그쯘진 갑갑흔 것이야 엇더
켓소 부인 고싱호는 싱각을 호면 쎠가 녹아셔 사롬 죽겟소
이 지경 될 바에는 집안이 간난치ㄴ 안커나 그러치 안으면 병신이ㄴ 되
지 말거ㄴ 요럿케 안탑갑게 될 놈의 신셰가 어듸 잇겟소

(부인) 에구 그런 싱각은 웨 쏘 호시오 사롬의 신슈라는 것은 하늘노 뎡
흔 것인

〈3〉

데 괴롭든지 즐겁든지 다 졔 분뎡인 걸 한탄호면 무엇호시오 아모 근심
마시고 밧게 나와 바람이ㄴ 쐬이시오

그 남뎡은 한슘을 휘-휘 쉬며 집팡막더를 더듬어 쥐고 마당으로 나오는
데 그 부인이 손길을 붓잡고 공슌이 인도호야 대문밧게 죠곰 널분 마당
쯔지 나와셔는 손을 노으며

여긔셔 단이며 됴흔 바람이ㄴ 좀 잡슈시오

에그 가이 업셔라 이 마당과 져 과목밧헤 그득호 것이 모도 복송아곳인데
나 혼즈 뎌것을 보니 닉 마음이 더욱 상홈니다 집안에 먹을 것만 잇스면
차라리 내 눈쯘지 부러문쳐 못 보아도 곳치 못 보앗스면 됴켓슴니다마

는 보는 내 마음이 더 상ㅎ야 못 견디겟습니다

셰상에 눈 못 보는 것갓지 갑갑혼 노릇이 어디 잇슬ㅅ가 이갓튼 대명텬
디 밝은 날에도 만날 밤즁으로만 지니니

일변 탄식을 ㅎ며 일변 눈물을 먹음고 다시 빨내를 짜셔 너는 이 부인은
그 쥬인 심봉사의 안히 곽씨부인이요 심봉사의 일홈은 학규니 년금 삼십
에 멧히 전에 불힝이 안질을 들녀 아죠 폐밍이 된 터이라 누디 명문거족
의 후예로 문벌도 혁혁ㅎ

〈4〉

고 가셰도 부요ㅎ더니 심봉사의 부친째붓터 락슈쳥운에는 발자최가 쓴
어지고 금장자수에 공명이 뷔여시니 가셰가 자연 영체혼 즁에 향곡에 빈
곤혼 신세로 강근한 친척도 업고 겸ㅎ야 중년에 셰상을 리별혼 고로 그
아달 심학규가 호을노 된 모친을 뫼시고 어린 쳐권을 거느려 근근이 성
명을 보전ㅎ다가 수년 전에 모친도 셰상을 써나시고 학규는 두 눈이 어
두오니 그 가긍혼 정경은 형언키 어려온 터이라 그러ㄴ 심봉사는 심졍이
단아ㅎ고 힝실이 군ㅈ라 다만 학식은 별노 업셔 향곡무식혼 농민의 어리
셕은 풍속이 만이 잇스나 그 부인 곽씨는 임ㅅ의 덕셩과 쟝강의 자식과
목란의 졀기가 겸비ㅎ야 아모리 빈곤혼 즁에라도 빈긱을 디졉ㅎ며 린리
를 화목ㅎ야 가장을 공경ㅎ며 가스를 다사리는 범빅사에 례의를 직혀가
니 과연 이졔의 쳥념이요 안연의 간난이라

셰견구업에 남젼북답 혼아 업고 노비 소솔 혼아 업시 혈혈고독혼 압 못
보는 심봉사 혼아을 ㅎ눌갓치 셤기노라고 가련혼 졀믄 녀즈가 몸을 닝노
아 품을 파니 뎨일 바누질품이 션수러라

관디 도포 창의 직령 셥수 쾌자 즁치막과 남녀의복 잔누비질 상침질 쓴
금질 기타 각종 바누질과 질슴ㅎ기와 삭빨니ㅎ기를 일년 삼빅 륙십 일에
잠시도 노지

〈5〉

안코 품을 파라 푼돈 모아 냥돈 짓고 냥돈 모아 쾌를 지여 일수와 테게와 쟝리변을 이 스람 뎌 사람 이웃스룸 형셰 보아가며 약고 녕리흐게 빗을 쥬어 실슈업시 밧아들여 츈츄졔향 봉졔사와 압 못보는 가장 공경을 지셩으로 흐야가며 시죵이 여일흐니 원근린리 사룸들의게 층찬을 무수이 밧는 터이러라

심봉스가 복송아나무밧을 향흐야 우두커니 셔 잇셔 귀로는 그 부인의 쌀내 너는 소리를 드르며 쏘 봄 졀시들이 지져괴는 소리를 듯고 무슴 궁리를 한참이ᄂ 흐다가 집픵이를 더듬더듬 흐며 부인의 쌀내 너는 겻흐로 죠곰 갓가이 오며

여보 마누라 져 참시 소리가 미상불 지마 잇는 소리인데 우리는 듯기가 슬푸기만 흐구려

쏘 나는 보지나 못흐는 터이니 말흘 것 업거니와 뎌 복송아꼿이 보기 참 됴치요 에그 나는 보지 못흐야 갑갑흔 싱각은 둘쎄요 우리 부쳐의 평싱 사를 싱각흐면 그 안이 가셕흐오

(부인) 우리가 흐느니 그 걱졍이요마는 스룸의 자식 두는 것은 임의디로 못흐는 것이지요

불효삼쳔에 무ᄌᆞ흔 것이 뎨일 큰 죄라 흐는데 우리 형셰나 부요흔 경 갓흐면 첩

〈6〉

이라도 한아 어더 드려스면 자식을 볼는지 알겟슴닛가 그러나 우리 형셰에 엄두가 나지를 안는구려

(심) 마누라도 첩은 맛날 무슨 첩 니야기를 흐시오 마누라 한아도 뎌 고싱을 흐야 지내는 터에 가셰가 암만 부요흐드리도 나갓치 눈먼 놈의 쳡

노릇 홀 사롬은 어디 잇ᄂᆞ요

(부인) 그야 집안만 넉넉ᄒᆞ고 보면 눈 못보는 것이야 쳡 못 둘 것 잇슴닛가 눈으로 자식을 낫켓소 자식 불ᄂᆞ구 두는 쳡을 님자가 다른 데야 무엇이 부족ᄒᆞ오

긔운이 남만 못ᄒᆞ시오 어디가 병신이요

내가 아마 병신이 되야셔 삼십이 넘도록 눈 먼 자식 ᄒᆞ아 못 낫는 것이지요

(심) 에그 마누라도 하필 눈먼 자식은 내 눈먼 것만 해도 긔가 막히는데 눈먼 자식은 해 무엇ᄒᆞ오

그야 마누라니 무슨 병이 잇소 긔운이 그만침 됴흔 터에 그리도 내가 부족ᄒᆞᆫ 까닭이 잇는 것이지

(부인) 둘이 다 별 흠이 업는데 웨 못 낫소 암만해도 올 수 업는 일이 안이요

〈7〉

남ᄀᆞ치 나앗스면 시집온 후로 발셔 여셧 기도 더 나엇슬 걸

(심) 에구 열ㅅ기야 엇더케 낫켓소 짐싱 모양으로 해마당 흔 ᄇᆡ식 낫켓ᄂᆞ 더 참시 모양으로 흔 해에 두ᄇᆡ 셰ᄇᆡ 나어야 ᄒᆞ겟군

ᄒᆞ기야 부쳐ᄭᅵ리 동침ᄒᆞᆫ디로 나엇슬 것 갓흐면 해마다 낫키는 고ᄉᆞ하고 둘마다 ᄒᆞ아식 낫든지 하로 두어 기식 나을 ᄯᆡ도 잇셧슬 걸

아모리 고싱 중에 우수ᄉᆞ려가 만은 스람의게라도 다졍흔 부쳐의 화락ᄒᆞ는 마음과 남편의 룡화되는 식졍에 디ᄒᆞ야셔는 근심과 고싱도 잠시 니져 버리는 법이라 부인이 널든 셜니를 못 널고 쌀쌀 우스며

에구 졈잔은 어룬이 그 ᄯᅡ위 상스러온 말슴은 웨 ᄒᆞ시오 망령이 ᄯᅩ 들니셧구려 아모리 남은 업는 터이라도

동침홀 ᄯᆡ마다 자식을 빌 것 갓흐면 스람마다 자식 벼락을 마자 죽겟소 그 ᄌᆞ식을 어디다 쥬쳐를 ᄒᆞ겟슴닛가

에구 그런 우수운 말슴을 다 ᄒ시오

에그 아모케 말슴을 ᄒ셔도 관계치 안슴니다 공연이 마음에 근심 과이 ᄒ지 마시고 그런 우슈운 말슴이나 ᄒ시오

〈8〉

우리 두리만 잇는 데야 혈마 엇더케슴닛가 무슨 말이든지 님자님 말슴을 들으면 고싱ᄒ는 싱각이 어듸로 가는지 업셔집데다

그런데 갑작이 자식 걱정은 웨 ᄯᅩ 그리 ᄒ시오

(심) 져 복숑아나무는 히마다 열믹를 믹치고 참시들도 봄마다 더러케 식기를 치노라고 아마도 암시 수시가 서로 짜라단니며 지져괴는 것이지요

그것을 보고 듯노라니 ᄌ연 우리 무자ᄒᆫ 싱각이 니러나는구려

우리가 참말 년쟝 ᄉ십에 슬하에 일점 혈육이 업고 다만 부쳐 ᄒᆫ쌍이 이 모양으로 지니니 함을며 눈ᄭᅡ지 먼 놈이

아직 마누라가 긔운이 됴아 더러케 홀 고싱 못홀 고싱 업시 버러 나를 어린 아히 공급ᄒᆞ듯 힝여나 비가 곱풀가 힝여나 치워홀가 의복 음식 ᄭᅥ맛초아 이 모양으로 밧드지만 만일 마누라도 늙어 긔운 업서지면 압 못 보는 불상ᄒᆫ 놈과 다 늙은 마누라를 어늬 누가 도라보아 쥬겟소

압 일을 싱각ᄒᆞ니 가슴이 막막ᄒᆞ구려

(부) 인싱이 부부되는 것은 하늘이 뎡ᄒᆫ 것이오 고싱ᄒᆞ나 즐거오나 부쳐 간에 의분만 다졍ᄒᆞ면 쥭도록 고싱을 ᄒᆞ다 쥭은들 무슨 한이 잇겟슴닛가만은

〈9〉

다만 한ᄒᆞ는 것은 미물의 짐싱도 자손을 싱육ᄒᆞ야 셰셰상죤ᄒᆞ고 무심ᄒᆫ 초목도 히마다 열믹를 믹자 젼지무궁을 ᄒᆞᄂᆞᆫ 터에 만물에 귀ᄒᆫ 인싱으로

산육을 못ᄒᆞᄋᆞ서 죠션의 향화를 ᄯᅳᆫ코 ᄌᆞ숀의 후ᄉᆞ를 ᄯᅳᆫ케 되니 그 안이 가셕ᄒᆞ오닛가
(심) 글셰 말이요 션셰봉ᄉᆞ를 ᄯᅳᆫ는 것도 조션을 디홀 면목이 업거니와 우리 양쥬는 황텬에 도라간 후라도 무쥬고혼이 될 터이니 사나 죽으나 불상ᄒᆞᆫ 사룸은 우리 밧게 업슬 터이로구려
(부) 그러니 엇지ᄒᆞ시오 사라 고성도 졔 팔자요 죽어 고혼도 졔 신수요 봉졔ᄉᆞ를 ᄯᅳᆫ는 것도 가운 불힝으로 그리된 것이지만 그 즁에 자식 못 나는 나 한아 이 모든 허물을 쓸 밧게 업습니다 그려 모든 죄를 용셔ᄒᆞ시고 근심 말고 안심만 ᄒᆞ시오 돈 업스니 쳡도 못 엇고 졍셩이 부족ᄒᆞ여 그런지 안 되는 자식을 억지로 마련ᄒᆞ면 그런 리치가 어듸 잇겟습닛가
내 나이가 아직도 사십이 멀엇스니 조곰 더 기디려봅시다 그려
(심) 내 소견에는 그져 기달일 것이 안이라 우리 량쥬가 명산대찰에 가셔 신공이나 졍셩ㅅ것 들여보면 엇더홀ᄭᅩ요

〈10〉

(부) 나도 그 마음은 업지 안이ᄒᆞ나 님ᄌᆞ님 의견에 엇더홀지 몰나 몬져 말을 못ᄒᆞ엿습니다
아모리 간신ᄒᆞᆫ 터에라도 지셩썻 비러 보앗스면 혈마 공든 탑이 문어지겟습닛가 남들도 신공 들여 자식 본 사룸이 만이 잇기는 합데다
이 모양으로 양쥬의 의론이 합일ᄒᆞ야 산쳔불공을 단이더라
명산대찰 영신당과 고묘총사 셩황사며 졔불졔텬 미륵존불 칠셩불공과 빅일산졔와 십왕불공을 갓가지로 다 지니고 옥동이나 옥녀간에 자식 한아만 졈지ᄒᆞ야 쥬기를 자ᄂᆞ ᄭᅵ나 쥬야로 싱각ᄂᆞ니 이것이라
명텬이 감동ᄒᆞ고 귀신이 도음인지 졍셩이 지극ᄒᆞ면 못될 일이 업는 법인지 일념졍신이 자식 비기 소원으로 밋칠 듯 취ᄒᆞᆫ 듯 꿈에도 그 싱각이오 상시에도 그 싱각 뿐이든 곽씨부인이 갑ᄌᆞ년 사월달 초십일 깁흔 밤에

한바탕 꿈을 꾸니 득남몽이 완연ㅎ다
그 남편 심봉사를 흔들흔들 미격미격 씨오더라
(심) 여보 웨 이러시오 나는 발셔 잠을 씨여 자지 안코 잇셧소 무슨 일노
씨오시오

〈11〉

아마 조흔 몽사를 어든가 보구려
나 역시 됴흔 꿈을 꾸고 나서 만심환희 깃분 마음이 한량업시 됴컨만은
마누라의 곤흔 잠을 씨오기가 익셕ㅎ야 쥬져ㅎ고 누엇셧소
(부) 여보 령감님 공교도ㅎ오 내가 과연 꿈을 꾸고 꿈 니야기를 ㅎ려 ㅎ
고 령감님을 씨왓셧소
(심) 여보 얼는 말슴ㅎ오 꿈 스연이 엇쩌ㅎ오 얼는 들어봅시다
내 꿈과 방불흔가
(부) 령감 꿈부터 말슴ㅎ오 내 몬져 들어보고 내 꿈도 말ㅎ리다
(심) 어서 마누라 꿈부터 말ㅎ라닛가
(부) 글세 령감부터 말슴ㅎ시구려
(심) 에구 갑갑ㅎ야 얼는 말 좀 ㅎ지
내 그럼 몬져 ㅎ지오
꿈 가온더 나ㅎ고 마누라ㅎ고 우리집에 안잣쩌니 홀연이 셔긔가 반공ㅎ
야 오치가 령롱흔데 일기 션동이 학을 타고 하늘노서 너려와서 우리집으
로 들어오는데 금관도포에 옥패소리가 징징ㅎ고 좌우에 금동옥녀가 옹
위ㅎ야 우

〈12〉

리의게 졀을 ㅎ고 안즌 양은 효자힝실 분명흔 듯 이향이 만실ㅎ야 우리

부쳐가 정신이 황홀ᄒ야 진뎡키 어렵더니 션동이 머리를 소곳ᄒ고 입을
여러 ᄒ는 말이 소동은 옥황상뎨 향안전에 근시ᄒ든 션관으로 상뎨의 명
을 밧아 반도연에 가든 길에 동방삭을 잠간 맛나 노상에서 디톄ᄒᆫ 죄로
인간에다 내치시ᄆᆞ 갈 바를 모로더니 틱샹로군과 후토부인과 제불보살
이 이 딕으로 지시ᄒ기로 명을 밧아 왓스오니 어엿비 녀기심을 바람니다
ᄒ고 말을 ᄆᆞᆺ친 후에 마누라 품안으로 달녀드는 양을 보고 ᄯᅡᆷ작 놀나 ᄭᅢ
다르니 남가일몽이 분명ᄒ구려 에그 엇져면 그리 자셰ᄒᆫ가 션동의 얼골
이며 션동의 말소리가 지금도 눈에 션-ᄒ고 귀에 징연ᄒ여 ᄭᅮᆷ은 ᄭᅮᆷ이나
ᄭᅮᆷ갓지 안이ᄒ고 상시일과 ᄯᅩᆨ갓구려
그리 마누라 ᄭᅮᆷ은 엇더호 얼는 말ᄒ시오
(부) 에그 ᄭᅮᆷ도 엇지면 그럿케 ᄯᅩᆨ갓슴닛가 우리 양쥬의 ᄭᅮᆷ이 일호도 틀
님업시 신통이도 갓구려 우리 잠들기 전에 그런 니야기를 만이 ᄒ엿더니
그리 그런지요 참말 자식이 빌 ᄯᅢ에는 ᄭᅮᆷ이 잇는 법인지오
녯말에도 ᄭᅮᆷ 가온디 션동이 니려오면 아달을 낫코 션녀가 ᄂᆞ려오면 ᄯᅡᆯ을
낫는

〈13〉

다ᄒ니 우리 만일 ᄭᅮᆷ과 갓고 보면 분명ᄒᆫ 아달을 나을 터이니 ᄭᅮᆷ디로만
되고 보면 그 아니 깃분 노릇이오
(심) 녯말 그른데 어디 잇소 ᄭᅮᆷ이라 ᄒ는 것은 안 맛는 법이 업슴닌다
두고 보기만 ᄒ시오
아ᄒ를 안이 비면 모로거니와 비기만 ᄒ면 아달이 안이고 ᄯᅡᆯ 될 리는 만
무ᄒ오
(부) 여보 그 말 맙시오 나는 시집온 후로붓터 아들 나을 ᄭᅮᆷ과 ᄯᅡᆯ 나을
ᄭᅮᆷ을 몃 십 번을 ᄭᅮ엇는지 몰ᄂᆞ도 아ᄒᆞ커녕 아모 것도 안 빕듸다
(심) 응 마누라도 그 ᄯᅢ에는 정성도 안 들이고 그겨 ᄭᅮᆫ ᄭᅮᆷ이닛가 그러치

오 이번에는 지니만 보시오

냥쥬의 득남몽이 흡사 이갓튼 터에 그날 밤 그 냥쥬의 심사는 얼만침 죠 왓슬는지 말노 형용치 못홀너라 인싱이 나고 죽는 것은 텬디의 자연흔 리치로 지어 금슈초목까지라도 싱싱ᄒ는 도리와 사망ᄒ는 법칙이 텬연흔 리상이라

남녀의 신톄가 완젼무결ᄒ야 싱식긔의 병상이 한아 업고 특별흔 방ᄒ가 업는 이상에는 아모리 자식을 비지 안으려 ᄒ여도 자연 빗는 고로 음부 탕ᄌ의 사싱ᄌ

〈14〉

도 업지 안코 일시 동침에 쌍동이와 슘틔ᄌ도 낫코 십년 동거에도 참말 눈 먼 ᄌ식 한아 못낫는 법도 잇ᄂ니 이것은 남녀간에 한 아이라도 병이 잇고 업는데 달닌 것이라 비록 십년 이십년을 싱산치 못ᄒ든 사룸이라도 몸에 병근이라든지 흠졀이 업셔지고 완연흔 긔운이 발싱ᄒ고 보면 ᄌ연 싱틱가 되는 법이니 엇지 신명이 잇셔 ᄌ식을 쥬는 법이 잇스며 꿈이라 ᄒ는 것은 사룸의 싱각디로 되는 것이니 엇지 뜻밧게 싱길 일이 꿈에 미리 뵈이리오 사룸이 잠이 들면 졍신이 몽롱ᄒ야 취한 듯 밋친 듯 완젼치 못흔 터에 엇지 리두사를 헤아리며 셜혹 공교이 꿈과 갓치 되는 일이 잇다 홀지라도 이것은 밋친 사룸의 밋친 말과 슐먹은 사룸의 취흔 말이 실노 무엇을 알고 흔 것이 안이로되 우연이 그러흔 일이 잇고 보면 그 말이 맛는다 흠과 갓흔 것이라

만일 아들 나을 꿈을 꾸고 쏠을 낫코 보면 꿈이 분명 허사요 소위 득남몽 이니 무엇이니 ᄒ는 것은 그 사룸이 미리 바라고 싱각흔 졍신이 골치 속 에 모여 잇거나 남의게 들은 말과 보든 일이 뇌ㅅ속에 모여 잇셔 꿈이 될 뿐이라

문명흔 밝은 시디 사람은 도져이 밋지 안는 거시로되 심봉사의 녯날 어

리셕은 싱각으로 꿈을 꾸고 깃버홈은 용혹무괴훈 일이요

〈15〉

자고로 부인네가 치셩을 단이느니 불공을 단이느니 ᄒ고 산벽 음침훈 곳
으로 리왕홈은 음부탕녀의 욕심을 치울 쑌이요 간혹 졍직훈 부인네라도
불힝이 지산도 허비ᄒ고 몸까지 바리는 불칙훈 폐샹이 죵죵ᄒ야 녯날 엇
던 곳에셔는 부쳐의게 자식을 빌너 단이는 부녀가 즁의 자식을 만이 나
엇다는 말도 과연훈 사실이라
그러나 심봉사의 부인 곽씨갓튼 의긔와 졀긔로써 그러타 ᄒ기는 망발이
거니와 셰상에 공교훈 일이 ᄒ도 만아 그럿튼지 혼취 십여 년에 자식 훈
번 비여보지 못ᄒ든 곽씨부인이 일자 득남몽을 꾸고 난 후로
신샹이 불편ᄒ고 경슈가 끈어지니 셩틴훈 징됴가 완연ᄒ다 오륙 삭이 지
나가미 완연이 비가 불너 팔구 삭이 지나가니 남산갓치 놉파온다
심봉ᄉ 부쳐가 아모리 빈공 즁에라도 이달이ᄂ 너달이면 일긔 션동을 탄
싱ᄒ리라 ᄒ고 회회낙낙 지닌간다 과연 만삭이 다 되여는 오늘 너일 바
라기는 순산ᄒ기 축슈러니 과연 희산시를 임박ᄒ야 곽씨부인이 남산갓
치 부른 비를 잔쯕 움켜 붓안고 이리 듸굴 뎌리 듸굴 듸굴듸굴 구니면셔
일신을 안졉지 못ᄒ고
익고 비야 익고 비야

〈16〉

이리 훈참 익를 쓰니 심봉사가 눈 어두운 즁에 훈편으로 반갑기도 그지
업고 훈편으로 겁을 펄젹 너여 두 눈을 번쯕번쯕ᄒ며 싀 사발에 졍훈슈
를 소반 우에 밧쳐놋코 순산ᄒ기 비노라니 곽씨부인이 혼미 즁에 꽁꽁
알며 힘을 쓴다

심봉스가 아쳐러워 창황망조 더듬으며 부인을 붓들고 구호터니 거미구
에 일기 옥녀를 탄싱혼다
심봉스가 만심환회ᄒᆞ야 참고 잇쓰든 긴 한슘을 두어 번이나
휘-휘-
쉬며 아히를 밧아니는데 아히 낫는 부인보담 아히 밧는 그 남편이 더옥
눈이 멀둥멀둥ᄒᆞ고 쌈을 쌜쌜 흘니다가 입이 싹 버러뎌 말문이 툭 터진다
에그 싀연ᄒᆞ라 내 마음이 이러케 싀연ᄒᆞ니 잇쓰든 마누라는 여복 싀연홀
ᄉᆞ가
어허 삼을 갈나야지 에구 눈먼 것이 원수로다
다른 ᄹᆡ에는 다 못 보아도 이런 ᄹᆡ에ᄂᆞ 조곰 보앗스면
일변 아히를 밧아놋코 일변 삼을 갈나놋는데 눈 밝은 사람도 이런 일을
당ᄒᆞ고 보면 슈각이 황망ᄒᆞ야

<h2>〈17〉</h2>

망지소조 덤베거든 함을며 압 못 보는 사람이야 널너 무엇ᄒᆞ리요
그리도 이리 더듬 져리 더듬 사면을 더듬어가며 삼을 갈나 누인 후에 졍
신차려 싱각ᄒᆞ니 밋고 단단이 밋은 아달은 어더 가고 쏠 낫키는 ᄯᅳᆺ 밧기
라 곽씨부인이 혼미 중에 눈을 ᄶᅥ셔 간난 아히 사츄리를 잠간 보고 ᄒᆞᄂᆞᆫ
말이
익고 령감도 쑴이 분명 허사오 구려
(심) 그게 웬말이요 쑴 쑨 후로 자식 비여 십삭만에 순산ᄒᆞ니 그 안이
분명ᄒᆞ오
(부) 쑴에는 아달인데 졍작에는 쏠이구려
(심) 응 그거 무슨 말이요 내가 잘못 보앗나
ᄒᆞ며 아히 몸을 어릅쓰러 한 번 다시 만져보고
응 셥셥ᄒᆞ라 나는 쏠 자식이나 난 줄 알고 단단이 밋엇더니 글세 엇젼지

손이 밋근 지느가고 아모 것침 업더구면

아모려문 되슈요 십 삭 비고 슈고흐기는 아달 쏠이 일반이니 아무 렴려
흐지 마오

귀흐고 어엽쑤기는 쏠이 더옥 귀엽지오 친손봉스마는 못흘지느 외손봉
스라

〈18〉

도 우리 혈속이 쯘치지만 안으면 그 안이 다힝이요

아희도 아희려니와 다힝이 순산흐야 마누라만 편흐고 보면 텬우신조흔
것이요 이번에 쏠 낫코 명년에 아들 나으면 그만이지 이제야 낫키 시작
되여 문을 여러 노은 터에 걱정이 무엇이오

(부) 에그 한아 낫키도 어려온데 또 낫키를 바라겟소 쏠이느마 아달싸게
잘 길넛스면 그만이지오

(심) 암 그 말이 올치오 쏠이 아들만은 못 흐여도 아달도 잘못 두면 욕급
션령홀 것이고 쏠이라도 잘만 두면 아들 쥬고 못 밧구지오 우리 이 쏠
고이 길너 례졀 몬져 가라치고 침션방젹 다 식여셔 요죠슉녀 됴흔 비필
군즈호구 가리여셔

금슬우지 즐거옴과 종사우진진흐면 그 안이 됴탄 말이오

국밥을 얼는 지어 국 셰 그릇 밥 셰 그릇 삼신상 차려놋코 쥬먹셰슈 착망
건에 헌파립을 니여쓰고 두 손을 놉피 들어 삼신젼에 손슈 빈다

삼십삼젼 도솔쳔 삼신제왕 림림하스 굽어 살펴 보옵소셔 샤십에 엇은 쏠
자식 한두 둘에 이슬 미자 셕 둘에 피 모이고 넉 달에 인형 숨겨 다삿
달에 오쟝되

〈19〉

고 여섯 달에 뉵경 나고 닐곱 달에 골격 숨겨 사만 팔쳔 혈이 나고 여덜
달에 귀 싱겨 아홉 달에 졋을 먹고 십 삭 만에 찬짐 밧야 금각문 열고
고이 갈ᄂ쥬신 삼신님 덕틱이 틱산이 낫습고 하히가 엿스오나 다만 독녀
쏠 한아를 동방삭의 명을 바다 틱임의 덕힝이며 반희의 지질이며 대슌증
자 효힝이며 셕슝의 복을 쥬어 외 붓듯 달 붓듯 잔병 업시 잘 갓구어 일
취월쟝흐게 졈지흐야 쥬옵소셔
빌기를 다흐야 삼신샹을 물닌 후에 국밥을 펴다놋코 산모를 먹이면셔 심
봉사는 아기를 어루만셔 허황흔 녯말노써 흥을 겨워 흐는 말이
금자동아 옥녀동아 어어간간 내 쏠이야
표진강 슉향이가 네가 되여 나왓는가
은하슈 직녀셩이 네가 되여 나려왓나
금을 쥬고 너를 샤며 옥을 쥬고 너를 사랴
남뎐북답 쟝만흔들 이에셔 더 됴흐며
산호진쥬 어덧슨들 이에셔 더 귀흐랴
이러트시 죠아흐며 밤낫으로 얼우는데 곽씨부인이 겨오 니러나 슈일간
이ᄂ 뜰 압헤 힝보터니

〈20〉

쯧밧게 산후발증으로 우연 득병흐야 사지를 발발 썰며 심봉스의 목을 안
ㅅ고 알는 소리를 년히 흔다
익고 머리야 익고 다리야
이갓치 지향 업시 알는지라
심봉스 긔 막혀 더듬더듬 어룹쓸며 부인의 알는 데를 이리 져리 만저가며
이것이 웬 일이오 정신 차려 말 좀 흐오

몸살이오 테증이오 삼신탈이 낫느보오

이 모양으로 익를 쓸 제 병세 점점 위즁ᄒ야 가련ᄒ 곽씨부인이 홀 일 업시 죽게 되니 스스로 샤지 못홀 줄을 짐작ᄒ고 심봉스의 숀을 덤썩 잡고 후- 탄식을 길이 ᄒ며 흐득흐득 슬피우니

심봉스가 눈물을 금치 못ᄒ야 마조 울고 안젓는데

곽씨부인이 남은 힘을 다 드려셔 남편에게 유언이라

우리 부부 셔로 맛ᄂ 빅년히로홀ᄉ가 ᄒ고 간고ᄒ 살림샤리 내가 조곰 범연ᄒ면 압 못 보는 가장님이 노여ᄒ실까 빅번이ᄂ 조심ᄒ야 아못됴록 뜻을 밧아 가장공경ᄒ랴 ᄒ야 풍한셔습 불고ᄒ고 남촌북촌 픔을 파라 밥도 밧고 반찬 어

〈21〉

더 식은 밥은 니가 먹고 더운 밥은 가쟝ᄭᅵ 들여 곱푸지 안코 칩지 안토록 극진공경ᄒ엿드니 텬명이 그 쑨인지 인연이 그 쑨인지 홀 일 업시 죽게 되니 눈을 감지 못홀 터이요 불상ᄒ 가쟝 신세 나 한 번 죽은 후에 헌 옷 닙고 단일 적에 어니 뉘가 기워쥬며 됴혼 음식 뉘 권ᄒ오 스고무친 혈혈단신 의탁홀 곳 젼여 업스니 박아지를 숀에 쥐고 집펑이를 걸더 집고 쏠을 츠즈 ᄂ오다가 구렁에 써러지고 돌에 치와 업더져셔 신셰자탄 우는 양이 니 눈 압헤 보이는 듯 ᄒ고 가가문젼 단니면셔 밥 달ᄂ는 슬푼 소리가 두 귀에 징징 들니는 듯ᄒ니 나 죽은 혼빅인들 참아 엇지 보오릿가 명산대찰 신공 들여 샤십 당년 나은 자식 겻도 변변이 못 먹이고 죽는 나는 무슴 죄요 어미 업는 어린 것은 뉘 졋 먹여 길너니오 불상ᄒ 가쟝신셰 혼자 몸도 난쳐커든 더 익를 엇지ᄒ며 그 고셩을 엇지ᄒ오 멀고 먼 황쳔길에 외로온 내 혼빅이 눈물겨워 못 가깃소

더 건너 리동지게 돈 열냥 맛겻스니 그 돈 열냥 차자다가 쵸죵범절 디강ᄒ고 광에 잇는 냥식은 히복쏠노 두엇더니 못다 먹고 죽게 되니 장스 후

에 두고 냥식ᄒᆞ오 어진ᄉᆡᆨ 관디 ᄒᆞᆫ 벌 압 뒤 홍비 학을 놋타가 보에 싸셔 밋헤 농에 너엇스

〈22〉

니 나 죽어 츌상 후에 츠즈러 오거든 넘려 말고 너여준 후 어린 아ᄒᆡ 안ᄉᆡ고 가서 젓 좀 먹여달나 ᄒᆞ면 응당 괄시치ᄂᆞᆫ 안일 듯 ᄒᆞ오
텬명으로 뎌 자식이 죽지 안코 자라ᄂᆞ셔 졔 발노 단이거든 압 세우고 길을 물어 나의 무덤 츠자와셔 이것이 너의 죽은 모친의 무덤이라 가라쳐 주어 모녀상봉 ᄒᆞ게 되면 죽은 혼ᄇᆡᆨ이라도 ᄒᆞ이 업겟소
텬명을 ᄒᆞᆯ 일 업셔 압 못 보ᄂᆞᆫ 가장의게 어린 자식 깃쳐 두고 영결ᄒᆞ고 도라가셔 령감의 귀ᄒᆞᆫ 몸에 이통ᄒᆞ야 상케ᄒᆞ니 그 죄를 엇지 용셔ᄒᆞ오
황텬타일에라도 혼비ᄇᆡᆨ산ᄒᆞ야 편이 안지 못ᄒᆞ고 령감겻헤 둥둥 쩌 잇겟쇼
차싱에 미진ᄒᆞᆫ 인연은 후싱에 다시 맛나 리별 업시 사라봅시다
나의 옥지환이 젹어 못 ᄊᆡ고 경디 쇽에 너어 두엇스니 뎌 아ᄒᆡ 자라거든 날 본 듯이 너여쥬시오
슈복강령 지은 궤불 치여 주시고 부디 부디 고이 길너 종사를 닛게 ᄒᆞ시오
말을 ᄯᅳᆾ치고 잡은 손을 슬으를 놋터니 한숨 한 번을 길게 쉬고 어린 아ᄒᆡ를 잡아달여 얼골한 번 디여보고 ᄯᅩ다시 ᄒᆞᄂᆞᆫ 말이
텬디도 무심ᄒᆞ고 귀신도 야쇽ᄒᆞ다

〈23〉

네가 진작 싱기거나 내가 조곰 더 살거나
네가 나자 내가 죽어 ᄉᆡ세가 이러ᄒᆞ니 궁텬극디 깁푼 ᄒᆞᆫ을 널노ᄒᆞ야 품게 ᄒᆞ니
죽ᄂᆞᆫ 어미 사ᄂᆞᆫ 자식 싱사간에 무슴 ᄌᆞ냐

뉘 젓 먹고 사라나며 뉘 품에셔 잠을 자랴

불상ᄒᆞ다 우리 아기 오날 내 젓 망죵 먹고

어셔어셔 자라거라

이 말을 겨오 ᄒᆞ고 다시는 말도 못ᄒᆞᄂᆞᆫ데 눈물은 비가 되고 한숨은 바람
이라 쏠곡질 두어 번에 엇기츔을 실눅실눅ᄒᆞ며 니를 으드득 ᄲᅡᄃᆞ덕 갈며
다시

익고 원통ᄒᆡ여라

소리를 텬디 진동ᄒᆞ게 ᄒᆞᆫ 번 지르고 엽흐로 쓰러덧다

심봉ᄉᆞ는 죽은 쥴을 아지 못ᄒᆞ고 아마 아직 죽지는 안코 죽으려고 이를
쓰ᄂᆞᆫ보다ᄒᆞ고 부인의 목을 쓰러안고 얼골을 ᄒᆞᆫ데 더이고 문지르며 ᄒᆞᄂᆞᆫ
말이

마누라 마누라 이게 웬일이오

날 바리고 죽으랴오

〈24〉

정신차려 말 좀 ᄒᆞ오

ᄒᆞᆫ춤 이리 잇쓰다가 부인에 디답이 아조 감감ᄒᆞ야 아모 말도 업ᄂᆞᆫ지라
의심이 더락 나셔 가슴에 손을 너어 싱ᄉᆞ를 취믹ᄒᆞ니 믹이 임의 ᄭᅳᆫ어덧
다 그리도 자세치 안이ᄒᆞ야 코에 손을 디여보니 찬바람이 혹혹 난다

심봉ᄉᆞ가 긔가 막혀 가슴을 ᄶᅡᆼᄶᅡᆼ 두다리며 머리를 ᄶᅡᆼᄶᅡᆼ 부듸지며 우름통
이 터지는데

여누달이 ᄒᆞᄂᆞᆫ 말이

익구 곽씨 죽엇구나 참말노 죽엇구나

여보 마누라 이게 웬일이오 웨 죽엇소 그디가 살고 내가 죽엇스면 뎌 자
식을 길을 터인데

그디가 죽고 내가 ᄉᆞ랏스니 뎌 자식을 엇지ᄒᆞ오 동지쟝야 긴긴 밤에 살

갓치 모진 바람 쏼쏼 드리불 졔 무엇 닙혀 길너니며
무월동방침침야에 졋 둘 느고 우는 소리 두 귀에 징징훈들 뉘 졋 먹여 살
녀닐가 간쟝이 텰셕인들 안이 썩고 엇지홀가
마지 마지 죽지 마지 우리 냥쥬 명훈 뜻이 평싱을 다 살도록 사지동거ᄒ
짓더

〈25〉

니 넘나국이 어디라고 날 바리고 혼자 가고 뎌것 두고 간 연후에 어니
째나 오랴시오
쏫츤 덧다 다시 뛰고 금일에 지는 희는 명일에 다시 오건만은 마누라 가
신 곳은 훈 번 가면 못 올 터이니 삼쳔벽도 요디연에 셔왕모를 짜라갓쇼
월중단계 놉흔 집에 항아씨를 차자 갓쇼
마누라는 잘 갓소마는 나는 누구를 짜라갈ㅅ고 이고이고 원통ᄒ고 슬푸
구나
이러트시 슬피울 졔 도화동 남녀노쇼가 구름 모이듯 모여와셔 눈물 지고
ᄒ는 말이
현철ᄒ든 곽씨부인 즈질도 긔이ᄒ고 힝실도 거록터니 반셰상도 치 못살
고 죽단 말이 웬 말인고 ᄉ라셔도 불상터니 죽어셔도 불상코나 뎌 어린
것 버려두고 눈을 엇지 감엇슬가
그 중에도 귀덕어미라 ᄒ는 녀인은 곽씨와 졀친이라 눈물을 흠쳑흠쳑 흑
흑 늦겨 울고 잇다가
에그 불상훈 곽씨혼빅 초혼이나 불넌는지 사지밥이나 지여주자

〈26〉

ᄒ고 뒤주에 쌀을 니여 서홉식 쩌가지고 부억으로 들어가셔 급급히 밥을

지여 스지밥 세 그릇을 상 우에 밧쳐노으니 심봉스는 돈 서돈을 니다놋
코 동리사름 신 세 켜리 구흐여다 상 압헤 노은 후에 심봉스 비는 말이
인정왕니 부족흐나 이느마 바다들고 머나면 황텬길에 부디 평안이 가시오
흐고 또 곽씨 입든 적숨 하나 흔 손으로 옷깃을 쥐고 머리 우에 빙빙 두
루면셔
황쥬 도화동 거흐는 현풍 곽씨
황쥬 도화동 거흐는 현풍 곽씨
황쥬 도화동 거흐는 현풍 곽씨
이갓치 셰 번을 부른 후에
못다 산 명복은 어린 쏠 심쳥에게 물녀쥬오
이갓치 부르더라
동리사름들이 셔로 공론흐기를
우리동리 빅여호가 집집마다 출염흐야 감쟝이나 흐야쥬자
의론이 여일되여 의금관곽을 졍졔이 흐고 향양지디를 가리여셔 삼일영
쟝을 지니는데

〈27〉

소나무 디치와 참나무 연츄스디에 잘게 결은 슉마쥴을 네 귀 번듯 골느
놋코 방산기자 덥흔 후에 룡두머리 봉의 쏘리 홍스위롱 쳥스초롱 네 귀
에 다라 놋코 빅셜갓튼 미명세폭 남슈화쥬 깃을 다라 네 귀 번듯 벗쳐
놋코 발인졔 지닌 후에 닐곱 우물 상두군이 쩌메이고 쳐량흔 목소리로
위호 남문 열고 바라쳣다 위호 위호
이러트시 나갈 적에 심봉스는 어린 아히를 강보에 둘둘 싸셔 귀덕어미를
막겨두고 집팡막디를 걸더집고 상예 뒤에 따라가며
익고 익고 마누라야 날 바리고 어디 가오
이 모양으로 슬퍼흘 졔 오리길이 잠간이라 선산에 당도흐야 하관흐고 봉

분 후에 심봉스가 더옥이 이통ᄒ야 흑흑 늣겨 우는 말이

날 바리고 가는 부인 한탄ᄒ들 무엇ᄒ리 황텬으로 가는 길은 긱뎜도 업

다 ᄒ니 어디로 가랴ᄒ오 불상ᄒ고도 야쇽ᄒ오 압 못보는 이놈에게 더

자식을 씻쳐두고 영결죵텬 ᄒ단 말이오

인졍 잇는 마누라가 엇지 그리 야쇽ᄒ오

익고 익고 불상히라 마누란들 가구 십허 가겟쇼마는 간 사롬도 불상커니와

〈28〉

사라잇는 두 목숨은 장ᄎ 엇지 ᄒ단 말고

익고익고 긔 막혀라

이와ᄀᆺ치 울음긋혜 몸부림을 쌍쌍 ᄒ며 무덤 우으로 듸굴듸굴 구을면셔

이통ᄒ는 슬푼 모양은 춤아 볼 수 업슬너라

슈다ᄒᆫ 장ᄉ회긱들이 뉘 안이 서러ᄒ리오

어늬 쟝ᄉ라고 슬푸지 안일 것은 안이로되 심봉스의 졍경이며 곽씨부인

의 죽은 스셰는 남 달니 매츰ᄒ다 히 다 져서 황혼 되니 동리사롬의게

의지ᄒ야

허동지동 도라오는 심봉스가 집안으로 들어가니 텡텡 뷔인 젹막공방 음

풍만 슬슬 돌고 휘뎡글엉 뷔인 부억 인젹이 망연ᄒ다 궤발무러 던진듯ᄒᆫ

어린 아히 한아 쑨이라

발건 어린이를 헌 걸네로 싸서 안ᄉ고 니불도 더듬더듬 베기도 만져보며

자탄ᄒ며 우는 말이

젼에 덥든 니불은 의구히 잇다마는 누와 ᄀᆺ치 덥고 자며

젼에 베든 베기는 의연히 잇다마는 누와 갓치 베고 잘ᄉ가

빗든 빗졉과 밧든 밥상은 의구히 잇다마는 우리 마누라는 어듸 갓소

〈29〉

이갓치 슬퍼ᄒ며 밋친 듯 취ᄒ 듯 이웃집으로 쮜여가셔
마누라 마누라 여긔 왓소 여긔 왓소 응 헛불넛군
이와 갓치 불너도 보고 어린이를 품에 품ㅅ고 이집 져집 단이면셔 졋을
어더 먹인 후에 뷘집으로 도라와셔 혼자말노 탄식이라
불상ᄒ다 불상ᄒ다 너를 두고 죽단 말가 오날은 졋을 어더 먹엿스나 니
일은 뉘 집 가셔 어더먹을ㅅ고
이갓치 탄식ᄒ며 허동지동 단이면셔 밋친 듯이 셜워ᄒ더니 도로 풀쳐 싱
각ᄒ고 슬푼 마음 강잉ᄒ야 풍우를 무릅쓰고 어린 아ᄒ 잇는 집은 ᄎ례
로 ᄎᄌ가셔 동량졋을 어더 먹이는데 눈은 어두오나 귀는 밝은 터이라
말결 눈치 보아가며 졋동량을 근히 ᄒ다
동지쟝야 긴긴 밤에 젼젼불미 지니다가 시는 날 아침결에 인간 자최 얼
는 듯고 문밧게 썩 ᄂ셔며 오날은 이집 가고 니일은 져집 가셔
여보시오 부인님네들 어미 죽은 갓난 아ᄒ 졋 조곰만 먹여쥽시오
이갓치 어더먹이고 ᄒ 다 져셔 일모ᄒ면 밤ㅣ 올 일 싱각ᄒ고 한 손에
아기 안ㅅ고 ᄒ 손에 막ᄃ 집고 가가문젼 단이면셔

〈30〉

여봅시오 부인네들 이 아ᄒ 졋 좀 먹여쥬오
압 못보는 눌노본들 엇지ᄒ며 불상이 죽은 곽씨를 싱각ᄒ여도 괄시치 말
으시고 딕에 귀ᄒ 아기 먹다 남은 졋 ᄒ 통만 먹여쥬시면
불상ᄒ 이 아희에게 그 안니 죠흔 일이오
이 모양으로 단일 젹에 륙칠 월 쏘약볏헤 김 미다 쉬는 데도 차자가고
시너ㅅ가에 셜닉ᄒ는 부인들끠도 차자가셔
션심ᄒ읍시오 션심ᄒ읍시오 불상ᄒ 어미 죽은 아ᄒ 졋 못먹여 굴머죽겟소 졋

ᄒᆞᆫ 통만 션심ᄒᆞ시오
이러트시 구걸ᄒᆞ니 그 즁에도 인졍 잇는 부인네들은
에그 불상ᄒᆡ라 어미 쥭은 져 아ᄒᆡ야 ᄇᆡ가 곱파 여복홀ㅅ가
우리도 어린것 두고 만일 ᄒᆞᆫ 번 쥭어보면 져 디경이 될 터이지
그 아ᄒᆡ 이리 쥬오 ᄂᆡ 졋 ᄒᆞᆫ 통 먹여쥬오리다
눈물 지며 죠흔 말노 아ᄒᆡ를 밧아 먹여쥬고 엇던 무지ᄒᆞᆫ 부인들은
에그 망측ᄒᆞ여라 불상ᄒᆡ도 졔 팔ᄌᆞ지 셰상에 난 지 열을도 못되야 어미
붓터 잡아먹고 고런 방졍ᄊᆞ럭이 고런 쳥승ᄊᆞ럭이

〈31〉

우리 아ᄒᆡ도 낫바ᄒᆞ는 졋을 남 됴흔 일ᄭᆞ지 누가 홀ㅅ고
ᄯᅩ 아모리 넉넉ᄒᆞ기로 일이 밧바 죽겟는데 언제 남의 ᄋᆡ 졋 먹이고
그런 소리ᄂᆞᆫ ᄒᆞ지도 말고 다른 데나 가보시오
이 모양으로 ᄢᅦ는지라 심봉ᄉᆞ가 요힝 착ᄒᆞᆫ 부인네를 맛나 잘 어더 먹인
날은 어린ᄋᆡ가 ᄇᆡ가 불눅 ᄒᆞ여지고 심악ᄒᆞᆫ 부인네들이나 맛나여 잘 어더
먹이지 못ᄒᆞᆫ 날은 아ᄒᆡ ᄇᆡ가 납쥭ᄒᆞ니 눈으로ᄂᆞᆫ 보지 못ᄒᆞ닛가 손으로
슬슬 만져보아 아ᄒᆡ ᄇᆡ를 치여쥰 ᄂᆞᆯ은 양지 발은 언덕밋헤 팔을 버리고
안자 쉬며 마음에 흡족ᄒᆞ야 ᄋᆡ기를 어루면셔 혼자말노
아가 아가 우리 아가 자느냐 웃ᄂᆞ냐 그 ᄉᆡ이 얼마ᄂᆞ 컷느냐 에그 눈ㅅ갈
이 잇스면 ᄒᆞᆫ 번 보앗스면 올치 슈가 잇다
ᄒᆞ고 쟝쌤을 잔득 쌤어 이리져리 쌤어보더니 손쌕을 쳑쳑 치며
씩- 허허-
ᄃᆡ소ᄒᆞ며 ᄒᆞ는 말이
올타 그 ᄉᆡ이에 조곰 무던이 컷다
응 그러나 어셔어셔 쉬이 커라

〈32〉

나는 아모리 굼드라도 너 혼 아이야 못 엇어 먹이랴 넘려 말고 어셔 커셔
너의 모친갓치 현철ㅎ고 효힝 잇거라

응 그러야 아비게 귀염 밧지 야—

어려셔 고싱ㅎ면 커셔는 부귀다남ㅎ느니라

심봉스가 졋동량만 그갓치 홀 쑨 안니라 삼베견디를 길게 지여 왼 엇기
에 둘너메고 이집 져집 단니면셔 한편은 쏠을 밧고 또 혼편은 강볘 어더
쥬는 디로 밧아들고 혼둘륙장 쟝동양도 ㅎ야 혼 푼 두 푼 어들 적에 어리
셕고 허황혼 풍속이라 모로는 사롬들은

앗짜 이 쟝님은 졈이나 치러단니지 동양은 웨 단니오 여보 내 졈이나 혼
번 쳐 쥬시오 잘만 쳐 알아주면 졈칙를 쥴 터이니

(심) 여봅시오 짝도 ㅎ시오 졈이라는 것은 자고로 거즛말이 웬다 졈 쳐
셔 아는 법이 어듸 잇답닛가

눈 쓴 사롬도 모로는 일을 눈 감어 보지도 못ㅎ는 놈더러 무엇을 알아달
느 ㅎ시오

나는 그짜위 사롬 속이는 거즌말은 홀 쥴을 몰으오

〈33〉

엇던 사롬은

쟝님이 경이느 닑으러 단니지 동양을 웨 ㅎ고 잇소

(심) 경은 닑어 무엇ㅎ시오

귀신이 잇기로 경 닑는다고 쏫겨가겟소

죠혼 일 그른 일이 다 졔게 달니고 하늘에 둘닌 것인데 경 닑으면 될 터
이오

망영의 말슴도 그만두시오

나도 젼에는 점 치고 경 닑으면 무슨 효험이 잇는 쥴을 아랏스나 다 쓸데
업는 말입듸다

귀신 공경을 밤낫 졍셩으로 ᄒᆞ든 우리 마누라는 산후발ㅅ증에 얼는 잡바
집듸다

심봉스의 ᄒᆞ는 말이 스리에 당연ᄒᆞ고 텬리에 합당컨마는 우미ᄒᆞᆫ 인민들
은 경 닑고 점 치라고 맛나면 권고ᄒᆞ나 긔인 취물 안된 일은 결단코 안이
ᄒᆞ고 ᄒᆞᆫ 푼 두 푼 ᄒᆞᆫ 줌 두 줌 곡식 되 돈량을 부즈러니 모아들여 즈긔
몸은 버셔가며 즈긔 빈는 쥬려가며 불상ᄒᆞᆫ 그 ᄯᅩᆯ 심청이를 극력양육 ᄒᆞ
노라고 암죽슐 강엿푼 엇치 조곰식 익겨가며 쓰고 남은 것 져츅ᄒᆞ야 그
부인 곽씨 혼령을 졍셩으로 위로ᄒᆞ야 미

<34>

월삭망 소대샹을 례법으로 지니드라

심청이는 불상ᄒᆞᆫ 아ᄒᆡ라 하늘이 도앗든지 잔병 업시 잘 자라여 류슈광음
건 듯 지ᄂᆞ 륙칠 셰에 당도ᄒᆞ니

얼골은 국식이오

인스는 민첩ᄒᆞ고

효힝이 츌텬ᄒᆞ고

소견이 탁월ᄒᆞ며

착ᄒᆞ기 긔린이라

부친의 죠셕공경과 모친의 긔졔스를 어룬을 압두ᄒᆞ니 뉘 안이 칭찬ᄒᆞ리요

하로는 그 부친ᄭᅴ ᄒᆞᆫ는 말이

져는 비록 어린이오나 즈식 도리는 일반인데오

셩현의 훈계홈도 임의 비와 알거니와

말 못ᄒᆞᄂᆞᆫ 미물의 즘셩 가마귀도 공림중 져문 놀에 반포지셩을 다 ᄒᆞ구요

왕샹은 어름궁게셔 니어를 낙가 병든 부모를 살녀닉구요

밍종은 엄동셜한에 죽슌을 어더다가 부모님을 봉양ᄒᆞ엿다는데

〈35〉

나는 웨 아부지 봉양 못ᄒᆞ겟슴닛가
아부지ᄭᅵ셔 눈 어두오셔 좁은 데 넓은 데 높푼 데 ᄂᆞᄌᆞᆫ 데 깁푼 데 얏튼
데 급ᄒᆞ고 험ᄒᆞᆫ 길에 쳔방지츅 단니시다가 다치기도 쉽고 비 오는 눌 눈
오는 눌 바룸 부는 눌에 병 ᄂᆞ실ᄭᅡ가 념려올시다 오늘부터는 아부지ᄭᅵ셔
집을 보시면 제가 ᄂᆞ가 단기면셔 밥을 비러 죠셕지공을 ᄒᆞ겟슴니다
심봉ᄉᆞ가 그 말을 듯고 딕소ᄒᆞ며 ᄒᆞ는 말이
이이 네 말이 효녀로다 인졍은 그러ᄒᆞᄂᆞ 어린 너를 니보내고 안져잇셔
밧아먹는 내 마음이 엇지 편ᄒᆞ겟ᄂᆞ냐 아서라 그만두어라
심쳥이가 눈물을 ᄶᅥ러치며 다시 ᄒᆞ는 말이
녯날에 졔영은 락양옥즁에 갓친 아비를 위ᄒᆞ야 졔 몸을 파라 그 부친을
속죄케 ᄒᆞ엿는데 그런 일을 싱각ᄒᆞ고 아부지 고싱ᄒᆞ시는 것을 싱각ᄒᆞ니
엇지 슬푸지 안슴닛가
아부지 졍말 고집ᄒᆞ지 마시오
닉가 암만 죠곰아히도 아모 실수 업시 단길 터이니 념려 말고 집에 곕시오
심봉ᄉᆞ가 마지 못ᄒᆞ야 허락ᄒᆞ는 말이

〈36〉

긔특ᄒᆞ다 닉 ᄯᅩᆯ이야 만고효녀는 심쳥이로다
아모려나 네 말디로 ᄒᆞ여보아라
응 사룸이란 것은 부풍모습을 ᄒᆞ것다
너의 모친이 그만ᄒᆞ고야 넨들 범연ᄒᆞ겟느냐
오냐 네 효셩을 싱각ᄒᆞ니 만수쳔한이 다 풀닌다

원산에 힌 빗취고 젼촌에 연긔 느니 젼역째가 되엿더라 헌 베중의에 단임 미고 줄기만 남은 베치마에 압셥 업는 져고리에 쳥목휘양 눌너쓰고 보션 업서 발을 벗고 뒤축헌 집셕이에 끼여진 헌박아지 한아는 녑헤 끼고 한아는 숀에 들고 엄동셜한 모진 날에 발발발달달달 썰면서도 치운 싱각 안이 ᄒ고 이집 져집 문압마다 밥을 비는 심청이가 이연훈 목소리로 여봅시오 이 덕에서 밥 한 술만 쥬십시오

우리 모친은 셰상을 쩌나시고 우리 부친은 눈 어두어 밥을 비러 져를 길너닉시는 쥴은 이 동리셔는 다 아시니 오날부터는 졔가 나셔 단닙니다 십시일반으로 한 술식 보틱 쥬시면 압 못보는 우리 아부지를 시댱을 면켓슴니다

〈37〉

이 모양을 보고 듯는 사롬이야 뉘 안이 감동ᄒ리요 한 그릇 밥을 앗기지 안이 ᄒ고 덥셕덥셕 담아쥬며

이익 너는 여긔셔 먹고 가거라

ᄒ는지라 심청이 딕답ᄒ기를

치운 방에 늙은 아부지끽셔 응당 기다리고 계실 터인데 엇지 먹고 가겟슴닛가 어셔 밧비 도라가셔 아부지와 갓치 먹겟슴니다

이갓치 어든 밥이 두셰 집에 죡훈지라 속속히 도라와셔 싸리문 들어셔며

아부지 칩지 안소

여븍키 시장ᄒ시고

얼마느 기다렷소 ᄌ연이 지톄가 되엿소

이써 심봉사가 심청의 소리 듯고 문 펼젹 마조 열며 두 숀을 덤셕 쥐고

숀 시리지 불 쬐여라 발도 차지 어셔 여긔 안져라

ᄒ며 더듬더듬 어루만지고 혀를 툭툭 차며 눈물 지고 ᄒ는 말이

익달구나 너의 모친 무상ᄒ다 나의 팔ᄌ 요다지야 되단 말가

너 식켜 밥을 비러 먹고 사는 이놈이야

〈38〉

이러호 모진 목숨 구추이 사라나셔 즈식 고싱을 요러케 식이느니 추라리
다 죽엇스면 네 고싱이나 업슬거슬
이 모양으로 탄식호니 심청의 장호 효성으로 그 부친을 위로혼다
아부지 그런 말솜 말으시오 즈식 되여 부모봉양 부모 되여 효성 밧기 인
류에 상사인데
넘우 걱정 마르시고 진지나 잡수시오
이와갓치 봉양호야 춘하츄동 사시음식 일일시시 어더드려 동리 걸인 되
엿더니 한히 두히 삼사 년에 심청의 텬싱지질 사사에 민첩호야 그즁에
침션방젹 등이 업시 절묘호다
동리집 일을 호야 공밥 먹지 안이호고 삭으로 돈을 밧아 부친의 의복찬
수를 시종이 여일혼데 일 업는 날은 밥을 비러 근근년명 굴지 안코 지너
더니 셰월이 여류호야 십오 세가 잠간이라
아름다온 화용월틱 외모도 더욱 화려호고
탁월혼 양지성효 심법이 더욱 가상호다
이러혼 소문이 원근에 랑즈호니 뉘 안이 칭찬호며 뉘 안이 감동홀ㅅ가

〈39〉

덕식이 구비혼 절디효녀 심청이라 사롭마다 흠모호야 심청 보고 권고혼다
이이 귀호다 심청아 네 모양이 절식이오 네 지조가 비상호고 네 효성이
극진호니 이이 참말 부럽고나
너갓혼 며나리 한번 삼앗스면 그런 복은 업겟고나
네 만일 니 집 오면 의식도 넉넉호고 아모 근심홀 것 업시 네 부친 잘

쳐쥬마

이갓치 ᄒᆞ는 말은 원근간에 미셩ᄒᆞᆫ 아들이ᄂᆞ 손ᄌᆞ 두고 신부를 틱ᄒᆞ는 쟈의 간구ᄒᆞ는 말이오

이익 심쳥아 네 웨 그리 고셩ᄒᆞ뇌

네 ᄂᆞ이 가련ᄒᆞ고 네 용모 그러ᄒᆞ고 네 지조 그러ᄒᆞ니 뉘 집 부쟈의 며나리가 되여가든지 작은집이 되엿스면 네 몸도 호강ᄒᆞ고

부친봉양 잘 ᄒᆞᆯ 터이니 닉 즁믹ᄒᆞ여쥬마

네 소견 엇더ᄒᆞ냐

이러트시 ᄒᆞ는 말은 원근간에 남의 즁믹ᄒᆞ기 조아ᄒᆞ는 믹파의 말들이라

심쳥이 그 말 듯고 믹양 디답ᄒᆞ는 말이

에구 나는 실소 말슴은 고마오나 셰상일이 말과 갓기 어려워요

〈40〉

닉 몸은 무엇이 되든지 벗든지 굼든지 먹든지 입든지 편ᄒᆞ거ᄂᆞ 괴롭거나 우리 부친 한 분만 잘 봉양ᄒᆞ엿스면

닉 소원 그만이나 인심이 불일ᄒᆞ니 시종여일 쉽지 안어요

ᄌᆞ식 되여 부모공경 괴롭다 싱각ᄒᆞ면 짐싱만도 못ᄒᆞ게오

졔 부모 셥기는 데 고셩이 상관잇소

올치 못ᄒᆞᆫ 물건이ᄂᆞ 쉽게 어든 지물노써 부모공경 ᄒᆞ고 보면 인도에 불가ᄒᆞ오 만일 한 번 출가ᄒᆞ면 빅년일신 변치 못ᄒᆞᆯ 터이니 만약 부친 마음 불편ᄒᆞ면 진퇴유곡 ᄒᆞᆯ 일 업시 불효도 못ᄒᆞᆯ 바요 훼졀도 못ᄒᆞᆯ 터이니 그 안이 량난ᄒᆞ오

나는 실소 나는 실소 싀집가기 나는 실소 닉 몸이 죽기 젼에는 별별 고셩 다 ᄒᆞ여도 품을 팔고 밥을 비러 우리 부친 봉양타가 부친 만일 별셰ᄒᆞ면 삼년거묘 다 산 후에 닉 몸은 죽든 사든 상관업소

만일 나의 부친끠셔 눈만 밝아 보시는 터 ᄀᆞᆺ고 보면 그도 괴이치 안이ᄒᆞ나

압 못 보는 부친끠셔 자유싱활 못ᄒ시니 그 안이 가련ᄒ오
부친의 눈을 밝게 홀 도리가 잇다 ᄒ면 몸을 팔고 뼤를 가라도 그것은
ᄒᆯ지언뎡 다만 의식을 위ᄒ여는 싀집은 갈 수 업소

〈41〉

품 팔고 밥 비는 것 니 직분 당연ᄒ니 그런 말슴 다시 마오
이와갓치 거졀ᄒ니 말ᄒ든 사름은 다시 홀 말 업셧더라 하로는 심쳥이
져녁밥을 빌너가셔 일셰가 져무도록 종무소식 감감ᄒ다
심봉ᄉ 홀노 안즈 기다릴 졔 비는 곱파 등에 붓고 방은 치워 썰녀온다
원산에 쇠북소리 은은이 들니거늘 날 졈은 줄 짐작ᄒ고 혼즈말노 탄식이라
허- 우리 심쳥이는 밥을 빌너 간다더니 뉘 집 일을 쏘 ᄒᄂᆫ가
무슴 일에 골몰ᄒ야 날 졈은 줄 모르는고
풍셜이 막혀 그러ᄒᆫ가 무슴 일노 못 오는가
윗단길과 산골작이에 강포ᄒ고 음란ᄒᆫ 놈을 맛나
어니 집에 잡혀가셔 욕을 몹시 당ᄒᄂᆫ가
먼 길에 리왕ᄒᄂᆫ 인젹이 날 쩌마다 귀 밝은 삽살기가 콩콩콩 짓는 쇼리
심쳥이가 오는가 ᄒ고 문을 펄젹 여러보며
심쳥이 너 오느냐
급ᄒᆫ 쇼리로 무러보나 젹막공뎡에 인젹이 젼무ᄒ니 허희탄식 니러셔며
즁얼즁얼 ᄒᄂᆫ 말이

〈42〉

알ㅅ들이도 속엿구나 고놈의 삽살기는 무어슬 보고 지지는고 밧마당에
나 나가볼ㅅ가
집팡막디를 휘젹휘젹ᄒ며 쑬이문 밧 썩 나셔셔 압둔데로 나가다가 십물

흘너니려 굴엉텅이 깁푼 곳에 밀친드시 쩌러지니 한길이나 넘은 물에 감
탕판이 밋그러워 나올 수도 전혀 업다

면상에는 진흙이요 의복에는 어름이라

되뒬스록 더 쌘지고 나오런즉 밋그러져 홀 일 업시 죽게 되여 아모리 쇼
리치나 일모도궁 젹막훈디 사롬 리왕 쓴쳣시니 어늬 뉘가 건져쥬리요
진쇼위 활인지불은 곡곡유지라 활인홀부쳐는 골마다 잇다더니 맛춤 그
쌔에 몽은소 화쥬승이 져의 졀을 중슈초로 권션문을 둘너메고 시쥬흐려
니려왓다가 쳥산은 암암흐고 셜월이 교교훈데 셕경에 빗긴 길노 졀을 초
조 도라가다가 풍편에 슬푼 쇼리로 사롬 구흐라 부르는지라

조비심이 충만훈 부쳐님의 슈뎨조라 두 귀를 기우리고 조셰이 엿들으며
두 발을 짝 부치고 한참이나 듯고 셧다가 급피 쒸여 다라와셔 기쳔 압흘
당도흐니 엇던 사롬이 물에 쌔져 죽고 못살 디경이라

⟨43⟩

조션훈 화쥬승이 측은지심 대발흐야 빅통장식 구졀죽장 되는디로 니던
지고 굴갓쟝삼 훨훨 버셔 쳔변에 더져두고 힝젼다님 얼는 풀고 두 보션
짝 얼는 벗고 두 다리를 훨젹 것고 물짜으로 드러셔서 심봉사를 건뎌니
니 젼에 보든 사롬이라 심봉사가 사라나셔 한숨 쉬며 급훈 말노
거 뉘오

(화쥬승) 나는 몽은사 화쥬승이오

(심) 그러치 그리 과연 활인불이로군

죽을 사롬 살녀니니 은혜 빅골난망이오

화쥬승이 심봉사를 익그러다가 집안으로 들어가서 져즌 의복 벗긴 후에
니불노 싸셔 누이고 물에 쌔진 곡졀을 무러보니 심봉사가 조탄을 무훈이
흐며 젼후사를 다 말흐고 압 못 보는 훈을 흐니

화쥬승이 말을 듯고 조비훈 슬푼 말노 간졀이 권고훈다

여보 심봉스 니 말 들으시오 우리 부처님이 령검ᄒ시니 공양미 삼빅셕만
션심으로 불공ᄒ면 졍녕코 눈을 써셔 완인이 되오리다
심봉스 그 말 듯고 형셰는 싱각 안코 눈 쓴단 말 ᄒ도 됴아셔 즁을 향ᄒ
야 ᄒ는 말

〈44〉

이
여보 대사 삼빅셕 격으시오 두 눈만 밝고 보면 삼빅셕에 비ᄒ겟쇼
화쥬승이 허허 웃고
여보시오 말이 그러치 삼빅셕이 어셔 나오 가셰를 둘너보니 삼빅셕은 고
샤ᄒ고 셔되 쓸 어렵겟소 셩심은 갸륵ᄒ오마는 븬 쇼리 그만 두오
심봉스가 그 말 듯고 화를 버럭 닉며
아싸 남의 졍셩을 씨치려고 그러케 경홀이 말을 ᄒ오
어셔 넘려 말고 격기나 ᄒ오
부쳐님끠 격어놋코 븬 말 홀 내가 안이오
만일 사름도 안이오 부쳐님을 속엿다가 눈을 밝기는 졋쳐놋코 안즌방이
될 거시오
어느 안젼이라고 븬 말 홀 사름이 잇단 말이오
화쥬승이 홀 일 업셔 바랑을 여러놋코 권션문을 집어닉여 뎨일층 붉은
죠희에
심학규 삼빅셕 시쥬
라 ᄒ고 격엇더라

〈45〉

심봉스가 화쥬승을 작별ᄒ고 다시 싱각ᄒ여보니

눈 뜰 욕심에 쟝담ᄒᆞ고 젹엇스나 시쥬쏠 삼빅셕을 판츌홀 길 젼혀 업다
쑹쑹 탄식ᄒᆞᄂᆞᆫ 말이
이런 긔막힐 노릇이 쏘 잇ᄂᆞᆫ가 욕심이 병이야 눈 뜰 욕심 한아으로 부쳐
님을 쇽엿스니 혹을 쩨려다가 혹을 붓친심이 되엿구나
복을 빌녀다가 벌을 밧게 되엿구나
이를 엇지 ᄒᆞ잔 말인고
익고 익고 내 팔ᄌᆞ야 알뜰이도 쏘부라덧다
텬도가 지공ᄒᆞ야 후박이 업다더니
내 인싱은 무슴 ᄌᆞ로 눈먼 병신이 되여나셔
일월갓치 밝은 것도 볼 길이 젼혀 업고
우리 망쳐만 사랏던들 져의 모녀 합력ᄒᆞ면 조셕 걱졍 업슬 거슬 다 커가
는 쏠ᄌᆞ식을 원근동에 너여노아 품을 팔고 밥을 비러 근근호구 ᄒᆞ는 즁
에 공양미 삼빅셕을 호긔 잇게 젹어놋코 빅가지로 싱각ᄒᆞ나 날 곳이 업
고나
이싸진 일간두옥 팔ᄌᆞᄒᆞᆫ들 풍우를 못 막을 것 사다니 뉘가 사며 산다ᄒᆞᆫ
들 멧

〈46〉

푼 줄ㅅ가
내 몸을 팔ᄌᆞᄒᆞᆫ들 푼젼도 안이 싸니 내라도 안이 살터이니 뉘라셔 사다
무엇홀고
이 노릇을 엇지 ᄒᆞ잔 말고
엇던 스룸 팔ᄌᆞ 조아 부부희로ᄒᆞ고 ᄌᆞ손만당ᄒᆞ고 이목이 완연ᄒᆞ며 가셰
가 부요ᄒᆞ야 진곡이 진진ᄒᆞ고 신곡이 풍등ᄒᆞ야 그릴 것이 업건만은
익고 익고 내 팔ᄌᆞ야 고금이 뇨원ᄒᆞ고 텬디가 광더ᄒᆞᆫ 즁에 눌갓ᄒᆞᆫ 놈의
팔ᄌᆞ가 쏘 잇슬ㅅ가

한춤 이 모양으로 탄식ᄒ며 슬퍼울 젹에 심청이가 밧비 와셔 그 부친의
모양을 보고 쌈쫘 놀ᄂ 발 구르며 아바지를 불너닌다
아바지 아바지 이게 웬 일이오 웨 이다지 셜워ᄒ시오 나를 츳ᄌ 나오시
다가 긔쳔에 가 빠졋구려 칩고 분ᄒ시기 오작홀ㅅ가
이러트시 이를 쓰며 치마ᄌ락을 거더들어 부친의 두 눈물을 흠쳑흠쳑 싯
쳐쥬고 손을 쓰러 디여쥬며
아바지 아바지 우지 말고 졍신 츠려 진지ᄂ 잡수시오 이것은 ᄌ반이오
이것은

〈47〉

김치오
이갓치 위로ᄒ되 심봉ᄉ는 슈심 즁에 비 곱흔 쥴 니졋든지 밥싱각이 안
이 나셔 묵묵이 안ᄌ잇셔 눈물만 쑥쑥 써러친다
심쳥이 긔가 막혀 갓치 울며 ᄒ는 말이
아바지 아바지 어디가 압파 그리시오 내가 더듸 와셔 분ᄒ여셔 그리시오
춤고 춤아 진지 잡수시오
(심봉ᄉ) 그런 것도 안이오 져런 것도 안이로다 너는 아라 쓸듸업다
(심쳥) 에그 아바지 웬 말슴이오 부녀간 텬륜지의 무슴 허물이 잇겟쇼
죽을 말 술 말에 못홀 것이 무엇이오
아바지는 눌만 밋고 나는 아바지만 밋ᄂ데 더쇼ᄉ를 물론ᄒ고 서로 의론
ᄒ든 터에 오늘 말슴 드러보니 텬륜지의 쓴어졋구려
아모리 불효녀식인들 춤아 셜슴니다
(심봉ᄉ) 안이로다 무슴 일을 쇽이랴고 부녀간에 은휘홀ㅅ가 네가 만일
알고 보면 지극ᄒ 네 효셩에 네 마음만 상홀 터이기 말 안코 잇셧구나
(심쳥) 마음이 상ᄒ야도 부모 위ᄒ야 상ᄒ고 마음이 깃버도 부모 위ᄒ야
깃벗

⟨48⟩

스면 관계홀 것 잇슴닛가 어서어서 말솜ᄒ오 어서 듯고 시품니다
(심봉스) 오냐 네 심졍이 그러ᄒ니 말을 안이홀 수 젼혀 업구나
앗가 너를 기다리고 문 밧그로 ᄂ갓다가 물에 ᄲᅡ져 죽게된 거슬 몽은스
화쥬승이 나를 건뎌 살녀니고 진졍으로 ᄒ는 말이 공양미 삼빅셕만 션심
으로 시쥬ᄒ면 싱젼에 눈을 써서 일월을 다시 보리라 ᄒ기 젼후스를 불
고ᄒ고 화ᄉ김에 젹엇더니 즁 보니고 싱각ᄒ니 삼빅셕이 어셔나랴 도로
혀 후회로다 젹어놋코 쇽이고 보면 그런 화가 잇단 말가
심쳥이 그 말 듯고 반갑고도 깃거ᄒ며 부친을 위로ᄒ다
걱졍 마르시고 진지나 잡슈시오 도로혀 후회ᄒ면 션심이 못될 터이니 두
눈만 쓴다 ᄒ면 삼빅셕이 경ᄒ지오 아못됴록 힘을 써셔 몽은스로 올니리라
심쳥이 역시 그 부친을 위로홀ᄎ 말은 크게 ᄒ얏스나 불쇼훈 공양미를
엇지 용이히 판츌ᄒ리요 다만 심려ᄒ다 못ᄒ야 그윽히 싱각ᄒ기를
지셩이면 감텬이라 업는 쑬은 못홀망뎡 졍셩으로 비러보아 신명이 감응
ᄒ면 아바지 눈이 밝으리라
그날 밤붓터 후원에 단을 뭇고 집안을 소쇄ᄒ고 시소반 한아와 시동의
한아에다

⟨49⟩

졍화슈를 써다놋코 북두칠셩 야반후에 분향ᄒ고 꾸러안자 지셩으로 비
는 말이
갑즛년 동지ᄉ달 초십일 황쥬 도화동 소녀 심쳥은 지셩근고ᄒ옵ᄂ니 상
텬후토와 일월셩신은 굽어 살피쇼셔 사룸의 두 눈을 둔 거슨 하눌에 일
월을 둔 것과 갓스오니 일월이 업스면 무엇을 분멸ᄒ오며 두 눈이 업스
오면 무엇을 보오릿가

심쳥에 아비 무즈성 삼십 젼에 안밍ᄒ야 오십장근토록 오식을 못 보오니
불상ᄒ 아비에 허물을 이 몸으로 디신ᄒ고 눈을 밝게 ᄒᆞ옵쇼셔
이와 갓치 정셩으로 쥬야츅원 ᄒ건만은 여러 달이 지닉도록 그 부친 심
봉ᄉᄂᆞ 눈이 밝기ᄂᆞ 고사ᄒ고 두 눈에 눈물이 구지지ᄒ야 긔운만 도로혀
더 상ᄒ니 심쳥이가 긔도ᄒ기에 골몰ᄒ야 의복 음식 공양ᄒ기에 젼만침
못ᄒ이라
하로ᄂᆞ 심쳥이가 밥을 빌너 동리로 나ᄀᆞ더니 엇더ᄒ 남도쟝ᄉ 션인들이
지나가며 ᄒᄂᆞ 말이
십오셰 되거나 십륙셰 되거나 량셰간된 쳐즈 잇거든 몸 팔니리 누구잇쇼
이와 ᄀᆞ치 뭇ᄂᆞ지라 심쳥이 그 말 듯고 귀덕 어미 연비ᄒ야 사롬 ᄉᆞ즈ᄒ
ᄂᆞ 리력

〈50〉

을 즈셔이 무러보니 션인들에 ᄒᄂᆞ 말이
쟝산곳 바다로 물건 싯고 지나갈 졔 졔슈로 쓰려 ᄒ오
이ᄀᆞ치 디답ᄒ니 심쳥이 디답ᄒᄂᆞ 말이
나ᄂᆞ 본릭 빈한ᄒ 사롬으로 우리 부친 안밍ᄒ야 공양미 삼빅셕을 지셩불
공ᄒ게 되면 일월을 다시 보리라 ᄒᄂᆞ디 가세가 구ᄎᆞ야 판츌ᄒ 길 업
ᄂᆞ 고로 너 몸을 팔랴ᄒ니 내 몸을 사가면 엇더ᄒ오
션인들이 그 말 듯고 효셩이 지극ᄒ 즁 져의 일이 긴ᄒᆞ지라 그리ᄒ쟈 약
됴ᄒ고 공양미 삼빅셕을 몽은ᄉᆞ로 슈운ᄒ고 리월 초삼일노 힝션 ᄐᆞᆨ일ᄒ
얏스니 명심ᄒ라 당부ᄒᆞ다 심쳥이 집에 와셔 부친 보고 ᄒᄂᆞ 말이
공양미 삼빅셕을 임의 구쳐ᄒ엿스니 근심치 마십시오
심봉ᄉ 깜짝 놀나 그 ᄉᆞ유를 무러본다
삼십셕도 어려온데 삼빅셕 만은 쏠을 네 엇지 변통ᄒᄂᆞ 그 말 춤 이상ᄒ
니 내 잠간 들어보쟈

(심청) 다른 안이오라 져 건너편 무릉촌 장진스딕 노부인이 월젼에 나를 불너 슈양녀로 스즈ᄒ되 참아 허락 못ᄒ얏더니 지금에 싱각ᄒ니 공양미가 말유ᄒ

〈51〉

야 그 사연을 엿쥬엇더니 삼빅셕을 니여쥬며 시쥬ᄒ라 ᄒ시기로 졍미 삼빅셕을 밧셔 불젼에 올녓습니다

심봉스가 디희ᄒ야 ᄒ는 말이

거륵ᄒ다 사부딕 부인네가 아마도 다르니라 그러케 착ᄒ기로 그 자뎨 삼형뎨가 환노등양 ᄒ느니라

언졔나 가랴느냐

(심청) 리월 초삼일노 가랴홉니다

(심봉스) 그 일 잘 되엿다 네가 그 딕에 가 잇스면 네 몸도 편ᄒ고 내 눈도 밝고 보면 무슴 걱졍 잇겟느냐

심봉스는 그 쌀도 편이 되고 자긔의 눈이 밝셔 밝아진드시 잔득 밋고 깃버ᄒ나 심청이는 그 부친에 눈 한아 밝게 ᄒ면 즈식 한아 잇는 것보담 더욱 쇠연ᄒ고 쾌족홀 마음으로 졔 싱명 죽는 거슬 고긔치 안이ᄒ고 그 지경을 ᄒ얏스니 다시금 싱각ᄒ니

눈 어두온 빅발노친 영결ᄒ고 죽을 일과 셰상 난 지 십오 셰에 꼿갓흔 고은 몸이 죽어벌일 내 졍지가 어이 그리 악착ᄒ가

〈52〉

이갓치 슈심ᄒ야 졍신이 아득ᄒ고 일에도 뜻이 업셔 음식을 젼폐ᄒ고 신음으로 지니건만 임의 타인과 약조ᄒ고 몸갑ᄭ지 밧은 터요 요힝 부친의 눈이 붉그면 남은 흔이 업슬지라 마음을 강잉ᄒ야 죽을 날만 기다린즉

힝션날을 헤아리니 하로밤이 격혼지라

만고효녀 심쳥이가 가련혼 신셰 싱각 하염업는 슬푼 눈물 간쟝으로 소소 난다 그 부친 심봉사가 념려ᄒ고 불샹ᄒ야 얼골을 한디 디고 피츠에 셔 로 우니 가긍혼 심쳥의 경경일심 효도로셔 일신을 희싱 숨아 죽기는 ᄒ 거니와 일편으로 싱각ᄒ면 이효상효(以孝傷孝) 분명ᄒ다 싱각ᄉ록 비희 공극ᄒ야 도화ᄀᆞᆺ흔 얼골에 쉿별ᄀᆞᆺ흔 두 눈으로 쉼솟듯 ᄒ는 눈물을 이리 겨리 뿌리면셔 머리를 그 부친의 무릅 ᄉ이에 푹 슉이고 싱각ᄉ록 서름 이라

가련ᄒ고 의지 업는 나의 부친 엇지ᄒᄂ 나 혼 번 죽고 보면 누를 밋고 사잔말고 이둘을ᄉ 우리 부친 내가 철을 알게 된 후 동리걸인 면ᄒ시더 니 나 혼번 죽어지면 동리걸인 쏘 될지라 뭇사룸에 멸시를 쏘 엇지 당ᄒ 실ᄉ고

우리 모친 황텬으로 도라가고 나는 이졔 죽게 되면 슈궁으로 갈거시니 슈궁서 황텬길이 몃쳔리 상거인가 멀고 먼 황텬길을 뭇고 물어 차ᄌ간들 내가 난 지

〈53〉

열을 젼에 도라가신 우리 모친 나를 본들 엇지 알며 내 역시 엇지 알ᄉ가 만일 셔로 말노ᄒ야 누군 쥴을 알게 되야 부친 소식 뭇게 되면 무슴 말노 디답홀ᄉ고

오날 밤 오경시를 함지에 머무르고

릭일 아침 돗는 히를 부상지에 미량이면

어엿불ᄉ 우리 부친 한시라도 더 뫼시고 뵈련만은

날이 가고 둘이 옴을 누라셔 막아닐ᄉ가

텬디가 ᄉ정이 업는고로 이윽고 둙이 우니 심쳥의 초조혼 마음 일층 더 옥 비감ᄒ다 혼ᄌ 싱각 탄식이라

닭아 닭아 우지마라 반야 짓는 밍상군에 닭이로다 네가 울면 날이 시고
날이 시면 내가 죽는다

죽기는 셜지 안타마는 불상ᄒ온 우리 부친 엇지 닛고 가잔말가

이갓치 셜어ᄒ홀 졔 날이 졈졈 밝아온다 남도 션인들이 문밧게 당도ᄒ야
오날이 힝션날이니 어셔 가쟈

직쵹ᄒ다 심소져가 그 말 듯고 얼골에 빗치 업고 슈지에 믹이 풀녀 졍신
을 진졍ᄒ야 션인 보고 ᄒ는 말이

〈54〉

여보 션인들 오날이 힝션날인 쥴은 나도 알고 잇거니와 몸은 팔녀가는
쥴은 부친님이 모로시니 잠간만 지혜ᄒ면 부친끠 진지ᄂᆞ 한번 망죵으로
지여들이고 팔닌 말슴 엿쥬 후에 써ᄂᆞ게 ᄒ옵시다

션인들이 허락ᄒ니 심쳥이 드러와셔 눈물노 지은 밥을 부친 압헤 드려놋
코 아못조록 망죵으로 그 부친이 밥 만이 먹는 거슬 볼 양으로 반찬 쩨여
입에 너어쥬며 쌈도 싸셔 슈져에 노으며

아바지 만이 잡슈시오

(심봉ᄉ) 에구 잘 먹는다 오날 반찬이 이리 조흐니 뉘 집 졔ᄉ드냐

심쳥이 진지상을 다 물니고 담비불을 피워 올닌 후에 셰슈 얼는 졍이 ᄒ
야 눈물 흔적 업시ᄒ고 ᄉ당에 하직ᄒ고 부친 압헤 밧비 나와 두 손을
덤셕 쥐고 아바지를 부르더니 다시는 말 못ᄒ고 긔졀ᄒ다

심봉ᄉ 깜짝 놀나

아가 웬일이냐 졍신 차려 말ᄒ여라 오냐 앗가 밧게셔 사름소리 나더니
건너편 쟝진ᄉ덕에셔 너를 다리러 왓ᄂᆞ보구나

이이 부녀 리별 어렵지만 불과 흔동리 건너편에 혈마 엇지ᄒ랴

〈55〉

그러느 됴석으로 네 손에 먹든 밥을 다시 엇지 ㅎ며 젹막공방에 너 ㅎ나

이 겻혜 잇셔 틱산갓치 든든ㅎ든 너를 보니는 내 마음이야 춤말 엇더ㅎ

겟느냐 셥셥ㅎ고 긔막히기로 말을 ㅎ면 니가 너보담 더ㅎ구나

너 웨 이리 실셩을 ㅎ느냐

원슈의 눈쌀 썩문에 공양미 삼빅셕이 틱산ㅈㅌ흔 니 쏠을 셔로 쩌나잇게

ㅎ는구나

이츠피 그리된 바에는 눈이나 얼는 밝앗스면 너를 츠즈보려 마음딕로 단

니련만

부쳐님이 자비ㅎ고 령검ㅎ다고 튼튼이 밋엇더니

공양미 삼빅셕을 네 몸 파라 밧친 지가 이과반년 되엿는딕 눈커냥 코도

밝지 안이ㅎ니 즁놈이 쇽엿는지 부쳐님이 무심흔지

이런 긔막힐ㅅ 것 이째ㅅ지 감감ㅎ니 이익 춤말 쇽상흔다

부쳐님이 졍말 잇셔 과연 자비령검 ㅎ고 보면 삼빅셕을 안밧고라도 불상

흔 니 눈일낭은 발셔 쓰게홀 거시오

하물며 남에 것을 바다먹고 엇지 그리 무심ㅎ냐

〈56〉

에그 폐ㅅ징 나는 딕로ㅎ면 그놈에 공양미 삼빅셕은 닉나 도로 츠즈다

먹고 말든지 이졔라도 네 몸을 도로 물을ㅅ가보다

심쳥이 겨오 졍신 츠려 부친의 말도 듯고 다시금 싱각ㅎ니 불공도 허스

오 신명도 무익이라 그러나 임의 시쥬흔 쏠을 다시 돌나 홀 슈 업고 션인

들에 힝션긔약은 어긜 슈가 업는 터이라 마지 못ㅎ야 그 부친을 리별ㅎ

고 션인짜라 가려ㅎ니 그 길은 춤말 슬푼 길이라 압 못보는 그 부친을

싱각ㅎ니 발길이 엇지 도라셔리오 하물며 부친을 속여 죵시 쟝진ㅅ집으

로 간다ᄒ면 후일에 이미훈 쟝진ᄉ집에 가 나 찻노라 이쓸 터이니 죽으
려 가노라 진졍을 고ᄒ면 부친 마음이 더 샹홀 터이고 죵시 속여 쩌나기
는 더옥이 못홀 바라 울음 반 말 반으로 부친압헤 진졍이라
여보 아바지 ᄂᆡ가 불효녀가 되야 아바지를 훈 번 속엿쇼 공양미 삼빅셕
을 뉘가 나를 주엇겟쇼 남도쟝ᄉ 션인들의게 쟝산곳 졔슈 팔녀 삼빅셕을
밧앗스니 몸이 임의 팔녓슨즉 다시 물을 슈도 업쇼구려 오날 쩌나는 날
이 되여 션인들이 발셔 왓스니 오날 나를 망죵 보십시오
심봉ᄉ가 그 말 듯고 두 눈이 멀쑹멀쑹ᄒ야지고 입셜이 실눅실눅ᄒ여지며
이이 그것 웬 말이냐 춤말이냐 헛말이냐 션인 짜라 못 가리라

⟨57⟩

날더러 뭇도 안코 네 임의로 ᄒ단말가
네 살고 ᄂᆡ 눈 쓰면 그는 과연 됴커니와
ᄌ식 죽여 눈을 쓰면 그것 춤아 홀 일이냐
너의 모친 너를 낫코 칠일만에 죽은 후에
눈 어두은 늙은 거시 품안에 너를 품고
이집 져집 단니면셔 구츠훈 말 ᄒ야가며
동냥졋을 어더 먹여 이만침 키워ᄂᆞ니
너의 모친 죽은 셔름 ᄎᄌ로 니즐너니
이거시 무슴 말고 마라 마라 못ᄒ리라
안히 죽고 ᄌ식 죽고 나만 사라 무엇ᄒ랴
우리 부녀 함께 죽쟈 눈을 파라 너를 살데 너를 파라 눈을 사니 그 눈
쓴들 무엇ᄒ랴
이 모양으로 사셜을 ᄒ다가 홀연 문밧글 니다보며 무엇이 보이는드시 집
팡막ᄃᆡ를 쑥쑥 쑤드리며
이놈 션인들아 쟝ᄉ도 됴커니와 사롬 ᄉᄃᆞ▢ 죽여 졔ᄉᄒᄂᆫ디 어ᄃᆡ셔 보

앗느냐

〈58〉

하물며 눈 먼 놈의 무남독녀 쳘 몰으는 어린아히를 꾀여 늘 모로게 유인
ᄒ면 네가 족키 갑슬 쥬고 살 터이냐
이놈들아 공양미도 나 몰은다 너의가 도로 찻든지 말든지 니 ᄯᆞᆯ은 못 디
려가리라
이놈들 고이ᄒ 놈들 어듸 보쟈 병신놈 고은 데 업느니라 나흔테 견데보
아라
그ᄭ진 공양미 눈커녕 귀도 안 씌이더라
그ᄭ진 즁놈의 쇼리 곳이 듯고 ᄯᆞᆯ 팔 니 안일다
이놈들아 사롬을 사다가 살녀쥬어도 싀연치 안은데 죽여 졔ᄉᆞ를 혼단말가
눈이 ᄯᅳᆫ디도 ᄯᆞᆯ은 못 팔 터이다
차라리 너의 계집을 만들던지 죵을 만들어도 조곰 낫지 산 사롬을 죽여
졔ᄉᆞ를 ᄒ야 이 경칠 놈들아
사롬 죽이고 잘 되랴는 너의 갓흔 놈은
하느님이 벼락을 치리라
좌우간 니 ᄯᆞᆯ은 못 디려간다
니 ᄯᆞᆯ을 그혀코 디려가랴거든 나부터 죽이고 디려가거라

〈59〉

이ᄯᅥ 션인들이 문 밧게 기다리다가 심봉ᄉᆞ의 욕셜을 듯고 분을 니여 ᄒ
는 말이 여보시오 우리도 금ᄀᆞᆺ치 귀혼 ᄯᆞᆯ 삼빅셕을 쥬고 삿쇼 팔 ᄯᅢ에는
가만 잇고 이졔 와셔 웬 말이오
지금 와셔 몰낫다고 아모리 핑계ᄒ야도 그것은 도젹의 심ᄉᆞ가 분명ᄒ오

그야말노 병신 고은디 업쇼구려

흔 놈 넹큼 쮜여들어 심청을 잡아니고 쏘 흔 놈은 쮜여들어 심봉스를 꼭 붓들고 두 세놈이 옹위ㅎ야 심청을 모라간다

심봉스는 잡은 놈을 쑤리치고 쮜여니다라 심청을 꼭 붓들고 디셩통곡 슬피 울며 못 가리라 악을 쓰니 효심 만은 심청이가 그 부친을 권고흔다

나는 임의 죽거니와 아바지 눈을 쩌셔 디명텬디 붉은 눌을 다시 보고 착흔 사롬 구ㅎ야셔 아둘 나아 후스를 전ㅎ시고 불효녀 심청은 다시 싱각 마옵시고 만슈무강ㅎ십시오

부녀 량인이 이 모양으로 슬피 울며 셔로 쩌러지지 안이ㅎ니 션인들이 심청의 효셩과 심봉스의 신셰를 칙은이 녁여 져의끼리 의론ㅎ고 다시 쏠 이빅셕과 돈 이빅량과 빅목 마목 각 한 동을 동리에 드려놋코 동리 사람을 급히 모아 그 사유를 셜

〈60〉

명ㅎ고 돈 이빅량은 쌍을 샤셔 도지 밧고 쏠 이빅셕은 년년이 장리 노아 취식ㅎ야 심봉스의 량식을 숨게ㅎ고 빅목마목은 사쳘의복을 작만케ㅎ 후 관가에 공문 니여 동리에다 붓치게 ㅎ고 심봉스의게 그 스연을 말흔 후에 심청을 다시 디려가니 심봉스는 일향 그 모양으로 쏠을 붓들고 통곡ㅎ며 날쮜면셔

날 죽이고 가거라 거져는 못 가리라 날 다리고 가거라

너 혼자는 못 가리라

네 이런 일도 ㅎ느냐

(심청) 사셰 임의 이러케 된 터에 안이 갈 슈는 업습니다 부녀간 텬륜지의를 쓴코 십허 쓴는 것도 안이오 죽고 십허 죽는 것도 안이올시다 차역 뎡슈로 사싱이 한이 잇셔 ㅎ눌이 ㅎ는 일을 인력으로 엇지ㅎ오 부친 두고 가는 나도 여한이 만단이나 한흔들 엇지ㅎ옵닛가

이갓치 위로ᄒ고 션인따라 압셔가니 가기는 가거니와 고금텬하에 슬푼 길이 이밧게는 다시 업다

텬디가 막막ᄒ고 일월이 무광이라 방셩통곡 슬피 울며 치마귿을 졸나 미고 허트러진 머리털은 두 귀밋헤 느러지고 빗발갓치 흐르는 눈물은 옷깃셰 샤못친

〈61〉

다 업더지며 잡바지며 붓들니어 나아갈 졔 그 부친 심봉ᄉ는 션인들과 동리ᄉ람의게 붓들녀 만단위로를 밧것만은 그 마음 상탈홈이 말노 엇지 형용ᄒ리요

심쳥의 동모이들은 동리밧까지 따라나오며 피츳 슬피 통곡ᄒ니 심쳥이 울음긋에 져의 동모를 작별ᄒ다

이이 취홍이네 큰아가 나 한번 간 연후에 샹침질 싹금질과 각더홍비 학 그리기 눌과 홈ᄭᅴ ᄒ랴느냐 너를 한번 리별ᄒ면 언제 다시 만나보랴 너의들은 부모량친 잘 뫼시고 부디 부디 잘 잇거라

이 모양으로 쩌나갈 졔 뜻밧게 두견시는 야월공산 버려두고 심쳥의 나가는 산모통이에셔 블여귀라 슬피우나 깁슬 밧고 팔닌 몸이 도라올 길 만무ᄒ다

한거름 두름에 도화동을 향ᄒ야셔 열번 빅번 도라보며 슬피 울며 가는 형상 텰셕인들 안이 울냐 잡아가는 션인들도 눈물지고 모라가니 이렁져렁 가는 거시 강두에 다다르니 비는 방장 쩌나려ᄒ다

션인들이 심쳥을 비에 싯고 닷츨 감ᄉ고 돗츨 둘아 어긔여츳 멋 마듸에 북을 둥둥 울니면셔 노를 져어 너려가니 범피중류 쩌나간다

빅빈쥬 갈멱이는 홍로로 나라들고 소상강 기러기는 쎄를 지어 도라든다

〈62〉

신포셰류 지는 닙과 옥로청풍 묽은 밤에 야속훈 어션들은 등화를 놉피 달고 두어 곡됴 관니셩에 도도느니 슈심이라 가련훈 심청이가 졔수젼에 죽자ᄒ니 션인들이 슈직ᄒ고 사라실녀 가쟈ᄒ니 고향은 졈졈 멀어가고 부친싱각 간졀ᄒ다

심청이 훈을 품고 혼자말노 탄식이라

어허 불샹훈 이니 몸이 강상에 써오면셔 비에 잔 지 몃 밤인가 거연이 오륙 일이 문리갓치 지낫고나 내 몸이 졔슈될 날은 오날인가 리일인가 망망훈 대희즁에 물결은 탕탕ᄒ니 조고만훈 내 일신에 영결홀 곳 뎌긔로 구나 샤이지차 된 바에는 한시 밧비 죽어뎌셔 푸른 물 깁푼 속에 풍덩 실드러갓스면 니 셔름을 니즈리라

이갓치 탄식ᄒ는 즈음에 그곳은 어디인가 쟝산곳이 여긔로다 홀연이 광풍이 대작ᄒ며 슈파가 니러느니 산갓흔 물결은 비 우흐로 넘어가고 열ᄉ 길 남은 비ᄉ돗더가 쌍쌍 직근 부러지니 큰아큰 당도리 비안에 슈십인 싱명이 경각에 달녓더라 이째 도사공은 황황실식ᄒ야 제사긔구를 비셜ᄒ고 모든 상고 션인들은 창황망조ᄒ엿더라

〈63〉

셤 쓸노 밥을 짓고 왼소 잡고 왼독슐을 버려놋코 삼식실과와 오식탕슈를 방위디로 츠려논 후 심청을 목욕 식혀 졍훈 의복 니여 닙혀 비머리에 안쳐놋코 도사공이 고사홀 졔 북을 둥둥 울니면셔 지셩츅원 ᄒ는 말이

헌원씨 비를 지여 이졔불통(以濟不通) 훈 연후에 후셩이 본을 바다 각기 위업 ᄒ옵느니

막디훈 공덕을 만고에 힘 닙싸와 우리 동모 스물네 명이 역시 쟝ᄉ로 위업ᄒ와 슈쳔리를 단니더니 오날 장산곳 인당슈에 길일량신을 가리여셔

룡긔봉긔를 쏘자놋코 인제수를 드리오니 사회룡왕과 강호지쟝이 제수를 흠향호고 환론 업시 도웁소셔

만경창파 비를 씌고 록파상에 노를 져어 장사호는 이 비안에 다소 물화 가득호니 이곳 무사이 넘긴 후에도 사시장텬 순풍 맛나 동셔남북 단일 젹에 모리사셕 엿튼 목과 바위츙셕 험훈 곳을 부운갓치 지나가고 원방소 망 근방소망 시암갓치 소사나셔 이 힝보에 빅쳔만금 퇴를 니게 호옵시고 힝보마다 소망셩취 호여쥬오

빌기를 다훈 후에 심쳥을 물에 들나 셩화갓치 지쵹훈다 심쳥이 홀 일 업 셔 륙디

〈64〉

를 바라보며 도화동을 향호야셔 다시 훈 번 호는 말이

아바지 나는 죽소 눈이나 어셔 써져 만셰무강 호옵시고 불효녀 심쳥은 다시 싱각 마십시오

다시 션인들을 도라보며 망죵인스로 호는 말이

여보 여러분 션쥬님네 만경창파 험훈 길에 평안이 왕리호고 만일 이리 지너거든 나의 령혼 다시 불너쥬고 우리 고향에 가시거든 우리 부친 맛 나보고 내가 죽지안코 사라잇다 젼호시오

목멘 소리로 셔른 말을 겨오 쏙 끈친 후에 비 아리를 구버보니 셔텬의 지는 히는 해상에 거리호고 음풍은 링삽훈디 수파는 흉흉호다

영치 죠은 두 눈을 꼭 감고 치마를 무릅쓴 후 물에 풍덩 쒸여드니 훗놀니 는 히당화는 풍랑을 좃츠가고 시로 돗는 밝은 달은 히문에 잠겻더라

만고효녀 졀디가인 이팔쳥춘 심소져가 장산곳 디희변에 일쟝춘몽을 깁 피 꾸니 꿈이라 호는 거슨 제 싱각에 변화러라

옥갓흔 소져 몸이 물 속으로 드러간 후 어디로 써가는지 어디로 드러가 는지 졍신이 한번 앗쑥훈 후에는 깁푼 잠결에 경경훈 일신이 지향 업시

가는 길에 홀연 원참

〈65〉

군 별주부와 무수흔 룡궁 시녀들이 빅옥교자를 등디ᄒ야 심소져를 뫼셔 가랴고 어셔 타라 권고흔다
심청이 졍신 차려 시녀의게 샤양ᄒ되
나는 인간 쳔인이라 엇지 감이 룡궁교자를 타오릿가 쳔말불가ᄒᄋ오이다
룡궁시녀의 ᄒ는 말이
작일에 옥황상데끠셔 우리 룡왕끠 분부ᄒ시기를 명일 져녁에 츌텬디효 심소져가 인당슈에 싸지리니 우리를 명ᄒ야 급히 구ᄒ야 슈졍궁에 머무르고 상뎨 명을 기다려서 환숑인간ᄒ라 ᄒ엿기 소녀들이 이곳에 등디흔 터이오니 어셔 밧비 타십시오
(심소져) 그시룡왕의 시녀로 이갓치 영졉을 ᄒ는 터에 갓치 가기는 ᄒ려니와 빅옥교에는 감히 못 타겟소
(시녀) 이것은 우리 뎌왕끠셔 보닉신 것인데 만일 안이 타시면 소녀들이 불민흔 즈샹을 면치 못홀 터인즉 어셔 타고 가옵시다
이갓치 강권홈을 못 닉이여 빅옥갓흔 심소져가 빅옥교에 올나안지니 풍진이 잠잠ᄒ고 일월이 명랑흔뎌 순식간에 룡궁에 다다르니

〈66〉

그곳은 셔희룡궁이라 ᄒ는데 과연 별유텬디비인간(別有天地非人間)이라 경궁요뎌(瓊宮瑤臺)와 쥬란화각(朱欄畵閣)이 사면에 버려잇셔 고뎌광실(高臺廣室)이 젼혀 유리와 수졍으로 지엿더라
셔희룡왕과 왕후공쥬가 멀니 나와 영졉ᄒ야 수졍궁 죠용헌 견각으로 하쳐를 뎡ᄒ엿고 공쥬로 ᄒ야금 소져를 졉디ᄒ는데

(공쥬) 우리 부왕이 심소져끠셔 만고디효로 창히중에 귀톄를 버리심이
대단이 가긍ᄒ시다고 급급히 영졉ᄒ야 영구이 룡궁에 게시게 ᄒ려든 ᄎ
에 상뎨끠셔 명령ᄒ시기를 급히 구ᄒ야 아직 수졍궁에 머무르고 다시 환
숑인간ᄒ라 ᄒ엿스오니 이곳셔 평안이 류ᄒ시다가 인근으로 나가게 ᄒ
십시오
(심청) 인근의 뎨일 불효녀는 나 한아 뿐인데 엇지ᄒ야 효녀라 ᄒ시며
귀 부왕끠셔 그갓치 싱각ᄒ시는 후덕은 쳔만감격ᄒᆷ니다
이갓치 룡왕의 쏠과 피ᄎ 수작을 ᄒ는 중에 음식상이 드러온다
빅옥반에 호박그릇이며 오식옥병에 자하쥬 감로쥬도 노엿잇고 삼쳔벽도
로 안쥬를 ᄒ니 무비셰상에셔는 구경도 못ᄒ든 음식과 긔명이라
심소져가 룡궁에 류ᄒᆫ 지가 얼마나 되엿든지 시시로 샤히룡왕이 사신을
보니여

〈67〉

만고효녀 심소져의게 문안을 드리더라
일일은 셔히룡왕이 옥황상뎨의 명을 바다 심소져를 인근으로 츌숑ᄒ는
데 오식긔화를 좌우에 둘너꼬즌 빅옥 교자에 고이 안치고 시녀로 ᄒ여금
장산곳 인당수로 보니며 룡왕과 룡왕비는 궁궐밧게 멀니 젼숑ᄒ고 룡왕
의 공쥬는 시녀와 갓치 인당수ᄭ지 젼숑ᄒ니 심소져가 공쥬를 작별ᄒᆯ 졔
(공쥬) 물과 류디가 셔로 달나 길게 뫼시지 못ᄒ거니와 소져는 밧비 인
근으로 나가 부귀영화를 누리시오
(심청) 룡궁의 후덕을 닙어 이와 갓치 션디ᄒᆷ을 밧엇스니 은혜 빅골난망
이오 이갓치 쟉별ᄒᆫ 후 빅옥교의를 삽분 너려 인근으로 나왓더라
사히룡왕이니 옥황상뎨니 ᄒ는 거슨 녯눌 어리석은 나라 사ᄅᆷ들의 거즛
말노 꿈여닌 젼셜에 불과ᄒ니 옥황이 어디 잇스며 룡궁이 어디 잇스리오
이거슨 심청이가 상시에 풍속의 젼ᄒ는 허탄ᄒᆫ 말을 듯고 바다에 ᄲ지기

전에 혼자 싱각으로

내가 죽으면 룡궁으로 드러가 룡궁의 됴흔 구경을 실컷 흐리라

싱각을 흐고로 꿈이 된 것이오 꿈이라 흐는 것은 혼이 제 싱각디로 되는 법이라 그째 심청은 비 우에셔 쒸여닉려 만경창파 희수즁에 종적 업시 되엿스니 업는 룡

〈68〉

궁을 언제 가며 임의 죽은 몸에 꿈인들 어디서 싱겻스리요 이것은 참 이 상흔 일이라

그러나 특별이 이상흘 것도 업고 못될 일도 안니라 마참 심청이 쩌러지든 물우에 큰 비 밋창흔 아이 쩌놀다가 심청의 몸이 그 우에가 걸닌 것이라 그 비 미창은 엇지 크든지 널기는 셔너발쯤 되고 길이는 열발도 넘는 터이오 견고흐게 모엇든 큰 비 밋창이라 어너눌 엇던 비가 풍랑에 파상이 되야 다른 거슨 다 씨여지고 오직 견고흔 비 밋창만 남엇는데 그 비 밋창 가온디는 능히 사람이 걸녀 잇슬만흔 나무토막과 널틈이 잇는 터이라 아 모리 풍랑에 흔들여도 심청의 몸은 꼭 붓터잇서 희상에 둥둥 쩌단니다가 드리부는 셔풍에 쟝산곳 뒤ㅅ덜미에 잇는 몽금도(夢金島) 밧게 잇는 빅 사장 우에 희당화 곳밧헤가 걸넛더라

장산곳은 황희도 장연(長淵)군 셔편에 잇는 희협(海峽)이요 몽금도는 댱산곳 북편 수십리 허이라

그곳은 도남포녀(島男浦女)가 밤낫 조기잡이와 고기 산양으로 일을 삼 는 터인고로 심청의 다 죽은 몸이 셤 빅셩의게 어든 비 되엿는데 심청은 임의 물도 만이 먹고 긔운이 탈진흐야 수시간이나 긔식이 되여 죽엇는지 잠을 자는지 분간치 못흐게

〈69〉

되엿더니 그 동안에 몽금도 셤ㅅ가에 모리밧 우에셔 얼마동안 꿈을 꾸어
룡궁 구경을 실컷흔 것이러라

이째 셤 빅셩들이 심청을 구ᄒ야 그 동리 어룬에게 막기고 그 동쟝이 쟝
연군수의게 보고를 ᄒ엿는데

황쥬 도화동 ᄉ는 밍인 심학규의 ᄯᆯ 심청이 년금 십륙 셰로 그 부친의
눈을 붉키기 위ᄒ야 몸을 팔녀 히즁의 ᄲᅡ졋는데 요힝 파션흔 비ㅅ조각에
걸녀 본동 모리밧헤 나와 걸녓기로 심소져를 본군으로 호송흔다
ᄒ엿거늘 쟝연군수는 분명흔 관원이라 즉시 황쥬로 이문ᄒ야 덕확흔 ᄉ
연을 아라보고 일변 히쥬감영으로 보장을 ᄒ엿는데 히쥬감사는 쟝연군
수와 황쥬병사의 보장을 볼 ᄲᅮᆫ 안이라 심청을 불너올녀 위인을 살펴보니
용모도 가가홀 ᄲᅮᆫ 안이라 덕힝이 표면에 나타나는지라 즉시 그 사연을
드러 님금의게 상표를 ᄒ엿더니 맛춤 왕후가 별셰ᄒ고 니뎐이 뷔인 터이
라 님금ᄭᅴ서 심청을 불너보시고 그 효성을 감동ᄒ샤 졔신의게 의론ᄒ시
기를

구츙신이면 필어효자지문(求忠臣必於孝子之門)이라 ᄒ니 츙신을 구ᄒ
려면 반다시 효자의 집을 튁홀지라 과인이 심소져의 미쳔흔 지벌을 불관
ᄒ고 그 효

〈70〉

성을 감동ᄒ야 왕비를 삼고져ᄒ니 졔신의 뜻이 엇더ᄒ뇨

모든 신하가 한결갓치 군왕의 튁인ᄒ시는 밝은 덕을 칭숑ᄒ는지라

길일량신을 션튁ᄒ야 가례를 힝홀시 미리 황쥬로 하교ᄒ야 심봉ᄉ를 상
경케 ᄒ엿더라

당초 심봉ᄉ는 불상흔 효녀 ᄯᆯ을 일코 모진 목숨을 근근이 보전ᄒ나 목

셕이 안이여든 엇지 마음이 편ᄒᆞ리요 밤낫 밋친 사름 모양으로 부르나니 심쳥이요 찻나니 내 ᄯᆞᆯ이라 그 부인 곽씨가 심청 낫코 죽은 후에 ᄒᆞᆫ 번 밋친 사름 되얏더니 심봉ᄉᆞ의 팔ᄌᆞ는 ᄒᆞᆯ 수 업시 밋친 사름 노릇 밧게는 더ᄒᆞᆯ 것 업는드시 ᄯᅩ다시 미치광이가 되엿더라
이집에 가셔도 차자보고 져집에 가셔도 차자보며
쥬야쟝텬 중얼중얼 부르ᄂᆞ니 심쳥이라
내 ᄯᆞᆯ 심쳥아 내 ᄯᆞᆯ 심쳥아 네 어ᄃᆡ로 갓느냐
ᄂᆞᆯ 바리고 네 어ᄃᆡ로 갓느냐 가랴거든 ᄀᆞ치 가지 네 혼자 갓단말가
이와 ᄀᆞ치 셔러ᄒᆞᆯ 졔 그 동리에 힝실이 부졍ᄒᆞᆫ 쏑덕 어미가 심봉ᄉᆞ의 젼곡이 만은 거슬 보고 먹을 데 탐이 나셔 자원자쳥으로

〈71〉

이 다음부터는 셔방질은 다시 안니ᄒᆞ고 불상ᄒᆞᆫ 심봉ᄉᆞ의 쳡노릇이나 ᄒᆞ다가 늘거 죽겟소
이갓치 원을 ᄒᆞ니 동리사름이 중ᄆᆡᄒᆞ야 쳡이 되여 드려오니 아직 량식은 넉넉ᄒᆞ야 호강을 썩치듯 ᄒᆞ는데 별 호강이야 잇슬련만은 ᄇᆡ부르게 밥 먹고 뜻뜻이 옷 닙고 별고 업시 지나가며 심봉ᄉᆞ는 슬프고 원통ᄒᆞᆫ 마음이 점점 쏑덕어미의게 혹ᄒᆞ여셔 ᄎᆞᄎᆞ로 조곰식 안심ᄒᆞ야 집안이 잠시 편ᄒᆞ더니 소위 쏑덕어미가 ᄀᆡᄭᅩ리 삼년에 황모가 못되고 세 살 먹은 버릇이 팔십ᄭᆞ지 잇다고 제 버릇 ᄀᆡ 못쥬어 포식란의(飽食煖衣)로 호강이 겨워 녯 버릇이 ᄯᅩ 나온다
량식 쥬고 썩 사먹기 돈 쥬고 술 사먹기 명자 밋헤셔 낫잠 자기 이웃집에 밥 붓치기 타인들과 욕셜ᄒᆞ기 초군들과 싸옴ᄒᆞ기 타인 남졍의게 담빅 쳥키 밤중에 울음 울기 눈 못 보는 심봉ᄉᆞ를 요리조리 속여가며 텬하 못쓸 안된 짓을 골나가며 남 ᄒᆞᆯ 시 업시 다 ᄒᆞ는데 심봉ᄉᆞ의 셰간이 불과 수월에 젹지 안케 탕픽ᄒᆞ니 만약 일년만 지나가면 ᄯᅩ 거지가 될 디경이

라 하로는 황쥬 목수가 도화동으로 분부ᄒᆞ야 심봉수의 거쥬를 사실ᄒᆞ며
심쳥이가 사라잇셔 왕비로 간퇴되엿다 ᄒᆞᄂᆞᆫ 말을 듯고 심봉수는 의심ᄂᆡ
기를 물 속에 들어간 쫄이 살앗슬 리도 만무ᄒᆞ고 셜혹 살아

〈72〉

낫다 ᄒᆞ기로 왕비 될 리ᄂᆞᆫ 업는데 알 수 업는 일이라 그러나 그립고 그리
든 쫄이 살앗단 말이 하도 깃부고 희한ᄒᆞ야 빅난을 불고ᄒᆞ고 안이 갈 슈
업는 터이라
여봅소 마누라 츄우강남(追友江南)이라 ᄒᆞ니 벗을 ᄯᅡ라 강남간다고 우
리 량쥬가 경셩으로 올나가셔 좌우간 심쳥의 일을 진위나 아라보고 만일
분명ᄒᆞᆫ 왕후가 되고 보면 우리 호강 엇더켓소
옛글에도 부창부슈(夫唱婦隨)요 녀필죵부(女必從夫)라 ᄒᆞ니 일언에 결
단ᄒᆞ소 만일 안이 가겟다ᄒᆞ면 나 혼자 갈 터이요 그러나 부부지졍을 싱
각ᄒᆞ고 갓치 감히 엇더ᄒᆞ오
ᄲᆡᆼ덕어미가 속에ᄂᆞᆫ 갈 마음이 업지마는 무슨 싱각을 ᄒᆞᆫ번 ᄒᆞ고 그 잇튼
눌 압셔거니 뒤셔거니 황쥬읍으로 드러간다 하필 져물게 ᄯᅥ낫던지 중로
에셔 슉소가 되니 그 근쳐 왕봉수라 ᄒᆞᄂᆞᆫ 자가 ᄲᆡᆼ덕어미를 ᄒᆞᆫ번 보기 원
ᄒᆞ다가 심봉수와 동힝ᄒᆞ야 집 근쳐에 왓단 말을 듯고 그 쥬인과 의론ᄒᆞ
고 감언리셜노 유인ᄒᆞ니 ᄲᆡᆼ덕어미 싱각ᄒᆞ기를
내가 경셩으로 ᄯᅡ라간들 무슨 디졉을 바들 것 업고 심쳥이 사실도 졍말
인지 몰을 거시니 미리 도라셔는 것이 뎨일이라 왕봉수는 돈도 잘 벌고
풍치가 하도 됴

〈73〉

으니 내 신셰는 일평싱 편ᄒᆞ리라

마음이 이러ᄒ야 약쇽을 뎡ᄒ 후에 그늘 밤 야심 삼경에 심봉ᄉ 잠들기를 고디ᄒ야 왕봉ᄉ를 ᄯ라 ᄲᆼ손이를 쳣더라

심봉ᄉ가 잠을 ᄭᅵ여 ᄲᆼ덕어미를 더드무니 도망ᄒ ᄲᆼ덕어미년이 어ᄃ 가 잇스리요

심봉ᄉ가 의심 나셔 급ᄒ 소리로 부르것다

여보소 어ᄃ 갓나 그러지 말고 이리 오소

두어 마디 년희 불너도 아모 ᄃ답도 업ᄂᆫ 지라 심봉ᄉ 긔가 막혀 쥬인 량반을 부르며 계집을 찻는다

여보 쥬인 량반 우리 녀편네 거긔 잇소

(쥬인) 여긔 업소 자다가 말고 녀편네ᄂᆫ 웨 찻소

그 잘난 녀편네를 여긔다려다 무엇ᄒ게 그런 소리ᄂᆫ 뭇지도 마오

(심봉ᄉ) 어허- 져런 말 보앗나 당신은 눈 쓴 량반이닛가 그 ᄯᅡ위 계집이니 무에니 ᄒ지마ᄂᆫ 압 못 보ᄂᆫ 이놈의게ᄂᆫ 그것도 대단ᄒ구려

그런디 이년이 나 좀든 ᄉ이에 ᄲᆼ손이를 쳣구려

〈74〉

응 엇던 몹슬 놈이 눈먼 놈의 계집을 후려갓소

후려간 놈 글느다구 ᄒ여 무엇ᄒ게 ᄯ라간 년이 환양년이지

이 모양으로 다시 혼자말노 탄식이라

이 몹슬 년의ᄲᆼ덕어마 당초 내가 너를 쳥ᄒ드냐 네가 나를 ᄎ즈와셔 몹시 몹시 사자ᄒ고 중미ᄭ지 권ᄒ기로 인연을 미잣드니 무엇이 부족ᄒ야 빈반ᄒ고 간ᄃ말가 갈 터거든 니놋코 가지 중로에서 야간도주 무슴 일가

에라 네ᄶᅵᆫ 년 가지 안아 죽드라도 무셔워ᄒᆯ 니가 안일다

너보담 하라비칠 현부인 조강지쳐도 리별ᄒ고 츌텬지효 내 ᄯᆯ 심쳥이를 싱리별 물에 ᄲᅡ져 죽엇셔도 지금ᄭ지 살아온 심봉ᄉ로다

네ᄭᅵᆫ 긔잡년을 다시 싱각을 내가 안일다

이렁져렁 눌이 붉아 다시 길을 떠나가니 그나마 압셔거니 뒤셔거니 길을
인도ᄒᆞ야 더듬지 안니ᄒᆞ고 갓치 가든 뺑덕어미가 업셔지니 형영샹죠(形
影相照) 심봉ᄉᆞ가 집팡막디를 두드리며 터벅터벅 가노라 눌이 맛촘 더
운 쩌라 소경이 길 것기에 땀이 비ᄀᆞ치 흘으거눌 심봉ᄉᆞ가 길ㅅ가 흘너
가는 시니물에 옷을 벗고 목욕ᄒᆞᆯ시 하도 더운 김에 물 속에 드러안자 ᄒᆞᆫ
참이나 지연ᄒᆞ야 비로소 나와셔 몸

〈75〉

말니여 의복을 입으랴고 더듬더듬 ᄎᆞᆽ보니 간 곳이 업는 지라 ᄉᆞ방으로
두로 단니며 산양기 쭝 더듬 듯 골고로 만져가도 죵시 흔젹이 업거눌 심
봉ᄉᆞ가 ᄒᆞᆯ 일 업셔 통곡ᄒᆞ며 우는 말이
이 몹슬 도젹놈아 허다ᄒᆞᆫ 부ᄌᆞ집의 먹고 쓰고 남은 직물 그런 것이나 가
져가지 나갓치 불샹ᄒᆞ고 아모 것도 업는 소경놈의 옷을 가져가셔 나 못
ᄒᆞᆯ 일 식이느냐
원통ᄒᆞ다 니 눈이야 귀 먹쟝이 졀름다리 각식 병신 셜다히도 텬디일월과
흑빅쟝단은 분별ᄒᆞ고 대소분별은 ᄒᆞ것만은 엇지ᄒᆞᆫ 놈 팔ᄌᆞ로 소경이 되
여 눈압헤 것도 보지 못ᄒᆞ고 입은 옷을 일엇스니 이를 엇지 ᄒᆞ잔말고
이러트시 탄식ᄒᆞᆯ 졔 이 때 황쥬 목ᄉᆞ가 몬져 도화동에 젼령ᄒᆞ고 다시 샹
부 명령을 바다 친히 도화동으로 나가 심봉ᄉᆞ를 뫼셔다가 경셩으로 호송
ᄒᆞᆯ ᄎᆞ로 다솔ᄒᆞ인ᄒᆞ고 나오든 길이라
시니ㅅ가에셔 심봉ᄉᆞ의 우는 양을 보고 그 곡졀을 무러보니 심봉ᄉᆞ가 젼
후 ᄉᆞ연을 고ᄒᆞ엿더라
병ᄉᆞ가 교ᄌᆞ에셔 니려셔 관예로 ᄒᆞ야금 밧비 쥰비ᄒᆞ야 가지고 오든 금의
를 니여

〈76〉

님히고 심소져의 왕후 간퇵된 스연을 주셔이 고호고 즉시 사인교를 틔여 황쥬성으로 드러와 경성으로 호송호야 부녀가 샹봉호니 그 반갑고 깃부고 쾌락호 형용은 다 말홀 슈가 업더라

소져가 확실히 왕후가 되여 부귀영화가 비홀 씨 업슴이 그 부친의 눈 어두은 졍경을 싱각호야 팔도에 령을 나려 밍인잔치를 베푸럿고 심봉스는 다시 현슉호 부인의게 쇽현을 호야 만년에 쏘호 심소져갓치 효성 잇고 현철호 자손을 두어 부귀공명이 디디로 끈치지 안니호더라

긔쟈왈 만물 가온디 가쟝 귀호 거슨 인싱이라 호니 인싱은 오륜이 잇는 선닥이라

오륜의 웃듬 되는 거슨 부모의게 효도홈이니 효도는 일빅가지 힝실에 근원이라

사롬이 다른 힝실과 지식이 아모리 넉넉호여도 오직 효도가 업스면 가히 힝실 잇는 사롬이 되지 못호느니 우리 죠션은 원리 다른 일에는 아직 미기호 일이 업지 안이호나 다만 삼강오륜을 직혀 가는데는 남 붓그러올 것이 업더니 만근 이러에는 도덕이 부픠호야 효도를 힘쓰는 쟈가 만치 못홈은 죠션 민족을 위

〈77〉

호야 가히 긔탄홀 일이로다

그런 중에도 한문짜를 디강 공부호 남즈들은 성현의 훈계도 약간 비호고 문견이 디강 잇서 효도가 엇더호 거슬 여간 짐작호지만은 그 중 무식자호 남즈와 녀즈로 말호면 효경렬녀전갓흔 칙자가 혹 잇스나 한문과 언문으로 만든 것이 의미가 깁고 까달아워 잘 볼 수도 업거니와 쏘호 그갓흔 칙자도 별노 만치 못호고로 즁년에 유지호 현스들이 심청전갓흔 효즈의

칙자와 춘향전갓흔 렬녀의 칙자를 긔록ᄒ야 부인유자와 무식셔민으로 하야금 인류의 디도를 ᄉ람ᄉ람이 비호게 ᄒ 거슨 그 효력의 심이 광디 ᄒ거니와 그 중 심청전은 신명의게 비러 자식을 낫코 눈을 쓴다는 말과 룡궁에 드러갓다 나온 거시 꿈도 안이오 실샹 잇는 일노 만든 거슨 원수 실에 업는 일쑨 안이라 ᄉ람의 정정ᄒ 리치를 위반ᄒ고 다만 녯눌 어리 셕은 소견으로 귀신이 잇셔 ᄉ람의 일을 주션ᄒ는 쥴노 밋는 허망ᄒ 풍 속디로 긔록ᄒ야 후셰 ᄉ람으로 하여금 귀신이란 말에 미혹ᄒ야 정당ᄒ 리치를 바리고 비록 악ᄒ 힝위를 ᄒ고도 귀신의게 빌기만 ᄒ면 관계치 안이ᄒ고 도로혀 복을 밧을 쥴노 싱각ᄒ는 폐샹이 만케 되야 졈졈 효도 의 본지는 업셔지고 귀신을 밋고 인ᄉ를 문란케ᄒ는 손ᄒᆡ가 싱길 쑨이니

〈78〉

엇지 가셕지 안이ᄒ리요
다만 심청의 집안에셔 신명의게 비럿다는 말과 쏘 션인들이 인졔물을 드 럿다홈은 그ᄯ 어리셕은 풍쇽 ᄉ람들이 그리ᄒ기ᄀ 쉬울 일이나 결단코 그것으로써 복을 밧엇다홈은 지금갓치 광명ᄒ 셰계 ᄉ람의게는 도뎌이 밋지 못홀 말이라
불가불 리치에 샹당ᄒ 진졍ᄒ ᄉ실노 긔졍홈이 가ᄒ고 춘향전갓흔 칙ᄌ 는 녀ᄌ에 졀힝을 비양홈이 족ᄒ 본지가 업지 안이ᄒ나 특별이 만고에 지극ᄒ 졀힝이라 홀 거슨 업는 것이 당시 춘향갓흔 쇼년 미려자로 리도 령갓흔 아름다온 소년 남ᄌ를 맛나여 텰셕갓흔 언약과 신희갓흔 이졍이 비홀 데 업는 쳐디로 여간악형을 당ᄒ며 옥즁고초를 격글지연뎡 샹덕치 안이ᄒ 남원부ᄉ의게 굴복ᄒ야 그 마음이 변홀 리가 잇스리오 다만 이것 으로는 지극ᄒ 렬녀 졀부의 모본이 되지 못홀 쑨 안이라 도로혀 리도령 과 춘향의 셔로 맛나 친합ᄒ든 언론샹티와 셔로 그려 연이ᄒ든 심ᄉ힝동 을 노노이 셜명ᄒ야 남녀풍졍과 쇼년식졍을 홍동케ᄒ는 음탕ᄒ 구졀이

심이 만은즉 후셰 스람의 미거훈 청년 남녀가 다소간 그 졀힝은 본밧을 여가이 업고 음일방탕훈 심슐을 비양호기에 죡훈

〈79〉

니 그 칙이 스람의게 더호야 리익은 젹고 손히가 만은 것은 분명훈 스실 이라

이갓튼 칙즈는 불가불 도뎌이 기졍치 안이호면 풍쇽을 히호고 인심을 란호게 홈이 젹지 안이 홀 지라 이럼으로 본 긔쟈가 용우홈을 불고호고 몬져 심청젼을 기졍호야 허망훈 사연을 졍오호고 진졍훈 사리를 증보호야 우리 죠션의 우부우부로 호여금 모든 경젼을 더용호야 륜리에 뎨일 가는 효도를 비양코져 호며 장추 춘향젼갓흔 칙즈로 증졍호기에 착슈코져 호노라

더기 심봉사의 부인 곽씨갓치 현텰훈 부인도 미우 듬을거니와 그 쏠 심청의 효도는 과연 쳔만고에 듬은 일이라 그 모친 곽씨부인의 어진 덕힝이 그 자녀의게까지 밋쳣든지 그갓치 만고효녀를 두어 아름다온 일홈이 쳔츄에 류젼호야 억죠창싱의 모범이 되엿스니

곽씨 부인은 비록 죽엇스나 그 일홈은 만고에 삭지 안이홀 터인즉 심청을 낫코 열흘이 못 되여 원통호게 죽은 것이 별노 유감이 업다 홀 지오 심봉사는 일시 밍인으로 갑갑훈 셰샹을 지니엿스나 그 즈숀 더디로 부귀를 누린 것은 실노 훈씨 눈만 쓴 것보담 낫다 홀 지라

이것은 귀신의 조화가 잇셔 그리된 것이 안이라 결단코 곽씨부인이 어진 덕힝

〈80〉

으로 심청이갓흔 효녀를 둔 짜닭이오 심청의 크나큰 효심으로 어려셔 품

을 팔고 밥을 비러 효셩을 다ᄒ다가 필경 제 몸을 죽여 효도를 다ᄒᄂᆫ
졍셩이 직졉으로 사람의 마음을 감동케 ᄒ고로 그ᄰᅥ 군수 관찰이 님금의
게 쟝쳔을 ᄒ엿고 모든 신하와 님금의 마음이 ᄯᅩᄒᆫ 감동된 ᄭᅡ닭이라 일
호라도 귀신의 조화가 안임이 분명ᄒ도다 ᄯᅩ 심쳥의 효도ᄒᄃᆫ 일과 츈향
의 졍졀ᄒᄃᆫ 일을 비교ᄒ여 보면 그 경즁이 과연 엇더ᄒᄂᆈ 쳥컨디 사리
에 명빅ᄒᆫ 독쟈졔군의 한번 비평ᄒ여 보기를 바라노라
이 칙을 특별이 일홈ᄒ야 몽금도라 홈은 심쳥이 특이ᄒᆫ 효셩으로 몽금도
압헤셔 목슘을 버린 것을 긔렴코져 ᄒ고 ᄯᅩ 사람의 마음을 감동케ᄒ야
왕후의 위를 어든 것도 몽금도에서 목슘을 버림으로 된 것을 싱각홈이오
ᄯᅩ 고본 심쳥젼에 심쳥의 몸이 참으로 룡궁에 들어갓다 나왓다는 말이
실노 업는 룡궁을 잇다ᄒᆫ 허망ᄒᆫ 것을 ᄭᅢ닷게 홈이오 ᄯᅩ 쟝연 몽금도가
그 젼에는 다만 금도라 불넛는데 심왕후가 그곳셔 ᄭᅮᆷ을 ᄭᅮᆫ 이후붓터 비
로소 몽금도(夢金島)의 일홈이 싱겻다는 말이 잇슴이라

편저자 소개

◇ 김진영(金鎭英)

서울대학교 국어교육과, 동대학원 국어국문학과 졸업. 문학박사.
판소리학회 회장 역임. 현재 경희대학교 국어국문학과 교수.
〈주요저서〉이규보문학연구(집문당, 1984)
　　　　　　춘향가 · 흥보전 · 심청전 · 토끼전 · 화용도(공역주; 박이정, 1996-1999)
　　　　　　춘향전 · 심청전 · 토끼전 · 흥부전 · 적벽가 · 숙향전 전집(공편; 박이정, 1997-2001)
　　　　　　최치원 · 이규보 · 이인로 · 임춘 · 홍간 · 이덕무 · 유정 · 일선 · 휴정 · 초의　한시집(공역주;
　　　　　　민속원, 1997-2004)
　　　　　　바리공주 · 당금애기 · 서사무가 심청 전집(공편; 1997-2001)
　　　　　　숙향전(공역주; 민속원, 2001)
　　　　　　하서 김인후 시어 색인(공편; 이회문화사, 2002)
　　　　　　단가집성(공역주; 월인, 2002)
　　　　　　고전작가의 풍모와 문학(경희대 출판국, 2004)

◇ 김현주(金賢柱)

서강대학교 대학원 국어국문학과 졸업. 문학박사.
경희대학교 국어국문학과 교수 역임. 현재 서강대학교 국어국문학과 교수.
〈주요저서〉춘향가 · 흥보전 · 심청전 · 토끼전 · 화용도(공역주; 박이정, 1996-1999)
　　　　　　춘향전 · 심청전 · 토끼전 · 흥부전 · 적벽가 전집(공편; 박이정, 1997-2001)
　　　　　　판소리 담화 분석(좋은날, 1998)
　　　　　　판소리와 풍속화 그 닮은 예술세계(효형출판, 2000)
　　　　　　구술성과 한국서사전통(월인, 2003)

◇ 김영수(金榮洙)

경희대 국어국문학과, 동대학원 졸업. 문학박사.
현재 안양대학교 교육대학원 겸임교수.
〈주요저서〉심청전 전집(공편; 박이정, 1997-2000)
　　　　　　필사본 심청전 연구(민속원, 2001)
　　　　　　천주가사 자료집 상 · 하(가톨릭대학교 출판부, 2000-2001)
　　　　　　서사무가 심청 전집(민속원, 2001)
　　　　　　천주교와 한국 근현대의 사회문화적 변동(공저; 한울아카데미, 2004)

◇ 차충환(車充煥)

경희대학교 국어국문학과, 동대학원 졸업. 문학박사.
현재 경희대학교 인문학연구원 학술연구교수.
〈주요저서〉이규보 · 이인로 한시집(공역주; 민속원, 1997-1998)
　　　　　　숙향전 연구(월인, 1999)
　　　　　　숙향전 · 춘향전 · 토끼전 · 흥부전 · 적벽가 전집(공편; 박이정, 1999-2003)
　　　　　　숙향전(공역주; 민속원, 2001)

◇ 김동건(金東建)
경희대학교 국어국문학과, 동대학원 졸업. 문학박사.
현재 경희대학교 교양학부 교수.
〈주요저서〉 토끼전·흥부전·적벽가 전집(공편; 박이정, 1997-2003)
           하서 김인후 시어 색인(공편; 이회문화사, 2002)
           토끼전 연구(민속원, 2003)

◇ 임수현
서강대 대학원 박사과정 수료
현재 가톨릭대 강사
〈주요논문〉 금방울전의 창과 인지구조 연구(1997)
           변강쇠가의 서사구조 고찰(1999)

◇ 안주영
현재 경희대학교 대학원 국어국문학과 석사과정 재학중.
〈주요논저〉 토끼전 전집(공편; 박이정, 2003)

경희대 인문학연구원
고전명작 이본총서

심 청 전 전 집 12

2004년 7월 20일 인쇄
2004년 7월 25일 발행

지은이 : 김진영/김현주/김영수/차충환/김동건/임수현/안주영
펴낸이 : 박찬익

펴낸곳 : 도서출판 **박이정** (www.pjbook.com)
130-070 서울시 동대문구 용두동 129-162
전 화 : 922-1192 ~ 3, FAX : 928-4683
온라인 : 국민576037-01-001536 우체국010447-02-011581
등 록 : 1991년 3월 12일   제1-1182호

ISBN 89-89-7878-736-3 93810   정가 20,000원

태산집요언해 한자 대역어 연구

胎產集要諺解

KB202377

태산집요언해
한자 대역어 연구

박영섭

도서 출판 박이정

박영섭

경북 문경 출생
중앙대 국어국문학과 졸업
고려대·성균관대 대학원, 문학박사(87)
경기대·중앙대 강사 역임
강남대 국어국문학과 교수

저서로는 『은어, 비속어, 직업어』, 『개화기 국어 어휘자료집 1~5』,
『국어 한자 어휘론』, 『초간본 두시언해 어휘자료집』,
『초간본 두시언해 한자 대역어 연구』, 『구급방언해 한자 대역어 연구』 등이 있다.

태산집요언해 한자 대역어 연구

2006년 12월 5일 인쇄
2006년 12월 11일 발행
지은이 박영섭
펴낸이 박찬익
펴낸곳 도서출판 **박이정**
130-070 서울시 동대문구 용두동 129-162
전화 922-1192~3, 팩스 928-4683
Http://www.pjbook.com E-mail: book@pjbook.com
온라인계좌 (국민)729-21-0137-159 (우)010447-02-011581
등록1991년 3월 12일 제1-1182호
ISBN 89-7878-876-9 93710   값 15,000원
*잘못 만들어진 책은 바꾸어 드립니다.

머리말

저자는 1997년 이후 중세 국어 언해 문헌에 나타난 한자 對譯語란 題下에
『초간본 두시언해』를 비롯하여 漢醫書 諺解인『구급방언해·태산집요언
해·납약증치방언해·두창경험방언해』에 대하여 지속적으로 연구를 해왔다.
본서는 漢醫書 諺解 중 『태산집요언해』에 대역된 어형들을 모아 하나의
자료적 성격을 가진 책자로 발간하게 되었다. 한의서에 대역된 어형들은
주로 일반 백성들이 이해하기 쉬운 어휘로 대역되었기 때문에 당시 언어의
모습을 볼 수 있는 중요한 자료이다. 본서에서 대역된 어형들은 중국의
漢詩인『두시언해』불교 經典을 소개한『석보상절·능엄경언해·남명천계
송언해』그리고 어린이 교육용으로 편찬된 한자 학습 초학서인『훈몽자회
·유합·천자문』등에 나타난 어형들과 비교 분석했다. 이러한 비교 분석은
하나의 漢字가 문맥에 따라 대역된 어형이 여러 가지 형태로 나타나기
때문에 고유어의 다양성을 찾아볼 수 있고 또한 대역된 고유어와 고유어
간의 경쟁이나 고유어와 한자어 간의 경쟁으로 因하여 소멸 어휘의 樣相도
찾아 볼 수 있다는 점이다. 표제어는 가급적 두 가지 이상의 어형으로
대역된 한자를 선정했다. 본서의 構成은 대역방식, 대역어휘 자료 분석,
대역어의 어휘 구성, 고유어에 대응된 한자 등의 순으로 엮어 보았다. 이

분야에 관심 있으신 많은 분들의 叱正을 바랍니다.

　끝으로 어려운 여건 속에서도 본서의 출판을 맡아주신 도서출판 박이정 박찬익 사장님께 감사드리며 본서의 편집과 교정에 도움을 주신 직원에게도 감사를 드린다.

2006년 11월

신갈 경천관 연구실에서 저자

胎產集要諺解

1. 서론

『胎産集要諺解』에 나타난 한자 對譯語1) 및 어휘硏究

　본서는 朝鮮朝 中期의 漢醫書로서 주로 婦人科에 관계되는 胎産과 産前 産後 그리고 初産小兒 救急 등에 관하여 그 處方과 療法을 각 부문별로 詳述한 것이다. 胎産集要는 宣祖朝의 御醫로 名聲을 떨치던 허 준 이 纂述한 것으로 이는 보다 앞서 세종조의 判典監事 盧重禮가 編纂한 바 있는 胎産要錄을 許浚이 諺解하고 改編하여 胎教撰한 漢方 醫書다. 본 諺解가 보여주는 국문 서술과 病名, 藥名, 處方, 療法 등을 해설하는 데에 쓰여진 諺解 語彙들은 中期의 朝鮮朝 국어 연구에 귀중한 자료가 되는 것이다. 따라서 본 연구는 1985년에 大提閣에서 영인한 자료를 이용하여 漢字 對譯에 나타난 어휘를 기타 한의서인 『救急方諺解 · 諺解臘藥症治方 · 痘瘡經驗方諺解』 등에 대역된 어휘와 비교를 통한 어휘 意味의 특성을 考究하며, 아울러 보조적으로 詩歌문헌 인 『두시언해』 불교문헌인 『석보상절 · 월인석보 · 남명천계송언해 』 그리고 한 자 학습 초학서인 『훈몽자회 · 유합 · 천자문』 등에 대역된 어휘와도 비교해 본다.2)

---

1) 對譯과 字釋이란 용어의 성격은 다음과 같이 구분 하고자한다. 우선 對譯은 언해 문헌에 여러 어형으로 번역된 多字釋 어형을 지칭하고 字釋이란 용어는 주로 한자 학습 初學書에 새김한 單一字釋 어형을 지칭하고자 한다.

2) 詩歌文獻 · 佛教文獻 · 한자 학습 초학서에 對譯된 어휘를 비교함은 직접적으로 관련이 없지만, 漢字가 문장에서 사용되는 위치에 따라 여러 語形으로 대역된다. 따라서 대역된 語例를 통하여

2. 대역의 방식

漢字 학습은 字形과 더불어 字釋과 字音을 함께 배운다. 그런데 우리 나라에서는 字釋의 경우는 중국에서처럼 한자가 들어있는 단어나 語句로 그 글자의 뜻을 익히는 방식이 아니라 그 한자가 지닌 뜻인 字釋을 익히는 방식을 취하였는데 중국식과 같은 학습은 그 한자의 活用的 차원에서 다루어지거나 字義理解의 보조적 방법으로 쓰였을 뿐이다. 그런데 지금까지 발견된 字釋 방식으로는 註釋式과 釋音式으로 나누어 볼 수 있다. 註釋式은 훈민정음 이후의 정음문헌과 각종 諺解書에 나오는 割注나 註釋文들에서의 한자에 대한 풀이 방식으로된 것들이며 釋音式은 한자 初學書들에서 사용된 것으로 한자의 字釋과 字音을한 묶음으로 달아 놓은 방식으로 분류한 것이다³). 위의 두 가지 방식 중 『태산집요언해』에 적용된 字釋 방식으로는 후자인 釋音式 字釋에 해당된다. 前述하였지만 釋音式 字釋은 주로 한자 학습 초학서 들에서 두루 적용된 것으로 漢字하나 하나에 대한 알 맞는 字釋과 字音을 함께 학습 도록 한 것이다. 그러나이들 字釋을 살펴보면 일정한 형식으로 되어있지 않고 字釋 數에 따른 字釋形式이 있다. 즉 單一字釋과 多字釋으로 되어있다. 單一字釋은 한 글자에 하나의 字釋이 달린 것이고 多字釋은 한 글자에 둘 이상의 字釋이 달린 것이다. 특히 『두시언해·구급방 언해』는 한자 학습 초학서에 사용된 單一字釋이 아니라

漢字와 고유어간의 의미상의 특성을 살피는데 좋은 자료라 생각되어 비교 대상으로 삼았다.
  3) 신경철(1993), (『國語字釋硏究』 태학사)

多字釋 방식으로 諺解되었음이 특징이다. 그리고 오늘날 한자 字典式 字釋은 『두시언해·구급방 언해』가 최초라고 생각된다.

3. 한자 대역어휘 분석

可 ; 가ᄒ다(가히, 가히, 둣다, 즉시, 어루)

　; 여신산이 ᄯᅩ 가ᄒ니라(如神散亦可)<태요27>

　; ᄯᅩᄒᆞ 가히 ᄇᆞᄅᆞᆯ ᄭᅵ니라(亦可塗之)<납약24>

　; 가히 아딕 못홀거시나(不可知)<두창9>

　; 알ᄅᆞᆫ 고ᄃᆡ ᄲᅢ히면 둣ᄂᆞ니라(糝於痛處可也)<두창48>

　; 즉시 닐고(可起)<두창3>

　; 다 어루 이ᄅᆞᆯ 쁘리다(皆可用此)<구상2>

　　'가ᄒ다'는 (可)에 대한 대역이다. 『납약』4)에는 '가히' 로 『두창』에는 '가히, 둣다, 즉시'로 『구상』에는 '어루'로 『두창』에는 '둣다, 즉시'로 대역되었다. 語形 '어루, 가히, 가ᄒ다'는 『유합』에 '하얌직'으로 字釋되었다. 또 다른 문헌에 對譯 된 어형으로는 '올홀, 올홀, 올을, 오를' 등으로 改新되어 現代語 '옳은'으로 대체 사용되고 있다.

加 ; 더욱(더ᄒ다, 더으다, 조치다)

　; ᄒᆞᆫ ᄃᆞᆯ 만이 더욱 토커나(一月加吐)<태요12>

　; 븟는 긔운이 더ᄒᆞ미오(浮氣益加)<두창59>

　; 全蝎 두 나츨 구어 더으라(加全蝎二枚灸) <구상2>

　; 甚씸ᄒᆞ니란 아히 오좀 ᄒᆞᆫ 盞잔을 조쳐 머기라(服甚者加童子小便一盞)<구상36>

---

4) 다음의 약호는 『두창』은 『痘瘡經驗方諺解』 『납약』은 『언해 납약 증치방』는 『救急方諺解上·下』 를 지칭한다.

'더욱'은 (加)에 대한 대역이다. 『구상』에는 '더으다, 조치다'로 『두창』에는 '더ㅎ다'로 『두시언해』에는 '더, 더으다'로 『유합』에만 '더을다'로 字釋되었다. 語形 '조치다'는 現代語 '兼하다, 아우르다'에 의하여 消滅된 語辭로 볼 수 있다.

佳 ; 둏다(둏다)

; 파 닉거든 머기면 됴ㅎ니라(葱熟食之佳)<태요19>
; 빗복 우희 두프면 됴ㅎ니라(壅其臍上佳)<구상9>

'됴ㅎ다'는 (佳)에 대한 대역이다. 『구상』에만 '됴ㅎ다'로 대역된 어형이 발견된다. 『두시언해』에는 '곱다, 둏다, 아름답'로 광주 본 『천자문』과 『유합』에서는 '둏다'로 석봉·주해 본에서는 모두 '아름답다'로 字釋되었다.

覺 ; 알다(알다, 알다, 추리다)

; 틱긔 인는 줄 아라든(覺有孕)<태요11>
; 다 아디 못ㅎ고(不省但覺)<두창35>
; 귓거시 누르며 툐믈 아라라(覺鬼物壓打)<구상21>
; 믄득 ㄱ오누르여 추림 몯ㅎ거든(卒魘昏昧不覺)<구상23>

'알다'는 (覺)에 대한 대역이다. 『두창』에는 '알다'로 『구상』에는 '알다, 추리다'로 『두시언해』에도 '알다'로 『훈몽자회·유합』에는 '씨다, 씨ᄃᆞ릇다'로 字釋되었다. 한의서에는 '알다'로 대역된 점으로 보아 '알다'가 주의미적 어휘로 볼 수 있고 '추리다'는 다른 문헌에 '씨다'에 대응된다.

脚 ; 발(다리, 다리, 다리, 발, 허튀)

; 왼발 초혜 쑤리다(左脚草鞋)<태요27>
; 셔습 긔운으로 다리 알는 증이 된듸(四氣爲脚氣)<납약21>
; 풀과 다리과 손과 발(臂脚手足)<두창59>
; 또 주근 사ᄅᆞ미 두 다리를 구퍼(又方以屈死人兩脚)<구상74>
; 두 밠 엄지가락 안해(兩脚大拇指)<구상22>
; 허튀를 ᄃᆞ므면 즉재 사ᄂᆞ니라(以漬脚卽活)<구상26>

'발'은 (脚)에 대한 대역이다. 『구상』에는 '다리, 발, 허틔'로『두창·납약』에는 '다리'로 대역되었다. 같은 15세기 문헌인데도『두시언해』에는 '발, 허틔'로『석보상절·월인석보』에는 '다리, 허튀'로『훈몽자회·유합』에서는 '발, 다리'로 字釋된 語例가 발견되는 점으로 보아 (脚)에 대한 대역은 '다리, 발, 허튀'가 15세기 당시에 共存하였음을 보여 주고 있다. 語形 '허튀'는 消滅語로 볼 수 있다.

各 ; 식(各各)

; 소곰 혼쟈몸 식 어더(塩各一撮)<태요38>
; 손토블 各各 젹젹 버혀 스라(指爪甲各少許燒灰)<구하84>

'식'은 (各)에 대한 대역이다. 『구하』에는 한자어 '各各'으로『두시언해』에는 '各各, 제여곰'으로『유합』에는 '제굼'으로 字釋되었다. 語形 '제여곰'은 消滅語로 볼 수 있다.

薑 ; 강즙, 싱강(싱강)

; 원지 강즙에 봇マ니(遠志薑製)<태요2>
; 약과 싱강 닐굽 뎜 너허(入藥薑七片)<태요40>
; 혹 싱강 즙을 스나희 아히 오좀의 빠 쓰라(或薑汁和童便用之)<납약5>

'강즙, 싱강'은 (薑)에 대한 대역이다. 『납약』에도 '싱강'으로『훈몽자회』에는 '싱앙'으로『유합』과『천자문』석봉 본에는 '싱강'으로 광주 본에는 '싱양'으로 주해 본에는 '시양'으로 字釋되었다.

强 ; 굳세다(세오다, 세닐다)

; 조식 빈 겨집이 목이 굳세고(孕婦項强)<태요38>
; 四숭肢징 세오고 드닐(四肢强直)<구상6>
; 혀 세닐고(舌强)<구상3>

'굳세다'는 (强)에 대한 대역이다.『구상』에는 '세오다, 세닐다'가 발견되고『두시언해』에는 '고들파, 세다, 强ᄒᆞ다'로『훈몽자회·유합』에는 '힘세다, 셀, 힘쁠'

등으로 字釋되었다. 語形 '세오다, 세닐다'는 消滅語로 볼 수 있다.

開 ; 열다(벌리다, 열리다, 글희혀다, 뻐다)
; 창 지게를 열고(開啓窓戶)<태요25>
; 아괴롤 버리디 몯ᄒ거든(牙關不開)<납약22>
; 절로 열리라(自開)<구상2>
; 이블 글희혀 븟고(開口灌)<구하82>
; 즉자히 누늘 뻐(卽開眼)<구하94>

    '열다'는 (開)에 대한 대역이다. 『납약』에는 '벌리다, 열다'로 『구상·구하』에
는 '열리다, 글희혀다, 뻐다'로 대역되었다. 『두시언해』에는 '뻐다, 벌리다, 열다,
폐다, 펴다, 피다'로 『남명천계송언해』에는 '뻐히다, 뜨다'로 대역된 어형들이 발
견된다. 語形 '글희혀다'의 대역이 특이하다.

皆 ; 다(다, 다)
; 다 태긔 몯되ᄂ니라(皆不成胎)<태요1>
; 밧겻틔셔 ᄒᄂ 이를 붉기 다 알 ᄊᆞ시여늘(皆可明言外間事)<두창9>
; 다 어루 이룰 쓰리라(皆可用此)<구상2>

    '다'는 (皆)에 대한 대역이다. 『구상·두창』을 비롯한 모든 문헌에 단일 대역인
'다'로 나타난다.

去 ; 벗기다, 내다, 업시ᄒ다, ᄇ리다(ᄇ리다, 쌔히다, 업게ᄒ다, 밧기다, 버히다,
    앗다, 앗다, 아슬다, 업게ᄒ다)
; 겁질 벗기다(去穀)<태요31>
; 흔 되 가옷 되거든 닝어 내고(一盞牛去滓)<태요40>
; 디허 터럭 업시ᄒ고(杵去毛)<태요6>
; 즉제 시서 ᄇ리라(卽洗去)<태요31>
; 대쵸란 ᄇ리고(去棗)<납약10>
; 머리 발 늘개 쌔혀 ᄇ리고(去頭足翅)<두창22>

; 그 틱 독을 업게ᄒ면(去其胎毒)<두창5>

; 거믄 거플 밧겨(去黑皮)<구상4>

; 흔 우희움을 두녁 그틀 버히고(一握去陃頭)<구상30>

; 시울과 거츨 앗고(去弦皮)<구상2>

; 므를 아ᄉ면 즉재 사ᄂᆞ니라(去水卽活)<구상75>

; 바늘로 ᄊᆞ 아ᅀᆞᆯ디니(以針決去之)<구상18>

; 누에 삐롤 조히 업게ᄒ고(去蠶子潔淨)<구상37>

    '벗기다, 내다, 업시ᄒ다, ᄇ리다'는 (去)에 대한 대역이다. 『납약·두창·구상』
에는 'ᄇ리다, ᄴᅢ히다, 업게ᄒ다, 벗기다, 내다, 업시ᄒ다, 밧기다, 버히다, 앗다,
앗다, 아ᅀᆞᆯ다'로 『두시언해』에 '가다, 니거다, 버어리다, 버혀버리다, 벙으리다,
보내다, ᄇ리다, 앗다, 업게ᄒ다'로 『석보상절』에는 '가다, 버올다'로 『남명천계
송언해』에서는 'ᄇ리다, 벙을다'로 『유합·천자문』에는 '갈'로 字釋되었다. 한자
학습 초학서에 對譯된 '갈'이 漢醫書에서 찾아볼 수 없음이 특징이다. 이는 藥材
處方에 관계된 내용을 대역하기 때문에 '갈'의 대역이 없는 것으로 思料된다.

擧 ; 들다(온, 들다)

; 므거운 것 들며(擧重)<태요15>

; 온 집이 다 소ᄒ고(擧家素)<두창11>

; 주근 사ᄅᆞᆷ의 머리롤 져기 드러(小擧死人頭)<구상10>

    '들다'는 (擧)에 대한 대역이다. 『두창·구상』에는 '온, 들다'로 『두시언해』에
는 '들다, 다ᄒ다'로 『석보상절·남명천계송언해·정속언해·유합·천자문』 등
에는 모두 '들다'로 대역되었다. 특이한 것은 『두창』에 '온'은 現代語 '온전한'의
뜻을 지니고 있다.

乾 ; 믈뢰다(ᄆᆞᆯ다, 믈뢰다, ᄆᆞᆯ다)

; 블에 믈뢰여(焙乾)<태요5>

; 임의 스스로 ᄆᆞᆯ라(已自焦乾)<두창53>

; 너출 실ᄀᆞᆺ튼니로 믈뢰와(蔓藤絲陰乾)<두창4>

; 허닌 ᄆᆞᆯ닐 ᄴᅢ후미 됴ᄒ니라(破者乾摻神妙)<구상7>

'물뢰다'는 (乾)에 대한 대역이다.『두창·구상』에는 '물라, 물뢰다, ᄆᆞᄅᆞ다'로 『두시언해』에는 'ᄆᆞᄅᆞ다, 하늘, 乾坤'으로 『석보상절·남명천계송언해』에서는 'ᄆᆞᄅᆞ다'로 『훈몽자회·유합』에는 모두 '하늘'로 字釋되었다.

犬 ; 개(개, 가히)
; 개고기 톳긔고기(犬肉兎肉)<태요14>
; 또 ᄇᆡ암이며 개게 믈려 샹ᄒᆞ니와(又蛇犬所傷)<납약24>
; 가히 목 아래(犬頸下)<구하49>

'개'는 (犬)에 대한 대역이다.『납약·구하』에는 '개, 가히'로 『두시언해·훈몽 자회』에는 '가히'로 『유합』은 '개'로 字釋되었다. 語形 '개'의 중세어형은 '가히' 로 볼 수 있고 '개'의 대역은 16세기 이후 文獻에서 찾아볼 수 있다.

肩 ; 엇게(엇게)
; 아긔 엇게를 미러(其肩推上)<태요23>
; 산 사ᄅᆞ믜 엇게 우희 엱고(着生人肩上以)<구상74>

'엇게'는 (肩)에 대한 대역이다.『구상·두시언해·훈몽자회·유합』에 모두 '엇게'로 對譯되었다. 이는 身體名인 연유로 동일한 語形으로 대역되었다고 볼 수 있다.

結 ; 및다(미요다)
; 놀라고 두려 긔운이 미쳐(驚惶氣結)<태요30>
; 막힐며 미요믄 흐트면(散其塞結)<구상12>

'및다'는 (結)에 대한 대역이다.『구상』에는 '미요다'로 『두시언해』에는 '미다, 짖다'로 『석보상절』에는 '및다'로 『남명천계송언해』에는 '및다, 열다'로 『정속언 해』에는 '뭇다'로 『유합』과 『천자문』 광주·석봉 본에는 '밀'로 주해 본에는 '미 즐'로 字釋되었다.

兼 ; 밎다(조치다, 쏘)

  ; 놀라고 두려 긔운이 미쳐(驚惶氣結)<태요30>

  ; 과ㄱ룬 가슴 알힐 조쳐 고티ᄂᆞ니(兼治急心痛)<구상37>

  ; 쏘 헌ᄃᆡ 허믈 업게호ᄃᆡ(兼令瘡不成)<구하8>

    '밎다'는 (兼)에 대한 대역이다. 『구상·구하』에는 '쏘, 조치다'로 『두시언해』에는 '조차, 兼ᄒᆞ다'로 『석보상절』에도 '조차'로 『유합』에는 '겸훌'로 字釋되었다. 語形 '조차, 兼ᄒᆞ다'는 15세기 당시 共存하여 사용되었던 것이 '조차'는 '兼ᄒᆞ다'에 의하여 消滅된 語辭로 볼 수 있다.

頃 ; 덧ᄒᆞ다, 스이

  ; 밥 머글 덧만 ᄒᆞ거든(中食頃)<태요59>

  ; 두어 ᄢᅢ 스이예(數時頃)<태요9>

    '덧ᄒᆞ다, 스이'는 (頃)에 대한 대역이다. 『두시언해』에는 '뎌주슴ᄢᅴ, 이럼'으로 『유합』에는 '져근덛'으로 字釋된 어형이 보인다. 語形 '덧ᄒᆞ다'는 消滅語로 볼 수 있다.

傾 ; ᄲᅳ리다(븟다, 붓다)

  ; 올히알 ᄒᆞ나흘 ᄲᅳ려 강즙에 녀허(鴨子一箇傾入汁)<태요43>

  ; ᄒᆞᆫ 잔올 브서(傾一盞)<구상31>

  ; 醋를 따 우희 붓고(醋傾地上)<구하24>

    'ᄲᅳ리다'는 (傾)에 대한 대역이다. 『구상·구하』에는 '븟다, 붓다'로 『두시언해』에는 '기울다, 이받다'로 『훈몽자회·유합·천자문』 등에 모두 '기울'로 字釋되었다. 語形 'ᄲᅳ리다'는 現代語 '깨뜨리다'로 특이하게 對譯되있다.

硬 ; 굳다(걸우다, 미온)

  ; 몬져 구든 파 엄으로(先以硬葱)<태요71>

  ; 鯉魚 ᄲᅢ 걸우닐 고툐ᄃᆡ(治食鯉魚骨硬)<구상48>

; 미온 숫슬 브레 ᄊ라(硬炭煨)<구하41>

'굳다'는 (硬)에 대한 대역이다. 『구상·구하』에는 '걸우다, 미온'으로 『두시언해』에는 '세요다'로 『유합』에는 '구들'로 字釋되었다.

輕 ; ᄀ만ᄀ만, 서운서운(가비얍다, ᄀ마니)
; 나히ᄂᆞ 사름이 ᄀ만ᄀ만 아기를 미러 티왇고(收生者輕輕推兒迫上)<태요24>
; 소곰을 ᄇᆞᄅ고 서운서운 미러 들이라(以塩塗其上輕輕送入)<태요24>
; 소ᄂᆞᆯ 가비야아 ᄀᄂᆞ리 ᄀ라(輕手細研)<구하90>
; ᄀ마니 비븨요ᄃᆡ(輕按)<구하37>

'ᄀ만ᄀ만, 서운서운'은 (輕)에 대한 대역이다. 『구하』에는 '가비얍다, ᄀ마니'로 『두시언해』에는 '가비얍다, 므던히'로 『남명천계송언해』와 『정속언해』에는 '가비얍다, 쟉이'로 『유합·천자문』에도 모두 '가비야올'로 字釋되었다. 語形 'ᄀ마니, ᄀ만ᄀ만, 서운서운'의 대역이 특이하다.

經 ; 월경, 지나다, 혈ᄆᆡᆨ(디내다, 디나다)
; 월경 긋거든(經止)<태요4>
; 두닐웨 디나거든(經二七日)<태요6>
; 모ᄃᆞᆫ 혈ᄆᆡᆨ에 드러(入於諸經)<태요54>
; 밤나즐 디내요ᄃᆡ(經日夜)<구상64>
; 밤 디난거슨(經宿者)<구하61>

'월경, 지나다, 혈ᄆᆡᆨ'은 (經)에 대한 대역이다 『구상·구하』에는 '디내다, 디나다'로 『두시언해』에는 '디나다'로 『훈몽자회』에는 '글월'로 『유합』에는 '늘'로 『천자문』 광주 본에는 '디날'로 석봉 본에는 '글월'로 주해 본에는 '글월, 늘, 덧덜홀, 딘날, 목밀'로 대역되었다. 한의서에는 '월경, 혈ᄆᆡᆨ'으로 대역되었다.

驚 ; 놀라다(놀라다, 경풍, 놀나다)
; 구러디니ᄂᆞ 놀라시니(側者有驚)<태요28>

; 놀라고 열ᄒᆞ여(驚熱)<납약29>

; 급흔 경풍이며(怔驚)<납약4>

; 놀나 셜기롤(驚搐)<두창6>

'놀라다'는 (驚)에 대한 대역이다. 『납약·두창』에는 '놀라다, 경풍, 놀나다'로 『천자문』에는 '놀날'로 字釋되었다.

莖 ; 민, 낮(줄기, 대, 줄기)

; 파흰민 둘 너허(葱白三莖)<태요30>

; 세 나츨 쌔야(拔三莖)<태요12>

; 파흰 줄기 세흘 너허(葱白三莖)<두창17>

; 가짓 줄기와 닙 이우닐 글여 시스라(茄子莖葉枯者煮洗之)<구상8>

; 쓴 부롯 대와 니플 씨혀 브티라(苦苣莖葉搗傳) <구하78>

'민, 낮'은 (莖)에 대한 대역이다. 『두창·구상·구하』에는 '줄기, 대'로 『두시언해·훈몽자회·유합』 모두 '줄기'로 대역되었다.

繫 ; 미다(돌다, 미다)

; 빗복 줄기예 구디 미여(繫臍帶)<태요36>

; 왼녁 불히 ᄃᆞ라 두면(繫於左臂)<구상23>

; 실로 미요딕(以線繫)<구상49>

'미다'는 (繫)에 대한 대역이다. 『구상』에도 '돌다, 미다'로 『두시언해·유합』에는 '미다'로 對譯되었다. 語形 '돌다'의 대역이 특이하다.

系 ; 줄기

; 오좀깨 줄기 트러 디여(胞系轉戾)<태요41>

'줄기'는 (系)에 대한 대역이다. 『훈몽자회』에는 '긴계'라 字釋하고 '宗派也'라고 부연 설명되어있다. 다른 문헌에 대역된 어형은 발견되지 않고 있다.

雞 ; 둙(둙, 둙)

; 늘둙긔 알 세흘 슴씨고(生鷄卵三枚呑)<태요53>
; 둙의 알 거유알 오희알(雞鵝鴨)<두창14>
; 둘기 흰 똥 흔 되(雞白屎一升)<구상5>

　'둙'은 (雞)에 대한 대역이다. 『두창·구상·두시언해·훈몽자회·유합·천자문』 등에 모두 같은 어형인 '둙'으로 對譯되었다.

高 ; 높다(높다)

; 노픈듸 오르며(登高);<태요15>
; 노픈듸 ᄂ려디여(從高墮下)<구하26>

　'높다'는 (高)에 대한 대역이다. 『구하』에도 '높다'로 『두시언해』에는 '놉다, 높다, 하늘'로 『석보상절·남명천계송언해』에는 '높다'로 『유합·천자문』 광주·석봉 본에는 '노풀'로 주해 본에는 '놉흘'로 字釋되었다.

膏 ; 걸다(기름)

; 고와 걸거든(熬成膏)<태요16>
; 도틱 기르메 ᄆ라 브티라(猪膏和傳之)<구하68>

　'걸다'는 (膏)에 대한 대역이다. 『구하·두시언해』에 모두 '기름'으로 『유합』에는 '고황, 기름'으로 字釋되었다. 특이하게 한의서에만 '걸다'로 대역되었다. 이는 '흙이 기름지거나, 비료에 양분이 많다. 혹은 액체가 묽지 않고 걸쭉하다'의 뜻을 지니고 있다.

固 ; 구티다

; 혈을 더으고 혈을 구틸 약을 쁠거시니(用益血固血之藥)<태요26>

　'구티다'는 (固)에 대한 대역이다. 『석보상절』에는 '굳다'로 『두시언해』에는 '굳다, 여믓, 진실, 固執' 등 네 가지 어형으로 대역되었다. 이중 '굳다와 고집'

은 現代語에도 사용되고 있다. 또 '여믓과 진실'은 15세기 당시에는 동등한 뜻으로 사용되었지만 고유어 '여믓'은 消滅되었다. 『유합』에는 특이하게 '구들, 봄릭'로 대역되었다. 語形 '봄릭'는 消滅語로 볼 수 있다.

枯 ; ᄆᆞᄅ다(이울다)
; 긔혈이 몰라 여위여(氣血枯涸)<태요61>
; ᄒᆞᆫ편이 몰라(偏枯)<납약22>
; 가짓 줄기와 닙 이우닐 글혀 시스라(茄子莖葉枯者煮洗之)<구상8>

'ᄆᆞᄅ다'는 (枯)에 대한 대역이다. 『납약·구상·두시언해』에는 'ᄆᆞᄅ다, 이울다'로 『남명천계송언해·정속언해·훈몽자회·유합』에는 모두 '이울다'로 대역되었다. 語形 '이울다'는 現代語 '시들다'에 의하여 消滅된 語辭로 볼 수 있다.

古 ; 녜(녜)
; 녯 방문의 틱긔 편케ᄒᆞ기를(古方安胎)<태요19>
; 병정이 녜과 달라(病情與古有異)<두창55>

'녜'는 (古)에 대한 대역이다. 『두창』에도 '녜'로 대역되었다. 『두시언해』에는 '녜, 늙다, 늛다, 오래' 등 네 가지 어형으로 나타났다. 하지만 이 네 가지 어형은 각각 類意味 形態로 現代語에서 사용되고 있지만 『석보상절·남명천계송언해·정속언해』와 『훈몽자회·유합·천자문』에는 모두 '녜' 하나로만 字釋된 점으로 보아 주의미적 어휘 기능은 '녜'로 볼 수 있다.

孤 ; 외로이
; 이 일홈을 외로온 양긔과 그처딘 음긔니(此孤陽絶陰爲)<태요55>

'외로이'는 (孤)에 대한 대역이다. 『두시언해』에서는 '외롭다, 져ᄇᆞ리다, 잃다, ᄒᆞ오사' 등 네 가지 어형이 발견되고 『남명천계송언해·훈몽자회·유합』에는 '외롭다'로 『천자문』 광주 본에는 '외릭올' 석봉 본에는 '외로올' 주해 본에는 '외로올, 아이업슬, 져ᄇᆞ릴'로 대역되었다. 특이하게 『정속언해』에는 '호온자'로 대역된 어형이 발견되기도 한다.

敲 ; 두드리다
; 아모거스로나 ㄱ만ㄱ만 두드려(輕輕以物敲)<태요75>

'두드리다'는 (敲)에 대한 대역이다. 『두시언해』에도 '두드리'로 대역되었다.

哭 ; 울다
; 아기 빗소개셔 울기논(兒在腹中哭)<태요47>

'울다'는 (哭)에 대한 대역이다. 『두시언해』에는 '셟다, 울다'로 『훈몽자회·유합』에서는 '울다'로 字釋된 점으로 보아 '울다'가 주의미적 기능 이고 '셟다'는 부의미적 기능으로 볼 수 있다.

曲 ; 구피다
; 허리를 구펴(曲腰)<태요48>

'구피다'는 (曲)에 대한 대역이다. 『두시언해』에는 '곱다, 굽다, 놀애'로 『석보상절』에는 '곱다, 굽다'로 『천자문·유합』에는 각각 '고볼, 곱을'로 『훈몽자회』에는 '놀애'로 字釋된 어형들이 있으나 現代語에서는 '굽다'가 주의미적 어휘 기능을 하고 나머지 어형은 독립적으로 사용된다.

穀 ; 겁질, 것(거피, 당아리)
; 둙긔 알 겁질에(雞子穀)<태요50>
; 것 블근 기장뿔로(紅穀小黃米)<태요33>
; 거피 밧기고 둥잔브레 스로듸(去穀燈上燒)<구상41>
; 梔子ㅅ 당아리 半 나채(梔子穀半介)<구하5>

'겁질, 것'은 (穀)에 대한 대역이다. 『구상·구하』에는 '거피, 당아리'로 대역되었다. 『두시언해 · 훈몽자회』에는 '낟'으로 『유합』에는 '곡식'으로 字釋되었다. 한의서에서 대역된 語形들은 다른 문헌에서는 발견되지 않고 있다.

褌 ; 듕의

; 산무의 듕의롤 フ마니 가져다가(産母褌)<태요38>

'듕의'는 (褌)에 대한 대역이다 『유합』에는 '듕의'로 하지만 『훈몽자회』에서는 '고의'로 字釋하면서 부연 설명으로는 '쟘방이'로 대역되었다.

困 ; 보차다(곤ᄒ다)

; 즈식 빈 겨집이 남진의게 보차여(孕婦爲夫所困)<태요19>
; 이긔 탕흘 째예 곤ᄒ야(此時困頻委憊)<두창40>

'보차다'는 (困)에 대한 대역이다. 『두창』에는 '곤하다'로 『두시언해』에는 '困ᄒ다, 困窮ᄒ다, 이처ᄒ다, 잇버ᄒ다, 잇비다' 등 다섯 가지 어형이 발견되는데 이 다섯 가지 語形이 모두 동등한 의미로 사용된 것으로 사료되고 있으나 고유어 는 모두 '피곤하다, 가빠하다'로 대체되었고 現代語에서는 한자어만이 사용되고 있다. 『남명천계송언해』에서는 'ᄀᆺᄇ다'의 語形도 발견된다. 『유합』에서는 '곤 홀'로 『천자문』 광주 · 석봉 · 주해 본에서는 각각 '잇쁠, 잇블, ᄀᆺ블'로 字釋되었 다. 語形 '보차다, 이처ᄒ다, 잇버ᄒ다, 잇비다'는 消滅語로 볼 수 있다.

裹 ; 감다(감다, 쯰리다, 빠다)

; 손ᄀ락긔 감고(許裹手指)<태요69>
; ᄀᄂᆫ 슈건으로 손가락의 가마(細巾裹手指)<두창52>
; 어린 아히 ᄒ 환을 빠(小兒裹一丸)<납약3>
; 뵈로 소고믈 탄ᄌ만 쯰려 스라(布裹塩如彈丸大燒)<구상27>
; 져즌 죠희에 빠 구으니와(濕紙裹煨)<구상1>

'감다'는 (裹)에 대한 대역이다. 『두창 · 구상 · 납약』에는 '쯰리다, 빠다, 감빠'로 『두시언해』에는 '빠다'로 대역되었다.

窠 ; 집, 둥주리(싸다)

; 납거미 집 세히나 다ᄉᆞ시나(壁鏡窠三五箇)<태요56>

; 둙의 둥주리 아래(雞窠下)<태요11>

    '집, 둥주리'는 (窠)에 대한 대역이다. 『두시언해』에도 '싸다'로 對譯되었다.

過 ; 넘다, 너무((너모, 디나다, 넘다, 디나다)

; 챵ᄌᆞ ᄀᆞᄐᆞ야 비 아래 넘고(如腸下過)<태요59>

; 밥도 너무 비 브르게 말며(食毋過飽)<태요15>

; 너모 머거 샹ᄒᆞ면(過服致傷)<납약9>

; 디난거시 업ᄂᆞ니라(無過)<두창29>

; 두 服애 넘디 아니ᄒᆞ야(不過二服)<구상38>

; 세번 시수믈 디나다 아니ᄒᆞ야 돋ᄂᆞ니라(不過三洗效)<구상8>

    '넘다, 디나다'는 (過)에 대한 대역이다. 『납약·두창·구상』에는 '너모, 디나다, 넘다'로 『두시언해』에는 '건너다, ᄀᆞ장, 남다, 넘다, 디나다'로 『석보상절』에는 '너믈'로 『유합·천자문』광주·석봉 본에는 '디날'로 주해 본에는 '디날, 허믈'로 대역되었다. 語形 '허믈'로 字釋된 것은 주해 본 뿐이다.

灌 ; 쳐드리다, 브어(븟다, 쓰리다)

; 입에 쳐드리라(灌入口中)<태요72>

; 서너 환 브어 머기면 즉제 사ᄂᆞ니라(灌三四丸卽活)<태요50>

; 초의 프러 코해 흘리라(醋和灌鼻)<납약8>

; 니를 썩고 브으라(折齒灌)<납약20>

; 蘇合圓 세 丸ᄋᆞᆯ 프러 브소ᄃᆡ(調蘇合圓三圓灌下)<구상2>

; 小便으로 ᄂᆞ치 쓰리면(用小便灌其面)<구상26>

    '브어, 쳐드리다' (灌)에 대한 대역이다. 『납약·구상』에는 '브으다, 흘리다, 븟다, 쓰리다'로 『두시언해』에는 '흘리다'로 對譯되었다. 語形 '쓰리다'의 대역이 특이하다.

罐 ; 도간이

　; 도간의 녀혀 닫고(入罐內)<태요51>

　　'도간이'는 (罐)에 대한 대역이다.『훈몽자회』에는 '단디'로 字釋된 語例가 발견되나 다른 문헌에서는 찾아 볼 수 없다.

貫 ; 꿰다(꼬여다)

　; 쇼음믹이 신장의 꿰여(少陰之脉貫腎)<태요47>
　; 은침으로 ㄱ로 꼬여주면(以銀鍼刺之橫貫)<두창51>

　　'꿰다'는 (貫)에 대한 대역이다.『두창』에는 '꼬여다'로『두시언해』에는 '꿰다'로『유합』에는 '꿸'로 字釋되었다.

塊 ; 혈괴, 덩이(뭉긘, 덩이, 무적이)

　; 얼굴 지은 혈괴 이시면(有成形塊)<태요48>
　; 듁어 흔 덩이 너허 달혀 머기라(入竹茹一塊煎服)<태요45>
　; 닐곱 가지 뭉긘증과(七種癖塊)<납약15>
　; 주먹만흔 덩이롤(一塊如拳)<두창50>
　; 똥 흔 무저기(糞一塊)<구상37>

　　'혈괴, 덩이'는 (塊)에 대한 대역이다.『납약·두창·구상』에는 '뭉긘, 덩이, 무저기'로『두시언해·훈몽자회』에는 모두 '훍무적'으로 대역되었다.

口 ; 입, 어괴(입, 먹다, 입, 굼)

　; 여슷 둘애 입과 눈이 일고(六月口目成)<태요8>
　; 브석 머리과 어괴예 쪄두면(以籠竈頭及竈口)<태요31>
　; 목굼기 마키고 입이 다믈려(喉閉口噤)<납약8>
　; 몬져 춘 믈 세 머곰 머근 후에(先喫凉水三口然後)<납약19>
　; 입 마고 므러 소리 몯하며(口噤失音)<구상6>
　; 헌 굼글 쇠면 毒氣 즉재 나ᄂ니라(以燻瘡口毒卽出)<구하63>

'입, 어괴'는 (口)에 대한 대역이다. 『납약·구상·구하』에는 '입, 긁, 먹다'로 『두시언해』에는 '사룸, 소리, 입'으로 『남명천계송언해』에는 '부우리'로 『유합· 천자문』 석봉·주해 본에는 '입' 광주 본에는 '십'으로 字釋되었다. 語形 '소리, 사룸'으로 대역된 語形은 『두시언해』에서만 발견된다. 『남명천계송언해』에는 '부우리'로 특이하게 대역되기도 했다.

具 ; ᄀᆞᆽ다

; 넉둘 애 얼골이 ᄀᆞᆽ고(四月形象具)<태요8>

'ᄀᆞᆽ다'는 (具)에 대한 대역이다. 『두시언해』에는 'ᄀᆞᆽ디, ᄀᆞᆽ다, 다, 밍ᄀᆞᆯ다, 器具'로 『석보상절』에는 '갖다'로 『남명천계송언해』에는 'ᄀᆞᆽ다'로 『유합』에는 'ᄀᆞ졸'로 『천자문』 광주 본에는 'ᄀᆞ존'으로 석봉·주해 본에는 'ᄀᆞ졸'로 字釋되었다. 한자어로 대역된 語形은 '器具' 하나 뿐 이다.

俱 ; 다(다, 다)

; 엄이과 ᄌᆞ식이 다 죽ᄂᆞ니라(母子俱死)<태요34>
; 긔혈이 다 허흔 ᄢᅦ예(其氣血俱虛)<두창60>
; 가슴과 너비 다 더우니라(心脇俱暖)<구상15>

'다'는 (俱)에 대한 대역이다. 『두창·구상』에도 모두 '다'로 『두시언해』에는 'ᄀᆞᆯ외다, ᄀᆞᆽ다, ᄀᆞᆽ다 , 다, 모다, 흔ᄃᆡ'로 『유합』에는 'ᄀᆞᆯ올'로 字釋되었다.

救 ; 구완ᄒᆞ다(구ᄒᆞ다, 救ᄒᆞ다)

; 벽녁단을 뻐 구완ᄒᆞ라(用霹靂丹救之)<태요27>
; 이 약은 급흔 병을 구ᄒᆞ려코(此藥救怔)<납약5>
; 아니흔 ᄉᆞ싀를 救굴티아니ᄒᆞ면 죽ᄂᆞ니(須臾不救則死)<구상21>

'구완ᄒᆞ다'는 (救)에 대한 대역이다. 『납약·구상』에는 '구ᄒᆞ다, 求ᄒᆞ다'로 『두시언해』에는 '救濟ᄒᆞ다, 救護ᄒᆞ다, 救ᄒᆞ다'로 『정속언해·유합』에는 모두 '구완ᄒᆞ다'로 대역되었다. 고유어 대역은 발견되지 않는다.

求 ; 구(求)ᄒᆞ다

   ; ᄌᆞ식 구ᄒᆞ야(求嗣)<태요1>

    '求ᄒᆞ다'는 (求)에 대한 대역이다. 『두시언해』에는 '求ᄒᆞ다, 얻다'로 『천자문』 광주ᆞ석봉 본에는 '구홀'로 주해 본에는 'ᄎᆞᆯ'로 字釋된 語形들이 발견된다.

灸 ; 굽다, 쓰다, 블ᄠᅬ다(굽다, 데우다, 쓰다, ᄠᅬ다)

   ; 녹용소유 블라 구으니(鹿茸酥灸)<태요2>
   ; 쓰는 법은(灸法)<태요7>
   ; 머리 발 업시ᄒᆞ고 블에 ᄠᅬ여(去頭足灸)<태요72>
   ; 全젼 蝎蠍 두 나츨 구어 더으라(加全蝎二枚灸)<구상2>
   ; 또 다리우릴 데여(又方灸熨斗)<구상24>
   ; 밠 엄지가락 아랫 ᄀᆞ른 그믈 ᄧᅳ듸(灸足大趾下橫文)<구상2>
   ; 곧 블로 그 모믈 ᄠᅬ면(便將火灸其身)<구상8>

    '굽다, 데우다, 쓰다, 블ᄠᅬ다'는 (灸)에 대한 대역이다. 『구상』에는 '굽다, 데우다, 쓰다, ᄠᅬ다'로 『두시언해』에는 'ᄠᅬ다'로 『유합』에는 '씀ᄠᅳᆯ'로 字釋되었다.

久 ; 오래(오라다, 이윽히)

   ; 부인의 오래 닝ᄒᆞ여(婦人久冷)<태요6>
   ; 오란 젹빅니질의 고롬피 섯겨(久痢赤白膿相雜)<납약11>
   ; 원ᄒᆞ대 보기를 이윽히 ᄒᆞ다가(默視良久)<두창34>
   ; 오라면 반ᄃᆞ기 말ᄒᆞ리라(久當語)<구상3>
   ; 오래 쏨빈니 됴코(佳觸衣者久著)<구상16>

    '오래'는 (久)에 대한 대역이다. 『납약ᆞ두창ᆞ구상』에는 '오라다, 이윽히, 오라, 오래'로 『두시언해』에는 '오라, 오래, ᄒᆞ니'로 『석보상절ᆞ남명천계송언해ᆞ정속언해ᆞ유합』에는 모두 '오라, 오래, 오랄'로 대역되었다.

九 ; 아홉

; 구긔즈 아홉 냥(枸杞子九兩)<태요3>

　　'아홉'은 (九)에 대한 대역이다.『두시언해 · 석보상절 · 남명천계송언해 · 정속
언해 · 천자문』광주 · 석봉 본에는 '아홉'으로 단지 주해 본에만 '아홉, 모돌'로
대역된 語形이 발견되고 있다.

嘔 ; 욕욕ᄒ다(눅눅ᄒ다)
　　; 아기 ᄀ나며 욕욕 토ᄒ야(小兒初生嘔吐)<태요70>
　　; 술의 샹ᄒ야 토ᄒ며 눅눅ᄒ며(酒嘔吐惡心)<납약11>

　　'욕욕ᄒ다'는 (嘔)에 대한 대역이다.『납약』에는 '눅눅ᄒ다'로『훈몽자회』에는
'개올'로 字釋되었다.

麴 ; 누룩(누룩)
　　; ᄀ른 누룩 석 냥드려(麴末三兩)<태요6>
　　; 누루글 ᄀ른 밍ᄀ라(麴爲末)<구하96>

　　'누룩'은 (麴)에 대한 대역이다.『구하 · 두시언해 · 유합』에는 모두 '누룩'으로
『훈몽자회』에는 '누륵'으로 字釋되었다.

屈 ; 구피다(구피다)
　　; 발을 구피면 ᄌ식이 나ᄂ니라(屈足兒卽順生)<태요22>
　　; 또 주근 사ᄅ미 두 다리를 구펴(又方以屈死人兩脚)<구상74>

　　'구피다'는 (屈)에 대한 대역이다.『구상』에도 '구피다'로『두시언해』에는 '굽
다, ᄂ솟다, 屈ᄒ다'로『유합』에는 '구필'로 字釋되었다. 한자어 '屈ᄒ다'는 다른
의미로 사용된다.

鬼 ; 귓것(거즛, 귀신, 귓것)

; 귓것 본 ᄃᆞ시ᄒᆞ며(如見鬼)<태요57>
; 부인의 거즛 틔긔며(婦人鬼胎)<납약25>
; 귀신이며 시병 긔운을 ᄀᆞ장 믈리티고(最辟鬼疫之氣)<납약3>
; 귀신이 눈의 뵈ᄂᆞᆫ 거시(見鬼者)<두창68>
; 누네 귓것 보며(眼見鬼)<구상15>

'귓것'은 (鬼)에 대한 대역이다. 『납약·두창·구상』에는 '거즛, 귀신, 귓것'으로 『두시언해·훈몽자회·유합』 모두 '귓것'으로 대역하였다. 語形 '귓것'은 한자어 '귀신'에 의하여 消滅된 語辭로 볼 수 있다.

葵 ; 아혹(아옥)

; 아혹 ᄡᅵ 활셕 느릅나모 겁질(葵子滑石楡白皮)<태요26>
; 아오글 니기 디허 汁을 내야 머그라(熟搗葵取汁服之)<구하81>

'아혹'은 (葵)에 대한 대역이다. 『구하』에는 '아옥'으로 『두시언해』에는 '아옥, 아혹'으로 『훈몽자회·유합』에는 '아옥, 아혹' 字釋되었다.

竅 ; 굼기(구무, 굼)

; 흙질 범ᄒᆞᄂᆞᆫ 굼기 막혀나고(泥犯者竅)<태요14>
; ᄒᆞᆫ 구무 둘워 몬져 낫긴혜 ᄲᅦ오(通一竅先穿上鉤)<구상48>
; 헤혀 ᄒᆞᆫ 굼글 짓고(撥開作一竅)<구상11>

'굼기'는 (竅)에 대한 대역이다. 『구상』에는 '구무, 굼'로 『유합』에는 '구무'로 字釋되었다.

憒 ; 어즐워다

; ᄆᆞ음이 어즐러워 답답ᄒᆞ며(心中憒悶)<태요13>

'어즐워다'는 (憒)에 대한 대역으로 다른 문헌에서 찾아볼 수 없다.

極 ; ᄀᆞ장(극히, 극키, 지극)

; ᄀ장 아프고 눈에 블이 나고(極眼中生火)<태요20>

; 플기 극히 어려오니(化開極難)<납약5>

; 극키 듕ᄒ고(極重)<두창21>

; 이 法법이 지극 됴ᄒ니라(此法極效)<구상16>

    'ᄀ장'은 (極)에 대한 대역이다. 『납약·두창·구상』에는 '극히, 극키, 지극'으로 『두시언해』에는 'ᄀ장, 긋, 니르다, 至極ᄒ다'로 『천자문』 광주·석봉 본과 『훈몽자회』에는 'ᄀ재'로 주해 본에는 'ᄆᆞᆺ, ᄀ장, 다ᄒᆞᆯ'로 『유합』에는 '막다ᄃᆞ롤'로 字釋된 語形들이 발견된다. 語形 '막다ᄃᆞ롤'로 대역된 것이 특이하다. 語形 'ᄀ장'도 한자어 '지극'에 의하여 消滅된 語辭로 볼 수 있다.

噤 ; 다믈다(다믈다, 다믈다, 막다)

; 모딘 피 아니나고 입을 다믈고(惡露不下口噤)<태요34>

; ᄇᆞ롬마자 입을 다믈며(中風口噤)<납약5>

; 눈을 팁쁘고 입을 다믈다(目竄口噤)<두창6>

; 입 마고므르 소리 몯ᄒ며(口噤失音)<구상6>

    '다믈다'는 (噤)에 대한 대역이다. 『납약·두창·구상』에는 '다믈다, 막다'로 『두시언해』에는 '미좇다, 버믜다'로 대역되었다.

嚼 ; 십다(머금다, 먹다)

; 흙 ᄒᆞᆫ 덩이를 잉뷔 시변(土一塊令孕婦嚼)<태요48>

; 흔번의 ᄒᆞᆫ 환을 머금어 프러디게 ᄒᆞ며(每取一丸嚼化)<납약7>

; 젓바누어 세 다ᄉᆞᆺ 버늘 머구머 노기면(仰臥嚼化三五丸)<구상51>

    '십다'는 (嚼)에 대한 대역이다. 『납약·구상』에는 '머금다, 먹다'로 『훈몽자회』에는 '씨블'로 字釋되었다. 語形 '씨블'의 字釋은 硬音으로 표기된 것이 특이하다.

急 ; 급ᄒ다, 샐리(급ᄒ다, 과ᄀᆞᆯ이, 샐리, 時急히, 줏다, 되오, 뵈앗비다)

; 쳑믹이 더욱 급ᄒ야(尺脉轉急)<태요20>

; 남진이 뒤흐로셔 샐리 브르면(夫從後急呼)<태요10>

; 병이 급ᄒ거든 째롤 거리끼디 말고(病急則不拘時)<납약3>

; 또 中듕風붕ᄒ야 과굴이 모기 브셔 죽ᄂ닐 고툐ᄃᆡ(治中風急喉痺欲死者)<구상3>

; 샐리 밠 엄지가락 아랫 ᄀ른 그믈 ᄯᅮᄃᆡ(急灸足大趾下橫文)<구상2>

; 時急히 고티디 아니ᄒ면(不急療)<구상68>

; 수미 ᄌᆞᄌᆞ닐 고치ᄂᆞ 法은(喘急方)<구상67>

; 프른 뵈롤 되오 ᄆ라(靑布急卷)<구하63>

; ᄆᆞᅀᆞ미 뵈앗바 더우미 發ᄒ야(心急發熱)<구하61>

'급ᄒ다, 샐리'는 (急)에 대한 대역이다. 『납약·구상·구하』에는 '급ᄒ다, 과
굴이, 샐리, 時急히, 좃다, 되오, 뵈앗비다'로 『두시언해』에는 'ᄲᆞᄅ다, 急히, 急促
ᄒ다'로 『남명천계송언해』에는 'ᄲᆞᄅ다'로 『정속언해』에는 '급피, 셜워ᄒ다'로
『유합』에는 '급홀'로 字釋되었다. 語形 '급ᄒ다, 샐리, 時急히'는 現代語까지 지
속적으로 사용되지만 '과굴이, 좃다, 되오, 뵈아비다'는 消滅語로 볼 수 있다.

汲 ; 기르다

; ᄀ 기른 믈예 ᄆ라(新汲水調)<태요74>

; ᄀ 기른 우믈 믈의 ᄲ ᄂ리오라(新汲水調下)<납약29>

; 새 기른 므레(新汲水)<구하8>

'기르다'는 (汲)에 대한 대역이다. 『납약·구하』에 모두 '기르다'로 『두시언해』
에는 '기로다, 기르다'로 『훈몽자회·유합』에는 '기를'로 字釋되었다.

器 ; 그릇(그릇, 그릇, 器具)

; 두 그르시 몬져 도야(二器先就)<태요8>

; 두 그릇스로 서로 블 우히 노화 더여(以兩器相替溫熟於火上)<두창29>

; 큰 그르세 지롤 만히 봇가 덥게ᄒ야(以大器多熬灰使煖)<구상8>

; 칙칙ᄒ 器具ㅅ 안해 자자이셔(閉在密器中)<구하61>

'그릇'은 (器)에 대한 대역이다. 『두창·구상·구하』에는 '그릇, 그릇, 器具'로
『두시언해』에는 '그릇, 器具, 갈ㅎ, 器'로 『훈몽자회·유합』에 모두 '그릇'으로

字釋되었다. 한자어 대역 語形들은 『두시언해』에서만 발견된다.

氣 ; 긔운, 내(긔운, 김, 숨, 氣分)

; 틱를 편안케 ᄒ면 긔운늘 슌케ᄒ고(安胎順氣)<태요16>

; 그 내롤 마타라(聞其氣)<태요52>

; 크게 능히 긔운을 슌게ᄒ며(大能順氣)<납약3>

; 열이 극ᄒ고 긔운이 약ᄒ야(熱劇氣弱)<두창53>

; 블김을 두려ᄒᄂ 거시니(怕火氣)<두창33>

; 숨이 쳔급ᄒ야 헐헐ᄒ고(氣促喘急)<두창34>

; 冷링ᄒ 氣킝分분이 디ᄅ저겨 알프닐 고티ᄂ니(冷氣刺痛)<구상6>

'긔운, 내'는 (氣)에 대한 대역이다. 『납약·두창·구상』에는 '긔운, 김, 숨, 氣分'으로 『두시언해』에는 '氣運, 氣候, 氣'로 『남명천계송언해·유합·천자문』 등에 모두 '긔운'으로 字釋되었다. 語形 '김, 숨'의 대역이 특이하다.

起 ; 내왇다, 니러나다, 니르혀다, 닐다(닐다, 돋다ᄂ다, 니르왇다)

; 폴 고븐틱 ᄀ티 머흐러 내와ᄃ니ᄂ 겨집이라(如肘頸參差起者女也)<태요10>

; 고해 거믄 비치 니러 나고(鼻黑色起)<태요54>

; 음문으로 드러 그 틱를 미러 니르혀면(産門入托起其胎)<태요42>

; 닐기 쟉고 심ᄒ니ᄂ(少起甚者)<태요13>

; 즉시 닐고(可起)<두창3>

; 좁뽈 ᄀ티 도다시면(如粟起)<두창6>

; 즉재 ᄂᄂ니 잇사올래도 어루 불리다(卽起三兩日猶可吹之)<구상23>

; 소ᄂ로 아나 니르왇고(手抱起)<구상75>

'내왇다, 니러나다, 니르혀다, 닐다'는 (起)에 대한 대역이다. 『두창·구상』에는 '닐다, 돋다, ᄂ다, 니르왇다'로 『두시언해』에는 '니러다, 닐다, 니르왇다'로 『훈몽자회·유합·천자문』 등에 모두 '닐다'로 字釋되었다. 語形 '내왇다'는 消滅된 語辭로 볼 수 있다.

期 ; 때

   ; 이 때 곳 디나며(過此期)<태요7>

    '때'는 (期)에 대한 대역이다. 『두시언해』에는 '期約, 期望ᄒ다, 期限, 期會'로 『유합』에는 '긔약'으로 字釋되었다. 대부분 대역 語形이 한자어이고 고유어로는 『태요』에 '때' 하나만 발견된다.

忌 ; 말다(말다, 금긔, 금긔, 몯ᄒ다)

   ; 다 피ᄒ야 말라(並宜避忌)<태요64>
   ; 금긔ᄂᆞᆫ 붕어와 뎌온 국슈와(忌鯽魚熱麵)<납약1>
   ; 열흔 거슬 먹디 말고(忌食熱物)<납약9>
   ; 일졀 싱닝을 금긔호ᄃᆡ(一切忌生冷)<두창14>
   ; ᄀᆞ오누르이닐 블혀 뵈요미 몯ᄒ리니(魘忌燈火照)<구상22>

    '말다'는 (忌)에 대한 대역이다. 『납약・두창・구상』에는 '금긔, 몯ᄒ다'로 『두시언해』에는 '아쳐ᄒ다'로 『유합』에만 '씨릴'로 字釋되었다. 語形 '아쳐ᄒ다'는 한자어 '금기'에 의하여 消滅된 語辭로 볼 수 있다.

棄 ; ᄇᆞ리다

   ; 원근을 혜디 말고 ᄇᆞ리라(遠近棄埋之)<태요64>

    'ᄇᆞ리다'는 (棄)에 대한 대역이다. 『두시언해・석보상절・남명천계송언해・정속언해』에는 모두 'ᄇᆞ리다'로 『유합』에는 'ᄇᆞ릴'로 字釋되었다.

緊 ; 얽다(답답ᄒ다, 미아다, 미야다)

   ; 샐리 죠고만 거슬 얼거(急以小物緊繫)<태요36>
   ; 가슴 氣分이 답답ᄒ야(胸膈氣緊)<구상41>
   ; 샹녜 ᄒᆞᆫ 사ᄅᆞᄆᆞ로 미아(常令一人緊)<구상77>
   ; 깁 ᄯᅴ로 ᄉᆡ외 미야(以絹帶子緊縛)<구하35>

'얽다'는 (緊)에 대한 대역이다. 『구상·구하』에는 '답답ᄒ다, 미아다, 미야다' ·로 『두시언해』에는 '緊急'으로 『유합』에는 '미이밀'로 字釋되었다. 語形 '답답하다'는 '얽다, 미아다, 緊急'에 의하여 消滅된 語辭로 볼 수 있다.

喫 ; 먹다(머곰, 먹다)
; 싱각ᄒᄂᆫ 거슬 머기면 반ᄃᆞ시 됴ᄂᆞ니라(臨意喫必愈)<태요13>
; 몬져 ᄎᆞᆫ 믈 세머곰 머근 후에(先喫凉水三口然後)<납약19>
; 그러ᄒ니 먹이면 반ᄃᆞ시 위티ᄒ리라(與喫則心危)<두창11>

'먹다'는 (喫)에 대한 대역이다. 『납약·두창』에는 '머곰, 먹다'로 『두시언해』에는 '먹다'로 『훈몽자회·유합』에는 '머글'로 字釋되었다. 現代語에서는 '喫煙, 喫茶'에서 그 殘痕을 볼 수 있다.

煖 ; 덥다(덥다, 데우다)
; 블 퓌여 미양 덥게ᄒ고(生火常令溫煖)<태요26>
; 지를 만히 봇가 덥게ᄒ야(多熬灰使煖)<구상8>
; 다시 데여 시스라(再煖洗)<구상58>

'덥다'는 (煖)에 대한 대역이다. 『구상』에는 '덥다, 데우다'로 『유합』에 '더울'로 字釋되었다. 語形 '덥다, 데우다'도 이미 現代語에서는 意味가 分化되었다.

卵 ; 알(알)
; 새 알의 ᄆᆞ라(雀卵丸)<태요6>
; 올희알 초쉰것 쓴것(鴨卵醋酸醶)<두창14>
; 토ᄉᆞ즈를 ᄀᆞᄅ 밍ᄀᆞ라 새알의 ᄆᆞ라 환지어 ᄉᆞ나히 머구라(兎絲子末和雀卵丸服宜男子)
  <구상6>

'알'은 (卵)에 대한 대역이다. 『두창·구상·석보상절·남명천계송언해·유합·훈몽자회』 등 모두 單一 字釋인 '알'로 대역되었다.

南 ; 남다히(남녁)

  ; 또 굴오딕 즈식 빈 겨집을 남다히로 가라ᄒ고(又曰姙婦面南行)<태요10>
  ; 또 집 우휫 남녁 ᄀ싯(又方屋上南畔)<구상10>

    '남다히'는 (南)에 대한 대역이다. 『구상』에는 '남녁'로 『두시언해』에는 '앒, 南녁'으로 『석보상절』에는 '남녁'으로 『훈몽자회』에는 '앒'으로 『유합』에는 '앒, 남녁'으로 『천자문』 광주 · 석봉 본에는 '앒'으로 주해 본에는 '남녁'으로 字釋되었다. 語形 '남다히'는 '남녁'에 의하여 消滅된 語辭로 볼 수 있다. 고유어 '앒'의 대역도 특이하다.

男 ; 아들, 스나히(남자)

  ; 아들 나핫거든(生男)<태요51>
  ; 스나히 겨집이 다 머그라(男女並服)<태요6>
  ; 남자는 왼녁 겨지븐 올흔 녁긔(男左女右)<구상20>

    '아들, 스나히'는 (男)에 대한 대역이다. 『구상』에는 '남자'로 『두시언해』에는 '남진, 아들'로 『석보상절』에는 '남진'으로 『유합 · 천자문』 석봉 본에는 '아들'로 『훈몽자회』와 광주 본에는 '아두'로 주해 본에는 '아들, 스나히, 벼슬일홈'으로 대역되었다. 語形 '남진'은 '아들, 스나히'에 의하여 消滅된 語辭로 볼 수 있다.

囊 ; ᄂ뭊(주머니, 주머니)

  ; 흔 냥을 블근 ᄂᄆ치(一兩絳囊)<태요12>
  ; 블근 주머니예 녀허(絳囊盛)<납약4>
  ; 덥게ᄒ야 주머니예 너허(使煖囊盛)<구상8>

    'ᄂ뭊'은 (囊)에 대한 대역이다. 『납약 · 구상』에는 '주머니'로 『두시언해』에는 'ᄂ뭇, ᄂ뭊'으로 『남명천계송언해』에도 'ᄂ뭊'으로 『훈몽자회 · 유합 · 천자문』 광주 본 · 석봉 본에는 모두 'ᄂ뭇' 주해 본에는 '주머니'로 字釋되었다. 이러한 語例로 보아 15세기 당시에 고유어 'ᄂ뭊 과 주머니'가 共存하다가 後代에 오면서 'ᄂ뭊'이 '주머니'에 의하여 消滅된 것으로 보인다.

內 ; 안, 속(안, 넣다, 안녁)

; 안 밧긔 블 퓌다(內外生火)<태요26>

; ᄇᆡ소기 움즈기면(腹內漸動)<태요10>

; 혹 손상을 방 안ᄒᆡ 오로 두로 버리고(或各設床卓於房內)<두창10>

; 믈 저기ᄒᆞ야 프러 모ᄀᆡ 너흐라(以少水和內喉中)<구상19>

; 안녁 겨틀 토ᄇᆡ로셔(內側去甲)<구상40>

'안, 속'은 (內)에 대한 대역이다. 『두창 · 구상』에는 '안, 넣다, 안녁'으로 『두시언해』에는 '서리, ᄉᆞᄉᆡ, 안해'로 『석보상절 · 남명천계송언해』에는 '안해'로 『정속언해』에는 '않'으로 『훈몽자회 · 유합 · 천자문』 광주 · 석봉 본에는 '안'으로 주해 본에는 '안, 드릴'로 대역되었다. 語形 '넣다'의 대역이 특이하다.

女 ; 간나ᄒᆡ, 겨집, ᄯᆞᆯ

; ᄉᆞ나ᄒᆡ 간나ᄒᆡ 분번ᄒᆞᆯ 법이라(辨男女法)<태요10>

; ᄉᆞ나ᄒᆡ 겨집이 다 머그라(男女並服)<태요6>

; 올ᄒᆞᆫ 발애 치ᄂᆞᆫ ᄯᆞᆯ나코(右足者生女)<태요28>

'간나ᄒᆡ, 겨집, ᄯᆞᆯ'은 (女)에 대한 대역이다. 『두시언해 · 남명천계송언해』에는 '겨집, ᄯᆞᆯ'로 『석보상절』에는 'ᄯᆞᆯ'로 『훈몽자회 · 유합 · 천자문』 광주 · 석봉 본에는 '겨집'으로 주해 본에는 '겨집, ᄯᆞᆯ, ᄯᆞᆯ보낼, 너'로 대역되었다. 위의 문헌에 字釋된 語例를 통하여 볼 때 '겨집과 ᄯᆞᆯ'이 동등한 의미로 사용된 것으로 추정된다. 그리고 주해 본에 '너'로 字釋됨은 '汝'와 동일한 의미로 본 것으로 이해된다.

濃 ; 딛다(딘ᄒᆞ다, 두터이, 톱투비, 디투, 딛게ᄒᆞ다)

; 딛게 달힌 ᄡᅮᆨ믈(濃艾湯)<태요9>

; 월경을 딘케 내여(濃洗月經)<두창25>

; ᄯᅩ 엿귀를 두터이 글혀(又方濃煮蓼)<구상9>

; 가짓 불휘를 톱투비 글혀(茄子也濃煎湯)<구상8>

; ᄎᆞᆰ 불휘 디투 글흔 汁으로(濃煮葛根汁)<구하62>

; 딛게ᄒᆞ야 헌ᄃᆡ 시스라(令濃洗瘡)<구하63>

'딛다'는 (濃)에 대한 대역이다. 『두창·구상·구하』에는 '딘ᄒ다, 두터이, 톱투비, 디투, 딛게ᄒ다'로 『두시언해』에는 '돋갑다, 돋겁다, 둗겁다'로 『유합』에는 '믈디틀'로 字釋되었다.

腦 ; 머리(머리)
 ; 톳긔 머리 골슈 ᄒ나(兎腦髓一枚)<태요28>
 ; 톳긔 머릿 骨髓를 내야 ᄇᄅ라(兎腦髓取塗之)<구상6>

 '머리'는 (腦)에 대한 대역이다. 『구상』에는 '머리'로 『두시언해』에는 '頭腦'로 한자어로 대역된 語例가 발견될 뿐 다른 문헌에서는 찾아볼 수 없다.

衄 ; 피
 ; 피 즉시 근ᄂ니라(衄卽止)<태요55>

 '피'는 (衄)에 대한 대역으로 『태요』에서만 발견된다.

泥 ; 흙, ᄇᄅ다(즌흙)
 ; 흙걸 범ᄒᄂᆫ(泥犯者)<태요14>
 ; 깁 슈건의 ᄇ라(泥攤帛上)<태요31>
 ; 즌흙 ᄀ티ᄒ야(如泥)<구하4>

 '흙, ᄇᄅ다'는 (泥)에 대한 대역이다. 『구하』에는 '즌흙'으로 『두시언해』에는 '흙, 즌흙'으로 『석보상절·유합』에는 '즌흙'으로 『남명천계송언해』에는 '즐'로 대역되었다.

溺 ; 오좀(싸디다, 오좀)
 ; 오좀이 붓듯시 나ᄂ니라(則溺出如注)<태요42>
 ; 세흔 므레 싸디니오(三曰溺水)<구상25>
 ; 오조ᄆ로 플라(溺解之)<구상24>

'오좀'은 (溺)에 대한 대역이다. 『구상』에는 '싸다, 오좀'으로 『두시언해』에는 '듐다'로 『훈몽자회』에는 'ᄌᆞ몰'로 『유합』에는 '싸다다'로 字釋되었다.

多 ; 만히, 오래, 하ᄂᆞ다, 하다(만히, 만히, 여러, ᄀᆞ장, 하)
; 빗복을 만히 쁘면(多灸臍中)<태요7>
; 오래 누어 자지 말며(勿多睡臥)<태요15>
; 그 샹호미 반ᄃᆞ시 하ᄂᆞ니(其傷必多)<태요31>
; 혹 하며 혹 쟈그며(或多或少)<태요1>
; 만히란 쁘디 말라(不可多)<두창3>
; 만히 ᄒᆞ도록 더옥 둏다(多多益善)<두창29>
; 지를 만히 봇가 덥게ᄒᆞ야(多熬灰使煖)<구상8>
; 여러날 나디 아니ᄒᆞ야(多日不出)<구하2>
; ᄀᆞ장 목몰라 믈 하 머그면(大渴多飮)<구상34>

'만히, 오래, 하ᄂᆞ다, 하다'는 (多)에 대한 대역이다. 『두창·구상·구하』에는 '만히, 여러, ᄀᆞ장, 하'로 『두시언해』에는 '하다, 해'로 『석보상절』에는 '만ᄒᆞ다'로 『남명천계송언해』에는 '만히, 하'로 『정속언해』에는 '하, 많, 만히'로 『천자문』 광주·석봉 본에는 '할'로 주해 본에는 '만할'로 각각 字釋되었다. 15세기 당시 (多)에 대한 의미로 고유어 '만히, 하다'가 共存 하다가 後代에 와서 '하다'는 '만히'에 의하여 消滅된 것으로 사료된다.

斷 ; 긋다, 버히다(긏다, ᄆᆞᄅᆞ다)
; 빗복 줄기예 구디 ᄆᆡ여 ᄃᆞ니온 후에 긋고(繫臍帶垂重然後切斷)<태요36>
; 흔엄의 머리털 죠곰 버혀(斷産母髮少)<태요69>
; 또 金금 瘡창 고티어 시혹 슬히 그치디며 ᄶᅥ야디거든(治金瘡或肌肉斷裂)<구상82>
; 일로 인ᄒᆞ야 ᄌᆞ식 나키 그처시믈(因此斷産)<납약16>
; 큰 ᄀᆞ믈의도 ᄆᆞᄅᆞ디 아니ᄒᆞᄂᆞ(大旱不斷)<두창28>

'긋다, 버히다'는 (斷)에 대한 대역이다. 『구상·납약·두창』에는 '긏다, ᄆᆞᄅᆞ다'로 『두시언해』에는 '긏, 決斷'으로 『석보상절·남명천계송언해』에는 '긏다'로 『유합』에는 '그칠'로 字釋되었다. 한자어로 대역된 語形은 『두시언해』에서만 발견된다.

但 ; 오직(다만, 오직)

　; 오직 제 싱각ᄒᆞᄂᆞᆫ 거슬 (但以所思之物)<태요13>

　; 다만 셩이 닝ᄒᆞᆫ 거시니(但性微寒)<두창3>

　; 오직 젹젹 ᄎᆞᆫ 추미 ᄒᆞᆫ 두 되만 나면(但微微冷涎出一二升)<구상4>

　'오직'은 (但)에 대한 대역이다. 『두창·구상』에는 '다만, 오직'으로 對譯되었다.

當 ; 맛당ᄒᆞ다(당ᄒᆞ다, 맛당ᄒᆞ다, 온당ᄒᆞ다, 모로매, 반ᄃᆞ기)

　; 맛당이 노픈ᄃᆡ(當於高處)<태요22>

　; 가슴의 당ᄒᆞ여 ᄢᅴ면(當心帶)<납약4>

　; ᄒᆞᆫ번의 닐곱 환 여듧 환 식(每七八丸當)<납약27>

　; 맛당히 보건탕 독ᄉᆞᆷ탕 등약을 ᄡᅥ(當用保元湯獨參湯等藥)<두창65>

　; 온당ᄒᆞ리라(爲當)<두창3>

　; 모로매 그 손ᄀᆞ라ᄀᆞᆯ ᄲᆞᆯ리 내욜디니(當疾出其指)<구상79>

　; 오라면 반ᄃᆞ기 말ᄒᆞ리라(良久當語)<구상3>

　'맛당ᄒᆞ다'는 (當)에 대한 대역이다. 『납약·두창·구상』에는 '당ᄒᆞ다, 맛당ᄒᆞ다, 온당ᄒᆞ다, 모로매, 반ᄃᆞ기'로 『두시언해』에는 '반ᄃᆞ기, 當ᄒᆞ다'로 『석보상절』에는 '당다이, 當ᄒᆞ다'로 『정속언해』에는 '모로미'로 『유합』에는 '맛당'으로 字釋되었다. 語形 '당ᄒᆞ다, 모로매'는 '맛당ᄒᆞ다, 온당ᄒᆞ다, 반ᄃᆞ기'에 의하여 消滅된 語辭로 볼 수 있다.

大 ; ᄀᆞ장, ᄀᆞᆯ다, 크다, 듕ᄒᆞ다(크다, 마곰, 극키, 넙다, 오로, 굵다, ᄀᆞ장, 너무, ᄇᆡ이, 크다, 하)

　; 술도 ᄀᆞ장 취케 말며(飮毋大醉)<태요15>

　; 탄ᄌᆞᄀᆞ티 비븨여 ᄆᆡ ᄒᆞᆫ 환을(彈子大每取一丸)<태요5>

　; 큰 니근 셕뉴 ᄒᆞ나흘(大陳石榴一枚)<태요6>

　; 듕케 지은 궁귀탕은 ᄒᆞᄅᆞ 세 복 식 먹고(服大劑芎歸湯日三)<태요59>

; 크게 즈치고 혹 토ᄒᆞ며(大瀉或吐)<납약9>

; 혹 녹두마곰 환을 지어(或作丸菉豆大)<납약11>

; 극키 위틱ᄒᆞ니 급피 뎡듕탕을 ᄡᅳ라(大危也急用定中湯)<두창50>

; 시내 ᄀᆞ의 닙 넙고(溪邊大葉)<두창28>

; 긔혈이 오로 모화(血氣大振)<두창53>

; 굴근 마ᄂᆞᆯ 두서 알흘 ᄂᆞ른니 십고(大蒜三兩辦細嚼)<구상10>

; ᄀᆞ장 목ᄆᆞᆯ라(大渴)<구상34>

; 지를 너무 봇디 말오(灰勿大熱)<구상72>

; 미이 말홈과 우숨과(大言笑)<구상80>

; 믈 ᄒᆞᆫ 큰 盞잔으로 글혀(水一大盞煎)<구상6>

; 그 證이 시혹 하 吐커나(其證或大吐)<구상54>

　　'ᄀᆞ장, 긑다, 크다, 듕ᄒᆞ다'는 (大)에 대한 대역이다. 『납약·두창·구상』에 '크다, 마곰, 극키, 넙다, 오로, 굵다, ᄀᆞ장, 너무, 미이, 하'로 『두시언해』에는 '굵다, ᄀᆞ장, 너무, 크다, 키'로 『석보상절』에는 '크다, 굵다'로 『남명천계송언해·정속언해』에는 '크다, 키'로 『유합』 광주·석봉 본 『천자문』에는 '큰'으로 주해 본에는 '큰, ᄀᆞ장'으로 대역되었다. 語形 'ᄀᆞ장, 긑다, 미이, 오로, 하'는 消滅語로 볼 수 있다.

確 ; 방하

; 칠월의ᄂᆞᆫ 방하과 매예 잇고(七月在碓磨)<태요66>

　　'방하'는 (確)에 대한 대역이다. 『훈몽자회』에 '방하'로 字釋되었다.

帶 ; 줄기, 치오다(씌다)

; 빗복 줄기예 구디 미여(繫臍帶)<태요36>

; 왼녁 허리에 치오고(帶身左腰)<태요12>

; 가슴의 당ᄒᆞ여 씌면(當心帶)<납약4>

　　'줄기, 치오다'는 (帶)에 대한 대역이다. 『납약』에는 '씌다'로 『두시언해』에는 '닙다, 씌츠다, 차다, ᄎᆞ다'로 『남명천계송언해·천자문·유합·훈몽자회』 등에는 모두 '쎅'로 대역되어있다.

倒 ; 갓고로(갓구로, 그우러디다, 갓ᄀ로)

; 갓고로 흐르는 믈에 플어 머기라(倒流水化下)<태요27>

; 혹 갓구로 되ᄂᆞᆫ 뉴는(倒厭面之類)<두창29>

; ᄆᆞᆫ득 ᄯᅡ해 그우러디여(然倒地)<구상15>

; 갓ᄀ로 밧기면 즉재 나ᄂᆞ니라(倒脫卽出)<구하79>

'갓고로'는 (倒)에 대한 대역이다. 『두창 · 구상 · 구하』에는 '갓구로, 갓ᄀ로, 그우러디다'로 『두시언해』에는 '갓ᄀᆯ오다, 업드리다'로 『석보상절』에는 '짯고로'로 『남명천계송언해 · 정속언해』에는 '업드리다'로 『유합』에는 '갓골'로 字釋되었다. 語形 '그우러디다, 업드리다'는 이미 現代語에서 의미가 分化되어 사용되고 있다.

刀 ; 갈ㅎ, 칼(칼, 갈)

; 경의 ᄀᆞᆯ오ᄃᆡ 갈흘 범ᄒᆞ면(經云刀犯者)<태요74>

; 칼ᄀᆞᆫ 지거미 믈로 ᄃᆞ시ᄒᆞ야(以磨刀水溫)<태요25>

; 드ᄂᆞᆫ 칼로 그 ᄭᅩ리 긋틀 흔치 남즉이 쩍이고(以利刀裂尾尖寸餘)<두창31>

; 갈잠개예 허러(刀兵所傷)<구상17>

'갈ㅎ'은 (刀)에 대한 대역이다. 『두창 · 구상』에는 '갈ㅎ, 칼'로 『두시언해』에는 '갈ㅎ'로 『훈몽자회 · 유합』 모두 '갈'로 字釋되었다. 15세기 당시 이미 '갈ㅎ, 칼'의 두 가지 어형이 사용되고 있음을 확인 할 수 있다.

道 ; 길ㅎ(길ㅎ)

; ᄌᆞ식이 날 길흘 일티아 니ᄒᆞ야(兒不失其道)<태요22>

; 길헷 더운흘ᄀ로(道上熱塵土)<구상9>

'길ㅎ'은 (道)에 대한 대역이다. 『구상』에 '길ㅎ'로 『두시언해』에는 '길ㅎ, 니ᄅ다.닐오다, 道, 道理, 道義'로 『남명천계송언해 · 유합 · 천자문』 석봉 본에는 모두 '길'로 광주 본에는 '도릿'으로 주해 본에는 '도리, 길, 닐을'로『훈몽자회』에는 '도릿, 도숫길'로『정속언해』에는 '도'로 대역되었다.

搗 ; 즛디허, 딯다(찧다)

; 냇믈에 효근 사요를 즛디허(溝渠中小鰕煉搗)<태요74>
; 디허 フ르 밍フ라(搗爲末)<태요2>
; 츰 불휘를 찌허(葛根搗)<납약9>
; 菖챵蒲뽕ㅅ 불휘를 디허(菖蒲根擣)<구상16>

'즛디허, 딯다'는 (搗)에 대한 대역이다.『납약·구상』에는 '찧다, 딯다'로『두시언해』에는 '딯다'로『훈몽자회·유합』에는 '디흘'로 字釋되었다.

挑 ; 뙤오다(써다)

; 즉제 침 그트로 뙤와 업시ᄒ야(便以鍼挑)<태요69>
; 골오 섯거 흔 돈만 써 상 아래 ᄉ로(和匀每挑一錢許床下燒)<구상21>

'뙤오다'는 (挑)에 대한 대역이다.『구상』에는 '써다'로 대역되었다. 語形 '뙤오다'는 消滅語로 볼 수 있다.

塗 ; ᄇᄅ다(ᄇᄅ다)

; 소곰을 ᄇᄅ고(以塩塗)<태요24>
; 믈의 フ라 샹흔되 ᄇᄅ고(水磨塗傷處)<납약24>
; 톳긔 머리 骨髓를 내야 ᄇᄅ라(兎惱髓取塗之)<구상6>

'ᄇᄅ다'는 (塗)에 대한 대역이다.『납약·구상』에는 'ᄇᄅ다'로『두시언해』에는 '길'로『유합』에는 '흙ᄇᄅᆯ'로 字釋되었다.『두시언해』에서 '길'의 대역은 한자(途)의 誤譯으로 추정된다.

獨 ; 외로이

; 외로이 폐 듕애 모도매 ᄒ여곰(獨聚肺中故令)<태요55>

'외로이'는 (獨)에 대한 대역이다. 『두시언해』에는 '외로운, ᄒᆞ오ᅀᅡ, ᄒᆞ올로, ᄒᆞ갓'으로 『석보상절』에는 'ᄒᆞ오ᅀᅡ, ᄒᆞ옷'으로 『남명천계송언해』게는 'ᄒᆞ오ᅀᅡ'로 『훈몽자회·천자문』광주 본에는 '호을' 석봉 본 『유합』에는 '홀'로 주해 본에는 '홀, 큰진납, ᄌᆞ식업슬'로 대역되었다. 語形 'ᄒᆞ오ᅀᅡ, ᄒᆞ올로, ᄒᆞ옷, ᄒᆞ갓, 큰진납'은 '혼자'에 의하여 消滅된 語辭로 볼 수 있다.

讀 ; 닐다

; 챠디 쥭문을 세 번 닐그라(讀借地呪三遍)<태요64>

'닐다'는 (讀)에 대한 대역이다. 『두시언해』에는 '닐다'로 『석보상절』에는 '닑'로 『훈몽자회·유합·천자문』에는 모두 '닐글'로 字釋되었다.

動 ; 움즉이다, 쓰ᄂᆞ다(움즈기다, 뮈다.)

; 왼손을 움즈기고(能動左手)<태요8>
; 겨집의 죡쇼음ᄆᆡ이 심히 쓰ᄂᆞ니ᄂᆞ(婦人足陰脉動甚者)<태요8>
; 몸을 움즈기디 못ᄒᆞ야(四體不動)<두창35>
; ᄆᆡ이 뮈유ᄃᆡ(脉動)<구상39>

'움즉이다, 쓰ᄂᆞ다'는 (動)에 대한 대역이다. 『두창·구상』에는 '움즈기다, 뮈다'로 『두시언해』에는 '뮈다, 움즈기다, 感動ᄒᆞ다'로 『석보상절』에는 '뮈다, 움즉'으로 『남명천계송언해』에는 '움즉기다'로 『훈몽자회·유합·천자문』광주·석봉 본에는 '뮐'로 주해 본에는 '뮐, 움즉일'로 대역되었다. 語形 '뮈다, 쓰ᄂᆞ다'는 '움즉이다'에 의하여 消滅되었다.

同 ; ᄒᆞᆫᄃᆡ, 넣다(ᄒᆞᆫ가지, ᄒᆞᆫ가지)

; 샤향 두 돈 ᄒᆞᆫᄃᆡ 찌허(麝香二錢同搗)<태요31>
; 파흰밑 세 너허 달혀 머기라(葱白三莖同煎服)<태요46>
; ᄌᆞ금단과 ᄒᆞᆫ가지로ᄃᆡ(紫金丹同) <납약25>
; ᄒᆞᆫ가지로 달혀 머겨도 됴ᄒᆞ니라(同煎亦得)<두창33>

'흔딕, 넣다'는 (同)에 대한 대역이다. 『납약·두창』에는 '흔가지'로 『두시언해』에는 '궇다, 굳다, 흔가지, 흔쯰'로 『석보상절·유합』에는 모두 '흔가지'로 『남명천계송언해』에는 '흔딕, 흔가지'로 『천자문』광주·석봉 본에는 '오힌'으로 주해본에는 '흔가지, 술그릇'으로 대역되었다. 語形 '넣다, 술그릇'은 이미 의미가 分化되어 사용되고 語形 '오힌'은 消滅語로 볼 수 있다.

童 ; 동ᄌ(ᄉ나희아히)
; 동ᄌ 쇼변이 난산을 잘 고티ᄂ니라(童便最治難産)<태요30>
; ᄉ나희 아히 오줌의 ᄲᅡ 쓰라(和童便用之)<납약4>

　　'동ᄌ'는 (童)에 대한 대역이다. 『납약』에는 'ᄉ나희 아히'로 『두시언해 · 훈몽자회 · 유합』 등에 모두 '아히'로 대역되었다. 語形 '동ᄌ, ᄉ나희 아히'는 現代語에서는 이미 의미가 분화되어 사용되고 있다.

斗 ; 말(말)
; 믈 두 말 브어(水二斗)<태요61>
; 믈 두 마래 글혀 노겨(以水二斗煮消)<구상26>

　　'말'은 (斗)에 대한 대역이다. 『구상 · 두시언해 · 훈몽자회 · 유합』 등 모든 문헌에 '말'로 對譯되었다. 이는 (斗)가 數量을 나타내는 의미를 지닌 관계로 동일한 語形으로 對譯된 것으로 추정된다.

頭 ; 머리(머리, 머리, 긑, 머리)
; 남진 머리털과 손톱 발토블(夫頭髮手足爪甲)<태요12>
; 머리와 눈이 아득ᄒ며(頭目昏)<납약5>
; 온 몸과 머리 ᄎ과 아래 우흘(全身頭面上下)<두창5>
; 또 손발 열가락 그틀 針침ᄒ야(又方針手足十指頭)<구상28>
; 주근 사ᄅ미 머리를 져기 드러(小擧死人頭)<구상10>

　　'머리'는 (頭)에 대한 대역이다. 『두창 · 납약 · 구상』 등 모두 '머리, 긑'으로

『두시언해』에는 '머리, 귿, 우ㅎ'로 『석보상절·남명천계송언해·훈몽자회·유합』에는 '머리'로 對譯되었다. 語形 '머리, 귿, 우ㅎ'는 의미가 분화되어 사용되고 있다.

等 ; ᄀ티(들을, ᄃ해, 귿다)

; 오령지 포황을 ᄀ티ᄒ야(五靈脂蒲黃等)<태요49>
; 온갖 명의 열나ᄂ 증들을(一切病發熱等)<납약1>
; ᄯ 내욤 ᄃ햇(發汗等)<구상12>
; 고솜도ᄐᆡ 가츨 ᄀ게 ᄂᄒ호아(猬皮各等分)<구하66>

'ᄀ티'는 (等)에 대한 대역이다. 『납약·구상·구하』에는 '들을, 귿다, ᄃ해'로 『두시언해』에는 '귿ᄒ다, ᄃ히, 흔가지, 무리'로 『유합』에는 '등뎨'로 『천자문』 광주·석봉 본에는 '글올'로 주해 본에는 'ᄀ즉, 무리, 기ᄃ릴, 추례'로 대역되었다.

登 ; 오ᄅ다(오ᄅ다)

; 노ᄑᆞᆫ딘 오ᄅ며(登高)<태요15>
; 시혹 뒷간 오ᄅ거나(或登厠)<구상15>

'오ᄅ다'는 (登)에 대한 대역이다. 『구상』에도 '오ᄅ다'로 『두시언해』에는 '올오다, 타다'로 『석보상절·남명천계송언해』에는 '오ᄅ다'로 『유합』에는 '오롤'로 『천자문』 광주 본에는 '틀'로 석봉·주해 본에는 '오롤'로 字釋되었다. 語形 '오ᄅ다, 타다'는 現代語에서는 의미가 분화되어 사용되고 있다.

絡 ; 얽다

; 그 틴 얼근 권 노홀 ᄉ라(絡小耳繩燒灰)<태요28>

'얽다'는 (絡)에 대한 대역이다. 『두시언해』에는 '믜다, 얽다'로 『유합』에는 '얼글'로 『훈몽자회』에는 'ᄂ릴'로 字釋되었다.

爛 ; 농난히, ᄂ로니(ᄆᆞᆯ다, 석다, 줏므르다, 니기다, ᄂ로니, 므르다, 헤여디다)

; 믈브어 ᄀ장 농난케 달혀(水煮極爛)<태요6>
; 산게 ᄒ나흘 ᄂ로니 ᄶ허(螃蟹一箇爛搗)<태요51>
; 서거 믈른거시야(爲腐爛)<두창27>
; 비록 니가 다 서거 ᄲ러디고(雖牙齒爛落)<두창46>
; 온 몸이 벌거ᄒ고 즛믈러(渾體赤爛)<두창44>
; ᄂ로니 ᄀ라 므레 프러(爛研水調)<구상11>
; 므르 디허 봇가 덥게ᄒ야(爛研炒冷熱)<구상68>
; 손밠 언 瘡창이 브스며 헤여디닐 고툐ᄃᆡ(治手足凍瘡腫爛)<구상6>
; 바믈 니기 시버 브티라(栗爛嚼傅)<구하63>

'농난히, ᄂ로니'는 (爛)에 대한 대역이다. 『두창·구상·구하』에는 '므르다, 석다, 즛므르다, 니기다, ᄂ로니, 므르다, 헤여디다'로 『두시언해』에는 '므르녹다, 므르닉다'로 『유합』에는 '블에니글, 빗날'로 대역되었다.

臘 ; 섯돌
; 섯돌 기르미 더 됴ᄒ니라(臘脂佳)<태요62>

'섯돌'은 (臘)에 대한 대역이다. 『두시언해』에는 '섯돌, 臘日, 臘月'로 『훈몽자회』에는 '나평'으로 字釋되었다. 語形 '나평'의 字釋이 특이하다.

畧 ; 잠깐(죠금)
; 뎡가 이삭을 잠깐 봇고(莉芥穗畧炒)<태요39>
; 죠곰도 의려ᄒᄂᆞ 일이 업더니(畧無疑廬)<두창37>
'잠깐'은 (畧)에 대한 대역이다. 『두창』에는 '죠금'으로 『두시언해』에는 'ᄀ리티다, ᄲ리다, 잢간, 謀略'으로 『유합』에는 '대강'으로 字釋되었다.

兩 ; 두, 둘
; 산뷔 두 손에 ᄒ나 식 쥐면 즉시 난ᄂᆞ니(産婦兩手各把一枚立驗)<태요31>
; 둘히 다 손해 흔ᄃᆡ 업거니와(兩無損)<태요31>

'두, 둘'은 (兩)에 대한 대역이다. 『두시언해』에는 '두, 두번'으로 『훈몽자회 · 천자문』 광주 · 석봉 본에는 '두'로 주해 본에는 '두, 수뤼'로 『유합』에는 '두, 스믈네슈'로 대역되었다. 주해 본에 '수뤼'와 『유합』에 '스믈네슈'로 대역된 어형이 특이하다..

冷 ; 추다, 닝ᄒ다, 식다(식다, 추다, 식다, 치위, 식다, 추게ᄒ다)
; ᄉ나히 졍긔 추니(男子精冷)<태요1>
; 졍긔 닝ᄒᆞᄃᆞ니(精氣淸冷也)<태요1>
; 블예 ᄉᆞᆯ와오로 블거든 시겨나여(火煨通紅候冷取出入)<태요50>
; 져기 식거든(少冷)<구상10>
; 촌 추미 ᄒᆞᆫ 두 되만 나면(冷涎出一二升)<구상4>
; 졈졈 식기를 기두려(稍稍向冷)<두창50>
; 겨울 치위예도 닝슈의 모욕ᄒᆞ고(冬月浴冷)<두창10>
; 달힌 믈을 추게ᄒᆞ여(煎湯冷)<납약9>

'추다, 닝ᄒ다, 식다'는 (冷)에 대한 대역이다. 『구상 · 두창 · 납약』에는 '식다, 추다, 치위, 추게ᄒ다'로 『두시언해』에는 '묽다, 사ᄂᆞᆯᄒ다, 서늘ᄒ다, 식다, 어름, 치위, 추다, 冷ᄒ다'로 『석보상절』에는 '추다'로 『유합』에는 'ᄎᆞᆯ'로 字釋되었다. 語形 '추다, 닝ᄒ다, 식다'는 現代語에서는 의미가 分化되어 사용되고 있다.

驢 ; 나귀
; 나귀 고기 개고기(驢肉犬肉)<태요14>

'나귀'는 (驢)에 대한 대역이다. 『두시언해 · 훈몽자회 · 유합 · 천자문』 등에 모두 '나귀'로 대역되었다. 단지 『남명천계송언해』에만 '라귀'로 대역된 어형이 발견될 뿐이다.

瀝 ; 진(춧듣다)
; 사ᄉᆞ나못 가지를 블에 구어 진 나거든(白楊樹枝燒取瀝)<태요73>
; 춧듣ᄂᆞᆫ 피롤 이베 너ᄒᆞ면(瀝血着口中)<구하79>

'진'은 (瀝)에 대한 대역이다. 『구하』에는 '춫듣다'로 『두시언해』에는 '내ᄂ다'로 대역되었다.

歷 ; 디내다
; 디내니 다 됴터라(歷試皆驗)<태요42>

'디내다'는 (歷)에 대한 대역이다. 『두시언해』에는 '디나가다, 디내다'로 『유합』에는 '디날'로 字釋되었다.

連 ; 좇다(닛우다, 닛다, 조치다)
; 겁질조차 디허(連皮搗碎)<태요6>
; 七氣湯을 닛우 머기면(七氣湯連進)<구상12>
; 싸매 닛고(連頰)<구상43>
; 새 니근 수를 지가이 조쳐(以新熟酒連糟)<구하34>

'좇다'는 (連)에 대한 대역이다. 『구상 · 구하』에는 '닛우다, 닛다, 조치다'로 『두시언해』에는 '닛다, 닛다'로 『석보상절』에는 '닛위'로 『남명천계송언해』에는 '닛'으로 『유합 · 천자문』 광주 · 석봉 본에는 '니을'로 주해 본에는 '련홀'로 字釋되었다.

令 ; ᄒ여다(ᄒ여곰)
; 사ᄅᆷ ᄒ여 문지라(令人摸)<태요10>
; 사ᄅᆷ으로 ᄒ여곰(令人)<납약9>

'ᄒ여다'는 (令)에 대한 대역이다. 『납약』에는 'ᄒ여곰'으로 『두시언해』에는 '둏다, 어디다, 히여, 히여곰'으로 『훈몽자회』에는 '귀걸홀'로 『유합』에는 '령령, ᄒ야곰'으로 『천자문』 광주 본에는 '히'로 석봉 본에는 '어딜'로 주해 본에는 '어딜, 법령, ᄒ야곰, 별솔'로 대역되었다.

露 ; 나다, 내왇다, 이슬(이슬)

; 횡산은 닐온 아긔 소니 몬젼 나미니(橫産謂先露手)<태요23>
; 니마만 내왇고(只露額)<태요24>
; 흔 이슬 므즈니 ᄀᆞ티니 닐온 빅오(如一露珠謂之胚)<태요7>
; ᄇᆞ람과 이슬(露風)<두창27>

　　'나다, 내왇다, 이슬'은 (露)에 대한 대역이다. 『두창』에는 '이슬'로 『두시언해』
에는 '나댓다, 이슬'로 『남명천계송언해 · 유합』에는 '이슬'로 대역되었다.

爐 ; 화뢰

; 동짓 ᄃᆞᆯ애ᄂᆞᆫ 화뢰예 잇고(十一月在爐)<태요66>

　　'화뢰'는 (爐)에 대한 대역이다. 『두시언해』에는 '香爐, 火爐'로 『남명천계송언
해 · 훈몽자회 · 유합』에 모두 '화로'로 대역되었다.

漏 ; 흐르다(석다, ᄉᆞ못다)

; 피 흐르고 틱 디ᄂᆞ니(漏血墮胎)<태요17>
; 피 안ᄒᆞ로 ᄉᆞᄆᆞ차 얼읜(內漏瘀)<구상85>
; 서근 肺肉 毒을 고튜딕(治漏肺毒)<구하61>

　　'흐르다'는 (漏)에 대한 대역이다. 『구상 · 구하』에는 '석다, ᄉᆞ못다'로 『두시언
해』에는 '싀다, 漏刻'으로 『석보상절』에는 '싀다'로 『훈몽자회』에는 '루루'로 『유
합』에는 '믈실'로 字釋되었다.

累 ; 만히(만ᄒᆞ다)

; 만히 디내니 다 효험 잇더라(累試皆驗)<태요36>
; 쁘져마다 효험이 만ᄒᆞ더라(妙累試輒效)<두창26>

　　'만히'는 (累)에 대한 대역이다. 『두창』에는 '만ᄒᆞ다'로 『두시언해』에는 '굴포
다, 버믈다, 여러'로 『석보상절』에는 '범글다'로 『정속언해 · 유합』에는 '여러'로
『천자문』 광주 본에는 '씩'로 석본 본에는 '더러일'로 주해 본에는 '더러울, 얼킬,

포갬, 죄류'로 대역되었다.

流 ; 흐르다(나다, 흐르다, 흐르다)
  ; 동으로 흐르는(東流)<태요6>
  ; 피도 흐르며 즙도 나는 디를(流血流汁)<두창27>
  ; 진이 흐르고 잠깐 움즈기면(流汁少或搖動)<두창44>
  ; 누네 흘러 들에ᄒᆞ야(令流入目中)<구하39>

  '흐르다'는 (流)에 대한 대역이다. 『두창·구하』에는 '나다, 흐르다'로 『두시언
해』에는 '믈, 믈, 흐르다'로 『남명천계송언해·정속언해』에는 '흐르다'로 『유합』
에는 '흐를'로 『천자문』 광주 본에는 '흐를'로 석봉 본에는 '흐를'로 주해 본에는
'흐를, 내릴'로 대역되었다.

留 ; 두다(머믈다)
  ; 흰 ᄌᆞ의 업시 노른 ᄌᆞ의만 두고(去淸留黃)<태요43>
  ; 명치며 가슴의 머므러 이시며(留在心胸) <납약14>

  '두다'는 (留)에 대한 대역이다. 『납약』에는 '머믈다'로 『두시언해』에는 '머믈
다, 주다'로 『남명천계송언해·유합』에는 '머믈다'로 대역되었다.

類 ; 돌히(것)
  ; 느릅 나모 겁질 돌히라(楡白皮類)<태요26>
  ; 여러 가짓 거시 해 나ᄂᆞ니(多生種類)<구하48>

  '돌히'는 (類)에 대한 대역이다. 『구하』에는 '것'으로 『두시언해』에는 '類'로
『유합』에는 '동뉴'로 字釋되었다.

栗 ; 밤
  ; 마치 밤 니거 뻐러디듯 ᄒᆞ여(如栗熟子落)<태요31>
  ; 쏘 바ᄆᆞᆯ 시버 ᄇᆞᄅ면 즉재 됴ᄂᆞ니라(又方斫栗子塗之卽差)<구하63>

'밤'은 (栗)에 대한 대역이다.『구하·두시언해·훈몽자회·유합』에는 모두 '밤'으로 대역되었다.

籬 ; 울

; 미신날은 울헤 잇고(未申日在籬下)<태요66>

'울'은 (籬)에 대한 대역이다『두시언해·남명천계송언해·유합』에는 모두 '울'로 대역되었다.

鱗 ; 비늘(비늘)

; 비늘 업슨 믈고기(無鱗魚)<태요14>
; 鯉魚 비늘와 가출 스라(鯉魚鱗皮燒)<구상52>

'비늘'은 (鱗)에 대한 대역이다.『구상』에도 '비늘'로 『두시언해』에는 '비늘, 비늘, 고기'로 『석보상절·남명천계송언해·훈몽자회·유합』 등에 모두 '비늘'로 『천자문』에는 모두 '비늘'로 字釋되었다.

淋 ; 흐르다, 둠다, 뜯다(즘슉믓쳐, 둠다, 싯다, 젖다)

; 믈과 피 흐르거든(漿血淋流)<태요22>
; 거믄 콩 봇가 두믄 술의 두 돈 식 플어 먹이라(每取二錢豆淋酒調下)<태요39>
; 쇼변이 구더 뜯든ᄂᆞ니룰(小便淋澁)<태요41>
; 면듀 슈건의 즘슉 믓쳐 온 ᄂᆞ출 ᄌᆞ조 싯기되(用紬巾頻頻淋洗面顔)<두창29>
; 콩 두믄 수레 프러(以豆淋酒調)<구하26>
; 부릇 불휘를 세 다숫 소소믈 글혀 시스면 즉재 ᄂᆞᆺᄂᆞ니라(萵苣根煎三五沸淋之卽除)<구하75>
; 헌 안해 저조되(淋瘡中)<구하5>

'흐르다, 둠다, 뜯다'는 (淋)에 대한 대역이다.『두창·구하』에는 '즘슉 믓쳐, 둠다, 싯다, 젖다'로 『두시언해』에는 '젖다'로 대역되었다.

臨 ; 제, 비르서(때, 임의, 다혀, 제)
　; 누을 제 또 머그되(臨臥再服)<태요2>
　; ᄌᆞ식 비르서셔 놀라고 두려 긔운이 ᄆ|쳐(臨産驚惶氣結)<태요30>
　; 안날 밤 잘 때예(隔夜臨睡)<납약26>
　; 다 임의로 머기라(皆可任服)<두창17>
　; 쇼롤 잇거 고 우희 다혀(牽牛臨鼻上)<구상24>
　; 空心과 낫과 누울 제와 머르라(空心日午臨臥服)<구상57>

　　'제, 비르서'는 (臨)에 대한 대역이다. 『납약·두창·구상』에는 '때, 임의, 다혀,
제'로 『두시언해』에는 '디르다, 臨ᄒ다'로 『석보상절』에는 '다ᄃᆞ다'로 『남명천계
송언해』에는 '디르다'로 『유합』에는 '디늘'로 『천자문』 광주 본에는 '디늘' 석봉
본에는 '디늘'로 주해 본에는 '림홀, 곡'으로 대역되었다.

立 ; 즉시(즉시, 즉재, 즉제, 즉자히)
　; 하나 식 쥐면 즉시 난나니(把一枚立驗)<태요31>
　; 빈알키 즉시 긋치고(腹痛立止)<두창24>
　; 나 마초ᄒᆞ면 즉재 됻ᄂᆞ니라(年壯立愈)<구상2>
　; 즉제 됻ᄂᆞ니라(立效)<구상8>
　; 더운 술로 프러 머그면 즉자히 됻ᄂᆞ니라(熱酒調服立效)<구상37>

　　'즉시'는 (立)에 대한 대역이다. 『두창·구상』에는 '즉시, 즉재, 즉제, 즉자히'
로 『두시언해』에는 '建立ᄒᆞ다, 셰다, 셔다, 니러셔다'로 『석보상절·남명천계송
언해』에는 '셔다'로 『훈몽자회·유합·천자문』에는 '셜'로 字釋되었다.

磨 ; 굴다, 매(굴다, 매, 진득진득, 쎄븨다)
　; 칼ᄀᆞᆫ 지거미 믈로 드시ᄒᆞ야(以磨刀水溫)<태요25>
　; 칠월의ᄂᆞᆫ 방하과 매예 잇고(七月在碓磨)<태요66>
　; 한슈석을 믈의 ᄀᆞ라 먹고(寒水石磨水服)<납약9>
　; 손으로 진득진독 누로면 즉시 그치ᄂᆞ니(以手按磨卽止)<두창27>
　; 굴근 마늘롤 밠 바다애 쎄븨여(用大蒜磨脚心)<구상32>

'골다, 매'는 (磨)에 대한 대역이다.『납약·두창·구상』에는 '골다, 매, 진득진
득, 쎄븨다'로 『두시언해』에는 '골다'로 『훈몽자회』에는 '매'로 『유합·천자문』
광주·석봉 본에는 '골다'로 주해 본에는 '골다, 매'로 대역되었다.

摩 ; 비븨다, 뿌츠다(문지다)
 ; 산모의 등을 덥게 비븨여(摩背上)<태요56>
 ; 소금을 엄의 빈예 뿌츠면 주연 슌히 나ᄂᆞ니라(塩摩母腹上自然順生)<태요24>
 ; 소ᄂᆞ로 알픈 짜흘 문지ᄂᆞ니라(以手摩痛處)<구하23>

 '비븨다, 뿌츠다'는 (摩)에 대한 대역이다.『구하』에는 '문지다'로 『두시언해』
에는 'ᄀᆞ다'로 『남명천계송언해』에는 '골'로 『유합·천자문』석봉 본에는 '문질'
로 광주 본에는 '무릴'로 주해 본에는 '문질, 골'로 대역되었다. 語形 '비븨다,
뿌츠다'는 당시에는 동등한 의미로 사용되었지만 '비븨다'에 의하여 '뿌츠다'는
消滅된 語辭로 볼 수 있다.

滿 ; 턍만ᄒᆞ다(턍만ᄒᆞ다, ᄀᆞ득ᄒᆞ다, 븟다, ᄀᆞ득ᄒᆞ다, 브르다)
 ; 만일 빗기슭이 턍만ᄒᆞ야(若小腹滿)<태요54>
 ; 녑히 든든코 턍만ᄒᆞ며(脇間堅滿)<납약11>
 ; 더러온 거시 가슴의 ᄀᆞ득ᄒᆞ얏다가(穢液滿胸)<두창1>
 ; 슬지게 븟든 아니호ᄃᆡ(不至肥滿)<두창37>
 ; 허러 피 통 안해 ᄀᆞ득ᄒᆞ야(傷血滿腸中)<구상17>
 ; 피 솟고며 빈 브르날(血湧腹滿)<구하34>

 '턍만ᄒᆞ다'는 (滿)에 대한 대역이다.『납약·두창·구상·구하』에는 '턍만ᄒᆞ
다, ᄀᆞ득ᄒᆞ다, 븟다, ᄀᆞ득ᄒᆞ다, 브르다'로 『두시언해』에는 'ᄀᆞ득ᄒᆞ다, 츠다'로 『석
보상절』에는 '츠다'로 『남명천계송언해』에는 'ᄀᆞ득ᄒᆞ다'로 『유합·천자문』에는
'출'로 字釋되었다.

沫 ; 거픔
 ; 입에 거픔이 나면(口中沫出)<태요27>

'거품'은 (沫)에 대한 대역이다. 『훈몽자회』에는 '거품'으로 字釋되었다.

末 ; ᄀᆞᄅ(ᄀᆞᆯ, ᄀᆡ다, ᄀᆞᄅ, 낫다, ᄆᆞᄎ다, ᄇᆞᆺ다, 細末ᄒᆞ다)
  ; 디허 ᄀᆞᄅ ᄆᆡᆼᄀᆞ라(搗爲末)<태요2>
  ; ᄀᆞᄂᆞᆫ ᄀᆞ롤(細末)<두창3>
  ; 빗 믈근 듀사ᄅᆞᆯ 벌업시 ᄀᆡ야(取朱砂光明者爲末)<두창2>
  ; ᄀᆞᄅ ᄆᆡᆼᄀᆞ라(爲末)<구상2>
  ; 또 쥐똥ᄋᆞᆯ 낫아 기장ᄲᆞᆯ만 머구듸(又方鼠屎末服如黍米)<구상19>
  ; 細末ᄒᆞ야 졋가락 그테 져기 무텨(末以筋頭點少)<구상42>
  ; 大凡ᄒᆞᆫ디 봄 ᄆᆞᄎ과 녀름 처서메(凡春末夏初)<구하65>
  ; 氣分이 잇게ᄒᆞ야 ᄀᆞᄂᆞ리 ᄇᆞᆺ아(存性右細末)<구하83>

  'ᄀᆞᄅ'는 (末)에 대한 대역이다. 『두창·구상·구하』에는 'ᄀᆞᆯ, ᄀᆡ다, ᄀᆞᄅ, 낫다, ᄆᆞᄎ다, ᄇᆞᆺ다, 細末ᄒᆞ다'로 『두시언해』에는 '근, ᄀᆞᆮ'으로 『석보상절』에는 'ᄀᆞᆮ'로 『유합』에는 '근'으로 字釋되었다. 語形 'ᄇᆞᆺ다'의 대역이 특이하다.

妄 ; 간대로, 망냥
  ; 탕약을 간대로 먹디 말며(勿妄服湯藥)<태요15>
  ; 사ᄅᆞᆷ으로 ᄒᆞ야 망냥도(令人妄)<태요37>
  ; 血혈氣킝 간대로 行ᄒᆡᆼᄒᆞ야 피 믈십듯ᄒᆞ야(血氣妄行血如湧泉)<구상59>

  '간대로, 망냥'는 (妄)에 대한 대역이다. 『구상·두시언해·남명천계송언해』에 모두 '간대로'로 대역되었다. 語形 '간대로'는 消滅語로 볼 수 있다.

每 ; ᄒᆞᆫ(ᄆᆡ양, ᄒᆞᆫ번, ᄆᆞ영, ᄆᆡ샹, ᄒᆞᆫ번)
  ; 네 복애 분ᄒᆞ야 ᄒᆞᆫ 복의 싱강 세 뎜 너허(分作四貼每服生薑)<태요4>
  ; ᄆᆡ양 즈치고져 ᄒᆞ며(每欲下痢)<납약10>
  ; ᄒᆞᆫ번의 닐곱 환 여ᄃᆞᆲ 환 식(每七八丸當)<납약27>
  ; ᄆᆞ양 저젓게ᄒᆞ여야(每令)<두창22>
  ; ᄆᆡ샹 ᄡᅳᆯ제 져기 取ᄒᆞ야(每用時取少)<구하2>

; 自然汁 아사 흔번 머고매(取自然汁每服)<구하3>

'흔'은 (每)에 대한 대역이다. 『납약·두창·구하』에는 '미양, ᄆᆞ양, 흔번, 미샹'으로 『두시언해』에는 '마다, 미샹, 每常'으로 『정속언해』에는 '미양'으로 『훈몽자회』에는 '물, 니슬'로 『천자문』 광주 본에는 '니으'로 석봉 본에는 '미양'으로 주해 본에는 '미양, 아름다올'로 대역되었다.

面 ; ᄂᆞᆺ(ᄂᆞᆺ, ᄂᆞᆺ, ᄂᆞᆺ)
; 엄의 ᄂᆞ쳐나 등의나 쑤므면(噀産母面或背上)<태요25>
; ᄂᆞᆺ치 누로고(面黃)<납29>
; 온 몸과 머리 ᄂᆞᆺ과 아래 우흘(全身頭面上下)<두창5>
; 오직 ᄂᆞ치 춤 받고(但唾其面)<구상24>

'ᄂᆞᆺ'은 (面)에 대한 대역이다. 『납약·두창·구상』에는 'ᄂᆞᆺ, ᄂᆞᆺ'으로 『두시언해』에는 'ᄂᆞᆺ, ᄂᆞᆺ, 쌤, 앒, 面'으로 『석보상절·남명천계송언해』에는 'ᄂᆞᆺ'으로 『훈몽자회·유합·천자문』 석봉·주해 본에는 'ᄂᆞᆺ'으로 광주 본에는 'ᄂᆞᆫ'으로 字釋되었다.

麵 ; 밀ᄀᆞᄅᆞ(국슈, 밄ᄀᆞᄅᆞ, 골)
; 밀ᄀᆞᄅᆞ 너허(打麵)<태요6>
; 금긔ᄂᆞᆫ 붕어와 더온 국슈와(忌鯽魚熱麵)<납약1>
; 춥ᄡᆞᆯ 죽 귀오리 ᄀᆞᄅᆞ(糯米粥蕎麥麵)<두창13>
; ᄯᅩ 밄ᄀᆞᄅᆞ 흔 兩을 ᄃᆞᆺ온 믈 흔 中盞애(又方取麵一兩以溫水一中盞)<구상9>
; 酢로 골올 ᄆᆞ라 ᄇᆞᄅᆞ라(以酢和麨塗之)<구하36>

'밀ᄀᆞᄅᆞ'는 (麵)에 대한 대역이다. 『납약·두창·구상』에는 '국슈, ᄀᆞᄅᆞ, 밄ᄀᆞᄅᆞ, 골'로 『훈몽자회』에 'ᄀᆞᄅᆞ'로 字釋되었다.

綿 ; 소옴
; 쌀리 소옴의 ᄡᅡ 품에 품고(急以綿絮抱置懷中)<태요67>
; 소오ᄆᆞ로 됴흔 술져져 소ᄂᆞ로 汁즙을 ᄧᅢ(以緜漬好酒手按汁)<구상25>

'소옴'은 (縣)에 대한 대역이다. 『구상ㆍ두시언해ㆍ훈몽자회ㆍ유합ㆍ천자문』 광주ㆍ석봉 본에는 모두 '소옴'으로 주해 본에만 '멀, 소옴, 약홀'로 대역되었다.

鳴 ; 울다(울다)

; 비소개서 쇠붑 우둧ㅎ거든(腹中作鐘鳴)<태요48>

; 비 울기 믈소리 ᄀᄐ며(腹鳴水聲)<납약10>

; 오직 비 우디 아니ㅎ고(但腹不鳴)<구상15>

'울다'는 (鳴)에 대한 대역이다. 『납약ㆍ구상ㆍ두시언해ㆍ석보상절ㆍ남명계송 언해ㆍ유합ㆍ천자문』 등에 모두 '울'로 對譯되었다.

名 ; 명(일홈, 일흠, 일훔)

; 최싱여성산은 일명은(催生如聖散一名)<태요28>

; 일홈이 소감원이라(名蘇感元)<납약11>

; 혹 일흠짓디 못ㅎ고(或有難名之)<두창68>

; 녯 方방文문에 일후미(古方名)<구상33>

'명'은 (名)에 대한 대역이다. 『납약ㆍ두창ㆍ구상』에는 '일홈, 일흠, 일훔'으로 『두시언해ㆍ훈몽자회ㆍ유합ㆍ천자문』 등에 모두 '일홈'으로 대역되었다.

明 ; 맑다(붉다, 닭다)

; 사침법은 말간 조긔를 어더 ᄆ아(砂鍼法用明磁器碎取)<태요75>

; 본디 ᄇᆞᆰ근디 이실식(本在明處)<구상22>

; 빗 믈근 듀사를 벌업시 기야(取朱砂光明者爲末)<두창2>

; 밧곗틱셔 ᄒᄂᆞᆫ 이를 붉기다 알 쎠시여늘(皆可明言外間事)<두창9>

'닭다'는 (明)에 대한 대역이다. 『구상ㆍ두창』에는 '붉다, 닭다'로 『두시언해』 에는 '붉다, 번득ᄒ다'로 『석보상절』에는 '번ᄒ다'로 『남명천계송언해ㆍ정속언 해』에는 '붉기'로 『훈몽자회ㆍ유합』에는 '볼ᄀᆞᆯ'로 『천자문』에는 '붉다'로 字釋되 었다.

某 ; 아모
  ; 아모 돌이면 아 모 방 쉬공ᄒ다 써셔(書某月某方空)<태요63>

  '아모'는 (某)에 대한 대역이다. 『남명천계송언해 · 훈몽자회 · 유합』 모두 '아
모'로 대역되었다.

母 ; 암, 어미, 엄이(어믜, 어미, 어미, 어싀)
  ; 늘근 암돍 슬믄 믈에(老母雞煮湯)<태요33>
  ; 어미과 ᄌ식이 분ᄒ야 나ᄂ니(母子分解)<태요8>
  ; ᄌ식과 엄이 다 죽ᄂ니(子母俱殞)<태요10>
  ; 어믜 복듕의 더러운 거슬 머거서(食母腹中穢)<두창1>
  ; 다만 졋먹이ᄂ 어미가(但乳母)<두창12>
  ; 子息과 어미왜 다 죽ᄂ니(子母俱亡)<구하81>
  ; 어싀 도틱 쇠릿 그틀 버혀(割母猪尾頭)<구하79>

  '암, 어미, 엄이'는 (母)에 대한 대역이다. 『두창 · 구하』에는 '어믜, 어미, 어싀'
로 『두시언해』에는 '어믜, 어미'로 『석보상절 · 남명천계송언해 · 정속언해 · 훈몽
자회 · 유합 · 천자문』 등에 모두 '어미'로 대역되었다.

摸 ; 믄지다
  ; 소노로 비를 믄지면(以手摸之)<태요34>

  '믄지다'는 (摸)에 대한 대역이다. 다른 문헌에서 대역된 語形을 발견할 수 가
없다.

目 ; 눈(눈, 눈, 눈)
  ; 여슷 ᄃ래 입과 눈이 일고(六月口目成)<태요8>
  ; 머리와 눈이 아득ᄒ며(頭目昏)<납약5>
  ; 눈을 팁쓰고 입을 다믈다(目竄口噤)<두창6>
  ; 눈니 돌면 이비 쏘 열리니(目轉則口乃亦開)<구상8>

'눈'은 (目)에 대한 대역이다. 『납약 · 두창 · 구상 · 두시언해 · 훈몽자회 · 유합 · 천자문』 등에 모두 '눈'으로 對譯되었다

妙 ; 둏다(기묘ᄒ다, 긔특ᄒ다, 둏다, 싀원ᄒ다, 묘ᄒ다)
　; ᄀ장 묘ᄒ니(最妙)<태요37>
　; ᄯᅩᄒ 긔묘ᄒ니라(亦妙)<납약4>
　; 더욱 긔특ᄒ니(尤妙)<납약20>
　; ᄯᅩᄒ 묘ᄒ니라(亦妙)<두창16>
　; 대개 두창 곰긴의 긔운이 밧그로 나매 준듸마다 ᄀ장 싀원ᄒ매(極妙盖痘氣外泄故)<두창51>
　; 도틱 기르메 ᄆ라 브튜미 묘ᄒ니라(猪脂調傳妙)<구상7>

　'둏다'는 (妙)에 대한 대역이다. 『납약 · 두창 · 구상』에는 '기묘ᄒ다, 긔특ᄒ다, 둏다, 싀원ᄒ다, 묘ᄒ다'로 『두시언해』에는 '微妙ᄒ다, 精妙ᄒ다, 神妙ᄒ다'로 『유합』에는 '神妙ᄒ다'로 字釋되었다. 語形 '싀원ᄒ다'의 대역이 특이하다.

無 ; 업다(말다, 아니ᄒ다)
　; 겨집이 ᄌ식 업ᄉ니(婦人無子)<태요1>
　; 뭇디 말고(無問)<납약6>
　; ᄯᅩ 믄득 귓것틴 病ᄲᅧ을 어더 漸졈漸졈 아니ᄒ야(又方卒得鬼擊之病漸)<구상18>

　'업다'는 (無)에 대한 대역이다. 『납약 · 구상』에는 '말다, 아니ᄒ다'로 『두시언해』에는 '몯ᄒ다, 아니ᄒ다, 업다'로 『남명천계송언해 · 정속언해』에는 '업다'로 『유합 · 천자문』 광주 · 석봉 본에는 '업슬'로 주해 본에는 '업슬, 션홀'로 대역되었다.

毋 ; 말다
　; 옷도 너무 덥게 말며(衣毋太溫)<태요15>
　; 경듕을 혜디 말고(毋論輕重)<두창29>

'말다'는 (毋)에 대한 대역으로. 『두창』에도 '말다'로 대역되었다.

墨 ; 먹(검듸영)

; 박하 즙에 먹フ라(墨磨薄荷汁)<태요69>
; 가마 미틧 검듸영(釜底墨)<구상16>

'먹'은 (墨)에 대한 대역이다. 『구상』에는 '검듸영'으로 『두시언해』에는 '먹, 글, 글월, 墨'으로 『훈몽자회·유합』에는 '먹'으로 『천자문』광주 본에는 '믁' 석봉 본에는 '먹' 주해 본에는 '믁가, 먹, 형벌'로 대역되었다. '검듸영'으로 나타난 語形은 『구급방언해』뿐이다. 『천자문』주해 본에 '형벌'로 대역이 특이하다.

聞 ; 맏다(듯다, 듣다)

; 그 내룰 마타라(聞其氣)<태요52>
; 그 듯디 못ᄒᄂᆫ 멱술 드ᄂᆫ거시(聞其所不聞) <두창9>
; 오직 그 사르미 혈혈흔 소릴 듣고(但聞其人吃吃作聲)<구상21>

'맏다'는 (聞)에 대한 대역이다. 『두창·구상』에는 '듯다, 듣다'로 『두시언해·석보상절』에는 '듣다'로 『남명천계송언해』에는 '듣다, 들이'로 『정속언해』에는 '듯다'로 『훈몽자회』에는 '드룰'로 『유합』에는 '드룰'로 『천자문』광주 본에는 '드늘'로 석봉 본에는 '드룰'로 주해 본에는 '드룰, 소문'으로 대역되었다. 語形 '맏다'의 대역이 특이하다.

物 ; 것(것)

; ᄆᆞᄅᆞᆫ 것 시버 ᄂᆞ리오(下乾物)<태요5>
; 초브터 싄 것과(醋酸物)<납약1>

'것'은 (物)에 대한 대역이다. 『납약』에는 '것'으로 『두시언해』에는 '것, 文物, 萬物'로 『석보상절』에는 '드로'로 『남명천계송언해』에는 '드, 시, 것, 이'로 『정속언해』에는 '이'로 『훈몽자회』에는 '갓'으로 『유합』에는 '만물'로 『천자문』광주 본에는 '갓'으로 석봉 본에는 '것'으로 주해 본에는 '것, 일'로 대역되었다.

語形 '것'은 消滅語로 볼 수 있다.

勿 ; 말다(말다, 말다)

; 겨집 눕는 자리 미틔 녀코 알리디 말라(婦臥席下勿令知)<태요11>
; 일절히 잡디 말고(切勿把持)<두창15>
; 죽간도 그 주거믈 옮기디 말오(切勿移動其尸)<구상15>

　　'말다'는 (勿)에 대한 대역이다『두창 · 구상 · 두시언해 · 천자문』광주 · 석봉
본에는 '말다'로 주해 본에는 '말, 긔'로 대역되었다.

米 ; 쌀(쌀)

; 것 블근 기장쌀로 쥭 수어 머기니(紅穀小黃米煮粥食)<태요33>
; 기장쌀 골호니(如黍米)<구상18>

　　'쌀'은 (米)에 대한 대역이다.『구상 · 두시언해 · 석보상절 · 남명천계송언해 ·
훈몽자회 · 유합』 등에 모두 '쌀'로 대역되었다.

未 ; 아니다(못호다, 어렵다)

; 둙 아니 우러(雞未鳴)<태요5>
; 븐변티 못홀 제(未辨)<두창14>
; 졸현히 스이븐 변호기 어리오되(卒未易辨)<두창6>

　　'아니호다'는 (未)에 대한 대역이다.『두창』에는 '못호다, 어렵다'로『두시언해』
에는 '몯호다, 아니호다'로 대역되었다.

微 ; 잠깐(잠간, 잠깐)

; 두 다리 잠깐 붓거든(兩脚微浮)<태요41>
; 잠간 주호면(取微注)<납약11>
; 죽간 시버 미이 숨꼬딕(微嚼猛嚥吞)<구상51>

‘잠깐’은 (微)에 대한 대역이다.『납약·구상』에는 ‘잠간, 잠깐’으로『두시언해』
에는 ‘ㄱ늘다, 잢간, 적다, 죠고맛, 微微ㅎ다, 微少ㅎ다, 微賤ㅎ다’로『남명천계송
언해』에는 ‘죠고맛’으로『정속언해』에는 ‘쟉다’로『훈몽자회』에는 ‘아츨’로『유
합』에는 ‘쟈굘’로 字釋되었다. 語形 ‘아츨’은 消滅語로 볼 수 있다.

悶 ; 답답ㅎ다(답답ㅎ다, 민망ㅎ다, 답깝다)

; ㅁ옴이 어즐러워 답답ㅎ며(心中慎悶)<태요13>
; 피로 어즐코 답답고(血暈悶)<납약4>
; 긔운이 쳔쵹ㅎ고 민망ㅎ야(氣促悶)<두창54>
; 모미 아즐코 답까와(形體昏悶)<구상4>

‘답답ㅎ다’는 (悶)에 대한 대역이다.『납약·두창·구상』에는 ‘민망ㅎ다, 답깝
다’로『두시언해』에는 ‘답깝다, 닶겨다’로『유합』에는 ‘답답’으로 字釋되었다.

蜜 ; 쑬(쑬)

; 디허 ㄱㄹ 밍ㄱ라 쑬에 ㅁ라(搗爲末蜜)<태요2>
; 년흔 쑬의 ㅁ라(調爛蜜)<두창2>
; 또 쑬 ㅎ 分분과 믈 두 分분을 마쇼미(又以蜜一分水一分飮)<구상28>

‘쑬’은 (蜜)에 대한 대역이다.『두창·구상』에는 ‘쑬’로『두시언해·유합』등
에 모두 ‘쑬’로 대역되었다.

密 ; ㅈ오기(ㅅ외, 칙칙ㅎ다)

; 방문을 ㅈ오기 닫고(密閉房戶)<태요26>
; 죠히로 瓶ㅅ 이플 ㅅ외 마가(以紙密封瓶口)<구하95>
; 고기를 칙칙흔 器具ㅅ 안해 자자이서(肉閉在密器中)<구하61>

‘ㅈ오기’는 (密)에 대한 대역이다.『구하』에는 ‘ㅅ외, 칙칙ㅎ다’로『두시언해』
에는 ‘그스기, 칙칙ㅎ다, 칙칙ㅎ다, 周密히다, 秘密히, 親密ㅎ다’로『석보상절』에
는 ‘ㄱㅁ니, ㄱ마니’로『남명천계송언해』에는 ‘칙칙기, 칙칙ㅎ다’로『유합』에는

'칙칙'으로 『천자문』 광주 본에는 '볼'로 석봉 본에는 '빅빅홀'로 주해 본에는 '비밀, 빅빅'으로 대역되었다. 語形 'ᄌ오기, ᄉ외, 칙칙ᄒ다, 그ᄉ기, 칙칙ᄒ다'는 消滅語로 볼 수 있다.

撲 ; 쎄허다
; 흰 ᄋ올벼 ᄲ 굴룰 뫼양 쎄허 ᄇ올라(以白早米粉撲)<태요73>

　'쎄허다'는 (撲)에 대한 대역이다. 『두시언해』에는 '티다'로 대역된 語形만 발견된다.

縛 ; 가마두다, 미다(미다, 미다)
; 허리예 가마두고(縛腰中)<태요12>
; 실로 구디 미고(以線縛之)<태요75>
; 그 노흐로 ᄃᆞᆫᄃᆞᆫ이 미고(用索縛)<두창31>
; 깁ᄯᅴ로 ᄉ외 미야(以絹帶子緊縛)<구하35>

　'가마두다, 미다'는 (縛)에 대한 대역이다. 『두창·구하』에는 '미다'로 『두시언해』에는 '미다, 얽미다'로 『석보상절』에는 '미다'로 대역되었다.

搏 ; 다잇다(사화다)
; 음ᄆᆡ이 다이저 양ᄆᆡ과 다ᄅᆞ면(陰搏陽別)<태요8>
; 블와 서르 사화(與火相搏)<구상9>

　'다잇다'는 (搏)에 대한 대역이다. 『구상』에 '사화'로 『유합』에는 '어흐리들'로 字釋되었다.

半 ; 가옷, 반(반, 반)
; 믈예 달혀 ᄒᆞᆫ 되 가옷 되거든(水煮取淸汁一盞半)<태요40>
; 반 날을 술와(煆半日)<태요52>
; 두 돈 반(二錢半)<두창17>

; 믈 흔 盞 半으로(水一盞半)<구상5>

'가옷, 반'은 (半)에 대한 대역이다. 『두창 · 구상』에는 '반, 半'으로 『두시언해』
에는 '半'으로 『유합』에는 '반'으로 字釋되었다.

攀 ; 잡다, 더위잡다

; 졈졈 손으로 아긔 귀를 자바 둥긔야(漸引手攀其耳)<태요23>
; 산부로 ᄒᆞ여곰 더위자바 둥긔고(令産婦攀引)<태요22>

'잡다, 더위잡다'는 (攀)에 대한 대역이다. 『두시언해 · 남명천계송언해』에는
'더위잡다'로 『유합』에는 '더위자블'로 字釋되었다. 語形 '더위잡다'는 '붙잡다'
에 의하여 消滅된 語辭로 볼 수 있다.

拌 ; 골릭(셧다)

; 사당골릭 섯거(砂糖拌和)<태요45>
; 等둥分분ᄒᆞ야 섯거(等分右拌)<구상8>

'골릭'는 (拌)에 대한 대역이다. 『구상』에는 '셧다'로 『두시언해』에는 'ᄇᆞ리다'
로 대역되었다.

發 ; 나다, 앓다, 돋다(나다, 나다, 내욤)

; 산 후에 열나ᄂᆞᆫ 증이라(發熱)<태요57>
; 알ᄒᆞᆯ 날 새배 공심에 저어 ᄎᆞ니를 머기라(發日早晨空心攪冷服)<태요44>
; 아기 ᄀᆞᆺ나며 단독이 도다(小兒初生發丹毒)<태요73>
; 열이 나ᄂᆞ니(發熱)<납약9>
; 이틀만의 나ᄂᆞ니도(三日發者)<두창21>
; 쏨 내욤 들햇(發汗等)<구상12>

'나다, 앓다, 돋다'는 (發)에 대한 대역이다. 『납약 · 두창 · 구상』에는 '나다, 내
욤'으로 『두시언해』에는 '골다, 나가다, 나ᄂᆞ다, 내다, 쌔혀다, 베푸다, 피다' 등으

로 『유합 · 천자문』에만 '베풀'로 字釋된 語形이 발견 된다. '앓다'와 '돋다'의
대역은 한의서에서만 찾아볼 수 있는 語形이다.

髮 ; 머리털(털, 마리)

 ; 엄의 뎡바기예 머리털 둘흘 가져다가(産母頂心髮兩條)<태요55>
 ; 머리털과 짓과 터려 수로(燒頭髮羽毛)<두창14>
 ; 겨지븨 제 마릿 꼬리를 이베 너허(婦自己髮尾入於口)<구하92>

 '머리'는 (髮)에 대한 대역이다. 『두창 · 구하』에는 '털, 마리'로 『두시언해』에
는 '머리, 머리털'로 『훈몽자회 · 천자문』 광주 · 석봉 본에는 '터럭'으로 주해 본
에는 '털억'으로 『유합』에는 '머리털'로 字釋되었다. 語形 '머리'의 대역이 특이
하다.

拔 ; 싸야(들시다)

 ; 세 나츨 싸야(拔三莖)<태요12>
 ; 니블을 들셔보니(試拔衾視)<두창44>

 '싸야'는 (拔)에 대한 대역이다. 『두창』에는 '들시다'로 『두시언해』에는 '싸혀
다, 브리다'로 『석보상절』에는 '싸혀다, 쌔혀다'로 『남명천계송언해』에는 '싸혀
다'로 『유합』에는 '쌔틸'로 字釋되었다. 語形 '들시다'의 대역이 특이하다.

傍 ; 곁

 ; 흔 겨틔 다 하니 다만(拄一傍只)<태요24>

 '곁'은 (傍)에 대한 대역이다. 『두시언해』에는 '곁, ᄀᅀᅵ, 바랏다, 븓다, 븥다'로
『석보상절』에는 '곁, 녑'으로 『남명천계송언해』에는 '곁'으로 『유합 · 천자문』
광주 · 석봉 본에는 '곁'으로 주해 본에는 '지혈, 곗, 갓가올, 잇블'로 대역되었다.
語形 '바라다, 잇블, 지혈'은 消滅語로 볼 수 있다.

方 ; 방문, 보야흐로(막, ᄇ야흐로)

; ᄌᆞ식 잇게 ᄒᆞᆯ 방문(有子方)<태요6>
; 보야ᄒᆞ로 약 먹고(方服藥)<태요20>
; 빅비탕을 막 ᄭᅳᆶ 저긔(以百沸湯方其沸時)<두창50
; 손과 발이 ᄇᆞ야ᄒᆞ로(手足方)<두창59>

'방문, 보야ᄒᆞ로'는 (方)에 대한 대역이다. 『두창』에는 '막, ᄇᆞ야ᄒᆞ로'로 『두시언해』에는 '보야ᄒᆞ로, 뵈야ᄒᆞ로, ᄊᆞᄒᆞ, 딕'로 『석보상절』에는 '뵈야ᄒᆞ로, 모ᄒᆞ'로 『남명천계송언해』에는 '뵈야ᄒᆞ로, 녁'으로 『유합』에는 '모날'로 『천자문』 광주 본에는 '못'으로 석봉 본에는 '모'로 주해 본에는 'ᄇᆞ야ᄒᆞ로, 견졸, 방소, 모방'으로 대역되었다.

防 ; 방챠ᄒᆞ다(막다, 막다)

; 틱 디믈 방챠ᄒᆞ라(以防墮落)<태요32>
; 두역 나기를 마그되(防痘出)<두창22>
; 막다히를 가져 미리 마고딕(持杖以豫防)<구하66>

'방챠ᄒᆞ다'는 (防)에 대한 대역이다. 『두창·구하』에는 '막다'로 『두시언해』에는 '막다, 防守ᄒᆞ다, 防戍ᄒᆞ다'로 『석보상절·유합』에는 '막다'로 대역되었다. 語形 '방챠ᄒᆞ다'의 대역이 특이하다.

鎊 ; 슬허다

; 년양 각 슬허 ᄒᆞᆫ 돈(羚羊角鎊一錢)<태요38>
; 셍각을 슬허 ᄀᆞ라 細末ᄒᆞ니 半兩(鎊屑研細末半兩)<구상15>

'슬허다'는 (鎊)에 대한 대역이다. 『구상』에도 '슬허다'로 대역되었다.

胚 ; 빅다

; 빅오 두 ᄃᆞᆯ애 변ᄒᆞ야(胚二月變)<태요7>

'빅다'는 (胚)에 대한 대역이다. 『태요』에만 발견되고 다른 문헌에는 모두 한자

(孕)자를 '빅다'로 대역했다.

盃 ; 잔

; 잔 어픈듯 ᄒ니ᄂ(如覆盃)<태요10>

'잔'는 (盃)에 대한 대역이다. 『두시언해』에는 (杯 · 盃)를 따로 '술잔, 술盞, 잔, 盞'으로 『훈몽자회 · 유합』에는 '잔'으로 『천자문』에는 '술잔'으로 字釋되었다. 現代語에서는 두 어형이 모두 사용하고 있다.

背 ; 등(둥)

; 젓바누어 등을 펴(臥定背平)<태요22>
; 봇근 소고ᄆ로 등을 熨ᄒ라(以炒塩熨其背)<구상34>

'등'은 (背)에 대한 대역이다. 『구상』에도 '등'으로 『두시언해』에는 '도라셔다, 둥어리, 젓다'로 『석보상절』에는 '등, 뒤돌다'로 『남명천계송언해』에는 '지여ᄇ리다'로 『유합』에는 '등'으로 『훈몽자회 · 천자문』 석봉 본에는 '둥'으로 광주 본에는 '질'로 주해 본에는 '등, 어귈'로 대역되었다. 語形 '질'과 '어귈'의 대역이 특이하다.

焙 ; 블

; 블에 ᄆ뢰여(焙乾)<태요5>

'블'은 (焙)에 대한 대역이다. 다른 문헌에서는 대부분 한자 (火)자를 '블'로 대역 한 어형이 발견될 뿐이다.

倍 ; 블

; 열 블이나 됴리호미 맛당ᄒ니라(宜十倍調治)<태요31>

'블'은 (倍)에 대한 대역이다. 『두시언해』에는 '더ᄒ다, 더욱'으로 『정속언해』

에는 '빈빈히'로 『유합』에는 '고블'로 字釋되었다. 語形 '빈빈히'는 消滅語로 볼
수 있다.

白 ; 희다, 둏다(슬히다, 희다, 밑, 히다)
  ; 파흰믿 두 줌을 딛게 달혀(葱白二握濃者)<태요19>
  ; 도틱 기름과 묘흔 쑬 각 흔 되(猪脂白蜜各一升)<태요35>
  ; 슬흰 믈의 프러 ᄂ리오라(白湯化下)<납약27>
  ; 흰밥 ᄎᄲᆯ 죽(白飯糯米粥)<두창13>
  ; 薤菜미틀 뿔외 흔듸 디허 ᄇᄅ라(薤白與蜜同搗)<구하15>
  ; 도렫고 흰天텬 南남星셩은(圓白天南星)<구상1>

  '희다, 둏다'는 (白)에 대한 대역이다. 『납약·두창·구상』에는 '슬히다, 밑, 희
다'로 『두시언해』에는 '불가, 새, 셰다, 허여ᄒ다, 희다'로 『석보상절』에는 '희,
숢다'로 『남명천계송언해』에는 '희, 숢다, 하아야'로 『정속언해』에는 '희'로 『훈
몽자회·유합·천자문』 광주·석봉 본에는 '흰'으로 주해 본에는 '흰, 슬을'로 대
역되었다. 語形 '밑, 숢다'는 消滅語로 볼 수 있다.

百 ; 빅가지(빅가지, 온, 온가지)
  ; 빅가지 약이 효험 업ᄉ니롤(百藥不效)<태요49>
  ; 빅가지 병을 다 고티ᄂ니(百病)<납약20>
  ; 온 藥을 뻐도 됴티 아니ᄒ닐(百藥試之不效)<구하41>
  ; 온가지 벌에 귀에 드닐 고툐듸(治百虫入耳)<구하45>

  '빅가지'는 (百)에 대한 대역이다. 『납약·구하』에는 '빅가지, 온, 온가지'로 『두
시언해』에는 '온, 온가짓, 온번'으로 『남명천계송언해』에는 '온, 온갓'으로 『유합
·천자문』 주해 본에는 '일빅'으로 광주본·석봉 본과 『훈몽자회』에는 '온'으로
字釋되었다. '빅가지'와 '일빅' 만이 漢字語이고 나머지는 고유어로 나타났다. 語
形 '온가지, 온번'은 消滅語로 볼 수 있다.

帛 ; 명디(깁)

; 보ᄃ라온 명디로스서 업시ᄒ고(以帛拭去)<태요68>
; 프른 기브로 둡고(以靑帛蒙)<구하25>

'명디'는 (帛)에 대한 대역이다. 『구하』에는 '깁'으로 『두시언해』 『훈몽자회
·유합』에는 '비단'과 '깁'으로 字釋되었다. 語形 '깁'은 死語로 볼 수 있다.

飜 ; 되혀다(드위힐후다)

; 긔운이 싣라디고 눈을 되혀고(氣瘇目飜)<태요27>
; 내 모ᄆᆞᆯ 드위힐훠 ᄒᆞ녀(飜轉身)<구하77>

'되혀다'는 (飜)에 대한 대역이다 『구하』에는 '드위힐후다'로 『두시언해』에는
'도로혀, 두위다, 드위다, 飜譯ᄒᆞ다'로 『남명천계송언해』에는 '드위티다, 드위혀'
로 『유합』에는 '뒤틸'로 字釋되었다. 語形 '되혀다, 드위힐후다, 두위다, 드위다,
드위티다'는 消滅語로 볼 수 있다.

煩 ; 번열ᄒᆞ다(답답ᄒᆞ다)

; ᄆᆞ음이 번열ᄒᆞ여(心煩躁)<태요39>
; 말못ᄒᆞ며 어즐코 답답ᄒᆞ며(不語恍惚煩)<납약1>

'번열ᄒᆞ다'는 (煩)에 대한 대역이다. 『납약』에는 '답답ᄒᆞ다'로 『두시언해』에는
'어즈럽다, 煩多ᄒᆞ다'로 『월인석보』에는 '만홀'로 『유합·천자문』 광주·석봉 본
에는 '어즈러울'로 주해 본에는 '어즈러울, ᄀᆞᆺ블'로 대역되었다. 語形 '번열ᄒᆞ다'
는 死語로 볼 수 있다.

凡 ; 믈읫(므룻, 믈읫, 大凡ᄒᆞ다, 믈읫)

; 믈읫 겨집이(凡婦人)<태요1>
; 흔 방문의ᄂᆞᆫ 므룻 사ᄅᆞᆷ이(一方凡人)<납약3>
; 믈읫 이질이 열이 셩ᄒᆞ므로(凡痘熱盛故)<두창11>
; 大凡ᄒᆞ디 봀 ᄆᆞᄎᆞᆷ과 녀름 처서메(凡春末夏初)<구하65>
; 믈읫 믄득 주구미(凡卒死)<구상10>

'믈읫'은 (凡)에 대한 대역이다 『납약·두창·구상』에는 '므릇, 大凡ᄒ다, 믈읫'으로 『두시언해』에는 '사오납다, 샹녯, 믈읫, 凡常ᄒ다, 大凡ᄒ다'로 『석보상절·남명천계송언해·유합』에는 '믈읫'으로 『정속언해』에는 '믈의'로 대역되었다. 語形 '믈읫'은 消滅語로 볼 수 있다.

劈 ; ᄣ리다

; 대뎌 머리를 ᄣ리고 사긔 ᄢ여 실로 구디 ᄆᆡ고(劈竹筋挾定以線縛之)<태요75>

'ᄣ리다'는 (劈)에 대한 대역이다. 다른 문헌에서는 한자 (破)자를 'ᄣ리다'로 대역하였다.

壁 ; ᄇᆞ름(ᄇᆞ롬)

; 븍녁 ᄇᆞ름 우희(北壁上)<태요63>
; 또 무근 ᄇᆞᄅᆞᆺ맷 ᄒᆞᆰᄀᆞᆯᄋᆞ로 둡ᄂᆞ니라(亦有用陳壁土末覆)<구상73>

'ᄇᆞ름'은 (壁)에 대한 대역이다. 『구상』에도 'ᄇᆞ름'으로 『두시언해』에는 'ᄇᆞ름, 石壁, 城壁'으로 『석보상절·훈몽자회·천자문』 광주 본에는 'ᄇᆞ름'으로 석봉·주해 본과 『유합』에는 'ᄇᆞ람'으로 字釋되었다. 語形 'ᄇᆞ름'은 '石壁과 바람'에 의하여 消滅된 語辭다.

邊 ; 곁(ᄀᆞᆺ, ᄀᆞᆺ)

; 아긔 발을 미러 ᄒᆞᆫ 겨트로 바ᄅᆞ 티완고(推其足就一邊直上)<태요23>
; 시내 ᄀᆞ의 닙 넙고(溪邊大葉)<두창28>
; 귓구뭇 ᄀᆞᄉᆡ 노하 두면(安耳孔邊)<구하43>

'곁'은 (邊)에 대한 대역이다. 『두창·구하』에는 'ᄀᆞᆺ, ᄀᆞᆺ'으로 『두시언해』에는 'ᄀᆞᆺ, 邊方'으로 『석보상절』에도 'ᄀᆞᆺ'으로 『남명천계송언해·훈몽자회·유합』에는 'ᄀᆞᆺ'으로 대역되었다.

別 ; 다ᄅᆞ다(各別히, 다른)

; 음믹이 다이저 양믹과 다ᄅ면(陰搏陽別)<태요8>

; 各別히 ᄀᆞ오(別研)<구상43>

; 다ᄅᆞᆫ 그르세 다마(貯於別器中)<구하38>

‘다ᄅᆞ다’는 (別)에 대한 대역이다. 『구상·구하』에는 ‘各別히, 다른’으로 『두시언해』에는 ‘다ᄅᆞ다, 여희다, 各別히’로 『석보상절』에는 ‘갈히다, 닫’으로 『정속언해』에는 ‘ᄀᆞᆯ히다’로 『유합』에는 ‘ᄀᆞᆯ’로 『천자문』 광주 본에는 ‘다ᄅᆞᆯ’로 석봉 본에는 ‘다ᄂᆞᆯ’로 주해 본에는 ‘다ᄅᆞᆯ, 써ᄂᆞᆯ, ᄂᆞ홀’로 대역되었다. 語形 ‘갈히다, 닫’은 消滅語로 볼 수 있다.

鼈 ; 쟈라

; 쟈라고기 ᄃᆞᆰ긔 알(鼈肉雞卵)<태요14>

‘쟈라’는 (鼈)에 대한 대역이다. 다른 문헌에서는 한자 (鼈)자를 ‘쟈라’로 대역하였다.

迸 ; 나다

; 미티 블어 나면(穀道挺迸)<태요20>

‘나다’는 (迸)에 대한 대역이다. 『두시언해』에는 ‘솟다, 흘리다’로 『유합』에는 ‘내틸, 흐를’로 대역되었다. 語形 ‘솟다, 흘리다’의 대역이 특이하다.

並 ; 다(다, 홈ᄭᅴ)

; 다 피ᄒᆞ야 말라(並宜避忌)<태요64>

; 다 ᄉᆞ나히 아히 오좀으로 ᄡᅥ 프러 ᄂᆞ리오면(並以童便化下)<납약3>

; 혹 토ᄒᆞ기과 혹 셜샤과 홈ᄭᅴ나도(或吐瀉並)<두창16>

‘다’는 (並)에 대한 대역이다 『납약·두창』에는 ‘다, 홈ᄭᅴ’로 『두시언해』에는 ‘ᄀᆞᆯ오다, 다’로 대역되었다. 語形 ‘ᄀᆞᆯ오다’는 消滅語로 볼 수 있다.

覆 ; 덮다, 업더디다, 엎다(업더리다)

; 허리 아래를 두터이 더퍼(仍厚覆下體)<태요26>
; 업더디니는 아기 주걷고(覆者兒死)<태요14>
; 잔 어픈듯 ᄒᆞ니는(如覆盂)<태요10>
; 病뼝ᄒᆞ닐 업더리와 다 뉘이고(病覆臥)<구상36>

　　'덮다, 업더디다, 엎다'는 (覆)에 대한 대역이다. 『구상』에는 '업더리다'로 『두
시언해』에는 '둪다, 업더디다'로 『석보상절』에는 '솓다'로 『남명천계송언해』에
는 '둪다'로 『유합』에는 '더플'로 『천자문』 광주 본에는 '두플'로 석봉 본에는
'다시'로 주해 본에는 '다시, 업칠, 더플'로 대역되었다.

服 ; 먹다(먹다, 먹다, 먹다, 번, 服)

; 누을 제 쏘 머그되(臨臥再服)<태요2>
; ᄒᆞᄅᆞ 두 번 식 머그라(日再服)<납약6>
; 다 임의로 머기라(皆可任服)<두창17>
; 흔 돈곰 머기라(服一錢)<구상2>
; 세 服뽁애 ᄂᆞ화(分作三服)<구상38>
; 重ᄒᆞ닌 세 버네 넘디 아니ᄒᆞ리라(重者不過三服)<구하34>

　　'먹다'은 (服)에 대한 대역이다. 『납약·두창·구상·구하』에는 '먹다, 服, 번'
으로 『두시언해』에는 '옷, 降服ᄒᆞ다'로 『정속언해』에는 '거상옷, 몽상옷'으로 『유
합』에는 '의장'으로 『천자문』 광주 본에는 '옷'으로 석봉 본에는 '니블'로 주해
본에는 '니블, 옷, 항복'으로 대역되었다. 대부분 對譯의 의미가 옷에 관계되어있
는데 반하여 한의서에 나타난 대역들은 藥을 服用하는 의미에 중점을 두고 있음
이 특징이다. 語形 '거상옷, 몽상옷'은 死語로 볼 수 있다.

腹 ; 빈, 빗깃솕(빈, 빈)

; ᄌᆞ식 빈 겨집이 둘차셔 빈알기(孕婦入月腹痛)<태요21>
; 만일 빗기슭이 탕만ᄒᆞ야(若小腹滿)<태요54>
; 과ᄀᆞ리 가슴 빈 알프며(卒心腹痛)<납약2>

; 빈예 들에ᄒᆞ여(入腹)<구상10>

　'빈, 빗기슭'은 (腹)에 대한 대역이다. 『납약 · 구상 · 두시언해 · 석보상절 · 훈몽자회 · 유합』에 모두 '빈'로 대역되었다.

本 ; 밑(본딘, 밑, 본릭)
; 혀 미틔 ᄆᆡ여시니(繫舌本故)<태요47>
; 사ᄅᆞᆷ의 마음이 본딘 허령ᄒᆞᆫ딘(心本虛靈)<두창9>
; 엄짓가락 미틧 그를 일후믈(大指本文名)<구상76>
; 본릭 ᄇᆞᆯ근딘 이실ᄉᆡ(本在明處)<구상22>

　'밑'는 (本)에 대한 대역이다. 『두창 · 구상』에는 '본딘, 밑, 본릭'로 『두시언해』에는 '민, 본딘, 본래, 根本'으로 『석보상절』에는 '민, 밑'으로 『정속언해』에서는 '근원ᄒᆞ다'로 『유합 · 천자문』 광주 · 석봉 본에는 '밑'으로 주해 본에는 '밋'으로 字釋되었다.

鋒 ; 늘
; 그티 ᄲᅩ롯고 늘라니를(取尖鋒者)<태요75>

　'늘'은 (鋒)에 대한 대역이다. 『두시언해 · 유합』에는 '갈늘'로 『남명천계송언해』에는 '늘캅'으로 『훈몽자회』에는 '갈늘'로 字釋되었다.

不 ; 몯(몯ᄒᆞ다, 말다, 못ᄒᆞ다, 몯)
; 다 ᄐᆡ긔 몯 되ᄂᆞ니라(皆不成胎)<태요1>
; 듕풍으로 말 못ᄒᆞ며(中風不語)<납약1>
; 일절히 갓가이 말고(一切不可近)<두창14>
; 다 아디 못ᄒᆞ고(不省但覺)<두창35>
; 氣厥ᄒᆞ야 ᄎᆞ림 몯고(氣厥不省)<구상2>

　'몯'은 (不)에 대한 대역이다. 『납약 · 두창 · 구상』에는 '못ᄒᆞ다, 말다, 몯'으로

『두시언해』에는 '몯ᄒ다, 아니ᄒ다, 업다'로 『석보상절 · 남명천계송언해』에는 '아니ᄒ다'로 『정속언해』에서는 '말다, 아니ᄒ다, 몯ᄒ다'로 『유합』에는 '아닐'로 字釋되었다.

斧 ; 돛(도치)

; 도치룰 ᄀ마니 겨집 눕는 자리 미틔 녀코(斧置孕婦臥席下)<태요11>
; 또 갈해 헐며 도치에 버흔들혯 창을 고툐 (治刀傷斧斫等)<구상82>

'돛'은 (斧)에 대한 대역이다. 『구상』에는 '도치'로 『두시언해』에는 '돛'으로 『석보상절 · 남명천계송언해』에는 '도최'로 『훈몽자회 · 유합』에는 '도치'로 字釋되었다. 語形 '돛'은 '도끼'에 의하여 消滅된 語辭로 볼 수 있다.

麩 ; 기울(기울)

; 기울과 누르게 봇가 ᄀ르 밍ᄀ라(麩炒黃爲末)<태요45>
; 枳殼을 솝앗고 기울와 봇고(枳殼去穰麩炒)<구상68>

'기울'은 (麩)에 대한 대역이다. 『구상』에도 '기울'로 동경대학교 본 『훈몽자회 중 22』에 '기울'로 字釋되었다.

敷 ; ᄇᄅ다

; ᄀ 기른 믈에 ᄆ라 ᄇᄅ고(新汲水調敷)<태요74>

'ᄇᄅ다'는 (敷)에 대한 대역이다. 『유합』에만 '베플'로 字釋된 語形이 발견될 뿐이다.

夫 ; 남진(샤옹)

; 남진이 뒤ᄒ로셔 셜리 브르면(夫從後急呼)<태요10>
; 샤옹이 열 가라깃 손토블(夫十指爪甲)<구하84>

'남진'은 (夫)에 대한 대역이다. 『구하』에는 '샤옹'으로 『두시언해』에는 '남진, 놈, 사롬, 샤옹'으로 『남명천계송언해 · 정속언해』에는 '남진'으로 『유합 · 천자문』 석봉 본에는 '짓아비'로 『훈몽자회』와 광주 본에는 '샤옹'으로 주해 본에는 '짓아비, 쟝부, 어조사'로 대역되었다. 語形 '남진'은 死語로 '샤옹'은 消滅語로 볼 수 있다.

扶 ; 븓들다(븟들다, 븓들다)

; 사롬으로 븓드러 날회야 돈니고(令人扶策徐行)<태요21>
; 손으로 그 꼬리롤 븟드러(以指扶其尾)<두창31>
; 또 븓드러 지여 셔케ᄒ면(又扶令倚立)<구하82>

'븓들다'는 (扶)에 대한 대역이다. 『두창 · 구하』에는 '븟들다, 븓들다'로 『두시언해』에는 '더위잡다, 브티다'로 『유합 · 천자문』 석봉 본에는 '븓들'로 광주 본에는 '더위잡다'로 주해 본에는 '븟들다'로 字釋되었다. 語形 '더위잡다'는 '븓들다, 븟들다'에 의하여 消滅된 語辭로 볼 수 있다.

婦 ; 겨집(녀편)

; 조식 빈 겨집이 딕히 틱긔 뼈디여 ᄂ려(産婦直待胎氣陷下)<태요20>
; 녀편네 의논이 극키 어려오니(婦人輩論說太峻)<두창12>

'겨집'은 (婦)에 대한 대역이다. 『두창』에는 '녀편'로 『두시언해』에는 '겨집'으로 『훈몽자회』에는 '며느리'로 『유합 · 천자문』 광주 · 석봉 본에는 '며ᄂ리'로 주해 본에는 '며ᄂ리, 안해'로 대역되었다.

副 ; 도우다

; 인ᄉ로써 도우미 맛당ᄒ니(宣以人事副之盖)<태요7>

'도우다'는 (副)에 대한 대역이다. 『훈몽자회 · 유합』에는 '버글'로 字釋된 어형이 발견될 뿐이며 '도우다'는 한의서에서만 발견된 어형이다. 語形 '버글'은 消滅語로 볼 수 있다.

浮 ; 붓다(붓다, 떠다)

; 두 다리 잡싼 붓거든(脚微浮)<태요41>

; 붓는 긔운이 더ᄒ미오(浮氣益加)<두창59>

; 떠올오미 기름ᄀ티 도외든(浮上如油者)<구하38>

  '붓다'는 (浮)에 대한 대역이다. 『두창·구하』에는 '붓다, 떠다'로 『두시언해』
에는 '떠다, 띄우다, 뜨다'로 『남명천계송언해』에는 '뜨다'로 『유합·천자문』 광
주·석봉 본에는 '뜰'로 주해 본에는 '쓸'로 字釋되었다.

分 ; 푼, ᄂ화다, 분ᄒ다(홉, 푼, ᄂ호다)

; 딘피 각 다ᄉ 푼(陳皮各五分)<태요19>

; 두 복애 ᄂ화(分二貼)<태요9>

; 네 복애 분ᄒ야(分作四貼)<태요4>

; 대쵸 ᄒ낫과 ᄒ듸 달혀 칠 홉만 ᄒ거든(棗一枚煎至七分)<납약10>

; 오 푼으로 세히 ᄂ호(每五分作三次)<두창2>

; 各 ᄒ 돈을 사ᄒ라 ᄂ화(各一錢右件剉散分)<구상1>

  '푼, ᄂ화다, 분ᄒ다'는 (分)에 대한 대역이다. 『납약·두창·구상』에는 '홉, 푼,
ᄂ화다'로 『두시언해』에는 'ᄂᄒ다, 여희다, 性分, 義分, 職分'으로 『석보상절』에
는 '난호다'로 『남명천계송언해』에는 'ᄂᄒ다'로 『정속언해』에는 '논호다'로 『유
합·훈몽자회·천자문』 광주·석봉 본에는 'ᄂ홀'로 주해 본에는 '분수, ᄂ홀, 분
촌'으로 대역되었다. 語形 '푼, 홉'의 대역이 특이하다.

盆 ; 동희(소라)

; 동희예 담고(盛盆)<태요59>

; 구리 소라애 므레 글혀(以銅盆中熱水烹之)<구하91>

  '동희'는 (盆)에 대한 대역이다. 『구하』에는 '소라'로 『두시언해』에는 '盆'으로
『훈몽자회』에는 '딜동희'로 『유합』에는 '동희'로 字釋되었다. 語形 '소라'는 『구
급방언해』에서만 찾아볼 수 있다.

崩 ; 나다

　　; 산 후에 피 만히 나(産後血崩)<태요53>

　　'나다'는 (崩)에 대한 대역이다. 『두시언해』에는 '믈어디다, 업드리다, 죽다'로 『훈몽자회 · 유합』에는 '믈허딜'로 字釋되었다. 語形 '나다'의 대역이 특이하다.

鼻 ; 고ᇹ, 코(코, 고)

　　; 아기 곧나며 고히 마켜(小兒初生鼻塞)<태요75>
　　; 산부의 코애 부러(吹鼻)<태요60>
　　; 초의 프러 코해 흘리라(醋和灌鼻)<납약8>
　　; 믈로 곳굼긔 처디오(水滴入鼻孔)<구상10>

　　'고ᇹ'는 (鼻)에 대한 대역이다. 『납약 · 구상』에 '코, 고ᇹ'로 『두시언해 · 석보상절 · 남명천계송언해 · 정속언해』에는 '고ᇹ'로 『유합』에는 '고'로 『훈몽자회』에는 '고'와 俗呼라하여 '구무'로 字釋되었다. 語形 '고ᇹ, 코'의 쌍형으로 대역된 것이 특이하다.

非 ; 아니다

　　; 바ᄅ 나흘 빼 아니오(非正産之)<태요21>

　　'아니다'는 (非)에 대한 대역이다. 『두시언해 · 석보상절 · 남명천계송언해 · 정속언해』에는 '아니ᄒ다, 외다'로 『유합』에는 '아닐'로 『훈몽자회』에는 '욀, 안득'으로 대역되었다. 語形 '안득'은 消滅語로 볼 수 있다.

比 ; 견후다

　　; 반산은 견후건댄(半産則比如)<태요31>

　　'견후다'는 (比)에 대한 대역이다. 『두시언해』에는 '가줄비다, 갓갑다, 넙다, 곧다, 골오다, 요ᄉ이, 요조ᅀᅡᆷ'으로 『정속언해』에는 '비'로 『유합』에는 '견줄'로 『천자문』 광주 본에는 'ᄀ줄'로 석봉 본에는 '견줄'로 주해 본에는 'ᄎ례, 견줄, 빅빅,

미즐'로 대역되었다. 語形 'ᄀ즐, 가즐비다'는 '견줄, 견후다'에 의하여 消滅된 語辭로 볼 수 있다.

備 ; 쟝만ᄒ다(ᄀ초다)
; 나홀 돌애 미리 쟝만ᄒ여(臨産豫備)<태요62>
; 약믈을 ᄀ초아(備藥)<두창37>

'쟝만ᄒ다'는 (備)에 대한 대역이다. 『두창·두시언해』에는 'ᄀ초다'로 『유합』에는 'ᄀ즐'로 字釋되었다.

緋 ; 붉다(붉다)
; 블근 실 ᄒᆞᆫ 니음과(緋線一條)<태요55>
; 블근 깁 우희 펴 헌ᄃᆡ 브티라(攤緋絹上貼瘡)<구하25>

'붉다'는 (緋)에 대한 대역이다. 『구하』에만 '붉다'로 대역된 語形이 발견될 뿐이다.

沸 ; 소솜(ᄭᅳᆯ다, ᄭᅳᆯ히다, 글는, 솟글다)
; 다시 다엿 소솜 글혀(再煎五七沸)<태요43>
; ᄆᆡ이 달혀 ᄭᅳᆯ른(猛煮六七沸)<두창28>
; 빅비탕을 막 ᄭᅳᆯ흘 저긔(以百沸湯方其沸時)<두창50>
; 글는 므레 ᄃᆞᆷ가(沸湯浸)<구상8>
; 百빅번 솟글흔 므레 잢간 ᄃᆞ모니(用百沸湯蘸少頃)<구상1>

'소솜'은 (沸)에 대한 대역이다. 『두창·구상』에는 'ᄭᅳᆯ다, ᄭᅳᆯ히다, 글는, 솟글다'로 『두시언해』에는 '봅괴다'로 『유합』에는 '글흘'로 字釋되었다.

頻 ; ᄌᆞ로(ᄌᆞ로, ᄌᆞ조, ᄌᆞ조)
; ᄌᆞ로 움즈기면(頻動)<태요9>
; 반ᄃᆞ시 ᄌᆞ로 ᄇᆞ라(必頻頻塗)<두창22>

; 면듀 슈건의 즘슉 뭇쳐 온 ᄂᆞᆺ츨 ᄌᆞ조 싯기되(用紬巾頻頻淋洗面顔)<두창29>
; ᄌᆞ조 쎄븨면(頻擦)<구상2>

  'ᄌᆞ로'는 (頻)에 대한 대역이다. 『두창 · 구상 · 석보상절』에는 'ᄌᆞ로, ᄌᆞ조'로 『두시언해』에는 'ᄌᆞᆺ다, ᄌᆞ조'로 『유합』에는 'ᄌᆞ줄'로 字釋되었다.

冰 ; 어름(어름)

; 어름 ᄠᅴ워 두고 보라(照冰)<태요25>
; ᄎᆞ미 어름 ᄀᆞᆮ다ᄒᆞ니라(冷如冰)<구하13>

  '어름'은 (冰)에 대한 대역이다. 『구하 · 두시언해 · 남명천계송언해 · 훈몽자회 · 유합』 등에 모두 '어름'으로 대역되었다.

渣 ; ᄌᆞ의

; ᄌᆞ의 둣다가 누을 제도 달혀 머그라(臨臥時留渣再煎服)<태요4>
; ᄌᆞᆺ의 앗고(去渣)<구상29>

  'ᄌᆞ의'는 (渣)에 대한 대역이다. 『구상』에는 'ᄌᆞᆺ의'로 『남명천계송언해』에는 'ᄌᆞᆼ의'로 『훈몽자회』에는 'ᄌᆞᄉᆡ'로 『유합』에는 'ᄌᆞ의'로 字釋되었다. 語形 'ᄌᆞ의'는 消滅語로 볼 수 있다.

死 ; 죽다(죽다, 죽다)

; 업더디니ᄂᆞᆫ 아기 주것고(覆者兒死)<태요28>
; 이미 주거셔도 니를 ᄭᅥ고(已死折齒)<납약20>
; 惡학風봉이 안히 답답ᄒᆞ야 죽ᄂᆞ닐 고툐ᄃᆡ(治惡風心悶欲死)<구상2>

  '죽다'는 (死)에 대한 대역이다. 『납약 · 구상 · 석보상절 · 두시언해 · 남명천계 송언해 · 정속언해』에는 모두 '죽다'로 『훈몽자회 · 유합』에는 '주글'로 字釋되었다.

嗣 ; 조식

; 조식 구ᄒ야(求嗣)<태요1>

'조식'은 (嗣)에 대한 대역이다. 『유합』에는 '니을'로 字釋되었다. 語形 '조식'
의 대역이 특이하다.

蛇 ; 비얌(비얌)

; 비야미 ᄒᆞᆼ울ᄒᆞ나(蛇蛻一條)<태요27>
; 또 비얌이며 개게 믈려 샹ᄒᆞ니와(又蛇犬所傷)<납24>
; 비야미 毒 마ᄌᆞ닐(中蛇毒)<구하45>

'비얌'은 (蛇)에 대한 대역이다. 『납약·구하』에도 '비얌'으로 『석보상절』에는
'ᄇᆞ얌'으로 『두시언해』에는 '비얌'으로 『남명천계송언해』에는 'ᄇᆞ야미'로 『훈몽
자회·유합』에는 '비얌'으로 字釋되었다.

産 ; 낳다, 조식비다(낫다, 조식낳다, 히산, 낳다)

; 조식 비여 난ᄂᆞᆫ 죵요 뫼혼 방문(諺解胎産集要)<태요1>
; 조식 빈 겨집이 딕히 ᄐᆡ긔 ᄣᅥ디여 ᄂᆞ려(産婦直待胎氣陷下)<태요20>
; 즉시 슌히 낫ᄂᆞ니라(卽産)<납약28>
; 조식 나흔 후의 피로 어즐코(産後血暈)<납약4>
; 보안환은 히산 젼과 히산 후(保安丸治産前産後)<납약28>
; 아기 빈 겨지비 나호려홀 저긔(孕婦欲産時)<구하81>

'낳다, 조식비다'는 (産)에 대한 대역이다. 『납약·구하』에는 '낫다, 조식낳다,
히산, 낳다'로 『두시언해』에는 '내다, 産業, 財産'으로 『석보상절·정속언해』에
는 '낳'으로 『훈몽자회·유합』에는 '나홀'로 字釋되었다.

蒜 ; 마늘(마늘, 만을, 마늘)

; 싱강 엄 파 마늘(薑芽葱蒜)<태요14>
; 파과 마늘과(葱蒜)<납약27>

; 믈감즈 유즈 귤 파 만을(水柑子柚子橘葱蒜)<두창14>
; 굴근 마늘 두서 알흘(大蒜三兩)<구상10>

'마늘'은 (蒜)에 대한 대역이다. 『납약·두창·구상』에는 '마늘, 만을'로 『석보
상절·훈몽자회』에는 '마늘'로 대역되었다.

酸 ; 싀다(싀다)
; 쉰것 쁜거슬 즐겨먹고(喜啖酸醎)<태요12>
; 쁜것과 쉰것 달히(醎酸等物)<구상32>

'싀다'는 (酸)에 대한 대역이다. 『구상』에도 '싀다'로 『두시언해』에는 '싀히'로
『훈몽자회·유합』에는 '실'로 字釋되었다.

糝 ; 골, 셰허다(ᄇᄅ다, 쎠ᄒᆞ다.셰코)
; 멀털 ᄉᆞ론 ᄀᆞᄅ를 셰허 ᄇᄅ라(髮灰糝之)<태요68>
; 머리털 ᄉᆞ론 ᄀᆞᄅ를 셰허 ᄇᄅ라(髮灰糝之)<태요68>
; 다 패초산으로 ᄇᄅ면(敗草散皆糝) <두창28>
; 알른 고ᄃᆡ 쎠ᄒᆞ면 둇ᄂᆞ니라(糝於痛處可也)<두창48>
; 모밀 ᄀᆞᆯ를 ᄀᆞ려온ᄃᆡ 만히 셰코(以木麥末糝於痒處)<두창27>

'골, 셰허다'는 (糝)에 대한 대역이다. 『두창』에는 'ᄇᄅ다, 쎠ᄒᆞ다, 셰코'로 『두
시언해』에는 '브들'로 『훈몽자회』에는 '죽심'으로 字釋되었다.

三 ; 서, 석, 세번(석, 서)
; 건강 서 푼 감초 흔 푼이를(乾薑三分甘草一分)<태요44>
; 각 석 냥(各三兩)<태요2>
; 몸을 세 번 두루혀고(三轉身)<태요8>
; 苦공三ᄉᆞᆷ 석 兩량을 사ᄒᆞ라(苦蔘三兩咬咀)<구상30>
; 믈 서 되로 글혀(以水三升)<구상30>

'서, 석, 세번'은 (三)에 대한 대역이다. 『구상』에는 '석, 서'로 『두시언해』에는 '서, 석, 세, 세차'로 『석보상절』에는 '세, 석'으로 『남명천계송언해』에는 '석, 세ㅎ'로 『정속언해』에는 '세'으로 『유합』에는 '석'으로 字釋되었다.

澁 ; 습ㅎ다(굳다, 써럽다, 쇠이다)
; 믹이 미약ㅎ고 습ㅎ면(脉微弱澁)<태요1>
; 大便이 구더 通티 몯ㅎ닐 고툐딕(治大便澁不通)<구상70>
; 누네 가싀 드러 써러워 알하(眯目澁痛)<구하37>
; 누니 마자 브서 쇠여 알ᄂᆞ닐 고튜딕(又方治眼忽被撞打著腫澁疼痛)<구하41>

'습ㅎ다'는 (澁)에 대한 대역이다. 『구상ㆍ구하』에는 '굳다, 써럽다, 쇠이다'로 『두시언해』에는 '보믜다'로 대역되었다. 語形 '써럽다'는 消滅語로 볼 수 있다.

上 ; 오ᄅᆞ다, 들다, 티완다(올오다, 돋다, 우희, ᄀᆞ장, 언싸, 엱다, 오ᄅᆞ다, 올이다, 우희, 웃)
; 거저긔 올아 힘쓰라(上草用力)<태요20>
; 뒤깐에 들적을(上厠時)<태요10>
; 흔 겨트로 바ᄅᆞ 티완다(一邊直上)<태요23>
; 듕풍으로 긔운 올오며(中風上氣)<납약3>
; 블근 뎜이 만히 도다시니(上多有紅點)<두창37>
; 새 디애 우희 노코(置新瓦上用)<두창3>
; ᄀᆞ장 됴흔 朱즁砂상롤(似上好朱砂)<구상16>
; 가슴과 빅예 언쏘(頓其胸前幷腹肚上)<구상34>
; 믌고기 ᄲᅧ롤 머리예 연ᄌᆞ면(魚骨安於頭上)<구상52>
; 더푸미 모ᄀᆞ로 올아(涎潮於上)<구상4>
; ᄀᆞ새 올이고(上岸)<구상71>
; 빗복 우희 두프면 됴ㅎ니라(壅其臍上佳)<구상9>
; 웃입시울 안홀 보딕(視其上脣齒裏)<구상18>

'오ᄅᆞ다, 들다, 티완다'는 (上)에 대한 대역이다. 『납약ㆍ두창ㆍ구상』에는 '돋다, 우희, 올오다, ᄀᆞ장, 언싸, 엱다, 오ᄅᆞ다, 올이다, 웃'으로 『두시언해』에는 '높

다, 오르다, 오ᄅ다, 우ᄒ, 처엄, 타다'로『석보상절』에는 '오ᄅ다, 우ᄒ'로『남명
천계송언해』에는 '우ᄒ, 돋다'로『정속언해』에는 '웅'으로『훈몽자회·천자문』
광주 본에는 '마딩'로『유합』과 석봉 본에는 '웃'으로 주해 본에는 '오를, 더을,
슝샹'으로 대역되었다. 語形 '돋다'의 대역이 특이하다.

常 ; 미양(미양, 댱샹, 샹녜)
  ; 미양 온화케ᄒ라(常使溫和)<태요26>
  ; 미양 낙티ᄒ여(常墮)<납약27>
  ; 시혹 샹녜 자다가(或常寢臥)<구상20>
  ; 댱샹 ᄀ장 醉케ᄒ면((常令大醉)<구하64>

  '미양'은 (常)에 대한 대역이다.『납약·구상·구하』에는 '미양, 댱샹, 샹녜'로
『두시언해』에는 '댱샹, 덛덛ᄒ다, 미양, 샹, 샹녜'로『석보상절』에는 '내'로『남
명천계송언해』에는 '덛덛ᄒ다, 샹녜'로『정속언해』에는 '샹녜'로『천자문』광주
·석봉 본에는 '샹녜'로 주해 본에는 '덛덛, 샹녜'로 대역되었다.

傷 ; 버히다(샹ᄒ다, 헐다, 傷ᄒ다)
  ; 얼골이 반ᄃ시 버히나고(形必傷)<태요14>
  ; 주리거나 빗 브르기로 음식의 샹호미 이셔(有傷飢飽飮食)<납약11>
  ; 갈잠개예 허러(刀兵所傷)<구상17>
  ; 모딘 사래 傷ᄒ야(毒箭所傷)<구하3>

  '버히다'는 (傷)에 대한 대역이다.『납약·구상·구하』에는 '샹ᄒ다, 헐다, 傷
ᄒ다'로『두시언해』에는 '슳다, 히야디다, 傷ᄒ다'로『석보상절』에는 '허리다'로
『유합』에는 '샹훌'로『천자문』광주·석봉 본에는 '헐다'로 주해 본에는 '헐다,
슬플'로 대역되었다.

色 ; 빗(빗, 빛)
  ; 엄의 얼골 빗ᄎ로(以母形色)<태요33>
  ; 두창 도ᄃ 빗치 믉고(痘色淡)<두창25>

; 비치 다ᄅ게코(令色變)<구상8>

'빗'은 (色)에 대한 대역이다. 『두창·구상』에는 '빗, 빛'으로 『두시언해』에는 'ᄂᆞᆾ빛, 빗, 빛'으로 『석보상절·남명천계송언해』에는 '빛'으로 『유합·천자문』광주·석봉 본에는 '빗'으로 주해 본에는 '빗, 치ᄉᆞᆨ'으로 대역되었다.

生 ; 나다, ᄂᆞᆯ, 퓌다, 돋다, 싱(ᄂᆞᆯ, 싱, 살다, 싱, 나다, ᄂᆞᆯ, 싱)
; ᄌᆞ식이 즉제 나ᄂᆞ니라(其兒遂生)<태요22>
; ᄂᆞᆯ ᄃᆞᆯ긔 알 세흘 ᄉᆞᆷᄭᅵ고(生鷄卵三枚吞)<태요53>
; 안 밧긔 블 퓌다(內外生火)<태요26>
; 다ᄉᆞᆺ ᄃᆞᆯ애 터럭이 돋고(五月毛髮生)<태요8>
; ᄉᆞ믈탕의 싱간디황 황포황(四物湯加生乾地黃蒲黃)<태요53>
; 소곰과 ᄂᆞᆯ피브티 ᄡᅥ시라(塩生血物)<납약4>
; 싱ᄂᆞᆯ믈과 마늘과(生菜大蒜)<납약16>
; 인ᄒᆞ야 사라 나니라(因以全生)<두창36>
; 마ᄌᆞᆷ 싱고기 주ᄂᆞᆫ 사람이 이셔(有餽生肉者)<두창12>
; 다ᄅᆞᆫ 病 나긔호미 몯ᄒᆞ리니(生他病)<구상12>
; ᄂᆞᆯ 蒼朮와(蒼朮生)<구상1>
; 生싱뵈로 汁즙을 ᄧᅡ(以生布絞汁)<구상3>

'나다, ᄂᆞᆯ, 퓌다, 돋다, 싱'은 (生)에 대한 대역이다. 『납약·두창·구상』에는 'ᄂᆞᆯ, 싱, 살다, 나다'으로 『두시언해』에는 '나다, 낳다, 내다, 돋다, 사름, 살다, 人生, 生'으로 『석보상절』에는 '나다, 살다'로 『남명천계송언해』에는 '나다, 낳다'로 『정속언해』에는 '나, 살다'로 『훈몽자회·유합·천자문』광주·석봉 본에는 '날'로 주해 본에는 '날, 살'로 대역되었다. 다양한 對譯語 중 한의서에 나타난 對譯語들이 다른 문헌에 나타난 어휘들 보다 일상적 어휘가 많고 또 고유어 'ᄂᆞᆯ'과 한자어 '싱'이 동등하게 사용되어 現代語에서도 '날계란, 날고기, 날김치'와 '생맥주, 생고기, 생크림'과 같은 어휘가 있다.

暑 ; 덥다(셩)
; ᄀᆞ장 더운제 아기 나커든(盛暑解産)<태요25>

; '쏘 中듕暑셩ᄒᆞ야 어즐커든(又方中暑發昏)<구상11>

'덥다'는 (暑)에 대한 대역이다. 『남명천계송언해』에는 '더위'로 『석보상절』에는 '덥다'로 『훈몽자회·천자문』에는 '더울'로 字釋되었다.

黍 ; 기장(기장)

; 밀프레 ᄆᆞ라 기장ᄡᆞᆯ ᄀᆞ티 비븨여(末糊丸黍米)<태요71>
; 기장ᄡᆞᆯ ᄀᆞᆮᄒᆞ니(如黍米) <구상18>

'기장'은 (黍)에 대한 대역이다. 『구상·남명천계송언해·훈몽자회·유합·천자문』 등에 모두 '기장'으로 대역되었다.

書 ; 써다(편지, 스다)

; 아모 ᄃᆞᆯ이면 아모 방 쉬공ᄒᆞ야 써셔(書某月某方空)<태요63>
; 본 집의 편지를 ᄒᆞ야시되(書於本家)<두창44>
; 혀에 鬼귕字ᄍᆞᆼ를 스고(舌上書鬼字)<구상16>

'써다'는 (書)에 대한 대역이다. 『두창·구상』에는 '편지, 스다'로 『두시언해』에는 '글스다, 글월, 스다, 書信, 音書, 書冊'으로 『석보상절』에는 '글왈, 쓰다'로 『남명천계송언해』에는 '스다'로 『정속언해』에는 '글'로 『유합·천자문』 광주·석봉 본에는 '글월'로 주해 본에는 '글, 쓸, 편지'로 대역되었다.

鼠 ; 쥐(쥐, 쥐)

; 뷘 집 안해 쥐굼긔(空屋下鼠穴中)<태요48>
; 쥐며 구렁의게 믈리인 병(鼠蟒惡茵)<납약24>
; 또 쥐똥을 낫아(又方鼠屎末)<구상19>

'쥐'는 (鼠)에 대한 대역이다. 『납약·구상·두시언해·훈몽자회·유합』 등에 모두 '쥐'로 대역되었다.

徐 ; 날회다(날회다, 쳔)

; 날회여 듣니고(徐行)<태요21>
; 아직 날회라 ᄒᆞ더니(徐徐)<두창12>
; 쳠쳠 젹젹 뜻뜯거든(徐徐小小點滴)<두창31>

'날회다'는 (徐)에 대한 대역이다.『두창』에는 '날회다, 쳠'으로『두시언해』에
는 '날호야, 날회야'로『석보상절 · 정속언해』에는 '날호야'로『유합』에는 '날횔'
로 字釋되었다. 語形 '날회다, 쳠'은 消滅語로 볼 수 있다.

席 ; 자리(돗, 지즑)

; 겨집 눕ᄂᆞᆫ 자리 미틔(婦臥席下)<태요11>
; 돗ᄀᆞ모라 平ᄒᆞᆫ ᄯᅡ해 나ᅀᅡ가(席卷之就平地)<구상73>
; 헌 부를 지즑혼 우후믈(敗蒲席一握)<구상34>

'자리'는 (席)에 대한 대역이다.『구상』에는 '돗, 지즑'로『두시언해 · 남명천계
송언해 · 훈몽자회 · 유합』등에 모두 '돗'으로 대역되었다. 語形 '지즑'은 消滅語
로 볼 수 있다.

先 ; 몬져, 믿(몬져)

; 혹 먼져 오며 혹 후에 오며(或先或後)<태요1>
; 달혀 먹고 믿바다(煎取先飮)<태요42>
; 몬져 ᄎᆞᆫ 믈 세머곰 머근 후에(先喫涼水三口然後)<납약19>
; 몬져 皂角시울와 거츨앗고(先以皂角去弦皮)<구상2>

'몬져, 믿'은 (先)에 대한 대역이다.『납약 · 구상』에는 '몬져'로『두시언해』에
는 '뷧, 몬져, 불셔'로『유합』에는 '먼져'로 字釋되었다. 語形 '믿'은 消滅語로 볼
수 있다.

線 ; 실(실, 긴히, 줄)

; 실로 구디 미고(以線縛)<태요75>

; 실로 미요딕(以線繫)<구상49>
; ᄒ다가 긴히 소내 잇ᄂ닌 둥기디 말오(若線猶在手中者莫引之)<구상50>
; 낙줄와 낫미ᄂ를 ᄢ러니(鉤線鬚裏定)<구상48>

'실'은 (線)에 대한 대역이다. 『구상』에는 '실, 긴히, 줄'로 『두시언해 · 훈몽자회』에는 '실'로 대역되었다.

蟬 ; 미아미(미야미)

; 미아미 헝울 열네 낫(蟬退十四枚)<태요29>
; 미야미 비ᄅ곤ᄒ닐(蟬肚)<구상41>

'미아미'는 (蟬)에 대한 대역이다. 『구상 · 두시언해 · 남명천계송언해 · 훈몽자회 · 유합』 등에는 모두 '미야미'로 대역되었다.

舌 ; 혜(혜, 혀, 혜)

; 엄의 ᄂ치 붉고 혜 프르면(母面赤舌靑者)<태요34>
; 입과 혜 헐며(口舌生瘡)<납약7>
; 혀 세닐 고됴틱(舌强)<구상3>
; 혜 과글이 부거나(舌忽脹)<구상46>

'혜'는 (舌)에 대한 대역이다. 『납약 · 구상』에는 '혜, 혀'로 『두시언해』에는 '혀, 혜'로 『석보상절 · 남명천계송언해 · 훈몽자회 · 유합』 등에는 모두 '혀'로 대역되었다.

涉 ; 건너다

; 험한딕 건너기(涉險)<태요15>

'건너다'는 (涉)에 대한 대역이다. 『두시언해』에는 '건너다, 넌내다'로 『남명천계송언해』에는 '거름'으로 『유합』에는 '건널'로 字釋되었다.

盛 ; ᄀ장, 담다(넣다, 만ᄒ다, 셩ᄒ다, 넣다, 담다)
; 열산은 닐온 ᄀ장 더운제 아기 나커든(熱産謂盛暑解産)<태요25>
; 동ᄒ예 담고(盛盆)<태요59>
; 블근 깁 주머니예 녀허(紅絹袋盛)<납약3>
; 입ᄣ예 열휘가 반ᄃ시 만ᄒ거시니(此時熱候必盛)<두창53>
; 믈읫 이질이 열이 셩ᄒ므로(凡痢熱盛故)<두창11>
; 덥게ᄒ야 주머니예 너허(使煖囊盛)<구상8>
; 다리우리예 블 다마(熨斗盛火)<구상22>

'ᄀ장, 담다'는 (盛)에 대한 대역이다. 『납약·두창·구상』에는 '만ᄒ다, 셩ᄒ 다, 넣다, 담다'로『두시언해』에는 '盛ᄒ다, 하다'로『석보상절·남명천계송언해』 에는 '담'으로『훈몽자회』에는 '다믈'로『유합·천자문』광주·석봉 본에는 '셩 홀'로 주해 본에는 '셩홀, 담을'로 대역되었다. 語形 '담다'의 대역이 특이하다.

醒 ; 씨다(씨다, 씨다, 슘슘ᄒ다)
; 씨디 몯ᄒ거든(未醒)<태요53>
; 즉시 씨ᄂ니(卽醒)<납약24>
; 즉재 씨ᄂ니라(卽醒)<구상3>
; 곧 슘슘ᄒᄂ니라(便得醒醒)<구상4>

'씨다'는 (醒)에 대한 대역이다.『납약·구상』에는 '씨다, 슘슘ᄒ다'로『두시언 해·석보상절·남명천계송언해』등에 모두 '씨다'로『유합』에는 '씰'로 字釋되 었다. 語形 '슘슘ᄒ다'는 消滅語로 볼 수 있다.

省 ; 인ᄉ(츨히다, 씨다, 씨둧다, 씨다, 추리다)
; 인ᄉ를 추리디 몯ᄒ기 두 가지 인ᄂ니(不省有二)<태요51>
; 인ᄉ를 츨히디 못ᄒ며(不省)<납약22>
; 어득어득ᄒ야 씨디디 못ᄒᄂ 것도(昏昏不省者)<두창68>
; 졋 셜기를 씨둧디 못ᄒ야(不省吮乳)<두창12>
; 즉재 씨ᄂ니라(卽省)<구상24>
; 厥큉 厥긿ᄒ야 추림 몯고(氣厥不省)<구상2>

'인亽'는 (省)에 대한 대역이다. 『납약·두창·구상』에는 '씨다, 씨둧다, 출히다, 추리다'로 『두시언해·석보상절』에는 '슬피다'로 『유합』에는 '슬필, 조릴'로 대역되었다. 語形 '졸릴'의 대역이 특이하다.

成 ; 일다, 짓다, 되다(짓다, 두외다)
   ; 여슷 둘애 입과 눈이 일고(六月口目成)<태요8>
   ; 얼굴 지은 혈괴 이시면(有成形塊)<태요48>
   ; 다 틱긔 몯되ᄂ니라(皆不成胎)<태요1>
   ; 비치 거머 덕지 짓ᄂ니라(色黑成痂)<두창53>
   ; 霍亂이 두외야(成霍亂)<구상31>

   '일다, 짓다, 되다'는 (成)에 대한 대역이다. 『두창·구상』에는 '짓다, 두외다'로 『두시언해』에는 '두외다, 밍골다, 일우다, 짓다, 成熟ᄒ다'로 『남명천계송언해』에는 '일다, 이르다'로 『정속언해』에는 '일다, 일우다'로 『유합』에는 '일울'로 『천자문』 광주 본에는 '일'로 석봉 본에는 '이룰'로 주해 본에는 '이올'로 字釋되었다. 語形 '이올'의 대역이 특이하다.

細 ; ᄀᄂᆞᆯ다, 줄다, 츤츤히, ᄂᆞᆯ니, 세말ᄒ다(ᄀᄂᆞᆯ다, ᄀᄂᆞᆫ, ᄀᄂᆞ리, ᄂᆞ로니)
   ; 져지 펴디여 기러 ᄀᄂᆞᆯ고(乳仲長細)<태요59>
   ; 이를 줄게 싸ᄒ라(右剉細)<태요50>
   ; 츤츤 십고(細嚼)<태요5>
   ; ᄂᆞ르니 ᄀ라(細研)<태요61>
   ; ᄀ장 셰말ᄒ야(研極細)<태요52>
   ; 혹 ᄀᄂᆞᆯ게 십거나 혹 ᄇ은 후의(或嚼細或碎破然後)<납약5>
   ; ᄀᄂᆞᆫ ᄀᄅᆞᆯ(細末)<두창3>
   ; ᄀᄂᆞ리 ᄀ라 ᄀᄅᆞ 밍ᄀ라(細研爲末)<구상7>
   ; ᄂᆞ로니 십고(細嚼)<구상11>

   'ᄀᄂᆞᆯ다, 줄다, 츤츤히, ᄂᆞᆯ니, 세말ᄒ다'는 (細)에 대한 대역이다. 『납약·두창·구상』에는 'ᄀᄂᆞᆯ다, ᄀᄂᆞᆫ, ᄀᄂᆞ리, ᄂᆞ로니'로 『두시언해』에는 'ᄀᄂᆞᆯ다'로 『남명천계송언해·유합』에는 'ᄀᄂᆞᆯ'로 대역되었다. 語形 'ᄂᆞ로니'는 消滅語로 볼 수 있다.

洗 ; 곰다, 싯다(싯다.내다, 싯다)
　; 머리 곰디 말라(不可洗頭)<태요15>
　; 즉제 시서 ᄇᆞ리라(卽洗去)<태요31>
　; 몬져 시슨 후의 ᄇᆞᄅᆞ라(先洗後塗)<납약33>
　; 월경을 딘케 내여(濃洗月經)<두창25>
　; 면듀 슈건의 ᄌᆞ슥 뭇쳐 온 ᄂᆞ출 ᄌᆞ조 싯기되(用紬巾頻頻淋洗面顔)<두창29>
　; 瘡창을 ᄃᆞ마 시수되(浸洗瘡)<구상6>

　　'곰다, 싯다'는 (洗)에 대한 대역이다. 『납약·두창·구상』에는 '싯다, 내다'로 『두시언해·석보상절·남명천계송언해』에는 '싯다'로 『훈몽자회·유합』에는 '시슬'로 字釋되었다. 語形 '곰다, 내다'의 대역이 특이하다.

甦 ; 씌다(씌다)
　; 즉시 씌ᄂᆞ니 효험이 긔특ᄒᆞ니라(卽甦神驗)<태요52>
　; 씌어든 醋를 머규되(甦來飮醋)<구하94>

　　'씌다'는 (甦)에 대한 대역이다. 『구하』에는 '씌다'로 『유합』에는 '다시살다'로 字釋되었다. 語形 '다시살다'의 대역이 특이하다.

少 ; 쟉다(잠깐, 젹다, 호ᄀᆞ)
　; 혹 하여 혹 쟈그며(或多或少)<태요1>
　; 진이 흐르고 잠깐 움즈기면(流汁少或搖動)<두창44>
　; 져기 식거든(少冷)<구상9>
　; 쏘 호ᄀᆞ 돌흘 봇가 븕게ᄒᆞ야(又將石沙炒令赤色)<구상33>

　　'쟉다'는 (少)에 대한 대역이다. 『두창·구상』에는 '잠깐, 젹다, 호ᄀᆞ'으로 『두시언해』에는 '젹다, 졈다'로 『석보상절』에는 '젹다'로 『남명천계송언해·정속언해』에는 '젹다, 졈다'로 『천자문』 광주 본에는 '아히'로 석봉 본에는 '져믈'로 주해 본에는 '졈, 젹을, 나므라홀'로 대역되었다. 語形 '호근'은 '쟉다, 젹다'에 의하여 消滅된 語辭로 볼 수 있다.

小 ; 죠고만, 죠고매, 효근(젹다, ᄀᄂᆯ다, 샷기, 젹다, 젹다, 져므니, 호근, 효근)
 ; 샐리 죠고만 거슬 얼거(急以小物緊)<태요36>
 ; 죠고매 부픈거시 조쌀낫 ᄀᄐᆞ니(有小泡子如粟米)<태요69>
 ; 냇믈에 효근 사요ᄅᆞᆯ 즛디허(溝渠中小鰕煉搗)<태요74>
 ; 져근덧 기도로면(小待)<납약22>
 ; 수세외 ᄀᄂᆯ고 ᄀᄂᆫ(絲瓜小小)<두창4>
 ; 흘레아닌 샷기 수돗글(未破陰小小雄猪)<두창31>
 ; 져근 즉 죵신토록 병이 들고(小則爲終身之疾)<두창10>
 ; 주근 사ᄅᆞ믜 머리 져기 드러(小拳死人頭)<구상10>
 ; 늘그니와 져므니ᄂᆫ 둘해 ᄂᆞᆫ화 머그라(老小分二服)<구상30>
 ; ᄯᅩ 호근 마ᄂᆞᆯ 흔 되ᄅᆞᆯ 사ᄒᆞ라(又方小蒜一升吹咀)<구상33>
 ; 효근 마ᄂᆞᆯ 汁을 귓굼긔 처디라(用小蒜汁滴耳中)<구하44>

　　'죠고만, 죠고매, 효근'은 (小)에 대한 대역이다. 『납약·두창·구상·구하』에는 '젹다, ᄀᄂᆯ다, 샷기, 져므니, 호근, 효근'으로 『두시언해』에는 'ᄀᄂᆯ다, 젹다, 죠고맛다, 효근'으로 『석보상절』에는 '혁다, 쟉, 쟉쟉, 혹'으로 『남명천계송언해』에는 '젹다, 죠고매'로 『정속언해』에는 '죠고마'로 『유합』에 '자ᄀᆞᆯ'로 字釋되었다. 語形 '효근'은 消滅語로 볼 수 있다.

燒 ; 블ᄢᅱ다, ᄉᆞ라다(ᄉᆞ로다, ᄉᆞ라, 데다)
 ; ᄯᅩ 샤상ᄌᆞᄅᆞᆯ 블에 ᄢᅱ워 ᄂᆡᄅᆞᆯ 당쳐의 쏘이라(以蛇床子燒烟微熏之)<태요75>
 ; 숫블에 붉게 ᄉᆞᆯ와(炭火燒亦)<태요50>
 ; 숫불로 ᄉᆞ면을 둘러 ᄉᆞ로ᄃᆡ(炭火四圍燒)<두창3>
 ; 쇠 갓프를 ᄉᆞ라 ᄀᄂᆞ라 ᄀᆞ라(牛皮膠燒細研)<구상7>
 ; 더운 믈와 브레 데닌(被湯火燒者)<구하7>

　　'블ᄢᅱ다, ᄉᆞ라다'는 (燒)에 대한 대역이다. 『두창·구상·구하』에는 'ᄉᆞ로다, 데다, ᄉᆞᆯ다'로 『두시언해』에는 '굽다, 블븥다, ᄉᆞᆯ다'로 『훈몽자회·유합』에는 'ᄉᆞᆯ

다'로 字釋되었다.

素 ; 본딕(소ㅎ다)

; 쟈식 빈 겨집이 본딕 담음 곳이시면(孕婦素有痰飮則)<태요12>
; 소ㅎ기도 오히려 가ㅎ거니와(素尚或可也)<두창12>

'본딕'는 (素)에 대한 대역이다. 『두창』에는 '소ㅎ다'로 『두시언해』에는 '본딕,
센, 하얀'으로 『유합』에는 '흴, 아릭'로 『훈몽자회 · 천자문』 광주 · 석봉 본에는
'흴'로 주해 본에는 '본딕, 흴, 질박, 빌'로 대역되었다.

搔 ; 쑤츠긁다

; 쌜리 쑤츠며 긁고(急搔之倂)<태요24>

'쑤츠긁다'는 (搔)에 대한 대역이다. 『두시언해』에는 '긁다'로 『훈몽자회』에는
'글글'로 字釋되었다. 語形 '쑤츠긁다'는 消滅語로 볼 수 있다.

損 ; 헐다(傷ㅎ다, 헐다)

; 오좀깨흘 헐워(損溺胞)<태요37>
; 마자 傷ㅎ야(打損)<구하18>
; 낙줄와 낛미느를 쯰러니 근헌딕 업더라(裏定鉤線鬚而出並無所損)<구상48>

'헐다'는 (損)에 대한 대역이다. 『구상 · 구하』에는 '傷ㅎ다, 헐다'로 『두시언해』
에는 '헐다, ㅎ야디다, 히야디다'로 『유합』에는 '덜다'로 字釋되었다.

噀 ; 쑴다(쑴다)

; 엄의 ㄴ칙나 등의나 쑤므면(噀産母面或背上)<태요25>
; 井華水로 그 ㄴ출 믹이 쑤모라(以井華水猛噀其面)<구상60>

'쑴다'는 (噀)에 대한 대역이다. 『구상 · 두시언해』에는 '쑴다'로 대역되었다.

碎 ; 헤여디다, ᄆᆞ아(ᄡᅮ드리다, 븟어디다, ᄇᆞᆺ다, ᄇᆞᇫ아디다)

; 슈졍구슬 ᄀᆞ트야 헤여디면(如水晶碎則)<태요73>

; 사침법은 말간 ᄌᆞ긔를 어더 ᄆᆞ아(砂鍼法用明磁器碎取)<태요75>

; 皂莢 사ᄒᆞ라 ᄡᅮ드려 세挺(皂莢剉碎三挺)<구상58>

; ᄡᅳ드려 ᄇᆞᆺ아(搥碎)<구상42>

; 븟어딘 ᄲᅧᄅᆞᆯ 아소ᄃᆡ(除碎骨)<구하1>

; 四肢 ᄲᅧ ᄇᆞᇫ아디며(四肢骨碎)<구하27>

'헤여디다, ᄆᆞ아'는 (碎)에 대한 대역이다. 『구상 · 구하』에는 'ᄡᅮ드리다, ᄡᅳ드리다, 븟어디다, ᄇᆞᆺ다, ᄇᆞᇫ아디다'로 『두시언해』에는 'ᄣᅳ리다, 브ᇫ어디다, ᄇᆞᅀᆞ다'로 『석보상절 · 남명천계송언해』에는 'ᄇᆞᅀᆞ다'로 『유합』에는 'ᄇᆞᅀᆞᆯ'로 字釋되었다. 語形 'ᄆᆞ아'는 消滅語로 볼 수 있다.

數 ; ᄌᆞᆫᄂᆞ다, 두어(두어, ᄌᆞᆽ다, 여러)

; ᄌᆞ식 ᄇᆡᆫ ᄆᆡᆨ은 굵고 ᄌᆞᆫᄂᆞ니라(孕脉洪數)<태요9>

; 두어 ᄢᅢ ᄉᆞ이예(數時頃)<태요9>

; 두어 날만의 즉으니(數日自盡)<두창12>

; 氣分을 吐호미 ᄌᆞᄌᆞ면(吐氣數)<구상43>

; 여러 나ᄅᆞᆯ 나티 몯ᄒᆞ야(數日不產)<구하87>

'ᄌᆞᆫᄂᆞ다, 두어'는 (數)에 대한 대역이다. 『두창 · 구상 · 구하』에는 '드어, ᄌᆞᆽ다, 여러'로 『두시언해』에는 '두ᅀᅥ, ᄌᆞ조, 혜요다, 數'로 『석보상절』에는 '혜다'로 『남명천계송언해』에는 '혜아리다, 두ᅀᅥ'로 『유합』에는 '수고ᄉᆞᆷ'으로 字釋되었다. 語形 'ᄌᆞᆫᄂᆞ다, 수고ᄉᆞᆷ'은 消滅語로 볼 수 있다.

隨 ; ᄌᆞᆾ다, 받다(ᄯᆞᆯ와, ᄌᆞᆾᄌᆞᆾ다다)

; 아기 그믈을 조차 나면(兒隨水而下)<태요26>

; ᄌᆞ식이 ᄆᆡᆮ바다 나ᄂᆞ니(兒卽隨產)<태요25>

; 증을 ᄯᆞᆯ와 약을 ᄡᅳ디 못ᄒᆞ야(隨症用藥)<두창67>

; 病ᄈᆡᆼᄒᆞᆫ 사ᄅᆞᄆᆡ ᄠᅳ들 조차(隨病人意)<구상31>

'좇다, 받다'는 (隨)에 대한 대역이다.『두창·구상』에는 '쓸와, 좇다'로『두시언해』에는 '좇다, 좇다'로『남명천계송언해·정속언해·유합·천자문』등에는 모두 '좇다'로 對譯되었다. 現代語 '따르다'는『두창』에 대역된 '쓸와'와 19세기『兒學篇』에 발견되는 '싸르다'에서 찾아볼 수 있을 것 같다.

收 ; 건느니다, 드느니라(거두다, 싸둣다, 거두다)

; 코애 부러 ㅈ치움 ᄒ면 즉시 건나니라(吹鼻作嚔卽收)<태요60>
; 절로 드느니라(自收)<태요25>
; 손 발을 거두디 못ᄒ몰(手足不收)<납약1>
; 두 냥 반만 졍히 싸둣다가(約二兩半重收)<두창4>
; 네 활개롤 거두디 몯ᄒ며(四肢不收)<구상4>

'건느니다, 드느니라'는 (收)에 대한 대역이다.『납약·두창·구상』에는 '거두다, 싸둣다'로『두시언해』에는 '가도다, 가도혀다, 갇다, ᄀ초다, 收用ᄒ다, 收復ᄒ다, 收合ᄒ다, 收取ᄒ다, 收拾ᄒ다, 얻다'로『석보상절』에는 '갇다'로『정속언해』에는 '거두다'로『훈몽자회』에는 '거둘'로『유합』에는 'ᄀ초다, 거둘'로『천자문』광주 본에는 '가둘'로 석봉·주해 본에는 '거둘'로 字釋되었다.

受 ; 받다(들다)

; ᄉ나히 졍을 바다(乃受精)<태요7>
; 비위에 습긔 들어(脾胃受濕)<납약10>

'받다'는 (受)에 대한 대역이다.『납약』에는 '들다'로『두시언해·석보상절』에는 '받다, 트다'로『남명천계송언해』에는 '받다, 받줍다'로『정속언해』에는 '받다'로『유합·천자문』광주 본에는 '틀'로 석봉 본과『훈몽자회』에는 '바둘'로 주해 본에는 '바들'로 字釋되었다.

垂 ; 드리오다(싸디다, 드리워다)

; 빗복 줄기예 구디 미여 드리온 후에(繫臍帶垂重然後)<태요36>
; 머리를 져기 아래로 싸디게ᄒ고(便頭小垂下)<구상71>

; 머릴 드리워 누어(垂頭臥)<구하39>

'드리오다'는 (垂)에 대한 대역이다. 『구상·구하』에는 '쌔디다, 드리워다'로 『두시언해』에는 '다드랫다, 드롓다'로 『석보상절』에는 '드리우다'로 『유합』에는 '드리올'로 『천자문』 광주 본에는 '드를'로 석봉 본에는 '드리울'로 주해 본에는 '드리울, 거의'로 대역되었다.

竪 ; 세다

; 임부를 ㅎ야곰 갓고로 셰 두시ㅎ야(將孕婦倒竪)<태요42>

'세다'는 (竪)에 대한 대역이다. 『유합』에만 '셰울'로 字釋된 語形이 발견된다.

穗 ; 이삭

; 뎡가 이삭을 잠깐 봇고(荊芥穗畧炒)<태요39>

'이삭'은 (穗)에 대한 대역이다. 『두시언해』에는 '벼이삭, 이삭'으로 『훈몽자회·유합』에는 '이삭'으로 字釋되었다.

睡 ; 자다(자다, 조을다, 조올다, 자다, ᄌ오다)

; 오래 누어 자지 말며(勿多睡臥)<태요15>
; 안날 밤 잘 ᄢᅢ예(隔夜臨睡)<납약26>
; 아득고 조을며(昏睡)<납약32>
; 조올며 군말ㅎ고(睡譫語)<두창6>
; 오래 사ᄅᆞᆷ 업스 ᄎᆞᆫ房 방의 자다가(久無人居冷房睡中)<구상21>
; ᄌ오다가 빅야미 입 안해 드러(睡熟有蛇入口中)<구하78>

'자다'는 (睡)에 대한 대역이다. 『납약·두창·구상·구하』에는 '자다, 조을다, ᄌ오다'로 『두시언해』에는 'ᄌ오다, 잠'으로 『유합』에는 '조오롬'으로 字釋되었다.

殊 ; 다르다

　; 촌구믹애셔 달라(寸口殊)<태요9>

　'다르다'는 (殊)에 대한 대역이다. 『두시언해』에는 '곧장, 달오다, 드르다, 멀다, 즈모, 殊異ᄒ다'로 『유합』에는 '다ᄅᆯ'로 『천자문』 광주 본에는 '다ᄅᆯ'로 석봉본에는 '다ᄂᆞᆯ'로 주해 본에는 '다ᄅᆯ, 주글, 어조사'로 대역되었다.

壽 ; 댱슈

　; 부귀ᄒ고 댱슈ᄒ고(富貴而壽)<태요8>

　'댱슈'는 (壽)에 대한 대역이다. 『두시언해』에는 '목숨, 獻壽'로 『훈몽자회ㆍ유합』에는 '목숨'으로 字釋되었다.

須 ; 모로미(모로매)

　; 모로미 시시로 건니고(須時時行步)<태요15>
　; 곧장 모로매 그 ᄆᆞᅀᆞᆷ믈 눌러(極須按安其心)<구상75>

　'모로미'는 (須)에 대한 대역이다. 『구상ㆍ남명천계송언해ㆍ유합』에는 '모로매'로 『두시언해』에는 '모로매'로 대역되었다.

雖 ; 비록

　; 빗 비록 알파도(腹雖痛)<태요21>
　; 이 경계를 딕희라(守此戒)<두창14>
　; 비록 더러우나(雖曰穢汚)<구상37>

　'비록'은 (雖)에 대한 대역이다. 『두창ㆍ구상ㆍ두시언해ㆍ남명천계송언해』에 모두 '비록'으로 對譯되어있다.

首 ; 머리(처음)

; 왼녁크로 머리 도누니는(左回首者)<태요10>
; 역질에 처엄으로 낭죵싯지(痘疹首尾)<납약32>

'머리'는 (首)에 대한 대역이다. 『납약』에는 '처음'으로 『두시언해』에는 '마리,
머리, 위두ᄒ다, 爲頭ᄒ다, 처섬'으로 『훈몽자회 · 유합』에는 '마리'로 『천자문』
광주 · 석봉 본에는 '머리'로 주해 본에는 '웃듬, 머리'로 대역되었다. 語形 '위두
ᄒ다'는 정음표기와 한자표기로 대역된 것이 특이하다.

樹 ; 나무(나모, 남긔)

; 사ᄉ나못 가지를 블에 구어(白楊樹枝燒取)<태요72>
; 나못 그늘해 두고(安於樹之陰下)<구상11>
; 남긧 버스세 毒 마ᄌ닐(樹菌中毒)<구하47>

'나모'는 (樹)에 대한 대역이다. 『구상 · 구하』에는 '나무, 남긔'로 『두시언해』
에는 '나모, 남기, 셰다'로 『석보상절 · 남명천계송언해』에는 '즘게'로 『유합』에
는 '큰나모'로 字釋되었다. 語形 '즘게'는 消滅語로 볼 수 있다.

髓 ; 골슈 (骨곳髓슝)

; 톳긔 머리 골슈 ᄒ나(兎腦髓一枚)<태요28>
; 톳긔 머릿 骨곳髓슝를 내야 ᄇᄅ라(兎腦髓取塗之)<구상6>

'골슈'는 (髓)에 대한 대역이다. 『구상』에는 '骨곳髓슝'로 『훈몽자회』에는 '골
치'로 『유합』에는 '골'로 字釋되었다.

宿 ; 밤(밤)

; 술의 믈 빠 ᄒ룻밤 둠가(酒水和淹一宿)<태요6>
; ᄒ룻 바밀 둠가 ᄃ사ᄒᆞ야(浸一宿溫作)<구상50>

'밤'은 (宿)에 대한 대역이다. 『구상』에도 '밤'으로 『두시언해』에는 '자다'로
『유합』에는 '잘, 별'로 『천자문』 광주 · 석봉 본에는 '잘'로 주해 본에는 '별, 잘,

본딕'로 대역되었다.

熟 ; 닉다, 부븨다(닉다)

　; ᄎᆞᆯ 서 말을 닉게 ᄣᅥ(糯米三斗烝熟)<태요6>
　; 부븬 뿍 각 두 돈(熟艾二錢)<태요4>
　; 니근 뿍(熟艾)<구상17>

　　'닉다, 부븨다'는 (熟)에 대한 대역이다. 『구상』에는 '닉다'로『두시언해 · 석보
상절』에는 '닉다'로『훈몽자회 · 유합』에는 '니글'으로 字釋되었다.

脣 ; 입시울(웃시욹, 입시울)

　; 입시우리 프르고(脣靑)<태요27>
　; 눈 아래 웃시욹과 코구멍 입시욹(眼眶口脣鼻孔)<두창22>
　; 웃입시울 안홀 보딕(視其上脣齒裏)<구상18>

　　'입시울'은 (脣)에 대한 대역이다. 『두창 · 구상』에는 '웃시욹, 입시울'로『석보
상절 · 남명천계송언해 · 훈몽자회 · 유합』에는 모두 '입시울'로 대역되었다.

醇 ; 술

　; 됴ᄒᆞᆫ 술 두 되(醇酒二升)<태요35>

　　'술'은 (醇)에 대한 대역이다. 『두시언해』에는 '술, 醇'으로『훈몽자회』에는
'두터울'로『유합』에는 '슌후'로 字釋되었다. 語形 '두터울'의 대역이 특이하다.

繩 ; 노

　; 노흘 디픈ᄃᆞᆺ ᄒᆞ며(如切繩)<태요20>
　; 노ᄒᆞ르 두 볼록 그틀 견주고(對以繩度兩肘尖頭)<구상36>

　　'노'는 (繩)에 대한 대역이다. 『구상 · 두시언해 · 훈몽자회 · 유합』 등에 모두
'노'로『석보상절』에만 '줄'로 對譯된 語形이 발견된다.

拾 ; 줍다

　; 짜흘 향ᄒ야 아모거시나 주으면(向地拾)<태요48>

　　'줍다'는 (拾)에 대한 대역이다. 『두시언해』에는 '줏다, 줏다'로 『유합』에는 '주을'로 字釋되었다.

升 ; 되(되)

　; 듁녁 흔 되룰 머기면(竹瀝飮一升)<태요19>
　; 녹두 각 흔 되(菉豆各一升)<두창5>
　; 츤 추미 흔 두 되만 나면(冷涎出一二升)<구상4>

　　'되'는 (升)에 대한 대역이다. 『두창·구상·훈몽자회·유합』에는 모두 '되'로 『두시언해』에는 '되, 오르다'로 對譯되었다.

時 ; ᄢᅢ, 적, 제(ᄠᅢ, ᄢᅢ, 적, ᄣᅢ, 씽졂, 時節, 時刻, 잇다감, ᄢᅴ)

　; 이 ᄢᅢ예 ᄌ궁이 졍히 여러시니(此時子宮正開)<태요7>
　; 이 저긔 남녀 뎡티 몯ᄒ여시므로(是時男女未定故)<태요11>
　; 이제 마치 비 여흐레 걸인듯 ᄒ니(此時如舟坐灘)<태요26>
　; ᄢᅢ룰 거리ᄭᅵ디 말고(不拘時)<납3>
　; 발열ᄒ야 두역이나고져홀 ᄢᅢ예(發熱欲出痘時)<두창16>
　; ᄢᅢᄢᅢ 놀고(時時遊)<두창21>
　; 빅비탕을 막 ᄭᅳᆯ흘 저긔(以百沸湯方其沸時)<두창50>
　; 이 ᄀᆮ티 흔 밥ᄢᅢ만 ᄒ면(此一飯時)<구상77>
　; 時씽節졂을 븓들이디마오(不拘時)<구상3>
　; 時節을 븓들이디 말라(不拘時)<구상62>
　; 時刻에 븓들이디 말라(不拘時)<구상57>
　; 잇다감 發벓ᄒ며 잇다감 그처(時發時止)<구상13>
　; 빅얌쇤 ᄢᅴ(蛇螫着時)<구하74>

　　'ᄢᅢ, 적, 제'는 (時)에 대한 대역이다 『납약·두창·구상·구하』에는 'ᄢᅢ, 적, ᄣᅢ, 씽졂, 時節, 時刻, 잇다감, ᄢᅴ'로 『두시언해』에는 'ᄠᅳᆯ, ᄢᅴ, 적, 제, 時節'로 『석보상절』에는 '디, 삐, 적, 제'로『남명천계송언해』에는 '삐, 적, 제'로『정속언해』에는 '딛, 시절, 적, 제'로『훈몽자회』에는 '삑'로『유합·천자문』석봉 본에는 '시졀'로 광주 본에는 '삐니'로 주해 본에는 '시졀, 째'로 대역되었다. 語形 '잇다감'의 대역이 특이하다.

試 ; 디내다(시험, 쓰다, 뻐다)

 ; 만히 디내니 다 효험 잇더라(異試皆驗)<태요36>
 ; 시험ㅎ야 (試邈)<두창37>
 ; 쓰젹마다 효험이 만ㅎ더라(妙累試輒效)<두창26>
 ; 온 藥을 뻐도 됴티 아니ㅎ닐(百藥試之不效)<구하41>

　'디내다'는 (試)에 대한 대역이다.『두창·구하』에는 '시험, 쓰다, 뻐다'로『두시언해』에는 '맛보다, 비르서'로『유합』에는 'ㅎ야볼'로 字釋되었다.

匙 ; 술(술)

 ; 세셩 집의 가 믈 흔 술 식 엳고(三姓家水各匙)<태요37>
 ; 幹간薑갏 글을 세 수를 머기라(服幹薑屑三方寸匙)<구상33>

　'술'은 (匙)에 대한 대역이다.『구상·훈몽자회·유합』에 모두 '술'로 대역되었다.

食 ; 밥(먹다)

 ; 겨집이 밥 몯 먹그되(婦人不能食)<태요12>
 ; 열흔 거슬 먹디 말고(忌食熱物)<납약9>

　'밥'은 (食)에 대한 대역이다.『납약』에는 '먹다'로『두시언해』에는 '먹다, 밥, 밥먹다'로『석보상절·남명천계송언해』에는 모두 '먹다'로『정속언해·훈몽자회·천자문』광주·석봉 본에는 모두 '밥'으로 주해 본에는 '먹다, 일, 밥'으로『유합』에는 '머글, 밥'으로 대역되었다.

拭 ; 슷다

; 명디로 스서 업시ᄒ고(以帛拭去)<태요68>
; 당샹 큰 ᄊᆞ헤 부쳐 슷고(大常床搭拭)<구하72>

'슷다'는 (拭)에 대한 대역이다. 『구하』에도 '슷다'로 『두시언해』에는 '스저, 스주, 슷다'로 『유합』에는 '스를'로 『훈몽자회』에는 '쁠'로 字釋되었다.

新 ; ᄀᆞ, 선(ᄀᆞ, 새, ᄀᆞ, 새, 올희)
; ᄀᆞ 기른 믈에 ᄆᆞ라(新汲水調)<태요74>
; 선밤을 버혀 내듯ᄒᆞ야(採斫新栗)<태요31>
; ᄀᆞ 기른 우믈 믈의 ᄲᅡ ᄂᆞ리오라(新汲水調下)<납약29>
; 새 디애 우희 노코(置新瓦上用)<두창3>
; ᄀᆞ 기룬 므레 프러 헌ᄃᆡ ᄇᆞ로로(新水調搽凍破瘡上)<구상7>
; 새 업거든 므레 ᄆᆞᄅᆞ닐 프러도 ᄯᅩ 됴ᄒᆞ니라(無新者水和乾者亦得)<구상24>
; 올희 난 횟횟가지(新生槐枝)<구상30>

'ᄀᆞ, 선'은 (新)에 대한 대역이다. 『납약·두창·구상』에는 'ᄀᆞ, 새, 올희'로 『두시언해·석보상절·남명천계송언해·유합·천자문』 등에 모두 '새'로 대역되었다. 語形 '올희'의 대역이 특이하다.

伸 ; 펴다(펴다)
; ᄌᆞ식 빈 겨집이 몸을 펴든 니기를 즐겨 아니코(孕婦不肯舒伸行動)<태요21>
; 두 ᄇᆞᆯ흘 펴고(伸兩臂)<구상36>

'펴다'는 (伸)에 대한 대역이다. 『구상·두시언해·석보상절·유합』에는 모두 '펴다'로 『훈몽자회』에는 '기지게'로 字釋되었다.

顖 ; 숫구무(쉬숭긔)
; 아긔 머리 숫구무 우희 브티라(貼顖上)<태요75>
; 쉬숭긔 붓텨(貼顖門)<두창23>

'숫구무'는 (顖)에 대한 대역이다. 『두창』에는 '숏숭긔'로 대역되었다.

腎 ; 신장(신장)

　; 포의믹 낙이 신장의 믹엿고(胞絡者繫於腎)<태요47>
　; 신장 긔운으로 알른 증을 고틱ᄂ니(腎氣痛)<납약12>

　'신장'은 (腎)에 대한 대역이다. 『두창』에는 '신장'으로 『훈몽자회 · 유합』에는 '콩ᄑ'으로 字釋되었다.

失 ; 잃다(잃다, 그르ᄒ다, 몯ᄒ다)

　; ᄌ식이 날 길홀 일티 아니ᄒ야(兒不失其道)<태요22>
　; ᄆ춤내 그 됴셥ᄒᄂ 도리를 일허(終失調攝)<두창10>
　; 하외욤 그르ᄒ야(失欠)<구상79>
　; 痰이 마켜 소리 몯ᄒᄂ닐(痰塞失音)<구상2>

　'잃다'는 (失)에 대한 대역이다. 『두창 · 구상』에는 '잃다, 그르ᄒ다, 몯ᄒ다'로 『석보상절 · 남명천계송언해 · 정속언해』에는 모두 '잃다'로 『두시언해』에는 '잃다, 失ᄒ다, 그르ᄒ다, 흘리다, 업다'로 『유합』에는 '일흘'로 字釋되었다.

甚 ; ᄀ장(심히, 씸ᄒ다, ᄀ장, 뭇)

　; ᄀ장 됴ᄒ니라(甚妙)<태요33>
　; 이 방문이 심히 묘ᄒ니(此方甚妙)<두창26>
　; 甚씸ᄒ니란 아히 오좀 ᄒ 盞잔을 조쳐 머기라(服甚者加童子小便一盞)<구상35>
　; ᄀ장 됴ᄒ니라(甚效)<구하27>
　; 거믄 ᄑ 글혼 汁을 머구미 믓 됴ᄋ니라(黑豆煮汁服之甚良)<구하70>

　'ᄀ장'은 (甚)에 대한 대역이다. 『두창 · 구상 · 구하』에는 '심히, 씸ᄒ다, ᄀ장, 뭇'으로 『두시언해 · 석보상절』에는 '甚히'로 『유합 · 천자문』 광주 · 석봉 본에는 '심홀'로 주해 본에는 '심홀, 므슴'으로 대역되었다.

心 ; 가슴, 념통, ᄆᆞᅀᆞᆷ(가슴, 명치, ᄆᆞᅀᆞᆷ, ᄆᆞᅀᆞᆷ, 가슴, ᄆᆞᅀᆞᆷ, 안, 엄)

  ; 가슴 비 알ᄑᆞ며(心腹痛)<태요17>
  ; 수도틱 념통 피예 ᄆᆞ라(猯猪心血和)<태요27>
  ; ᄆᆞᅀᆞᆷ이 어즐러워 답답ᄒᆞ며(心中憒悶)<태요13>
  ; 과골리 가슴 비 알ᄑᆞ며(卒心腹痛)<납약2>
  ; 명치며 가슴의 머므러 이시며(留在心胸)<납약14>
  ; ᄆᆞᅀᆞᆷ과 정신이 어즐홈과(心神恍惚)<납약5>
  ; 사ᄅᆞᆷ의 마음이 본딕 허령ᄒᆞ딕(心本虛靈)<두창9>
  ; 가ᄉᆞᆯ맷 노햇다가 ᄎᆞ거든(以搏其心冷)<구상8>
  ; ᄆᆞᅀᆞ미 더워 氣分이 通ᄒᆞ며(心煖氣通)<구상8>
  ; 惡학風봉이 안히 답답ᄒᆞ야(惡風心悶)<구상2>
  ; 파 누른 엄으로(以葱黃心)<구상20>
  ; 마늘 반 되ᄅᆞᆯ 빠혀 고기양과 거프를 앗고(蒜半升破去心皮)<구상88>

  '가슴, 념통, ᄆᆞᅀᆞᆷ'은 (心)에 대한 대역이다.『납약·두창·구상』에는 '가슴, 명치, ᄆᆞᅀᆞᆷ, ᄆᆞᅀᆞᆷ, 안, 엄, 고기양'으로『두시언해』에는 'ᄆᆞᅀᆞᆷ, 가온데, ᄆᆞᅀᆞᆷ'으로『석보상절·남명천계송언해』에는 'ᄆᆞᅀᆞᆷ'으로『훈몽자회·천자문』광주 본에는 'ᄆᆞᅀᆞᆷ'으로 석봉·주해 본과『유합』에는 'ᄆᆞᅀᆞᆷ'으로 字釋되었다. 語形 '명치, 고기양'의 대역이 특이하다.

深 ; 들다(깁다, 깊다)

  ; 아긔 밧바당을 ᄒᆞᆫ 푼 두 푼 들게(兒足心深一二分)<태요24>
  ; 독이 깁프여 엿ᄐᆞ미오(毒之深淺)<두창38>
  ; 이 毒독을 마조미 기퍼(此是中毒之深) <구상33>

  '들다'는 (深)에 대한 대역이다.『두창·구상·두시언해』에는 '깁다, 깊다'로『석보상절·유합·천자문』광주 본에는 '기플'로 석봉 본에는 '기폴'로 주해 본에는 '기플, 기퍼'로 대역되었다. 語形 '들다'의 대역이 특이하다.

兒 ; 아긔, ᄌᆞ식(ᄌᆞ식, 아기)

; 몬져 아긔 아래롤 미러(先推兒下體)<태요23>

; ᄌ식이 즉제 나ᄂ니라(其兒逐生)<태요22>

; 병든 ᄌ식이 샹ᄒ리라(病兒必傷矣)<두창12>

; 제 아ᄇᆡ 일후믈 아기 밠바댱애 스면(取其父名書兒足下)<구하82>

　　'아긔'는 (兒)에 대한 대역이다. 『두창·구하』에는 'ᄌ식, 아기'로 『두시언해』에는 '아ᄃᆞᆯ, 아히, 삿기, 男兒'로 『석보상절』에는 '아ᄃᆞᆯ, 아히'로 『훈몽자회·유합·천자문』 광주·석봉 본에는 '아ᄃᆞᆯ, 아히'로 주해 본에는 '아히, 예가예'로 대역되었다. 語形 '예가예'의 대역이 특이하다.

芽 ; 엄

; 싱강 엄 파 마ᄂᆞᆯ(薑芽葱蒜)<태요14>

　　'엄'은 (芽)에 대한 대역이다. 『두시언해·훈몽자회』에는 '엄'으로 『유합』에는 '움'으로 字釋되었다.

惡 ; 구지다, 모디다, 슬허ᄒ다(독ᄒ다, 샹ᄒ다, 더럽다, 사오나온, 모딜다)

; ᄌ식 구지 셔ᄂ 병의 일홈이라(惡阻)<태요12>

; 모딘 피 안쎄예 흘러 드루모로(惡血流胞中故)<태요36>

; ᄌ식 빈 겨집이 음식 슬허ᄒ거든(姙婦惡食)<태요13>

; 독ᄒᆫ 버스시며(惡菌)<납약24>

; 술의 샹ᄒ여 토ᄒ며 눅눅ᄒ며(酒嘔吐惡心)<납약11>

; 더러온 내롤 내디 말라(惡臭未發)<두창14>

; 사오나온 내가(惡臭)<두창12>

; 모딘 피 ᄇᆡ 안해 이쇼믈 조쳐 고티ᄂ니라(治惡血在腹中)<구상86>

　　'구지다, 모디다, 슬허ᄒ다'는 (惡)에 대한 대역이다. 『납약·두창·구상』에는 '독ᄒ다, 샹ᄒ다, 더럽다, 사오나온, 모딜다'로 『두시언해』에는 '모디다, 믜여ᄒ다, 사오납다, 아쳗다'로 『석보상절』에는 '멎다'로 『남명천계송언해』에는 '모딜다'로 『유합』에는 '모딜, 아쳐'로 『천자문』 광주·석봉 본과 『훈몽자회』에는 '모딜'로 주해 본에는 '사오날, 뮈올엇지'로 대역되었다. 語形 '아쳗다'는 消滅語로 볼 수 있다.

齶 ; 하늘

  ; 목젓 아픠 하늘 우흘(懸雍前齶上)<태요68>

  '하늘'은 (齶)에 대한 대역이다. 다른 문헌에서 발견되지 않는 특이한 대역이다.

握 ; 줌, 쥐다(우희욤, 쥐오다)

  ; 파흰밑 두 줌을 딛게 달혀(葱白二握濃煮)<태요19>
  ; ㅅ나히ᄂᆞᆫ 왼 손내 쥐고 간나히ᄂᆞᆫ 올흔 손내 쥐고(男左女右手握)<태요29>
  ; 회횟가지 흔 우희욤을 두녁 그틀 버히고(槐枝一握去陃頭)<구상30>
  ; 두 소니 쥐오(兩手握)<구상15>

  '줌, 쥐다'는 (握)에 대한 대역이다. 『구상』에는 '우희욤, 쥐오다'로 『두시언해』
에는 '잡다, 쥐다'로 『유합』에는 '자블'로 字釋되었다. 語形 '우희욤'은 消滅語로
볼 수 있다.

安 ; 안치다, 편안ᄒᆞ다, 둫다(편안ᄒᆞ다, 간대로, 두다, 便뼌安안ᄒᆞ다, 놓다)

  ; 벽 우희 안치다(安塼上)<태요52>
  ; 틱를 편안케ᄒᆞ며 긔운늘 슌케ᄒᆞ고(安胎順氣)<태요16>
  ; 절로 도호ᄆᆞᆯ 기들우라(後其自安也)<태요12>
  ; 편안히 아니 홈을(不安)<납약27>
  ; 간대로 춤 아ᅀᆞ며 ᄯᆞᆷ 내욤ᄃᆞᆯ햇(安投取涎發汗等)<구상12>
  ; 나못 그늘해 두고(安於樹之陰下)<구상11>
  ; 즉재 便뼌安안 ᄒᆞᄂᆞ니라(卽安)<구상42>
  ; 귓구뭇 ᄀᆞᇫ새 노하 두면(安耳孔邊)<구하43>

  '안치다, 편안ᄒᆞ다, 둫다'는 (安)에 대한 대역이다. 『납약·구상·구하』에는
'편안ᄒᆞ다, 간대로, 두다, 便뼌安안ᄒᆞ다, 놓다'로 『두시언해』에는 '어느, 엇뎨, 편
안ᄒᆞ다'로 『남명천계송언해·정속언해·유합·천자문』광주·석봉 본에는 모두

'편안'으로 주해 본에는 '엇디'로 字釋되었다.

壓 ; 눌러(누르다, 지즐워다)

 ; 만일 틱긔 ᄀᆞ득ᄒᆞ야 ᄂᆞ려와 눌러(若胎壓下)<태요41>
 ; 귓거시 누르며 툐믈 아라(覺鬼物壓打)<구상21>
 ; 지즐워 기름 내야 ᄇᆞᄅᆞ라(壓取油塗之)<구상6>

　'눌러'는 (壓)에 대한 대역이다. 『구상』에는 '누르다, 지즐워다'로 『두시언해』
에는 '지즐다, 鎭壓ᄒ다'로 『석보상절』에는 'ᄂᆞ올, 누르다'로 『훈몽자회』에는 '지
즐울'로 『유합』에는 '누를'로 字釋되었다. 語形 '지즐워다'는 消滅語로 볼 수 있다.

艾 ; 뿍(뿍)

 ; 무근 뿍 초의 달혀 ᄆᆞᆯ로니(陳艾醋煮乾)<태요6>
 ; 니근 뿍(熟艾)<구상17>

　'뿍'은 (艾)에 대한 대역이다. 『구상·두시언해·훈몽자회』에는 '뿍'으로 『유
합』에는 'ᄉᆞ지발, 뿍'으로 대역되었다. 語形 'ᄉᆞ지발'은 消滅語로 볼 수 있다.

額 ; 니마

 ; 니마만 내왇고(只露額)<태요24>
 ; 쏘 니마희 슬디니(又額上亦書之)<구상16>

　'니마'는 (額)에 대한 대역이다. 『구상·훈몽자회·유합』에는 '니마'로 『석보
상절·남명천계송언해』에는 '니마ᄒ'로 對譯되었다.

野 ; 묏(산, 미햇)

 ; 묏도틱 기름을(野猪脂)<태요62>
 ; 산뎨돋고기과 쟝과 전국과(野猪肉及醬豉)<납약8>
 ; 미햇 ᄂᆞᄆᆞᆯ와 ᄆᆞᆯ간과 고기와(野菜馬肝肉)<구하60>

'뫼'은 (野)에 대한 대역이다. 『납약·구하』에는 '산, 미햇'으로 『두시언해』에는 '드르, 미해'로 『남명천계송언해』에는 '드르ㅎ, 뫼ㅎ'로 『훈몽자회』에는 '미'로 『유합』에는 '들'로 『천자문』 광주 본에는 '뫼'로 석봉 본에는 '드르'로 주해 본에는 '들, 야홀'로 대역되었다. 15세기 당시에는 語形 '드르, 미해' 쌍형으로 사용된 것으로 추정된다.

若 ; 만일(만일, ᄒ다가, 혹, 만일, ᄒ다가)
; 만일 빗기슭이 탕만ᄒ야(若小腹滿)<태요54>
; ᄒ다가 긔혈리 브죡ᄒ거든(若氣血不足)<태요32>
; 이 약이 만일 증의 마즈면(此藥若對症)<납약22>
; 혹 쇠리를 흔들면(若掉尾)<두칭31>
; 만일 신령이 이실쟉시면(若有神)<두창10>
; ᄒ다가 그 ᄆᆞᅀᆞᄆᆞᆯ 둣게 아니코(若不先溫其心)<구상8>

'만일'은 (若)에 대한 대역이다. 『납약·두창·구상』에는 '만일, ᄒ다가, 혹'으로 『두시언해』에는 '다, 어느, ᄒ다가, 만일'로 『석보상절·정속언해』에는 'ᄒ다'로 『유합·천자문』 광주·석봉 본에는 모두 'ᄀᆞ틀'로 주해 본에는 'ᄀᆞ틀, 향초, 슌홀, 너, 지혜'로 대역되었다. 語形 'ᄒ다가'는 消滅語로 볼 수 있다.

養 ; 치다(기ᄅᆞ다)
; 아기 치던 믈이니(養兒之水)<태요26>
; 잘 기ᄅᆞᄂᆞᆫ고로(善養)<두창2>

'치다'는 (養)에 대한 대역이다. 『두창』에는 '기ᄅᆞ다'로 『석보상절·남명천계송언해』에는 '치다'로 『훈몽자회·유합』에는 '칠'로 字釋되었다. 語形 '기ᄅᆞ다, 치다'는 現代語에서는 의미가 분화되어 사용되고 있다.

襁 ; 방지ᄒ다
; 방지ᄒᄂᆞᆫ 법은(襁法)<태요38>

'방지ᄒ다'는 (襀)에 대한 대역이다. 다른 문헌에서는 아직 발견되지 않고 있다.

釀 ; 빚다

; ᄀᄅ 누룩 석 냥 드러 비저(入白麴末三兩釀酒)<태요6>

'빚다'는 (釀)에 대한 대역이다. 『훈몽자회·유합』에는 '비즐'로 字釋되었다..

魚 ; 고기, 믈고기(믈고기, 고기, 믌고기, 믓고기)

; 몸이 고기 입 거품 ᄀ톤며(身如魚泡)<태요73>
; 비늘 업슨 믈고기(無鱗魚)<태요14>
; 믈고기 양의고기 도틱간(魚羊肉猪肝)<두창14>
; 고깃 쎄에 傷커든(魚骨所傷)<구상47>
; 믌고깃 쎄 걸우닐 고툐딕(治魚骨)<구상47>
; 믓고기 먹고 毒을 마자(食魚中毒)<구하57>

'고기, 믈고기'는 (魚)에 대한 대역이다. 『두창·구상·구하』에는 '믈고기, 고기, 믌고기, 믓고기'로 『두시언해·남명천계송언해·훈몽자회·유합·천자문』 등에는 모두 '고기'로 對譯되었다.

淹 ; 듐가다

; ᄒᄅᆺ 밤 듐가 짜가(淹一宿)<태요6>

'듐가다'는 (淹)에 대한 대역이다. 『두시언해』에만 '머믈다'로 『훈몽자회』에는 '즈믈'로 『유합』에는 '믈ᄃ믈'로 字釋되었다.

與 ; 주다(과, 그러ᄒ다, 주다)

; 아긔 입에 졋 주어 샐리면(兒口中與乳阮)<태요71>
; 면샹과 창난흔 곳만 시스미 가ᄒ니라(洗面上與瘡爛處可也)<두창30>
; 그러ᄒ니 먹이면 반ᄃ시 위틱ᄒ리라(與喫則必危)<두창11>
; 젹젹 주어 머기면(少少與服)<구상3>

'주다'는 (與)에 대한 대역이다. 『두창·구상』에는 '과, 그러ᄒ다, 주다'로 『두시언해』에는 '다못, 와'로 『석보상절』에는 '주다, 더불다, 돌'로 『남명천계송언해』에는 '주다, 더불다'로 『유합』에는 '다못, 더브리'로 대역되었다. 語形 '다못'은 消滅語로 볼 수 있다.

餘 ; 녀ᄂ다(남다, 남즉이, 남ᄌ기)

; 녀ᄂ 둘애랑 닝어로 뻐(餘月用鯉魚)<태요19>
; 그려도 어믜 머근 조ᄒ티 아니ᄒ 나믄 긔운이(然母之不潔餘氣)<두창1>
; 그 ᄭ오리 긋튼 ᄒ 치 남즉이 ᄢ이고(裂尾尖寸餘)<두창31>
; 一百 숨 남ᄌ기ᄒ고(百餘息.)<구상25>

'녀ᄂ다'는 (餘)에 대한 대역이다. 『두창·구상』에는 '남다, 남즉이, 남ᄌ기'로 『두시언해』에는 '기타다, 남다'로 『석보상절·남명천계송언해·정속언해』에는 '남다'로 『유합』에는 '나ᄆᆯ'로 『천자문』에는 '나ᄆᆯ'로 字釋되었다.

如 ; 듯ᄒ다, 마곰, 마치--드시(만일, 만일, 곧ᄒ다, 만, 만ᄒ다, ᄒ다가)

; 노흘 디픈듯ᄒ며(如切繩)<태요20>
; 잉도마곰 비븨여(如櫻桃)<태요45>
; 정산은 마치 밤 니거 뻐러디ᄃᆺ ᄒ여(正産如栗熟子落)<태요31>
; 도틱 발 네흘 먹드시(猪蹄四隻治如食)<태요61>
; 만일 인숨 달힌 믈과 싱강 즙이 업거든(如無人蔘湯薑汁)<납약5>
; 경풍증 ᄀᆞᆺ트니도 잇고(如風之症)<두창6>
; 만일 열휘 잇써든(如有熱候)<두창25>
; 기장ᄡᆞᆯ 곧ᄒ니(如黍米) <구상18>
; 콩낫만 곳굼긔 믈라(如豆大吹鼻中)<구상18>
; 大棗ㅅ ᄌᆞᆺ만 ᄒ닐(如棗核)<구상23>
; ᄒ다가 알픳 藥약이 업거든(如無前藥)<구상21>

'듯ᄒ다, 마곰, 마치, --드시'는 (如)에 대한 대역이다. 『납약·두창·구상』에는 '만일, ᄀᆞᆺ튼, 곧ᄒ다, 만, 만ᄒ다, ᄒ다가'로 『두시언해』에는 '곧다, ᄀᆞᆮ다'로 『석보상절』에는 'ᄃᆞ시, 듯ᄒ다'로 『남명천계송언해』에는 '곧ᄒ다, ᄀᆞᆮ, ᄃᆞ시, 듯ᄒ다'로

『정속언해』에는 '곧티'로 『유합』에는 'ᄀ툴, 만일'로 『천자문』 광주ㆍ석봉 본에는 'ᄀ툴'로 주해 본에는 'ᄀ툴, 갈, 엇지'로 대역되었다. 語形 'ᄒ다가'는 消滅語로 볼 수 있다.

易 ; 수이(ᄀ람ᄒ다, 굴다, 수비)

; ᄌ연히 수이 난ᄂ니라(自然易産)<태요13>
; 졸현이 스이븐 변ᄒ기 어려오되(卒未易辨)<두창6>
; 사름믈 ᄀ람ᄒ다(易人爲之)<구상10>
; 식거든 굴라(冷易)<구상10>
; 수비 돋ᄂ니라(易瘥)<구하15>

'수이'는 (易)에 대한 대역이다. 『두창ㆍ구상ㆍ구하』에는 '스이븐, ᄀ람ᄒ다, 굴다, 수비'으로 『두시언해』에는 '수이, 쉽다, 쉬이'로 『남명천계송언해』에는 '쉽, 수이'로 『정속언해』에는 '쉬, 수이, 밧고'로 『훈몽자회』에는 '밧ᄉᆯ'로 『유합』에는 '밧골, 쉬울'로 『천자문』 광주 본에는 '밧ᄉᆯ'로 석봉 본에는 '밧골'로 주해 본에는 '다ᄉ릴, 밧골, 쉬울'로 대역되었다. 語形 'ᄀ람ᄒ다'는 消滅語로 볼 수 있다.

逆 ; 갓고로((거스리다, 거ᄉ리다, 거스리다, 왜틀다)

; ᄀ릭 나며 갓고로 나ᄂ(産橫逆)<태요16>
; 혹 빗끼 낫커나 혹 거스리 나ᄂ 이룰(或橫或逆)<납약28>
; 긔운이 거스리 켜며(氣逆)<납약3>
; 氣킈分분이 거스러(逆氣上)<구상12>
; 발와 슬괘 왜트러 ᄎ 주리 가거든(四肢逆冷命在須臾)<구하49>

'갓고로'는 (逆)에 대한 대역이다. 『납약ㆍ구상ㆍ구하』에는 '거스리다, 거ᄉ리다, 거슬다, 왜틀다'로 『두시언해』에는 '거슬ᄯ다, 거슬다'로 『남명천계송언해』에는 '거슬, 거스리'로 『유합』에는 '거스릴'로 字釋되었다. 語形 '왜틀다'는 消滅語로 볼 수 있다.

亦 ; 또(또흔, 쏘흔)

  ; 여신산이 또 가흐니라(如神散亦可)<태요27>

  ; 쏘흔 긔묘흐니라(亦妙)<납약4>(亦)

  ; 쏘흔 됴흐니라(亦妙)<두창16>

  ; 혀 아래 너후미 또 됴흐니라(納於舌下亦得)<구상23>

    '또'는 (亦)에 대한 대역이다. 『납약·두창·구상』에 '또, 쏘흔'으로 『두시언해』
에는 '또'로 『유합』에는 '도'로 『천자문』 광주·석봉 본에는 '또'로 주해 본에는
'또, 겨드랑'으로 대역되었다. 語形 '겨드랑'의 대역이 특이하다.

吮 ; 셸다

  ; 졋 주어 셸리면(與乳吮)<태요71>

  ; 져즐 쌘디 못흐야(不能吮乳)<두창40>

  ; 졋 셸기를 싄둣디 못흐야(不省吮乳)<두창12>

    '셸다'는 (吮에 대한 대역이다. 『두창·훈몽자회』에 모두 '셸다'로 대역되었다.

嚥 ; 숨끼다(숨끼다 숨기다)

  ; 노겨 숨끼면 フ장 됴흐니라(化嚥之神效)<태요45>

  ; 머굼어 프러디거든 숨끼라(嚼化嚥之)<납약8>

  ; 粥죽 므를 漸졈漸졈 숨끼면 곧 사느니(粥淸稍稍嚥之卽活)<구상8>

    '숨끼다'는 (嚥)에 대한 대역이다. 『납약·구상』에는 '숨끼다'로 『훈몽자회』에
는 '숨씰'로 字釋되었다.

延 ; 므너다

  ; 둘이 므너 나니는(延月而生者)<태요8>

    '므너다'는 (延)에 대한 대역이다. 『두시언해』에는 '길다, 머물다, 혀다'로 『석
보상절』에는 '느리다'로 『유합』에는 '너븨, 긴댱'으로 대역되었다.

硏 ; 골다(골다, 골다, 딯다)

; 더운 믈에 フ라 머그면(溫水硏服)<태요29>
; 술의 フ라 흘녀 ᄂᆞ리오라(酒硏灌下)<납약22>
; 各 닷 홉과를 섯거 フ라(各五合右和硏)<구상3>
; 므르 디허 보까 덥게ᄒᆞ야(爛硏炒令熱)<구상68>

'골다'는 (硏)에 대한 대역이다. 『납약·구상』에는 '골다, 딯다'로 『훈몽자회
·유합』에 모두 '골다'로 字釋되었다.

煙 ; 닉(닉)

; 닉를 고해 쏘이면(煙熏鼻)<태요53>
; 닉 쟝ᄎᆞ 진홀만 ᄒᆞ거든(煙將盡)<두창3>
; ᄉᆞ외 ᄉᆞ론 닉예 ᄂᆞ출 다혀 쇠라(燒煙逼面熏之)<구하95>

'닉'는 (煙)에 대한 대역이다. 『두창·구상·두시언해·남명천계송언해·훈몽
자회·유합』 등 모두 '닉'로 대역되었다. 지금도 경상도 방언에서 아궁이에 불을
때면 나는 연기 때문에 눈물이 나는 것을 '내구럽다'로 표현하고 있다.

撚 ; 심지(쏘다, ᄆᆞ지다)

; 큰 죠히 심지 밍フ라(作大紙撚蘸)<태요67>
; 외오 쏜 죠희 노ᄒᆞ로(以左撚紙索子)<구상61>
; 모ᄌᆞ 허므를 주므르며 모글 ᄆᆞ지고(揉其項痕撚)<구상78>

'심지'는 (撚)에 대한 대역이다. 『구상』에는 '쏘다, ᄆᆞ지다'로 『훈몽자회』에는
'뱌빌'로 字釋되었다.

挺 ; 블어다

; 미티 블어나면(穀道挺迸)<태요20>

'블어다'는 (挺)에 대한 대역이다. 『유합』에만 'フᄅ디롤'로 字釋되었다.

熱 ; 더여다(덥다, 열, 쯧드시, 덥다, 덥달다, 봇다)

; 초롤 더여(醋熱煎)<태요52>
; 더온 믈의 프러 ᄂ리오(熱水化下)<납약6>
; 열이 나ᄂ니(發熱)<납약9>
; 김을 낸후의 쯧쯧시 덥게ᄒ야(然後出其水氣極熱)<두창29>
; 덥게ᄒ면 니 절로 열리라(令熱牙自開)<구상5>
; 지룰 너무 봇디 말오(灰勿大熱)<구상72>
; 덥다라 알ᄂ닐(熱痛)<구하17>

　　'더여다'는 (熱)에 대한 대역이다. 『납약·두창·구상·구하』에는 '덥다, 열, 쯧쯧시 덥게ᄒ다, 덥달다, 봇다'로 『두시언해』에는 '덥다, 더위, 더운'으로 『석보상절·정속언해』에는 '덥'으로 『남명천계송언해』에는 '더위'로 『유합·천자문』에는 '더울'로 字釋되었다.

葉 ; 거적(닙, 닙)

; 거적 ᄒ나 실고(一葉)<태요64>
; 박하 서너 닙플(薄荷三四葉)<두창19>
; 가짓 줄기와 닙 이우닐 글혀 시스라(茄子莖葉枯者煮洗之)<구상8>

　　'거적'은 (葉)에 대한 대역이다. 『두창·구상』에는 '닙'으로 『두시언해』에는 '닙, 닢'으로 『석보상절·남명천계송언해』에는 '닢'으로 『훈몽자회·유합』에는 '닙'으로 字釋되었다.

預 ; 미리(미리, 부으다)

; 나홀 들애 미리 쟝만ᄒ여 둘 약믈 들히라(臨産預備藥物)<태요62>
; 막다히룰 가져 미리 마고딕(持杖以豫防)<구하66>
; 나미 음월경과 톄미고 등약을 미리 츨려 두엇다가(豫備糯米飮月經猪尾膏等藥隨)<두창58>
; 사발 가온대 흙덩이 우희 씻텨 부으리(椀中土塊上豫備)<두창50>

'미리'는 (豫)에 대한 대역이다.『구하·두창』에는 '미리, 부으다'로『두시언해
·석보상절·유합·천자문』광주 본에는 모두 '미리'로 석봉·주해 본에는 '즐길,
깃글, 편알흘, 미리'로 대역되었다.

穢·汚 ; 더럽다(더럽다)

; 더러운 므스롤(波汚穢)<태요64>
; 대변의 더러온 탁흔 씌긋튼 거슬 누워브릴 쩌시니(大便遺下汚穢濁垕之物)<두창4>
; 어믜 복듕위 더러운 거슬 머거셔(食母腹中穢液)<두창1>

'더럽다'는 (穢·汚)에 대한 대역이다.『두창』에는 (穢·汚)에 대하여 '더럽다'로
『유합』에는 (穢)자를 '더럽다'로『두시언해』에는 (汚)자를 '더럽다'로 대역되었다.

烏 ; 검다(검다)

; 검은 암닭 쁘고(用烏雌雄)<태요19>
; 거믄 羊의 똥이 더욱 됴흐니라(烏羊屎尤佳)<구하6>

'검다'는 (烏)에 대한 대역이다.『구하』에는 '검다'로『두시언해』에는 '가마괴,
검다'로『훈몽자회·유합』에는 모두 '가마괴'로 字釋되었다.

熬 ; 고와, 달히다(봇다)

; 고와 걸거든(熬成膏)<태요16>
; 믈 서 되브어 달혀(水三升熬)<태요6>
; 지를 만히 봇가 덥게흐야(多熬灰使煖)<구상8>

'고와, 달히다'는 (熬)에 대한 대역이다.『구상』에는 '봇다'로『훈몽자회』에는
'봇글'로 字釋되었다.

五 ; 다닷(닷, 다닷, 대, 다)

; 다닷 돈 식(五錢)<태요3>
; 淸쳥 酒쥬룰 닷 되와(淸酒五升)<구상5>

; 다숫 호볼 머그면 됴ᄒᆞ리라(服五合差)<구상6>
; 마늘 대엿 나출 거플 밧기고(蒜五六枚去皮)<구상62>
; 방연 다엿 丸환을 숨끼라(方呑五七丸)<구하88>

‘다숫’은 (五)에 대한 대역이다. 『구상 · 구하』에는 ‘닷, 다숫, 대, 다’로 『두시언
해』에는 ‘다숫, 닷, 덧, 대’로 『석보상절 · 남명천계송언해 · 정속언해 · 훈몽자회
· 유합 · 천자문』 등에 모두 ‘다숫’으로 대역되었다. 단지 ‘대, 덧’으로 대역된 경
우는 ‘대자(五尺)’ 또 (四五)를 ‘너덧’으로 대역된 用例에서 찾아 볼 수 있다.

屋 ; 집(집)
; 오래 뷘 집 안해(多年空屋)<태요48>
; 쏘 집 우휫 南남녁 ᄀᆞ싯(又方屋上南畔)<구상10>

‘집’은 (屋)에 대한 대역이다. 『구상 · 두시언해 · 훈몽자회 · 유합』에 모두 ‘집’
으로 대역되었다.

溫 ; 드시ᄒᆞ다, 더여다, 덥다(ᄃᆞᆺ히, 덥다, ᄃᆞᆺᄒᆞ다, ᄃᆞᆺᄒᆞ다, ᄃᆞ사ᄒᆞ다, ᄃᆞ시
ᄒᆞ다, ᄃᆞᆫ, ᄃᆞ다)
; 칼ᄀᆞᆫ 지거미 믈로 드시ᄒᆞ야(以磨刀水溫)<태요25>
; 흔 잔 두 잔 식 더여 머그라(溫飮一二盃)<태요6>
; 블 퓌여 미양 덥게ᄒᆞ고(生火常令溫煖)<태요26>
; ᄃᆞ시히 ᄒᆞ여 머그라(溫服)<납약10>
; 날이 오래고 구들이이 더워(日久溫房)<두창12>
; ᄃᆞᆺᄒᆞᆫ 믈의 기야 머기되(溫水送下)<두창2>
; ᄃᆞᆺᄒᆞ여 머그되(溫服)<두창18>
; ᄃᆞ사ᄒᆞ여 머그라(溫服)<구상14>
; 半 호볼 ᄃᆞ시ᄒᆞ야 머구미 됴ᄒᆞ니라(半合溫服妙)<구상28>
; ᄃᆞᆫ 므레 프러 브ᅀᅥ(溫水調灌下)<구상4>
; ᄒᆞ다가 그 ᄆᆞᅀᆞᆷ믈 ᄃᆞᆺ게 아니코(若不先溫其心)<구상8>

‘드시ᄒᆞ다, 더여다, 덥다’는 (溫)에 대한 대역이다. 『납약 · 두창 · 구상』에는

'드스히, 드스ᄒ다, 드수ᄒ다, 드사ᄒ다, 드시ᄒ다, 드슨, 둣다'로『두시언해』에는 '溫和ᄒ다, 더위'로『유합』에는 '드슬'로『천자문』주해 본에는 '드슬, 온쟈, 니킬'로 광주·석봉 본에는 '드슬'로 字釋되었다.

臥 ; 눕다(뉘이다, 자다)

; 누을 제 ᄉ도 머그되(臨臥再服)<태요2>
; 업더리다 뉘이고(覆臥)<구상36>
; 자다가 씨디 몯ᄒ닐 고툐딕(療臥忽不悟愼)<구상24>

　　'눕다'는 (臥)에 대한 대역이다.『구상』에는 '뉘이다, 자다'로『두시언해』에는 '누워, 자ᄂ다'로『석보상절』에는 '눕다'로『훈몽자회』에는 '누을'로『유합』에는 '누올'로 字釋되었다.

緩 ; 우연ᄒ다(날회야)

; ᄒᆞᄅ 세 번 먹고 우연커든 사ᄒᆞᆯ애 ᄒᆞᆫ 번 머그라(一日三服緩則三日一服)<태요33>
; 노홀 날회야 그르고(緩解繩)<구상77>

　　'우연ᄒ다'는 (緩)에 대한 대역이다.『구상』에는 '날회야'로『두시언해』에는 '날호야, 느치다'로『남명천계송언해』에는 '우션ᄒ다'로『유합』에는 '느즐'로 字釋되었다. 語形 '날회야, 우션ᄒ다'는 消滅語로 볼 수 있다.

椀 ; 사발(사발)

; 믈 ᄒᆞᆫ 사발 브어(水一椀)<태요61>
; 사발 가온대 흙덩이 우희 씨텨 부으되(椀中土塊上豫備)<두창50>

　　'사발'은 (椀)에 대한 대역이다.『두창·유합』에는 '사발'로『두시언해』에는 (椀으로『훈몽자회』에서는 (盌)자을 '사발'로 字釋되었다.

曰 ; ᄀᆞᆯ오다(드려, 니로딕)

; 의혹 입문의 굴오듸(醫學入門曰)<태요1>
; 쥬인ᄃ려 니로듸(謂主人曰)<두창12>
;·쥬인이 웃고 니로듸(主人微笑曰)<두창12>

'굴오다'는 (曰)에 대한 대역이다. 『두창』에는 'ᄃ려, 니로듸'로 『두시언해』에
는 '니ᄅ다'로 『유합·천자문』광주·석봉 본에는 '굴'로 주해 본에는 '굴, 이예'
로 대역되었다. 語形 '이예'의 대역이 특이하다.

外 ; 밧(밧, 외요, 밧긔)
; 안 밧긔 블 퓌다(內外生火)<태요26>
; 혜 과글이 부러나 입 밧긔 나거든(舌忽脹出口外)<구상46>
; 밧겻틔셔 ᄒᆞᄂ 이를 붉기다 알 쎠시여늘(皆可明言外間事)<두창9>
; 외요 잇ᄂ 동ᅵᆼ 아디 못ᄒᆞ고(長兄在外不知)<두창45>

'밧'은 (外)에 대한 대역이다. 『구상·두창』에는 '밧긔, 밧, 외요'로 『두시언해』
에는 '밧긔'로 『석보상절·남명천계송언해·정속언해』에는 '밧'으로 『훈몽자회
·유합·천자문』광주·석봉 본에는 모두 '밧'으로 주해 본에는 '밧, 물리칠'로
대역되었다. 語形 '물리칠'의 대역이 특이하다. '외요'는 消滅語로 볼 수 있다.

要 ; 종요롭다(종요롭다)
; 종요 뫼혼(集要)<태요1>
; 종요로이 ᄂᆡ외를 안졍케ᄒᆞ고(要令內外安靜)<두창14>

'종요롭다'는 (要)에 대한 대역이다. 『두창』에는 '종요롭다'로 『두시언해』에는
'맞다, 조소로이, 청ᄒᆞ다, 要求ᄒᆞ다, 要約ᄒᆞ다, 要請ᄒᆞ다'로 『석보상절·남명천계
송언해』에는 '조ᅀᆞ로이'로 『유합』에는 '종요'로 『천자문』광주 본에는 '요강'으
로 석봉 본에는 '종요'로 주해 본에는 '종요, 부를, 구홀, 기ᄃ릴, 허리'로 대역되
었다. 語形 '종요롭다, 조소로이, 조ᅀᆞ롭다, 요강'은 消滅語로 볼 수 있다.

腰 ; 허리(허리)

; 허리를 구펴(曲腰)<태요47>
; 허리 알ᄅᆞ니가 이시니(作腰痛者)<두창16>

'허리'는 (腰)에 대한 대역이다. 『두창ㆍ두시언해ㆍ훈몽자회ㆍ유합』 등에 모두 '허리'로 대역되었다.

欲 ; ᄒᆞ고져ᄒᆞ다
; 허리 아파디 고져ᄒᆞ니(腰痛欲墮)<태요19>

'ᄒᆞ고져ᄒᆞ다'는 (欲)에 대한 대역이다. 『두시언해』에는 '-고져ᄒᆞ다, ᄒᆞ려뇨, -코 져, ᄒᆞ놋다'로 『유합』에는 'ᄒᆞ고져, 욕심'으로 대역되었다.

右 ; 올ᄒᆞᆫ녁, 이를(올ᄒᆞᆫ녁)
; 올ᄒᆞᆫ녁크로 도ᄂᆞᆫ 니ᄂᆞᆫ(右回首者)<태요10>
; 이를 졸게 싸ᄒᆞ라(右剉細)<태요50>
; 남자는 왼녁 겨지븐 올ᄒᆞᆫ 녀긔(男左女右)<구상20>

'올ᄒᆞᆫ녁, 이를'은 (右)에 대한 대역이다. 『구상』에는 '올ᄒᆞᆫ녁'으로 『두시언해』에는 '올ᄒᆞᆫ녁, 右녁'으로 『훈몽자회ㆍ천자문』 광주ㆍ석봉 본에는 '올ᄒᆞᆫ'으로 주해 본에는 '도올, 올ᄒᆞᆯ'로 『유합』에는 '올ᄒᆞᆫ녁'으로 字釋되었다.

遇 ; 만나다(만나다)
; 석둘 다ᄉᆞᆺ 둘 닐굽 둘 양월 곳 만나면(遇三五七陽月)<태요32>
; 풍한과 샤긔 샹박ᄒᆞ믈 만나면(遇風寒邪氣相)<두창2>

'만나다'는 (遇)에 대한 대역이다. 『두창』에는 '만나다'로 『두시언해』에는 '맛나다, 待遇ᄒᆞ다'로 『유합』에는 '만날'로 字釋되었다.

又 ; ᄯᅩ(ᄯᅩ, ᄯᅩ, ᄯᅩ)
; ᄯᅩ 향부ᄌᆞ 밍ᄀᆞ니(又香附)<태요5>

118 _태산집요언해 한자 대역어 연구

; 또 과골리 동동ᄒᆞ여 인ᄉᆞ를 출히디 못ᄒᆞ며(又治卒中風不省人事)<납약1>
; 또 금긔ᄂᆞᆫ(又忌)<두창14>
; 또 百會를 七壯을 ᄯᅳ라(又灸百會七壯)<구상3>

'ᄯᅩ'는 (又)에 대한 대역이다. 『납약·구상·두시언해·석보상절·유합』등에는 'ᄯᅩ'로 대역되었다.

尤 ; ᄀᆞ장(더옥, 더)

; ᄀᆞ장 급ᄒᆞ니 ᄉᆞᆷ튤음을 뻐(尤急宜用參尤飮)<태요41>
; 더옥 긔특ᄒᆞ니(尤妙)<납약20>
; ᄯᅩ 기룬 므리 더 됴ᄒᆞ니라(新汲水尤佳)<구상28>

'ᄀᆞ장'은 (尤)에 대한 대역이다. 『납약·구상』에는 '더욱, 더'로 『두시언해·유합』에는 '더욱'으로 대역되었다.

云 ; 글오ᄃᆡ

; 경의 글오ᄃᆡ(經云)<태요14>

'글오다'는 (云)에 대한 대역이다. 『두시언해』에는 '니ᄅᆞ다, 닐오다'로 『유합』에는 '니룰'로 『천자문』광주 본에는 'ᄀᆞ룰'로 석봉 본에는 '니룰'로 주해 본에는 '니룰, 구룸, 셩홀'로 대역되었다. 이중 주해 본에 '구룸'으로 字釋됨은 '云'을 '雲'으로 동일시한 誤譯이 아닌가 한다.

殞 ; 죽다

; ᄌᆞ식과 엄이 다 죽ᄂᆞ니(子母俱殞)<태요27>

'죽다'는 (殞)에 대한 대역이다. 『두시언해』에도 '죽다'로 대역되었다.

暈 ; 어즐ᄒᆞ다(횟두르다)

; 산후에 어즐ᄒᆞ야(産後血暈)<태요51>

; 피로 어즐코 답답고 어즐어으며(血暈悶亂)<납약4>
; 머리 횟두르며 누니 휘두르며(頭旋眼暈)<구상31>

'어즐ᄒ다'는 (暈)에 대한 대역이다. 『납약·구상』에는 모두 '횟두르다'로 『훈몽자회』에는 '모로'로 字釋되었다.

雄 ; 수(수, 숫, 수)
; 암수 두 그르시 몬져 도아(雌雄二器先就)<태요8>
; 흘레아닌 삿기 수돗글(未破陰小小雄猪)<두창31>
; 숫도틱 고기(雄猪肉)<두창13>
; 수들기 머리옛 피 내아(以雄雞頭取血)<구상26>

'수'는 (雄)에 대한 대역이다. 『두창·구상』에는 '수, 숫'으로 『두시언해』에는 '수, 雄壯ᄒ다'로 『훈몽자회·유합』에는 '수'로 字釋되었다.

元 ; 밑(설날, 본딕, 원긔, 제자해)
; 혈믹에 드러 미틔 도라오디 몯ᄒ모로(經不得還元故)<태요54>
; 한 설날 아젹의(正元)<납약33>
; 본딕 별증이 아닌거슬(元非別症)<두창59>
; 원긔룰 도로혀미 맛당ᄒ니라(以爲回元之地爲當)<두창65>
; 소ᄂ로 ᄲᅥᄆ딕룰 고텨 제자해가(以手整頓骨節歸元)<구하32>

'밑'은 (元)에 대한 대역이다. 『납약·두창·구하』에는 '설날, 본딕, 원긔, 제자해'로 『두시언해·남명천계송언해』에는 '본딕'로 『유합』에는 '머리'로 字釋되었다. 語形 '머리, 제자해'의 대역이 특이하다.

遠 ; 멀다(오라다)
; 먼딕 잇고(遠處)<태요25>
; 오라며 갓가오믈 뭇디 말며(無問遠近)<납약21>
; 바ᄂ리 가쳐 들어든 히 멀며 날 갓가옴 묻딕(針入皮膚不問遠年日)<구하7>

'멀다'는 (遠)에 대한 대역이다. 『납약·구하』에는 '오라다, 멀'로 『두시언해』에는 '머리, 먼, 먼딕'로 『석보상절·남명천계송언해·정속언해·훈몽자회·유합·천자문』 광주·석봉 본에는 모두 '멀'로 다만 주해 본에는 '멀, 멀리홀'로 대역되었다.

月 ; 둘(둘, 월경)
; 동짓 둘애는 화뢰예 잇고(十一月在爐)<태요66>>
; 네다숫 둘만의(四五月)<납약27>
; 월경이 막히며(月閉)<납약2>

'둘'은 (月)에 대한 대역이다. 『납약』에는 '둘, 월경'으로 『두시언해·석보상절·남명천계송언해·훈몽자회·유합·천자문』 등 모두 '둘'로 字釋되었다. 語形 '월경'은 한의서에서만 발견된다..

謂 ; 닐오다(니로다, ᄀᆞ로다)
; ᄒᆞᆫ 이슬 믜즈니 ᄀᆞ틱니 닐온 비오(如一露珠謂之胚)<태요7>
; 쥬인ᄃᆞ려 니로딕(謂主人)<두창12>
; 허튀 몬져 나ᄂᆞ니 ᄀᆞ로딕 거스리 난ᄂᆞ다 ᄒᆞᄂᆞ니(故脚先出謂之逆生)<구하81>

'닐오다'는 (謂)에 대한 대역이다. 『두창·구하』에는 '니로다, ᄀᆞ로다'로 『두시언해』에는 '니ᄅᆞ다, 너기다, 닐오다'로 『석보상절』에는 '니ᄅᆞ'로 『남명천계송언해·정속언해』에는 '니ᄅᆞ, 니르'로 『유합』에는 '니를'로 『천자문』 광주·석봉 본에는 '니를'로 주해 본에는 '닐을'로 字釋되었다.

痿 ; 싀라디다
; 긔운이 싀라디고 눈을 혀고(氣痿目䀼)<태요27>

'싀라디다'는 (痿)에 대한 대역이다. 다른 문헌에서는 발견되지 않는 語形이다.

爲 ; 밍글다(삼다, 삼다, 싀쟝, 밍글다, 짓다)

; 디허 ᄀᄅ 밍ᄀᆞ라(搗爲末)<태요2>

; 흔 졔를 삼을 찌니(爲一劑)<납약16>

; 년ᄒᆞ야 삼두음을 머겨 ᄒᆞ리기로 흔을 사마ᄒᆞ라(連用三豆飮以差爲度)<두창60>

; 춤 숨쇠되 됴흔 신장ᄒᆞ라(嚥津以差爲度)<구상46>

; ᄀᄂᆞ라 ᄀᆞ라 ᄀᄅ 밍ᄀᆞ라(細硏爲末)<구상7>

; 散을 지오되 服마다 서 돈곰ᄒᆞ야(爲散每服三錢)<구하41>

'밍ᄀᆞᆯ다'는 (爲)에 대한 대역이다. 『납약·두창·구상·구하』에는 '삼다, 신장, 밍ᄀᆞᆯ다, 짓다'로 『두시언해』에는 'ᄃᆞ외다, 밍ᄀᆞᆯ다, 삼다, ᄒᆞ다, 爲ᄒᆞ다'로 『석보상절』에는 '삼다, 위ᄒᆞ다, ᄒᆞ다'로 『남명천계송언해』에는 'ᄃᆞ외다, 삼다, ᄒᆞ다, ᄒᆞ요다'로 『정속언해』에는 '삼다, ᄒᆞ다'로 『유합』에는 'ᄒᆞ다'로 『천자문』 광주·석봉본에는 'ᄒᆞᆯ'로 주해 본에는 '위ᄒᆞ다, ᄒᆞ다'로 대역되었다.

位 ; 디위

; 임디예랑 산부의 자리 보고(壬位安産婦床)<태요63>

'디위'는 (位)에 대한 대역이다. 『두시언해』에는 '벼슬, 位'로 『훈몽자회·유합·천자문』 광주·석봉 본에는 모두 '벼슬'로 단지 주해 본에는 '자리, 항렬'로 대역되었다.

危 ; 위퇴ᄒᆞ다(위퇴ᄒᆞ다, 위퇴롭다)

; 쳔증이 ᄀᆞ장 위퇴ᄒᆞ여 주그리하니(喘極危多死)<태요55>

; 그러ᄒᆞ니 먹이면 반ᄃᆞ시 위퇴ᄒᆞ리라(與喫則必危)<두창11>

; 위퇴로오니 급피 보유원탕을 쓰되(危急用保元湯)<두창41>

'위퇴ᄒᆞ다'는 (危)에 대한 대역이다. 『두창』에는 '위퇴ᄒᆞ다, 위퇴롭다'로 『두시언해』에는 '높다, 바ᄃᆞ랍다'로 『유합』에는 '위퇴'로 字釋되었다. 語形 '바ᄃᆞ랍다'는 消滅語로 볼 수 있다.

油 ; 기름(길름, 기름)

; 도ᄐᆡ기름 ᄎᆞᆷ기름(猪脂香油)<태요26>
; 길ᄅᆞᆷ의 쵸ᄒᆞᄂᆞᆫ 내(油炒)<두창14>
; 지즐워 기름내야 ᄇᆞᄅᆞ다(壓取油塗之)<구상6>

'기름'은 (油)에 대한 대역이다. 『두창 · 구상』에는 '길ᄅᆞᆷ, 기름'으로 『석보상절』에는 '기름, 기ᄅᆞᆷ'으로 『훈몽자회 · 유합』에는 모두 '기름'으로 字釋되었다.

有 ; 잇다
; ᄌᆞ식 잇게ᄒᆞᆫ 방문(有子方)<태요6>
; ᄒᆡᆫ 기시 기장ᄡᆞᆯ ᄀᆞᆮᄒᆞ니 잇ᄂᆞ니(有白如黍米)<구상18>
; 블현ᄃᆡ 이셔 ᄀᆞ오 누르이닌(有於燈光前魘)<구상22>

'잇다'는 (有)에 대한 대역이다. 『구상』에는 '이시, 잇'으로 『두시언해』에는 '겨시다, 두다, 잇다'로 『남명천계송언해』에는 '겨시다, 이시다'로 『정속언해』에는 '잇다'로 『유합 · 천자문』 광주 · 석봉 본에는 '이실'로 주해 본에는 '이실, 또'로 대역되었다.

乳 ; 졎(젓, 졎, 젓)
; 왼 져제 ᄆᆞᆼ올이 이시면(左乳房有核)<태요11>
; 젓 즙의 ᄂᆞ리오ᄃᆡ(乳汁送下)<납약29>
; 다만 젓 먹이ᄂᆞᆫ 어미가(但乳母)<두창12>
; 사ᄅᆞᄆᆡ 젓과 三삼年년 무근 쟝과(人乳汁三年陣醬)<구상3>

'졎'은 (乳)에 대한 대역이다. 『납약·두창·구상』에는 '젓, 졎'으로 『두시언해』에는 '삿기, 졎'으로 『석보상절』에는 '졎'으로 『남명천계송언해 · 유합 · 훈몽자회』에는 '젓'으로 대역되었다.

愈 ; 둏다(둏다, 흐리다, 됻ᄂᆞ니라, 살다)
; 반ᄃᆞ시 됻ᄂᆞ니라(必愈)<태요13>
; 즉시 됴코(卽愈)<납약14>

; 덕지 지어 흐리느니(以作痂差愈)<두창28>

; 나 마초흐면 즉재 둗느니라(年壯立愈)<구상2>

; 즉재 사느니라(立愈)<구상16>

'둏다'는 (愈)에 대한 대역이다. 『납약·두창·구상』에는 '둏다, 흐리다, 둗느니라, 살다'로 『두시언해』에는 '둏다, 더욱'로 『석보상절』에는 '됴흐다'로 『유합』에는 '병됴홀, 더을'로 대역되었다. 語形 '흐리다'는 消滅語로 볼 수 있다.

遊 ; 놀다(놀아나다)

; 닐굽 돌애 넉시노라(七月遊其魂)<태요8>

; 시혹 뷘 춘 房의 놀아나(或遊空冷屋室)<구상15>

'놀다'는 (遊)에 대한 대역이다. 『구상』에도 '놀아나다'로 『두시언해』에도 '노롬, 노느다, 노니다'로 『석보상절』에는 '놀'로 『남명천계송언해』에는 '놀, 노니'로 『유합』에는 '노닐'로 『천자문』 광주 본에는 '노릴' 석봉 본에는 '노닐'로 주해 본에는 '놀'로 字釋되었다.

楡 ; 느릅 나모(느릅 나못)

; 느릅 나모 겁질 둘히라(楡白皮之類)<태요26>

; 느릅 나못 거츠로(以楡皮)<구하73>

'느릅 나무'는 (楡)에 대한 대역이다. 『구상·훈몽자회』에는 '느릅 나못'으로 대역되었다.

肉 ; 고기, 술(고기, 고기, 갖)

; 물고기 나귀고기(馬肉驢肉)<태요14>

; 다은 블근 술만 잇거든(但是紅肉)<태요73>

; 노올이며 고기 독이며(蠱毒肉毒)<납약4>

; 진 羊이 기름과 고기와(肥羊脂肉)<구상51>

; 하 덥게흐야 가치 헐에 말라 츠거든(令大熱恐破肉冷則易之)<구하36>

'고기, 술'은 (肉)에 대한 대역이다. 『납약·구상·구하』에는 '고기, 갗'으로 『두시언해』에는 '고기, 술ㅎ'로 『월인석보』에는 '술'로 『훈몽자회·유합』에는 '고기'로 字釋되었다. 15세기 당시 이미 '고기, 술'은 독립된 의미로 사용된 것으로 추정된다.

六 ; 여슷

; 향부ᄌᆞ 각 여슷 돈(香附子各六錢)<태요4>
; 여슷 分분에 니르거든 즛의 잇고(至六去滓)<구상63>
; 믈 엿 되예 글혀 두 되를 取츙ᄒᆞ야(水六升煮取二升)<구상70>

'여슷'은 (六)에 대한 대역이다. 『구상』에는 '여슷, 엿'으로 『석보상절·남명천계송언해·훈몽자회』에는 '여슷'으로 『유합』에는 '여슷'으로 字釋되었다.

潤 ; 적시다

; 치ᄌᆞ를 적시고 지남셕 달힌 믈 ᄒᆞᆫ 잔을 머그면(潤子腸飲磁石煎湯一盞)<태요25>

'적시다'는 (潤)에 대한 대역이다. 『두시언해』에는 '젖다, 潤澤, 빗나다'로 『유합』에는 '부를'로 字釋되었다.

瘖 ; 말몯ᄒᆞ다

; 아홉 ᄃᆞᆯ애 말 몯ᄒᆞ니(九月而瘖)<태요47>

'말몯ᄒᆞ다'는 (瘖)에 대한 대역이다. 『훈몽자회』에 '버워리'로 字釋된 語形이 있을 뿐이다.

飮 ; 먹다, 솰다(마시다, 먹다, 마시다, 먹다)

; 드리워셔 ᄒᆞᆫ 잔 두 잔 식 더여 머그라(溫飮一二盃)<태요6>
; 입이 조리혀 져줄 몯 ᄲᆞᆯᄂᆞ니(撮口不飮乳)<태요69>
; ᄠᅢᄠᅢ로 마시면(時時飮)<납약3>
; 비로소 죽 믈을 머그니(始進粥飮)<두창44>

; 또 물 죵을 따 즈블 取ᄒᆞ야 마시라(又方馬屎絞取汁飮之)<구상24>
; 두 服에 ᄂᆞ화 머그면 됻ᄂᆞ니라(分二服飮至愈)<구상9>

　　'먹다, 샬다'는 (飮)에 대한 대역이다. 『납약·두창·구상·두시언해』에는 '마시다, 먹다'로 『석보상절·남명천계송언해』에는 '마시다'로 『훈몽자회』에는 '마실'로 『유합』에는 '마실, 머길'로 대역되었다. 語形 '샬다'의 대역이 특이하다.

凝 ; 얼의다(엉긔다)
; 졍혈이 얼의여(精血凝)<태요7>
; 어혈이 엉긔여 막혀(瘀血凝滯)<납약16>

　　'얼의다'는 (凝)에 대한 대역이다. 『납약』에는 '엉긔다'로 『두시언해·남명천계송언해』에는 '얼의다'로 『유합』에는 '얼읠'로 字釋되었다. 語形 '얼의다'는 '엉긔다'에 의하여 消滅된 語辭로 볼 수 있다.

宜 ; 맛당ᄒᆞ다(맛당이, 맛당히, 맛당ᄒᆞ다)
; 고본건 양단과 오ᄌᆞ연종환이 맛당ᄒᆞ니라(宜固本健陽丹五子衍宗丸)<태요1>
; 맛당이 빼로 적게 머기면(宜時少與服)<납약32>
; 맛당히 히독 방풍탕 두어 텁을 뼈(宜用解毒防風湯數貼)<두창53>
; 져기 추게ᄒᆞ야 머거ᅀᅡ 맛당ᄒᆞ리라(宜小冷爾)<구하54>

　　'맛당ᄒᆞ다'는 (宜)에 대한 대역이다. 『납약·두창·구하』에는 '맛당이, 맛당히, 맛당ᄒᆞ다'로 『유합』에는 '맛당'으로 字釋되었다.

意 ; 싱각ᄒᆞ다(ᄠᅳᆺ, ᄠᅳᆮ)
; 싱각ᄒᆞᄂᆞᆫ 거슬 머기면 반ᄃᆞ시 됴ᄂᆞ니라(臨意喫必愈)<태요13>
; 내 ᄠᅳᆺ의 혜오ᄃᆡ(余意以爲)<두창34>
; 病흔 사ᄅᆞᄆᆡ ᄠᅳ들조차(隨病人意)<구상31>

　　'싱각ᄒᆞ다'는 (意)에 대한 대역이다. 『두창·구상』에는 'ᄠᅳᆺ, ᄠᅳᆮ'로 『두시언해』

에는 ‘쁟’로 『석보상절 · 남명천계송언해』에는 ‘쁟’으로 『정속언해』에는 ‘뜯’으로 『유합』에는 ‘쁟’으로 字釋되었다. 語形 ‘싱각ᄒᆞ다’의 대역이 특이하다.

二 ; 두

; 파극 두 냥(巴戟二兩)<태요2>

; ᄎᆞᆫ 추미 ᄒᆞᆫ 두 되만 나면(冷涎出一二升)<구상4>

‘두’는 (二)에 대한 대역이다. 『구상』에는 ‘두’로 『두시언해 · 석보상절』에는 ‘두, 둘ㅎ’로 『남명천계송언해』에는 ‘두, 둘ᄒᆞ’로 『훈몽자회 · 유합 · 천자문』에는 모두 ‘두’로 字釋되었다.

益 ; 더으다(더, 더옥)

; 혈을 더으고 혈을 구틸 약을 ᄡᅳ거시니(用益血固血之藥)<태요26>

; 청ᄒᆞ야 더 ᄡᅳ라ᄒᆞ나(請益刺破)<두창51>

; 만히 ᄒᆞ도록 더옥 됴다(多多益善)<두창29>

‘더으다’는 (益)에 대한 대역이다. 『두창』에는 ‘더, 더옥’으로 『두시언해』에는 ‘더욱, 有益ᄒᆞ다, 利益’으로 『석보상절』에는 ‘더욱’이고 『유합 · 천자문』에는 모두 ‘더을’로 字釋되었다.

忍 ; 견듸다(견듸다, ᄎᆞᆷ다)

; 견듸디 몯ᄒᆞᄂᆞ니(不可忍)<태요49>

; 만일 알키를 ᄎᆞᆷ아 견듸디 못ᄒᆞ거든(若痛不可忍用)<두창30>

; 알포믈 ᄎᆞᆷ디 몯ᄒᆞ닐(痛不可忍)<구상7>

‘견듸다’는 (忍)에 대한 대역이다. 『두창 · 구상』에는 ‘견듸다, ᄎᆞᆷ다’로 『두시언해』에는 ‘견듸다, 견듸다, ᄎᆞᆷ다’로 『석보상절 · 남명천계송언해 · 정속언해 · 유합』 등에는 모두 ‘ᄎᆞᆷ다’로 대역되었다. 語形 ‘견듸다, ᄎᆞᆷ다’는 現代語에서는 의미가 분화되어 사용되고 있다.

引 ; 둥긔다(켜다, 둥기다, 굼다)
  ; 빈알키 허리과 등을 둥긔면(腹痛引腰脊)<태요20>
  ; 톱켜는 소리 궃트니(如引鉅聲)<두창34>
  ; 즈녹즈기 둥기면(徐徐引)<구상49>
  ; 즈녹즈녹기 굼어 내면(徐徐引)<구하45>

  '둥긔다'는 (引)에 대한 대역이다. 『두창·구상·구하』에는 '켜다, 둥기다, 굼다'로 『두시언해』에는 '혀다, 引接ᄒ다, 引ᄒ다'로 『유합』에는 '열댱, 혈'로 『훈몽자회·천자문』 광주·석봉 본에는 '혈'로 주해 본에는 '둘릴, 길'로 대역되었다. 語形 '혀다'는 '켜다'에 의하여 消滅된 語辭로 볼 수 있다.

日 ; 날, 히(날, ᄒᆞᄅᆞ, 날, 낫, 낮, ᄒᆞᄅᆞ, ᄒᆞ로, 히, ᄒᆞᄅᆞ, 날마다)
  ; 겨집이 월경 나는 날브터(待經行之日)<태요4>
  ; 힛빗 먼듸 잇고(日色遠處)<태요25>
  ; 알는 날 새배(發日早晨)<납약27>
  ; ᄒᆞᄅᆞ 두 번 식 머그라(日再服)<납약6>
  ; 날이 오래고 구들이 더워(日久溫房)<두창12>
  ; 밤낫 업시 싯기놀 스므나믄 번 식 ᄒᆞ면(日夜數十次)<두창29>
  ; 나지나 밤이나(日夜)<두창47>
  ; ᄒᆞᄅᆞ ᄉᆞ이로셔 다 머기면(一日之內用盡)<두창4>
  ; ᄒᆞ로 두 복 식 머기미 가ᄒᆞ니라(日再服可也)<두창49>
  ; 히가 물그니(日朗)<두창36>
  ; ᄒᆞᄅᆞ 세 버니나 다ᄉᆞᆺ 버니나 ᄒᆞ라(日三五次)<구상6>
  ; 쇠 오조믈 날마다 두 번 딕고(牛溺日二點)<구하42>

  '날, 히'는 (日)에 대한 대역이다. 『납약·두창·구상·구하』에는 '날, ᄒᆞᄅᆞ, 낫, 낮, ᄒᆞ로, 히, 날마다'로 『두시언해』에는 '날, 낫, 낮, 아침, 적, 히, 힛빗'으로 『석보상절·남명천계송언해·정속언해·유합·천자문』에는 '날'로 『훈몽자회』에는 '나실'로 字釋되었다. 語形 '날, 낮, 히'는 독립된 의미로 사용되었다.

一 ; 첫, 흔, ᄒᆞᄅᆞ

; 첫 들이어든 거믄 암둙 쓰고(一月用烏雌雞)<태요19>
; 샤상ᄌ 봇ᄀ니 각 흔 양 반(蛇床子炒各一兩牛)<태요2>
; ᄒ룻밤 ᄃᆞᆷ가 ᄍᆞ가(淹一宿)<태요6>
; 各各 흔 돈을 사ᄒ라(細切各一錢)<구상1>
; 馬망嘲햄 쇠ᄒ나홀 믈 세 잔ᄋ로(馬嘲鐵一具右用水三盞)<구상43>

'첫, 흔, ᄒ루'는 (一)에 대한 대역이다. 『구상』에는 '흔, ᄒ나ᄒ'로 『두시언해』
에는 '흔, 흔가지, 흔번, ᄒ룻'으로 『석보상절 · 남명천계송언해 · 정속언해』에는
'흔낳, 흔'으로 『유합 · 훈몽자회 · 천자문』 광주 · 석봉 본에는 모두 '흔'으로 주
해 본에만 '흔, 인온, 젼일'로 대역되었다. 語形 '인온'의 대역이 특이하다.

妊 ; ᄌᆞ식비다
; ᄌᆞ식 빌 밍되라(妊之兆也)<태요9>

'ᄌᆞ식비다'는 (妊)에 대한 대역이다. 『훈몽자회』에만 '빌'로 字釋된 語形이 발
견될 뿐이다.

入 ; 차다, 넣다, 붓다(넣다, 담다, 들다)
; ᄌᆞ식 빌 겨집이 들차셔 빈알기(孕婦入月腹痛)<태요21>
; 강즙에 녀허(入汁)<태요43>
; 믈 흔 되 브어(入水一盞)<태요49>
; 너티 아니ᄒᆞ야(不入)<납약5>
; 대통의 약을 다마 ᄌᆞ조 불리(以竹筒吹入)<두창46>
; 빈예 들에ᄒ며(入腹)<구상10>

'들다'는 (入)에 대한 대역이다. 『태요 · 납약 · 두창』에는 '차다, 넣다, 붓다, 담
다'로 『두시언해 · 석보상절 · 남명천계송언해 · 정속언해 · 유합 · 천자문』 광주 ·
석봉 본 등에 모두 '들'로 對譯되었다. 주해 본에만 '드릴, 들'로 字釋된 語例가
발견되고 있다.

孕 ; ᄌᆞ식 비다, 틱, 틱긔(아기빈다)

 ; ᄌᆞ식 빈 믹은 굵고 ᄌᆞᆫᄂᆞ니라(孕脉洪數)<태요9>
 ; 비 ᄀᆞ장 아프면 틱오(腹中大痛是孕)<태요10>
 ; 반ᄃᆞ시 틱긔 되디 몯ᄒᆞᄂᆞ니(必不成孕)<태요1>
 ; 아기 빈 겨지비 나호려홀 져기(孕婦欲産時)<구하81>

    'ᄌᆞ식비다, 틱, 틱긔'는 (孕)에 대한 대역이다. 『구하』에는 '아기빈다'로 『석보
상절』에는 '비다'로 『훈몽자회 · 유합』에는 '빌'로 字釋되었다.

仍 ;-ᄒᆞ고

 ; 덥게ᄒᆞ고 허리 아래를 두터이 더펴(溫爛仍厚覆下體)<태요26>
 ; ᄀᆞ장 니기ᄒᆞ고 몬져 큰 ᄲᆞᆼ나모 두서흘 글히야(極爛仍先選揀大寶桑樹三兩)<구상81>

    '-ᄒᆞ고'는 (仍)에 대한 대역이다. 『구상』에도 '-ᄒᆞ고'로 『두시언해』에는 '지즈
로'로 『유합』에는 '젼대로홀'로 字釋되었다. 語形 '젼대로홀'의 대역이 특이하다.

者 ; 사름(사람)

 ; 나히ᄂᆞᆫ 사름이 날회여(收生者徐徐)<태요23>
 ; 마ᄌᆞᆷ 싱고기 주ᄂᆞᆫ 사람이 이셔(有饋生肉者)<두창12>

    '사름'은 (者)에 대한 대역이다. 『두창』에는 '사람'으로 『두시언해』에는 '사름,
닌, 者'로 『석보상절 · 정속언해 · 천자문』 광주 · 석봉 본에는 '놈'으로 주해 본에
는 '놈, 어조사'로 字釋되었다.

紫 ; 검블다(검블다)

 ; 혹 검블그며 혹 거므며(或紫或黑)<태요1>
 ; 빗치 넘우 블거 검븕기에 다ᄃᆞ른 거슨(色太紅近紫者) <두창48>

    '검블다'는 (紫)에 대한 대역이다. 『두창』에는 '검블다'로 『두시언해 · 천자문』
에는 '블근'으로 『훈몽자회 · 유합』에는 'ᄌᆞ디'로 字釋되었다.

子 ; 아긔, 삐, 알, 즈식(알, 삐, 子息)
  ; 아긔 길히 ᄆᆞᄅᆞ면(子路乾澁)<태요26>
  ; 아혹 삐 활셕 느릅 나모 겁질(葵子滑石楡白皮)<태요26>
  ; 올히알 ᄒᆞ나를 ᄲᅥ려(鴨子一箇)<태요43>
  ; 즈식 구ᄒᆞ여(求子)<태요1>
  ; ᄃᆞᆰ긔앐 믈ᄀᆞᆫ 므레 ᄆᆞ라(以雞子淸調)<구상7>
  ; 누에 삐를 조히 업게ᄒᆞ고(去蠶子潔淨)<구상37>
  ; 子息과 어미왜 다 죽ᄂᆞ니(子母俱亡)<구하81>(子);

  '아긔, 삐, 알, 즈식'은 (子)에 대한 대역이다.『구상·구하』에는 '알, 삐, 子息'
으로『두시언해』에는 '그듸, 사ᄅᆞᆷ, 삿기, 삐, 아들'로『남명천계송언해』에는 '아
들'로『정속언해』에는 '즈식'으로『훈몽자회·유합·천자문』석봉 본에는 모두
'아들'로 광주 본에는 '아ᄃᆞ'로 주해 본에는 '즈식, 그듸, 벼슬'로 대역되었다. 語
形 '벼슬'의 대역이 특이하다.

自 ; 절로(붓터, 스스로, 절로, 즈연히, 절로)
  ; 절로 됴호ᄆᆞᆯ 기슬우라(候其自安也)<태요12>
  ; 처음붓터 ᄆᆞᆺ도록(自始至終)<두창13>
  ; ᄀᆞ렵던 거시 스스로 지ᄒᆞ고(痒者自止)<두창29>
  ; 절로셔 ᄯᆞᆷ 나며(自汗)<두창6>
  ; 즈연히 어육을 ᄉᆡᆼ각디 아니ᄒᆞᄂᆞᆫ 거슬(自不思魚肉而)<두창11>
  ; 절로 열리라(自開)<구상2>

  '절로'는 (自)에 대한 대역이다.『두창·구상』에는 '절로, 붓터, 스스로, 즈연
히'로『두시언해』에는 '그듸, 내, 스싀로, 저희, 절로, 제, 브터'로『남명천계송언
해』에는 '즈개, 제'로『유합·훈몽자회』에는 '스스로'로 字釋되었다.

煮 ; 글히다, 달히다(달히다, 굽지지다, 글히다, 숢다)
  ; 다시 글혀 파 닉거든 머기면 됴ᄒᆞ니라(再煮葱熱食之佳)<태요19>
  ; 무근 쑥 초의 달혀(陳艾醋煮)<태요6>

; 거믄 콩 달힌 즙을 먹고(黑豆煮汁服)<납약9>
; 믈읫 ᄉ로ᄂᆞ 내 굽지ᄂᆞᆫ(凡燒煮)<두창14>
; 가짓 줄기와 닙 이우닐 글혀 시스라(茄子莖葉枯者煮洗之)<구상8>
; 술ᄆᆞᆫ 므를 덥게ᄒᆞ야(煮汁熱)<구상6>

    '글히다, 달히다'는 (煮)에 대한 대역이다. 『납약·두창·구상』에는 '달히다, 굽지지, 글히다, 솖다'로 『두시언해』에는 '글히다, 솖다'로 『남명천계송언해』에는 '글히다'로 『훈몽자회·유합』에는 '술믈'로 字釋되었다. 語形 '글히다, 솖다' 는 독립된 의미로 분화되었다.

刺 ; 주다, 뛸어다(ᄊᆞ다, 주다, 침, 디르다, 디ᄅᆞ다, 뛸어다, 뛸이다, 가싀, 딜이다)
; 아긔 밧바당을 ᄒᆞᆫ 푼 두 푼 들게 서너곤 주고(兒足心深一二分三四刺)<태요24>
; 뛸어 듧고(刺穿)<태요69>
; 홈ᄤᅢ예 다 ᄊᆞ디 못ᄒᆞᆯ거시니(不可一時盡刺)<두창52>
; 곳 두 세 번 주면(一處數三刺)<두창52>
; 침 주ᄂᆞᆫ 법은(刺破之法)<두창62>
; 믄득이 두미 길ᄒᆞ로 디르ᄂᆞᆫ돗 ᄒᆞ야(卒着如人刀刺)<구상18>
; 冷氣分이 디ᄅᆞ저겨 알ᄑᆞ 닐(冷氣刺痛)<구상6>
; ᄯᅩ 人中을 숏 토브로 오래 뛸어시며(又云爪刺人中良久)<구상40>
; 고깃 ᄲᅧ 뛸인ᄃᆡ 고티ᄂᆞ니라(治魚刺)<구상53>
; 가싀 슬해 들며(刺入肉)<구하2>
; 믈 ᄲᅧ에 딜이며(馬骨所傷刺)<구하15>

    '주다, 뛸어다'는 (刺)에 대한 대역이다. 『두창·구상·구하』에는 'ᄊᆞ다, 주다, 침, 디르다, 디ᄅᆞ다, 뛸어다, 뛸이다, 가싀, 딜이다'로 『두시언해』에는 '디ᄅᆞ다, 뛸어다'로 『남명천계송언해·유합』 등에는 '디ᄅᆞ다, 디를'로 대역되었다.

雌 ; 암(암)
; 거믄 암ᄃᆞᆰ 쓰고(用烏雌雞)<태요19>
; 남자ᄂᆞᆫ 암ᄐᆞᆯ ᄀᆞ로 겨지븐 수ᄐᆞᆯ ᄀᆞ로 ᄒᆞ라(男雌女雄) <구상75>

'암'은 (雌)에 대한 대역이다. 『구상·두시언해·훈몽자회·유합』 등에 모두 '암'으로 대역되었다.

作 ; 알ᄒᆞ다, 밍ᄀᆞᆯ다(짓다, ᄆᆞᆫ들다, 짓다, 밍ᄀᆞᆯ다, 짖다)
; 빈알기 혹 알ᄒᆞ며 혹 그치며(腹痛或作或止)<태요21>
; 샤향 반 돈 ᄀᆞ를 밍ᄀᆞ라(麝香半錢右爲末作)<태요35>
; 혹 녹두마곰 환을 지어(或作丸菉豆大)<납약11>
; ᄀᆞᄂᆞᆫ ᄀᆞᄅᆞᆯ ᄆᆞᆫᄃᆞ라(作細末)<두창60>
; 덕지 지어 ᄒᆞ리ᄂᆞ니(以作痂差愈)<두창28>
; 두 服에 밍ᄀᆞ라(作二服)<구상1>
; 다텨 구무 지ᅀᅥ(撅磕作)<구하35>

'알ᄒᆞ다, 밍ᄀᆞᆯ다'는 (作)에 대한 대역이다. 『납약·두창·구상·구하』에는 'ᄆᆞᆫ들다, 짓다, 밍ᄀᆞᆯ다, 짖다'로 『두시언해』에는 'ᄃᆞ외다, 밍ᄀᆞᆯ다, ᄠᅳ다, 짖다'로 『석보상절·남명천계송언해·정속언해』에는 '짓다'로 『유합·천자문』 광주·석봉본에는 '지을'로 주해 본에는 '지을, 비ᄅᆞ슬, 니러날'로 대역되었다. 語形 '알ᄒᆞ다'의 대역이 특이하다.

嚼 ; 십다(십다, 십다)
; ᄎᆞᆫᄎᆞᆫ 십고(細嚼)<태요5>
; 혹 ᄀᆞᄂᆞᆯ게 십거나 혹 ᄇᆞᅀᆞᆫ 후의(或嚼細或碎破然後)<납약5>
; ᄂᆞ로늬 십고(細嚼)<구상11>

'십다'는 (嚼)에 대한 대역이다. 『납약·구상·두시언해』에는 '십다'로 『훈몽자회』에는 '십두드릴'로 『유합』에는 '시블'로 字釋되었다. 語形 '십두드릴'의 대역이 특이하다.

雀 ; 새(춤새, 새)
; 새 알의 ᄆᆞ라(雀卵丸)<태요6>
; 복숑아와 외앗과 춤새(桃李雀)<납약1>

; 새 머릿 骨곳쉬로 ᄇᆞᄅ면(雀兒腦髓塗之)<구상8>

'새'는 (雀)에 대한 대역이다. 『납약·구상』에는 '춤새, 새'로 『두시언해·정속
언해』에는 '새'로 『훈몽자회·유합』에는 '새, 춤새'로 字釋되었다. 일반적으로 새
를 지칭하는 한자는 (鳥)이다. 그러나 (鳥)를 '춤새'로 對譯된 語例는 발견되지
않는 반면에 (雀)에 대한 대역으로 '새'와 '춤새'로 대역된 語形이 발견된다.

盞 ; 잔, 되(되, 잔, 그릇)
; 지남셕 달힌 믈 흔 잔을 머그면(飮磁石煎湯一盞)<태요25>
; 흔 되 가옷(一盞半)<태요40>
; 흔번의 흔 환을 믈 흔 되예(每一丸水一盞)<납약10>
; 믈 흔 盞잔 半반으로(水一盞半)<구상5>
; ᄀᆞ린거시 그르세 디여(翳膜隨落盞中)<구하41>

'잔, 되'는 (盞)에 대한 대역이다. 『납약·구상·구하』에는 '되, 잔, 그릇'으로
『두시언해』에는 한자표기 '盞'으로 『훈몽자회·유합』에 모두 '잔'으로 字釋되었
다.

蘸 ; 적시다, 딕다(둠다, 젖다)
; 달혀 그믈을 픗소옴의 적셔(水前取汁以綿蘸)<태요68>
; 먹 즙을 디거 도닷던 듸며(蘸墨汁遍)<태요69>
; 百번 솟글은 므레 잢간 ᄃᆞ문니(用百沸湯蘸少頃)<구상1>
; 놋젓 그트로 므레 저져(用銅筯頭於水中蘸)<구상45>

'적시다, 딕다'는 (蘸)에 대한 대역이다. 『구상』에는 '둠다, 젖다'로 『훈몽자회』
에는 'ᄌᆞᄆᆞ디를'로 字釋되었다.

蠶 ; 누에(누에)
; 누에 난 ᄢᅵ 겁질 두 돈(蠶退二錢)<태요27>
; 누에 ᄢᅵ를 조히 업게ᄒᆞ고(去蠶子潔淨)<구상37>

'누에'는 (蠶)에 대한 대역이다. 『구상·석보상절·훈몽자회·유합』 등에 모두 '누에'로 대역되었다.

簪 ; 빈혜(빈혀)

 ; 금빈혜 옥빈혜 긋티(金玉簪尖)<태요69>
 ; 빈혓 구무만코 피나딗(如簪出血)<구상66>

 '빈혜'는 (簪)에 대한 대역이다. 『구상』에는 '빈혀'로 『두시언해』에는 '머리, 빈혀'로 『훈몽자회·유합』에는 '빈혀'로 字釋되었다.

唖 ; 샐다

 ; 흔고돌 너덧 번 식 샐고(一處凡唖三五次)<태요70>

 '샐다'는 (唖)에 대한 대역이다. 『두시언해』에는 '너흐롬'으로 『훈몽자회』에는 '믈'로 字釋되었다. 語形 '너흐롬'은 消滅語로 볼 수 있다.

藏 ; 간수ᄒ다, 갈ᄆ다(갊다)

 ; 틱의 간수ᄒ기를(藏胎衣)<태요64>
 ; 틱의를 갈ᄆ미(藏胎衣)<태요53>
 ; 다 기피 갈마 칙칙기 덥디 마롤 디니(皆不用深藏密盖)<구하61>

 '간수ᄒ다, 갈ᄆ다'는 (藏)에 대한 대역이다. 『구하』에는 '갊다'로 『두시언해』에는 '갊다, ᄀ초다, 숨다'로 『석보상절·남명천계송언해』에는 '갊다'로 『유합·천자문』 광주·석봉 본에는 '갈믈'로 주해 본에는 '갈믈, ᄀ출, 곳집'으로 대역되었다. 語形 '간수ᄒ다'는 '간수하다'에 의하여 消滅된 語辭로 볼 수 있다.

長 ; 길다(ᄌ라다, 버리다, 기릐)

 ; 져지 펴디며 기러 ᄀ늘고(乳伸長細)<태요59>
 ; 나히 ᄌ란 아희ᄂ(年長者)<두창32>
 ; 또 주근 사ᄅ믜 이블 버리혀(又方長死人口)<구상10>

; 쵸 두 寸ㅅ 기릐(梢二寸長)<구하15>

　'길다'는 (長)에 대한 대역이다. 『두창·구상·구하』에는 '즈라다, 버리다, 기
릐'로 『두시언해』에는 '길다, 댱샹, 즈라다, 크다'로 『석보상절』에는 '길다, 기리'
로 『남명천계송언해』에는 '길다, 댱샹, 사만, 크'로 『정속언해』에는 '얼운, 길다'
로 『유합』에는 '긴, 길'로 『천자문』 광주·석봉 본에는 '긴'으로 주해 본은 '긴,
미양, 기릐, 어룬'으로 대역되었다. 語形 '버리다, 사만'의 대역이 특이하다.

腸 ; 챵즈, 속(통, 챵즈)
; 챵즈 ▽티야 비 아래 넘고(如腸下過)<태요59>
; 겁질과 속 업시ᄒ고(去皮腸)<태요6>
; 갈잠개예 허러 피 통 안해 ▽득ᄒ야(刀兵所傷血滿腸中)<구상17>
; 사ᄅᆞ미 챵즈를 셕게흘가(腐人腸)<구하77>

　'챵즈, 속'은 (腸)에 대한 대역이다. 『구상·구하』에는 '통, 챵즈'로 『두시언해』
에는 '애'로 『유합·천자문』 주해 본에는 '챵즈'로 『훈몽자회』와 석봉 본에는
'애'로 광주 본에는 '새'로 字釋되었다.

漿 ; 딘믈, 믈
; 아기 나홀 제 머리와 딘믈이 나되(臨産胞漿旣)<태요26>
; 믈과 피 나도 비 아프디 아니면(漿血雖出而腹不痛)<태요22>

　'딘믈, 믈'은 (漿)에 대한 대역이다. 『두시언해』에는 '漿水'로 『유합』에는 '쟝
슈'로 字釋된 語形이 발견 될 뿐이다. 現代語 '진물'은 『태요』에 대역된 '딘믈'이
처음인 것으로 사료된다.

在 ; 잇다(잇다, 잇다, 잇다)
; 즈식이 복듕에 이셔(子在腹中)<태요21>
; 명치며 가슴의 머므러 이시며(留在心胸)<납약14>
; 오로 입쎄예 이시니(全在此關)<두창38>

; 본린 불ㄱㄴ딕 이실ㅅ(本在明處)<구상22>

'잇다'는 (在)에 대한 대역이다. 『납약·두창·구상』에는 '잇다'로 『두시언해
·유합·천자문』광주·석봉 본에는 모두 '이실'로 주해 본에만 '술필, 이실'로
대역되었다. 語形 '술필'의 대역이 특이하다.

再 ; 다시, 쏘(다시, 쏘, 두, 다시)
; 다시 다엿 소솜 글혀(再煎五七沸)<태요43>
; 누을 제 쏘 모그되(臨臥再服)<태요2>
; 다시 흔 환을 머거(再服一丸)<납약21>
; ㅎㄹ 두 번 식 머그라(日再服)<납약6>
; 쏘 머그라(再服)<납약26>
; ㅎㄹ 두 복 식 머기면(日再服)<두창26>
; 됴티 아니커든 다시 머그라(未差再服)<구상23>

'다시, 쏘'는 (再)에 대한 대역이다.『납약·두창·구상』에는 '다시, 쏘, 두, 다
시'로 『두시언해』에는 '다시, 두'로 『유합』에는 '두번'으로 『천자문』에는 '두'로
字釋되었다.

滓 ; 즈의(즈의, 지, 즛의)
; 즈의 업시ㅎ고(去滓)<태요36>
; 대쵸란 ㅂ리고 즈의조차 공심의 ㄷㅅ히 ㅎ여 머그라(去棗和滓空心溫服)<납약10>
; 젼의 쓰던 보원탕 두텁 지가 이시니(前用保元湯數貼之滓)<두창45>
; 즛의 앗고 ㄷㅅ닐 머그라(去滓溫服)<구상6>

'즈의'는 (滓)에 대한 대역이다. 『납약·두창·구상』에는 '즈의, 지, 즛의'로 『두
시언해』에는 '즈싀, 즛의'로 『남명천계송언해』에는 '즘의'로 『훈몽자회』에는 '즈
싀'로 字釋되었다. 語形 '즈의, 즈싀, 즛의'는 消滅語로 볼 수 있다.

纔 ; ヌ

; 금쉬 ㅈ 날제(金水纏)<태요7>

'ㅈ'은 (纏)에 대한 대역이다. 『두시언해』에는 'ㅈ, 아야라, 애야라, 애야ㄹ시'
로 『유합』에는 '계우'로 字釋되었다. 語形 '아야라, 애야라, 애야ㄹ시'는 消滅語
로 볼 수 있다.

猪 ; 돝(돗틱, 돗, 돝, 돋)

; 열 둘애랑 도틱 콩풋 쓰고(十月用猪腰子)<태요19>
; 돗틱고기와 콩과 쇠고기과(猪肉豆牛肉)<납약6>
; 데미고는 흘레아닌 삿기 수돗글(猪尾膏者未破陰小小雄猪)<두창31>
; 양의 고기 도틱간(羊肉猪肝)<두창14>
; 도틱 기르메 ᄆ라(猪脂調)<구상7>

'돝'은 (猪)에 대한 대역이다. 『납약·두창·구상』에 '돗틱, 돗, 돝'으로 『두시
언해』에는 '돝'으로 『훈몽자회·유합』에는 모두 '돋'으로 字釋되었다. 語形 '돗
틱, 돗, 돝'은 '듸ᄋ지, 돼지'에 의하여 消滅된 語辭로 볼 수 있다.

杵 ; 딯다(딯다)

; 디허 터럭 업시ᄒ고(杵去毛)<태요6>
; 一千二百 버늘 디코(杵一千二百)<구하29>

'딯다'는 (杵)에 대한 대역이다. 『구하』에는 '딯다'로 『두시언해·석보상절』에
는 '방핫고'로 『훈몽자회』에는 '고' 俗稱碓觜 '방핫고'로 『유합』에는 '방핫고'로
字釋되었다. 語形 '딯다'는 한의서에서만 발견된다.

貯 ; 깃다(담다)

; 믈근 믈을 만히 깃고(多貯淸水)<태요25>
; 다른 그르세 다마(貯於別器中)<구하38>

'깃다'는 (貯)에 대한 대역이다. 『구하』에는 '담다'로 『유합』에는 '뎌젹'으로

字釋되었다. 語形 '깃다'의 대역이 특이하다.

摘 ; 집다(킈다)

; 손톱브로 지버 뻐혀(以指摘破)<태요20>
; 又 킈욘 파를(葱新摘者)<구하35>

'집다'는 (摘)에 대한 대역이다. 『태요』에는 '킈다'로 『두시언해』에는 '짜다,
쁘다, 뜯다'로 대역되었다.

赤 ; 붉다(벌거ᄒ다, 븕다, 붉다)

; 블근 수ᄃᆰ 쓰고(用赤雄雞)<태요19>
; 온 몸이 벌거ᄒ고 즛믈러(渾體赤爛)<두창44>
; 블근 폿 거믄 콩(赤小豆黑豆)<두창5>
; 블근 폿 半되 슬믄 므를 덥게ᄒ야(赤小豆半升煮汁熱)<구상6>

'붉다'는 (赤)에 대한 대역이다. 『두창·구상』에는 '벌거ᄒ다, 븕다'로 『두시언
해』에는 '븕다'로 『남명천계송언해』에는 '붉'로 『정속언해』에는 '벌거'로 『훈몽
자회·유합·천자문』 등에 모두 '블글'로 字釋되었다.

錢 ; 돈(돈, 돈)

; 다슷 돈(五錢)<태요3>
; 감초 닷 돈을(甘草五錢)<두창5>
; 各 ᄒᆞᆫ 돈을 사ᄒᆞ라 ᄂᆞ화(各一錢右件剉散分)<구상1>

'돈'은 (錢)에 대한 대역이다. 『두창·구상·두시언해·남명천계송언해·훈몽
자회·유합』 등에 모두 '돈'으로 대역되었다.

纏 ; 감다(얽다)

; 셜리 머리 터럭을 손ᄀᆞ락의 가마(急以亂髮纏指頭)<태요72>
; 쏭 써츠르 얼거(桑皮纏)<구상81>

'감다'는 (纒)에 대한 대역이다. 『구상』에는 '얽다'로 『두시언해』에는 '버믈다, 얽다'로 『유합』에는 '얼글'로 字釋되었다.

轉 ; 구으리다, 더욱, 돌다, 두루혀다(구으리다, 돌다, 옮다, 움즉이다)
　; 구슬 구으리ᄂᆞᆫ ᄃᆞᆺ ᄒᆞ면(轉珠)<태요20>
　; 쳑믹이 더욱 급ᄒᆞ야(尺脉轉急)<태요20>
　; 능히 도디 몯ᄒᆞ야 ᄡᅥ(不能轉動)<태요21>
　; 몸을 세 번 두루혀고(三轉身)<태요8>
　; 一二百 버블 구으리면 므리 나면 절로 사ᄂᆞ니(一二百轉則水出自活)<구상73>
　; 누니 돌면 이비 또 열리니(目轉則口及亦開)<구상8>
　; 손밠 히미 올ᄆᆞ며(手脚轉筋)<구상31>
　; 불리 음즈기디 몯고(急不得轉)<구상56>

'구으리다, 돌다, 두루혀다'는 (轉)에 대한 대역이다. 『태요』에 '구으리다, 돌다, 옮다, 움즉이다'로 『두시언해』에는 'ᄀᆞ장, 옮다'로 『석보상절』에는 '그울'로 『남명천계송언해』에는 '그울다, 구울다, 더욱'으로 『훈몽자회』에는 '올믈'로 『유합』에는 '구울'로 『천자문』 광주 본에는 '술위'로 석봉 본에는 '구을'로 주해 본에는 '구울, 구울일'로 대역되었다. 語形 '술위'의 대역이 특이하다.

前 ; 압(앒)
　; 아긔 압 뒤 가슴 등과 빗복 아래과(兒前後心幷臍下)<태요70>
　; ᄒᆞ다가 알ᄑᆡᆺ 藥약이 업거든(如無前藥)<구상21>

'압'은 (前)에 대한 대역이다. 『구상』에는 '앒'으로 『두시언해』에는 '나ᅀᅡ가다, 넷, 몬져, 앒, 어제, 前'으로 『석보상절』에는 '앳가, 앗까, 前'으로 『남명천계송언해』에서는 '아래, 앒'으로 『유합』에는 '압'으로 『훈몽자회』에는 '앒'으로 字釋되었다. 語形 '넷'의 대역이 특이하다.

煎 ; 더여다(달히다, 달히다, 글히다, 지지다)
　; 초ᄅᆞᆯ 더여(醋熱煎)<태요52>

; 황년황벅 달힌 믈을 ᄎ게ᄒ여(黃連黃柏煎湯冷)<납약9>

; 칠 홉되게 달혀(煎至七合)<두창17>

; 닐굽 分을 글혀(煎七分)<구상5>

; 麻油로 지진 쩌글 밍ᄀ라(以麻油作煎餠)<구하44>

'더여다'는 (煎)에 대한 대역이다. 『납약ㆍ두창ㆍ구상ㆍ구하』에는 '달히다, 글 히다, 지지다'로 『두시언해』에는 '글히다, 글타'로 『훈몽자회』에는 '지질'로 『유 합』에는 '달힐'로 字釋되었다. 語形 '더여다, 글히다, 달히다, 지지다'는 이미 독 립된 語辭로 사용되었다.

切 ; 긋다, ᄀ장, 딮다, 싸홀다(일절, 사할다, 잠간)

; 빗복 줄기예 구디 미여 ᄃ니온 후에 긋고(繫臍帶垂重然後切斷)<태요36>

; ᄀ장 가티 아니ᄒ니(切不可)<태요37>

; 노흘 디픈ᄃᆺ ᄒ며(如切繩)<태요20>

; 파흰믿 싸ᄒ라(葱白切)<태요42>

; 일절 싱닝을 금긔호ᄃᆡ(切忌生冷)<두창14>

; 엿귀 줄기와 닙과랄 가나리 사하라(蓼莖葉細切)<구상32>

; 잢간도 그 주거믈 옮기디 말오(切勿移動其尸)<구상15>

'긋다, 딮다, 싸홀다'는 (切)에 대한 대역이다. 『두창ㆍ구상』에는 '사할다, 잠간, 일절'로 『두시언해』에는 'ᄀ리다, ᄀ장, 버히다, 셔울다'로 『유합』에는 '졀홀'로 『천자문』 광주 본에는 'ᄀᆫ졀'로 석봉 본에는 '그츨'로 주해 본에는 'ᄀᆫ졀, 급홀, 버힐'로 대역되었다. 語形 'ᄀᆫ졀'의 대역이 특이하다.

絕 ; 긏다, 기졀(긏다, 싇다, 긋다, 氣絶ᄒ다, 죽다)

; 더욱 토커나 즈츼커든 그치뎌(加吐下則絶之)<태요12>

; 긔졀코져 ᄒ니를 고티ᄂ니(欲絶用)<태요34>

; 긔운이 그처 디ᄂᆫᄃᆺ 홀재(氣絶者然)<납약22>

; 소리 싇츤 후에야(聲絶然後)<두창31>

; 氣킝分분이 긋거든(氣絶)<구상16>

; 닶겨 氣絶ᄒ닐(悶絶)<구하21>

; 또 中듕惡학ᄒ야 가ᄉᆞᆷ 알파 죽ᄂᆞ닐 고툐ᄃᆡ(又方治中惡心痛欲絶)<구상16>

    '긏다, 기졀'은 (絶)에 대한 대역이다. 『납약·두창·구상·구하』에는 '긏다, 싄다, 긋다, 氣絶ᄒ다, 죽다'로 『두시언해』에는 'ᄀᆞ장, 긋다, 긏다, 멀다'로 『석보 상절·남명천계송언해·정속언해·유합』 등에 모두 '긏다'로 대역되었다.

點 ; ᄇᆞᆯ다(무티다, 묻다, 플다, 처디다)
; 싱꿀 ᄇᆞᆯ니 즉시 됴터라(點生蜜便差)<태요69>
; 슈건의 무티 눌러 싯기면 됴ᄒ니라(點洗可也)<두창52>
; 댱가라개 南星細辛ㅅ ᄀᆞᆯᄋᆞᆯ 무텨(中指點南星細辛末)<구상2>
; 一잃百빅 번 솟글흔 므레 프러 머기라(百沸湯點服) <구상31>
; 춤기르믈 브레 처디오(麻油點燈於)<구하81>

    'ᄇᆞᆯ다'는 (點)에 대한 대역이다. 『두창·구상·구하』에는 '무티다, 묻다, 플다, 처디다'로 『두시언해』에는 '다히다, 무티다, 버리다'로 『유합』에는 '뎜'으로 字釋되었다.

漸 ; 졈졈(졈졈)
; 졈졈 손으로 아긔 귀롤 자바 ᄃᆞᇰ긔야(漸引手攀其耳)<태요23>
; ᄎᆞ례로 졈졈 니ᄂᆞ니(次漸起)<두창38>
; 입 버리게ᄒ야 졈졈 念珠를 더미러(開口漸添引數珠振)<구상48>

    '졈졈'은 (漸)에 대한 대역이다. 『두창·구상』에도 '졈졈'으로 『두시언해』에는 한자어 '漸漸'으로 『유합』에는 '졈ᄎᆞ'으로 字釋되었다.

正 ; 올ᄒ다, 바ᄅᆞ(바로, 바ᄅᆞ)
; 젼본이 올ᄒ니라(全本爲正)<태요8>
; 바ᄅᆞ 나ᄂᆞ니ᄂᆞ(正産)<태요22>
; 춘마 바로 못 볼려라(不忍正視)<두창35>
; 아히로 바ᄅᆞ 앉고(令兒正座)<구상48>

'올ᄒ다, 바ᄅ'는 (正)에 대한 대역이다. 『두창·구상』에는 '바로, 바ᄅ'로 『두시언해』에는 '고티다, 섨날'로 『남명천계송언해』에는 '바ᄅ다'로 『정속언해』에는 '정ᄒ다, 正히'로 『유합·천자문』 석봉 본에는 '정ᄒᆯ'로 광주 본에는 '모'로 주해 본에는 '바롤, 정월, 손가온대'로 대역되었다. 語形 '모, 손가운대, 정월'의 대역이 특이하다.

精 ; 졍긔

; ᄉ나히 졍긔 츳니(男子精冷)<태요1>

'졍긔'는 (精)에 대한 대역이다. 『두시언해』에는 '精氣, 情神, 精히' 등에 모두 한자어로 『유합·천자문』 석봉 본에는 '정ᄒᆯ'로 『훈몽자회』와 광주 본에는 '솝'으로 주해 본에는 '정ᄒᆯ, ᄢᆯ, 졍긔'로 대역되었다. 語形 '솝, ᄢᆯ'의 대역이 특이하다.

頂 ; 뎡바기, 묵(니마)

; 비록 뎡바기 내와다도(故雖露頂)<태요25>
; ᄌ식 빈 겨집이 묵이 굳세고(孕婦項强)<태요38>
; 니마 귀 쩌뎌던 것도 다닐고(頂陷者皆起)<두창29>
; ᄆᆯ인 사ᄅ미 머리 뎡바깃 가온ᄃᆡ(咬之人頂心之)<구하71>

'뎡바기, 묵'은 (頂)에 대한 대역이다. 『두창』에는 '니마'로 『구하』에는 '머리, 뎡바기'로 『두시언해』에는 '귿, 니마'로 『석보상절·남명천계송언해·훈몽자회·유합』 등에는 모두 '뎡바기'로 대역되었다. 語形 '뎡바기'는 '묵'에 의하여 消滅된 語辭로 볼 수 있다.

濟 ; ᄇᆞᄅ다

; 즌흙 ᄇᆞ라 블에 ᄉ라(泥固濟火煆)<태요43>

'ᄇᆞᄅ다'는 (濟)에 대한 대역이다. 『두시언해』에는 '거느리치다, 거리치다, 건나다, 건내다'로 『유합』에는 '건넬, 건널'로 『훈몽자회』에는 '거느릴, 건널'로 대역되었다. 'ᄇᆞᄅ다'의 대역이 특이하다. 語形 '거느리치다, 거리치다'는 消滅語

로 볼 수 있다.

諸 ; 다, 모든(모든, 여러, 잡)

; 모든 병을 다 고티고(一切諸病)<태요16>
; 모든 혈믹에 드러(入於諸經)<태요54>
; 모든 독과 뭇 안개 긔운과(諸毒山嵐)<납약4>
; 여러 法법으로 고티디 몯ᄒ거든(諸術不治)<구상17>
; 잡ᄂᆞ 믈해 毒 마ᄌᄂᆞ닐 고튜딕(治諸茱中毒)<구하46>

'다, 모든'은 (諸)에 대한 대역이다. 『납약·구상·구하』에는 '모든, 여러, 잡'
으로 『두시언해·석보상절·남명천계송언해』에는 '여러'로 『유합·천자문』 광
주·석봉 본에는 모두 '모들'로 주해 본에는 '모들, 어조ᄉ'로 대역되었다. 語形
'잡'의 대역이 특이하다.

劑 ; 짓다(제)

; 궁귀탕을 듕히 지어(大劑芎歸湯)<태요53>
; ᄒᆞᆫ 졔를 삼을 ᄡᅵ니(爲一劑)<납약16>

'짓다'는 (劑)에 대한 대역이다. 『납약』에는 '졔'로 대역되었다.

製 ; 봇ᄀᆞ다(짓다)

; 원긔 강즙에 봇ᄀᆞ니(遠志薑製)<태요2>
; 유형의 지은배니(有馨之所製也)<두창69>

'봇ᄀᆞ다'는 (製)에 대한 대역이다. 『두창』에는 '짓다'로 『두시언해』에는 '밍ᄀᆞᆯ
다, 짓다'로 (制)와 동일한 의미로 대역되었지만 『유합』에만 '법졔'로 字釋되었
다. 語形 '봇ᄀᆞ다'의 대역이 특이하다.

蹄 ; 발

; 발업시 ᄒ고(去蹄)<태요62>

‘발’은 (蹄)에 대한 대역이다. 『두시언해』에는 ‘발, 넓다’로 『유합』에는 ‘굽’으로 字釋되었다.

調 ; 고르다, 플다, 됴화ㅎ다(빠다, 믈다, 고르다, 믈다, 플다)
　　; 혹 얼우여 고르디 아닌ᄂ니(或凝而不調)<태요1>
　　; 술 각 반 잔 식 합ㅎ야 플어(酒各半盞調和)<태요55>
　　; 몬져 경믹을 됴화ᄒᆞᆯ 거시니(先調經脉)<태요7>
　　; 미음의 빠 ᄂ리오(米飮調下)<납약11>
　　; 년흔 꿀의 ᄆ라(調爛蜜)<두창2>
　　; 月水 고르디 아니ᄒ며(月水不調)<구하83>
　　; 밥 우희 뗘 ᄆ라 ᄇᄅ라(上飯蒸調塗)<구하13>
　　; 蘇송合햅圓원 세 九을 프러 브ᄉᄋᆡ(調蘇合香圓三圓灌下)<구상2>

　　‘고르다, 플다, 됴화ᄒ다’는 (調)에 대한 대역이다. 『납약 · 두창 · 구하 · 구상』에는 ‘빠다, 고르다, 믈다, 플다’로 『두시언해』에는 ‘曲調, 調和ᄒ다’로 『정속언해』에는 ‘됴화ᄒ다’로 『유합』에는 ‘고롤’로 『천자문』 광주 · 석봉 본에는 ‘고르’로 주해 본에는 ‘고르, 곡됴, 셜, 됴룡’으로 대역되었다. 語形 ‘믈다, 플다, 빠다, 셜’의 대역이 특이하다.

爪 ; 손톱, 톱(손톱)
　　; 니 똥이라ᄒ고 침으로나 손톱으로나(齒糞以針爪)<태요69>
　　; 손톱 발톱블(手足爪甲)<태요12>
　　; 손톱의 히야디거나(爪破)<두창27>

　　‘손톱, 톱’은 (爪)에 대한 대역이다. 『두창』에는 ‘손톱’으로 『두시언해 · 훈몽자회』에는 ‘손톱’으로 『석보상절 · 남명천계송언해 · 유합』에는 모두 ‘톱’으로 대역되었다.

早 ; 올벼(아적, 이르다, 아춤, 올)
　　; 흰 올벼 ᄡᆞᆯ 글룰(白早米粉)<태요73>

; 이튼날 아져긔(次日早)<납약26>
; 이른 아젹 공심의(早朝空心)<납약3>
; 아춤브터 나조히 니르닌(早至晚)<구상77>
; 올볏 딥 스론 지룰(早禾稈燒灰)<구하50>

  '올벼'는 (早)에 대한 대역이다.『납약·구상·구하』에는 '아젹, 이르다, 아춤, 올'로『두시언해』에는 '오, 일, 이르다, 이른'로『남명천계송어해』에는 '일'로『훈몽자회·유합·천자문』광주 본에는 '이를'로 석봉 본에는 '이룰'로 주해 본에는 '일를'로 字釋되었다.

棗 ; 대쵸(대쵸, 大棗)
; 대쵸 두낫 너허(棗二枚)<태요44>
; 대쵸 흔낫과 흔듸 달혀(棗一枚煎)<납약10>
; 大棗 흔ᄎ과 흔듸 글혀(棗一枚同煎)<구상14>

  '대쵸'는 (棗)에 대한 대역이다.『납약·구상』에는 '대쵸, 大棗'로『두시언해』에는 한자어와 정음표기인 '大棗, 대쵸'로 對譯된 語例가 있고『훈몽자회·유합』에는 모두 '대초'로 字釋되었다.

條 ; ᄀᆞ늘다(ᄀᆞ장)
; ᄀᆞᄂᆞ 황금 흔 냥(條黃芩一兩)<태요33>
; ᄀᆞ장 길흔니(吉條)<두창15>

  'ᄀᆞ늘다'는 (條)에 대한 대역이다.『두창』에는 'ᄀᆞ장'으로『두시언해』에는 '가지, 미요다, 올'로『남명천계송언해』에는 '올'로『훈몽자회』에는 '가지'로『유합』에는 '가지, 쇼도'로『천자문』광주·석봉 본에는 '올' 주해 본에는 '가지, 됴목'으로 대역되었다. 語形 'ᄀᆞ장'의 대역이 특이하다.

兆 ; 밍됴
; 즈식 빈 밍되라(妊之兆也)<태요9>

‘밍됴’는 (兆)에 대한 대역이다. 『유합』에만 ‘밍됴’로 字釋된 어형이 발견될 뿐
이다.

照 ; 보다(빗최다, 뵈다)
　; 어름 띄워 두고 보라(照冰)<태요25>
　; 히가 창의 비최여시되(日照雙窓)<두창44>
　; ㄱ오누르이닐 불혀 뵈요미 몯ᄒ리니(魘忌燈火照)<구상22>

　　‘보다’는 (照)에 대한 대역이다. 『두창·구상』에는 ‘빗최다, 뵈다’로 『두시언해
·남명천계송언해』에는 ‘비취다’로 『훈몽자회·유합』에는 ‘ㅂ 쇌’로 『천자문』 광
주 본에는 ‘ㅂ 일’로 석봉 본에는 ‘비췰’로 주해 본에는 ‘비췰’로 字釋되었다.

殂 ; 죽다
　; ㄱ장 ㄱ티 아니ᄒ니 일로 죽으며(因此而殂)<태요37>

　　‘죽다’는 (殂)에 대한 대역으로 다른 문헌에서는 찾아볼 수 없다.

竈 ; 브억(가마, 브섭)
　; 산부의 샹해 닙ᄂ 오ᄉ 벗겨 브억 머리과 어괴예(脱産婦尋常所穿衣籠竈頭)<태요31>
　; 가마 미틧 홀글 ㄱ ㄹ 밍ᄀ라(用竈心土爲末)<구상19>
　; 브서빗 검듸영을(竈中墨)<구상40>

　　‘브억’은 (竈)에 대한 대역이다. 『구상』에는 ‘가마, 브섭’으로 『두시언해』에는
‘브섭’으로 『훈몽자회』에는 ‘브석’으로 『유합』에는 ‘브억’으로 字釋되었다.

足 ; 발, 차다(발, 발)
　; 손톱 발톱블(手足爪甲)<태요12>
　; 들이 몯차 나니ᄂ(月不足者)<태요8>
　; 발바당이 ᄎ고(足下冷)<두창6>
　; 섈리 밠 엄지가락 아랫 ㄱ ㄹ 그믈 ᄯ디(急灸足大趾下横文)<구상2>

'발, 차다'는 (足)에 대한 대역이다. 『두창·구상』에는 '발'로 『두시언해』에는 '발, 足ᄒ다'로 『남명천계송언해·훈몽자회·유합·천자문』 광주·석봉 본에는 모두 '발'로 주해 본에는 '발, 보탤'로 『정속언해』에는 'ᄌ래, ᄌ라, ᄎ다'로 대역 되었다. 語形 '보탤, ᄌ래, ᄌ라'의 대역이 특이하다.

腫 ; 붓다(붓다, 죵긔, 븥다)

  ; 온 몸이 붓고 비 브르고(遍身浮腫腹脹)<태요40>
  ; 목굼기 브어 알ᄑ며(咽喉腫痛)<납약7>
  ; 창질과 독흔 죵긔를(瘡毒腫)<납약19>
  ; 손밠 언 瘡이 브스며(手足凍瘡腫)<구상6>

  '붓다'는 (腫)에 대한 대역이다. 『납약·구상』에는 '붓다, 죵긔, 븥다'로 『훈몽 자회』에 '브슬'로 字釋되었다.

鍾 ; 쇠붑

  ; 잉뷔 비 소개서 쇠붑 우둣 ᄒ거든(孕婦腹中作鍾鳴)<태요48>

  '쇠붑'은 (鍾)에 대한 대역이다. 『두시언해』에는 '붑, 붑소리, 鍾緜'로 『훈몽자 회』에는 '쇠붑'으로 『유합』에는 '여슌말너되, 모들'로 『천자문』 광주 본에는 '붑' 으로 석봉 본에는 '죵ᄌ'로 주해 본에는 '죵가, 그릇, 모들, 북'으로 대역되었다. 語形 '쇠붑'은 消滅語로 볼 수 있다. 語形 '여슌말너되, 모들, 죵가, 그릇, 죵ᄌ'의 대역이 특이하다.

左 ; 왼녁(외오, 왼녁)

  ; 왼녁크로 머리 도ᄂ니는(左回首者)<태요10>
  ; 외오 쓴 죠히 노ᄒ로 솜 네가라굴 미오(以左撚紙索子繫手四指)<구상61>
  ; 남자는 왼녁 겨지븐 올흔 녀긔(男左女右)<구상20>

  '왼녁'은 (左)에 대한 대역이다. 『구상』에는 '외오, 왼녁'으로 『두시언해』에는 '왼, 왼녁'으로 『석보상절』에는 '왼'으로 『훈몽자회·천자문』 광주·석봉 본에는

'월'로 주해 본에는 '도올, 월'로 『유합』에는 '왼녁'으로 字釋되었다. 15세기 당시에는 語形 '외오, 왼녁'은 동일한 의미로 사용된 것으로 추정되며 後代에 와서 '외오'는 消滅된 語辭로 볼 수 있다. '도올'의 대역은 한자 (佐)의 뜻으로 생각된다.

剉 ; 싸흘다, 쌀다(써흘다, 사흘다)

 ; 이를 싸흐라(右剉)<태요3>
 ; 이를 즐게 싸흐라(右剉細)<태요50>
 ; 가지 블근 버들이니 써흐러(赤枝之楊剉)<두창28>
 ; 各 각 흔 돈을 사흐라 닌화(各一錢右件剉散分)<구상1>

　'싸흘다, 쌀다'는 (剉)에 대한 대역이다. 『두창·구상』에는 '써흘다, 사흘다'로 한의서에서만 발견되는 語辭다.

坐 ; 걸다, 오르다(앉다, 안치다, 앉다)

 ; 빈 여흐레 걸인듯 흐니(如舟坐灘)<태요26>
 ; 거저긔 오르디 말라(不可坐草)<태요22>
 ; 이윽흐니 니러 안자 밥먹고(須臾起坐喫飯)<두창36>
 ; 또 病뼝人신으로 이페 안치고(又方令病人當戶坐)<구상28>
 ; 즉재 니러 아즈니라(卽起坐驗)<구상36>

　'걸다, 오르다'는 (坐)에 대한 대역이다. 『두창·구상』에는 '앉다, 안치다'로 『두시언해』에는 '앉다'로 『석보상절』에는 '앉, 앟'로 『남명천계송언해』에 '앟'로 『훈몽자회·유합·천자문』에는 모두 '안즐'로 字釋되었다.

珠 ; 구슬, 및다

 ; 구슬 구으리는 듯ᄒᆞ면(轉珠)<태요20>
 ; 흔 이슬 미즈니 구투니 닐온비오(如一露珠謂之胚)<태요7>

　'구슬, 및다'는 (珠)에 대한 대역이다. 『두시언해·훈몽자회』에는 '구슬'로 『유합』에는 '진쥬'로 『천자문』 광주 본에는 '구슬'로 석봉·주해 본에는 '구슬'로

字釋되었다. 語形 '및다'의 대역이 특이하다.

肘 ; 풀(불톡)

  ; 풀 고븐듸 ᄀ티(如肘頭)<태요10>
  ; 두 불톡 그틀(兩肘尖頭) <구상36>

    '풀톡'은 (肘)에 대한 대역이다. 『구상』에는 '불톡'으로 『두시언해』에는 '불, 불탁'으로 『훈몽자회』에는 '풀구브렁'으로 『유합』에는 '풀구븨'로 字釋되었다.

晝 ; 낮

  ; 나지 경ᄒ고 밤의 듕ᄒ고(晝輕夜重)<태요57>

    '낮'은 (晝)에 대한 대역이다. 『두시언해』에는 '나지'로 『남명천계송언해』에는 '낮'으로 『훈몽자회·유합·천자문』에는 모두 '낫'으로 字釋되었다.

舟 ; 빈

  ; 빈 여흐레 걸인듯 ᄒ니(如舟坐灘)<태요26>

    '빈'는 (舟)에 대한 대역이다. 『두시언해·석보상절·남명천계송언해·훈몽자회·유합』 등에 모두 '빈'로 대역되었다.

走 ; 내완다(ᄃᄅ다, ᄃ라나다, ᄃᄅ다)

  ; 내와ᄃ니는 겨집이라(走者女也)<태요10>
  ; 미쳐 ᄃᄅ며(狂走)<납약25>
  ; 이윽히 ᄒ다가 ᄃ라나거늘(良久起而走)<두창34>
  ; 주근 사ᄅᆞᆯ 지여 ᄃᄅ면(以溺人背搭走)<구상74>

    '내완다'는 (走)에 대한 대역이다. 『납약·두창·구상』에는 'ᄃᄅ다, ᄃ라나다, ᄃᄅ다'로 『두시언해』에는 'ᄃ라나다, ᄃ니다, 둘이다'로 『유합』에는 'ᄃ룰'로 字釋되었다. 語形 '내완다'는 消滅語로 볼 수 있다.

注 ; 븟두(누다, 다히다, 딕다, 븟다)

; 오줌이 븟두시 나ᄂᆞ니라(溺出如注)<태요42>
; 사ᄅᆞ미 그 가온ᄃᆡ 오줌 누면(以人注尿於其中)<구상11>
; 헌 가온ᄃᆡ 다혀 쇠면 됴ᄒᆞ니라(注瘡中熏之妙)<구하63>
; 도ᄒᆞᆫ 밀로 눈 네 시우래 디그라(以好蜜注四眥)<구하37>
; 다시 노겨 브스라(更消注之)<구하29>

　　'븟두'는 (注)에 대한 대역이다. 『구상·구하』에는 '누다, 다히다, 딕다, 븟다'로 『두시언해』에는 '브서다, 쌜아보다, 흘러가다'로 『석보상절』에는 '브서다'로 『남명천계송언해』에는 '드리다'로 『유합』에는 '브을'로 『훈몽자회』에는 '브슬'로 字釋되었다. 語形 '누다, 다히다, 딕다, 쌜아보다, 흘러가다'의 대역이 특이하다.

酒 ; 술

; 술 무텨 ᄢᅵ니(酒蒸)<태요2>
; 술 머구미 버구니라(飲酒次之)<구상9>
; 수웃 毒독 氣킝이 사ᄅᆞ미 챵ᄌᆞ룰 석게홀가 저헤니(恐酒毒腐人腸)<구하77>

　　'술'은 (酒)에 대한 대역이다. 『구상·구하』에는 '술, 수울'로 『두시언해·남명천계송언해·정속언해·훈몽자회·유합·천자문』 등에 모두 '술'로 『석보상절』에는 '수을'로 대역되었다.

粥 ; 쥭(죽, 쥭, 쥭)

; ᄎᆞ발 쥭에 파흰밑 세 너허(糯米作粥入葱白三莖)<태요19>
; 춥슬 쥭 귀오리 ᄀᆞ로(糯米粥蕎麥麵)<두창13>
; 녹두 쥭 젹두 쥭(菉豆粥赤豆粥)<두창13>
; 粥쥭 므를 漸쪔漸쪔 숨ᄢᅵ면(粥清稍稍嚥之)<구상8>

　　'쥭'은 (粥)에 대한 대역이다. 『두창·구상』에는 '죽, 쥭'으로 『석보상절』에는 한자어 '粥'으로 『훈몽자회』에는 '쥭'으로 字釋되었다.

竹 ; 대져

  ; 대져 머리를 뿌리고(劈竹筋頭)<태요75>
  ; 가시와 대와 나모둘히(針棘竹木等)<구하2>

    '대져'는 (竹)에 대한 대역이다.『구하·석보상절·두시언해·남명천계송언해
·훈몽자회·유합』등에 모두 '대'로 대역되었다. 語形 '대져'의 대역이 특이하다.

重 ; 므거운, 쏘야씨(므즑ᄒᆞ다, 듕ᄒᆞ다, 저울, 듕ᄒᆞ다, 므긔, 볼, 다시곰)

  ; 므거운 것 들며(擧重)<태요15>
  ; 사ᄅᆞᆷ의 몸이 쏘야셔 아홉 돌애(人有重身九月而)<태요47>
  ; ᄂᆡ 급ᄒᆞ고 뒤히 므즑ᄒᆞ며(裏急後重)<납약10>
  ; 쏘흔 듕ᄒᆞ고(亦重)<두창21>
  ; 저울로 ᄃᆞ라 오 분이 어든(五分重)<두창3>
  ; 重ᄒᆞ니란 地漿으로 브스면 씨ᄂᆞ니(重者以地漿灌則醒)<구상10>
  ; 附子 므긔 닐굽 돈 남즛ᄒᆞ닐(附子重七錢許)<구상38>
  ; 뵈로 두어볼 ᄢᆞ려(用布三兩重裹)<구상58>
  ; 지롤 다시곰 처(灰重羅)<구하12>

    '므거운, 쏘야씨'는 (重)에 대한 대역이다.『납약·두창·구상·구하』에는 '므
즑ᄒᆞ다, 듕ᄒᆞ다, 저울, 므긔, 볼, 다시곰'으로『두시언해』에는 '골포, 다시, 도로,
둗겁다, 므겁다, ᄇᆞ리, 볼, 여러, 하다, 重疊ᄒᆞ다, 重ᄒᆞ다'로『남명천계송언해』에
는 '므겁다'로『정속언해』에는 '듕ᄒᆞ다'로『유합』에는 '므겁다, 여러볼'로『천자
문』광주·석봉 본에는 '므거울'로 주해 본에는 '다시, 무거울, 겹'으로 대역되었
다. 語形 '골포, 볼'의 대역이 특이하다.

中 ; 가온대, 안해, 속(가운대, 맞다, 빗속, 가운대, 안, 가온ᄃᆡ, 곶다, 굼긔,
    싸흘, 맞다, ᄉᆞ싀, 안해)

  ; 손 가온대 가락 ᄆᆞᄃᆡ를(手中指 節)<태요55>
  ; 뷘 집 안해 쥐굼긔(空屋鼠穴中)<태요48>
  ; 잉뷔 빗소개(孕婦腹中作)<태요48>

; 발바당 가운대 느려(脚心中)<납약21>

; 과글리 긱된 샤긔를 마자(卒中客忤)<납약4>

; 감응원을 빗소기 허ᄒᆞ여(感應元治虛中)<납약11>

; 그 더러온 거시 입 가온대 잇ᄂᆞ니(口中猶有不潔)<두창1>

; 큰 사발 안희 노코(大置諸砂椀中)<두창50>

; 두 손 가온ᄃᆡ 가락 숤톱 아래(兩手中指爪下)<구상29>

; 핏굼긔 고즈면 긋ᄂᆞ니라(孔血中止) <구상66>

; 곳굼긔 부러 ᄌᆞ치욤호믈 기드려(吹入鼻中侯其噴嚔)<구상2)

; 뒷털 난 싸홀(後聚毛中)<구상20>

; 이 毒을 마조미 기퍼(此是中毒之深)<구상33>

; 一百낤 ᄉᆞ이예 ᄒᆞᄅᆞ도(百日之中一日)<구하66>

; 허러 피 통안해 ᄀᆞ독ᄒᆞ야(傷血滿腹中)<구상17>

    '가온대, 안해, 속'은 (中)에 대한 대역이다. 『납약·두창·구상·구하』에는 '안, 가운대, 맞다, 빗속, 가온ᄃᆡ, 곳긔, 굼긔, 싸홀, 맞다, ᄉᆞ이, 안해'로 『두시언해』에는 '가온ᄃᆡ, 다시, 맛다, 속, 숨, ᄉᆞ이, 안해'로 『석보상절』에는 '가온ᄃᆡ'로 『남명천계송언해』에는 '가온ᄃᆡ, 안'으로 『유합』에는 '가온댓'으로 『훈몽자회·천자문』 광주·석봉 본에는 모두 '가온ᄃᆡ'로 주해 본에는 '즁도, 가온대, 마치, 마즐'로 대역되었다. 語形 'ᄉᆞ이'의 대역이 특이하다.

仲 ; 펴디다
; 산후에 믄득 두녁 져지 펴디여(産後忽兩乳仲)<태요59>

    '펴디다'는 (仲)에 대한 대역으로 『태요』에서만 발견된다.

卽 ; 즉시, 믿(즉시, 즉제, 즉제, 즉자히, 곧)
; 즉시 편안하고(卽安)<태요19>

; ᄌᆞ식이 믿바다 나ᄂᆞ니(兒卽隨産)<태요25>

; 즉시 됴코(卽愈)<납약14>

; 즉제 승마갈근탕을 쓰고(卽用升麻葛根湯)<두창15>

; 즉제 둗ᄂᆞ니라(卽愈)<구상10>

; 氣킝分분이 ᄉᄆ착면 즉자히 사ᄂ니라(卽蘇續氣透)<구상34>
; 곧 能능히 말ᄒᄂ니라(卽能語) <구상20>

'즉시, 믿'은 (卽)에 대한 대역이다. 『납약·두창·구상』에는 '즉시, 즉제, 즉자히, 곧'으로 『두시언해·석보상절』에는 '곧'으로 『남명천계송언해』에는 '즉재'로 『유합』에는 '곧'으로 『천자문』 광주 본에는 '고'로 석봉 본에는 '즉제'로 주해 본에는 '나아갈, 즉제, 곳'으로 대역되었다. 語形 '고'의 대역이 특이하다.

汁 ; 즙(즙, 진, 즙, 집)
; 디허 즙내여(搗取汁)<태요16>
; 거믄 콩 달힌 즙을 먹고(黑豆煮汁服)<납약9>
; 진이 흐르고 잠깐 움즈기면(流汁少或搖動)<두창44>
; 시혹 염굣 즈블ᄀ라(或硏韭汁)<구상19>
; 生ᄉᆡᆼ뵈로 汁집을 ᄧᅡ(以生布絞汁)<구상3>

'즙'은 (汁)에 대한 대역이다. 『납약·두창·납약』에는 '즙, 진, 집'으로 『두시언해』에는 한자어인 '汁'으로 대역되었다.

蒸 ; 삐다(뼈)
; 산슈유 술 무텨 삐니(山茱萸酒蒸)<태요2>
; 밥 우희 뼈 ᄆ라 ᄇᄅ라(上飯蒸調塗)<구하13>

'삐다'는 (蒸)에 대한 대역이다. 『구하』에는 '뼈다'로 『두시언해』에는 '삐다, 덥다'로 『훈몽자회·유합』에는 '삘'로 字釋되었다.

只 ; 다하다(다만)
; ᄒ 겨틔 다하니(一傍只)<태요24>
; 다만 면샹과 창나흔 곳만 시스미 가ᄒ니라(只洗面上與瘡爛處可也)<두창30>

'다하다'는 (只)에 대한 대역이다. 『두창』에는 '다만'으로 『석보상절』에는 '다

믄'으로 『두시언해』에는 '오직'으로 대역되었다.

枝 ; 가지(가지, 가지)

; 사亽나못 가지를 블에 구어(白楊樹枝燒取)<태요73>
; 복숑아 가지와 버들 가지 달힌 믈의 프러 ᄂ리오라(桃柳枝煎湯化下)<납약26>
; 가지 블근 버들이니(赤枝之楊)<두창28>
; 복셩홧 가지와 닙 글 흔 므레 프러 브스라(桃枝葉湯調灌)<구상16>

    '가지'는 (枝)에 대한 대역이다. 『납약 · 두창 · 구상 · 석보상절 · 두시언해 · 남
명천계속언해 · 훈몽자회 · 유합 · 천자문』 등에 모두 '가지'로 대역되었다. 『천자
문』 주해 본에는 '가지, 견딀다'로 대역되었다.

指 ; 가락, 까락, 손ᄀ락, 손톱(손, 가락, 손가락)

; 손 가온대 가락 ᄆ딗를(手中指 節)<태요55>
; 가온대 까락으로(以中指)<태요23>
; 쌜리 머리 터럭을 손ᄀ락의 가마(急以亂髮纏指頭)<태요72>
; 손톱브로 지버 ᄣᅥ혀(以指摘破)<태요68>
; 손으로 그 꼬리를 붓드러(以指扶其尾)<두창31>
; 쏘 손발 열가락 그틀 針침ᄒ야(又方針手足十指頭)<구상28>
; 숏가락만 ᄒ니와(如指頭)<구상37>

    '가락, 까락, 손ᄀ락, 손톱'은 (指)에 대한 대역이다. 『두창 · 구상』에 '손, 가락,
손가락'으로 『두시언해』에는 '숏가락, ᄀᄅ치다'로 『남명천계송언해』에는 'ᄀᄅ
치다, 숏가락'으로 『훈몽자회』에는 '숏가락'으로 『유합』에는 '손가락'으로 字釋
되었다.

止 ; 근ᄂ다, 긋다(그치다, 말다)

; 술의 플어 머거도 근ᄂ니라(酒調服亦止)<태요48>
; 월명 긋거든(經止)<태요4>
; 션틧탕을 ᄡᅳ면 즉시 그치ᄂ니(用蟬退湯卽止)<두창24>

; 추거든 말면(冷卽止)<구상8>

　　'근느다, 긋다'는 (止)에 대한 대역이다. 『두창·구상』에는 '그치다, 말다'로 『두시언해』에는 '그치다, 쑌, 이시다'로 『훈몽자회·천자문』 석봉 본에는 '그칠'로 광주 본에는 '그츨'로 주해 본에는 '그칠, 어조ᄉ'로 대역되었다.

脂 ; 기름(기름)

; 도틱기름 춤기름(猪脂香油)<태요26>
; 도틱기르메 ᄆᆞ라 브튜미 됴ᄒᆞ니라(猪脂調傅妙)<구상7>

　　'기름'은 (脂)에 대한 대역이다. 『구상』에도 '기름'으로 『두시언해』에는 한자어 '脂와 기름'으로 『훈몽자회』에 '기름'으로 字釋되었다.

紙 ; 죠히(죠히, 죠히)

; 두터운 죠히로(厚紙)<태요43>
; 듯거온 죠히과(厚紙)<두창50>
; 져즌 죠히예 ᄡᅡ 구으니와(濕紙裹煨)<구상1>

　　'죠히'는 (紙)에 대한 대역이다. 『두창·구상·두시언해·훈몽자회·유합』 등에 모두 '죠히'로 대역되었다.

至 ; 니르다(니르히다, 신지, 니르다, 오로, 니르다, 다들다, 두외다)

; 비알기 즈고 나홀 빼 니른 후(立待産候至然)<태요21>
; 닐곱 환의 니르히(至七丸)<납약18>
; 츌두 죵일신지는(至出痘終日)<두창16>
; 엸 ᄃᆞᆯ의 니르면(至十月)<두창1>
; 의복 비단 보화를 오로 버러느고(以至衣服錦繡紬紈寶貨)<두창10>
; 여듧 分에 니르거든(至八分)<구상32>
; 니예 다들게ᄒᆞ면(至齒)<구상40>
; 믈 흔 큰 잔半을 흔 자니 두외에 글혀(以水一大盞半煎至一盞)<구하91>

'니르다'는 (至)에 대한 대역이다. 『납약·두창·구상·구하』에는 '니르히다, 신지, 니르다, 오로, 니르다, 다들다, 두외라'로 『두시언해』에는 '오다, 니르다, 至極히'로 『석보상절·남명천계송언해』에는 '이르다'로 『정속언해』에는 '이르다, 지극기, 지어'로 『유합』에는 '리를'로 字釋되었다.

抵 ; 다드라다
; 주식이 날 길헤 다드라도(兒抵生路)<태요22>

'다드라다'는 (抵)에 대한 대역이다. 『유합』에는 '더딜다, 다드를다'로 대역되었다.

直 ; 바르, 딕히(곧다)
; 혼 겨트로 바르 티왇다(一邊直上)<태요23>
; 주식 빈 겨집이 딕히 틱긔 뼈디여 느려(産婦直待胎氣陷下)<태요20>
; 四ᄉ肢짓 세오 고드닐(四肢强直)<구상6>

'바르, 딕히'는 (直)에 대한 대역이다. 『구상』에는 '곧다'로 『두시언해』에는 '곧다, 바르다, 正直ᄒ다'로 『석보상절』에는 '곧, 바르다'로 『남명천계송언해』에는 '고다'로 『정속언해』에는 '고디식ᄒ다'로 『훈몽자회·유합·천자문』 광주·석봉 본에는 모두 '고든'으로 주해 본에는 '고든, 쓸직, 다만'으로 대역되었다.

盡 ; 그믈다, 다(극키, 다, 진ᄒ다, 다, 다ᄒ다)
; ᄒ다가 그들이 그믈거든(若月盡)<태요64>
; 약 다 먹고(藥盡)<태요4>
; 그키 앗기 오니라(盡惜哉)<두창67>
; 홈 빼예 다 쓰디 못ᄒ거시니(不可一時盡刺)<두창52>
; 닉쟝 츠 진ᄒ올만 ᄒ거든(煙將盡)<두창3>
; 다 머그라(盡服之)<구상29>
; 다 ᄒ야사 藥을 브툐리니(盡乃傳藥)<구하1>

'그믈다, 다'는 (盡)에 대한 대역이다. 『두창·구상·구하』에는 '극키, 다, 진ᄒ
다, 다ᄒ다'로 『두시언해』에는 '다, 다ᄋ다, 다ᄒ다'로 『석보상절』에는 '다ᄋ다,
다ᄒ다'로 『남명천계송언해』에는 '다ᄋ다'로 『유합』에는 'ᄃ올'로 『천자문』 광
주·석봉 본에는 'ᄃ올'로 주해 본에는 '다홀, 극진'으로 대역되었다.

眞 ; 진짓(진짓, 진딧)

; 진짓 겨집의게(眞女中)<태요5>
; 좁ᄡᆞᆯ ᄀᆞ티 도다시면 그거시 진짓 ᄡᅥ시라(如粟起則爲眞也)<두창6>
; 진딧 血蝎와 ᄒ다가 업거든(眞血蝎如無)<구하90>

'진짓'은 (眞)에 대한 대역이다. 『두창·구하』에는 '진짓, 진딧'으로 『두시언해』
에는 '진실'로 『정속언해』에는 '진짓'으로 『유합·천자문』에는 '춤진'으로 字釋
되었다.

陳 ; 닉다(묵다)

; 큰 니근 셕뉴 ᄒ나흘(大陳石榴一枚)<태요6>
; 三年 무근 쟝 各 닷 홉과롤(三年陳各五合)<구상3>

'닉다'는 (陳)에 대한 대역이다. 『구상·두시언해』에는 '묵다'로 『천자문』 광
주·석봉 본에는 '무글'로 주해 본에는 '무글, 베플, 진'으로 대역되었다.

進 ; 머기다

; 쥬기나 밥이나 머기고(且進粥飯)<태요21>

'머기다'는 (進)에 대한 대역이다. 『석보상절』에는 '낫, 나소'로 『두시언해』에
는 '나ᅀᅡ가다, 나ᅀᅡ다, 나소아'로 『남명천계송언해』에는 '나ᅀᅡ가다'로 『훈몽자회』
에는 '나ᅀᆞᆯ'로 『유합』에는 '나ᄋᆞᆯ'로 字釋되었다. 語形 '머기다'의 대역이 특이하
다.

疾 ; 병, ᄲᆞᄅᆞ다(병, 녁질, 병, 샐리)

; 산젼 산후 모든 병을(産前産後諸疾)<태요17>
; 다 활하고 샐르다 하고(滑而疾)<태요9>
; 모든 병을(諸疾)<납약28>
; 녁질의 다듯라 음식과 긔거를 졔하고(疾飲食起居)<두창9>
; 져근 즉 죵신토록 병이 들고(小則爲終身之疾)<두창10>
; 그 숏가라글 샐리 내욜디니(疾出其指)<구상79>

　'병, 샐르다'는 (疾)에 대한 대역이다. 『납약 · 두창 · 구상』에는 '병, 녁질, 샐리'
로 『두시언해』에는 '샐리, 병'으로 『훈몽자회 · 유합』에는 '병훌'로 字釋되었다.

集 ; 뫼호다
; 죵요 뫼혼(集要)<태요1>

　'뫼호다'는 (集)에 대한 대역이다. 『두시언해』에는 '모돗, 모다, 모도다, 모댓
다, 몬느다, 뫼혜다, 뫼회다'로 『훈몽자회 · 유합 · 천자문』 광주 · 석봉 본에는 모
두 '모돌'로 주해 본에는 '모돌, 일을'로 대역되었다.

借 ; 비다
; 아기 나흘 짜 비는 축문이라(借地法)<태요65>

　'비다'는 (借)에 대한 대역이다. 『두시언해 · 남명천계송언해 · 훈몽자회 · 유합』
등에는 모두 '빌'로 대역되었다.

差 ; 곱(듣느니라)
; 폴 고븐듸 구티 머흐러 내와드니는 겨집이라(女肘頸參差起者女也)<태요10>
; 초에 프러 두 호블 머고면 즉재 듣느니라(和醋二合服之卽差)<구상19>

　'곱'은 (差)에 대한 대역이다. 『구상』에는 '듣느니라'로 『두시언해』에는 '됴케
하다, 差等'으로 『유합』에는 '그를, 등뎨'로 대역되었다. 語形 '곱'의 대역이 특
이하다.

次 ; 버근, 번(번식, 추레, -에, 바거, 번)

; 또 버근 둘 산도를 밧고아 써(則換寫次月圖)<태요64>

; 세 번늬 번두시 다 드느니(三次必收盡)<태요25>

; 밤낫 업시 싯기눌 스므나믄 번 식 ᄒ면(日夜數十次)<두창29>

; 추례로 졈졈 니느니(次漸起)<두창38>

; 오 푼으로 세히 ᄂ호(每五分作三次)<두창2>

; 바거 날회야(次緩)<구상4>

; ᄒᄅ 세 버니나 다숫 버니나 ᄒ라(日三五次)<구상6>

　　'버근, 번'은 (次)에 대한 대역이다. 『두창·구상』에는 '번식, 추례, -에, 바거, 번'으로 『두시언해』에는 '머믈다, 버거, 次第'로 『석보상절·정속언해』에는 '버거ᄒ다'로 『유합』에는 '추례, ᄀ옴'으로 『천자문』 광주 본에는 'ᄀ숨'으로 석봉 본에는 'ᄀ움'으로 주해 본에는 '조ᄎ, 추례, 머믈, 버금, 슈식'으로 대역되었다. 語形 'ᄀ숨, 바거, 버거ᄒ다'는 消滅語로 볼 수 있다.

此 ; 이(이, 이)

; 이제 마치 비 여흐레 걸인듯 ᄒ니(此時如舟坐灘)<태요26>

; 이 약 ᄒ녕의 소합원 네 환을 합ᄒ여(此藥一錠蘇合元四丸合和)<납약11>

; 다 어루 이룰 쓰리다(皆可用此)<구상2>

　　'이'는 (此)에 대한 대역이다. 『납약·구상』에는 '이'로 『두시언해』에는 '이, 이어긔'로 『석보상절·남명천계송언해』『유합·천자문』에도 모두 '이'로 대역되었다.

着 ; 다히다, 븥다(노코, 닙다, 다히다, 바키다, ᄇᄅ다, 엿다)

; 돗긔 다히고(着席)<태요22>

; 혹 등의브터 아니나(或着脊不出)<태요35>

; 지예 노코 지로 모믈 두프면(着灰中以灰塞身)<구상72>

; 觸衣ᄂᆫ 오래 니븐 솝 오시라(觸衣久着內衣)<구상16>

; 가슴 우희 다혀(着心上)<구상10>

; 쎠 히메 바켜 즉재 나ᄂᆞ니라(鯁着筋卽出)<구상49>
; 혀 아래 ᄇᆞᄅᆞ라(着舌下)<구상40>
; 산 사ᄅᆞ미 엇게 우희 엱고(着生人肩上以)<구상74>

'다히다, 븥다'는 (着)에 대한 대역이다. 『구상』에는 '노코, 닙다, 다히다, 바키다, ᄇᆞᄅᆞ다, 엱다'로 『두시언해』에는 '닙다, 다ᄃᆞᄅᆞ다, 다ᄒᆡ다, 븥다, 스다, 신다'로 『남명천계송언해』에는 '신다'로 『유합』에는 '브틀, 나타날'로 대역되었다. 語形 '신다'의 대역이 특이하다.

察 ; 슬피다
; 엄의 얼골 빗츠로 슬피 알거시니(以母形色察之)<태요33>

'슬피다'는 (察)에 대한 대역이다. 『남명천계송언해 · 유합 천자문』 등에는 모두 '슬피다'로 대역되었다.

擦 ; ᄇᆞ로다(쎄븨다, 붓다, 쎄호다)
; 입 안해 ᄇᆞ로고(口內擦之)<태요69>
; ᄌᆞ조 쎄븨면(頻擦)<구상2>
; 細末ᄒᆞ야 니예 ᄡᅩ(爲末擦牙)<구상65>
; 졋거든 ᄆᆞᄅᆞ닐 쎄호리나 ᄎᆞᆫ 므레 시솜 사ᄋᆞᆯ 忌諱ᄒᆞ라(濕乾擦忌冷水洗泊)<구하11>

'ᄇᆞ로다'는 (擦)에 대한 대역이다. 『구상 · 구하』에는 '쎄븨다, 붓다, 쎄호다'로 대역되었다.

倉 ; 곡식 녀흔 ᄃᆡ
; 뉴월의ᄂᆞᆫ 상과 곡식 녀흔 ᄃᆡ 잇고(六月在床倉)<태요66>

'곡식 녀흔 ᄃᆡ'는 (倉)에 대한 대역이다. 『두시언해』에는 '倉, 倉庫'로 『훈몽자회 · 유합』에는 모두 '창'으로 字釋되었다. 語形 '곡식 녀흔 ᄃᆡ'의 대역이 특이하다.

採 ; 킈다

  ; 쇠것 범티말고 긔야(不犯鐵採)<태요16>

    '킈다'는 (採)에 대한 대역이다.『두시언해』에는 '킈다, 採取ᄒ다'로『남명천계송언해』에는 '킈다'로『유합』에는 '킐'로 字釋되었다.

處 ; 딕(딕, 곳, 딕, 딕, 짜ㅎ)

  ; 노픈딕 슈건을 믜여들고(高處懸掛手巾)<태요22>
  ; 샹ᄒ딕 ᄇᄅ고(塗傷處)<납약24>
  ; 면샹과 창헌 곳만 시스미 가ᄒ니라(洗面上與瘡爛處可也)<두창30>
  ; 글려온 고딕(痒處)<두창27>
  ; 알픈딕 시수딕(洗患處)<구상8>
  ; 알픈 짜해 ᄇᄅ면(塗患處)<구하13>

    '딕'는 (處)에 대한 대역이다.『납약・두창・구상・구하』에는 '딕, 곳, 짜ㅎ'으로『두시언해』에는 '곧, 딕, 짜ㅎ'으로『석보상절・정속언해』에는 '딕'로『남명천계송언해』에는 '곧'으로『천자문』광주 본에는 '곳'으로 석봉 본에는 '곧' 주해 본에는 '곳, 이실'로 대역되었다.

隻 ; 딱(낯)

  ; 초혜 ᄒ 딱글 어더(草鞋一隻取)<태요28>
  ; 烏鷄 ᄒ 나촐(烏鷄一隻)<구하29>

    '딱'은 (隻)에 대한 대역이다.『구하』에는 '낯'으로『훈몽자회』에는 '외딱'으로『유합』에는 '두딱'으로 字釋되었다. 語形 '낯'의 대역이 특이하다.

脊 ; 등(등ᄆᄅ)

  ; 비알키 허리과 등을 둥긔면(腹痛引腰脊)<태요20>
  ; 등ᄆᄅ르셔 各각 ᄒ 寸촌을 百ᄇᆨ壯장을 ᄯᅮ딕(脊各一寸灸之百壯)<구상36>

'등'은 (脊)에 대한 대역이다. 『구상』에는 '둥물르'로 『두시언해』에는 '등어리'로 『훈몽자회·유합』에는 '등무르'로 字釋되었다. 語形 '등물르'는 '등줄기'에 의하여 死語된 것으로 볼 수 있다.

穿 ; 닙다, 듧다(굼기뻬다, 둟워)

; 산부의 샹해 닙는 오술(産婦尋常所穿衣)<태요31>
; 뛸어 듧고(刺穿)<태요69>
; 입시울이 굼기 뚜러 녀실디라도(口脣穿破)<두창46>
; 버거 念珠 세 다솟 나츨 뻬오(次穿數珠三五枚)<구상48>
; 흔 구무 둟워 몬져 낛긴혜 뻬오(通一竅先穿上鉤)<구상48>

'닙다, 듧다'는 (穿)에 대한 대역이다. 『두창·구상』에는 '굼기뻬다, 둟워'로 『두시언해』에는 '들워, 들올, 듧다'로 『남명천계송언해』에는 '듧, 듧'으로 『훈몽자회』에는 '둟올'로 『유합』에는 '들올'로 字釋되었다. 語形 '듧다, 듧다'는 消滅語로 볼 수 있다.

鐵 ; 쇠(쇠)

; 뉴월 뉴일에나 쇠것 범티 말고(六月六日不犯鐵)<태요16>
; 쇠 ᄒ나흘(鐵一具)<구상43>

'쇠'는 (鐵)에 대한 대역이다. 『구상·두시언해·남명천계송언해·훈몽자회·유합』 등에 모두 '쇠'로 대역되었다.

尖 ; 긋티(긋, 부리, ᄀᆞᇫ라기, 쏃롣다)

; 금빈혜나 옥빈혀 긋티(金玉簪尖)<태요69>
; 그 쇠리 긋튼 흔 치 남즉이 쀠이고(裂尾尖寸餘)<두창31>
; 것과 부리와 어우렁 ᄌᆞᇫ롤 앗고 ᄀᆞ라(去皮尖雙仁研) <구상70>
; 볏 ᄀᆞᇫ라기로 밠바당 딜오미 더욱 됴ᄒ니라(用稻尖刺脚心尤妙)<구하82>
; 올흔 허튓 삿기 밠가락 쏃로든 그틀(右脚小趾尖頭)<구하87>

'긋티'는 (尖)에 대한 대역이다. 『두창·구상·구하』에는 '긋, 부리, ᄀᆞᆺ라기, 쏜론다'로 『두시언해』에는 '쏜론ᄒᆞ다'로 『유합』에 '귿샬'로 字釋되었다. '부리'로 對譯된 語例는 『朴通事諺解上13』에 '부리것고(捲尖)'에서 발견된다. 語形 'ᄀᆞᆺ라기'의 대역이 특이하다.

輒 ; 믄득

; 음식을 믄득 토ᄒᆞ고(飮食輒吐)<태요12>

'믄득'은 (輒)에 대한 대역으로 다른 문헌에서는 찾아볼 수 없다.

貼 ; 복, 브티다(복, 브티다, 붇다)

; 이를 셰말ᄒᆞ야 두 복애 ᄂᆞᆫ화 딛게 달힌 뿍믈(右細末分二貼濃艾湯)<태요9>
; 여셩고를 뻐 엄의 뎡바기예 브트고(用如聖膏貼産母頂上)<태요25>
; 세 복만 머기라(用三貼)<두창17>
; 왼녁 밠바당애 브티고(貼左脚)<구상63>
; ᄀᆞ느리 ᄀᆞ라 죠희예 브텨(硏細貼以紙)<구하7>

'복, 브티다'는 (貼)에 대한 대역이다. 『두창·구상·구하』에는 '복, 브티다, 붇다'로 『훈몽자회』에는 '팀바둘'로 字釋되었다. 語形 '팀바둘'는 消滅語로 볼 수 있다.

靑 ; 프르다(플ᄅᆞ다, 프르다)

; 입시우리 프르고(脣靑)<태요27>
; 혹 플ᄅᆞ며 혹 거머(或靑或黑)<두창34>
; ᄂᆞᆾ치 프르고(面色靑)<구상27>

'프르다'는 (靑)에 대한 대역이다. 『두창·구상』에는 '플ᄅᆞ다, 프르다'로 『두시언해』에는 '프르다'로 『정속언해』에는 '프르'로 『훈몽자회·유합·천자문』 석봉본에는 '프를'로 광주 본에는 'ᄑᆞ를'로 주해 본에는 '푸를'로 字釋되었다.

淸 ; 묽다, 흰 ᄌᆞᅀᅵ(ᄆᆞᆯ근믈)

   ; ᄆᆞᆯ근 믈을 만히 깃고(多貯淸水)<태요25>
   ; 돍긔 알 흰 ᄌᆞᅀᅵ예 ᄆᆞ라(和雞子淸塗之)<태요74>
   ; ᄆᆞᆯ근 므레 ᄆᆞ라 브티라(淸調傳)<구상7>

   '묽다, 흰 ᄌᆞᅀᅵ'는 (淸)에 대한 대역이다. 『구상』에는 'ᄆᆞᆯ근믈'로 『두시언해·
석보상절·남명천계송언해·훈몽자회·유합』 등에는 모두 '묽다'로 對譯되었
다. 語形 '흰 ᄌᆞᅀᅵ'의 대역이 특이하다.

圊 ; 뒷간

   ; ᄌᆞ식 빈 겨집이 뒷간늬 들적을 보아(看妊婦上圊時)<태요10>

   '뒷간'은 (圊)에 대한 대역이다. 『훈몽자회』에도 '뒷간'으로 字釋되었다.

體 ; 몸, 일신(몸)

   ; 몸을 굽게 아니ᄒᆞ며(體不傴曲)<태요22>
   ; ᄉᆞ지과 일신이 ᄀᆞᆺ바(肢體倦怠)<태요13>
   ; 그 몸을 들고(擧其體)<두창31>

   '몸, 일신'은 (體)에 대한 대역이다. 『두시언해』에는 '몸, 體, 體ᄒᆞ다'로 『훈몽
자회·천자문』에는 '몸'으로 『유합』에는 '얼굴'로 字釋되었다. 語形 '얼굴'의 대
역이 특이하다.

嚔 ; ᄌᆞ치욤(ᄌᆞ치욤)

   ; 코애 부러 ᄌᆞ치욤 ᄒᆞ면(吹鼻作嚔)<태요60>
   ; 곳굼긔 부러 ᄌᆞ치욤 호ᄆᆞᆯ 기드려(吹入鼻中侯其噴嚔)<구상2>

   'ᄌᆞ치욤'은(嚔)에 대한 대역이다. 『구상·훈몽자회』 등에 모두 '자치욤'으로 대
역되었다. 語形 'ᄌᆞ치욤'은 消滅語로 볼 수 있다.

草 ; 거적(플, 새, 거적)

; 거저긔 올아 힘 쓰라(上草用力)<태요20>

; 플 독 나모 독이며(草木)<납약24>

; 새나 딥피나 혜디 말고(勿論郊草穀草)<두창27>

; 거져긔 안자(坐草)<구하87>

　　‘거적’은 (草)에 대한 대역이다. 『납약·두창·구하』에는 ‘플, 새, 거적’으로 『두
시언해』에는 ‘새, 플’로 『남명천계송언해·훈몽자회·유합·천자문』 광주·석봉
본에는 모두 ‘플’로 주해 본에는 ‘플, 글초’로 대역되었다. 語形 ‘새’의 殘形은
‘억새’에서 찾아볼 수 있다.

稍 ; 잠깐(젹다, 졈졈, 젹다, 젹이)

; 포의 몯나 잠깐 오라면(胞衣不下稍久)<태요36>

; 져기 인ᄉ 아ᄂ 아히ᄂ(稍知人事之兒)<두창51>

; 열 긔운이 졈졈 ᄂ려(熱氣稍降)<두창44>

; 서르 닛우 져기 덥게ᄒ야(相繼稍熱)<구상46>

; 져기 더우닐 머르라(稍熱服之)<구상27>

　　‘잠깐’은 (稍)에 대한 대역이다. 『두창·구상』에는 ‘젹다, 졈졈, 져기, 저기’로
『두시언해』에는 ‘져기, 젹젹, 졈졈’으로 『유합』에는 ‘졈졈’으로 字釋되었다.

初 ; 곧(ᄌ, 처음, 처엄)

; 아기 곧나 디며 긔운이 긋고져ᄒ고(小兒初生氣欲絶)<태요67>

; ᄌ난 아히란(初小兒)<납약29>

; ᄌ난 아히 빗복 쩌러딘 거슬(小兒初生臍帶脫浩)<두창3>

; 진나라 처엄 시졀부터 비로소 잇ᄂ니라(秦初始有之)<두창2>

; 처서메 잢간도 춘 것과 우믈아랫 흙과 ᄭᄅ와로 ᄇᄅ니 마롤 디니(初愼勿以冷物及以井下
泥蜜塗)<구하7>

　　‘곧’은 (初)에 대한 대역이다. 『납약·두창·구하』에는 ‘ᄌ, 처엄, 처섬’으로 『두

시언해』에는 '처섬'으로 『석보상절』에는 '첫'으로 『남명천계송언해』에는 '처섬'으로 『정속언해』에는 '처엄'으로 『유합』에는 '처엄, 원간'으로 『천자문』에는 '처엄'으로 字釋되었다. 語形 '원간'의 대역이 특이하다.

焦 ; 눋다(ᄆᆞᄅ다, 눌)

 ; 블에 ᄡᅧ여 눋거든(灸焦硏)<태요72>
 ; ᄆᆞ라 거머던 거시(則焦黑者)<두창29>
 ; ᄎᆞᆲᆞᆯ 흔 호ᄇᆞᆯ 봇교ᄃᆡ 솝드리 누리 검거든(糯米右炒今透骨焦黑)<구하11>

　　'눋다'는 (焦)에 대한 대역이다 『두창·구하』에는 'ᄆᆞᄅ다, 눌'로 『두시언해』에는 '글탈놋다, 고ᄉᆞᄆᆡ오다'로 『훈몽자회·유합』에는 '누를'로 字釋되었다. 語形 '글탈놋다, 고ᄉᆞᄆᆡ오다'의 대역이 특이하다.

炒 ; 봇ᄀᆞ다(봇다)

 ; 샤상ᄌᆞ 봇ᄀᆞ니(蛇床子炒)<태요2>
 ; ᄯᅩ 黃丹을 봇가(又方黃丹炒)<구상8> 초

　　'봇다'는 (炒)에 대한 대역이다. 『구상』에는 '봇ᄀᆞ다'로 『훈몽자회』에는 '봇글'로 字釋되었다.

醋 ; 초

 ; 초 ᄡᅳᆫ 믈에 숨쎠 ᄂᆞ리오라(醋湯呑下)<태요6>
 ; 초에 프러 두 호ᄇᆞᆯ 머고면 즉재 됻ᄂᆞ니라(和醋二合服之卽差)<구상19>

　　'초'는 (醋)에 대한 대역이다. 『구상·훈몽자회』 등에 모두 '초'로 대역되었다.

葱 ; 파(파, 파)

 ; 엄 파 마ᄂᆞᆯ(芽葱蒜)<태요14>
 ; 싱파와 소곰이라(生葱塩)<납약1>
 ; 믈감ᄌᆞ 유ᄌᆞ 굴 파 마을(水柑子柚子橘葱蒜)<두창14>

; 파 누른 엄으로(以葱黃心)<구상20>

'파'는 (葱)에 대한 대역이다. 『납약 · 두창 · 구상 · 훈몽자회 · 유합』 등에 모두 '파'로 대역되었다.

最 ; 잘(ㄱ장, 믓, 쌔허다)
  ; 난산을 잘 고티ᄂ니라(最治難産)<태요30>
  ; ㄱ장 신긔로온 효험이 인ᄂ니라(最有神效)<납약14>
  ; 그 부릴 어더 머그면 믓 됴ᄒ니라(其嗪最效)<구상53>
  ; 쥭졉게로 쌔허라(以鑷子取之)<구하6>

'잘'은 (最)에 대한 대역이다. 『납약 · 구상 · 구하』에는 'ㄱ장, 믓, 쌔허다'로 『두시언해』에는 'ㄱ장, 안직'으로 『석보상절』에는 '믓다'로 『유합』에는 'ㄱ장'으로 字釋되었다. 語形 '안직'은 消滅語로 볼 수 있다.

撮 ; 쟈봄, 졸다, 조리혀다(져붐, 잡다)
  ; 소금 흔 쟈봄식 어더(塩各一撮)<태요37>
  ; 입이 조라 져즐 쌘디 몯ᄒ거든(撮口不飲乳)<태요72>
  ; 믄득 입이 조리혀 져즐 몯 쌘ᄂ니(忽患撮口不飲乳)<태요69>
  ; 소곰 흔 져붐(塩一撮)<구상32>
  ; 세 숏가락으로 자보니(三指撮)<구상78>

'쟈봄, 졸다, 조리혀다'는 (撮)에 대한 대역이다. 『구상』에는 '져붐, 잡다'로 『남명천계송언해』에는 '져붐'으로 『유합』에는 '치블'로 字釋되었다. 語形 '졸다, 조리혀다, 치블'의 대역이 특이하다.

麤 ; 굵다(거흘다, 굵다)
  ; 또 굵게 싸ᄒ라(又令麤剉)<태요59>
  ; 디허 거흘에 처(擣麤羅)<구하41>
  ; 굵게 쳐(麤羅)<구하20>

'굵다'는 (麤)에 대한 대역이다. 『구하』에는 '거츨다, 굵다'로 『유합』에 '굴글'로 字釋되었다. 語形 '거츨다'는 消滅語로 볼 수 있다.

推 ; 밀(밀)

; 몬져 아긔 아래롤 미러(先推兒下體)<태요23>
; 아래로 흔 번 미니 그 낙시 제 느려 버서 디거늘(以向下一推其鉤自下而脫)<구상48>

'밀다'는 (推)에 대한 대역이다. 『구하』에는 '밀'로 『두시언해』에는 '밀, 推行ᄒ다, 推尋ᄒ다, 推尊ᄒ다'로 『남명천계송언해 · 천자문』 광주 · 석봉 본에는 '밀' 주해 본에는 '밀, ᄎ즐, 밀칠'로 『유합』에는 '밀, 츄심'으로 대역되었다.

皺 ; 주리혀다

; 가조기 주리혀고 술히 희거든(以皮皺肉白爲)<태요74>

'주리혀다'는 (皺)에 대한 대역이다. 『훈몽자회』에는 '삥긜'로 字釋되었다. 語形 '삥긜'의 대역이 특이하다.

縮 ; 조라다, 주리혀다(움처들다, 움치들다, 움주쥐다)

; 머그면 틱 조라 수이 나고(服則縮胎易産)<태요15>
; 흔 번 주리혀면 즉제 순히 나느니(一縮卽順生)<태요24>
; 즉재 움쳐 드느니라(卽縮)<구상46>
; 陰이 움치 들오(陰縮)<구상56>
; 그 腸땅이 비예 뷔트러 움주 쥐여 잇느니(其腸絞縮在腹)<구상32>

'조라다, 주리혀다는 (縮)에 대한 대역이다. 『구상』에는 '움처들다, 움치들다, 움주쥐다'로 『두시언해』에는 '움치혀다'로 대역되었다.

逐 ; 즉제, 쫓다(좇다)

; ᄌ식이 즉제 나느니라(其兒逐生)<태요22>
; 즉제 쪼차 내느니 신효ᄒ니라(立便逐下神效)<태요34>

; 더우믈 因ᄒ야 서늘ᄒ되 조차(因熱逐涼)<구하78>

'즉제, 쫓다'는 (逐)에 대한 대역이다. 『구하』에는 '좇다'로 『두시언해』에는 '내쫓다, 쫓다'로 『남명천계송언해』에는 '쫓다'로 『유합·천자문』석봉 본에는 '쪼출'로 광주 본에는 '조출'로 주해 본에는 '조출, 쪼출'로 대역되었다.

出 ; 나다(나다, 돗다, 돋다, 나다, 내다)
; 머그면 즉시 나ᄂ니(服止立出)<태요37>
; 비록 날다라도 경ᄒ야(雖出赤輕)<두창5>
; 두역 돗기를 거르게 만히 ᄒ야(痘出太多)<두창22>
; 두역 만히 도ᄃ면(痘出太多)<두창23>
; 츤 추미 흔 두 되만 나면(冷涎出一二升)<구상4>
; 피 내오(出血)<구상28>

'나다'는 (出)에 대한 대역이다. 『두창·구상』에는 '나다, 돗다, 돋다, 내다'로 『두시언해』에는 '나가다, 나다, 내다, 特出ᄒ다'로 『석보상절·정속언해』에는 '나다'로 『남명천계송언해』에는 '나가다, 나다, 내완다'로 『유합·천자문』광주 ·석봉 본에는 '날'로 주해 본에는 '날, 내칠'로 대역되었다.

衝 ; 다티다(다와티다, 다딜다)
; 가슴애 다티면 반ᄃ시 죽ᄂ니(衝心必死)<태요36>
; 氣分이 가ᄉ매 다와티ᄂ니(氣衝心胸)<구상18>
; 모딘 피 ᄆᄉ매 다딜오믈 고티ᄂ니라(治惡血衝心)<구하89>

'다티다'는 (衝)에 대한 대역이다. 『구상·구하』에는 '다와티다, 다딜다'로 『두시언해』에는 '티딜었다, 다딜다'로 『유합』에는 '다디를'로 字釋되었다.

取 ; 내다, 얻다, 잡다, 받다, 비븨다(내다, 아소다, 츙ᄒ다, 내다, 쌔, ᄃ외다, 앗다)
; 쏨 내라(取汗)<태요46>

; 초혜 흔 짝글 어더(草鞋一隻取)<태요28>
; 누른 수개 흔나흘 자바(取黃雄犬一口)<태요6>
; 달혀 먹고 믿바다(煎取先飮)<태요42>
; 오동ㅈ ᄀ티 비븨여(梧子大每取)<태요2>
; 즙 내여(取汁)<납약9>
; 모기 건 낙술 아소ᄃᆡ(取喉釣)<구상48>
; 엿귀를 두터이 글혀 汁집을 取충ᄒ야(濃煮蓼取汁)<구상9>
; 骨髓를 내야 ᄇᆞ르라(髓取塗之)<구상6>
; 汁집 ᄧᅡ 두서 호블 브스면(取汁二三合灌下)<구상16>
; 믈 서 되를 달혀 두 되 ᄃᆞ외어든(用水三升煮取二升)<구하88>
; ᄯᅩ 만히 구어 아사(仍多煨取)<구하35>

　　'내다, 얻다, 잡다, 받다, 비븨다'는 (取)에 대한 대역이다. 『납약·구상·구하』
에는 '아소다, 츙ᄒ다, 내다, ᄧᅡᄃᆞ외다, 앗다'로 『두시언해』에는 '받다, 얻다'로
『유합』에는 '가질'로 『천자문』 광주·석봉 본에는 '아올'로 주해 본에는 '가딜,
자불, 혼츄'로 대역되었다. 語形 '아소다, 아올'은 消滅語로 볼 수 있다.

聚 ; 모도다

; 외로이 폐듕에 모도매(獨聚肺中)<태요55>
; 氣긔分분이 안해 모다 구두미 잔ᄀᆞᆯᄒ야(氣內結積聚堅如杯)<구상13>

　　'모도다'는 (聚)에 대한 대역이다. 『구상』에는 '모다'로 『두시언해』에는 '모다,
모ᄃᆞ다, 모ᄃᆞ락, 몯ᄂᆞ다, 뫼화다'로 『정속언해』에는 '모도'로 『유합·천자문』 광
주·석봉 본에는 '모들'로 주해 본에는 '모들, 거둘'로 대역되었다.

就 ; 도야(나ᅀᅡ가다)

; 두 그르시 몬져 도야(二器先就)<태요8>
; 돗긔 ᄆᆞ라 平ᄒᆞᆫ ᄯᅡ해 나ᅀᅡ가(席卷之就平地)<구상73>

　　'도야'는 (就)에 대한 대역이다. 『구상』에는 '나ᅀᅡ가다'로 『두시언해』에는 '나
ᅀᅡ가다'로 『유합』에 '나ᅀᅡ갈'로 字釋되었다.

吹 ; 블다, 셸다(불다)

　; 고해 블면 즉시 씌누니라(吹鼻中卽醒)<태요53>

　; 모딘 피를 셴라 나여(吹出惡血)<태요74>

　; 곳굼긔 부러(吹入鼻中)<구상2>

　　'블다, 셸다'는 (吹)에 대한 대역이다. 『구상』에는 '블다'로 『두시언해』에는 '블다, 불다'로 『석보상절』에는 '불, 이'로 『남명천계송언해』에는 '불, 부러'로 『훈몽자회 · 유합 · 천자문』 광주 · 석봉 본에는 '불'로 주해 본에는 '불, 풍류'로 대역되었다. 語形 '셸다, 풍류'의 대역이 특이하다.

側 ; 곁, 구러디다(곁)

　; 몸을 구프려 겨트로 누어(曲身側臥)<태요21>

　; 구러디니는 놀라시니 ᄌ연 흔니라(側者有驚自然理也)<태요28>

　; 안녁 겨틀 톱ᄇ로셔(內側去甲)<구상40>

　　'곁, 구러디다'는 (側)에 대한 대역이다. 『구상』에는 '곁, 구러디다'로 『두시언해 · 유합』에는 모두 '곁, 기울다'로 對譯되었다. 語形 '구러디다'의 대역이 특이하다.

厠 ; 뒤간(뒷간)

　; 팔월의는 뒷간의 잇고(八月在厠)<태요66>

　; 시혹 뒷간내 오르거나(或登厠)<구상15>

　　'뒷간'은 (厠)에 대한 대역이다. 『구상 · 훈몽자회』에는 '뒤간, 뒷간'으로 대역되었다.

齒 ; 니(니, 니)

　; 니 쏭이라ᄒ고 침으로나 손톱으로나(齒糞以針爪)<태요69>

　; 니를 쩍고(折齒)<납약20>

　; 시혹 늘근 生薑이나 그 니예 뿌츠라(或老生薑擦其齒)<구상71>

'니'는 (齒)에 대한 대역이다. 『납약·구상·두시언해·석보상절·남명천계송언해·훈몽자회·유합』 등에 모두 '니'로 대역되었다.

治 ; 고티다, 다스리다(고티다, 다스리다, 다스리다, 다스리다, 고티다)
　; 부인의 오래 닝ᄒ여 ᄌᆞ식 업스니를 고티ᄂᆞ니(治婦人及冷無子)<태요6>
　; 반혼단 다스리ᄂᆞᆫ 법(返魂丹治法)<태요16>
　; 다숫 가지 면질이며 간질을 고티ᄂᆞ니(治五般癲癎)<납약6>
　; 장부의 여러 힌 오란 니질 다스리기예 ᄀᆞ장 신긔로온(治臟腑積年久痢)<납약3>
　; 밧ᄀ로 다스리ᄂᆞᆫ 약은(外治)<두창29>
　; 급피 다스리디 아니ᄒ리오(不急治乎)<두창60>
　; 惡학風붕이 만히 답답ᄒᆞ야 죽ᄂᆞ닐 고툐ᄃᆡ(治惡風心悶欲死)<구상2>

　'고티다, 다스리다'는 (治)에 대한 대역이다. 『납약·두창·구상』에는 '고티다, 다스리다, 다스리다'로 『두시언해·남명천계송언해』에는 '다스리'로 『유합』에는 '다스리, 다ᄉᆞᆫ것'으로 대역되었다.

致 ; 되ᄂᆞ다
　; 죵신토록 해 되ᄂᆞ니 삼가라(致終身之害愼之)<태요37>

　'되ᄂᆞ다'는 (致)에 대한 대역이다. 『두시언해』에는 '니르위다, 닐위다'로 『유합』 '닐월'로 『천자문』 광주 본에는 '니를'로 석봉 본에는 '닐월' 주해 본에는 '닐월, 극진홀'로 대역되었다.

則 ; 곳
　; 본ᄃᆡ 담음 곳 이시면(素有痰飮則)<태요12>

　'곳'은 (則)에 대한 대역이다. 『두시언해』에는 '법'으로 『유합·천자문』 석봉 본에는 '법측'으로 광주 본에는 '법즉'으로 주해 본에는 '곳, 법측'으로 대역되었다.

漆 ; 옷

; ᄆᆞᄅᆞᆫ 오츨 블에 ᄉᆞ라(乾漆燒)<태요53>

　'옻'은 (漆)에 대한 대역이다. 『두시언해』에는 '옷'으로 『훈몽자회』에는 '오칠'로 『유합』에는 '옷'으로 『천자문』 광주 본에는 '옷칠' 석봉 본에 '옷'으로 주해 본에는 '옷, 칠슈'으로 대역되었다.

七 ; 닐굽(닐굽, 닐웨)

; 닐굽 ᄃᆞᆯ애 넉시노라(七月遊魂)<태요8>
; 닐굽 分을 글혀 食前에 ᄃᆞ스닐 머그라(七分食前溫水服)<구상5>
; 産後 닐웻 날(産後七日)<구하91>

　'닐굽'은 (七)에 대한 대역이다. 『구상·구하』에는 '닐굽, 닐웨'로 『두시언해』에는 '닐굽, 닐굽차'로 『석보상절·남명천계송언해·훈몽자회·유합』에는 모두 '닐굽'으로 字釋되었다.

鍼 ; 침, 쏼리다(침)

; ᄯᅩᄒᆞᆫ 법의 ᄀᆞᄂᆞᆫ 침으로(又法用細鍼)<태요24>
; 검어리 쏼리ᄂᆞᆫ 법은(蜞鍼法)<태요74>
; 은침으로 ᄀᆞ로 써여주면(以銀鍼刺之橫貫)<두창51>

　'침, 쏼리다'는 (鍼)에 대한 대역이다. 『두창』에는 '침'으로 『훈몽자회·유합』에는 모두 '바늘'로 字釋되었다. 語形 '쏼리다'의 대역이 특이하다.

針 ; 침(바늘)

; 침으뢰나 손톱으로나(以針爪)<태요69>
; 바늘로 ᄣᅡ 아ᅀᆞᆯ디니라(以針決去之)<구상18>

　'침'은 (針)에 대한 대역이다. 『구상』에는 '바늘'로 『두시언해·남명천계송언해·유합』에는 '바늘'로 『훈몽자회』에는 '바늘, 침'으로 또 부연 설명으로는 '鍼俗作針'으로 字釋된 語例가 있다.

枕 ; 버개(볘다)

  ; 아긔 버개라 ᄒᆞᄂᆞ니(爲兒枕)<태요49>
  ; 졋바디여 누워 황시우를 볘오(仰臥枕絃)<구상61>

    '버개'는 (枕)에 대한 대역이다. 『구상』에는 '볘다'로 『두시언해·훈몽자회·유합』에는 모두 '벼개'로 대역되었다.

沉 ; ᄣᅡ다(ᄃᆞᆷ다)

  ; 쑬 죠고매 ᄣᅡ(入蜜少許沉)<태요47>
  ; 대쵸 건시 ᄃᆞ믄 믈감ᄌ(棗子乾柿沉水柑子)<두창14>

    'ᄣᅡ다'는 (沉)에 대한 대역이다. 『두창』에는 'ᄃᆞᆷ다'로 『두시언해』에는 '깊다, 디다, ᄃᆞᆷ기다, ᄌᆞ마락'으로 『석보상절』에는 'ᄌᆞᄆᆞ다'로 『남명천계송언해』에는 'ᄃᆞᆷ다'로 『유합』에는 'ᄃᆞᆷ길'로 字釋되었다. 語形 'ᄌᆞ마락'의 대역이 흥미롭다.

浸 ; ᄃᆞᆷ다(ᄃᆞᆷ다, ᄃᆞᆷ다, 불우다, ᄌᆞᄆᆞ다)

  ; 술의 ᄃᆞᆷᄆᆞ니(酒浸)<태요2>
  ; 믈근 술 ᄒᆞᆫ 병의 ᄃᆞᆷᄆᆞ(浸淸酒一甁)<납약6>
  ; 더운 므레 ᄃᆞᆷ마 것 밧기고(湯浸去皮)<구상6>
  ; 사ᄅᆞ미 졋 汁을 불워 ᄌᆞ조 디그라(以人乳汁浸頻頻點)<구하40>
  ; 모시 ᄌᆞ몬 므를(浸苧水)<구하89>

    'ᄃᆞᆷ다'는 (浸)에 대한 대역이다. 『납약·구상·구하』에는 'ᄃᆞᆷ다, 불우다, ᄌᆞᄆᆞ다'로 『두시언해』에는 '깊다, 디다, ᄃᆞᆷ기다, ᄌᆞ마락'으로 『석보상절』에는 'ᄌᆞᄆᆞ다'로 『남명천계송언해』에는 'ᄃᆞᆷ다'로 『유합』에는 'ᄃᆞᆷ길'로 字釋되었다. 語形 '불우다'의 대역이 특이하다.

打 ; 넣다(두드리다, 티다, 맞다)

  ; 밀 ᄀᆞᄅᆞ 너허(打麵)<태요6>
  ; 붑 두드리다(打鼓)<구상15>

; 귓거시 누르며 툐믈 아라(覺鬼物壓打)<구상21>
; 마자 傷ᄒ야(打損)<구하18>

'넣다'는 (打)에 대한 대역이다. 『구상 · 구하』에는 '두드리다, 티다, 맞다'로『두
시언해』에는 '티다'로『석보상절 · 남명천계송언해』에는 '티'로『훈몽자회 · 유합』
에는 '틸'로 字釋되었다.

墮 ; 누르다, 디다(낙틱, 디다)

; 틱 아니 누르면(胎不墮)<태요42>
; 피 흐르고 틱 디ᄂ니(漏血墮胎)<태요17>
; 미양 낙틱ᄒ여(常墮)<납약27>
; 노픈ᄃᆡ ᄂ려 디여(從高墮下)<구하26>

'누르다, 디다'는 (墮)에 대한 대역이다. 『납약 · 구하』에는 '낙틱, 디다'로『두
시언해』에는 '디다'로『유합』에는 'ᄂ려딜, 헐'로 대역되었다. 語形 '낙틱'의 대
역이 흥미롭다.

托 ; ᄀᆞᇀ

; 음문으로 드러 그 틱를 미러 니르혀면(産門入托起其胎)<태요42>

'ᄀᆞᇀ'은 (托)에 대한 대역이다. 『두시언해』에는 '븥다'로『훈몽자회』에는 특이
하게 '바름'으로 字釋된 語形이 있다.

灘 ; 여흘(흐르다)

; 빅 여흐레 걸인ᄃᆞᆺ ᄒ니(如舟坐灘)<태요2>
; 온 몸이 벌거ᄒ고 즛믈러 진이 흘러(渾體赤爛流汁淋灘))<두창44>

'여흘'은 (灘)에 대한 대역이다. 『두창』에는 '흐르다'로『두시언해 · 훈몽자회』
에는 '여흘'로 대역되었다. 語形 '여흘'은 '여울'에 의하여 死語化된 語辭로 볼
수 있다.

炭 ; 숫, 숫블(숫)

; 숫블에 붉게 술와(炭火燒亦)<태요50>

; 숫블에 초 끼텨(醋炭熏)<태요51>

; 블근 숫블로 지엽게 블오(紅炭火吹去灰)<구하35>

　'숫, 숫블'은 (炭)에 대한 대역이다. 『구하』에는 '숫'으로 『훈민정음해례 用字』
에 '숫爲炭'으로 『월인석보』에도 '炭은 숫기'로 『훈몽자회·유합』에 모두 '숫'으
로 字釋되었다.

吞 ; 슴끼다(슴끼다, 슴끼다)

; 아젹긔 소곰믈이나 ᄃᆞᆺ슨 술의나 슴끼고(空心塩湯或溫酒吞下)<태요2>

; 열 환 식 슴끼라(十丸吞下)<납약11>

; 젹젹 슴쪄 ᄂᆞ리오라(細細吞下)<구상43>

　'슴끼다'는 (吞)에 대한 대역이다. 『납약·구상·유합』에도 '슴끼다'로 『두시
언해』에는 '슴끼다, 먹다'로 대역되었다.

脱 ; 벗다, 쌔디다

; 벗디 몯ᄒᆞ모로(不能脱)<태요25>

; 음문이 쌔디여 나고(陰門脱出)<태요59>

　'벗다, 쌔디다'는 (脱)에 대한 대역이다. 『두시언해』에는 '글어, 밧다, 벗다'로
『석보상절』에는 '밧다'로 『남명천계송언해』에는 '밧다, 벗다'로 『유합』에는 '버
슬'로 字釋되었다.

探 ; 더듬다, 둘워다

; 손을 뻐 더드머 내미(用手法探取)<태요37>

; 손 너허 둘워 토키를(探吐)<태요42>

　'더듬다, 둘워다'는 (探)에 대한 대역이다. 『훈몽자회·유합』에는 '더드믈'로

字釋되었다. 語形 '둘워다'의 대역이 특이하다.

湯 ; 달힌 믈(달힌 믈, 달힌 믈, 쑥, 더운믈, 믈)

; 달힌 믈의 풀어 머그면 피 즉제 근누니라(湯調下崩血卽止)<태요54>

; 인슴 달힌 믈에 프러 누리오(人蔘湯和下)<납약5>

; 달힌 믈을 추게ᄒ여(煎湯冷)<납약9>

; 박하 달힌 믈(薄荷湯)<두창15>

; 粥쥭 믈와 쟝쑤기 위두코(粥飮醬湯爲上)<구상9>

; 더운 므레 두마 것 밧기고(湯浸去皮)<구상6>

; 글는 므레 둠가(沸湯浸)<구상8>

'달힌 믈'은 (湯)에 대한 대역이다.『납약·두창·구상』에는 '달힌 믈, 쑥, 더운
믈, 믈'로『두시언해』에는 '더운믈'로『훈몽자회』에는 '탕'으로『유합』에는 '글
흘'로 字釋되었다.

苔 ; 잇끼

; 우믈 가온대 잇끼어나(以井中苔)<태요74>

'잇끼'는 (苔)에 대한 대역이다.『두시언해·훈몽자회』에는 '잇'으로『남명천
계송언해·유합』에는 '잇기'로 대역되었다.

胎 ; 잉틴, 주식비다, 틱긔(틱긔)

; 잉틴흔 믹(胎脉)<태요8>

; 주식 비여 난는 죵요 뫼혼 방문(諺解胎産集要)<태요1>

; 다 틱긔 몯되누니라(皆不成胎)<태요1>

; 부인의 거줏 틱긔며(婦人鬼胎)<납약25>

'잉틴, 주식비다, 틱긔'는 (胎)에 대한 대역이다.『납약』에는 '틱긔'로『유합』에
는 '틴'로 字釋되었다.

蛻 ; 헝울(허울)

  ; 빅야미 헝울ᄒ나(蛇蛻一條)<태요27>
  ; 빅야미 허우롤 湯鑵 안해 너코(蛇蛻鑵子內)<구하83>

    '헝울'은 (蛻)에 대한 대역이다. 『구하』에는 '허울'로 대역되었다.

太 ; 너무(거르기, 넘우, ᄀ장, 너무)

  ; 옷도 너무 덥데 말며(衣毋太溫)<태요15>
  ; 두역 돗기롤 거르기 만히 ᄒ야(痘出太多)<두창22>
  ; 빗치 넘우 블거 검븕기에 다ᄃᆞᆫ 거슨(色太紅近紫者)<두창48>
  ; ᄀ장 虛험弱약ᄒ(太叚虛)<구상14>
  ; 너무 젹게 마롤디니(不可太稀)<구상58>

    '너무'는 (太)에 대한 대역이다. 『두창·구상』에는 '거르기, 넘우, ᄀ장, 너무'
로 『두시언해』에는 'ᄀ장, 너무, 큰, 키'로 대역되었다.

擇 ; 굴ᄒ다

  ; 됴ᄒᆫ 날 굴ᄒ야(擇吉日)<태요64>

    '굴ᄒ다'는 (擇)에 대한 대역이다. 『두시언해』에도 '굴회다'로 『유합』에는 '굴
휠'로 字釋되었다.

土 ; 흙(흙, 흙)

  ; 흙 ᄒ 뎡이를 잉뷔 시버 솜ᄭᅵ면(土一塊令孕婦嚼之)<태요48>
  ; 흙이 모래 셕기디 아니ᄒ니로(土不雜砂石)<두창50>
  ; 方방애 더운 흙과 봇ᄀ 더운 직로(方以熱土及熬熱灰)<구상9>

    '흙'은 (土)에 대한 대역이다. 『두창·구상』에는 모두 '흙'으로 『두시언해』에
는 '싸ᄒ, 흙'으로 『남명천계송언해·훈몽자회·유합·천자문』 광주·석봉 본에
는 모두 '흙'으로 주해 본에는 '흙, 나모겁'로 대역되었다. 語形 '나모겁질'의 대

역이 특이하다.

吐 ; 토ᄒᆞ다(토ᄒᆞ다, 비왙다, 吐ᄒᆞ다)
  ; 아기 ᄀᆞ나며 욕욕 토ᄒᆞ야(小兒初生嘔吐)<태요70>
  ; 크게 즈치고 혹 토ᄒᆞ며(大瀉或吐)<납약9>
  ; 혹 토ᄒᆞ거나 혹 셜샤ᄅᆞᆯ ᄒᆞ거나(或吐或瀉)<두창16>
  ; ᄎᆞ거든 비와ᄐᆞ라(冷吐)<구상64>
  ; 吐ᄒᆞ통ᄒᆞ면 곧 ᄭᅢᄂᆞ니라(吐卽醒)<구상4>

  '토ᄒᆞ다'는 (吐)에 대한 대역이다. 『납약·두창·구상·석보상절』에도 '토ᄒᆞ
다'로 『두시언해』에는 '비왙다'로 『훈몽자회』에는 '토ᄒᆞᆯ'로 『유합』에는 '비와틀'
로 字釋되었다. 語形 '비왙다, 토ᄒᆞ다'는 동일한 의미로 사용되던 것이 現代語
'뱉다'와 '토하다'로 그 의미가 분화되어 사용되고 있다.

兎 ; 톳긔(톳긔)
  ; 톳긔고기 양의 간(兎肉羊肝)<태요14>
  ; 톳긔 머리 骨ᄆᆞᆺ髓슈ᄅᆞᆯ 내야 ᄇᆞᄅᆞ라(兎骨髓取塗之)<구상6>

  '톳긔'는 (兎)에 대한 대역이다. 『구상·두시언해·남명천계송언해·훈몽자회
·유합』 등에 모두 '톳기'로 대역되었다.

通 ; 누다, 통ᄒᆞ다, 처다(누다, ᄲᅦ다, 통ᄒᆞ다)
  ; 절로 통ᄒᆞᄂᆞ니(自通)<태요70>
  ; 아기 ᄀᆞ나며 오좀 ᄯᅩᆼ 몯 누다(小兒初生大小便不通) <태요70>
  ; ᄆᆡ숨을 처(通溝渠)<두창14>
  ; 대변을 누디 못홈을 고티며(治大便不通)<납약19>
  ; ᄒᆞᆫ 구무 둘워 몬져 낫긴혜 ᄲᅦ오(通一竅先穿上鉤)<구상48>
  ; ᄒᆞ다가 小ᅟᅭᆺ便뼌이 通통티 아니커든(若小便不通)<구상17>

  '누다, 통ᄒᆞ다, 처다'는 (通)에 대한 대역이다. 『납약·두창·구상』에는 '누다,

빼다, 통ᄒ다'로 『두시언해』에는 '스뭇다, 스뭊다, 通ᄒ다'로 『남명천계송언해』에는 '오올다'로 『유합 · 천자문』에는 '스ᄆ츨'로 字釋되었다. 語形 '오올다'의 대역이 특이하다.

痛 ; 알이, 알프다, 앓다(알이, 알프다, 믜이, 알프다, 셟다)
  ; 아니 아프면 틱 아니라(不痛爲無孕)<태요10>
  ; 즈식 빈 겨집이 둘 차셔 비알기(孕婦入月腹痛)<태요21>
  ; 허리 알ᄒ니가 이시니(作腰痛者)<두창16>
  ; 아홉 가지 가슴 알키와(九種心痛)<납약17>
  ; 목굼기 브어 알프며(咽喉腫痛)<납약7>
  ; 믜이 글면(痛齧)<구상24>
  ; 冷링훈 氣킝分분이 디ᄅ 져겨 알프닐(冷氣刺痛)<구상6>
  ; 비록 ᄀ장 셜워도(雖極痛)<구하14>

  '알이, 알프다, 앓다'는 (痛)에 대한 대역이다. 『납약 · 두창 · 구상 · 구하』에는 '알이, 알프다, 믜이, 셟다'로 『두시언해』에는 '슳다, 알프다'로 『남명천계송언해』에는 '앓다'로 『훈몽자회』에는 '알폴'로 『유합』에는 '셜울'로 字釋되었다. 語形 '믜이'의 대역이 특이하다.

把 ; 쥐다(줌)
  ; 산뮈 두 손내 ᄒ나 식 쥐면 즉시 난ᄂ니(産婦兩手各把一枚立驗)<태요31>
  ; 삼 흔 줌과(麻一把)<구상22>

  '쥐다'는 (把)에 대한 대역이다. 『구상』에는 '줌'로 『두시언해』에는 '잡다'로 『남명천계송언해』에는 '잡'으로 『유합』에는 '자볼'로 字釋되었다.

破 ; 긁다, 빼다, 뼈디다(뜯다, ᄯ다, 주다, 터디다, 희야디다, ᄒ야디다, 헐다, 뿌리다, ᄠ다)
  ; 침으뢰나 손톱으로나 글거 업시ᄒ고(以針爪破)<태요69>
  ; 큰 파밑흰 디룰 네헤 빼텨(大葱白一寸四破)<태요70>

; ㅈ식 날저긔 그 거시 뻐디모로(子欲生時枕破故)<태요49>
; 손톱으로 ᄧᄃᆔ 헌되ᄂᆞᆫ 후의(爪破者後)<두창52>
; 쳥ᄒᆞ야 더 ᄲᆞ라ᄒᆞ나(請益刺破)<두창51>
; 침 주ᄂᆞᆫ 법은(刺破之法)<두창62>
; 혹 터뎌 즙이 날디라도(或有顆粒自破汁出者)<두창52>
; 손톱의 희야디러나(爪破) <두창27>
; 시혹 心肺脉이 ᄒᆞ야디여(或心肺脉破)<구상54>
; 허닌 ᄆᆞᄅᆞ닐 ᄣᅡ후미 됴ᄒᆞ니라(破者乾摻神妙)<구상7>
; ᄃᆞᆰ긔 알홀 ᄲᅳ려(破雞子)<구하10>
; 갈ᄒᆞ로 ᄇᆡ야미 ᄭᅬ리ᄅᆞᆯ ᄣᆞ고(以刀破蛇尾)<구하79>

'ᄭᆞᆰ다, ᄲᅢ다, 뻐디다'ᄂᆞᆫ (破)에 대한 대역이다. 『두창·구상·구하』에ᄂᆞᆫ 'ᄠᅳᆮ다, ᄧᆞ다, 주다, 터디다, 희야디다, ᄒᆞ야디다, 헐다, ᄲᆞ리다, ᄣᆞ다'로 『두시언해』에ᄂᆞᆫ 'ᄲᅢ다, ᄲᆞ리다, 헐다, 헤티다'로 『남명천계송언해』에ᄂᆞᆫ 'ᄲᆞ려디다, 헐우다'로 『유합』에ᄂᆞᆫ '헤틸'로 字釋되었다.

佩 ; ᄎᆞ다(ᄎᆞ다)
; 원츄리 ᄭᅩ출 ᄎᆞ고(萱草花佩)<태요12>
; 가슴의 당ᄒᆞ여 ᄎᆞ면(當心佩)<납약3>

'ᄎᆞ다'ᄂᆞᆫ (佩)에 대한 대역이다. 『납약』에ᄂᆞᆫ 'ᄎᆞ다'로 『두시언해』에ᄂᆞᆫ 'ᄎᆞ다, ᄎᆞ다, 佩'로 『훈몽자회』에ᄂᆞᆫ '노리개'로 『유합』에ᄂᆞᆫ 'ᄎᆞᆯ'로 字釋되었다. 語形 '노리개'의 대역이 흥미롭다.

敗 ; 모디다(헐다)
; 그 모딘 피 나디 아니면(其敗血不下)<태요49>
; 헌 부들 지즑 흔 우후믈(敗蒲席一握)<구상34>

'모디다'ᄂᆞᆫ (敗)에 대한 대역이다. 『구상』에ᄂᆞᆫ '헐다'로 『두시언해』에ᄂᆞᆫ 'ᄇᆞ스와다, 敗ᄒᆞ다'로 『정속언해』에ᄂᆞᆫ '패ᄒᆞ다'로 『훈몽자회』에ᄂᆞᆫ '희야딜'로 字釋되었다.

便 ; 즉제, 믄득, 쇼변(곧, 즉제, 오좀)
　; 포의 즉제 나ᄂᆞ니(胞衣便下)<태요37>
　; 믄득 쥬사 무틴 부도로(便以朱砂)<태요63>
　; 동ᄌᆞ 쇼변이 난산을 잘 고티 ᄂᆞ니라(童便最治難産)<태요30>
　; 곧 ᄉᆞᆷᄉᆞᆷᄒᆞᄂᆞ니라(便得醒醒)<구상4>
　; 胎衣 즉제 나ᄂᆞ니(其衣便下)<구하92>
　; 오조믈 조쳐(用童便)<구하90>

　　'즉제, 믄득, 쇼변'은 (便)에 대한 대역이다.『구상·구하』에도 '곧, 즉제, 오좀'으로『두시언해』에는 '곧, 됴훈, 便安ᄒᆞ다, 便ᄒᆞ다'로『석보상절』에는 '便安ᄒᆞ다, 便安히'로『정속언해』에서는 '편편ᄒᆞ다, 편ᄒᆞ다'로『훈몽자회』에는 '오좀'으로『유합』에는 '쟉마줄'로 字釋되었다. 語形 '오좀'의 대역이 특이하다.

片 ; 뎜(짝)
　; 싱강 다ᄉᆞᆺ 뎜 너허(生薑五片)<태요3>
　; 콩 ᄒᆞ나흘 ᄲᅢ혀 두 짜글 밍ᄀᆞ라(大豆一枚擘作兩片)<구하86>

　　'뎜'은 (片)에 대한 대역이다.『구하』에는 '뎜'으로『두시언해』에는 '죠곰, ᄒᆞᆫ낫'으로『유합』에 '이작'으로 字釋되었다. 語形 '이작'의 대역이 특이하다.

平 ; 펴다
　; 졋바 누어 등을 펴(臥定背平)<태요22>.

　　'펴다'는 (平)에 대한 대역이다.『두시언해』에는 '平ᄒᆞ다, 平케ᄒᆞ다, 平호다'로 주로 한자와 결합된 대역이다.『정속언해』에는 '평히'로『유합』에는 '편홀'로『천자문』광주·석봉 본에는 '평홀'로 주해 본에는 '평홀, 평이홀, 화평홀'로 대역되었다

閉 ; 굼다, 닫다(마키다, 막히다, 막다, 마키다, 감다)
　; 산후에 눈 굼고 말 몯ᄒᆞᄂᆞᆫ 즁에(産後閉目不語)<태요56>

; 방문을 ᄌ오기 닫고(密閉房戶)<태요26>
; 목굼기 마키고 입이 다믈려(喉閉口噤)<납약8>
; 월경이 막히며(月閉)<납약3>
; 氣分이 마가 通티 몯ᄒ닐(氣閉不通)<구상4>
; 氣分이 마켜 通티 몯홀ᄉ긔(氣閉不通故)<구상39>
; 눈 굼고 말 몯고(閉目不語)<구상13>

'굼다, 닫다'는 (閉)에 대한 대역이다.『납약・구상』에는 '마키다, 막히다, 막다, 감다'로 『두시언해』에는 '굼다, 닫다'로 『석보상절・남명천계송언해』에는 '닫다'로 『유합』에는 '다ᄃᆞᆯ'로 字釋되었다.

炮 ; 굽다

; 육계 건강 구으니(肉桂乾薑炮)<태요12>

'굽다'는 (炮)에 대한 대역이다.『훈몽자회』에는 '구울'로 字釋되었다.

鋪 : 실다

; 블근 ᄆᆞᆯ 가죽을 실고(赤馬皮鋪)<태요31>

'실다'는 (鋪)에 대한 대역이다.『두시언해』에는 '펴다'로 『유합』에는 '펼'로 『훈몽자회』에는 '역푸 俗呼- 舍又 군푸 曰冷-又저제'로 字釋된 語例가 있다. 語形 '역푸, 군푸'의 대역이 특이하다.

胞 ; 안ᄊᆡ, 오좀ᄊᆡ, 머리

; 모딘 피 안ᄊᆡ예 흘러 드루므로(惡血流入胞中故)<태요36>
; 오좀ᄊᆡ 줄기 트러 디여(胞系轉戾)<태요41>
; 아기 나홀 제 머리와 딘믈이 나되(臨産胞漿旣)<태요26>

'안ᄊᆡ, 오좀ᄊᆡ, 머리'는 (胞)에 대한 대역으로 『태요』에서만 발견된다.

抱 ; 안다, 빠다(안다)
　　; 알 안는 둙의 둥주리 아래(抱卵雞窠下)<태요11>
　　; 섈리 소옴의 빠 품에 안고(急以綿絮抱置懷中)<태요67>
　　; 또 강아지와 둙과를 아나(又方抱狗子若雞)<구상10>

　　'안다, 빠다'는 (抱)에 대한 대역이다. 『구상』에는 '안다'로 『두시언해』에는 '끄렛다, 안다'로 『석보상절』에는 '안다'로 『유합』에는 '아늘'로 字釋되었다.

飽 ; 빅 브르다(빅 브르다)
　　; 밥도 너무 빅 브르게 말며(食母過飽)<태요15>
　　; 주리거나 빅 브르러기로(飢飽)<납약11>

　　'빅 브르다'는 (飽)에 대한 대역이다. 『납약』에는 '빅 브르다'로 『두시언해 · 남명천계송언해』에는 '브르다, 빅 브르다'로 『훈몽자회 · 유합 · 천자문』 석봉 본 에는 '빅 브르다'로 광주 본에는 '빅츨'로 주해 본에는 '빅블을'로 字釋되었다. 語形 '빅츨'의 대역이 흥미롭다.

泡 ; 붚다
　　; 부픈거시 셕뉴 삐 ᄀᆞ투니(有泡如石榴子)<태요68>

　　'붚다'는 (泡)에 대한 대역이다. 『훈몽자회』에는 '거품'으로 字釋되었다. 語形 '붚다'의 대역이 특이하다.

暴 ; 믈뢰다(과ᄀᆞ른, 모디다)
　　; 아홉 번 믈뢰여(九暴)<태요6>
　　; 과ᄀᆞ른 젹빅니질이며(暴痢赤白)<납약3>
　　; 바다ᄉᆞᆺ 모딘 긔운으로 된 고곰이며(瘴瘧暴)<납약2>

　　'믈뢰다'는 (暴)에 대한 대역이다. 『납약』에는 '과ᄀᆞ른, 모디다'로 『두시언해』 에는 '모딜다, 暴亂'으로 『훈몽자회』에는 '모딜'로 『유합』에는 '모딜, 과ᄀᆞ룰'로 대역되었다. 語形 '믈뢰다, 과ㄱ른'은 消滅語로 볼 수 있다.

皮 ; 갗, 겁질(가족, 겁질, 갓, 거플, 것, 겾, 겁질)

  ; 가치나 굳거든 그치라(皮乃止)<태요73>

  ; 겁질조차 디허(連皮搗碎)<태요6>

  ; 가족과 술 스이예 빗최여(暎於皮膚間)<두창25>

  ; 겁질이 열워오(皮薄)<두창44>

  ; 녀편네 의논이 극키 어려오니(婦人輩論說太峻)<두창12>

  ; 갓과 술쾌 헤여디여(皮膚破)<구상7>

  ; 거믄 거플 밧겨(去黑皮)<구상4>

  ; 더운 므레 두마 것 밧기고(湯浸去皮)<구상6>

  ; 몬져 皂찚角각 시울와 거츨 앗고(先以皂角去弦皮)<구상2>

  ; 黃栢樹 겁질와(黃栢樹皮)<구하14>

    '갗, 겁질'은 (皮)에 대한 대역이다. 『두창·구상·구하』에는 '가족, 겁질, 갓, 거플, 것, 겾, 질'로 『두시언해·남명천계송언해』에는 '갗, 거플'로 『유합』에는 '가족'으로 字釋되었다.

避 ; 피ᄒ다(피ᄒ다)

  ; 다 피ᄒ야 말라(並宜避忌)<태요64>

  ; 삼가 풍한을 피ᄒ고(謹避風寒)<두창14>

    '피ᄒ다'는 (避)에 대한 대역이다. 『두창』에는 '피ᄒ다'로 『두시언해』에는 '숨다, 避ᄒ다'로 『유합』에는 '피홀'로 字釋되었다.

必 ; 반ᄃ시, 번ᄃ시(반ᄃ시, 모로매)

  ; 반ᄃ시 ᄐㅣ괴 되디 몯ᄒᄂ니(必不成孕)<태요1>

  ; 세 번늬 번ᄃ시 다 드ᄂ니(三次必收盡)<태요25>

  ; 그러ᄒ니 먹이면 반ᄃ시 위ᄐㅣᄒ리라(與喫則必危)<두창11>

  ; 모로매 아히를 警戒ᄒ야(必誡小弱)<구하66>

'반ᄃ시, 번ᄃ시'는 (必)에 대한 대역이다. 『두창·구하』에는 '반ᄃ시, 모로매'로 『두시언해』에는 '반ᄃ기, 반ᄃ시'로 『석보상절』에는 '모ᄃᆡ'로 『정속언해』에는 '의식, 반ᄃ시, 구틔여, 모ᄃᆡ, 모로미, 필연'으로 『유합』에는 '반둣, 구틔여'로 대역되었다.

畢 ; 다(ᄆᆞᆾ다)

; 빅졀이 다 ᄆᆞ차(百節畢具)<태요8>
; 다 ᄡᅳᆷ ᄆᆞᆾ면 즉재 니러 안ᄌᆞ니라(皆灸畢卽起坐驗)<구상36>

'다'는 (畢)에 대한 대역이다. 『구상』에는 'ᄆᆞᆾ다'로 『두시언해』에는 'ᄆᆞᆾ다'로 『석보상절』에는 'ᄆᆞᆽ'로 『유합』에는 'ᄆᆞᆾ'로 字釋되었다.

逼 ; 다ᄃᆞ로다

; 아기 음문에 다ᄃᆞ로믈(兒逼陰門)<태요20>

'다ᄃᆞ로다'는 (逼)에 대한 대역이다. 『두시언해』에는 '갓갑다, 逼近'으로 『유합』에는 '다ᄃᆞ롤'로 『천자문』광주 본에는 '버길'로 석본 본에는 '갓까올'로 주해 본에는 '갓가올'로 字釋되었다. 語形 '버길'의 대역이 특이하다.

下 ; 낳다, 누다, 아래, 밑, ᄂᆞ리다, 놓다 (누다, ᄂᆞ리다, 아래, ᄂᆞ리오다, 아래, 즈츼다)

; 주근 ᄐᆡ 아니 나ᄂᆞ니(死胎不下)<태요15>
; 잉뷔 븕근 것 흰 것 누ᄂᆞ 니를(孕婦下痢赤白)<태요43>
; 몬져 아긔 아래를 미러(先推兒下體)<태요23>
; 겨집 눕ᄂᆞᆫ 자리 미틔(婦臥席下)<태요11>
; 만일 ᄐᆡ긔 ᄀᆞᄃᆞᆨᄒᆞ야 ᄂᆞ려와 눌러(若胎壓下)<태요41>
; 혹 젹니질 누며(或下赤白)<납약10>
; ᄃᆞᄉᆞᆫ 술의 프러 ᄂᆞ리오(溫水化下)<납약1>
; 명치 아래와 녑히 든든코 탕만ᄒᆞ며(心下脇間堅滿)<납약11>
; 더러온 탁흔 씨ᄀᆞᆺᄐᆞᆫ 거슬 누워 ᄇᆞ리 ᄡᅥ시니(遺下汚穢濁㝵之物)<두창4>

; 손상의 노화 비럿더니(禱薦于神床之下)<두창12>
; 온 몸과 머리 눗과 아래 우흘(全身頭面上下)<두창5>
; 찻믈 두 머굼만 흐듸 프러 느리오(用茶淸兩呷許調下)<구상41>
; 밠 엄지가락 아랫 フ른 그믈 쑤듸(灸足大趾下橫文)<구상2>
; 거즛말흐며 시혹 フ장 즈츼리다(妄語或洞下)<구하61>

'낳다, 누다, 아래, 밑, 느리다, 놓다'는 (下)에 대한 대역이다. 『납약 · 두창 ·
구상 · 구하』에는 '누다, 놓다, 아래, 느리오다, 느리오다, 즈츼다'로 『두시언해』
에는 '느리다, 눗가오다, 디다, 무춤, 아래, 흘리다'로 『남명천계송언해』에는 '아
래'로 『정속언해』에는 '어리'로 『훈몽자회 · 유합 · 천자문』 광주 · 석봉 본에는
'아래'로 주해 본에는 '아래, 느릴, 눗즈이흐다'로 대역되었다. 語形 '즈츼다'의
대역이 특이하다.

煆 ; 스라
; 블에 스라 フ른 밍フ라(火煆爲末)<태요43>

'스라'는 (煆)에 대한 대역이다. 다른 문헌에서는 발견되지 않고 있다.

鰕 ; 사요
; 냇믈에 효근 사요를 즛디허(溝渠中小鰕爛搗)<태요74>

'사요'는 (鰕)에 대한 대역이다. 『훈몽자회』에는 '사요'로 字釋되었다.

涸 ; 여위다
; 긔혈이 물라 여위여(氣血枯涸)<태요61>

'여이다'는 (涸)에 대한 대역이다. 『두시언해』에는 '여위다'로 대역되었다.

寒 ; 춥다
; 혹 더우락 치우락호미 왕늬 흐느니(或寒熱往來)<태요57>

‘춥다’는 (寒)에 대한 대역이다. 『두시언해』에는 ‘서늘ᄒ다, 츳다, 칩다’로 『남 명천계송언해』에는 ‘츳다, 칩다’로 『정속언해』에는 ‘칩다’로 『유합·천자문』에 는 모두 ‘출’로 字釋되었다.

汗 ; ᄯᆞᆷ(ᄯᆞᆷ, ᄯᆞᆷ, ᄯᆞᆷ)

; ᄯᆞᆷ 내라(取汗)<태요46>
; 거믄 ᄯᆞᆷ이 나야(出黑汗)<납약21>
; 졀로셔 ᄯᆞᆷ 나며(自汗)<두창6>
; 열이 엇디 말미암 아ᄂᆞ리며(熱何由降)<두창55>
; ᄯᆞᆷ 내욤 ᄃᆞᆯ햇(發汗等)<구상12>

‘ᄯᆞᆷ’은 (汗)에 대한 대역이다. 『납약·두창·구상·두시언해·남명천계송언해 ·훈몽자회·유합』 등에 모두 ‘ᄯᆞᆷ’으로 대역되었다.

陷 ; ᄲᅧ디다(ᄶᅥ디다, 우묵ᄒ다)

; 틱긔 ᄲᅧ디여 ᄂᆞ려(胎氣陷下)<태요20>
; 거머 ᄶᅥ딘 거슨(黑陷)<두창3>
; 네 활기옛 큰 ᄆᆞ듸 우묵ᄀᆞ듸와(四肢大節陷)<구상76>

‘ᄲᅧ디다’는 (陷)에 대한 대역이다. 『두창·구상』에는 ‘ᄲᅧ디다, 우묵ᄒ다’로 『두 시언해』에는 ‘ᄲᅧ디다, 陷沒ᄒ다’로 『석보상절』에는 ‘ᄶᅥ디다’로 『남명천계송언해』 에는 ‘ᄲᅧ디다, ᄲᅢ디다’로 『훈몽자회·유합』에는 ‘ᄲᅧ디다’로 字釋되었다. 語形 ‘우 묵ᄒ다’의 대역이 흥미롭다.

醎 ; ᄧᆞ다(ᄶᆞ다, ᄧᆞ다)

; 쉰것 ᄧᆞᆫ것슬 즐겨 먹고(喜啖酸醎)<태요12>
; 올희알 초쉰것 ᄧᆞᆫ것(鴨卵醋酸醎)<두창14>
; ᄧᆞᆫ것과 쉰것과 ᄃᆞᆯ히(醎酸等物)<구상32>

‘ᄧᆞ다’는 (醎)에 대한 대역이다. 『두창·구상』에는 ‘ᄶᆞ다, ᄧᆞ다’로 『월인석보서』

에는 '醶은 뿔씨라'로 『유합 · 천자문』에는 모두 '뿔'로 字釋된 語例가 있다. 語頭
자음 'ㅆ계와 ㅴ계'의 사용이 특이하다.

含 ; 마시다, 머그다(머굼, 숨씨다)
 ; 쟉쟉 마시고(稍稍含)<태요52>
 ; 잉도마곰 비븨여 머구미(如櫻桃大含)<태요45>
 ; 더운 므를 머구머 츠거든 비와트라(湯熱含冷吐)<구상65>
 ; 노겨 춤 숨씨라(含化嚥津)<구상44>

  '마시다, 머그다'는 (含)에 대한 대역이다. 『구상』에 '머굼다, 숨씨다'로 『두시
언해』에는 '머거다, 머굼다'로 『월인석보서』에는 '含은 머구믈 씨라'로 『남명천
계송언해』에는 '머굼'으로 『훈몽자회 · 유합』에는 모두 '머구믈다'로 字釋되었
다. 語形 '숨씨다'의 대역이 특이하다.

合 ; 아오다, 홉(홉, 어울다, 홉, 뫼호다, 암글다, 막다, 모도다)
 ; 다시 아오디 아니케 ㅎ라(不令再合)<태요69>
 ; 칠 홉되거든(取七合)<태요39>
 ; 믈 ᄒᆞᆫ 되 서 홉(水一升三合)<두창17>
 ; 어우디 아니ᄒᆞ닐(不合)<구상79>
 ; 各各 닷 홉 과룰(各五合)<구상3>
 ; 一字와룰 뫼화(一字右合)<구상5>
 ; 헌ᄃᆡ 오래 암ᄀᆞ디 아니ᄒᆞ며(瘡永不合)<구하1>
 ; 입 마고믄 젼쵸 두 양과(合口椒二兩)<구하74>
 ; 모도와 디허 고ᄅᆞ게ᄒᆞ고(合搗令勻)<구하2>

  '아오다, 홉'는 (合)에 대한 대역이다. 『두창 · 구상 · 구하』에는 '홉, 어울다,
뫼호다, 암글다, 막다, 모도다'로 『두시언해』에는 '맛당ᄒᆞ다, 맞다, 모다'로 『석보
상절』에는 '맞다'로 『남명천계송언해』에는 '어울다'로 『정속언해』에는 '모도다'
로 『유합 · 천자문』 광주 · 석봉 본에는 '모돌'로 주해 본에는 '모돌, 맛당, 마줄,
혼홉'으로 대역되었다. 語形 '암글다'의 대역이 특이하다. 數量詞 '홉'은 한의서
에서만 발견된다.

呷 ; 마시다(머굼)

  ; 므레 달혀 더우니를 마시면(小煎熱呷)<태요56>
  ; 찻믈 두 머굼만 흔듸 프러 ᄂ리오(用茶淸兩呷許調下)<구상41>

   '마시다'는 (呷)에 대한 대역이다. 『구상』에는 '머굼'으로 대역되었다.

項 ; 목(목)

  ; ᄌ식 빈 겨집 목이 굳세고(孕婦項强)<태요38>
  ; 목뒷 髮際 두 힘 ᄉ싯 우목흔 딀 쓰라(灸項後髮際兩筋間宛宛中)<구상61>

   '목'은 (項)에 대한 대역이다. 『구상·두시언해·훈몽자회·유합』 등에 모두 '목'으로 대역되었다.

肛 ; 항문

  ; 항문의 고자 드리라(揷入肛)<태요71>

   '항문'은 (肛)에 대한 대역이다. 『훈몽자회』에는 '밑'으로 字釋된 語形이 발견된다.

解 ; 나다(플다, 글오다, 노기다, 밧고다, 플다)

  ; 어미과 ᄌ식이 분흐야 나ᄂ니(母子分解)<태요8>
  ; 경흐여 플리고(輕解)<두창5>
  ; ᄌᄂ기 글오듸(徐徐解)<구상75>
  ; 그 氣分을 ᄂ화 노기며(分解其氣)<구상12>
  ; 옷 밧고 믜를 보면(解衣帶眼)<구상52>
  ; 오조ᄆ로 플라(溺解之)<구상24>

   '나다'는 (解)에 대한 대역이다. 『두창·구상』에는 '플다, 글오다, 노기다, 밧고다'로 『두시언해』에는 '그르다, 밧다, 알다, 解散흐다'로 『석보상절·남명천계송언해』에는 '그르다'로 『유합』에는 '그즐'로 『천자문』 광주 본에는 '그를'로 석봉 본에는 '그를'로 주해 본에는 '글을, 풀다, 알다, 초시, 흐틀'로 대역되었다. 語形 '초시'의 대역이 특이하다.

蟹 ; 게(게)

; 게 발톱 흔 되(蟹爪一升)<태요35>
; 게 먹고 毒 마ᄌ닐 고튜듸(治食蟹中毒)<구하58>

　　'게'는 (蟹)에 대한 대역이다. 『구하 · 훈몽자회 · 유합』 등에 모두 '게'로 대역되었다.

核 ; 뭉올(ᄌᅀᅳ)

; 왼 져제 뭉올이 이시면(左乳房有核)<태요11>
; 大棗ㅅ ᄌᅀᅳ만 ᄒ닐(如棗核)<구상23>

　　'뭉올'은 (核)에 대한 대역이다. 『구상』에는 'ᄌᅀᅳ'로 대역되었다. 語形 '뭉올, ᄌᅀᅳ'로 대역된 語例로는 『월인석보23;94』에 'ᄌᅀᅳ 잇ᄂ 果實와' 『宣賜內訓』에 '그 ᄌᅀᅳ를 푸몰디니라(懷其核)'에서 '뭉올'은 『痘要下61』에 '뭉올히나 보도롯(結核瘡癧)'에서 찾아볼 수 있다.

行 ; 나다(행ᄒ다, 가다)

; 겨집이 월경 나ᄂ 날브터(經行之日)<태요4>
; 부론 소귀 힝ᄒ야(行疱裡)<두창49>
; 사ᄅ미 五웅里링예 갈만 ᄒ야(人行五里)<구상38>

　　'나다'는 (行)에 대한 대역이다. 『두창 · 구상』에는 '행ᄒ다, 가다'로 『두시언해』에는 '가다, 녀다, ᄃ니다, 行列, 行ᄒ다'로 『석보상절』에는 '가다, 녀다, ᄒ다, 行ᄒ다'로 『남명천계송언해』에는 '가다, 굴, 녀다, ᄃ니다, ᄒ다, 행뎍'으로 『정속언해』에는 '힝실'로 『훈몽자회』에는 '힝뎍'으로 『유합』에는 '힝실, 녈'로 『천자문』 광주 · 석봉 본에는 '녈'로 주해 본에는 '길ᄃ닐, 무리, 힝실, 줄' 등으로 대역되었다. 語形 '녈, 힝실, 힝뎍'의 대역이 특이하다.

驗 ; 험찰ㅎ다, 신험ㅎ다(시험)

; 틱긔 험찰ㅎ는 법이라(驗胎)<태요9>
; 난산의 ㄱ장 신험ㅎ니(難産極驗)<태요28>
; 글로도 시험ㅎ고(驗之然)<두창6>

　　'험찰ㅎ다, 신험ㅎ다'는 (驗)에 대한 대역이다.『두창』에는 '시험'으로『두시언해』에는 '알다, 驗察ㅎ다, 效驗'으로『유합』에는 '효험'으로 字釋었다.

眩 ; 어즐ㅎ다(아득ㅎ다)

; 머리며 눈이 아득ㅎ야 어즐코(頭目昏眩)<태요12>
; 모든 ㅂ룸중으로 아득고 어즐ㅎ며(諸風眩暈)<납약5>

　　'어즐ㅎ다'는 (眩)에 대한 대역이다.『납약』에는 '아득ㅎ다'로『남명천계송언해 · 유합』에는 '어즐ㅎ다, 어즐'로 대역되었다.

弦 ; 시울(시울)

; 활시울 ㅎ나흘(弓弩弦)<태요12>
; 몬져 皂莢角각 시울와 거츨 앗고(先以皂角去弦皮)<구상2>

　　'시울'은 (弦)에 대한 대역이다.『구상』에는 '시울'로『두시언해』에는 '시울, 활시울'로『훈몽자회』에는 '시울'로 字釋되었다.

莧 ; 비름

; 의이보리 기름 비름(薏苡麥芽莧)<태요14>

　　'비름'은 (莧)에 대한 대역이다.『유합』에는 '비름'으로 字釋되었다.

穴 ; 굼긔

; 뷘 집 안해 쥐굼긔(空屋鼠穴中)<태요48>

'굼긔'는 (穴)에 대한 대역이다. 『두시언해』에는 '굼기'로 『훈몽자회 · 유합』에
는 '구무'로 字釋되었다.

血 ; 피(피)

; 손톱브로 지버 뻐혀 피 나거든(以指摘破出血)<태요68>
; 피 나고 알아ᄂᆞ닐(血出疼痛)<구상7>

'피'는 (血)에 대한 대역이다. 『구상 · 두시언해 · 석보상절 · 정속언해 · 훈몽자
회 · 유합』 등에 모두 '피'로 대역다.

挾 ; ᄢᅵ다(ᄢᅥ시다)

; 대쳐 머리를 ᄲᅳ리고 사긔 ᄢᅵ여(劈竹筋頭挾)<태요75>
; 이제 열을 ᄢᅥ시므로(今乃挾火故)<두창23>

'ᄢᅵ다'는 (挾)에 대한 대역이다. 『두창』에는 'ᄢᅥ시다'로 『두시언해』에는 'ᄢᅵ다'
로 『유합』에는 'ᄢᅵᆯ'로 字釋되었다.

形 ; 얼골(얼골, 양ᄌᆞ)

; 엄의 얼골 빗ᄎ로(以母形色)<태요33>
; 임의 얼골이 이러(已成形)<두창1>
; 가히 양ᄌᆞ를 보다 몯ᄒᆞ거든(未見狗形)<구하72>

'얼굴'은 (形)에 대한 대역이다. 『두창 · 구하』에는 '얼골, 양ᄌᆞ'로 『두시언해
· 남명천계송언해 · 훈몽자회 · 유합』 등에 모두 '얼굴'로 대역되었다.

好 ; 됴다(둏다)

; 애초탕은 됴ᄒᆞ 초의 ᄲᅮᆨ 닙 달혀(艾醋湯好醋煮艾葉)<태요10>
; 됴히 ᄒᆞᄂᆞ니도 잇고 혹 손 상을 방 안히 오로 두로 버리고(好經痘疫者或各設床卓於房
內)<두창10>

'둏다'는 (好)에 대한 대역이다. 『두시언해』에는 '됴ᄒ다, 스랑ᄒ다, 즐기다'로 『석보상절』에는 '됴ᄒ다'로 『남명천계송언해』에는 '둏다, 즐기다'로 『훈몽자회 · 유합 · 천자문 · 두창』 광주 · 석봉 본에는 '됴홀'로 주해 본에는 '됴홀, 묘ᄒᆡ너 길, 구모'로 대역되었다. 語形 '구모'의 대역이 특이하다.

戶 ; 지게
  ; 창 지게를 열고(開啓窓戶)<태요25>

  '지게'는 (戶)에 대한 대역이다. 『두시언해』에는 '잎, 門'으로 『유합』에는 '짝 문'으로 『훈몽자회 · 천자문』 광주 본에는 '입'으로 석봉 본에는 '지게'로 주해 본에는 '지게, 민호'로 대역되었다. 語形 '지게'는 消滅語로 볼 수 있다.

糊 ; 플수다, ᄇᆞᄅ다, 순플
  ; 플 수어 ᄆᆞ라(糊和)<태요6>
  ; 두터운 죠히로 입마고 ᄇᆞᄅ고(厚紙糊口)<태요43>
  ; 초의 순프레 ᄆᆞ라(醋麵糊和)<태요50>
  ; 누근 플ᄀ티 ᄒᆞ야 머그라(稀糊啜服)<구상59>

  '플수다, ᄇᆞᄅ다, 순플'은 (糊)에 대한 대역이다. 『구상』에는 '플'로 『두시언해』 에는 '얼의다'로 『훈몽자회』에는 '밀플'로 字釋되었다.

呼 ; 쉬다(부르다)
  ; 흔 번 쉴제(一呼)<태요20>
  ; 조오롬을 계워 블러도(耽睡呼)<두창67>

  '쉬다'는 (呼)에 대한 대역이다. 『두창』에는 '부르다'로 『두시언해』에는 '브르 다'로 『훈몽자회』에는 '숨내쉴'로 『유합』에는 '브를, 웰'로 대역되었다. 語形 '웰' 의 대역이 특이하다.

或 ; 이나(혹, 시혹, 이나)

; 드슨 술이나 더운 믈뢰나(溫酒或白湯)<태요5>
; 혹 절로 허러셔 피도 흐르며(或潰爛流血)<두창27>
; 춤기르미나 시혹(香油或)<구상3>
; 빗소배셔 죽거나 둥믈틴 블거나(死腹中或著脊)<구하87>

　　'이나'는 (或)에 대한 대역이다.『두창 · 구상 · 구하』에는 '혹, 시혹, 이나'로『두시언해』에는 '시혹, 時或'으로『남명천계송언해』에는 '시혹'으로『정속언해』에는 '미혹ᄒ다, 간대, 속'으로『유합』에는 '혹홀'로 字釋되었다. 語形 '간대'는 消滅語로 볼 수 있다.

昏 ; 아득ᄒ다(아득ᄒ다, 어득ᄒ다, 어듭다, 아즐ᄒ다)
; 머리며 눈이 아득ᄒ야(頭目昏)<태요12>
; 졍신이 아득호믈(精神昏)<납약5>
; 열이오 졍신이 어득어득ᄒ야 ᄭᅢ티디 못ᄒᄂ 것도(熱也昏昏不省者)<두창68>
; 오히려 어두오니(猶以爲昏)<두창44>
; ᄇᄅᆷ마자 아즐ᄒ며(風昏)<구상2>

　　'아득ᄒ다'는 (昏)에 대한 대역이다.『납약 · 두창 · 구상』에는 '아득ᄒ다, 어득ᄒ다, 어듭다, 아즐ᄒ다'로『두시언해』에는 '어득ᄒ다, 어스름ᄒ다'로『정속언해 · 훈몽자회』에는 '어스름'으로『유합』에는 '어으름'으로 字釋되었다.

魂 ; 넋
; 닐굽 둘애 넉시노라(七月遊其魂)<태요8>

　　'넋'은 (魂)에 대한 대역이다.『두시언해』에는 '넋, 魂魄'으로『석보상절 · 남명천계송언해』에는 '넋'으로『유합』에는 '령혼'으로 字釋되었다. 語形 '넋'과 '魂'은 現代語에서도 독립된 語辭로 사용되고 있다.

洪 ; 굵다(ᄀ장)
; ᄌᆞ식 빈 믹은 굵고 ᄌᆞᄂ니라(孕脈洪數)<태요9>

; マ장 브서 검프러 알파(洪腫暗靑疼痛)<구하32>

　　'굵다'는 (洪)에 대한 대역이다.『구하』에는 '굵다'로『두시언해』에는 '넙다, 크다'로『유합』에는 '너블, 클'로『천자문』광주 · 석봉 본에는 '너블' 주해 본에는 '넙을, 클'로 대역되었다.

和 ; 빠다, 믈다, 합ᄒ다, 밍ᄀᆯ다(죳다, 빠다, 플다, 믈다, 셧다, 플다)
　　; 술의 믈 ᄒᆞᄅᆺ밤 ᄃᆞᆷ가(酒水和淹一宿)<태요6>
　　; 플수어 ᄆᆞ라(糊和)<태요6>
　　; 술 각 반 잔 식 합ᄒ야 플어(酒各半盞調和)<태요55>
　　; ᄀᆞᄅ 밍ᄀᆞ라(末和)<태요6>
　　; 대쵸란 ᄇᆞ리고 즈의조차 공심의 ᄃᆞᆺ히 ᄒᆞ여 머그라(去棗和滓空心溫服)<납약10>
　　; ᄉᆞ나희 아히 오줌의 빠 쓰라(和童便用之)<납약5>
　　; 인슴 달힌 믈에 프러 ᄂᆞ리오(人蔘湯和下)<납약5>
　　; ᄯ또 명마괴 똥울 뿌레 ᄆᆞ라(又方胡鷰屎蜜和)<구상70>
　　; 各각 닷 홉과ᄅᆞᆯ 셧거 ᄀᆞ라(各五合右和研)<구상3>
　　; 므레 프러 머그면(水和服)<구상17>

　　'빠다, 믈다, 합ᄒ다, 밍ᄀᆯ다'는 (和)에 대한 대역이다.『납약 · 구상』에는 '죳다, 믈다, 셧다, 플다'로『두시언해』에는 '셧다, 溫和ᄒ다, 和答ᄒ다, 和親ᄒ다'로『유합 · 천자문』광주 · 석봉 본에는 '고를'로 주해 본에는 '고를, 되답, 화흘'로 대역되었다.

化 ; 노기다(삭다, 타다, 노기다, 늘이다, 슬다, 플다)
　　; 머구머 노겨 슴ᄭᅵ면 ᄀᆞ장 됴ᄒ니라(大含化嚥之神效)<태요45>
　　; 머근 밥이 삭디 아니며(米穀不化中)<납약11>
　　; ᄃᆞᄉᆞᆫ 믈의 프러 ᄂᆞ리오(溫水化下)<납약1>
　　; 박하 달힌 믈의 포룡환을 타 머기라(薄荷湯化下)<두창15>
　　; 노겨 춤 슴ᄭᅵ라(含化嚥)<구상44>
　　; ᄇᆞᄅᆞ매 늘욘(風化);<구상8>
　　; 입 버리혀고 브ᅀᅳ면 痰땀이 슬어나(開口灌下化痰)<구상4>

; ᄃᆞᄉᆞᆫ 수레 프러 머그라(溫酒化服)<구상27>

　　'노기다'는 (化)에 대한 대역이다. 『납약·두창·구상』에는 '삭다, 타다, 노기다, 늘이다, 슬다, 플다'로 『두시언해』에는 '녹다, ᄃᆞ외다, 感化ᄒᆞ다, 敎化, 變化ᄒᆞ다'로 『훈몽자회·유합』에는 '도읠, 도욀'로 대역되었다.

換 ; 밧고다(글다)

; ᄯᅩ 버근ᄃᆞᆯ 산도ᄅᆞᆯ 밧고아 써(則 換寫次月圖)<태요64>
; ᄎᆞ건든 다시 글라(冷再換)<구상29>

　　'밧고'는 (換)에 대한 대역이다. 『구상』에는 '글다'로 『두시언해』에 '밧고다'로 『남명천계송언해』에는 '밧고, 밧고오'로 『훈몽자회·유합』에는 모두 '밧골'로 字釋되었다.

還 ; 돌다(도로)

; 미틔 도라오디 몯ᄒᆞᆯ모로(不得還元故)<태요54>
; 비록 머러도 도로 녜 ᄀᆞᆮᄂᆞ니라(雖眇還如舊)<구하42>

　　'돌다'는 (還)에 대한 대역이다. 『구하』에는 '도로'로 『두시언해』에는 '도라오다, 도로, 도ᄅᆞ혀'로 『남명천계송언해』에는 '도로, 도로가다, 도라오다'로 『유합』에는 '도라올'로 字釋되었다.

丸 ; 몰다(비븨다)

; 디하 ᄀᆞᄅᆞ 밍ᄀᆞ라 꿀에 ᄆᆞ라(搗爲末蜜丸)<태요2>
; 둘기 앐 누른 것 만케 비븨여(丸如雞子黃大)<구상52>

　　'몰다'는 (丸)에 대한 대역이다. 『구상』에는 '비븨다'로 『두시언해』에는 '부븨다'로 『유합』에는 '무작'으로 『천자문』 광주 본에는 '모작'으로 석봉·주해 본에는 '탄즈'로 字釋되었다. 語形 '무작, 모작'의 대역이 특이하다.

活 ; 살다(뮛씌럽다, 살다)

 ; 엄의 살고 ᄌ식이 죽고(母活子死)<태요34>
 ; 비치 븕고 뮛씌럽씌로 흔을 ᄒ라(以紅活爲度)<두창47>
 ; 숨씌면 곧 사ᄂ니(嚥之卽活)<구상8>

　'살다'는 (活)에 대한 대역이다.『두창·구상』에는 '뮛씌럽다, 살다'로『두시언해』에는 '사라, 사롤'로『유합』에는 '사롤'로 字釋되었다. 語形 '뮛씌럽다'의 대역이 흥미롭다.

黃 ; 노ᄅᆞᆫ ᄌ의, 누르다(누르다)

 ; 흰 ᄌ이 업시 노ᄅᆞᆫ ᄌ의만 두고(去淸留黃)<태요43>
 ; 누른 수캐 흔 나흘 자바(取黃雄犬一口)<태요6>
 ; 누루러 쟝즙이 부론 소긔 힝ᄒᆞ야(黃也漿行疱裡)<두창49>

　'노ᄅᆞᆫ ᄌ의, 누르다'는 (黃)에 대한 대역이다.『두창』에는 '누르다'로『두시언해』에는 '누른, 이울다'로『석보상절·남명천계송언해·정속언해』에는 '누르다'로『훈몽자회·유합·천자문』광주·석봉 본에는 모두 '누를'로 주해 본에는 '누로'로 字釋되었다. 語形 '노ᄅᆞᆫ ᄌ의, 이울다'의 대역이 특이하다.

惶 ; 두렵다(황겁다)

 ; 놀라고 두려 긔운이 민쳐(驚惶氣結)<태요30>
 ; 황겁ᄒᆞ야 일졀 고기를 머기디 아니ᄒᆞ야(惶懼不敢與小許魚肉)<두창11>

　'두렵다'는 (惶)에 대한 대역이다.『두창』에는 '황겁다'로『두시언해』에는 '놀래다'로『유합』에 '두릴'로 字釋되었다. 語形 '두릴'의 대역이 특이하다.

廻 ; 도로혀(돌다)

 ; 이윽ᄒᆞ야 긔운이 도로혀(須曳氣廻)<태요68>
 ; 元氣 도라와 사ᄂ니라(元氣廻自活)<구상73>

'도로혀'는 (廻)에 대한 대역이다. 『구상』에는 '돌다'로 『두시언해』에는 '도르혀, 돌다, 두루히다, 디위옴ᄒ다, 횟도라'로 『석보상절』에는 '돌다, 도ᄅᆞ'로 『남명천계송언해』에는 '두루히다, 횟도라'로 『유합』에는 '돌다'로 『천자문』 광주 본에는 '도로'로 字釋되었다. 語形 '디위옴ᄒ다'의 대역이 특이하다.

回 ; 돌다(도로혀, 도라오다)

; 왼 녁크로 머리 도ᄂᆞ니ᄂᆞᆫ(左回首者)<태요10>
; 원긔를 도로혀미 맛당ᄒᆞ니라(以爲回元之地爲當)<두창65>
; 氣分이 도라오ᄆᆞᆯ 기드려ᅀᅵ(待其氣回)<구상78>

'돌다'는 (回)에 대한 대역이다. 『두창 · 구상』에는 '도로혀, 도라오다'로 『두시언해』에는 '도라가다, 돌다, 도ᄅᆞ혀, 디위, 디위옴ᄒ다, 횟돌아'로 『석보상절』에는 '볼, 번'으로 『남명천계송언해』에는 '돌다'로 『유합』에는 '도로헐'로 『천자문』 석봉 본에는 '도라올'로 주해 본에는 '돌올, 샤곡ᄒ다, 도로'로 대역되었다. 語形 '디위옴ᄒ다, 샤곡ᄒ다'의 대역이 특이하다.

懷 ; 먹다

; 산뫼 ᄆᆞᅀᆞᆷ을 편안히 먹고(産母心懷安泰)<태요36>

'먹다'는 (懷)에 대한 대역이다. 『두시언해』에는 '뜯, 마ᅀᆞᆷ, ᄉᆞ랑ᄒ다, 품다'로 『남명천계송언해 · 유합』에는 '품다'로 『천자문』 광주 본에는 '훔출'로 석봉 본에는 '푸믈'로 주해 본에는 '싱각, 픔을'로 대역되었다. 語形 '훔출'로 字釋이 특이하다.

橫 ; ᄀᆞᄅᆞ (빗씨다, ᄀᆞ로, 빗기다, ᄀᆞ론)

; ᄀᆞᄅᆞ 나며 갓고로 나ᄂᆞᆫ(産橫逆)<태요16>
; 혹 빗씨 낫커나 혹 거스리 나ᄂᆞᆫ 이ᄅᆞᆯ(或橫或逆)<납약28>
; 은침으로 ᄀᆞ로 써여주면(以銀鍼刺之橫貫)<두창51>
; 밝 엄지가락 아랫 ᄀᆞᄅᆞᆫ 그믈 ᄯᅳ디(灸足大趾橫文)<구상2>
; 빗기 거스리 나하 손바리 몬져 나닐 고툐ᄃᆡ(治橫逆生手足先出)<구하82>

‘ㄱㄹ’는 (橫)에 대한 대역이다.『납약 · 두창 · 구상 · 구하』에는 ‘빗끼다, ㄱ로, 빗기다, ㄱ론’으로『두시언해』에는 ‘빗, 빗기다’로『석보상절』에는 ‘ㄱㄹ’로『훈몽자회』에는 ‘빗글’로『유합』에는 ‘ㄱㄹ’로『천자문』광주 본에는 ‘비길’로 석봉 본에는 ‘빗낄’로 주해 본에는 ‘빗길, 거스릴’로 대역되었다.

效 ; 효험(효험, 듣ᄂ다)

; 빗복을 만히 ᄡᅳ면 효험 인ᄂ니라(多灸臍中有效)<태요7>
; ㄱ장 신긔로온 효험이 인ᄂ니라(最有神效)<납약11>
; 즉제 듣ᄂ니라(立效)<구상8>

‘효험’은 (效)에 대한 대역이다.『납약 · 구상』에는 ‘효험, 듣ᄂ다’로『두시언해』에는 ‘받줍다, 본받다’로『남명천계송언해』에는 ‘본받다’로『유합』에는 ‘볼, 효험’으로『천자문』광주 본에는 ‘ᄌ욀’로 석봉 본에는 ‘본볼’ 주해 본에는 ‘드릴, 본볼, 효험’으로 대역되었다. 語形 ‘ᄌ욀’의 대역이 특이하다.

候 ; 기다리다, ᄢᅢ(기드리다, 기들워다)

; 절로 됴호믈 기들우라(候其自安也)<태요12>
; 바ᄅ 나홀 ᄢᅢ 아니니(非正産之候)<태요22>
; 더운 氣分이 通호믈 기드러(候暖氣通)<구상74>
; 버거 밀 너허 노곰 기들워(次入蠟候消)<구하8>

‘기다리다, ᄢᅢ’는 (候)에 대한 대역이다.『구상 · 구하』에는 ‘기드리다, 기들우다’로『두시언해』에는 ‘氣候, 기들우다’로『유합 · 천자문』에는 모두 ‘긔운’으로 字釋되었다.

後 ; 도로, 뒤(뒤히, 후의, 뒤희, 뒷)

; 아긔 압 뒤 가슴등과 빗복 아래과(兒前後心幷臍下)<태요70>
; 도로 브ᄅ면 왼녁크로(後呼之左)<태요10>
; ᄂᆡ 급ᄒ고 뒤히 므즉ᄒᆞ며(裏急後重)<납약10>
; ᄌᆞ식 나흔 후의(産後)<납약4>

; 귀 뒤희 실ㄱ튼 블근 믹이 이실ㅆ시니(耳後有紅縷赤脉)<두창6>
; 뒷털 난 싸흘(後聚毛中)<구상20>

　　'도로, 뒤'는 (後)에 대한 대역이다. 『납약 · 두창 · 구상』에는 '뒤히, 후의, 뒤희,
뒷'으로 『두시언해』에는 '뒤, 後'로 『석보상절 · 남명천계송언해 · 훈몽자회 · 유
합 · 천자문』 광주 · 석봉 본에는 모두 '뒤'로 주해 본에는 '뒤, 나종'으로 『정속언
해』에는 '後'로 대역되었다. 語形 '나종'의 대역이 흥미롭다.

喉 ; 입(목굼기, 입, 목)
; 손으로 입에 너허 욕욕ㅎ면(仍探喉中令嘔)<태요38>
; 목굼기 마키고 입이 다믈려(喉閉口噤)<납약8>
; 목 안히 담소리 톱켜ᄂᆞ 소리 ㄱ트니(喉間痰響如引鋸聲)<두창34>
; 모기 브서 죽ᄂᆞ닐(喉痺欲死者)<구상3>

　　'입'은 (喉)에 대한 대역이다. 『납약 · 두창 · 구상』에는 '목굼기, 입, 목'으로 『두
시언해』에는 '목'으로 『훈몽자회』에는 '목ᄭᅮ무'로 『유합』에는 '긔구무'로 字釋되
었다. 語形 '긔구무'의 대역이 특이하다.

厚 ; 두텁다(두터이, 둣거이, 두터이, 두틔다)
; 허리 아래를 두터이 더펴(仍厚覆下體)<태요26>
; 옷과 니블을 두터이 더프되(厚覆衣衾而)<두창44>
; 둣거온 죠히과 두에를(厚紙及盖子)<두창50>
; 소나나 옷으로 두터이 ᄢᅢ밋(手厚衾衣物緊)<구상78>
; 뵈 짜로 짜해 ᄭᆞ로되 두틔 다ᄉᆞ 寸촌에(恢布地今厚五寸)<구상71>

　　'두텁다'는 (厚)에 대한 대역이다. 『두창 · 구상』에는 '투터이, 둣거이, 두터이,
두틔다'로 『두시언해』에는 '둗겁다, 해'로 『석보상절』에는 '두텁다'로 『남명천계
송언해』에는 '둗겁다'로 『정속언해』에는 '후히'로 『유합』에는 '두터울'로 字釋
되었다.

熏 ; 김쏘이다(쇠다)

  ; 김 뽀여 씨게 ᄒ는법(熏法)<태요53>
  ; 헌 가온듸 다혀 쇠면 됴ᄒ니라(瘡中熏之妙)<구하63>

    '김쏘이다'는 (熏)에 대한 대역이다.『구하』에는 '쇠다'로『남명천계송언해』에 는 '薰'에 대한 대역으로 '뽀이'가 있다. 語形 '김쏘이다'의 대역이 흥미롭다.

喧 ; 짓괴다

  ; 아기 나키 비롯거든 짓괴디 말고(臨産不可喧閧)<태요21>

    '짓괴다'는 (喧)에 대한 대역이다.『두시언해』에는 '들에다, 수ᅀᅳ다, 수우다, 울 다'로『유합』에는 '지져귈'로 字釋되었다. 語形 '들에다, 수ᅀᅳ다, 수우다'는 '짓괴 다, 지져귈'에 의하여 消滅된 語辭로 볼 수 있다.

黑 ; 검다(검다, 검다, 검다)

  ; 혹 검블그며 혹 거므며(或紫或黑)<태요1>
  ; 거믄 콩 달힌 즙을 먹고(黑豆煮汁服)<납약9>
  ; 거머 쎠딘거ᄉ(黑陷)<두창3>
  ; 거믄 거플 밧겨(去黑皮)<구상4>

    '검다'는 (黑)에 대한 대역이다.『납약·두창·구상』에는 '검다'로『두시언해』 에는 '검다, 어듭다'로『훈몽자회·유합』에는 '거믈'로 字釋되었다.

吸 ; 마시다(마시다)

  ; 니쎄믈 마시라(吸烟)<태요59>
  ; 귓거싀 氣分을 마시거나ᄒ야(吸者惡鬼氣)<구상15>

    '마시다'는 (吸)에 대한 대역이다.『구상』에도 '마시다'로『훈몽자회』에는 '숨 드릴쉴'로『유합』에는 '드리쁠'로 字釋되었다.

4. 한자 대역어의 어휘구성

*쌍형어

(穀) 겁질, 것
(起) 니르나다, 니르혀다
(刀) 갈, 칼
(兩) 두, 둘
(鼻) 고, 코,
(糝) 가루, 골
(生) 놀, 싱
(盛) ᄀ장, 담다
(握) 줌, 주먹, 쥐다
(溫) 덥다, 드시ᄒ다
(孕) 틱, 틱긔
(撮) 조리혀다, 졸다
(小) 죠고만, 죠고매
(藏) 간ᄉ호다, 갈ᄆ다
(再) 다시, ᄯᅩ
(轉動·轉) 돌다, 두루혀다
(切) 디다, 딮다
(指) 가락, ᄭᅡ락

(出) 나다, 나ᄂ다
(皮) 갗, 겁질
(必) 반ᄃ시, 번ᄃ시
(下) 나다, 나ᄂ다, ᄂ리다
(香油) 기름, 춤기름,
(蠶退) 누에난 ᄡᅵ 겁질, 누에나다

*다의어

(薑) 강즙, 싱강
(去) 벗기다, 내다, 업시ᄒ다, ᄇ리다
(頃) 덧ᄒ다, ᄉ이
(輕) ᄀ만ᄀ만, 서운서운
(經) 월경, 지나다, 혈믹
(莖) 밑, 낮
(穀) 겁질, 것
(窠) 집, 둥주리

(過) 넘다, 너무
(灌) 쳐드리다, 브어
(塊) 혈괴, 덩이
(口) 입, 어괴
(灸) 굽다, 쓰다, 블쀠이다
(急) 급ᄒ다, 샐리
(氣) 긔운, 내
(起) 내완다, 니러나다, 니르혀다, 닐다
(男) 아돌, ᄉ나히
(內) 안, 속
(冷) ᄎ다, 닝ᄒ다, 식다
(泥) 흙, ᄇ른다
(多) 만히, 오래, 하ᄂ다, 하다
(斷) 긋다, 버히다
(大) ᄀ장, ᄀᆮ다, 크다, 듕ᄒ다
(帶) 줄기, 치오다
(刀) 갈ᄒ, 칼
(搗) 즛디허, 딯다
(動) 움즉이다, 쓰ᄂ다

(同) 흔딕, 넣다
(爛) 농난히, ㄴ로니
(兩) 두, 둘
(露) 나다, 내왇다, 이슬
(淋) 흐르다, 둠다, 뜯다
(磨) 굴다, 매
(摩) 비븨다, 뿌츠다
(妄) 간대로, 망냥
(母) 암, 어미, 엄이
(縛) 가마두다, 믹다
(半) 가옷, 반
(攀) 잡다, 더위잡다
(發) 나다, 앓다, 돋다
(方) 방문, 보야ㅎ로
(覆) 덮다, 업더디다, 엎다
(腹) 빅, 빗깃솕
(分) 푼, ㄴ화다, 분ㅎ다
(産) 낳다, ㅈ식비다
(糝) 굴, 쎄허다
(三) 서, 석, 세번
(上) 오ㄹ다, 들다, 티왇다
(生) 나다, 늘, 뛰다, 돋다, 싱
(先) 몬져, 믿
(盛) ㄱ장, 담다
(成) 일다, 짓다, 되다
(細) ㄱ늘다, 줄다, 츤츤히, ㄴ로니, 셰말ㅎ다
(洗) 곰다, 싯다
(小) 죠고만, 죠고매, 효근
(燒) 블픠다, ㅅ라다
(碎) 헤여디다, 므아
(數) 존ㄴ다, 두어
(隨) 좇다, 받다

(收) 걷ㄴ니다, 드ㄴ니라
(熟) 닉다, 부븨다
(時) 빼, 적, 제
(心) 가슴, 념통, ㅁ움
(兒) 아기, ㅈ식
(惡) 구지다, 모디다, 슬허ㅎ다
(握) 줌, 쥐다
(安) 안치다, 편안ㅎ다, 둏다
(若) 만일, ㅎ다가
(魚) 고기, 믈고기
(如) 둣ㅎ다, 마곰, 마치--드시
(女) 간나히, 겨집, 뚤
(熬) 고와, 달히다
(溫) 드시ㅎ다, 더여다, 덥다
(右) 올ㅎ녁, 이를
(肉) 고기, 솔
(飮) 먹다, 샏다
(日) 날, 희
(一) 첫, 흔, ㅎ르
(臨) 제, 비르서
(入) 차다, 넣다, 븟다
(孕) ㅈ식비다, 틱, 틱긔
(子) 아긔, 삐, 알, ㅈ식
(刺) 주다, 삘어다
(煮) 글히다, 달히다
(作) 알다, 밍굴다
(盞) 잔, 되
(蘸) 적시다, 딕다
(漿) 딘물, 믈
(腸) 챵즈, 속
(藏) 간ㅅㅎ다, 갈ㅁ다
(再) 다시, 쏘

(轉) 구으리다, 더욱, 돌다, 두루혀다
(絶) 긏다, 기졀
(切) 긋다, ㄱ장, 딮다, 싸흘다
(正) 올ㅎ다, 바ㄹ
(諸) 다, 모든
(爪) 손톱, 톱
(調) 고르다, 플다, 됴화ㅎ다
(足) 발, 차다
(坐) 걸다, 오ㄹ다
(珠) 구슬, 밎다
(重) 므거운, 쏘야다
(中) 가온대, 안해, 속
(卽) 즉시, 믿
(指) 가락, 까락, 손ㄱ락, 손톱
(只) 다하다, 다만
(止) 근ㄴ다, 긏다
(直) 바ㄹ, 딕히
(盡) 그믈다, 다
(疾) 병, 샏ㄹ다
(次) 버근, 번
(着) 다히다, 붙다
(穿) 닙다, 듧다
(貼) 복, 브티다
(靑) 프르다, 힌즈이
(體) 일신, 몸
(撮) 쟈봄, 졸다, 조리혀다
(縮) 조라다, 주리혀다
(逐) 즉제, 쫓다
(取) 내다, 얻다, 잡다, 받다, 비븨다

(吹) 블다, 샐다
(側) 곁, 구러디다
(治) 고티다, 다스리다
(鍼) 침, 샐리다
(墮) 누르다, 디다
(炭) 슷, 슷블
(脫) 벗다, 쌔디다
(探) 더듬다, 둘워다
(胎) 잉틱, 주식비다, 팅긔
(通) 통ᄒ다, 누다
(痛) 아프다, 알이
(破) 긁다, 빼다, 뻐디다
(便) 즉제, 문득, 쇼변
(閉) 곰다, 닫다
(抱) 안다, 싸다
(胞) 안째, 오좀째, 머리
(下) 낳다, 누다, 아래, 밑,
    ᄂ리다
(含) 마시다, 머그다
(合) 아오다, 홉
(驗) 험찰ᄒ다, 신험ᄒ다
(糊) 플수다, ᄇᄅ다, 순플
(和) 빠다, 몰다, 합ᄒ다, 밍
    글다
(黃) 노른 주의, 누르다
(後) 뒤, 도로
(候) 기다리다, 째

*유의어

(空心) 공심, 아젹긔

(急) 급, 急ᄒ다, 쌀리
(多) 만히, 하다
(母) 암, 엄, 어미
(覆) 덮다, 업다, 엎다
(生) 늘, 싱
(小便) 오좀, 소변
(名) 일명, 혼일홈
(小) 죠고만, 효근
(新) 근, ᄀ,
(一月) 첫돌, 혼돌
(若) 만일, ᄒ다가
(止) 근ᄂ다, 긋다
(胎) 잉틱, 주식비다, 팅긔
(痛) 아프다, 알이
(皮) 갗, 겁질
(下) 나다, 누다, ᄂ리다
(如) 돗ᄒ다, ᄀ다

*동식물어

(薑) 강즙
(犬) 개
(蜞鍼·水蛭) 검어리
(蟹·螃蟹) 게
(蠐螬) 굼벙의
(革薪) 굴
(驢) 나귀
(木耳) 나무버슷
(壁鏡) 납거미
(蠶) 누에
(楡) 느릅나모

(鯉魚) 닝어
(竹) 대져
(棗) 대쵸
(猪) 돋
(鼺鼠) 드라미
(雞) 돍
(鷄卵) 돍긔 알
(蒜) 마늘
(陳艾) 무근 뿍
(魚) 믈고기
(野猪) 묏돝
(麵) 밀
(蟬) 미암
(栗) 밤
(麥芽) 보리
(桃花) 복송와곳
(萵苣) 부루
(鯽魚) 붕어
(莧菜·莧) 비름
(萆麻子) 비마ᄌ
(蛇) 비얌
(白楊樹) 사스나모
(鰕) 사요
(雀) 새
(尖臍) 수게
(雄雞) 수돍
(猏猪) 수돝
(牡牛) 수쇠
(雄犬) 수캐
(薑·生薑) 싱강
(艾) 뿍
(子) 삐
(葵) 아혹
(団臍) 암게

(雌雞) 암둙
(五加皮) 오가피
(烏雞) 오계
(鴨) 올희
(萱草) 원츄리
(人蔘) 인슴
(苔) 잇씨
(櫻桃) 잉도
(鱉) 쟈라
(鼠婦蟲) 쥐며느리
(蜈蛤) 지네
(潤子) 치즈
(兎) 톳긔
(葱) 파
(胡草) 호쵸
(海馬) 희매

*물명어

(葉·草) 거적
(魚·肉) 고기
(珠) 구슬
(器) 그릇
(香油·油·脂) 기름
(麩) 기울
(小黃米·黎米) 기장쌀
(攤帛) 깁슈건
(細鍼刺) ᄀᄂ침
(末) ᄀ로
(蜜) 쑬
(生藕汁) 년뿌즙

(心) 념통
(繩) 노
(麴) 누룩
(蠶退) 누에겁질
(鯉魚湯) 니어탕
(熨斗) 다리우리
(竹筒) 대롱
(溫水·白湯) 더운물
(罐) 도간이
(斧) 돗
(猪脂) 돗기름
(窠) 둥주리
(褉) 듕의
(石器) 딜그릇
(蒜汁) 마늘즙
(磨) 매
(墨) 먹
(馬肉) 물고기
(淸水) 물근믈
(碓) 방하
(枕) 버개
(鱗) 비늘
(簪) 빈혜
(舟) 빈
(椀) 사발
(砂糖) 사탕
(新栗) 선밤
(塩湯·塩水) 소금믈
(綿絮) 소옴
(鐵) 쇠
(鐘) 쇠붑
(匙) 술
(醇·酒) 술
(炭火·炭) 숫불

(手巾) 슈건
(糊) 순플
(弦) 시울
(線) 실
(撚蘸) 심지
(生蜜) 싱쑬
(子) 알
(冰) 어름
(溺胞·胞) 오좀깨
(白早米) 올벼쌀
(漆) 옷
(薏苡) 의이쌀
(席) 자리
(盞) 잔
(少米) 조쌀
(紙) 죠희
(粥) 죽
(汁) 즙
(磨刀水) 지거미 믈
(磁石) 지남석
(鍼·針) 침
(糯米) 츳쌀
(香油) 춤기름
(刀) 칼
(小豆) 풋
(爐) 화로
(弓弩) 활

*인체어

(指) 가락, 까락, ᄀ락

(心胸·心) 가슴
(中指) 가운데 까락
(肝) 간
(肝臟) 간장
(皮) 갗
(鼻) 고히
(髓) 골슈
(心) 념통
(眼中·目) 눈
(額) 니마
(齒齦) 닛믜음
(頂·頂心) 뎡바기
(脊·背) 등
(首·頭·腦·脑)머리
(髮·亂髮·頭髮) 머리털
(懸雍) 목졋
(體) 몸
(項) 묵
(穀道) 밑
(心中) ᄆᆞᄋᆞᆷ
(蹄·足·脚) 발
(足心) 밧바당
(腹) 빅
(胚) 배빅다
(臍腹·小腹) 빗기슭
(臍中) 빗복
(臍帶) 빗복줄
(仍探) 손
(指頭·手指) 손ᄀᆞ락
(手心) 손바당
(手足) 손발
(指) 손톱
(腎) 신장
(肉) ᄉᆞᆯ

(胞衣·胞·胞中) 안쎄
(形象·形影·形) 얼골
(肩) 엇게
(溺胞·胞) 오좀쎄
(産門) 음문
(口·喉中) 입
(脣) 입시울
(乳房·乳汁) 졋
(握) 줌
(子宮) ᄌᆞ궁
(腸) 챵ᄌᆞ
(鼻) 코
(腰子) 콩풋
(腎臟) 콩팥, 신장
(毛髮) 터럭
(爪甲) 톱
(孕) ᄐᆡ
(孕·胎·胎氣) ᄐᆡ긔
(胞衣) 포의
(肘) ᄑᆞᆯ
(血) 피
(肛) 항문
(腰) 허리
(舌) 혜
(穀道) 황문

*색채어

(烏·黑) 검다
(紫) 검븕다
(靑黯) 검프르다

(黃) 누르다
(赤) 븕다
(靑) 프르다
(白) 흰

*한자어

(肝臟) 간장
(難産) 난산
(方位) 방위
(産母) 산모
(産婦) 산부
(小便) 소변
(受胎) 슈ᄐᆡ
(神妙)ᄒᆞ다
(藥物) 약믈
(烏雞) 오계
(甕塞) 옹식
(往來) 왕ᄂᆡ
(盞) 잔
(節氣) 졀긔
(精氣) 졍긔
(正月) 졍월
(井華水) 졍화슈
(終身) 죵신
(汁) 즙
(子宮) ᄌᆞ궁
(胎氣) ᄐᆡ긔
(丸) 환

*합성어

가(可)ㅎ다
구(求)ㅎ다

닝(冷)ㅎ다
미약(微弱)ㅎ다
분(分)ㅎ다
습(澁)ㅎ다
싱강(生薑)
옹식(壅塞)ㅎ다

위급(危急)ㅎ다
자연(自然)히
토(吐)ㅎ다
통(通)ㅎ다
피(避)ㅎ다
혼미(昏迷)ㅎ다

5. 고유어에 대응된 한자

가락 · 싸락 · ㄱ락(指) ; 손가락

  ; 손 가온대 가락 ㅁ듸를(手中指節)<태요55>

  ; 가온대 싸락으로(以中指)<태23>

  ; 셜리 머리 터럭을 손ㄱ락의 가마(急以亂髮纏指頭)<태요72>

  ; 손ㄱ락긔 감고(許裹手指)<태요69>

가마두다(縛) ; 감아두다

  ; 허리예 가마두고(縛腰中)<태요12>

가슴(心胸·心) ; 가슴

  ; 가슴애 올라(逆上心胸)<태요45>

  ; 가슴 비 알프며(心腹痛)<태요17>

가온대(中) ; 가운데

  ; 가운데 싸락으로(中指)<태요23>

가운데싸락(中指) ; 가운데 손가락

  ; 가운대 싸락으로(中指)<태요23>

가옷(半) ; 가웃, 절반

  ; 믈에 달혀 흔 되 가옷 되건든(水煮取淸汁一盞半)<태요40>

가지(枝) ; 나무가지

  ; 사ᄉ나못 가지를 블에 구어(白楊樹枝燒取)<태요73>

가티 아니ᄒ다(不可) ; 같이 아니하다, 불가(不可)하다

  ; ㄱ장 가티 아니ᄒ니(切不可)<태요37>

가ᄒ다(可) ; 가능(可能)하다

; 여신사니 또 가ᄒᆞ니라(如神散亦可)<태요27>

간(肝) ; 간(肝)

; 톳긔고기 양의 간(兎肉羊肝)<태요14>

간나히(女) ; 계집아이

; ᄉᆞ나히 간나히 분변홀 법이라(辨男女法)<태요10>

간대로(妄) ; 되는대로, 함부로

; 탕약을 간대로 먹디 말며(勿妄服湯藥)<태요15>

간ᄉᆞᄒᆞ다(藏) ; 간수하다, 간직하다

; ᄐᆡ의 간ᄉᆞᄒᆞ기를(藏胎衣)<태요64>

갈ᄆᆞ다(藏) ; 감추다, 간직하다, 간수하다

; ᄐᆡ의를 갈ᄆᆞ미(藏胎衣)<태요63>

간장(肝臟) ; 간(肝)

; 이ᄂᆞᆫ 간장 ᄒᆡ요딘디니(是肝臟已壞)<태요53>

갈ᄒᆞ(刀) ; 칼

; 경의 글오ᄃᆡ 갈흘 범ᄒᆞ면(經云刀犯者)<태요14>

감다(纏·裹) ; 감다, 싸다

; ᄲᆞᆯ리 머리 터럭을 손ᄀᆞ락의 가마(急以亂髮纏指頭)<태요72>

; 손ᄀᆞ락긔 감고(許裹手指)<태요69>

갓고로(倒·逆) ; 거꾸로, 반대로

; 갓고로 흐르는 믈에 풀어 머기라(倒流水化下)<태요27>

; ᄀᆞᄅᆞ 나며 갓고로 나ᄂᆞᆫ(産橫逆)<태요16>

갓고로 셰다(倒竪) ; 거꾸로 세우다

; 잉부를 ᄒᆞ야곰 갓고로 셰ᄃᆞ시 ᄒᆞ야(將孕婦倒竪)<태요42>

강즙(薑) ; 생강

; 원지 강즙에 봇ᄀᆞ니(遠志薑製)<태요2>

갗(皮) ; 가죽

; 가치나 굳거든 그치라(皮乃止)<태요73>

개(犬) ; 개

; 개고기 톳긔고기(犬肉兎肉)<태요14>

거적(葉·草) ; 거적(짚을 두툼하게 엮거나 새끼를 날로 삼아 짚을 쳐서 자리처럼
    만든 물건)

　　; 거적ᄒ나 실고(一葉)<태요64>

　　; 거저긔 올아 힘 쓰라(上草用力)<태요20>

거품(沫) ; 거품

　　; 입에 거품이 나면(口中沫出)<태요27>

건ᄂ니라(收) ; 그치다, 끊다

　　; 코애 부러 ᄌ치옴 ᄒ면 즉시 건ᄂ니라(吹鼻作嚏卽收)<태요60>

건너다(涉) ; 건너다

　　; 함흐듸 건너기(涉險)<태요15>

건니다(行步) ; 거닐다

　　; 모로미 시시로 건니고(須時時行步)<태요15>

걸다(膏) ; 진하다

　　; 고와 걸거든(熬成膏)<태요16>

걸다(坐) ; 걸리다

　　; 빅 여흐레 걸인ᄃᆺ ᄒ니(如舟坐灘)<태요26>

검다(烏·黑) ; 검다

　　; 검은 암ᄃᆰ 쓰고(用烏雌鷄雞)<태요19>

　　; 혹 검블그며 혹 거므며(或紫或黑)<태요1>

검블다(紫) ; 검붉다

　　; 혹 검블그며 혹 거므며(或紫或黑)<태요1>

검어리(蜞鍼·水蛭) ; 거머리

　　; 맛당이 검어리 셜리ᄂ 법과(蜞鍼法鍼法)<태요74>

　　; 산 검어리를 자바다가 블거브어 모든 우희브텨(取水蛭付赤腫處)<태요74>

검프르다(青黯) ; 검푸르다

　　; 비치 검프르고(色青黯)<태요14>

겁질(穀·皮) ; 껍질

　　; 둙긔 알 겁질(雞子穀)<태요50>

　　; 겁질조차 디허(連皮搗碎)<태요6>

것(物) ; 물건, 것

　　; ᄆᆞ른 것 시버 ᄂᆞ리오(下乾物)<태요5>

것(穀) ; 껍질

　　; 것 블근 기장ᄡᆞᆯ로(紅穀小黃米)<태요33>

게(蟹·螃蟹) ; 게

　　; 게 발톱 ᄒᆞᆫ 되(蟹爪一升)<태요35>

　　; 산게 ᄒᆞ나흘 ᄂᆞ로니 ᄶᅵ허(螃蟹一箇爛搗)<태요51>

겨집(女·婦人) ; 계집, 여자

　　; ᄉᆞ나히 겨집이 다 머그라(男女並服)<태요6>

　　; 겨집 혈긔 쇠ᄒᆞ니(婦人血衰)<태요1>

견ᄃᆡ다(忍) ; 견디다

　　; 견ᄃᆡ디 몯ᄒᆞᄂᆞ니(不可忍)<태요49>

견후다(比) ; 견주다

　　; 반산은 견후건댄(半産則比如)<태요31>

곁(側·邊·傍) ; 곁

　　; 몸을 구ᄑᆞ려 겨트로 누어(曲身側臥)<태요21>

　　; 아긔 발을 미러 ᄒᆞᆫ 겨트로 바ᄅᆞ 티완고(推其足就一邊直上)<태요23>

　　; ᄒᆞᆫ 겨틔 다 하니 다만(拄一傍只)<태요24>

고기(魚·肉) ; 물고기, 고기

　　; 몸이 고기 입 거품 ᄀᆞᄐᆞ며(身如魚泡)<태요73>

　　; 믈고기 나귀고기(馬肉驢肉)<태요14>

고ᄅᆞ다(調) ; 고르다

　　; 혹 얼의여 고ᄅᆞ디 아닌ᄂᆞ니(或凝而不調)<태요1>

고와(熬) ; 고다

　　; 고와 걸거든(熬成膏)<태요16>

고자두다(紆住) ; 꽂아두다

　　; 죠희 심지를 기름무텨 고자 두어(以紙撚紆住)<태요69>

고티다(治) ; 고치다

　　; 부인의 오래 닝ᄒᆞ여 ᄌᆞ식 업스니를 고티ᄂᆞ니(治婦人久冷無子)<태요6>

고히(鼻) ; 코

　; 아기 ᄀᆞ나며 고히 마켜(小兒初生鼻塞)<태요75>

곡식 녀흔 ᄃᆡ(倉) ; 창고 · 곡식넣는 곳

　; 뉴월의ᄂᆞᆫ 상과 곡식 녀흔 ᄃᆡ 잇고(六月在床倉)<태요66>

골슈(髓) ; 골수

　; 톳긔 머리 골슈ᄒᆞ나(兎腦髓一枚)<태요28>

곱(差) ; 굽다

　; ᄑᆞᆯ 고븐ᄃᆡ ᄀᆞ티 머흐러 내와ᄃᆞ니ᄂᆞᆫ 겨집이라(如肘頸參差起者女也)<태요10>

곳(則) ; 곳

　; 본ᄃᆡ 담은 곳 이시면(素有痰飮則)<태요12>

공심(空心) ; 공복(空腹), 공심

　; 공심에 아흔 환을 ᄃᆞᄉᆞᆫ 술의 ᄉᆞᆷ씨고(空心取九十丸溫酒呑下)<태요2>

곳다(揷入) ; 꽂다

　; 항문의 고자 드리라(揷入肛)<태요71>

구러나다(産) ; 거꾸로 낳다

　; 어려이 구러나거나(是難産或)<태요67>

구러디다(側) ; 거꾸로 지다

　; 구러디니ᄂᆞᆫ 놀라시니 ᄌᆞ연ᄒᆞᆫ니라(側者有驚自然理也)<태요28>

구슬(珠) ; 구슬

　; 구슬 구으리ᄂᆞᆫ ᄃᆞᆺᄒᆞ면(轉珠)<태요20>

구완ᄒᆞ다(救) ; 간호하다, 구완하다

　; 벽녁단을 뼈 구완ᄒᆞ라(用霹靂丹救之)<태요27>

구으리다(轉) ; 굴리다, 구르게 하다

　; 구슬 구으리ᄂᆞᆫ ᄃᆞᆺᄒᆞ면(轉珠)<태요20>

구지(惡) ; 궂게, 흉하게

　; ᄌᆞ식 구지셔ᄂᆞᆫ 병의 일홈이라(惡阻)<태요12>

구티다(固) ; 굳히다, 굳게 하다

　; 혈은 더으고 혈을 구틸 약을 쓸거시니(用益血固血之藥)<태요26>

구피다(屈 · 曲) ; 굽히다

; 발을 구피면 ᄌᆞ식이 나ᄂᆞ니라(屈足兒卽順生)<태요22>

; 허리를 구펴(曲腰)<태요48>

구ᄒ다(求) ; 구하다

; ᄌᆞ식 구ᄒ야(求嗣)<태요1>

굳다(硬) ; 굳다

; 몬져 구든 파 엄으로(先以硬葱)<태요1>

굳세다(强) ; 굳세다

; ᄌᆞ식 빈 겨집이 목이 굳세고(孕婦項强)<태요38>

굵다(洪·麤) ; 굵다, 크다

; ᄌᆞ식 빈 믹은 굵고 ᄌᆞᄂᆞ니라(孕脉洪數)<태요9>

; 또 굵게 싸ᄒ라(又令麤剉)<태요59>

굼긔(竅·穴) ; 구멍

; 흙질 범ᄒᆞ니ᄂᆞᆫ 굼기 막혀 나고(泥犯者竅)<태요14>

; 븬 집 안해 쥐굼긔(空屋下鼠穴中)<태요48>

굼벙의(蠐螬) ; 굼벵이

; 혹 굼벙의 즙이나(蠐螬汁或)<태요74>

굽다(炙·炮) ; 굽다

; 녹용 소유 ᄇᆞᆯ라 구으니(鹿茸酥炙)<태요2>

; 육계 건강 구으니(肉桂乾薑炮)<태요12>

굽다(倨曲) ; 굽다, 구부리다

; 몸을 굽게 아니ᄒ며(體不倨曲)<태요22>

귓것(鬼) ; 귀신, 도깨비

; 귓것 본ᄃᆞ시 ᄒ며(如見鬼)<태요57>

그릇(器) ; 그릇

; 두 그르시 몬져 도야(二器先就)<태요8>

그믈다(盡) ; 저물다, 가무러지다

; ᄒ다가 ᄃᆞᆯ이 그믈거든(若月盡)<태요64>

그치다(絶) ; 그치다

; 더욱 토커나 즈칙커든 그치며(加吐下則絶之)<태요12>

근ᄂ다(止) ; 그치다

    ; 술의 플어 머거도 근ᄂ니라(酒調服亦止)<태요48>

글혀(煮) ; 끓이다

    ; 다시 글혀 파 닉거든 머기면 됴ᄒ니라(再煮葱熟食之佳)<태요19>

긁다(破) ; 긁다

    ; 침으뢰나 손톱으로나 글거 업시ᄒ고(以針爪破)<태요69>

급ᄒ다(急) ; 급하다

    ; 쳑믹이 더욱 급ᄒ야(尺脉轉急)<태요20>

긋(尖) ; 끝

    ; 금빈혜나 옥빈혀 긋티(金玉簪尖)<태요69>

긋다(切斷) ; 끊다

    ; 빗복 줄기예 구디 미여 드니 온후에 긋고(繫臍帶垂重然後切斷)<태요36>

긋다(止) ; 그치다

    ; 월경 긋거든(經止)<태요4>

긔운(氣) ; 기운

    ; ᄐᆡ롤 편안케ᄒ며 긔운늘 슌케ᄒ고(安胎順氣)<태요16>

긔졀(絶) ; 기절

    ; 긔졀코져 ᄒ니롤 고티ᄂ니(欲絶用)<태요34>

기들다(候) ; 기다리다

    ; 절로 됴호믈 기들우라(候其自安也)<태요12>

기름(香油·脂) ; 참기름, 기름

    ; 손애 기름 불라(香油塗手)<태요42>

    ; 도틱기름 춤기름(猪脂香油)<태요26>

기울(麩) ; 밀기울

    ; 기울과 누르게 봇가 ᄀᆞᄅ 밍ᄀᆞ라(麩炒黃爲末)<태요45>

기장ᄡᆞᆯ(小黃米·黎米) ; 기장쌀

    ; 겻 블근 기장ᄡᆞᆯ로 쥭 수어 머기니(紅穀小黃米煮粥食)<태요33>

    ; 밀프레 ᄆᆞ라 기장ᄡᆞᆯ 비븨여(末糊丸黎米)<태요71>

기춤(咳嗽) ; 기침

; 잉뷔 기춤을 닐온 주쉬니(孕婦咳嗽不止謂之子嗽)<태요44>

긷다(汲) ; 긷다

   ; 灭기른 믈에 모라(新汲水調)<태요74>

길(道) ; 길

   ; 주식이 날 길흘 일티 아니ᄒᆞ야(兒不失其道)<태요22>

길다(長) ; 길다

   ; 져지 펴디여 기러 ᄀᆞᄂᆞᆯ고(乳仲長細)<태요59>

깁슈건(攤帛) ; 깁 수건

   ; 깁 수건의 불라(泥攤帛)<태요31>

깃다(貯) ; 긷다

   ; 물근 믈을 만히 깃고(多貯淸水)<태요25>

ᄀᆞᄂᆞᆯ다(細·條) ; 가늘다

   ; 져지 펴디어 기러 ᄀᆞᄂᆞᆯ고(乳仲長細)<태요59>

   ; ᄀᆞᄂᆞᆫ 황금 ᄒᆞᆫ 냥(條黃芩一兩)<태요33>

ᄀᆞᄂᆞᆫ침(細鍼) ; 가는 침, 세침

   ; 또 ᄒᆞᆫ법의 ᄀᆞᄂᆞᆫ 침으로(又法用細鍼)<태요24>

ᄀᆞ르(橫) ; 가로

   ; ᄀᆞ르 나며 갓고로 나ᄂᆞᆫ(產橫逆)<태요16>

ᄀᆞ르(末·細末) ; 가루

   ; 디허 ᄀᆞ르 밍ᄀᆞ라(搗爲末)<태요2>

   ; 빅번ᄀᆞ르 ᄒᆞᆫ 돈을 더운 믈에 플어 머기라(白礬細末一錢熱水調服)<태요57>

ᄀᆞ만ᄀᆞ만(輕輕) ; 가만가만

   ; 나히ᄂᆞᆫ 사름이 ᄀᆞ만ᄀᆞ만 아기를 미러 티왇고(收生者輕輕推兒進上)<태요24>

ᄀᆞ장(盛·極·大·尤·切·甚) ; 가장, 자못, 매, 크게

   ; 열산은 닐온 ᄀᆞ장 더운제 아기 나커든(熱產謂盛暑解產)<태요25>

   ; ᄀᆞ장 아프고 눈에 블이나고(極眼中生火)<태요20>

   ; 술도 ᄀᆞ장 취케 말며(飮毋大醉)<태요15>

   ; ᄀᆞ장 급ᄒᆞ니 ᄉᆞᆷ튤음을 뻐(尤急宜用參朮飮)<태요41>

   ; ᄀᆞ장 가티 아니ᄒᆞ니(切不可)<태요37>

   ; ᄀᆞ장 됴ᄒᆞ니라(甚妙)<태요33>

ᄀ티(等·相半·大) ; 같이

  ; 오령지 포황을 ᄀ티ᄒ야(五靈葡黃等)<태요49>

  ; 쏘흔 법은 졍화슈과 초과 ᄀ티 ᄡ(又法井水醋和相半)<태요25>

  ; 탄ᄌᄀ티 비븨여 ᄆ 환을(彈子大每取一丸)<태요5>

싀라디다(瘻) ; 까라지다

  ; 긔운이 싀라디고 눈을 되혀고(氣瘻目飜)<태요27>

ᄀ난 아히(初生小兒) ; 갓낳은 아이, 신생아

  ; ᄀ난 아히 급흔 병 구완흘 법을 브텬 ᄂ니라(附初生小兒救急)<태요67>

ᄀ(初) ; 갓, 방금, 처음

  ; 아기 ᄀ나디며 긔운이 긋고져ᄒ고(小兒初生氣欲絶)<태요67>

ᄀ리(葦薪) ; 갈대

  ; ᄀ로 달혀 서되되거든(葦薪火煎至三盞)<태요36>

ᄀ리(粉·拌) ; 가루

  ; 머리털 ᄉ론 ᄀ를 셰허 ᄇ르라(髮灰粉之)<태요68>

  ; 사당 ᄀ뢰 섯거(砂糖拌和)<태요45>

ᄀ리다(磨·硏) ; 갈다

  ; 칼ᄀ 지거미 믈로 드시ᄒ야(以磨刀水溫)<태요25>

  ; 더운 믈에 ᄀ라 머그면(溫水硏服)<태요29>

ᄀ리오다(曰·云) ; 말하기를 이른바, 가로되

  ; 의흑 입문의 ᄀ리오듸(醫學入門曰)<태요1>

  ; 경의 ᄀ리오듸(經云)<태요14>

ᄀ리ᄒ다(擇) ; 가리다, 선택하다

  ; 됴흔 날 ᄀ리ᄒ야(擇吉日)<태요64>

ᄭ일다(鋪) ; 깔다

  ; 블근 ᄆ 가쥭을 ᄭ일고(赤馬皮鋪之)<태요31>

ᄀ모다(閉) ; 감다

  ; 산후에 눈 ᄀ모고 말 몯ᄒᄂ 증에(産後閉目不語)<태요56>

ᄀ모다(洗) ; 감다, 씻다

  ; 나흘 둘애 머리 ᄀ모디 말라(臨月不可洗頭)<태요15>

ⵥ(新·纔) ; 갓, 방금, 처음

  ; ⵥ 기른 믈에 ᄆ라(新汲水調)<태요74>

  ; 금쉬 ⵥ날제(金水纔)<태요7>

ⵥ다(具) ; 갓다, 구비되어 있다

  ; 넉 ᄃᆞᆯ애 얼골이 ⵥ고(四月形象具)<태요8>

ⵥ바ᄒᆞ다(倦怠·疲勞) ; 가빠 하다, 고단해 하다

  ; ᄉᆞ지과 일신이 ⵥ바(肢體倦怠)<태요13>

  ; ⵥ바 오래 안자시리(疲勞久坐)<태요22>

ᄭᆡ다(甦·醒) ; 깨다

  ; 즉시 ᄭᆡᄂᆞ니 효험이 긔특ᄒᆞ니라(卽甦神驗)<태요52>

  ; ᄭᆡ디 몯ᄒᆞ거든(未醒)<태요53>

ᄢᅢ다(破) ; 깨다

  ; 큰 파밑흰 ᄃᆡᄅᆞᆯ 네헤 ᄢᅢ뎌(大葱白一寸四破)<태요70>

ᄢᅧ디다(陷) ; 꺼지다

  ; 틱긔 ᄢᅧ디여 ᄂᆞ려(胎氣陷下)<태요20>

ᄢᅦ다(貫) ; 꿰다

  ; 쇼음믹이 신장의 ᄢᅦ여(少陰之脉貫腎)<태요47>

ᄭᅮᆯ(蜜) ; 꿀

  ; 디허 ᄀᆞᄅᆞ 밍ᄀᆞ라 ᄭᅮᆯ에 ᄆ라(搗爲末蜜)<태요2>

ᄢᅵ다(挾) : 끼다

  ; 대져 머리를 ᄲᆞ리고 사긔 ᄢᅵ여(劈竹筋頭挾)<태요75>

나귀(驢) ; 나귀

  ; ᄆᆞᆯ고기 나귀고기 개고기(馬驢肉肉犬肉)<태요14>

나다(下·解·出·行·旣破·發·露·生·崩·産) ; 낳다, 태어나다, 나오다, 나다

  ; 주근 틱 아니 나ᄂᆞ니(死胎不下)<태요15>

  ; 어미과 ᄌᆞ식이 분ᄒᆞ야 나ᄂᆞ니(母子分解)<태요8>

  ; 머그면 즉시 나ᄂᆞ니(服之立出)<태요25>

  ; 겨집이 월경 나ᄂᆞ 날브터(經行之日)<태요4>

  ; 머리와 딘믈이 나되(胞漿旣破)<태요26>

  ; 산후예 열나ᄂᆞ 중이라(發熱)<태요57>

; 횡산은 닐온 아긔 소니 몬져 나미니(橫産謂先露手)<태요23>

; 주식이 즉제 나ᄂ니라(其兒逐生)<태요22>

; 산후에 피 만히 나(産後血崩)<태요53>

; 머그면 틴 조라 수이 나고(服則縮胎易産)<태요15>

나디아니ᄒ다(不行) ; 나오지 아니하다

; 긔혈이 물라 여위여 나디 아니커든(氣血枯涸不行)<태요61>

나못(樹) ; 나무

; 사ᄉ나못 가지를 블에 구어(白楊樹枝燒取)<태요72>

나홀달(産月 · 臨月) ; 아기 낳을 달, 산월(産月)

; 잉뷔 나홀 ᄃᆞᆯ애 들거든(孕婦入産月)<태요63>

; 나홀 ᄃᆞᆯ애 머리 ᄀᆞᆷ디 말라(臨月不可洗頭)<태요15>

나히다(收生) ; 아이를 낳게 하다

; 나히ᄂ 사름이 날회여(收生者徐徐)<태요23>

낙틴(半産) ; 낙태

; ᄯᅩ ᄀᆞ로오ᄃᆡ 낙틴ᄒ기(又曰半産)<태요32>

난산(難産) ; 난산(難産)

; 난산의 ᄀᆞ장 신험ᄒ니(難産極驗)<태요28>

날(日) ; 날

; 겨집이 월경 나ᄂ 날브터(待經行之日)<태요4>

날마다(每日) ; 날마다, 매일

; 손 녀허 둘워 토키를 날마다 ᄒ라(探吐每日)<태요42>

날회다(徐) ; 천천히, 서서히

; 날회여 ᄃ니고(徐行)<태요21>

남다히(南) ; 남쪽

; 주식 빈 겨집을 남다히로 가라ᄒ고(姙婦面南行)<태요10>

남긔(木) ; 나무

; ᄒᆞᆫ 방문의 남긔 도든 버슷(一方木耳及)<태요54>

남진(夫) ; 사내, 남편

; 남진이 뒤흐로셔 ᄲᆞᆯ리 브르면(夫從後急呼)<태요10>

납거ᄆᆡ(壁鏡) ; 납거미

; 납거ᄆᆡ 집 세히나 다ᄉᆞ시나(壁鏡窠三五箇)<태요56>

낮(晝) ; 낮

; 나ᄌᆡ 경ᄒᆞ고 밤의 듕ᄒᆞ고(晝輕夜重)<태요57>

내(氣) ; 냄새

; 그 내ᄅᆞᆯ 마티라(聞其氣)<태요52>

내다(去·取) ; 내다

; ᄒᆞᆫ 되 가옷 되거든 닝어 내고(一盞半去魚)<태요40>

; ᄯᆞᆷ 내라(取汗)<태요46>

내왇다(露 · 起) ; 내밀다

; 다하 니마만 내왇고(只露額)<태요24>

; ᄑᆞᆯ 고ᄇᆞᆫᄃᆡ ᄀᆞ티 머흐러 내와ᄃᆞ니ᄂᆞᆫ 겨집이라(如肘頸參差起者女也)<태요10>

냇믈(溝渠) ; 시냇물

; 냇믈에 효근 사요ᄅᆞᆯ 즛디허(溝渠中小鰕爛搗)<태요74>

너무(過 · 太) ; 너무

; 밥도 너무 ᄇᆡ 즈브르게 말며(食毋過飽)<태요15>

; 옷도 너무 덥게 말며(衣毋太溫)<태요15>

너허다(同 · 打 · 入) ; 넣다

; 파흰믿 세 너허 달혀 머기라(葱白三莖同煎服)<태요46>

; 밀ᄀᆞᄅᆞ 너허(打麵)<태요6>

; 강즙에 너허(入汁)<태요43>

넉(魂) ; 넋

; 닐굽 ᄃᆞᆯ애 넉시노라(七月遊其魂)<태요8>

넘다(過) ; 넘다

; 챵ᄌᆞ ᄀᆞᄐᆞ야 ᄇᆡ 아래 넘고(如腸下過)<태요59>

녀ᄂᆞ다(餘) ; 남다, 다른, 남, 그 밖의

; 녀ᄂᆞ ᄃᆞᆯ애랑 닝어로 ᄡᅥ(餘月用鯉魚)<태요19>

년ᄲᅮᆯ즙(生藕汁) ; 연즙(蓮汁)

; 또 년ᄲᅮᆯ 즙과 ᄉᆡᆼ디황 즙 각 닷 홉 식 ᄠᅡ 머기라(又生藕汁生地黃汁各五合調服)<태요58>

녑통(心) ; 염통, 심장(心臟)

　; 수도틱 녑통 피예 무라(猪猪心血和)<태요27>

녜(古) ; 예, 옛적

　; 녯 방문의 틱긔 편케 ᄒ기를(古方安胎)<태요19>

노(繩) ; 노끈, 노

　; 노흘 디픈둧 ᄒ며(如切繩)<태요20>

노기다(熔化·化) ; 녹이다

　; 춤기름 쳥밀 각 ᄒ 잔을 노겨(香油淸蜜各一盞熔化)<태요30>

　; 머구머 노겨 슴씌면 ᄀ장 됴ᄒ니라(以含化嚥之神效)<태요45>

노른자의(黃) ; 노른자위

　; 흰 ᄌ이 업시 노른 ᄌ의만 두고(去淸留黃)<태요43>

놀다(遊) ; 놀다

　; 닐굽 둘애 넉시노라(七月遊其魂)<태요8>

놀라다(驚·驚惶·驚動) ; 놀라다

　; 구러디니는 놀라시니(側者有驚)<태요28>

　; 죠고매도 힘쓰며 놀라디 말게ᄒ고(不得分毫用力驚惶)<태요23>

　; 혹 놀라믈 ᄀ장 심히 ᄒ거다(或驚動太甚)<태요17>

농난히(爛) ; 무르익다

　; 믈브어 ᄀ장 농난케 달혀(水煮極爛)<태요6>

높다(高) ; 높다

　; 노픈딕 오르며(登高)<태요15>

누다(下·通) ; 누다

　; 잉뷔 블근 것 흰 것 누ᄂ 니를(孕婦下痢赤白)<태요43>

　; 아기 ᄀ나여 오좀 똥 몯누어(小兒初生大小便不通)<태요70>

누룩(麴) ; 누룩

　; ᄀᄅ 누룩 석 냥 드려(麴末三兩)<태요6>

누르다(墮·壓) ; 누르다

　; 틱 아니 누르면(胎不墮)<태요42>

　; 만일 틱긔 ᄀ득ᄒ야 ᄂ랴와 눌러(若胎壓下)<태요41>

누르다(黃) ; 누르다

  ; 누른 수캐 흔나흘 자바(取黃雄犬一口)<태요6>

누어 낳다(臥産) ; 누워서 낳다

  ; 누어셔 나호믈 닐온(臥産謂)<태요22>

누에(蠶) ; 누에

  ; 누에난 삐 겁질 두 돈(蠶退二錢)<태요27>

누에난 삐 겁질(蠶退) ; 누에씨 겁 질

  ; 누에난 삐 겁질 두 돈 (蠶退二錢)<태요27>

누에난 알겁질(蠶退) ; 누에알 겁 질

  ; 누에난 알 겁질을 블에 슬고(用蠶退燒恢)<태요71>

눈(眼中·目) ; 눈

  ; ᄀ장 아프고 눈에 블이 나고(極眼中火)<태요20>

  ; 여슷 둘애 입과 눈이 일고(六月口目成)<태요8>

눋다(焦) ; 눋다

  ; 블에 뽀여 눋거든(炙焦研)<태요72>

눕다(臥) ; 눕다

  ; 누을 제 쏘 머그되(臨臥再服)<태요2>

느릅 나모(楡) ; 느릅나무

  ; 느릅 나모 겁질 둘히라(楡白皮之類)<태요26>

늘그니(年老者) ; 늙은이

  ; 늘그니랑 두 냥을 디허(年老者二兩)<태요43>

니근(陳) ; 익다

  ; 큰 니근 셕뉴 흔나흘(大陳石榴一枚)<태요6>

니똥(齒糞) ; 이똥

  ; 니 똥이라ᄒ고 침으로나 손톱으로나(齒糞以針爪)<태요69>

니를다(至) ; 이르다

  ; 빗알기 즛고 나흘 뻬 니른 후에아(立待産候至然)<태요21>

니러나다(起) ; 일어나다

  ; 고해 거믄 비치 니러 나고(鼻黑色起)<태요54>

니르혀다(起) ; 일으키다

　; 음문으로 드러 그 틱를 미러 니르혀면(産門入托起其胎)<태요42>

니마(額) ; 이마

　; 니마만 내완고(只露額)<태요24>

닉다(熟) ; 익다

　; 출쁠 서 말을 닉게 뼈(糯米三豆蒸熟)<태요6>

닐굽(七) ; 일곱

　; 닐굽 들애 넉시 노라(七月遊魂)<태요8>

닐다(讀) ; 읽다

　; 챠디 츅문을 세 번 닐그라(讀借地呪三遍)<태요64>

닐다(起) ; 일다, 일어나다

　; 닐기 쟉고 심ᄒᆞ니ᄂᆞ(少起甚者)<태요13>

닐오다(謂) ; 이르다. 말해 주다

　; 흔 이슬 ᄆᆞᄌᆞ니 ᄀᆞᄐᆞ니 닐온 비오(如一露珠謂之)<태요7>

닙다(穿) ; 입다

　; 산부의 샹해 닙ᄂᆞ 오ᄉᆞᆯ(産婦尋常所穿衣)<태요31>

닛믜음(齒齦) ; 잇몸

　; 아긔 닛믜음 우흘 보면(看兒齒齦上)<태요69>

닝어(鯉魚) ; 잉어

　; 녀ᄂᆞ 들애랑 닝어로 뼈(餘月用鯉魚)<태요19>

닝어탕(鯉魚湯) ; 잉어 탕

　; 닝어탕과 젼싱빅튤산이 맛당ᄒᆞ니라(宜鯉魚湯全生白朮散)<태요40>

ᄂᆞ로니(細·爛) ; 나른히, 곱게

　; 춤쁠 각 흔 홉을 ᄂᆞ로니 ᄀᆞ라(糯米各一合細研)<태요61>

　; 산게 ᄒᆞ나흘 ᄂᆞ로니 찌허(螃蟹一箇爛搗)<태요51>

ᄂᆞ리다(下) ; 나리 다

　; 만일 틱긔 ᄀᆞ득ᄒᆞ야 ᄂᆞ려와 눌러(若胎壓下)<태요41>

ᄂᆞ못(囊) ; 주머니

　; 흔 냥을 블근 ᄂᆞᄆᆞ취(一兩絳囊)<태요12>

느화다(分) ; 나누다

   ; 두 복애 느화(分二貼)<태요9>

늘(生) ; 날 것

   ; 늘돍긔 알 세흘 슴끼고(生鷄卵三枚呑)<태요53>

늘(鋒) ; 날(刃)

   ; 그틔 섇롯고 늘라니를 골히야(取尖鋒者)<태요75>

늘돍(生雞) ; 살아있는 닭

   ; 늘돍긔 알 세흘 슴끼고(生雞卵三枚呑)<태요53>

늧(面) ; 낯

   ; 엄의 ᄂ치나 등의 나쑤므면(噀産母面或背上)<태요25>

니(烟) ; 연기, 내

   ; 니를 고해 쏘이면(烟熏鼻)<태요53>

닝ᄒ다(淸冷) ; 냉하다

   ; 졍긔 닝ᄒ디니(精氣淸冷也)<태요1>

다(皆·畢·盡·諸·俱·並) ; 다, 모두

   ; 다 틱긔 몯 되ᄂ니라(皆不成胎)<태요1>

   ; 빅졀이 다 ᄀ자(百節畢具)<태요8>

   ; 약 다 먹고(藥盡)<태요4>

   ; 모든 병을 다 고티고(一切諸病)<태요16>

   ; 엄이과 ᄌ식이 다 죽ᄂ니라(母子俱死)<태요34>

   ; 다 월덕월공 방위롤(並向月德月空方位)<태요64>

다ᄃ라다(抵·逼) ; 다다르다

   ; ᄌ식이 날 길헤 다ᄃ라도(兒抵生路)<태요22>

   ; 아기 음문에 다ᄃ로몰(兒逼陰門)<태요20>

다리우리(熨斗) ; 다리미

   ; 츅사롤 다리우리예 봇가(縮砂不以多少熨斗炒)<태요18>

다ᄅ다(別) ; 다르다

   ; 음믹이 다이저 양믹과 다ᄅ면(陰搏陽別)<태요8>

다믈다(噤) ; 다물다

; 입을 다믈고 ᄂᆞ치 검고(口噤面黑)<태요27>

다시(再) ; 다시

; 다시 다엿 소솜 글혀(再煎五七沸)<태요43>

다ᄉᆞ리다(治) ; 다스리다

; 반혼단 다ᄉᆞ리ᄂᆞᆫ 법(返魂丹治法)<태요16>

다ᄉᆞᆺ(五) ; 다섯

; 다ᄉᆞᆺ 돈 식(五錢)<태요3>

다잊다(搏) ; 때리다, 치다

; 음믹이 다이저 양믹과 다ᄅᆞ면(陰搏陽別)<태요8>

다티다(衝) ; 스치다, 건드리다, 부딛히다

; 가슴애 다티면 반ᄃᆞ시 죽ᄂᆞ니(衝心必死)<태요36>

다하(只·着) ; 다만, 오직

; 흔 겨틔 다하니(一傍只)<태요24>

; 돗ᄭᅴ 다히고(着蓆)<태요22>

닫다(閉) ; 닫다

; 방문을 ᄌᆞ오기 닫고(密閉房戶)<태요26>

달라(殊) ; 다르다

; 촌구믹애셔 달라(寸口殊)<태요9>

달히다(煮·熬·煮汁·水煎) ; 달이다

; 무근 ᄡᅮᆨ 초의 달혀(陳艾醋煮)<태요6>

; 믈 서 되 브어 달혀(水三升熬)<태요6>

; 녀ᄂᆞᆫ 둘애랑 닝어로 뻐 달힌 믈에(餘月用鯉魚煮汁)<태요19>

; 블근 ᄑᆞᆺ과 달혀 머기라(赤小豆水煎腹)<태요41>

달힌믈(湯) ; 달인 물

; 달힌 믈의 풀어 머그면 피 즉제 근ᄂᆞ니라(湯調下崩血卽止)<태요54>

담다(盛) ; 담다

; 동희예 담고(盛盆)<태요59>

답답ᄒᆞ다(躁悶·悶) ; 답답하다

; ᄆᆞ음이 번열ᄒᆞ여 답답ᄒᆞ면 닐온(心煩躁悶謂)<태요39>

; ᄆᆞᆷ이 어즐러워 답답ᄒᆞ며(心中損悶)<태요13>

대롱(竹筒) ; 대롱

; 대롱에 믈조차 녀허 브티면 즉시 ᄲᆞᄂᆞ니라(以竹筒盛蛭綴之卽吮)<태요74>

대져(竹) ; 대나무

; 대져 머리를 ᄲᆞ리고(劈竹筋頭)<태요75>

대쵸(棗) ; 대추

; 대쵸 두 낫 너허(棗二枚)<태요44>

댱슈(壽) ; 장수

; 부귀ᄒᆞ고 댱슈ᄒᆞ고(當貴而壽)<태요8>

더듬다(探) ; 더듬다

; 손을 뻐 더드머 내미(用手法探取)<태요37>

더더운(汚穢) ; 더럽다

; 더러운 므스를(汝汚況)<태요64>

더여다(熱煎·溫) ; 데우다

; 초를 더여(醋熱煎)<태요52>

; 흔 잔 두 잔 식 더여 머그라(溫飮一二盃)<태요6>

더우락치우락(寒熱) ; 더웠다 추웠다하다

; 혹 더우락 치우락호미 왕ᄂᆡᄒᆞᄂᆞ니(或寒熱往來)<태요57>

더욱(加·轉) ; 더욱

; 흔 ᄃᆞᆯ 만이 더욱 토커나(一月加吐)<태요12>

; 쳑믹이 더욱 급ᄒᆞ야(尺脉轉急)<태요20>

더운믈(溫水·白湯) ; 더운믈

; 더운 믈에 ᄀᆞ라 머그면(溫水硏服)<태요29>

; 미음이나 더운 믈에나 시버(米飮或白湯嚼)<태요16>

더위잡다(攀) ; 붙잡다, 부축하다

; 산부로 ᄒᆞ여곰 더우자바 둥긔고(令産婦攀引)<태요22>

더으다(益) ; 더하다

; 혈을 더으고 혈을 구틸 약을 ᄡᆞ거시니(用益血固血之藥)<태요26>

덥다(暑·溫煖) ;

; ᄀ장 더운제 아기 나커든(盛暑解産)<태요25>

; 블 픠여 미양 덥게ᄒ고(生火常令溫煖)<태요26>

덧만ᄒ다(頃) ; 저 즈음께

; 밥 머글덧만 ᄒ거든(中食頃)<태요59>

덮다(覆) ; 덮다

; 허리 아래를 두터이 더퍼(仍厚覆下體)<태요26>

뎜(片) ; 조각

; 싱강 다ᄉ 뎜 너허(生薑五片)<태요3>

뎡바기(頂·頂心) ; 정수리

; 비록 뎡바기 내와다도(故雖露頂)<태요25>

; 엄의 졍바기예(産母頂心)<태요55>

뎡이(塊) ; 덩이

; 듁여 흔뎡이 녀허 달혀 머기라(入竹茹一塊煎服)<태요45>

도간이(罐) ; 도가니

; 도간의 녀허 닫고(入罐內)<태요51>

도로(復) ; 다시, 도로

; 도로 브ᄅ면 왼녁크로(復呼之左)<태요10>

도로혀(廻) ; 도리어

; 이윽ᄒ야 긔운이 도로혀(須臾氣廻)<태요68>

도야(就) ; 되어

; 두 그르시 몬져 도야(二器先就)<태요78>

도우다(副) ; 돕다

; 인ᄉ로뻐 도우미 맛당ᄒ니(宣以人事副之盖)<태요7>

도치(斧) ; 도끼

; 도치를 ᄀ마니 겨집 눕ᄂ 자리 미틔 녀코(斧置孕婦臥席下)<태요11>

도틱(猪) ; 돼지

; 열 둘애랑 도틱 콩픗 쓰고(十月用猪腰子)<태요19>

도틱 기름(猪脂) ; 돼지기름

; 도틱기름 춤기름(猪脂香油)<태요26>

돈(錢) ; 돈(무게의 단위)

　; 다숫 돈(五錢)<태요3>

돋다(發·生) ; 돋다

　; 아기 곧나며 단독이 도다(小兒初生發丹毒)<태요73>

　; 다숫 둘애 터럭이 돋고(五月毛髮生)<태요8>

돌다(轉動·還元·回) ; 돌다

　; 능히 도디 몯ᄒᆞ야 뼈(不能轉動)<태요21>

　; 미틔 도라오디 몯ᄒᆞ모로(不得還元故)<태요54>

　; 왼녁크로 머리 도ᄂᆞ니ᄂᆞᆫ(左回首者)<태요10>

동짓 ᄃᆞᆯ(十一月) ; 11월

　; 동짓 ᄃᆞᆯ애ᄂᆞᆫ 화뢰예 잇고(十一月在爐)<태요66>

동ᄌᆞ(童) ; 동자(童子)

　; 동ᄌᆞ 쇼변이 난산을 잘 고티ᄂᆞ니라(童便取治難産)<태요30>

동희(盆) ; 동이

　; 동희예 담고(盛盆)<태요59>

되(升·盞) ; 되(升)

　; 듁녁 ᄒᆞᆫ 되를 머기면(竹瀝飮一升)<태요19>

　; ᄒᆞᆫ 되 가옷(一盞半)<태요40>

되다(致·成) ; 되다

　; 죵신토록 해 되ᄂᆞ니 삼가라(致終身之害愼之)<태요37>

　; 다 틱긔 몯 되ᄂᆞ니라(皆不成胎)<태요1>

되혀다(翻) ; 뒤집다

　; 긔운이 싣라디고 눈을 뒤혀고(氣痠目翻)<태요27>

됴리ᄒᆞ다(調治) ; 조리하다

　; 열볼이나 됴리호미 맛당ᄒᆞ니라(宜十倍調治)<태요31>

됴ᄒᆞᆫ날(吉日) ; 좋은날

　; 됴ᄒᆞᆫ 날 ᄀᆞᆯᄒᆞ야(擇吉日)<태요64>

됴화ᄒᆞ다(調) ; 조화(調和)하다

　; 몬져 경믹을 됴화홀 거시니(先調經脉)<태요7>

둏다(愈·妙·白·佳·好·安) ; 좋다

　; 반ᄃ시 됸ᄂ니라(必愈)<태요13>

　; ᄀ장 됴ᄒ니(最妙)<태요37>

　; 도틱기름과 됴ᄒ 꿀 각 ᄒ 되(猪脂白蜜各一升)<태요35>

　; 파 닉거든 머기면 됴ᄒ니라(葱熟食之佳)<태요19>

　; 애초탕은 됴ᄒ 초의 쑥 닙 달혀(艾醋湯好醋煮艾葉)<태요10>

　; 절로 도호믈 기들우라(候其自安也)<태요12>

두(二·兩) ; 둘

　; 파극 두 냥(巴戟二兩)<태요2>

　; 산뷔 두 손에 ᄒ나 식 쥐면 즉시 난ᄂ니(産婦兩手把一枚立驗)<태요31>

누닐웨(二七日) ; 두이레

　; 드닐웨 디나거든(經二七日)<태요6>

두다(留) ;

　; 흰 ᄌ의 업시 노른 ᄌ의만 두고(去淸留黃)<태요43>

두드리다(敲) ; 두드리다

　; 아모거ᄉ로나 ᄀ만ᄀ만 두드려(輕輕以物敲)<태요75>

두렵다(惶) ; 두렵다

　; 놀러고 두려 긔운이 미쳐(驚惶氣結)<태요30>

두루혀다(轉) ; 돌이키다

　; 몸을 세 번 두루혀고(三轉身)<태요8>

두어(數) ; 두엇, 두어

　; 두어 째 ᄉ이예(數時頃)<태요9>

두텁다(厚) ; 두껍다

　; 두터운 죠희로(厚紙)<태요43>

둘(兩) ; 둘

　; 둘ㅎ 다 손해 ᄒ듸 업거니와(兩無損)<태요31>

둘워(探) ; 휘두르다

　; 손 너혀 둘워 토키를(後探吐)<태요42>

둥주리(窠) ; 둥우리

; 둙의 둥주리 아래(雞窠下)<태요11>

뒤(後) ; 뒤

; 남진이 뒤흐로셔 셜리 브르면(夫從後急呼)<태요10>

뒷간 · 뒷깐(厠 · 圊) ; 뒷간 · 변소

; 팔월의는 뒷간의 잇고(八月在厠)<태요66>

; 주식 빈 겨집이 뒷간녀 들적을 보아(看姙婦上圊時)<태요10>

듕의(裩) ; 중의(中衣), 고의(袴衣)

; 산무의 듕의롤 그마니 가져다가(産母裩)<태요38>

듕ᄒ다(大) ; 중하다

; 듕케 지은 궁귀탕을 ᄒ르 세 복 식 먹고(服大劑芎歸湯)<태요59>

드ᄂ다(收) ; 든다, 효험을 나타내다

; 절로 드ᄂ니라(自收)<태요25>

드리오다(垂) ; 드리우다

; 빗복 줄기예 구디 미여 드리온 후에(繫臍大帶重然後)<태요36>

-드시(如) ; -듯이

; 도틱 발 네흘 먹드시(猪蹄四隻治如食)<태요61>

드시ᄒ다(溫) ; 따뜻이 하다

; 굴근 지거미 믈로 드시ᄒ야(以磨刀水溫)<태요25>

들다(擧) ; 들다

; 므거운 것 들며(擧重)<태요15>

들다(深·上) ; 들어가다

; 아긔 밧바당을 ᄒ 푼 두 푼 들게(兒足心一二分)<태요24>

; 주식 빈 겨집이 뒷간녀 들적(姙婦上圊時)<태요10>

듧다(穿) ; 뚫다

; 뻘어 듧고(刺穿)<태요69>

등(脊·背) ; 등

; 빗알키 허리과 등을 둥긔면(腹痛引腰脊)<태요20>

; 졋바누어 등을 펴(臥定背平)<태요22>

디내다(累試 · 歷試) ; 지나게 하다, 지내다, 겪다

; 만히 디내니 다 효험 잇더라(累試皆驗)<태요36>

; 디내니 다 됴터라(歷試皆驗)<태요42>

디ᄂ다(墮) ; 떨어지다

; 피 흐르고 틱 디ᄂ니(漏血墮胎)<태요17>

디위(位) ; 번, 지위

; 임디예랑 산부의 자리보고(壬位安産婦床)<태요63>

딕다(蘸) ; 찍다, 묻히다

; 먹 즙을 디거 도닷던 듸며(蘸墨汁遍)<태요69>

딕히(直) ; 곧바로

; ᄌ식 빈 겨집이 딕히 틱긔 뼈디여 ᄂ려(産婦直得胎氣陷下)<태요20>

딘믈(水漿) ; 진물

; 딘믈이 아니 낫고(水漿未)<태요22>

딛다(濃) ; 성하다, 진하다

; 딛게 달힌 쑥 믈(濃艾湯)<태요9>

딜그릇(石器) ; 질그릇

; 은긔 딜그르 세나 졋브어 달혀(以乳汁煎銀石器)<태요70>

딮다(切) ; 짚다

; 노흘 디픈듯 ᄒ며(如切繩)<태요20>

딯다(杵·搗碎·搗) ; 찧다

; 향부ᄌ를 디허 터럭 업시ᄒ고(香附子杵去毛)<태요6>

; 겁질조차 디허(連皮搗碎)<태요6>

; 디허 ᄀ르 밍ᄀ라(搗爲末)<태요2>

ᄃ라미(䶄鼠) ; 다라쥐

; 산ᄂ 어렵거든 ᄂᄂ ᄃ라미 겁질이나(難産取䶄鼠皮毛)<태요31>

ᄃ슨술(溫酒) ; 데운 술, 덥게 한 술

; 아젹긔 소곰믈이나 ᄃ슨 술의나(空心塩湯或溫酒)<태요2>

ᄠ려·ᄠ리다(傾·劈) ; 깨지다, 깨뜨리다, 때리다, 깨드리다

; 올히알 흔나흘 ᄠ려 강즙에 너허(鴨子一箇傾入汁)<태요43>

; 대져 머리를 ᄠ리고 사지 삐여 실로 구디 ᄆᆡ고(劈竹筋頭挾定以線縛之)<태요75>

둘(類) ; 들

　; 느릅나모 겁질 둘히라(楡白皮類)<태요26>

둘쉬(月數) ; 달수

　; 바른 나느니는 둘쉬 차셔(正産謂月數旣滿)<태요22>

둘츠다(臨月) ; 달차다

　; 둘 츠거든 머그면 수이 난느니라(臨月服之滑易産)<태요30>

쏠(女) ; 딸

　; 올흔 발애 치는 쏠 나코(右足者生女)<태요28>

둙(雞) ; 닭

　; 둙 아니 우러(雞未鳴)<태요5>

둙긔알(鷄卵) ; 달걀, 계란

　; 세가 셩 집의가 둙긔 알 세 얻고(取三姓家雞卵三枚)<태요37>

돔다(淹·浸淋) ; 담그다

　; 흐룻밤 돔가 짜가(淹一宿)<태요6>

　; 술의 두무니(酒浸)<태요2>

　; 거믄 콩 봇가 두믄 술의 두 돈 식 플어 먹이라(每取二錢豆淋酒調下)<태요39>

쏨(汗) ; 땀

　; 쏨 내라(取汗)<태요46>

돗ᄒ다(如) ; 듯하다

　; 노흘 디픈 돗ᄒ며(如切繩)<태요20>

둥긔다(引) ; 당기다

　; 비알키 허리과 등을 둥긔면(腹痛引腰脊)<태요20>

딕(處) ; 곳

　; 노픈 딕 슈건을 믹여 둘고(高處懸掛手巾)<태요22>

ᄢᅢ(時·候·期) ; 때

　; 두어 ᄢᅢ 스이예(數時頃)<태요9>

　; 바른 나흘 ᄢᅢ 아니니(非正産之候)<태요22>

　; 그 ᄢᅢ예 니르면 반드시(至其期必)<태요32>

ᄯᅩ(亦·又·再) ; 또

; 연신산이 또 가ᄒᆞ니라(如神散亦可)<태요27>

; ᄯᅩ 향부ᄌᆞ 밍ᄀᆞ니(又香附子)<태요5>

; 누을 제 ᄯᅩ 머그되(臨臥再服)<태요2>

ᄯᅩ야셔(重) ; 되어서

; 사ᄅᆞᆷ의 몸이 ᄯᅩ야셔 아홉 ᄃᆞ래(人有重身九月而)<태요47>

ᄯᅩᆼ(大便) ; 똥

; 아기 ᄀᆞ나셔 이틔 굼기업셔 ᄯᅩᆼ을 누디 몯ᄒᆞ거든(小兒初生穀道無孔不得大便)<태요69>

ᄠᅱ다(挑) ; 튀기다

; 즉제 침그트로 ᄠᅱ와 업시ᄒᆞ야(便以鍼挑)<태요69>

ᄠᅳᆮ다(淋澁) ; 떨어지다

; 쇼변이 구더 ᄠᅳᆮᄃᆞᄂᆞ니를(小便淋澁)<태요41>

ᄠᅳᆮ드러(墮落) ; 떨어 뎌 리 다

; 혹 ᄠᅳᆮ드러 샹커나(或墮落傷損)<태요17>

ᄡᅳ게ᄒᆞ다(遲慢) ; 느리다, 둔하다, 약하다

; 머리 두루기를 ᄡᅳ게ᄒᆞ야(轉頭遲慢)<태요26>

ᄡᅳ다(灸) ; 뜨다

; ᄡᅳᄂᆞᆫ 법은(灸法)<태요7>

ᄢᅵ다(蒸) ; 찌다

; 산슈유 술무텨 ᄢᅵ니(山茱萸酒蒸)<태요2>

ᄣᅵᆯ어다(刺) ; 찔 어다

; ᄣᅵᆯ어 듧고(刺穿)<태요69>

마곰(如) ; 만큼

; 잉도마곰 비븨여(如櫻桃)<태요45>

마ᄂᆞᆯ(蒜) ; 마늘

; ᄉᆡᆼ강 엄 파 마ᄂᆞᆯ(薑芽葱蒜)<태요14>

마ᄂᆞᆯ즙(蒜汁) ; 마늘 즙

; 마ᄂᆞᆯ 즙에 ᄆᆞ라 빗기슭에 ᄇᆞᄅᆞ고(以大蒜調塗臍腹上仍)<태요75>

마시다(呷·含·呷服·吸) ; 마시다

; ᄆᆞᆯ에 달혀 더우니를 마시면(小煎熟呷)<태요56>

; 쟉쟉 마시고(梢梢含)<태요52>

; 시시로 마시면 즈연히 말ᄒ리라(時時呷服則自能言)<태요47>

; 닉씨믈 마시라(吸烟)<태요59>

마치(如) ; 마치

; 졍산은 마치 밤닉거 뻐러디돗 ᄒ여(正産如栗熟子落)<태요31>

만나다(遇) ; 만나다

; 석 들 다슷 둘 닐굽 둘 양월 곳 만나면(遇三五七陽月)<태요32>

만일(若) ; 만약, 만일

; 만일 믿디 아니커든(若不信)<태요11>

만지다(摸) ; 만지다

; 소노로 빅롤 ᄆ지면(以手摸之)<태요34>

만히(累·多) ; 많이

; 만히 디내니 다 효험 잇더라(累試皆驗)<태요36>

; 빗복을 만히 ᄡ면(多灸臍中)<태요7>

말(斗) ; 말

; 믈 두 말 브어(水二斗)<태요61>

말다(勿·毋·忌) ; 말다

; 겨집 눕ᄂ 자리 미틱 녀코 알니디 말라(婦臥席下勿令知)<태요11>

; 옷도 너무 덥게 말며(衣毋太溫)<태요15>

; 다 피ᄒ야 말라(並宜避忌)<태요64>

말몯ᄒ다(瘖) ; 말 못하다

; 아홉 돌애 말 몯ᄒ니(九月而瘖)<태요47>

맑다(明) ; 맑다

; 사침 법은 말간 즈긔롤 어더 ᄆ아(砂鍼法用明磁器碎取)<태요75>

맛당이(當) ; 마땅히

; 맛당이 노픈ᄃ(當於高處)<태요22>

맛당ᄒ다(宜) ; 맛 당하다

; 고본건 양단과 오즈연종환이 맛당ᄒ니라(宜固本健陽丹五子衍宗丸)<태요1>

망냥(妄) ; 망녕

; 사름으로ᄒᆞ야 망냥도 이 손을 뼈더드며(令人妄用手法探)<태요37>

맏다(聞) ; 맏다(臭)

; 그 내를 마타라(聞其氣)<태요52>

매(磨) ; 맷돌

; 칠월의ᄂᆞᆫ 방하과 매예 잇고(七月在碓磨)<태요66>

머굼(含) ; 머금다

; 잉도마곰 비븨여 머구머(如櫻桃大含)<태요45>

머기다(進) ; 먹이다

; 쥬기나 밥이나 머기고(且進粥飯)<태요21>

머리(首·頭·腦·胞) ; 머리

; 왼녁크로 머리 도ᄂᆞ니ᄂᆞᆫ(左回首者)<태요10>

; 남진 머리털과 손톱 발톱블(夫頭髮手足爪甲)<태요12>

; 톳긔 머리 골슈 ᄒᆞ나(兔腦髓一枚)<태요28>

; 아기 나홀 제 머리와 딘믈이 나되(臨産胞漿旣)<태요26>

머리 곰다(洗頭) ; 머리감다

; 나홀 둘애 머리 곰디 말라(臨月不可洗頭)<태요15>

머리털(髮·亂髮·頭髮) ; 머리털

; 엄의 뎡바기예 머리털 둘흘 가져다가(産母頂心髮兩條)<태요55>

; 샏리 머리 터럭을 손ᄀᆞ락의 가마(以亂髮纏指頭)<태요72>

; ᄉᆞ나히 머리 터럭(男子頭髮)<태요27>

머흐럽다(疙瘩) ; 험상궂다

; 머흐러운 거슬 아긔 입에 머구면(疙瘩乃兒口中含)<태요47>

먹(墨) ; 먹

; 박하 즙에 먹ᄀᆞ라(墨磨薄荷汁)<태요69>

먹다(服·喫·飮) ; 먹다

; 누을 제 또 머그되(臨臥再服)<태요2>

; ᄉᆡᆼ각ᄒᆞᄂᆞᆫ 거슬 머기면 반ᄃᆞ시 됴ᄂᆞ니라(任意喫必愈)<태요13>

; 드리워셔 ᄒᆞᆫ 잔 두 잔 식 더여 머그라(溫飮一二盃)<태요6>

먹다(懷) ; 머금다, 품다

; 산뫼 ᄆᆞ음을 편안히 먹고(産母心懷安泰)<태요36>

멀다(遠) ; 멀다

  ; 먼듸 잇고(遠處)<태요25>

명디(帛) ; 명주

  ; 보드라온 명디로서 업시ᄒ고(以帛拭去)<태요68>

모든(一切·諸) ; 모두, 모든

  ; 모든 병을 다 고티고(一切諸病)<태요16>

  ; 모든 혈믹에 드러(入於諸經)<태요54>

모도다(聚) ; 모으다

  ; 외로이 폐듕에 모도매(獨聚肺中)<태요55>

모딘(惡·敗) ; 모진, 사나운

  ; 모딘 피 안쌔예 흘러 드루모로(惡血流胞中故)<태요36>

  ; 그 모딘 피 나디 아니면(其敗血不下)<태요49>

모로미(須) ; 모름지기, 반드시

  ; 모로미 시시로 건니고(須時時行步)<태요15>

목졋(懸雍) ; 목젖

  ; 아긔 입안 목졋 아픽(兒口中懸雍)<태요68>

몬져(先) ; 먼저

  ; 혹 먼져 오며 혹 후에 오며(或先或後)<태요1>

몯(不) ; 못

  ; 다 틱긔 몯되ᄂ니라(皆不成胎)<태요1>

몯낳다(不下) ; 못 낳다

  ; 포의 몯나 잢간 오라면(胞衣不下梢久)<태요36>

몯누다(不通) ; 못누다

  ; 아기 ᄀ나여 오좀 똥 몯 누어(小兒初生大小便不通)<태요70>

몯차다(不足) ; 못 차다

  ; 둘이 몯차 나니ᄂ(月不足者)<태요8>

몸(體) ; 몸

  ; 몸을 굽게 아니ᄒ며(體不偏曲)<태요22>

뫼호다(集) ; 모으다

; 죵요 뫼혼(集要)<태요1>

무근 뿍(陳艾) ; 묵은 쑥

   ; 무근 뿍 초의 달혀 믈뢰니(陳艾醋煮乾)<태요6>

묵(項) ; 목

   ; ᄌ식 빈 겨집이 묵이 굳세고(孕婦項强)<태요38>

므너다(延) ; 연장하다

   ; ᄃᆞᆯ이 므너 나니ᄂᆞᆫ(延月而生者)<태요8>

믄득(便·便當·忽然·輒) ; 문득

   ; 믄득 쥬사 무틴 부도로(便以朱砂)<태요63>
   ; 믄득 최ᄉᆡᆼ약 머구미(便當服催生藥)<태요26>
   ; 믄득 빈 알ᄑᆞ고(忽然腹痛)<태요22>
   ; 음식을 믄득 토ᄒᆞ고(飮食輒吐)<태요12>

믈(漿) ; 물

   ; 믈과 피 나도 빈 아ᄑᆞ디 아니면(漿血雖出而腹不痛)<태요22>

믈고기(魚) ; 물고기

   ; 비늘 업슨 믈고기(無鱗魚)<태요14>

믈의(凡) ; 무릇

   ; 믈읫 겨집이(凡婦人)<태요1>

묏(野) ; 산

   ; 묏도틱 기름을(野猪脂)<태요62>

묏돝(野猪) ; 산돼지

   ; 묏도틱 기름을(野猪脂)<태요62>

미러들이다(送入) ; 밀어들이다

   ; 서운서운 미러 들이라(上輕輕送入)<태요24>

미리(豫) ; 미리

   ; 나흘 들애 미리 쟝만ᄒᆞ여 둘 약믈 들히라(臨産豫備藥物)<태요62>

미약ᄒᆞ다(微弱) ; 미약하다

   ; ᄉᆞ나히 믹이 미약ᄒᆞ고(男子脉微弱)<태요1>

믿(莖) ; 밑, 아래, 세흘

; 파흰밑 둘 너허(葱白三莖)<태요30>

믿(卽) ; 미쳐, 이르러

; 즈식이 믿바다 나느니(兒卽隨産)<태요25>

믿(先) ; 먼저

; 달혀 먹고 믿바다(煎取先飲)<태요42>

믿받다(取先) ; 먼저 받다

; 달혀 먹고 믿바다(煎取先飲)<태요42>

밀(麥) ; 밀

; 밀ㄱㄹ 너허(打麥)<태요6>

밀다(托·推) ; 밀다

; 그 틱를 미러 니르혀면(托起其胎)<태요42>

; 몬져 아긔 아래룰 미러(先推兒下體)<태요23>

밑(下·元·本) ; 밑

; 겨집 눕는 자리 미틔 너코(婦臥席下)<태요11>

; 혈믹에 드러미 틱 도라 오디 몯ᄒ모로(經不得還元故)<태요54>

; 혀 미틔 미여시니(繫舌本故)<태요47>

밑(穀道) ; 항문(肛門)

; 미틔 블어 나면(穀道挺迸)<태요20>

ᄆ아다(碎) ; 바수다

; 사침 법은 말간 즈긔룰 어더 ᄆ아(砂鍼法用明磁器碎之)<태요75>

ᄆ음(心中) ; 마음

; ᄆ음이 어즐러워 답답ᄒ며(心中憤悶)<태요13>

ᄆᆫ지다(摸) ; 만지다

; 사룸ᄒ 여ᄆᆫ지리(令人摸)<태요10>

ᄆᆯ고기(馬肉) ; 말고기

; ᄆᆯ고기 나귀고기 개고기(馬肉驢肉犬肉)<태요14>

ᄆᆯ근믈(淸水) ; 맑은 물

; ᄆᆯ근 믈을 만히 깃고(多貯淸水)<태요25>

ᄆᆯ다(丸·和) ; 말다

; 디허 ᄀᄅ 밍ᄀ라 울에 ᄆ라(搗爲末蜜丸)<태요2>

; 플 수어 ᄆ라(糊和)<태요6>

몰라(枯) ; 마르다

; 긔혈이 몰라(氣血枯)<태요61>

몰뢰다(暴·乾·晒乾) ; 말리다

; 아홉 번 몰뢰여(九暴)<태요6>

; 블에 몰뢰여(焙乾)<태요5>

; 즌흙 ᄇ라 몰뢰여(泥固濟晒乾)<태요51>

몰오다(乾涉) ; 말리다

; 길히 몰오모로(路乾涉故)<태요26>

묽다(淸) ; 맑다

; 석 ᄃᆞᆯ애 몰근 고ᄀᄐᆞ야(三月如淸鼻)<태요8>

뭉울(核) ; 망울

; 왼 져제 뭉울이 이시면(左乳房有核)<태요11>

미다(繫·縛) ; 매다 묶다, 동여매다

; 빗복 줄기예 구디 미여(繫臍帶)<태요36>

; 실로 구디 미고(以線縛之)<태요75>

미암(蟬) ; 매미

; 미아미 헝울 열네 낫(蟬退十四枚)<태요29>

미양(常) ; 매상, 매양, 항상

; 미양 온화케 ᄒ라(常使溫和)<태요26>

미여ᄃᆞᆯ다(懸掛) ; 매달다

; 슈건을 미여 ᄃᆞᆯ고(懸掛手巾)<태요22>

미줄리다(繫縛) ; 매여 졸리다

; 미줄리기 범ᄒᆞ며 조리혀 ᄂᆞ니(繫縛者相拘)<태요14>

밍ᄀᆞᆯ다(和·爲·作) ; 만들다

; ᄀᄅ 밍ᄀ라(末和)<태요6>

; 디허 ᄀᄅ 밍ᄀ라(搗爲末)<태요2>

; 샤향 반 돈 ᄀᄅ 밍ᄀ라(麝香半錢末作)<태요35>

밍됴(兆) ; 조짐, 징조

; ㅈ식 빈 딩됴라(姙之兆也)<태요9>

밎다(珠) ; 맺다

; 흔 이슬 민즈니 ᄀᆮ트니 닐온빈오(如一露珠謂之胚)<태요7>

밎다(結) ; 맺다

; 놀라고 두려 긔운이 민져(驚惶氣結)<태요30>

바ᄅ나다(正産) ; 바로 낳다

; 바ᄅ 나느는(正産)<태요22>

바ᄅ티완다(直上) ; 바로 솟다, 바로 치밀다

; 흔 겨트로 바ᄅ 티완다(一邊直上)<태요23>

반날(半日) ; 반날, 반일

; 반 날을 술와(煅半日)<태요52>

반ᄃ시(必) ; 반드시

; 반ᄃ시 틱긔 되디 몯ᄒᆞ니(必不成孕)<태요1>

받다(取·隨·受) ; 받다

; 달혀 먹고 믿바다(煎取先飮)<태요42>

; ㅈ식이 믿바다 나느니(兒卽隨産)<태요25>

; ᄉ나히 정을 바다(乃受精)<태요7>

발(蹄·足·脚) ; 발

; 도틱 발과 붕어를 뻐 보ᄒᆞ라(用猪蹄鯽魚以補之)<태요61>

; 발을 구피면 ㅈ식이 나느니라(屈足兒卽順生)<태요22>

; 왼발 초혜 싁리다(左脚草鞋)<태요27>

밤(栗) ; 밤

; 마치 밤니거 뻐러디듯 ᄒᆞ여(如栗熟子落)<태요31>

밥(食) ; 밥

; 겨집이 밥 몯먹그되(婦人不能食)<태요12>

밧고다(換) ; 바꾸다

; 또 버근둘 산도를 밧고아써(則換寫次月圖)<태요64>

밧씌(外) ; 밖에

; 몰약 밧씌 약을 싸ᄒᆞ라(沒藥外餘藥剉)<태요5>

밧바당(足心) ; 발바닥

　; 아긔 밧바당을(兒足心)<태요24>

방문(方) ; 방문(方文)

　; ᄌᆞ식 잇게ᄒᆞᆫ 방문(有子方)<태요6>

방문(房戶) ; 방문(房門)

　; 맛당히 방문을 ᄌᆞ오기 닫고(宜密閉房戶)<태요26>

방ᄉᆞ(房勞) ; 방사(房事)

　; 혹 방ᄉᆞ를 범ᄒᆞ면(或犯房勞)<태요17>

방위(方位) ; 방위

　; 월공 방위를 향ᄒᆞ야 ᄒᆞ고(月空方位所)<태요64>

방직ᄒᆞ다(襯) ; 방지하다

　; 방직ᄒᆞᆫ 업은 산무의 듕의를 ᄀᆞ마니 가져다가(襯法取産母褪)<태요38>

방챠ᄒᆞ다(防) ; 방해(妨害)하다

　; 틱 디믈 방챠ᄒᆞ다(以防墜落)<태요32>

방하(碓) ; 방아

　; 칠월의ᄂᆞᆫ 방하과 매예 잇고(七月在碓磨)<태요66>

버개(枕) ; 베개

　; 아긔 버개라 ᄒᆞᄂᆞ니(爲兒枕)<태요49>

버근(次) ; 다음

　; 또 버근들 산도를 밧고아 써(則換寫次月圖)<태요64>

버히다(斷·傷) ; 베다, 자르다

　; 흔 엄의 머리털 죠곰 버혀(斷産母髮少)<태요69>
　; 얼굴이 반ᄃᆞ시 버허 나고(形必傷)<태요14>

버혀내다(採斫) ; 잘라내다, 베어내다

　; 션 밤을 버혀 내ᄃᆞᆺᄒᆞ야(採斫新栗)<태요31>

번(次) ; 번

　; 세 번늬 번ᄃᆞ시 다 드ᄂᆞ니 신묘ᄒᆞ니라(三次必收盡神妙)<태요25>

번열(煩) ; 번열하다, 발열(發熱)하다

　; ᄆᆞ음이 번열ᄒᆞ여(心煩躁)<태요39>

벗기다(去) ; 벗기다

　; 겁질 벗기고(去穀)<태요31>

벗다(脫) ; 벗다

　; 벗디 몯ᄒ모로(不能脫)<태요25>

벽(塼) ; 벽

　; 벽 우희 안치고(安塼上)<태요51>

병(疾) ; 병

　; 산젼 산후 모든 병을(産前産後諸疾)<태요17>

보다(照) ; 보다

　; 어름 ᄢᅴ워 두고 보라(照氷)<태요25>

보리(麥芽) ; 보리

　; 의이보리 기름 비름(薏苡麥芽莧)<태요14>

보야ᄒ로(方) ; 바야흐로

　; 보야ᄒ로 약 먹고(方服藥)<태요20>

보차다(困) ; 보채다

　; ᄌ식 빈 겨집이 남진의게 보차여(孕婦爲夫所困)<태요19>

복(貼) ; 복(服)

　; 이를 셰말ᄒ야 두 복애 ᄂ화 딛게 달힌 쑥 믈(右細末分二貼濃艾湯)<태요9>

복숑와곳(桃花) ; 복숭아꽃

　; 두 ᄃ래 변ᄒ야 복숑와 곳닙 ᄀᄐ니(二月變赤色如桃花)<태요8>

본디(素) ; 본디

　; ᄌ식 빈 겨집이 본디 담음곳 이시면(孕婦素有痰飮則)<태요12>

봇ᄀ다(製 · 炒) ; 볶다

　; 원지 강즙 봇ᄀ니(遠志薑製)<태요2>

　; 샤샹ᄌ 봇ᄀ니(蛇床子炒)<태요2>

부루(萵苣) ; 상치, 상추

　; 부루 ᄡᅵ과 ᄎ쌀 각 ᄒ 홉을(萵苣子糯米各一合)<태요61>

부븨다(熟) ; 비비다

　; 부뷘 쑥 각 두 돈(熟艾二錢)<태요4>

부플다(泡) ; 부풀다

  ; 부픈거시 셕뉴 삐 ᄀᆞᆮ니(有泡如石榴子)<태요68>

분명히(挺然) ; 분명히

  ; 양긔 분명히 내드ᄅᆞ면 ᄌᆞ식 빌 딩됴라(陽氣挺然則爲妊之兆也)<태요9>

분ᄒᆞ다(分) ; 분하다, 나누다, 가르다

  ; 네 복애 분ᄒᆞ야(分作四貼)<태요4>

뷘입십다(譫語) ; 잠꼬대하다, 헛소리하다

  ; 뷘 입십기를 귓것 본ᄃᆞ시 ᄒᆞ며(譫語如見鬼)<태요57>

뷘집(空屋) ; 빈집

  ; 오래 뷘 집 안해(多年空屋)<태요48>

브어(灌 · 入) ; 붓다

  ; 서너환 브어 머기면 즉제 사ᄂᆞ니라(灌三四丸卽活)<태요50>

  ; 믈 ᄒᆞᆫ 되 브어(入水一盞)<태요49>

브억(竈) ; 부억

  ; 산부의 샹해 닙ᄂᆞᆫ 오ᄉᆞᆯ 벗겨 브억 머리과 어괴예(脫産婦尋常所穿衣以籠竈頭)<태요31>

브티다(貼) ; 붙이다

  ; 여셩고를 뻐 엄의 뎡바기예 브트고(用如聖膏貼産母頂上)<태요25>

블(焙) ; 불

  ; 블에 ᄆᆞᆯ뢰여(焙乾)<태요5>

블다(吹) ; 불다

  ; 고해 블면 즉시 씨ᄂᆞ니라(吹鼻中卽醒)<태요53>

블들다(扶) ; 붙들다

  ; 사ᄅᆞᆷ으로 블드러 날회여 ᄃᆞ니고(令人扶徐行)<태요21>

블븥다(點火) ; 불붙이다

  ; 기름 디겨 블브텨(油點火)<태요68>

블안ᄒᆞ다(不安) ; 불안하다

  ; 틔긔 동ᄒᆞ야 ᄀᆞ장 블안ᄒᆞ거든(胎動不安)<태요33>

블어다(挺) ; 불쑥하다, 널어나다

  ; 미티 불어 나면(穀道挺迸)<태요20>

블뽀이다(炙·炙火) ; 불 쬐이다

   ; 머리발 업시ᄒ고 블에 뽀여(去頭足炙焦)<태요72>

   ; 손을 블뙤여(手炙火)<태요56>

블퓌다(生火·燒) ; 불 피우다

   ; 안 밧긔 블 퓌여(內外生火)<태요26>

   ; 또 샤상ᄌ를 블에 퓌워 닉를 당쳐의 뽀이라(以蛇床子燒烟微熏之)<태요75>

븕다(赤·緋) ; 붉다

   ; 블근 수둙 쓰고(用赤雄雞)<태요19>

   ; 블근 실 흔 니음과(緋線一條)<태요55>

븟다(腫·浮腫·浮) ; 붓다

   ; ᄌ식 빈 겨집이 븟는 증이라(子腫)<태요40>

   ; 온 몸이 븟고(遍身浮腫)<태요40>

   ; 두 다리 잠깐 븟거든(脚微浮)<태요41>

븟다(注) ; 붓다

   ; 오좀이 븟ᄃ시 나ᄂ니라(溺出如注)<태요42>

붕어(鯽魚) ; 붕어

   ; 도틱발과 붕어를 뻐 보호라(用猪蹄鯽魚以補之)<태요61>

븥다(着) ; 붙다

   ; 혹 등의 브터 아니 나(或着脊不出)<태요35>

비늘(鱗) ; 비늘

   ; 비늘 업순 믈고기(無鱗魚)<태요14>

비다(借) ; 빌리다

   ; 아기 나흘 짜 비는 축문이라(借地法)<태요65>

비록(雖) ; 오직

   ; 빈 비록 알파도(腹雖痛)<태요21>

비르서(臨) ; 비로소

   ; ᄌ식 비르서서 놀라고 두련 긔운이 민쳐(臨産驚惶氣結)<태요30>

비름(莧菜) ; 비름

   ; 보리기름 비름 도인 건강 호쵸(麥芽莧菜桃仁乾薑胡椒)<태요14>

비마즈(草麻子) ; 피마자, 아주까리

    ; 비마즈 마은 아홉을(草麻子四十丸)<태요31>

비븨다(摩) ; 비비다

    ; 산모의 등을 덥게 비븨여(摩脊上)<태요56>

    ; 오동즈 ᄀ티 비븨여(梧子大每取)<태요2>

빈혜(簪) ; 비녀

    ; 금빈혜 옥빈혀 긋티(金玉簪尖)<태요69>

빚다(釀酒) ; 빚다(釀)

    ; ᄀᄅ 누룩 석 냥 드러 비젹(入白麴末三兩釀酒)<태요6>

빛(色) ; 빛

    ; 비치 검프르고(色靑黯)<태요14>

ᄇ로다(擦) ; 바르다

    ; 입 안해 ᄇ로고(口內擦之)<태요69>

ᄇ리다(去·棄) ; 버리다

    ; 즉제 시서 ᄇ리라(卽法去)<태요31>

    ; 원근을 혜디 말고 ᄇ리라(遠近棄埋之)

ᄇᄅ다(酥·糊·點·敷·濟·泥·塗·塗刷) ; 바르다

    ; 녹용 소유 볼라 구으니(鹿茸酥灸)<태요2>

    ; 두터운 죠희로 입마고 ᄇᄅ고(厚紙糊口塩)<태요43>

    ; 싱쑬 ᄇᄅ니 즉시 됴터라(點生蜜便差)<태요69>

    ; ᄀᆺ 기른 믈에 ᄆ라 ᄇᄅ고(新汲水調敷)<태요74>

    ; 즌흙 볼라 블에 ᄉ라(泥固濟火煅)<태요43>

    ; 깁 슈건의 볼라(泥攤帛上)<태요31>

    ; 소곰을 ᄇᄅ고(以塩塗)<태요24>

    ; 사요롤 즛디허 ᄌ로 ᄇᄅ고(鰕爛搗塗刷)<태요74>

ᄇ롬(壁) ; 바람벽

    ; 븍녁 ᄇ롬 우희(北壁上)<태요63>

볼(倍) ; 곱, 배

    ; 열 볼이나 됴리호미 맛당ᄒ니라(宜十倍調治)<태요31>

ᄲᄅ다(疾) ; 빠르다

; 다 활ᄒ고 샌ᄅ다ᄒ고(滑而疾)<태요9>

샐다(吹 · 阢 · 㗊 · 吸㗊 · 飮) ; 빨다

  ; 모딘 피를 샌라 나여(吹出惡血)<태요74>

  ; 졋 주어 샐리면(與乳阢)<태요71>

  ; ᄒ 고들 너딧 번 식 샐고(一處凡㗊三五次)<태요70>

  ; 더운 믈로 양치ᄒ고 아긔 압 뒤 가슴 등과 빅복 아래과 두손 바당 두발 바당 닐곱
고들 샌로ᄃᆡ(以溫水漱口子吸㗊兒別後心幷臍下手足心其七處)<태요70>

  ; 입이 조리혀 져줄 몯 샌ᄂ니(撮口不飮乳)<태요69>

샐리(急) ; 빨리

  ; 남진이 뒤흐로셔 샐리 브르면(夫從後急呼)<태요10>

샐리다(鍼) ; 빨리다

  ; 검어리 샐리ᄂ 법(蜞鍼法)<태요74>

빅(舟) ; 배

  ; 빅 여흐레 걸인둧 ᄒ니(如舟坐灘)<태요26>

빅(腹) ; 배

  ; 가슴 빅 알프며(心腹痛)<태요17>

빅다(胚) ; 배다

  ; 빅오 두 둘애 변ᄒ야(胚二月變)<태요7>

빅브르다(腹脹 · 飽) ; 배부르다

  ; 온 몸이 붓고 빅 브르고(遍身浮腫腹脹)<태요40>

  ; 밥도 너무 빅 브르게 말며(食毋過飽)<태요15>

빅알이(腹痛 · 下痛) ; 배앓이, 복통

  ; 빅알키 허리과 등을 둥긔면(腹痛引腰脊)<태요20>

  ; 빅알키 극ᄒ야(下痛極)<태요50>

빅얌(蛇蛻) ; 뱀

  ; 빅야미 헝울 ᄒ나(蛇蛻一條)<태요27>

빅가지(百) ; 백가지

  ; 빅가지 약이 효험 업ᄃ니롤(百藥不效)<태요49>

빗기슭(臍腹 · 小腹) ; 뱃가죽

  ; 마ᄂᆞᆯ 즙에 ᄆᆞ라 빗기슭에 ᄇᆞ고(以大蒜汁調塗臍腹上仍)<태요75>

; 빗기슭이 탕만ㅎ여(小腹滿)<태요53>

빗복(臍中) ; 배꼽

; 빗복을 만히 쓰면(多灸臍中)<태요7>

빗복줄(臍帶) ; 탯줄

; 빗복 주레 아긔 엇게 걸여(臍帶攀掛兒肩)<태요24>

빗속(臍腹) ; 뱃속

; 빗속기 ㅈ로 움즈기면(臍腹頻動)<태요9>

싸디다(脫) ; 빠지다

; 음문이 싸디여 나고(陰門脫出)<태요59>

싸야(拔) ; 빼다

; 세나츨 싸야(拔三莖)<태요12>

쌈(宿) ; 밤

; ㅎ룻밤 이슬 마쳐(露一宿)<태요44>

셰허(撲 · 糝); 뿌리어

; 흰 올벼 뿔 굴룰 뫼양 셰허 블라(以白早米粉撲)<태요73>

; 머리털 스론 굴룰 브르다(髮灰糝之)<태요68>

쟉츠다(搔·摩) ; 비비고 긁다

; 쎨리 쟉츠며 긁고(急搔之伴)<태요24>

; 소금을 엄의 비예 쟉츠면 ㅈ연 슌히 나ᄂ니라(塩摩母腹上自然順生)<태요24>

쏨다(噀) ; 뿜다

; 엄의 ᄂ치나 등의나 쟉므면(噀産母面或背上)<태요25>

사ᄉ나모(白楊樹) ; 사시나무

; 사ᄉ나못 가지룰 블에 구어(白楊樹枝燒取)<태요72>

사름(者) ; 사람

; 나히는 사름이 날회여(收生者徐徐)<태요23>

사당(砂糖) ; 사탕

; 사당굴리 섯거(砂糖拌和)<태요45>

사발(椀) ; 사발

; 믈 흔 사발 브어(水一椀)<태요61>

사요(鰕) ; 새우

    ; 냇믈에 효근 사요를 즛디허(溝渠中小鰕爛搗)<태요74>

사흘(三日) ; 삼일

    ; 사흘애 흔 번 머그라(三日一腹)<태요33>

산뫼(産母) ; 산모

    ; 산뫼 졋바누어 등을 펴(産母臥定背平)<태요22>

산부(産婦) ; 산부

    ; 산부로 흐여곰 더위자바 둥긔고(令産婦攀引)<태요22>

살다(活) ; 살다

    ; 엄이 살고 즈식이 죽고(母活子死)<태요34>

싸흐라(切·作貼·剉) ; 썰다

    ; 파흰믿 싸흐라(葱白切)<태요42>

    ; 당귀 여슷 돈을 싸흐라(當歸六錢作貼)<태요15>

    ; 이롤 싸흐라(右剉)<태요3>

새(雀) ; 새

    ; 새알의 ᄆ라(雀卵丸)<태요6>

새배(早晨) ; 새벽

    ; 알흔 날 새배 공심에 저어 ᄎ니롤 머기라(發日早晨空心攪冷服)<태요44>

서(三) ; 셋

    ; 건강 서 푼 감초 흔 푼 이롤(乾薑三分甘草一分)<태요44>

서운서운(輕輕) ; 슬슬.가볍게

    ; 소곰을 ᄇᄅ고 서운서운 미러 들이라(以塩塗其上輕輕送入)<태요24>

석(三) ; 셋

    ; 각 석 냥(各三兩)<태요2>

선밤(新栗) ; 새밤, 풋밤

    ; 선 밤을 버혀 내둣흐야(採斫新栗)<태요31>

섯다(合和) ; 섞다

    ; 열 닷 냥 닁ᄀ라 두 글를 섯거(十五兩合和)<태요5>

섯둘(臘) ; 섣달

; 섯둘 기르미 더 됴ᄒ니라(臘脂佳)<태요62>

; 섯둘 톳긔 머리 골슈ᄒ나(臘月兎腦髓一枚)<태요28>

세 번(三) ; 세 번

; 몸을 세 번 두루혀고(三轉身)<태요8>

셰말ᄒ다(細) ; 곱게 빻아 가루로 만들다, 세말(細末)하다

; ᄀᆞ장 셰말ᄒ야(硏極細)<태요2>

써다(書) ; 쓰다

; 아모 둘이면 아모 방 쉬공ᄒ다 써셔(書某月某方空)<태요63>

소곰믈·소금믈(塩湯·塩水) ; 소금물

; 아젹긔 소곰 믈이나 ᄃᆞ슨 술이나(空心塩湯或溫酒)<태요2>

; 오미ᄌ 익디인 소금 믈에 봇ᄀᆞ니(五味子益智仁塩水炒)<태요2>

소솜(沸) ; 솟음, 솟아오름, 솟아 끓음

; 다시 다엿 소솜 글혀(再煎五七沸)<태요43>

소옴(綿絮) ; 솜

; 셜리 소옴의 빠 품에 품고(急以綿絮抱置懷中)<태요67>

속(中·腸·內) ; 속

; 잉뷔 비소개(孕婦腹中作)<태요48>

; 겁질과 속 업시ᄒ고(去皮腸)<태요6>

; 비소기 움즈기면(腹內漸動)<태요10>

손(仍探) ; 손

; 손으로 입에 너허 욕욕ᄒ면(仍探喉中令嘔)<태요38>

손ᄀᆞ락(指頭·手指) ; 손가락

; 셜리 머리 터럭을 손ᄀᆞ락의 가마(急以亂髮纏指頭)<태요72>

; 엄의 머리틸 죠곰 버혀 손ᄀᆞ락긔 감고(産母髮少許裹手指)<태요69>

손넣다(通手) ; 손 넣다

; 손늘 너허 가온대 ᄭᅡ락으로(通手以中指)<태요23>

손바당(手心) ; 손바닥

; 소곰을 아긔 손바당 발바당의 ᄇᆞ르고(以塩塗兒手足心)<태요24>

손발(手足) ; 손발

; 손발을 주리힐휴고(手足攣搐)<태요38>

손톱(指) ; 손톱

    ; 손톱브로 지버 떠혀(以指摘破)<태요68>

솟밑(伏龍) ; 솥 밑

    ; 또 솟 미틔 블근 흙이나 혹 블근 폿치나(或又伏龍肝末 或赤小豆)<태요74>

쇠(鐵) ; 쇠

    ; 뉴월 뉴일에나 쇠것 범티 말고(六月六日不犯鐵)<태요16>

쇠붑(鐘) ; 종

    ; 잉뷔 비소개 소서 쇠붑 우듯 ᄒ거든(孕婦腹中作鐘鳴)<태요48>

쇼변(便·小便) ; 소변

    ; 동ᄌ 쇼변이 난산을 잘 고티ᄂ니라(童便最治難産)<태요30>

    ; 쇼변이 구더 뜯든ᄂ니(小便淋澁)<태요41>

수(雄) ; 수컷

    ; 블근 수듥 쓰고(用赤雄雞)<태요19>

수게(尖臍) ; 수게

    ; 아들 나핫거든 수게 쓰고(生男用尖臍)<태요51>

수듥(雄雞) ; 수 닭

    ; 블근 수듥 쓰고(用赤雄雞)<태요19>

수돝(猏猪) ; 수 돼지

    ; 수도틱 념통 피에 ᄆ라(猏猪心血和)<태요27>

수쇠(牯牛) ; 수소

    ; 흔 방문의 누른 수쇠 똥 더우니(一方黃牯牛熟糞)<태요36>

수이(易) ; 쉽다

    ; ᄌ연히 수이 난ᄂ니라(自然易産)<태요22>

수캐(雄犬) ; 수개

    ; 누른 수캐 ᄒ나흘 자바(取黃雄犬一口)<태요6>

순플(麵糊) ; 밀가루 풀

    ; 초의 순프레 ᄆ라(醋麵糊和)<태요50>

술(匙) ; 숟가락

; 세 셩 집의 가 믈 흔 술 식 엳고(三姓家水各匙)<태요37>

술(醇酒·酒) ; 술

   ; 됴흔 술 두 되(醇酒二升)<태요35>

   ; 술 무텨 뼈니(酒蒸)<태요2>

숫구무(顖) ; 숫구멍

   ; 아귀 머리 숫구무 우희 브티라(貼顖上)<태요75>

숫블(炭火) ; 숯불

   ; 숫블에 븕게 솔와(炭火燒赤)<태요50>

   ; 숫블에 초 씌혀(醋炭熏)<태요51>

쉬다(呼) ; 쉬다

   ; 흔 번 쉴제(一呼)<태요20>

슈건(手巾) ; 수건

   ; 노픈듸 슈건을 믜여 둘고(高處懸掛手巾)<태요22>

슈틱(受胎) ; 수태(受胎), 아기 뱀

   ; 슈틱 몯ᄒ야(不受胎)<태요3>

스서(拭) ; 닦다

   ; 명디로 스서 업시ᄒ고(以帛拭法)<태요68>

슬허(鉎) ; 깎다, 쓸다

   ; 녕양 각 슬허 흔 돈(羚羊角鉎一錢)<태요38>

슬허ᄒ다(惡) ; 싫어하다

   ; ᄌ식 빈 겨집이 음식 슬허 ᄒ거든(姙婦惡食)<태요13>

쓰다(筆寫) ; 쓰다

   ; 산도 흔 댱 쓰고(筆寫産圖一本)<태요63>

싀다(酸) ; 시다

   ; 쉰것 ᄠᅡ거슬 즐겨 먹고(喜啖酸醎)<태요12>

시겨(冷) ; 식다

   ; 블에 솔와오로 블거든 시겨 나여(火煅通紅候冷取出入)<태요50>

시울(弦) ; 활시위

   ; 활시울 흔나흘(弓弩弦)<태요12>

식(各) ; 씩

　; 소곰 흔 쟈봄식 어더(塩各一撮)<태요38>

신묘ᄒ다(神妙) ; 신묘(神妙)하다

　; 세 번늬 반두시 다 드누니 신묘ᄒ니라(三次必收盡神妙)<태요25>

신장(腎) ; 신장(腎臟)

　; 포의 믹낙이 신장의 민엿고(胞絡者繫於腎)<태요47>

신험ᄒ다(驗) ; 효험(效驗)이 있다

　; 난산의 ᄀ장 신험ᄒ니(難産極驗)<태요28>

실(線) ; 실

　; 실로 구디 민고(以線縛)<태요75>

심지(撚) ; 심지

　; 큰 죠히 심지 밍ᄀ라(作大紙撚蘸)<태요67>

십다(嚼·嚼) ; 씹다

　; 흙 흔 덩이를 잉뷔 시번(土一塊令孕婦嚼)<태요48>

　; 미음이나 더운 물에나 시버(米飲或白湯嚼)<태요16>

싯다(洗) ; 씻다

　; 술의 시스니(酒洗)<태요2>

ᄉ나히(男子·南) ; 사나이, 사내

　; ᄉ나히 졍긔 ᄎ니(男子精冷)<태요1>

　; ᄉ나히 겨집이 다 머그라(男女並服)<태요6>

ᄉ라(燒灰·煆·燒) ; 사르다

　; 그 틱 얼근 권 노흘 ᄉ라(絡小耳繩燒灰)<태요28>

　; 블에 ᄉ라 ᄀ로 밍ᄀ라(火煆爲末)<태요43>

　; 숫블에 븕게 ᄉ롸(炭火燒赤)<태요50>

ᄉ이(頃) ; 사이

　; 두어 빼 ᄉ이예(數時頃)<태요9>

술(肉) ; 살

　; 다은 븕근 술만 잇거든(但是紅肉)<태요73>

술피다(察) ; 살피다

    ; 엄의 얼골빗 홀로 슬펴 알거시니(以母形色察之)<태요33>

슴끼다(嚥‧呑下‧入口) ; 삼키다

    ; 노겨 슴끼면 ᄀ장 됴ᄒ니라(化嚥之神效)<태요45>
    ; 아젹긔 소곰 믈이나 ᄃᄉ 술의나 슴끼고(空心塩湯或溫酒吞下)<태요2>
    ; 졋 먹디 몯ᄒ면 더러운 거슬 슴낀 다시니(不飮乳乃穢惡入口)<태요70>

습ᄒ다(澁) ; 삽(澁)하다, 맛이 몹시 떫다

    ; 믹이 미약ᄒ고 습ᄒ면(脉微弱澁)<태요1>

싱(生) ; 생 것, 날 것

    ; ᄉ믈탕의 싱간디황포황(四物湯加生幹地黃蒲黃)<태요53>

싱강(生薑‧薑) ; 생강

    ; 싱강 세 뎜 녀허 달혀(生薑三片同)<태요4>
    ; 약과 싱강 닐굽 뎜 너허(入藥薑七片)<태요40>

싱꿀(生蜜) ; 생 꿀

    ; 싱꿀 ᄇᄅ니 즉시 됴터라(點生蜜便差)<태요69>

ᄡᅡ다(抱) ; 싸다

    ; 소옴의 ᄡᅡ 푸메 품고(以綿絮抱置懷中)<태요67>

ᄡᅩ이다(熏) ; 쏘이다

    ; 김 ᄡᅩ여 싀게 ᄒᄂ 법(熏法)<태요53>

ᄲᅮᄎ다(摩) ; 비비다

    ; 엄의 빅예 ᄲᅮᄎ면(摩母腹上)<태요30>

ᄲᅮᆨ(艾) ; 쑥

    ; 부빈 ᄲᅮᆨ 각 두 돈(熟艾二錢)<태요4>

ᄣ(子) ; 씨

    ; 부루 ᄣ과 ᄎᄴᆯ(萵苣子糯米)<태요61>

ᄊᆞᄂ다(動) ; 빠르다

    ; 겨집의 죡쇼음믹이 심히 ᄊᆞᄂᄂᄂ(婦人足少陰脉動甚者)<태요8>

아긔(兒) ; 아기

    ; 몬져 아긔 아래롤 미러(先推兒下體)<태요23>

아긔길(子路) ; 아기길

; 아긔 길히 무르면(子路乾澁)<태요26>

아기낳다(解産) ; 아기 낳다

; マ장 더운 제 아기 나커든(盛暑解産)<태요25>

아긔빈증휘(孕胎) ; 임신한 징조

; 아긔 빈 증휘라(孕胎)<태요7>

아니나다(不下) ; 아니 낳다

; 포의 아니 나ᄂᆞ딕(胞衣不下)<태요37>

아니다(未·非) ; 아니다

; 둙아니 우러(雞未鳴)<태요5>

; 바ᄅ 나흘 빼 아니오(非正産之)<태요21>

아니ᄒ다(不行) ; 아니하다

; 월경 아니ᄒ다(經不行)<태요9>

아닌ᄉᆞ이(須臾) ; 잠깐, 잠시

; 아닌 ᄉᆞ이예 죽ᄂᆞ니(危亡須臾)<태요59>

아득ᄒ다(昏) ; 아득하다, 어둡다

; 머리며 눈이 아득ᄒ야(頭目昏)<태요12>

아들(男) ; 아들

; 아들 나핫거든(生男)<태요51>

아래(下) ; 아래

; 몬져 아긔 아래롤 미러(先推兒下體)<태요23>

아모(某) ; 아무

; 아모 ᄃᆞ이면 아모 방 쉬공ᄒ다 써셔(書某月某方空)<태요63>

아모것(凭物) ; 아무것

; 아모 거시나 지혀 셔셔 빈알기 줏고(凭物而立待)<태요21>

아오다(合) ; 아우르다

; 다시 아오디 아니케ᄒ다(不令再合)<태요69>

아젹긔(空心) ; 아침에

; 아젹긔 소곰 믈이나 ᄃᆞᆫ 술의나(空心塩湯或溫酒)<태요2>

아프다(痛·疼痛) ; 아프다

; 아니 아프면 틴 아니라(不痛爲無孕)<태요10>

; 아프니롤 닐운이니(疼痛謂之子)<태요45>

아혹(葵) ; 아욱

; 아혹 삐 활셕 느릅나모 겁질(葵子滑石楡白皮)<태요26>

아홉(九) ; 아홉

; 구긔즈 아홉 냥(枸杞子九兩)<태요3>

약물(藥物) ; 약물

; 나흘 둘애 미리 쟝만흐여 둘 약믈 둘히라(臨産豫備藥物)<태요62>

양(羊) ; 양

; 톳긔고기 양의 간(兎肉羊肝)<태요14>

양지흐다(漱口) ; 양치(養齒)질하다

; 박하 달힌 믈로 양지흐고(薄荷湯漱口)<태요5>

안쌔(胞衣·胞·胞中) ; 탯줄

; 안쌔롤 가져다가(將胞衣)<태요67>

; 머리와 딘믈은 안쌔 안해(胞獎者胞內)<태요26>

; 모딘 피 안쌔예 흘러 드루므로(惡血流入胞中故)<태요36>

안다(抱) ; 안다

; 알 안는 둙의 둥주리 아래(抱卵雞窠下)<태요11>

안 밧긔(內外) ; 안 밖, 내외

; 안 밧긔 블 퓌다(內外生火)<태요26>

안자셔나다(坐産) ; 앉아 낳다

; 안자셔 난느니는(坐産)<태요22>

안졍(靜室) ; 안정(安靜)

; 맛당이 깁고 안졍코(宜居深幽靜室)<태요25>

안치다(安) ; 안치다

; 벽 우희 안치고(安博上)<태요52>

알(卵·子) ; 알

; 새 알의 므라(雀卵丸)<태요6>

; 올히알 흔나를 뽀려(鴨子一箇)<태요43>

알다(覺·作) ; 알다

　; 틱긔 인ᄂ 줄 아라돈(各有孕)<태요11>

알흐다(作) ; 앓다

　; 빅알기 혹 알흐며 혹 그치며(腹痛或作或止)<태요21>

알흘날(發日) ; 발병일(發病日), 아픈 날

　; 알흘 날 새배 공심에 저어 ᄎ니를 머기라(發日早晨空心 各冷服)<태요44>

암(母·雌) ; 암놈

　; 늘근 암돍 ᄉᆞᆷ믄 믈에(老母雞煮湯)<태요33>

　; 암수 두 그르시 몬져 도아(雌雄二器先就)<태요8>

암게(団臍) ; 암게

　; ᄯᆞᆯ 나핫거든 암게를 쓰라(生女用団臍)<태요51>

암돍(母雞·雌雞) ; 암닭

　; 늘근 암돍 ᄉᆞᆷ믄 믈에(老母雞煮湯)<태요33>

　; 거믄 암돍 쓰고(用烏雌雞)<태요19>

암수(雌雄) ; 암수

　; 암수 두 그르시 몬져 도아(雌雄二器先就)<태요8>

압뒤(前後) ; 앞 뒤

　; 아긔 압 뒤 가슴등과 빗복 아래(兒前後心幷臍下)<태요70>

앞(近前) ; 앞

　; 믜양 초를 아픠 두고(常置醋近前)<태요52>

어괴(口) ; 어귀

　; 브억 머리와 어괴예 써두면(以籠竈頭及竈口)<태요31>

어렵다(艱難) ; 어렵다

　; 궁귀탕은 열 가지 산ᄉᆞ 어려우니를 고티ᄂᆞ니(芎歸湯通治十産艱難)<태요29>

어름(冰) ; 어름

　; 어름 ᄯᅴ워 두고 보라(照冰)<태요25>

어미(母) ; 어머니

　; 어미과 ᄌᆞ식이 분ᄒᆞ야 나ᄂᆞ니(母子分解)<태요8>

어즐워다(憒·暈·眩) ; 어지럽다

; ᄆᆞᆷ이 어즐러워 답답ᄒᆞ며(心中憤悶)<태요13>

; 산후에 어즐ᄒᆞ야(産後血暈)<태요51>

; 머리며 눈이 아득ᄒᆞ야 어즐고(頭目昏眩)<태요12>

얻다(取) ; 얻다

; 초혜 ᄒᆞᆫ 딱글 어더(草鞋一隻取)<태요28>

얼골(形象·形影·形) ; 얼굴

; 넉 ᄃᆞᆯ애 얼골이 ᄀᆞᆽ고(四月形象具)<태요8>

; ᄉᆞ나히 겨집 얼골이 ᄂᆞ니(成男女形影)<태요8>

; 얼골이 반ᄃᆞ시 버허 나고(形必傷)<태요14>

얼골빗(形色) ; 얼굴빛

; 엄의 얼골 빗ᄎᆞ로(以母形色)<태요33>

얼의다(凝) ; 엉기다

; 졍혈이 얼의여(精血凝)<태요7>

얼키다(絡) ; 얽히다

; 포의 얼킨 믹이 그처 딘디어(胞之絡脉絶也)<태요47>

얽다(緊繫·絡) ; 얽다. 얽매다

; ᄲᆞᆯ리 죠고만 거슬 얼거(急以小物緊繫)<태요36>

; 그 틱 얼근 귄 노ᄒᆞᆯ ᄉᆞ라(絡小耳繩燒灰)<태요28>

엄(母) ; 어머니

; 엄의 얼골빗 ᄎᆞ로(以母形色)<태요33>

엄(芽) ; 움, 싹

; ᄉᆡᆼ강 엄 파 마ᄂᆞᆯ(薑芽葱蒜)<태요14>

업다(無·去) ; 없다

; 겨집이 ᄌᆞ식 업ᄉᆞ니(婦人無子)<태요1>

; 오계알 ᄒᆞ나흘 흰 ᄌᆞ의 업서(烏雞卵一箇去淸)<태요43>

업더디다(覆) ; 엎어지다, 엎드러지다

; 업더디ᄂᆞᆫ 아기 주것고(覆者兒死)<태요28>

업시ᄒᆞ다(去) ; 없이하다

; 디허 터럭 업시ᄒᆞ고(杵去毛)<태요6>

엇게(肩) ; 어깨

; 아긔 엇게를 미러(其肩推上)<태요23>

엎다(覆) ; 엎다

; 잔 어픈듯 ᄒ니ᄂᆞ(如覆盃)<태요10>

여슷(六) ; 여섯

; 향부ᄌᆞ 각 여슷 돈(香附子各六錢)<태요4>

여슌(六十) ; 예순

; 여슌 날이면 이 증인ᄂᆞ니(六十日當有此證)<태요12>

여위다(涸) ; 여위다, 마르다

; 긔혈이 몰라 여위여(氣血枯涸)<태요61>

여흘(灘) ; 여울

; ᄇᆡ 여흐레 걸인듯 ᄒ니(如舟坐灘)<태요26>

열다(開) ; 열다

; 창 지게를 열고(開啓窓戶)<태요25>

오가피(五加皮) ; 오가피

; 오가피 각 여듧 푼(五加皮各八分)<태요38>

오계(烏雞) ; 오계(烏雞), 검은 닭

; 오계알 ᄒᆞ나흘(烏雞卵一箇)<태요43>

오ᄅᆞ다(坐·登) ; 오르다

; 거저긔 오ᄅᆞ디 말라(不可坐草)<태요22>
; 노픈ᄃᆡ 오ᄅᆞ며(登高)<태요15>

오래(久·多·多年) ; 오래

; 부인의 오래 닝ᄒᆞ여(婦人久冷)<태요6>
; 오래 누어 자지 말며(勿多睡臥)<태요15>
; 오래 뷘 집 안해(多年空屋)<태요48>

오줌·오좀(小便·溺) ; 오줌

; 오줌도 몯 누거든(不小便)<태요70>
; 오좀이 붓ᄃᆞ시 나ᄂᆞ니라(則溺出如注)<태요42>

오좀ᄢᆡ(溺胞·胞) ; 오줌통

; 혹 오좀ᄢᆡᄅᆞᆯ 헐워 죵신토록 해 되ᄂᆞ니(或損溺胞致終身之害愼之)<태요37>

; 오좀깨 줄기 트러 디여(胞系轉戾)<태요41>

오좀똥(大小便) ; 오좀 똥, 대소변(大小便)

; 아기 곧나셔 오좀 똥 몯 누어(小兒初生大小便不通)<태요70>

오직(但) ; 오직, 다만

; 오직 제 싱각ᄒᆞᄂᆞᆫ 거슬 머기기면(但以所思之物)<태요13>

온슈(白湯) ; 온수(溫水)

; 미음이나 온슈에나 플어 머그라(米飮或白湯化下)<태요16>

올벼(早) ; 올벼

; 흰 올벼 ᄡᆞᆯ ᄀᆞᆯᄅᆞᆯ(白早米粉)<태요73>

올라(逆上) ; 오르다, 올아

; 잉뷔 틱긔 가슴애 올라(孕婦胎氣逆上心胸)<태요45>

올아(上) ; 오르다, 올아

; 거져긔 올아 힘 ᄡᅳ라(上草用力)<태요20>

올ᄒᆞ다(正) ; 옳은

; 젼본이 올ᄒᆞ니라(全本爲正)<태요8>

올ᄒᆞᆫ녁(右) ; 오른 녘, 오른편, 오른쪽

; 올ᄒᆞᆫ 녁크로 도ᄂᆞ니ᄂᆞᆫ 간나희라(右回是女)<태요10>

올희(鴨) ; 오리

; 돍긔 알 올희알(鷄卵鴨卵)<태요14>

옷(則) ; 곳

; 틱긔 옷 샹티 아녀시면(若不損則)<태요34>

옹식ᄒᆞ다(壅塞) ; 옹 색(壅塞)하다

; 잉뷔 틱긔 옹슉ᄒᆞ야(孕婦胎氣壅塞)<태요41>

옻(漆) ; 옻

; ᄆᆞᄅᆞᆫ 오츨 블에 ᄉᆞ라(乾漆燒)<태요53>

왕늬(往來) ; 왕래

; 한열이 왕늬 ᄒᆞᄂᆞ니롤(寒熱往來)<태요44>

외로이(獨·孤) ; 외로이

; 외로이 폐듕애 모도매 ᄒᆞ여곰(獨聚肺中故令)<태요55>

; 이 일홈을 외로온 양긔과 그처딘 울긔니(此孤陽絶陰爲)<태요55>

왼녁(左) ; 왼녁, 왼편, 왼쪽

; 왼녁크로 머리 도ᄂᆞ니ᄂᆞᆫ ᄉᆞ나희오(左回首是男)<태요10>

욕욕ᄒᆞ다(嘔·令嘔) ; 욕지기하다, 吐하게하다

; 아기 곧나며 욕욕 토ᄒᆞ야(小兒初生嘔吐)<태요70>

; 손으로 입에 너허 욕욕ᄒᆞ면(仍探喉中令嘔)<태요38>

우연ᄒᆞ다(緩) ; 우연만하다

; ᄒᆞᄅᆞ 세 번 먹고 우연커든 사흘애 ᄒᆞᆫ 번 머그라(一日三服緩則三日服)<태요33>

울(籬) ; 울, 울타리

; 미신날은 울헤 잇고(未申日在籬下)<태요66>

울다(哭·鳴) ; 울다

; 아기 빗소개셔 울기ᄂᆞᆫ(兒在腹中哭)<태요47>

; 빗소개서 쇠붑 우듯 ᄒᆞ거든(腹中作鐘鳴)<태요48>

울ᄒᆞ다(熱熨) ; 지지다, 찜질하다

; 소곰 섯거 빗복 아래ᄅᆞᆯ 울흐면(和塩炒熱熨臍下) <태요42>

움즈기다(能動) ; 움직이다

; 왼손을 움즈기고(能動左手)<태요8>

위급ᄒᆞ다(危急) ; 위급하다

; 여셩고ᄂᆞᆫ 난산 위급ᄒᆞ니ᄅᆞᆯ 고티ᄂᆞ니(如聖膏治難産危急)<태요30>

위틱ᄒᆞ다(危) ; 위태(危殆)하다

; 쳔증이 ᄀᆞ장 위틱ᄒᆞ여 주그리하니(喘極危多死)<태요55>

원츄리(萱草) ; 원추리

; 원츄리 쏘출 ᄎᆞ고(萱草花佩之)<태요12>

월경(經) ; 월경

; 월경 긋거든(經止)<태요4>

의이 ᄈᆞᆯ(薏苡) ; 율무

; 의이ᄊᆞᆯ 방풍 당귀(薏苡仁防風當歸)<태요38>

음문(産門) ; 음문

; 손애 기름 ᄇᆞᆯ라 음으로 드러(香油塗手自産門入)<태요42>

이나(或) ; -이나

　; 둔 술이나 더운 믈뢰나(溫酒或白湯)<태요5>

이 빼(此時·此期) ; 이때

　; 이 빼예 ᄌᆞ궁이 졍히 여러시니(此時子宮正開)<태요7>

　; 이 빼 곳 디나며(過此期)

이러면(如此) ; 이러면

　; 이러면 반ᄃᆞ시 틔긔 되디 몯ᄒᆞᄂᆞ니(如此則必不成孕)<태요1>

이를(右) ; 이를

　; 이를 즐게 싸ᄒᆞ라(右剉細)<태요50>

이삭(穗) ; 이삭

　; 뎡가 이삭을 잠깐 봇고(荊芥穗畧炒)<태요39>

이슬(露) ; 이슬

　; 흔 이슬 ᄆᆞ즈니 ᄀᆞ튼니 닐온 비오(如一露珠謂之)<태요7>

이윽ᄒᆞ다(須臾) ; 얼마있다가, 한참있다

　; 이윽ᄒᆞ야 긔운이 도로혀(須臾氣廻)<태요68>

이적(是時) ; 이때

　; 이 저긔 남녀 뎡티 몯ᄒᆞ여시므로(是時男女未定故)<태요11>

이제(此時) ; 이제

　; 이제 마치 빈 여흐레 걸인ᄃᆞᆺ ᄒᆞ니(此時如舟坐灘)<태요26>

인ᄉᆞ(省) ; 졍신

　; 인ᄉᆞ룰 ᄎᆞ리디 몯ᄒᆞ기 두 가지 읻ᄂᆞ니(不省有二若)<태요51>

인슴(人蔘) ; 인삼

　; 인슴 귤피탕은(人蔘橘皮湯)<태요13>

일다(成) ; 되다, 이루다

　; 여슷 ᄃᆞᆯ애 입과 눈이 일고(六月口目成)<태요8>

일명(一名) ; 일명

　; 최ᄉᆡᆼ여셩산은 일명은(催生如聖散一名)<태요28>

일타(失) ; 잃다

　; ᄌᆞ식이 날 길흘 일티 아니ᄒᆞ야(兒不失其道)<태요22>

입(口·喉中) ; 입

　; 여슷 둘 입과 눈이 일고(六月口目成)<태요8>

　; 손으로 입에 녀허 욕욕ᄒ면(仍探喉中令嘔)<태요38>

입다믈다(口噤) ; 입다물다

　; 모딘 피 아니 나고 입을 다믈다(惡露不下口噤)<태요34>

입시울(脣) ; 입술

　; 입시우리 프르고(脣靑)<태요27>

잇ᄭᅵ(苔) ; 이끼

　; 우믈 가운대 잇ᄭᅵ어나(以井中苔)<태요74>

잇다(在·有) ; 있다

　; ᄌᆞ식이 복듕에 이셔(子在腹中)<태요21>

　; ᄌᆞ식 잇게ᄒᆞᆫ 방문(有子方)<태요6>

잉ᄐᆡ(胎) ; 잉태하다

　; 잉ᄐᆡᄒᆞᆫ 믹(胎脉)<태요8>

잉도(櫻桃) ; 앵두

　; 잉도마곰 비븨여(如櫻桃)<태요45>

자다(睡) ; 자다

　; 오래 누어 자지 말며(勿多睡臥)<태요15>

자리(安·席) ; 자리

　; 산부의 자리보고(安産婦床帳)<태요63>

　; 겨집 눕ᄂᆞᆫ 자리 미틱 녀코(婦臥席下)<태요11>

잔(盞) ; 잔

　; 지남셕 달 힌믈 ᄒᆞᆫ 잔을 머그면(飮磁石煎湯一盞)<태요25>

잘(最) ; 잘

　; 난산을 잘 고티ᄂᆞ니라(最治難産)<태요30>

잠깐(稍·畧·微) ; 잠깐

　; 포의 몯나 잠깐 오라면(胞衣不下稍久)<태요36>

　; 형가 이삭을 잠깐 봇고(荊芥穗畧炒)<태요39>

　; 두 다리 잠깐 븟거든(兩脚微浮)<태요41>

잡다(攀·取) ; 잡다

　　; 졈졈 손으로 아긔 귀를 자바 둥긔야(漸引手攀其耳)<태요23>

　　; 누른 수캐 ᄒ나흘 자바(取黃雄犬一口)<태요6>

쟈라(鱉) ; 자라

　　; 쟈라고기 둙긔 알(鱉肉鷄卵)<태요44>

쟈봄(撮) ; 자밤, 줌

　　; 소금 ᄒ 쟈봄식 어더(塩各一撮)<태요37>

쟉다(少) ; 작다

　　; 혹 하며 혹 쟈그며(或多或少)<태요1>

쟉쟉(稍稍·細細) ; 조금씩, 조금조금

　　; 초를 더여 쟉쟉 마시고(醋熱煎稍稍含)<태요52>

　　; 듁녁을 쟉쟉 머그라(竹瀝細細飲之)<태요40>

쟝만ᄒ다(備) ; 장만하다

　　; 나흘 들애 미리 쟝만ᄒ여(臨産豫備)<태요62>

적(時) ; 적, 때

　　; 뒷간ᄂ 들적을(上厠時)<태요10>

적시다(蘸·潤) ; 적시다

　　; 달혀 그믈을 픗소옴의 적셔(水煎取汁以綿蘸)<태요68>

　　; 치ᄌ를 적시고 지남셕 달힌 믈 ᄒ 잔을 머그면(潤子腸飲磁石煎湯一盞)<태요25>

절로(自) ; 절로

　　; 절로 됴호믈 기들우라(候其自安也)<태요12>

젓다(攪匀) ; 젓다

　　; 황단 ᄒ 돈 너허 젓고(入黃丹一錢攪匀)<태요43>

제(臨) ; 제, 때에

　　; 누을 제 ᄯ 머그되(臨臥再服)<태요2>

져므니(年少者) ; 젊은이

　　; 싱강을 져므니랑 ᄒ 냥 ᄒ고(生薑年少者一兩)<태요43>

졀긔(節氣) ; 절기

　　; 졀긔를 보와 ᄂ화 ᄡ라(看節氣分用)<태요63>

졈졈(漸) ; 점점

　; 졈졈 손으로 아긔 귀룰 자바 둥긔야(漸引手攀其耳)<태요23>

졋바누이다(臥定·仰臥) ; 반듯이 누이다

　; 산뫼 졋바누어 등을 펴(産母臥定背平)<태요22>

　; 산모로 히여곰 졋바누이고(令産母仰臥)<태요23>

졍긔(精·精氣) ; 정기(精氣)

　; 스나희 졍긔 츠니(男子精冷)<태요1>

　; 숩ᄒ면 졍긔 닝ᄒ다 니고(澁爲無子精氣淸冷也)<태요1>

졍월(正月) ; 정월(正月)

　; 졍월의 병디과 임디예 잇거든(正月在丙壬可)<태요63>

졍화슈(井華水) ; 정화수(井華水)

　; 졍화슈예 플어 머기라(井華水調服)<태요58>

졎(乳房·乳汁) ; 젖

　; 왼 져제 뭉울이 이시면(左乳房有核)<태요11>

　; 졋 아니 나기 두 가지 인ᄂ니(乳汁不行有二)<태요61>

조라(痿縮·縮·撮) ; 줄다, 졸다, 오그라들다

　; 쥭과 밥을 힘뼈 머그면 즈연 조라 나ᄂ니(勉進粥飯自然痿縮而下)<태요36>

　; 머그면 틱 조라 수이 나고(服則縮胎易産)<태요15>

　; 입이 조라 져즐 샌디 몯ᄒ거든(撮口不飮乳)<태요72>

조리혀다(撮·拘攣) ; 오그라들다

　; 믄득 입이 조리혀 져즐 몯 ᄲᅡᄂ니(忽撮口不飮乳)<태요69>

　; 미즐리가 범ᄒ면 조리혀ᄂ니(繫縛者相拘攣)<태요14>

조ᄡᆞᆯ(少米·粟米) ; 좁쌀

　; 파과 쟝과 조ᄡᆞᆯ 녀허(入葱豉及少米)<태요62>

　; 죠고매 부픈거시 조ᄡᆞᆯ 낫 ᄀᆞᄐᆞ니 (有小泡子如粟米)<태요69>

조차(連) ; -조차, -마저

　; 겁질조차 디허(連皮搗碎)<태요6>

죵요롭다(要緊·要) ; 종요롭다

　; 최ᄉᆡᆼ약 머구미 죵요뢰니(服催生藥爲要緊)<태요26>

　; 죵요 뫼혼(集要)<태요1>

좇다(隨) ; 좇다

  ; 아기 그믈을 조차 나면(兒隨水而下)<태요26>

죠고만(小) ; 조그만, 조그마한

  ; ᄲᅥ리 죠고만 거슬 얼거(急以小物緊)<태요36>

죠고매(分毫・小) ; 조금, 조그마하게

  ; 죠고매도 힘 쓰며 놀라디 말게ᄒᆞ고(不得分毫用力驚惶)<태요23>

  ; 죠고매 부픈거시 조ᄲᆞᆯ 낫 ᄀᆞ투니 (有小泡子如粟米)<태요69>

죠희(紙) ; 종이

  ; 두터운 죠희로(厚紙)<태요43>

죡ᄒᆞ다(足) ; 만족(滿足)하다

  ; 둘슈 죡ᄒᆞ야 ᄎᆞ면(月數滿足)<태요8>

종신토록(終身) ; 종신(終身)토록, 평생토록

  ; 종신토록 해 되ᄂᆞ니 삼가라(致終身之害愼之)<태요37>

주다(刺・與) ; 주다

  ; 아기 밧바당을 ᄒᆞᆫ 푼 두 푼 들게 서너곤 주고(兒足心深一二分三四刺)<태요24>

  ; 아긔 입에스서 드리고 졋 주어 샐리면(兒口中與乳阮)<태요71>

주리혀다(縮・皺・攣搐) ; 줄이다, 졸라, 오므라들다

  ; ᄒᆞᆫ 번 주리혀면 즉제 슌히 나ᄂᆞ니(一縮卽順生)<태요24>

  ; 가족기 주리혀고 슬히 희거든(以皮皺肉白爲)<태요74>

  ; 손 발을 주리힐후고(手足攣搐)<태요38>

죽다(殂・殞・死・危亡) ; 죽다

  ; ᄀᆞ장 ᄀᆞ피 아니ᄒᆞ니 일로 죽으며(因此而殂)<태요37>

  ; ᄌᆞ식과 엄이 다 죽ᄂᆞ니(子母俱殞)<태요27>

  ; 업더디니는 아기 주것고(覆者兒死)<태요28>

  ; 알포믈 이긔디 몯ᄒᆞ야 아닌ᄉᆞ이예 죽ᄂᆞ니(腹痛不可忍危亡順叟)<태요59>

줄기(系・帶) ; 줄기

  ; 오좀깨 줄기 트러디여(胞系轉戾)<태요41>

  ; 빗복 줄기예 구디 미여(繫臍帶)<태요36>

줌(握) ; 주먹, 줌

  ; 파흰믿 두 줌을 딛게 달혀(葱白二握濃煮)<태요19>

줍다(拾) ; 줍다

　　; 싸홀 향ᄒᆞ야 아모거시나 주으면(向地拾)<태요48>

쥐굼긔(鼠穴) ; 쥐구멍

　　; 뷘 집 안해 쥐굼긔(空屋下鼠穴)<태요48>

쥐다(握·把) ; 쥐다

　　; ᄉᆞ나희ᄂᆞᆫ 왼 손내 쥐고 간나희ᄂᆞᆫ 올ᄒᆞᆫ 손내 쥐고(男左女右手握)<태요29>

　　; 산뷔 두 손내 ᄒᆞ나 식 쥐면 즉시 난ᄂᆞ니(産婦兩手各把一枚立驗)<태요31>

쥐며ᄂᆞ리(鼠婦蟲) ; 쥐며느리

　　; ᄯᅩᄒᆞᆫ 방문의 쥐며ᄂᆞ리 즙내여(又方鼠婦蟲取汁)<태요72>

쥭(粥) ; 죽

　　; ᄎᆞᆯ발 죽에 파흰믿 세 너허(糯米作粥入葱白三莖)<태요19>

즈의(滓·渣) ; 지스러기, 찌끼

　　; 즈의 업시ᄒᆞ고(去滓)<태요6>

　　; 즈의둣다가 누을 제 ᄯᅩ 달혀 머그라(臨臥時留渣再煎服)<태요4>

즉시(立·卽) ; 즉시(卽時)

　　; ᄒᆞ나 식 쥐면 즉시 난ᄂᆞ니(把一枚立驗)<태요31>

　　; 즉시 편안ᄒᆞ고(卽安)<태요19>

즉제(便·逐) ; 즉시, 곧

　　; 포의 즉제 나ᄂᆞ니(胞衣便下)<태요37>

　　; ᄌᆞ식이 즉제 나ᄂᆞ니라(其兒逐生)<태요22>

즌흙(泥固) ; 진흙

　　; 즌흙 ᄇᆞᆯ라 블에 ᄉᆞ라(泥固濟火煆)<태요43>

즐기다(肯舒) ; 즐기다

　　; ᄌᆞ식 빈 겨집이 몸을 편 ᄃᆞ니기를 즐겨 아니코(孕婦不肯舒伸行動)<태요21>

즙(汁) ; 즙

　　; 디허 즙내여(搗取汁)<태요16>

즛디허(搗) ; 짓찧다

　　; 냇믈에 효근 사요를 즛디허(溝渠中小鰕爛搗)<태요74>

지거미믈(磨刀水) ; 지게미물

; 칼ᄀᆞᆯ 지거미 믈로 ᄃᆞ시ᄒᆞ야(以磨刀水溫)<태요25>

지게(戶) ; 지게문

   ; 창 지게를 열고(開啓窓戶)<태요25>

지나다(經) ; 지나다

   ; 두닐웨 디나거든(經二七日)<태요6>

지남석(磁石) ; 지남석(指南石)

   ; 지남셕 달힌 믈 ᄒᆞᆫ 잔을 머그면(飮磁石煎湯盞)<태요25>

지네(蜈蛤) ; 지네

   ; 발 블근 지네 ᄒᆞ나홀(赤足蜈蛤一條)<태요72>

지버ᄣᅥ혀다(摘破) ; 집어 떼다

   ; 손톱브로 지버 ᄣᅥ혀(以指摘破)<태요68>

진(瀝) ; 진액(液)), 진물

   ; 사ᄉᆞ나못 가지를 블에 구어 진 나거든(白楊樹枝燒取瀝)<태요73>

진짓(眞) ; 진짜, 진실, 참

   ; 진짓 겨집의게(眞女中)<태요5>

짓괴다(喧鬧) ; 지껄이다

   ; 아기 나키 비릇거든 짓괴디 말고(臨産不可喧鬧)<태요21>

짓다(成·劑) ; 짓다

   ; 얼굴 지은 혈괴 이시면(有成形塊)<태요48>

   ; 궁귀탕을 듕히 지어(大劑芎歸湯)<태요53>

집(窠) ; 집

   ; 납거믜 집 세히나 다ᄉᆞ시나(壁鏡窠三五箇)

ᄌᆞ궁(子宮) ; 자궁(子宮)

   ; ᄌᆞ궁의 닝ᄒᆞ여(子宮冷)<태요3>

ᄌᆞ로(頻) ; 자주

   ; ᄌᆞ로 움즈기면(頻動)<태요9>

ᄌᆞ식(子·嗣·兒) ; 자식

   ; ᄌᆞ식 구ᄒᆞ여(求子)<태요1>

   ; ᄌᆞ식 구ᄒᆞ야(求嗣)<태요1>

; ㅈ식이 즉제 나ᄂ니라(其兒逐生)<태요22>

ㅈ식나히ᄂ겨집(産婆) ; 산파(産婆)

; ㅈ식 나히ᄂ 겨집으로 손애 기름 ᄇᆞᆯ라(令産婆香油塗手)<태요42>

ㅈ식비다(受孕·孕胎·妊·胎) ; 임신(姙娠)하다, 자식 배다

; ㅈ식 빈 후에 남진 겨집이 흔듸 자기를 크게 금긔ᄒᆞ라(受孕之後大忌男女交合)<태요14>

; ㅈ식 빈 ᄒᆞᆫ 들애(孕胎一月)<태요7>

; ㅈ식 빈 믹이라(妊子也)<태요8>

; ㅈ식 빈여 난ᄂ 종요 뫼혼 방문(諺解胎産集要)<태요1>

ㅈ식빈겨집(姙婦·産婦) ; 임산부(姙産婦)

; ㅈ식 빈 겨집을 남다히로 가라ᄒᆞ고(姙婦面南行)<태요10>

; ㅈ식 빈 겨집이 딕히 틔긔 ᄲᅥ디여 ᄂ려(産婦直待胎氣陷下)<태요20>

ㅈ연히(自然) ; 자연히

; ㅈ연히 수이 난ᄂ니라(自然易産)<태요22>

ㅈ오기(密) ; 꼭, 단단히

; 방문을 ㅈ오기 닫고(密閉房戶)<태요26>

ㅈ치욤(嚔) ; 재채기

; 코애 부러 ㅈ치욤 ᄒᆞ면(吹鼻作嚔)<태요60>

ᄌᆞᆫᄂ다(數) ; 작다

; ㅈ식 빈 믹은 굵고 ᄌᆞᆫᄂ니라(孕脉洪數)<태요9>

즐다(細) ; 잘다

; 이를 즐게 싸ᄒᆞ라(右剉細)<태요50>

짝(隻) ; 짝

; 초혜 ᄒᆞᆫ 짝글 어더(草鞋一隻取)<태요28>

ᄯᅩᆺ다(逐) ; 쫓다

; 즉제 ᄲᅩ차 내ᄂ니 신효ᄒᆞ니라(立便逐下神效)<태요34>

ᄯᆞᆫ것(鹹) ; 짠 것

; 쉰것 ᄯᆞᆫ거슬 즐겨 먹고(喜啖酸鹹)<태요12>

차다(入·足) ; 차다

; ㅈ식 빈 겨집이 둘차셔 빅알기(孕婦入月腹痛)<태요21>

; 들이 몯차 나니는(月不足者)<태요8>

챵즈(腸) ; 창자

　; 챵즈 ㄱ툰야 비 아래 넘고(如腸下過)<태요59>

첫(一) ; 첫

　; 첫 둘이어든 거믄 암둙 쓰고(一月烏雌雞)<태요19>

첫둘(一月) ; 첫 달

　; 첫 둘이어든 거믄 암둙 쓰고(一月烏雌雞)<태요19>

쳐드리다(灌入) ; 처넣다.

　; 입에 쳐드리라(灌入口中)<태요72>

초 뜬믈(醋湯) ; 초를 탄 물

　; 초 뜬 믈에 숨쎠 ㄴ리오라(醋湯呑下)<태요6>

츼다(偏挂) ; 치우치다

　; 편산은 닐온 아긔 머리츼여(偏産謂兒頭偏挂)<태요24>

치다(養) ; 기르다, 치다

　; 아기 치던 믈이니(養兒之水)<태요26>

치우락더우락(作寒熱) ; 춥고 덥다

　; 혹 치우락 더우락ᄒ며(或作寒熱)<태요13>

치즈(子腸) ; 치자(梔子)

　; 치즈를 적시고(潤子腸)<태요25>

침(鍼·針) ; 침

　; 즉제 침 그트로 뛰와 업시ᄒ야(便以鍼挑)<태요69>

　; 침로나 손톱으로나(以針爪)<태요69>

츠다(冷) ; 차다

　; ᄉ나히 졍긔 츠니(男子精冷)<태요1>

츠다(滿) ; 차다

　; 둘슈 죡ᄒ야 츠면(月數滿足)<태요8>

츠다(佩) ; 차다

　; 원츄리 꼬츨 츠고(萱草花佩)<태요12>

츠발(糯米) ; 찹쌀

; 춧뿔 서 말을 닉게 떠(糯米三斗蒸熟)<태요6>

츤츤히(細) ; 찬찬히

  ; 츤츤히 십고(細嚼)<태요5>

춤기름(香油) ; 참기름

  ; 됴틱기름 춤기름(猪胎香油)<태요26>

치오다(帶) ; 채우다

  ; 왼녁 허리에 치오고(帶身左腰間)<태요12>

칼(刀) ; 칼

  ; 칼ᄀ 지거미 믈로 드시ᄒᆞ야(以磨刀水溫)<태요25>

코(鼻) ; 코

  ; 산부의 코애 부러(吹鼻)<태요60>

콩풋(腰子) ; 콩팥, 신장(腎臟)

  ; 열 들애랑 도틱 콩풋 쓰고(十月用猪腰子)<태요19>

큰(大) ; 큰

  ; 큰 니근 셕뉴 ᄒᆞ나흘(大陳石榴一枚)<태요6>

ᄏ다(採) ; 캐다

  ; 쇠것 범티 말고 ᄏ야(不犯鐵採取)<태요16>

턍만ᄒᆞ다(滿) ; 창만(脹滿)하다

  ; 만일 빗기슭이 턍만ᄒᆞ야(若小腹滿)<태요54>

터럭(毛髮) ; 털

  ; 다숫 들애 터럭이 돋고(五月毛髮生)<태요8>

토ᄒᆞ다(吐) ; 토(吐)하다

  ; 아기 곧나며 욕욕 토ᄒᆞ야(小兒初生嘔吐)<태요70>

톱(爪甲) ; 손톱, 발톱

  ; 손톱 발톱블(手足爪甲)<태요12>

톳긔(兎) ; 토끼

  ; 톳긔고기 양의 간(兎肉羊肝)<태요14>

통ᄒᆞ다(通) ; 통하다

  ; 절로 통ᄒᆞᄂᆞ니(自通)<태요70>

트러디다(轉戾) ; 틀어지다

  ; 오좀께 줄기 트러디여(胞系轉戾)<태요41>

티왇다(上) ; 솟다

  ; 흔 겨트로 바른 티왇다(一邊直上)<태요23>

틱(孕) ; 태(胎)

  ; 빈 マ장 아프면 틱오(腹中大痛是孕)<태요10>

틱긔(孕·胎·胎氣) ; 태기(胎氣)

  ; 반두시 틱긔 되디 몯ᄒᆞᄂᆞ니(必不成孕)<태요1>

  ; 틱긔 험찰ᄒᆞᄂᆞ 법이라(驗胎)<태요9>

  ; 잉뷔 틱긔 옹싴ᄒᆞ야(孕婦胎氣壅塞)<태요41>

틱되다(結胎) ; 태기(胎氣)되다

  ; 틱될 저기니(結胎之條)<태요7>

ᄢᆞ(和·洽溫·沉) ; 타다

  ; 술의 믈 ᄢᆞ ᄒᆞ룻밤 둠가(酒水和淹一宿)<태요6>

  ; 듁녁 서 홉 ᄢᆞ 머기라(竹瀝洽溫服)<태요39>

  ; 꿀 죠고매 ᄢᆞ(入蜜少許沉)<태요47>

ᄣᅥ디다(柝破·破) ; 터지다

  ; 피 ᄣᅥ디여든(胞旣柝破)<태요26>

  ; ᄌᆞ식 알저긔 그거시 ᄣᅥ디모로(子欲生時枕破故)<태요49>

파(葱) ; 파

  ; 염 파 마늘(芽葱蒜)<태요14>

펴다(伸·平)·仲 ; 펴다

  ; ᄌᆞ식 빈 겨집이 몸을 펴 ᄃᆞ니기를 즐겨 아니코(孕婦不肯舒伸行動)<태요21>

  ; 졋바누어 등을 펴(臥定背平)<태요22>

  ; 산후에 믄득 두녁 져지 펴디여(産役忽兩乳仲)<태요59>

편안ᄒᆞ다(安) ; 편안하다

  ; 틱를 편안케ᄒᆞ며 긔운늘 슌케ᄒᆞ고(安胎順氣)<태요16>

편티몯ᄒᆞ다(不安) ; 편하지 못하다, 불안하다

  ; 틱긔 동ᄒᆞ여 편티 몯ᄒᆞᆫ(胎動不安)<태요17>

포의(胞衣) ; 포의(胞衣), 탯줄

; 부인 대젼의 글오듸 포의 몯나(婦人大全曰胞衣不下)<태요36>
푼(分) ; 푼(分)
; 딘피 각 다ᄉᆞᆺ 푼(陳皮各五分)<태요19>
풀다(化下) ; 풀다
; 흐르는 믈에 풀어 머기라(流水化下)<태요27>
프르다(靑) ; 푸르다
; 입시우리 프르고(脣靑)<태요27>
플다(調下) ; 풀다
; 뿍믈 흔 잔의 플어 머기라(艾湯一盞調下)<태요9>
플수다(糊) ; 풀 쑤다
; 플 수어 ᄆᆞ라(糊和)<태요6>
피(衄) ; 피
; 피 즉시 근ᄂᆞ니라(衄卽止)<태요55>
피나다(出血) ; 피나다, 출혈(出血)하다
; 손톱브로 지버 ᄣᅥ혀 피 나거든(以指摘破出血)<태요68>
; 가슴비 알프며 피 나ᄂᆞ니는(心腹痛而下血者)<태요17>
피ᄒᆞ다(避) ; 피(避)하다
; 다 피ᄒᆞ야 말라(並宜避忌)<태요64>
ᄑᆞᆯ(肘) ; 팔
; ᄑᆞᆯ 고븐듸 ᄀᆞ티(如肘頸)<태요10>
ᄑᆞᆺ(小豆);팥
; 블근 ᄑᆞᆺ과 달혀 머기라(赤小豆水煎服)<태요41>
하ᄂᆞ다(多) ; 많다
; 그 샹호미 반드시 하ᄂᆞ니(其傷必多)<태요31>
하늘(齶) ; 하늘
; 목졋 아픠 하늘 우흘(懸雍前齶上)<태요68>
하다(多) ; 많다
; 혹 하며 혹 쟈그며(或多或少)<태요1>
합ᄒᆞ다(和) ; 합하다

; 술 각 반 식 합ᄒᆞ야 플어(酒各半盞調和)<태요55>

항문(肛) ; 항문(肛門)

    ; 항문의 고자 드리라(挿入肛)<태요71>

허리(腰) ; 허리

    ; 허리를 구펴(曲腰)<태요47>

헐다(損) ; 헐다, 짓무르다

    ; 오좀쌔홀 헐워(損溺胞)<태요37>

험찰ᄒᆞ다(驗) ; 검사하다

    ; ᄐᆡᄀᆡ 험찰ᄒᆞᄂᆞ 법이라(驗胎)<태요9>

헝울(蛻) ; 허물

    ; ᄇᆡ야미 헝울ᄒᆞ다(蛇蛻一條)<태요27>

헤여디다(碎) ; 헤어지다, 흩어지다

    ; 슈졍 구슬 ᄀᆞᄐᆞ야 헤여디면(如水晶碎則)<태요73>

혈괴다(塊) ; 피 덩이

    ; 얼굴 지은 혈괴 이시면(有成形塊)<태요48>

혜(舌) ; 혀

    ; 엄의 ᄂᆞ치 붉고 혜 프르면(母面赤舌青者)<태요34>

호쵸(胡椒) ; 후추

    ; 도인 건강 호쵸(桃仁乾薑胡椒)<태요14>

혼미ᄒᆞ다(昏迷) ; 혼미(昏迷)하다

    ; 혼미 ᄒᆞ니를 닐온 ᄌᆞ간이니(昏迷名曰子癇)<태요38>

홉(合) ; 홉

    ; 칠 홉되거든(取七合)<태요39>

화뢰(爐) ; 화로

    ; 동짓 ᄃᆞᆯ애ᄂᆞ 화뢰예잇고(十一月在爐)<태요66>

환(丸) ; 환

    ; 잉도 ᄀᆞ티 환지어(丸櫻桃)<태요29>

활(弓弩) ; 활

    ; ᄯᅩ 활시을 ᄒᆞ나홀(弓弩弦)<태요12>

황문(穀道) ; 항문

   ; 황문이 블어나디 아니면(穀道未挻迸)<태요21>

효근(小) ; 작은

   ; 댓믈에 효근 사요를 즛디허(溝渠中小鰕爛搗)<태요74>

효험(效) ; 효험(效驗)

   ; 빗복을 만히 쓰면 효험 인ᄂ니라(多灸臍中有效)<태요7>

흐르다(漏·流·淋流) ; 흐르다

   ; 피 흐르고 틱 디ᄂ니(漏血墮胎)<태요17>

   ; 동으로 흐르는(東流)<태요6>

   ; 믈과 피 흐르거든(漿血淋流)<태요22>

훗비앓다(枕痛) ; 배산 뒤 배 앓다

   ; ᄌ식 나흔 후에 훗비 알키라(兒枕痛)<태요49>

흙(土·泥) ; 흙

   ; 흙 흔 덩이를 잉븨 시버 슴씨면(土一塊令孕婦嚼之)<태요48>

   ; 흙질 범ᄒ니는(泥犯者)<태요14>

흩다(散亂) ; 흩어지다

   ; 산후에 긔혈이 흐터디여(産後氣血散亂)<태요54>

희다(白) ; 희다

   ; 파흰믿 두 줌을 딘게 달혀(葱白二握濃煮)<태요19>

흰올벼뽈(白早米) ; 흰 올벼쌀

   ; 흰 올벼 뽈 글룰(以白早米粉)<태요73>

흰ᄌ위(淸) ; 흰자위

   ; 돍긔 알 흰 ᄌ위예 ᄆ라 브ᄅ고(和雞子淸塗之)<태요74>

힘(努力) ; 힘

   ; 나고 드디 아니믄 힘 너무 쁜 타시니(出不人乃努力太過所致)<태요59>

힘뼈다(勉進) ; 힘쓰다

   ; 죽과 밥을 힘뼈 머그면(勉進粥飯)<태요36>

- ᄒ고(仍) ; -하고

   ; 덥게ᄒ고 허리 아래를 두터이 더퍼(溫爛仍厚覆下體)<태요26>

-ᄒ고져ᄒ다(欲) ; -하고자하다

  ; 허리 아파디고져ᄒ니(腰痛欲墮)<태요19>

ᄒ다가(若) ; 만일

  ; ᄒ다가 긔혈이 브죡ᄒ거든(若氣血不足)<태요32>

ᄒᄅ(一日) ; 하루

  ; ᄒᄅ 세 번 먹고(一日三服)<태요33>

ᄒᄅ 쌤(一宿) ; 하루 밤

  ; ᄒᆞ룻밤 둠가 짜가(淹一宿)<태요6>

ᄒ여(令) ; 하여금, 시키어

  ; 사람ᄒ여 ᄆ지라(令人摸)<태요10>

ᄒᆞᆫ(一) ; 한

  ; 샤상즈 봇ᄀ니 각 ᄒᆞᆫ 양 반(蛇床子炒各一兩半)<태요2>

ᄒᆞ나(一枚) ; 하나

  ; 큰 니근 셕뉴 ᄒᆞ나흘(大陳石榴一枚)<태요6>

ᄒᆞ니음(一條) ; 한 가닥

  ; 블근 실 ᄒᆞᆫ 니음과(緋線一條)<태요15>

ᄒᆞᆫ 돌(一月) ; 한달

  ; ᄌᆞ식 빈 ᄒᆞᆫ 돌애(孕胎一月)<태요7>

ᄒᆞᆫ 댱(一本) ; 한장

  ; 산도 ᄒᆞᆫ 댱 쓰(筆寫産圖一本)<태요63>

ᄒᆞᆫ디(同) ; 함께

  ; 샤향 두 돈 ᄒᆞᆫ디 찌허(麝香二錢同搗)<태요31>

ᄒᆞᆫ디자다(交合) ; 함께자다

  ; ᄒᆞᆫ디 자면 일뎡 잉틱 ᄒᆞᄂᆞ니라(交合必孕)<태요4>

ᄒᆞᆫ복(每服) ; 한번에 복용(服用)하다

  ; 네 복애 분ᄒᆞ야 ᄒᆞᆫ 복의 싱강 세 뎜 너허(分作四貼每服生薑)<태요4>

ᄒᆞᆫ일홈(一名) ; 일명(一名)

  ; 빅ᄌᆞ건 듕환은 ᄒᆞᆫ 일호ᄆ 빅ᄌᆞ 부귀환이라(白子建中丸一名白子附歸丸)<태요6>

ᄒᆞᆫ자리(一窠);한 구멍

; 흔자리다 수둙되ᄂ니라(一窠盡是雄雛)<태요11>

히매(海馬) ; 해마(海馬)

; 히매나 석연진나(海馬或石燕子)<태요31>

힛빗(日色) ; 햇볕, 햇빛

; 힛빗 먼듸 잇고(日色遠處)<태요25>

參考문헌

고영근·남기심(1997), (『중세어 자료 강해』 집문당)

김영신(1988), (『국어학연구』 제일문화사)

박병철(1997), (『한국어 訓釋 語彙硏究』 이회문화사)

박영섭(1990), (「천자문 색인고」 『김상선교수회갑기념논총』 약업신문사)

_____(1995), (『국어한자 어휘론』 박이정)

_____(1998), (『초간본 두시언해 어휘자료집』 박이정)

_____(1998), (「초간본 두시언해에 나타난 漢字 對譯語 硏究(1)」 강남대학교 논문집
        32집)

_____(1999), (「초간본 두시언해에 나타난 漢字 對譯語 硏究(2)」 강남대학교 논문집
        33집)

_____(1999), (「초간본 두시언해에 나타난 漢字 對譯語 硏究(3)」 강남대학교 인문과
        학논집 7집)

_____(2000), (「초간본 두시언해 한자대역어 연구」 박이정)

_____(2004), (『구급방언해 한자 대역어 연구』 박이정)

신경철(1993), (『國語字釋硏究』 태학서)

이현희(1997), (『두시와 두시언해』 신구문화사)

이호열(1995), (『두시언해 색인집』 이회문화사)

전재호(1973), (『두시언해의 국어학적연구』 통문관)